Mehr Informationen
4z454e

Auf einigen Seiten im Buch finden Sie Terra-**Codes**. Diese führen Sie zu weiteren Informationen im Internet. Geben Sie den Code einfach in das Suchfeld auf **schueler.klett.de** ein.

Klett Erklärfilm

An einigen Stellen im Buch gelangen Sie über Terra-Codes zu **Erklärfilmen**, z. B. zum Thema anthropogener Treibhauseffekt auf der Seite 17 oder zum Thema Klimawandel auf den Seiten 17, 24 und 33.

Erwerben ...

... und handeln

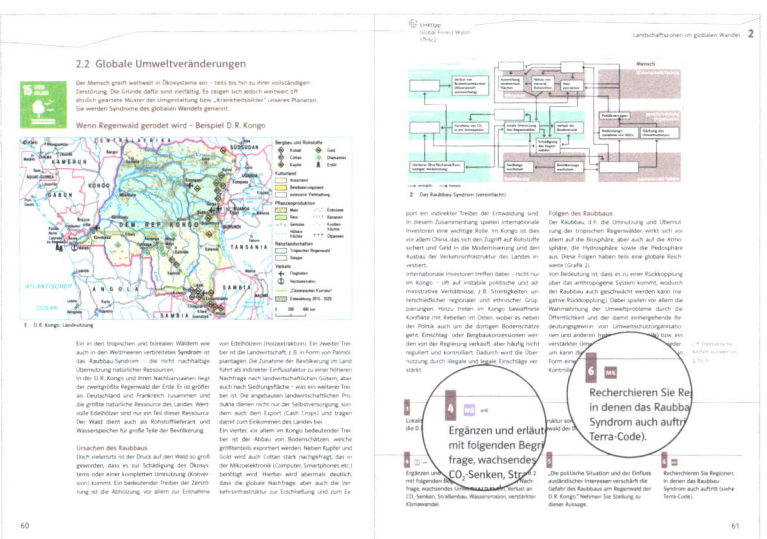

Mit den **Arbeits**seiten erwerben Sie die wichtigsten Kompetenzen. **Wichtige Begriffe** sind fett gedruckt, werden auf der Abschlussseite geübt und im Anhang erklärt.

Das **Schlüsselsymbol** bei Aufgaben oder Materialien weist auf ei Lösungshilfe im Anhang hin.

Auf den **Methoden**seiten lernen Sie Schritt für

Nachschlagen

Symbole im Buch

⊘⊘	Partnerarbeit
⊘⊘⊘	Gruppenarbeit
🗝	Lösungshilfen ab S. 240

Im Arbeitsanhang finden Sie wichtige Hilfen für den Kompetenzerwerb im Fach Geographie (Wichtige Begriffe,

Sachregister, Methodenüberblick, Lösungshilfen, Operatoren und Anforderungsbereiche).

→ **Verwundbarkeit** S. 88   verweist auf andere Seiten im Buch

MK   kennzeichnet Aufgaben und Seiten zum Thema Medienkompetenz

NE   kennzeichnet Aufgaben und Seiten zum Thema nachhaltige Entwicklung

Coverbilder: oben: Lagerarbeiter auf Hoverboard
Getty Images Plus, München (t-lorien)
unten: Windkraftpark zwischen Dänemark und Schweden
Getty Images Plus, München (Halfpoint)

1. Auflage   1 ⁵ ⁴ ³ ² ¹ | 26 25 24 23 22

Alle Drucke dieser Auflage sind unverändert und können im Unterricht nebeneinander verwendet werden.
Die letzte Zahl bezeichnet das Jahr des Druckes.
Das Werk und seine Teile sind urheberrechtlich geschützt. Jede Nutzung in anderen als den gesetzlich zugelassenen Fällen bedarf der vorherigen schriftlichen Einwilligung des Verlages. Hinweis § 60a UrhG: Weder das Werk noch seine Teile dürfen ohne eine solche Einwilligung eingescannt und/oder in ein Netzwerk eingestellt werden. Dies gilt auch für Intranets von Schulen und sonstigen Bildungseinrichtungen. Fotomechanische, digitale oder andere Wiedergabeverfahren nur mit Genehmigung des Verlages.
Nutzungsvorbehalt: Die Nutzung für Text und Data Mining (§ 44b UrhG) ist vorbehalten. Dies betrifft nicht Text und Data Mining für Zwecke der wissenschaftlichen Forschung (§ 60d UrhG).
An verschiedenen Stellen dieses Werkes befinden sich Verweise (Links) auf Internet-Adressen. Haftungshinweis: Trotz sorgfältiger inhaltlicher Kontrolle wird die Haftung für die Inhalte der externen Seiten ausgeschlossen. Für den Inhalt dieser externen Seiten sind ausschließlich die Betreiber verantwortlich. Sollten Sie daher auf kostenpflichtige, illegale oder anstößige Inhalte treffen, so bedauern wir dies ausdrücklich und bitten Sie, uns umgehend per E-Mail an kundenservice@klett.de davon in Kenntnis zu setzen, damit bei der Nachproduktion der Verweis gelöscht wird.

© Ernst Klett Verlag GmbH, Stuttgart 2022. Alle Rechte vorbehalten. www.klett.de
Das vorliegende Material dient ausschließlich gemäß § 60b UrhG dem Einsatz im Unterricht an Schulen.

Autorinnen und Autoren: Karin Bartusch, Dr. Julian Bette, Matthias Etterich, Arno Kreus, Dr. Wilfried Korby, Dr. Thomas Lamkemeyer, Sebastian Pungel, Dr. Sonja Schwarze, Kai Zimmermann
Mit Beiträgen von: Dr. Egbert Brodengeier, Bernd Haberlag, Prof. Dr. Florian Kapmeier, Andreas Schmid, Matthias Scholliers, Mark Stoltenberg

Entstanden in Zusammenarbeit mit dem Projektteam des Verlages.

Gestaltung: normaldesign, Jens-Peter Becker, Schwäbisch Gmünd
Umschlaggestaltung: normaldesign, Jens-Peter Becker, Schwäbisch Gmünd

Satz: satz.zeichen, Erfurt (Diana Jäckel)
Reproduktion: Druckmedienzentrum Gotha GmbH, Gotha; Meyle + Müller GmbH + Co. KG, Pforzheim
Druck: Firmengruppe APPL, aprinta druck, Wemding

Printed in Germany
ISBN 978-3-12-104718-5

NE	Von der Wüste zur Metropole – urbanes Wachstum in ariden Räumen	66
NE	Wenn Nadelwälder zu Mondlandschaften werden – Rohstoffgewinnung in der kalten Zone	68
	Methode Thematische Karten auswerten	70
NE	2.3 Globaler Wandel – der Mensch gestaltet die Erde	72
NE	Anthrome – die Erde unter dem Einfluss des Menschen	74
NE	Unser Konsum prägt Räume – weltweit	76
	Vernetzung: Wissen vernetzen	**78**
	Klausuren trainieren – Baustein 2: Lokalisieren	**79**
	Beispielklausur: Amazonien – Raubbau am tropischen Regenwald	80

3 Endogene Kräfte – Gefährdung von Lebensräumen — 82

	Sie untersuchen ...	**84**
	Sie knüpfen an ...	**85**
	3.1 „Naturkatastrophe" ist nicht gleich „Naturkatastrophe"	86
	3.2 Die Erde – ein Planet in Bewegung	90
	3.3 Vulkanismus – Gefahr aus dem Erdinneren	92
NE	Merapi – Leben an einem der gefährlichsten Vulkane der Erde	94
	3.4 Erdbeben – Gefahr aus dem Erdinneren	96
NE	Kalifornien – Leben mit der Erdbebengefahr	98
	3.5 Tsunami – Gefahr aus dem Meer	100
NE	Japan – Vorreiter in der Tsunamivorsorge ...	102
NE	... und dennoch vulnerabel	103
MK	3.6 Mit digitalen Geomedien die Welt analysieren	104
	Vernetzung: Wissen vernetzen	**106**
	Klausuren trainieren – Baustein 3: die Darstellungsleistung	**107**
	Beispielklausur: Gefährdung von Lebensräumen – das Beispiel Kawah Ijen	108

4 Wassermangel und Wasserüberschuss — 110

	Sie untersuchen ...	**112**
	Sie knüpfen an ...	**113**
	4.1 Gefährdung von Lebensräumen durch Dürren	114
	Dürre in Deutschland – eine ungewöhnliche Situation?	115
NE	**Wahl 1** Folgen für die Landwirtschaft	116
NE	**Wahl 2** Folgen für die Forstwirtschaft	118
NE	**Wahl 3** Folgen für die Trinkwasserversorgung	120
NE	Chennai geht das Wasser aus	122

Inhalt

4.2	Hochwasser – Naturereignis oder Menschenwerk?	126
	Hochwasser in Mitteleuropa	126
	Hochwasser als natürlicher Prozess	127
	Hochwasser als Extremereignis	128
	Schutz vor Hochwasser	130
NE	Überschwemmungen in Monsungebieten – Beispiel Bangladesch	132
4.3	Vom Menschen beeinflusster Wasserkreislauf	136
NE 4.4	Wassermangel – was geht das mich an?	138
Vernetzung: Wissen vernetzen		**140**
Klausuren trainieren – Baustein 4: Wissen verknüpfen		**141**
	Beispielklausur: Geht dem Paraná das Wasser aus?	142

5 Fossile Energieträger im Spannungsfeld von Ökonomie, Ökologie und Politik — 144

	Sie untersuchen ...	146
	Sie knüpfen an ...	147
NE 5.1	Fossile Energieträger und Klimawandel: Sind wir auf dem richtigen Weg?	148
NE 5.2	Braunkohle – im Spannungsfeld von Energiebedarf und Energiewende	150
	Braunkohle – ein heimischer Energieträger	150
NE	Beispiel Rheinisches Braunkohlerevier	152
MK NE	**Methode** Einen Podcast erstellen: die Zukunft des Rheinischen Reviers	156
5.3	Standortfaktor Steinkohle – Raumwirksamkeit eines Energieträgers	158
NE	Beispiel Ruhrgebiet	159
NE 5.4	Globale und nationale Entwicklung des Energiebedarfs	164
NE 5.5	Öl und Gas – Entwicklungsimpulse durch Rohstoffe	168
5.6	Öl und Gas – Rohstoffe schaffen Konflikte	170
	Erdgas aus Russland – unverzichtbar für Europas Energiesicherheit?	170
NE	Nigeria – Öl als „Ressourcenfluch"?	172
NE	Sachalin – Erschließung im Einklang mit der Ökologie?	174
5.7	Energiesicherung mit kalkulierbaren Risiken?	176
	Fracking – ökonomischer Segen oder Umweltfluch?	176
	Methanhydrate – Sicherung der Ressource Gas für Hunderte von Jahren?	177
	Öl und Gas aus der Arktis – Energiezukunft mit zu hohem Risiko?	178
Vernetzung: Wissen vernetzen		**180**
Klausuren trainieren – Baustein 5: Argumentieren – die Operatoren „Beurteilen" und „Bewerten"		**181**
	Beispielklausur: Emirat Dubai – nachhaltige Entwicklung nach dem Erdöl?	182

6 Regenerative Energieträger – Möglichkeiten und Grenzen nachhaltiger Nutzung — 184

Sie untersuchen ... — 186
Sie knüpfen an ... — 187

- NE 6.1 „Unser Klima, Unser Nottuln – Unsere Zukunft" — 188
- NE Energiewende – Zukunft jetzt gestalten — 190
- NE Solarenergie – Spitzenleistung bei Sonnenschein — 192
- NE Windkraft – Energieriesen für die Zukunft — 194
- NE Allrounder Biomasse — 196
- NE 6.2 Konflikte um Windenergie – mit Regeln und Geoinformationen zu neuen Standorten — 198
- MK **Methode** Mit Geoinformationssystemen mehrperspektivisch Standorte bewerten — 200
- NE 6.3 Energiewende vor Ort — 206
- NE 6.4 Geothermie – Energie aus dem Erdinnern — 208
- NE 6.5 Wende mit Wasserkraft? — 210
- NE 6.6 Stromversorgung der Zukunft – zwischen Dunkelflaute und Überlastung der Netze? — 212
- 6.7 Tank oder Teller – ein Widerspruch? — 216

Vernetzung: Wissen vernetzen — 218
Klausuren trainieren – Baustein 6: Entwicklungen erläutern — 219
Beispielklausur: Maßnahmen zur Reduktion klimaschädlicher Emissionen auf lokaler Ebene – das Beispiel Saerbeck — 220

Mit nachhaltigem Handeln unsere Zukunft gestalten — 222

Wie viel Spielraum haben wir? — 224

Arbeitsanhang — 226

- MK **Methoden im Überblick** — 228
- Wichtige Begriffe — 232
- Sachregister — 238
- Lösungshilfen — 240
- Quellennachweis — 243
- Mit Operatoren arbeiten — hVS

Legende
- MK Seiten und Aufgaben zum Thema Medienkompetenz
- NE Seiten und Aufgaben zum Thema Nachhaltige Entwicklung

Die Welt verstehen – die Welt nachhaltig gestalten

1 System Erde

Alles auf unserem Planeten ist vernetzt: die Menschen und die Umwelt; die Erde, das Wasser und die Luft; die unterschiedlichen Maßstabsebenen von lokal bis global; die ökologische, ökonomische, politische und soziale Sphäre – einfach alles. Alles zusammen bildet das „System Erde".

Globale Herausforderungen und Wandlungsprozesse, die im 21. Jahrhundert immer sichtbarer und drängender werden, müssen gemeinsam und ganzheitlich angegangen werden und bedürfen einer zielgerichteten, bewussten nachhaltigen Entwicklung. Nur auf diese Weise lernen wir unsere Welt zu verstehen und so zu gestalten, dass wir heute und in Zukunft ein sicheres Leben führen können. Darum geht es im Fach Geographie.

2

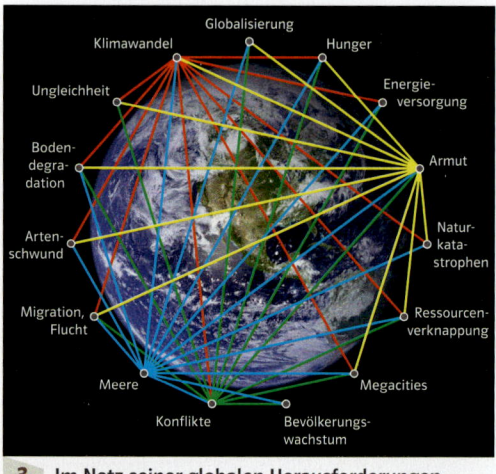

3 Im Netz seiner globalen Herausforderungen – das System Erde

Die Welt verstehen – die Welt nachhaltig gestalten

Das Anthropozän ist das Zeitalter, in dem der Mensch zum wichtigsten Einflussfaktor auf die natürlich ablaufenden biologischen, geologischen und atmosphärischen Prozesse auf der Erde geworden ist. In diesem Zeitalter stellen globale Umweltveränderungen die drängendsten Probleme der Gesellschaft dar. Das Fach Geographie beschäftigt sich mit gerade diesen globalen Herausforderungen, die wechselseitig miteinander zusammenhängen und sich bedingen. So ergibt sich ein komplexes Zusammenspiel sozialer und natürlicher Gegebenheiten auf unterschiedlichen Maßstabsebenen. Der Klimawandel ist dabei eine Herausforderung unter vielen.

Viele vom Menschen verursachte Faktoren und Phänomene (z. B. Veränderungen der Jahresmitteltemperatur, Einwohnerzahl, Kohlenstoffdioxid-Konzentration in der Atmosphäre) führten insbesondere seit Beginn der Industriellen Revolution zu tiefen Eingriffen in das System Erde. Hierdurch änderten sich nicht nur die ökologischen Rahmenbedingungen massiv, sondern auch die gesellschaftlichen Lebensgrundlagen. Die Menschheit steht als Folge bereits jetzt in bestimmten Aspekten am Rande der **planetaren Grenzen**, die Menschen übernutzen massiv die Ressourcen des Planeten. Ein Umdenken ist zwingend nötig, wie mit dem Planeten und seinen Ressourcen effizient und nachhaltig umgegangen werden kann, damit diese Grenzen nicht vollends überschritten werden.

Im Rahmen der Wissenschaft, Politik und Lebensführung gilt es daher, die globalen Herausforderungen **systemisch**, das bedeutet untereinander stark vernetzt, zu analysieren, dabei unterschiedliche **Werte**vorstellungen zu berücksichtigen und raumbezogene nachhaltige **Handlung**smuster zu entwickeln. Die Bildung für nachhaltige Entwicklung spielt damit nicht nur im schulischen und universitären, sondern ebenso im politischen und gesellschaftlichen Kontext eine zunehmend große Rolle. Unter dem Begriff Nachhaltigkeit wird dabei Folgendes verstanden:

„Leitbild einer nachhaltigen Entwicklung ist eine Entwicklung, die den Bedürfnissen der heutigen Generation entspricht, ohne die Möglichkeiten künftiger Generationen zu gefährden, ihre eigenen Bedürfnisse zu befriedigen und ihren Lebensstil zu wählen." (Brundtland-Kommission 1987). Um dieses Ziel zu erreichen, müssen ökologische, ökonomische, soziale und politische Aspekte berücksichtigt und gegeneinander abgewogen werden, damit Menschen sowohl jetzt als auch in Zukunft leben können und ausreichend Ressourcen zur Verfügung stehen.

Ein wesentliches Mittel, um nachhaltig zu handeln, sind die **Sustainable Development Goals** (SDG; Nachhaltigkeitsziele).

Linktipp
SDG-Dashboard
4258pn

Die Welt verstehen – die Welt nachhaltig gestalten

4 Sustainable Development Goals

5 Country Overshoot Days 2021

Es handelt sich um 17 politische Zielsetzungen, die durch die Vereinten Nationen (UN) ausgerufen wurden und die weltweit eine nachhaltige Entwicklung sichern sollen. Die Staatengemeinschaft bekennt sich zur Erreichung dieser Ziele, welche auf der ökologischen, ökonomischen, politischen und sozialen Ebene ansetzen und bei jeglichen Entscheidungsprozessen bedacht werden sollen.

1 Globale Herausforderung Klimawandel

1 Bild oben: Touristen auf dem Markusplatz in Venedig während des Hochwassers „Acqua alta" (März 2018). Statistisch gesehen, nehmen die Höhe und Dauer der Überschwemmung merklich zu.

„Venedig wird definitiv untergehen", titelte die Wochenzeitung „Die Zeit" bereits im Jahr 2019. Im Interview stützte Klimaforscher Anders Levermann vom Potsdam-Institut für Klimafolgenforschung seine Aussage auf Berechnungen des Internationalen Klimarates: Mit jedem Grad Erderwärmung wird ein Meeresspiegelanstieg von etwa zweieinhalb Metern prognostiziert. Mittlerweile sind die Folgen des Klimawandels in vielen Teilen der Welt sichtbar und spürbar. Computergestützte Szenarien zeigen, dass ein globales „Weiter so!" beim menschlichen Handeln die Dimension des Klimawandels zunehmend verschärfen wird und regional zu veränderten Landschaften führt.

Mit welcher Zukunftsstrategie kann die Menschheit die Auswirkungen der globalen Herausforderung Klimawandel nachhaltig lösen?

2 Farbstreifen unten: Abweichung der weltweiten Durchschnittstemperaturen im Zeitraum 1850 bis 2017 nach unten (blau) oder nach oben (rot). Jeder Streifen steht für ein Jahr.

Sie untersuchen ...

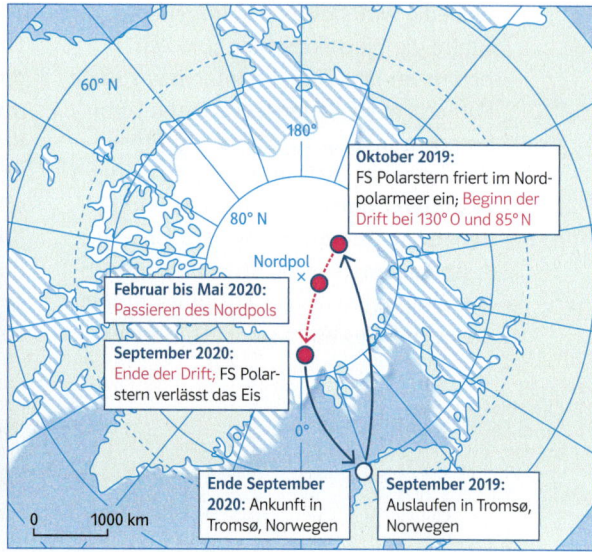

3 Auf der MOSAiC-Expedition erforschen Wissenschaftlerinnen und Wissenschaftler aus 17 Nationen die Arktis im Jahresverlauf. Das deutsche Forschungsschiff Polarstern ließ sich dazu einfrieren, um ein Jahr durch die Arktis zu driften.
Nach Bundesministerium für Bildung und Forschung/Alfred-Wegener-Institut; unter: www.bundesregierung.de

Ambiguität
„Ambiguität bezeichnet eine Situation unter Unsicherheit, in der der Entscheider keine eindeutigen Vorstellungen über die Wahrscheinlichkeiten möglicher Ereignisse hat."
Robert Gillenkirch: Ambiguität. In: Gabler Wirtschaftslexikon; unter: https://wirtschaftslexikon.gabler.de

Die Gegenwart wird bestimmt von Krisen und Unsicherheit: COVID-19-Pandemie, **Klimawandel** oder auch die digitale Transformation. International Verantwortliche müssen inmitten dieser **Ambiguität** weitreichende Entscheidungen auf Grundlage von Prognosen treffen. Seit 2015 verfolgt die Weltgemeinschaft das Ziel, die mittlere globale Erwärmung bis 2100 im Vergleich zur vorindustriellen Zeit auf 1,5 °C zu begrenzen. Bewegungen wie „Fridays for Future" geht die Umsetzung jedoch noch nicht schnell genug.

Die Auswertung der MOSAiC-Expedition wird deshalb mit Spannung erwartet, denn die Arktis gilt als Schlüsselregion für das globale Klimasystem. Mit den Ergebnissen hoffen Forschende, genauere Modelle für das globale Klimageschehen berechnen zu können. Damit können dann gezielter klimapolitische Maßnahmen nachhaltig gesteuert werden.

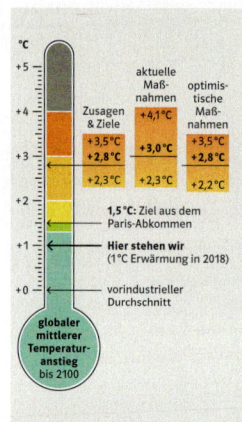

4 Climate Action Tracker

Die Temperaturen auf dem CAT-Thermometer sind Schätzungen der mittleren globalen Durchschnittstemperatur für 2100 mit einer Wahrscheinlichkeit von 50 %.

Als Beispiel:
Bleibt es bei den bisherigen Ankündigungen, dann wird die mittlere globale Erwärmung im Jahr 2100 2,8 °C betragen.
Übers. nach: https://climateactiontracker.org/global/cat-thermometer/

Diesen Fragen zum Klimawandel werden Sie nachgehen:

- Welche Ursachen hat der globale Klimawandel?
- Wie wirkt der Klimafaktor Mensch in diesem System?
- Welche sichtbaren Zeichen existieren in Deutschland für den Klimawandel?
- Welche Bedeutung hat unser Mobilitätsverhalten für die globale Erderwärmung?
- Welche globalen Auswirkungen hat der Klimawandel?
- Welche Strategien zur Lösung dieser globalen Herausforderung werden heute international verfolgt?
- Wie kann mein eigenes Verhalten zum Umdenken beitragen?

🌐 Material
Anordnung Concept Map
4z454e

🌐 Erklärfilm
Der natürliche Treibhauseffekt
4z454e

Globale Herausforderung Klimawandel 1

Sie knüpfen an ...

1 Ohne Sonne kein Leben! Ihr verdanken wir Licht und Wärme. Die von der Sonne stammende Strahlung ist sehr energiereich und daher kurzwellig. Denn ein Gesetz aus der Physik lautet: Je energiereicher die Strahlung, desto kurzwelliger ist sie.

2 Die Sonnenstrahlung kann die Atmosphäre unserer Erde nahezu ungehindert durchdringen. Nur ein kleiner Teil der Strahlung wird z. B. an Wolken oder am Erdboden reflektiert.

3 Der überwiegende Teil aber wird vom Boden aufgenommen (= absorbiert). Die mitgeführte Energie wird auf den Boden übertragen, wodurch er erwärmt wird.

4 Diese Wärme wird wieder abgestrahlt, und zwar in alle Richtungen. Da diese Wärmestrahlung nicht mehr so energiereich ist wie die Sonnenstrahlung, ist sie deutlich langwelliger.

5 Die langwellige Wärmestrahlung kann die Atmosphäre aber nicht mehr ungehindert durchdringen. Stattdessen wird sie von den gleichmäßig in der Atmosphäre verteilten Treibhausgasen und dem Wasserdampf absorbiert.

6 Durch die Absorption der langwelligen Wärmestrahlung erwärmen sich die Moleküle der Treibhausgase und geben ihrerseits Wärmestrahlung in alle Richtungen ab: einen Teil in Richtung Weltall, einen anderen Teil wieder zurück in Richtung Erdboden (Gegenstrahlung). Hierdurch erwärmt sich nach und nach die Luft in der Atmosphäre.

Der Wasserdampf und die Treibhausgasmoleküle sind „parteiisch": Während sie die kurzwellige Einstrahlung ungehindert bis zum Erdboden hindurchlassen, absorbieren sie die langwellige Wärmestrahlung. Man spricht von selektiver Absorption.

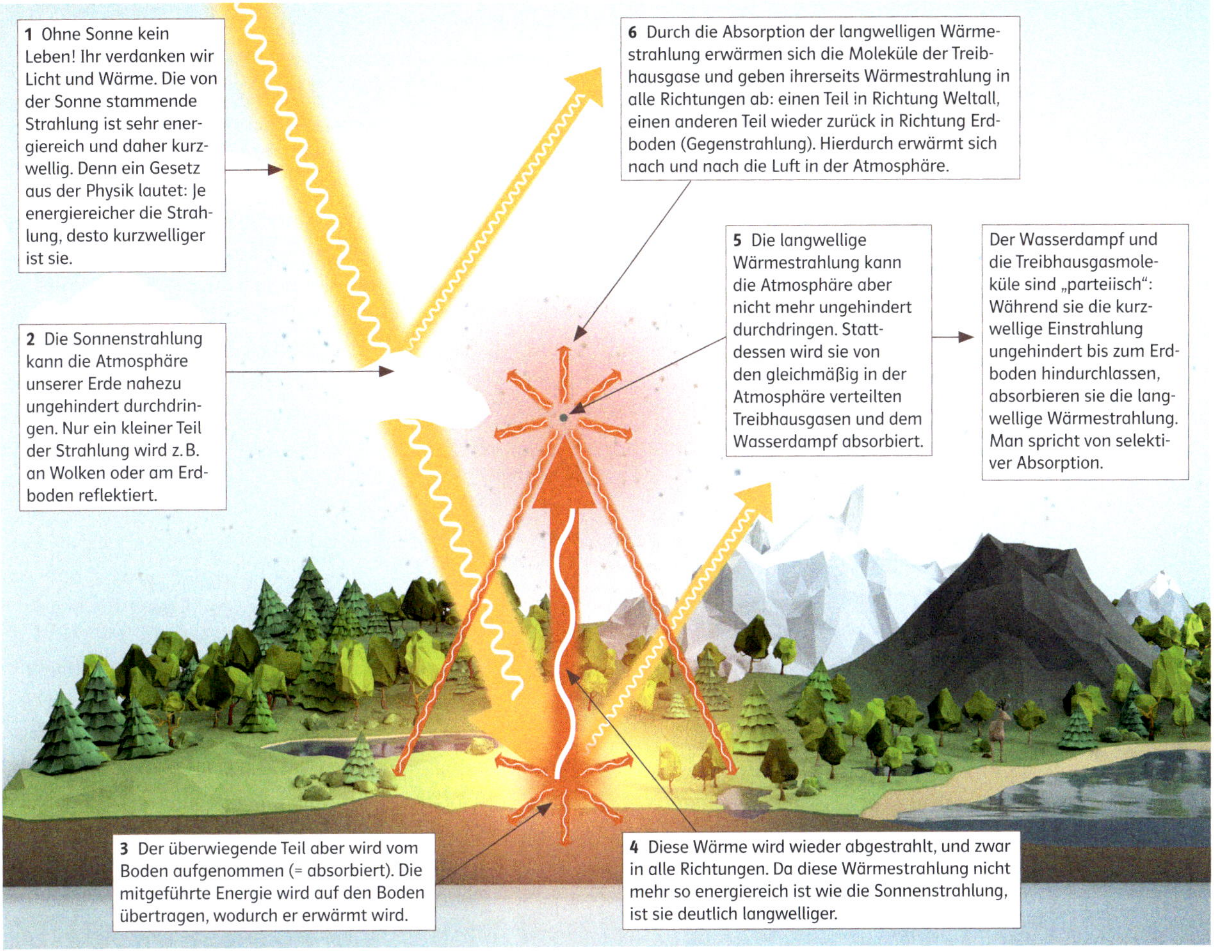

5 Der natürliche Treibhauseffekt

Das wissen Sie schon:

Mit dem Klimawandel haben Sie sich bereits in der Jahrgangsstufe 7/8 im Fach Erdkunde befasst. Dabei haben Sie den natürlichen Treibhauseffekt als wichtigen Baustein im Wärmehaushalt der Erde kennengelernt und vom anthropogenen Treibhauseffekt unterschieden. Als Ursache für den Klimawandel haben Sie die Treibhausgase, insbesondere den Kohlenstoffdioxid-Ausstoß, ausgemacht und erste Auswirkungen wie Eisschmelze und Meeresspiegelanstieg thematisiert. Das führte zur Frage, wie das Klima geschützt werden kann.

Bekannte Begriffe

- Absorption
- anthropogener Treibhauseffekt
- Atmosphäre
- kurzwellige/langwellige Strahlung
- Meeresspiegelanstieg
- natürlicher Treibhauseffekt
- Reflexion
- Temperaturanstieg
- Treibhausgas

1 Recherchieren Sie die Ziele und den Verlauf der MOSAiC-Expedition.

2 Ergänzen Sie in einer Übersicht die für Sie noch offenen Fragen zum Thema Klimawandel und globale Erwärmung.

3 Erläutern Sie den natürlichen Treibhauseffekt als ersten Teil einer kapitelübergreifenden Concept Map (Terra-Code 4z454e).

→ Concept Map erstellen
S. 230

1.1 Das Klimasystem und seine natürliche Variabilität

Die Voraussetzungen für menschliches Leben auf der Erde verdanken wir einem komplexen System aus verschiedenen Faktoren und Elementen. Ein Beispiel ist die Atmosphäre, ohne die die globale Durchschnittstemperatur bei −18 °C läge. Historische Forschungen und jüngste Entwicklungen zeigen aber, dass das Klimasystem sensibel auf Veränderungen reagiert.

Das Klimasystem ist ein offenes System, welches von außen durch externe Klimafaktoren, also klimabeeinflussende Größen wie Erdbahnparameter oder Solarstrahlung, geprägt wird. Diese Faktoren wirken unterschiedlich stark auf die Komponenten des Klimasystems und deren Kopplung. Somit entsteht in diesem System eine innere Dynamik resultierend aus der Überlagerung unterschiedlicher Prozesse, den natürlichen Schwankungen und regionalen Besonderheiten. Insgesamt führt dies zur natürlichen Klimavariabilität.

Die wesentliche Steuergröße des globalen Klimasystems ist die Sonneneinstrahlung, die die Energie für den Strahlungshaushalt der Erde liefert. Der Aufbau und die Zusammensetzung der **Atmosphäre** beeinflussen die Energiebilanz der Erde. Das Gleichgewicht des Wärmehaushalts ist allerdings äußerst empfindlich, sodass bereits eine veränderte Menge an Treibhausgasen den natürlichen **Treibhauseffekt** maßgeblich beeinflussen kann.

Das für uns beobachtbare Wetter- und Klimageschehen spielt sich im untersten Stockwerk, der Troposphäre ab. Alle hier messbaren Größen wie Temperatur oder Niederschlag werden als Klimaelemente bezeichnet, die durch die Interaktion der Klimafaktoren regional unterschiedlich ausgeprägt sind. Zwar variieren die Klimaelemente von Jahr zu Jahr an einem Ort, aber dennoch können aufgrund von langjährigen Aufzeichnungen viele Ausprägungen typisiert und als Klimaklassifikation zusammengefasst werden.

> **Klimafaktoren**
> „Klimafaktoren, auch klimatologische Wirkungsfaktoren genannt, sind Faktoren, welche die Klimaelemente (Temperatur, Luftfeuchte usw.) und damit das Klima eines Ortes beeinflussen. Die wesentlichen natürlichen Klimafaktoren sind geographische Breite, topographische Höhe und Exposition, Entfernung vom Meer und anderen größeren Wasserflächen, Bodenart und Bodenbedeckung."
> Deutscher Wetterdienst: Klimafaktoren. In: Wetter- und Klimalexikon; unter: www.dwd.de
>
> **1**

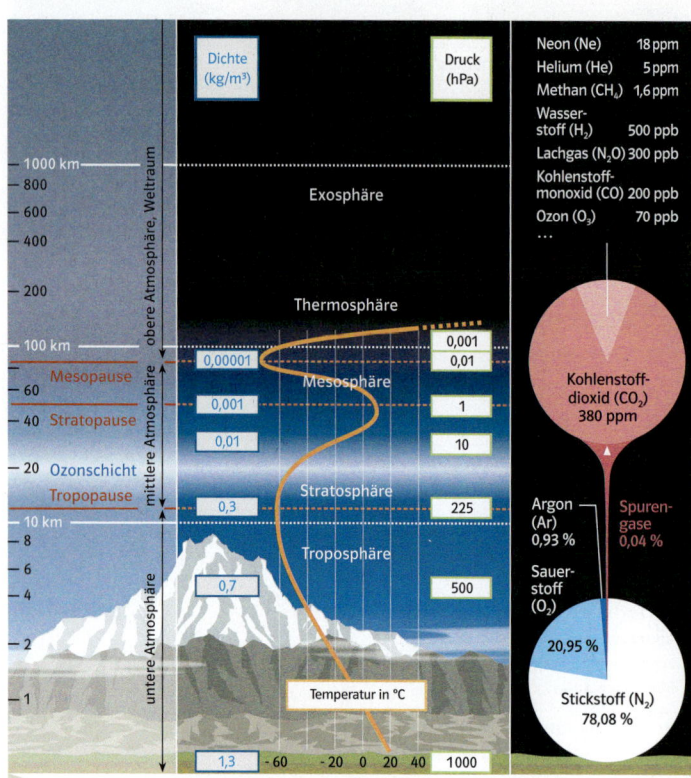

2 Aufbau und Zusammensetzung der Atmosphäre

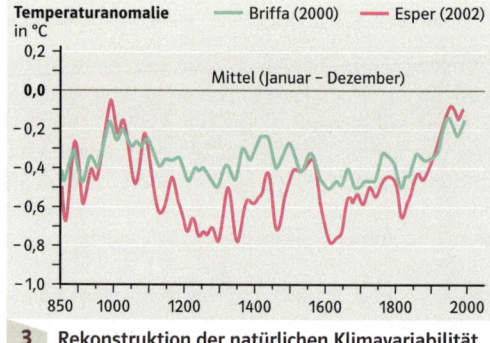

3 Rekonstruktion der natürlichen Klimavariabilität durch Briffa (2000) und Esper (2002)

Nach Thomas Stocker: Einführung in die Klimamodellierung. Bern 2002/2003, S. 8; unter: https://paleodyn.uni-bremen.de

1

Beschreiben Sie den Aufbau der Atmosphäre.

🌐 **Erklärfilm**
Der natürliche Treibhauseffekt
4z454e

Globale Herausforderung Klimawandel

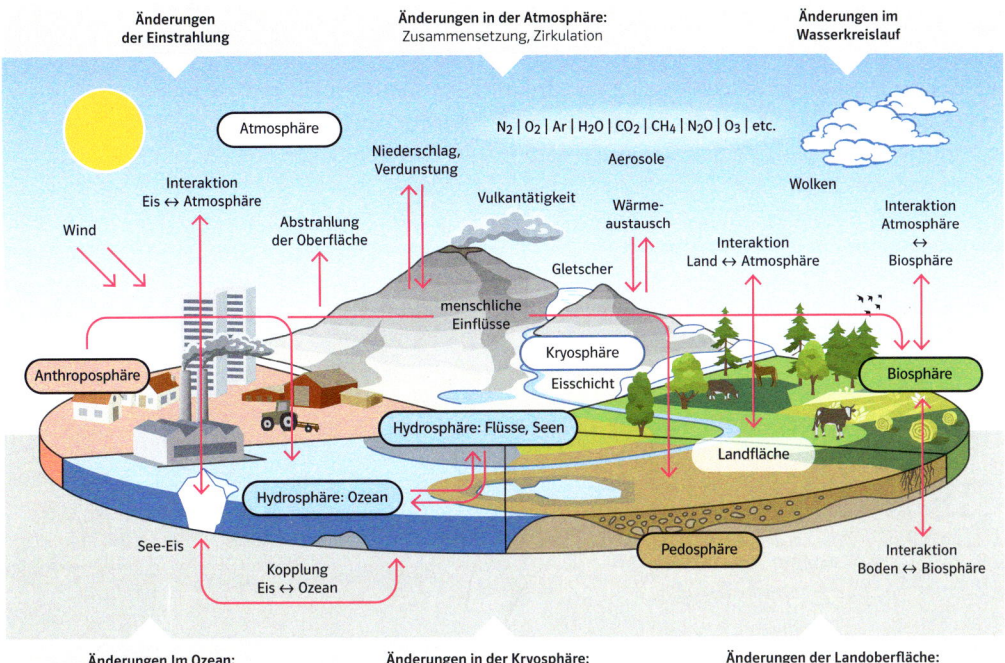

4 Das System Erde
Nach IPCC: Climate Change 2007: The Physical Science Basis. Contribution of Working Group I to the Fourth Assessment Report of the Intergovernmental Panel on Climate Change, S. 104, FAQ 1.2, Figure 1; unter: www.ipcc.ch

Wichtige Begriffe aus der Klimaforschung:

Wetter
Zustand der Atmosphäre an einem bestimmten Ort zu einer bestimmten Zeit

Witterung
Durchschnittlicher Verlauf des Wetters über mehrere Tage/Wochen

Klima
Mittlerer Zustand der Atmosphäre über mehrere Jahre/Jahrzehnte. Eine Klimareferenzperiode wird häufig als Zeitraum gewählt.

Klimareferenzperiode
Global festgelegte Zeiträume von 30 Jahren, um wissenschaftliche Studien vergleichen zu können. Aktuelle Messwerte werden häufig mit den Mittelwerten der Periode von 1961–1990 verglichen.

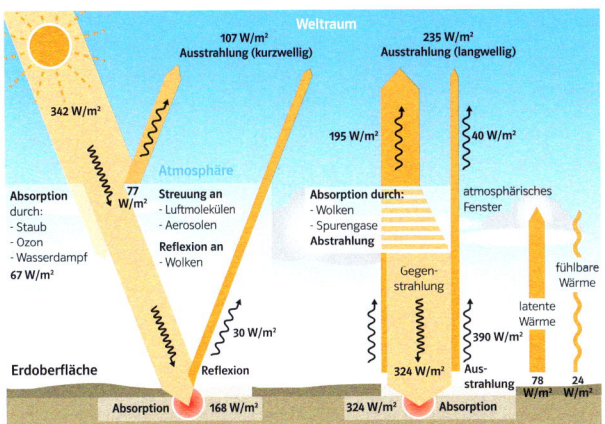

5 Fragiles Gleichgewicht: die Energiebilanz der Erde

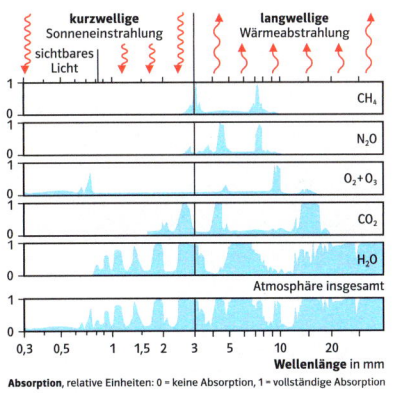

6 Strahlungsabsorption durch atmosphärische Gase
Nach Christian-Dietrich Schönwiese, Bernd Diekmann: Der Treibhauseffekt. Reinbek: Rowohlt 1991, S. 117

2
System Erde:
a) Recherchieren Sie alle Fachbegriffe aus Grafik 4, die Sie nicht erklären können. **MK**
b) Nennen Sie jeweils ein Beispiel für die Interaktion zwischen zwei Sphären.
c) Erläutern Sie die Folgen vermehrter Wolkenbildung durch einen Vulkanausbruch für die globale Energiebilanz und somit für das System Erde.

3
Rekonstruktionen der Klimavariabilität (Diagramm 3):
a) Erklären Sie, warum zwei verschiedene Kurven abgebildet sind.
b) Nennen Sie zentrale Aussagen, die aus den Verläufen herzuleiten sind.
c) Erläutern Sie die Ursachen der natürlichen Klimavariabilität (Graf. 1, 4–6).

4
Ergänzen Sie Ihre Concept Map um die Komponenten des Klimasystems, ihre Kopplungen und weitere Details, die Ihnen als wichtig für Ihre eigenen Fragestellungen erscheinen.

1.2 Klimafaktor Mensch

Im 6. Sachstandsbericht des IPCC von 2021 wird mit einer Deutlichkeit wie nie zuvor von der anthropogenen Verantwortung für den Klimawandel gesprochen: „Es ist eindeutig, dass der Einfluss des Menschen die Atmosphäre, den Ozean und die Landflächen erwärmt hat."

IPCC

„Das IPCC [Intergovernmental Panel on Climate Change] – oft auch als Weltklimarat bezeichnet – ist ein von den Regierungen unabhängiges wissenschaftliches Gremium, in dem Hunderte Wissenschaftlerinnen und Wissenschaftler aus der ganzen Welt mitwirken. Sie erarbeiten und bewerten anhand der aktuellen und anerkannten wissenschaftlichen Veröffentlichungen den jeweils neuesten Kenntnisstand zu Klimaänderungen und fassen ihn in regelmäßigen Sachstandsberichten sowie in Sonderberichten zu ausgewählten Themen zusammen."

Umweltbundesamt: Weltklimarat (IPCC), 21.2.2014; unter: www.umweltbundesamt.de

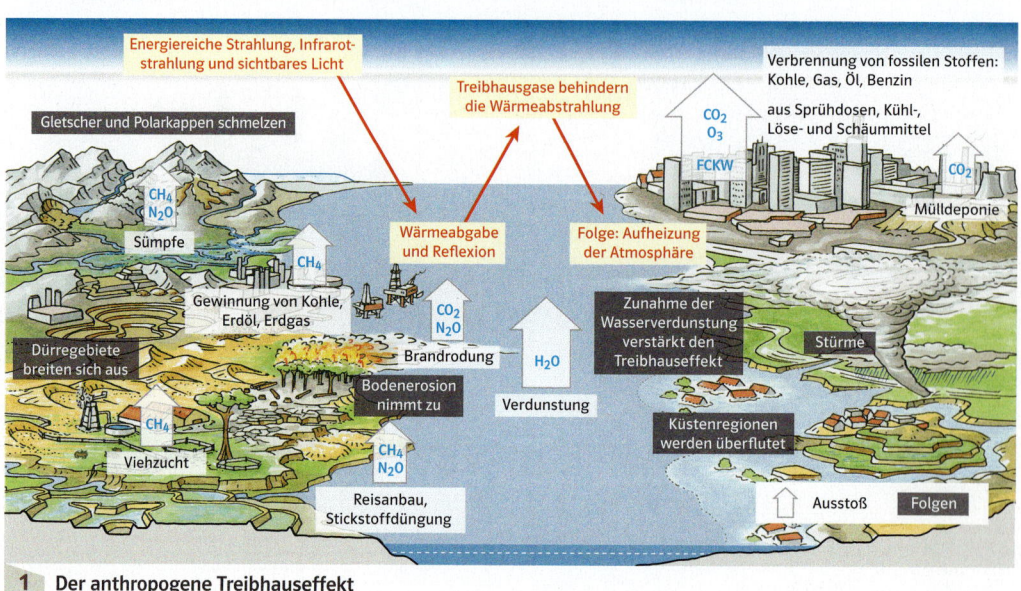

1 Der anthropogene Treibhauseffekt

Die wachsende Treibhausgaskonzentration in der Atmosphäre bringt die globale Strahlungsbilanz zunehmend aus dem Gleichgewicht. Die Betrachtung des Kohlenstoffkreislaufs macht die anthropogene Verantwortung beispielhaft deutlich: Kohlenstoff wird in **Biosphäre**, **Pedosphäre** und **Hydrosphäre** in natürlichen **Kohlenstoffsenken** wie Wäldern gebunden. Werden diese Senken zerstört, gelangt der Kohlenstoff als CO_2 in die Atmosphäre und kann dort bis zu 200 Jahre als Treibhausgas verweilen, wenn er nicht vorher in anderen Kohlenstoffsenken wieder gebunden wird. Systemisch betrachtet, bedeutet somit das intensive Verbrennen fossiler Energieträger seit der vorindustriellen Zeit die anthropogen bedingte Zerstörung von Kohlenstoffsenken, die mit erhöhten CO_2-Emissionen in die Atmosphäre einhergeht. Mit seinem intensiven Wirtschaften nimmt der Mensch daher seit ca. 200 Jahren als Klimafaktor großen Einfluss auf das globale System.

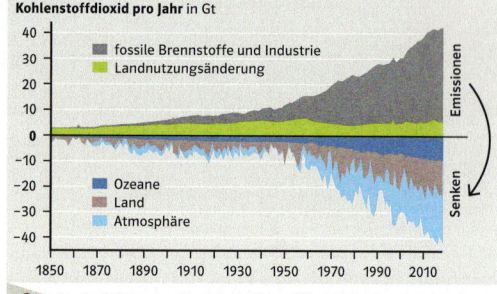

2 Entwicklung der globalen CO_2-Emissionen und deren Bindung in Kohlenstoffsenken und Atmosphäre

Nach Pierre Friedlingstein u.a.: Global Carbon Budget 2019. Earth System Science Data, Bd. 11, 2019; unter: www.researchgate.net

1 Erläutern Sie den Zusammenhang zwischen der globalen Erwärmung und den anthropogenen Eingriffen.

2 Ergänzen Sie Ihre Concept Map um den anthropogenen Treibhauseffekt, seine Ursachen und regionalen Ausprägungen.

3 Nehmen Sie Stellung zur Aussage: „Wir können derzeit nichts tun, um den anthropogenen Treibhauseffekt sofort zu stoppen."

Globale Herausforderung Klimawandel

Erklärfilm: Der anthropogene Treibhauseffekt — 4z454e
Erklärfilm: Ursachen des Klimawandels — 4z454e

Wie die Treibhausgase die Erwärmung verursachen

„Es gibt genau drei Möglichkeiten, diese Strahlungsbilanz zu verändern und unseren Heimatplaneten aufzuheizen:
- Die Sonneneinstrahlung nimmt aufgrund der Sonnenaktivität oder der Erdbahnparameter zu.
- Der reflektierte Anteil der Sonnenstrahlung nimmt ab, weil die Helligkeit der Erdoberfläche oder der Wolkendecke abnimmt.
- Die Abstrahlung von Wärme ins All nimmt ab.

Die ankommende und abgehende Strahlung wird ständig gemessen [...] Diese Messungen zeigen:
Option 1 scheidet aus, denn die ankommende Sonnenstrahlung hat seit Mitte des letzten Jahrhunderts sogar etwas abgenommen.
Option 2 trifft zwar teilweise zu – doch der Mensch hat die Erde sogar heller gemacht, durch Abholzung von dunklen Wäldern und deren Ersatz durch hellere Ackerflächen. Dunkler wird die Erde nur als Reaktion auf die Erwärmung, weil die Schnee- und Eisbedeckung abnimmt. Das verstärkt die globale Erwärmung, ist aber nicht deren Ursache.
Option 3 muss also die Ursache der Erwärmung sein: Zunehmende Treibhausgasmengen in der Atmosphäre behindern die Abstrahlung von Wärme ins All, und dadurch nimmt die Erde ständig mehr Sonnenstrahlung auf, als wir durch Wärmestrahlung wieder abgeben. Deshalb wird es wärmer."

Stephan Rahmstorf: Woher die gewaltige Energie des Klimawandels stammt. In: Spiegel Wissenschaft, 25.1.2020; unter: www.spiegel.de

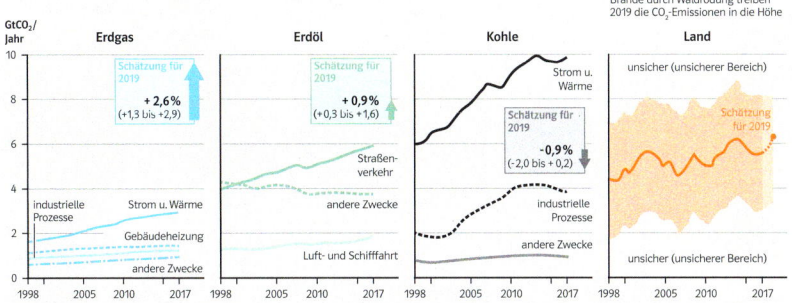

4 CO_2-Emissionen aus der Nutzung fossiler Energieträger und durch Landschaftsveränderung. Nach 2019 projection by the Global Carbon Project. Trend to 2017 based on data from the IEA (2019) CO_2 Emissions from Fuel Combustion, www.iea.org/statistics. All rights reserved; unter: www.globalcarbonproject.org

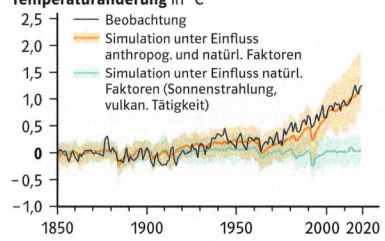

6 Veränderungen der globalen Oberflächentemperatur im Jahresmittel 1850–2020 (Beobachtung, Simulation mit/ohne anthropogene Faktoren)

Nach Intergovernmental Panel on Climate Change (IPCC): Climate Change 2021, S. 7; unter: www.de-ipcc.de

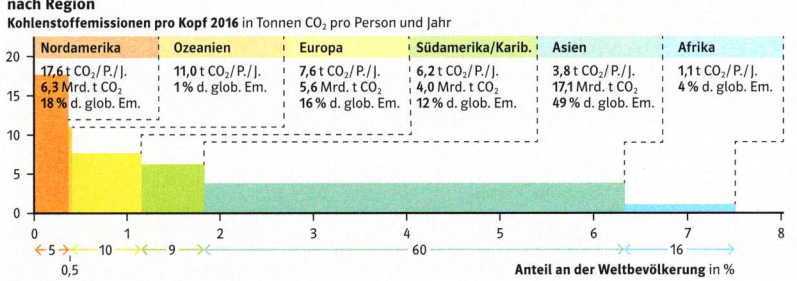

5 Globale CO_2-Emissionen nach Einkommen und Region 2016

Nach Our World in Data based on data from the Global Carbon Project, UN Population Division (2018) & World Bank income groups; unter: https://ourworldindata.org

Die Emissionen stellen die inländische Produktion dar und beinhalten nicht die grenzüberschreitenden Emissionen. Die Darstellung nach Einkommen basiert auf den Gesamtemissionen der Länder innerhalb der einzelnen Einkommensgruppen der Weltbank. Sie spiegelt durchschnittliche Nationaleinkommen und nicht die Verteilung der Einkommen innerhalb der Länder.

Einkommensgruppen	
Einkommen	US-Dollar pro Kopf und Jahr
gering	unter 1045
unteres Mittel	1046–4125
oberes Mittel	4126–12745
hoch	über 12745

1.3 Herausforderung Mobilität

Global wachsende CO_2-Emissionen haben in den letzten Jahrzehnten den anthropogenen Treibhauseffekt deutlich verstärkt. Notwendig ist es somit, Treibhausgasemissionen vor Ort zu vermeiden – sowohl als großes Unternehmen als auch als Individuum. Am Beispiel der Mobilität in Deutschland wird der Zusammenhang zwischen anthropogenem Verhalten und Klimawandel deutlich, dem in Zukunft mit nachhaltigen Lösungsalternativen flächendeckend begegnet werden muss.

1 Unterschiedliches Mobilitätsverhalten in Berlin: Berufsverkehr in der Innenstadt (oben) und Carsharing mit Elektroautos (unten)

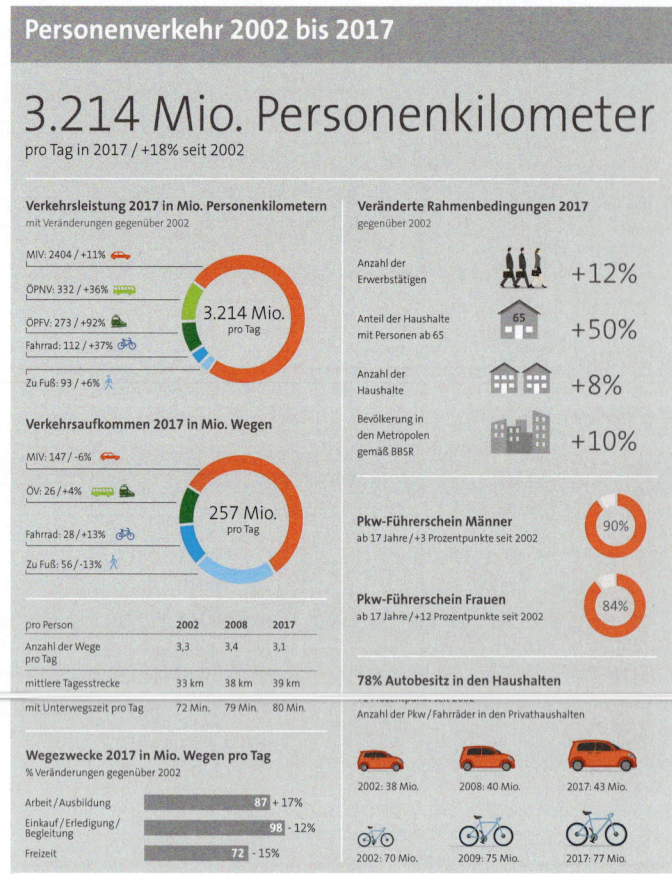

2 Daten zur Mobilität in Deutschland
Nach Claudia Nobis u.a. (2019): Mobilität in Deutschland – Zeitreihenbericht 2002 – 2008 – 2017. Bonn, Berlin 2019, S. 10; unter: www.mobilitaet-in-deutschland.de

An einem durchschnittlichen Tag werden in Deutschland 3,2 Mrd. Personenkilometer zurückgelegt. Dies entspricht in etwa täglich 80 000 Umrundungen der Erde allein für den deutschen Personenverkehr. Der tägliche Weg zur Arbeit oder zur Schule, der Besuch bei Freunden, die Fahrt zur Freizeitaktivität, das Einkaufen oder das Reisen – die Menschen wollen und müssen mobil sein.

Mit der Wahl des Verkehrsträgers entscheidet jeder Einzelne täglich darüber, wie sich der Verkehr ökologisch auswirkt. Der motorisierte Individualverkehr (MIV), d.h. die Pkw- und Motorradnutzung, spielt im deutschen **Mobilitätsverhalten** eine wichtige Rolle.

In der Erhebung „Mobilität in Deutschland" (MID 2017/20) wird im Vergleich zu 2002 und 2008 der sogenannte Modal Split untersucht, d.h. die Verteilung auf unterschiedliche Verkehrsträger. Die Ergebnisse geben Aufschluss darüber, wie sich das deutsche Mobilitätsverhalten im Personenverkehr entwickelt. Die Wahl des Verkehrsträgers hängt z.B. ab von der Länge des Weges, der Reisegeschwindigkeit, dem regionalen Angebot oder auch der eigenen Bequemlichkeit.

Globale Herausforderung Klimawandel 1

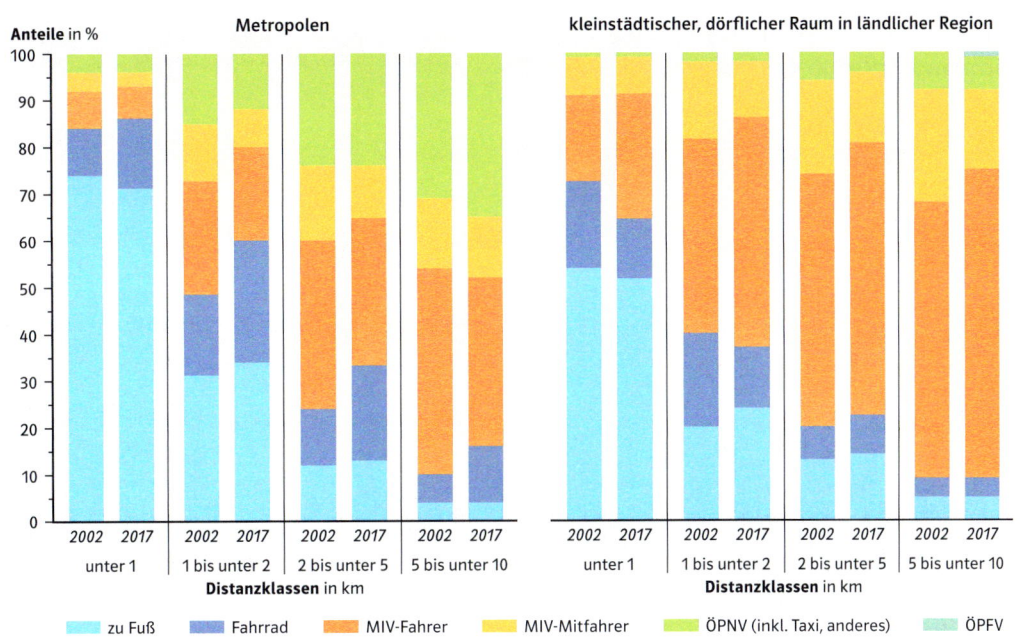

3 Modal Split des Verkehrsaufkommens in Metropolen und ländlichen Regionen in niedrigen Distanzklassen

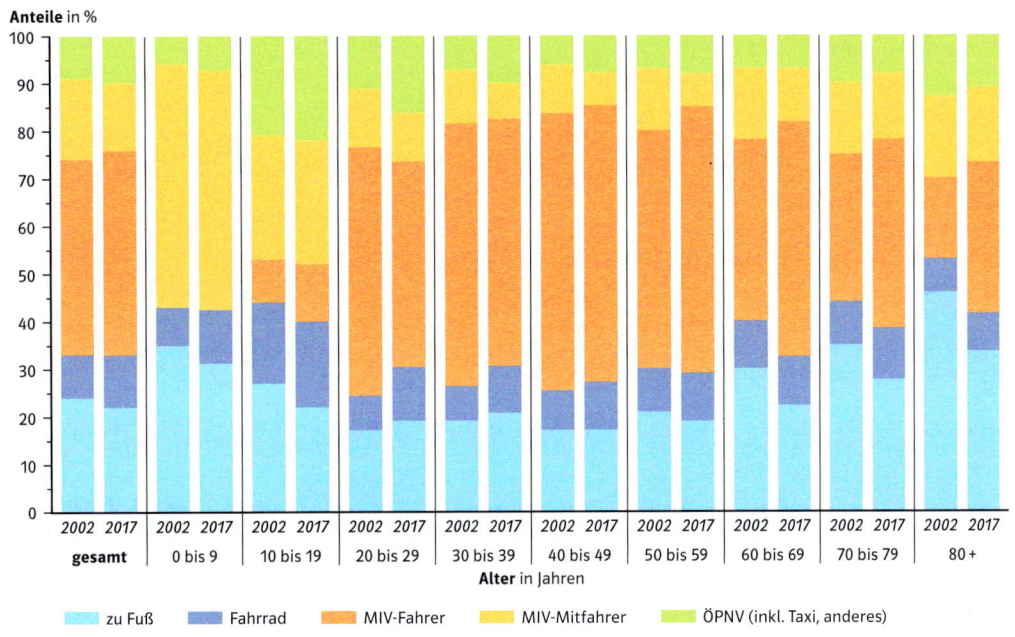

4 Modal Split des Verkehrsaufkommens nach Alter

Nach Claudia Nobis u. a. (2019): Mobilität in Deutschland – Zeitreihenbericht 2002 – 2008 – 2017. Bonn, Berlin 2019, S. 54, S. 51; unter: www.mobilitaet-in-deutschland.de

MIV
Motorisierter Individualverkehr (Pkw, Motorrad)

MIV-Mitfahrer
Gemeint ist hier eine Fahrgemeinschaft im motorisierten Individualverkehr.

ÖPNV
Öffentlicher Personennahverkehr einschließlich Taxis

ÖPFV
Öffentlicher Personenfernverkehr

 1 Beschreiben Sie Ihren persönlichen Modal Split der vergangenen Woche.

 2 Erläutern Sie das Mobilitätsverhalten der deutschen Bevölkerung und dessen Entwicklung (Aufnahme in Ihre Concept Map).

 3 Vergleichen Sie Ihre Ergebnisse aus den Aufgaben 1 und 2.

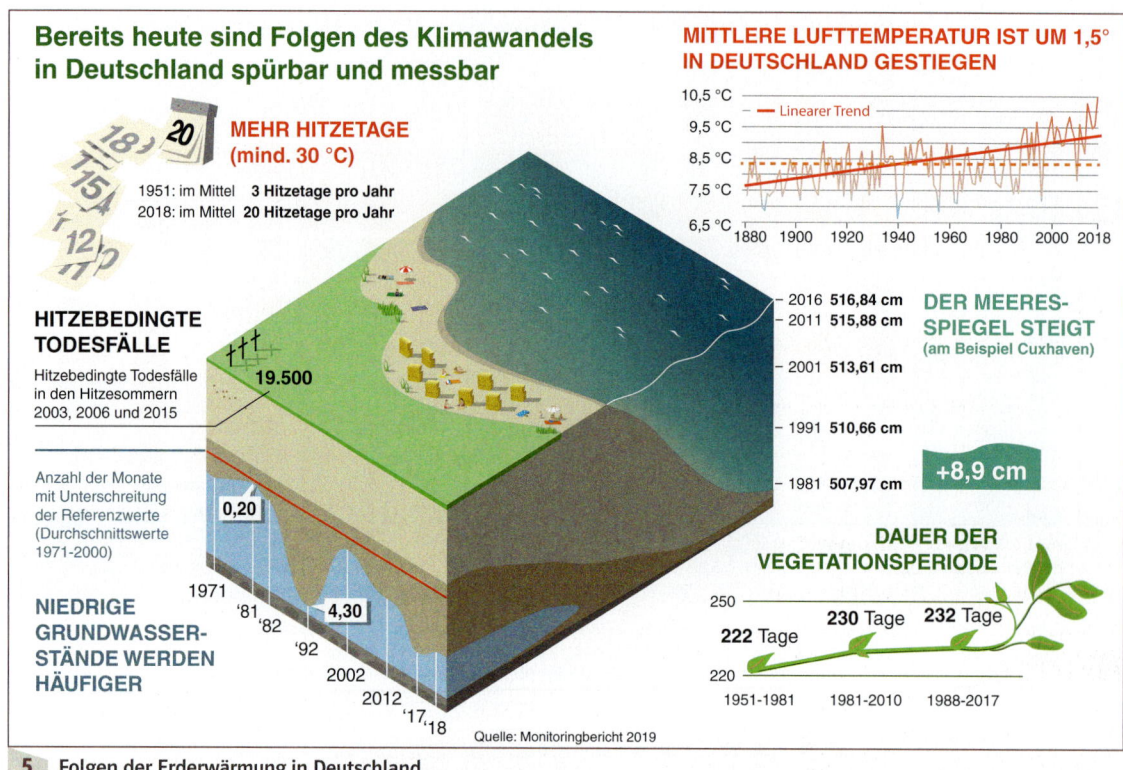

5 Folgen der Erderwärmung in Deutschland

Mobilität in Deutschland – zum Nachteil der Umwelt?

Nationale Klimaschutzziele der Bundesregierung verfolgen das ambitionierte Ziel der Klimaneutralität in Deutschland bis 2045. Als erste Etappe gilt eine **Reduktion der Treibhausgase** (THG) bis 2031 um 55 % gegenüber 1990. Mit einem Anteil von etwa 20 % an den nationalen THG-Emissionen hat das Mobilitätsverhalten einen messbaren ökologischen Einfluss auf das Klimasystem. Die Wahl des Verkehrsmittels beeinflusst entscheidend die Wirkung.

Aber nicht nur die Nutzung, sondern auch die Bereitstellung der Infrastruktur, die Herstellung der Fahrzeuge und die Energieaufbereitung verursachen Umweltkosten.

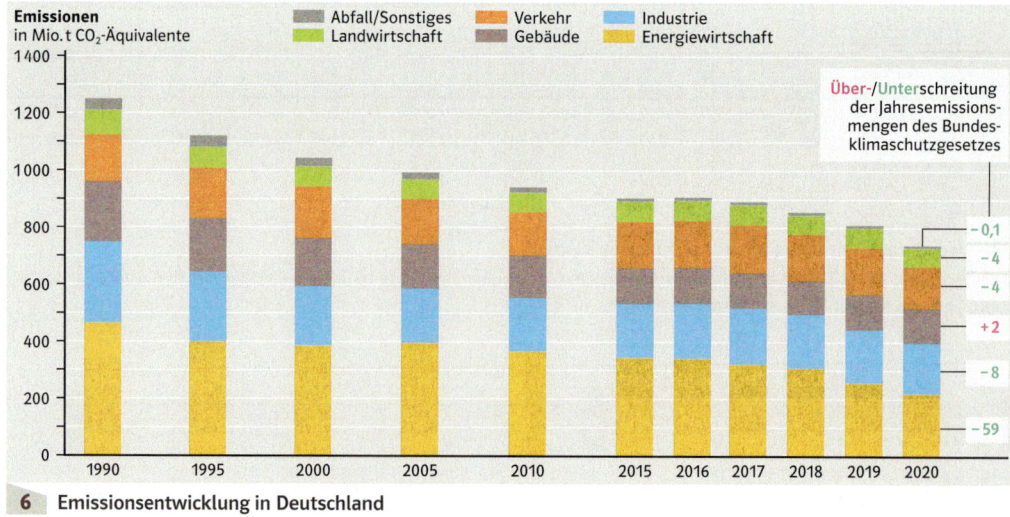

6 Emissionsentwicklung in Deutschland

Nach Umweltbundesamt; unter: www.bmu.de

Linktipp
Klimaatlas Deutschland
4z454e

Globale Herausforderung Klimawandel 1

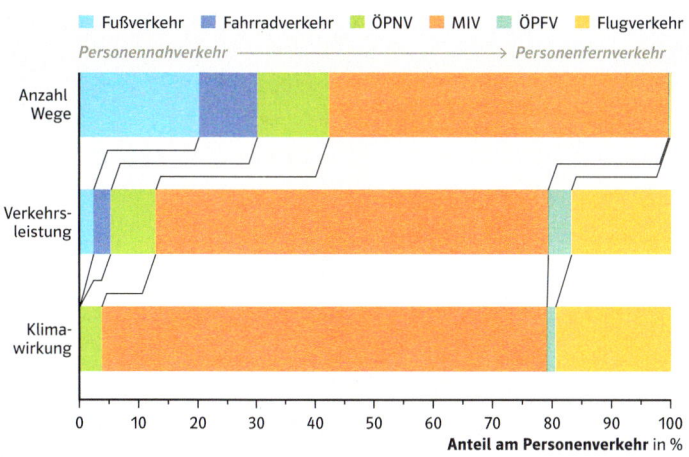

7 Bedeutung und Klimawirkung einzelner Verkehrsarten im Personenverkehr (2017)

Nach Umweltbundesamt (Hg.): Umweltfreundlich mobil! Dessau 2021, S.15; unter: www.umweltbundesamt.de

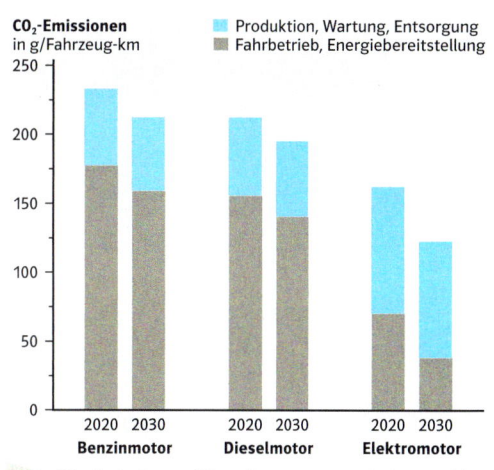

9 CO_2-Emissionen über den gesamten Lebenszyklus am Beispiel eines Pkw der Kompaktklasse

Nach BMU (Hg.): Wie umweltfreundlich sind Elektroautos?; unter: www.bmu.de

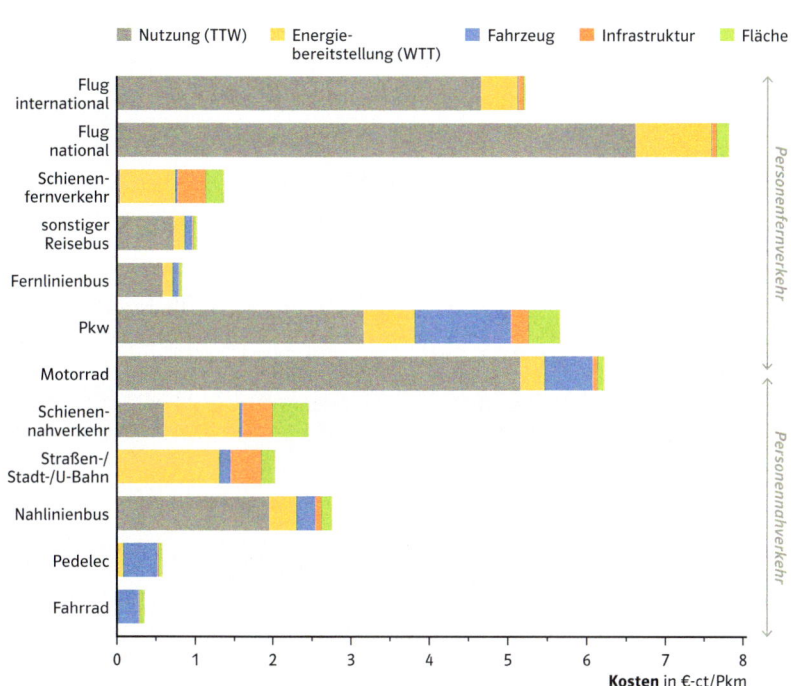

8 Umweltkosten des Personenverkehrs

TTW (Tank-to-wheel): Betriebsphase eines Fahrzeugs; WTT (Well-to-Tank): Energiebereitstellung in der Prozesskette, z.B. Extraktion der Rohstoffe

Nach Umweltbundesamt (Hg.): Umweltfreundlich mobil! Dessau 2021, S.22; unter: www.umweltbundesamt.de

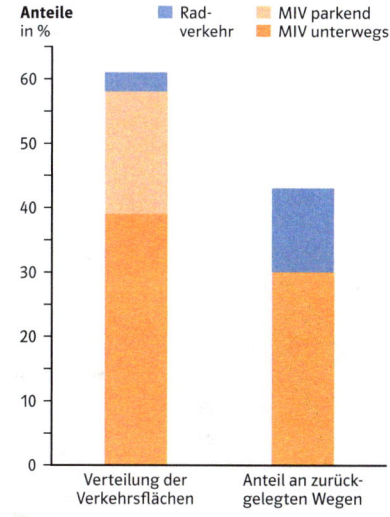

10 Flächenungerechtigkeit Auto – Fahrrad in Berlin (2019)

Daten nach Heinrich-Böll-Stiftung/ VCD Verkehrsclub Deutschland e.V.: Mobilitätsatlas 2019; unter: www.boell.de

---

4 Kennzeichnen Sie die sicht- und messbaren Zeichen des Klimawandels in Deutschland (Grafik 5, Internetrecherche „Klimaatlas Deutschland", siehe Terra-Code, Atlas).

5 Erläutern Sie den Einfluss der Verkehrsträger auf die nationalen THG-Emissionen (Aufnahme in Ihre Concept Map).

6 Bewerten Sie die ökologische Wirkung des deutschen Mobilitätsverhaltens, indem Sie in Ihrer Concept Map vernetzende Bezüge herstellen.

11 Verkehrsknotenpunkt Utrecht Centraal

Veränderte Mobilität – klimafreundlich unterwegs in Utrecht

Die Änderung des eigenen Mobilitätsverhaltens ist ein Schlüssel, um die Treibhausgasemissionen zu reduzieren, die durch Mobilität verursacht werden. In der Stadt Utrecht erledigen die Einwohner mittlerweile 80 % der Wege mit dem Fahrrad. Wie konnte das gelingen?

Mit dem „Mobiliteitsplan Utrecht 2025" hat die städtische Verkehrspolitik in Utrecht eine neue Richtung genommen. Seit Anfang der 1970er-Jahre ist das Fahrrad bereits beliebt, mit dem jüngsten Aktionsplan erfahren Radverkehr und Fußwege allerdings zentrale Entwicklungsimpulse. Beispiele für durchgeführte Maßnahmen sind vor allem die großen Investitionen in das Radwegeverkehrsnetz: breite Radwege, Unterführungen, Brücken für den Radverkehr, Radschnellwege in die Vororte. Laut einer Studie von Greenpeace aus dem Jahr 2019 investierte Utrecht hierfür 132 Euro pro Kopf pro Jahr im Vergleich zu 2,80 Euro in der Stadt Köln. Gleichzeitig wurde für den Autoverkehr mit dem Einrichten von Sackgassen, Sperrungen und dem Ausweisen von Fahrradstraßen der innerstädtische Verkehrsfluss erschwert. So konnten Parkplätze zu Grünflächen oder als Außengastronomie umgenutzt werden. Der Hauptbahnhof

Das größte Fahrradparkhaus der Welt

„‚Menschen sollten im Mittelpunkt der Stadtplanung stehen, nicht die Autos.' (Lot van Hooijdonk, Vizebürgermeisterin von Utrecht)

Das neueste Prestigeprojekt der Vizebürgermeisterin Lot van Hooijdonk, einer überzeugten Fahrradfahrerin: das größte Fahrradparkhaus der Welt, direkt am Hauptbahnhof. So stellt die Stadt sicher, dass auch Pendler von außerhalb lieber mit einer Kombination aus Bahn und Fahrrad als mit dem eigenen Auto anreisen. Das Fahrradparkhaus bietet Platz für 6 500 Fahrräder, weitere 6 000 Plätze sollen folgen. Leuchtanzeigen führen zu freien Parkplätzen auf mehreren Ebenen. Die ersten 24 Stunden parkt man kostenlos.

Und Lot van Hooijdonk plant weiter in die Zukunft: Ein neues Wohngebiet ist mit nur einem Parkplatz für jede dritte Wohneinheit geplant, normal ist mehr als einer pro Wohnung. Und: An zentraler Stelle ist ein ‚Mobility Hub' eingeplant, ein Knotenpunkt mit einem breit gefächerten Angebot an Fortbewegungsmitteln vom Lastenrad über E-Bikes bis zu öffentlichem Nahverkehr und Angeboten für Carsharing."

Verena Glanos: Konzept aus den Niederlanden. In: zdf.de, Nachrichten, 13.4.2019; unter: www.zdf.de

12

Utrecht Centraal spielt als wichtiger Verkehrsknotenpunkt beim Wechsel der Verkehrsmittel eine entscheidende Rolle.

Das bereits messbare veränderte Mobilitätsverhalten bestätigt den Plan, sodass derzeit ein erweitertes Mobilitätskonzept 2040 im partizipativen Austausch diskutiert wird. Eine in Auftrag gegebene Kosten-Nutzen-Aufstellung berechnet, dass für jeden Euro, der in die Radwegeinfrastruktur investiert wird, sieben Euro als gesamtgesellschaftlicher Nutzen gewonnen werden. Für die nahe Zukunft ist z. B. der autofreie Stadtteil Merwede geplant, in dem jeder Haushalt maximal 0,3 Autos besitzen darf. Geplant ist, bis 2050 die gesamte Innenstadt autofrei zu gestalten. Damit wird zukünftig für einen Zuzug nach Utrecht ein verändertes individuelles Mobilitätsverhalten vorausgesetzt.

---

7 Beschreiben Sie das Mobilitätskonzept der Stadt Utrecht und des Stadtteils Merwede, indem Sie entscheidende Maßnahmen in Ihrer Concept Map festhalten.

8 Erläutern Sie die Vorteile des Konzepts bezogen auf die Reduzierung der Treibhausgase, indem Sie in Ihrer Concept Map Vernetzungen herstellen.

Globale Herausforderung Klimawandel

Kein Dach bleibt ungenutzt:
Utrecht bekommt neuen nachhaltigen Stadtteil
„Merwede wird in Zukunft ein grüner, weitestgehend autofreier und vielfältiger Stadtteil, der 12 000 Bewohnern ein nachhaltiges Leben inmitten der Stadt ermöglicht.
[...] Im gleichen Zuge soll der Fokus auf der Schaffung eines Stadtteils der alternativen Mobilitätskonzepte liegen. Es werden vor allem Angebote wie Bike-Sharing und der öffentliche Nahverkehr stark ausgebaut sowie Fußgängern und Radfahrern die Fortbewegung erleichtert. Auch Car-Sharing-Angebote gehören zum Repertoire. Die Entwickler wollen der Öffentlichkeit dabei bewusst ein Zeichen setzen und aufzeigen, wie gut ein solches alternatives Mobilitätsprogramm funktionieren kann, wenn es für jeden leicht verfügbar ist."
Melanie Chahrour: Kein Dach bleibt ungenutzt In: polis, 10.2.2020; unter: https://polis-magazin.com

13

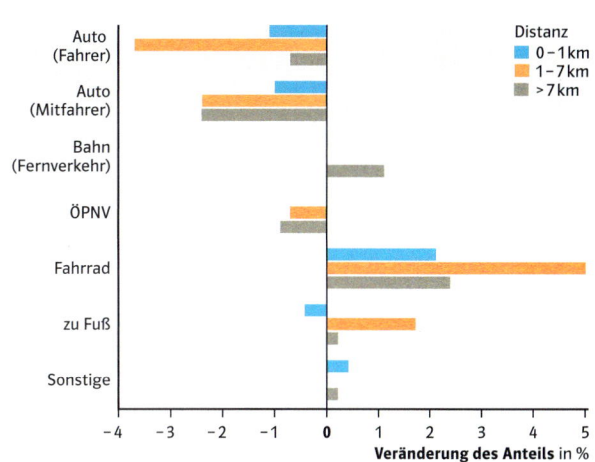

15 Veränderungen im Modal Split 2005–2015 der Stadt Utrecht
Nach Gemeente Utrecht: Mobiliteitsplan Utrecht 2040; unter: https://omgevingsvisie.utrecht.nl

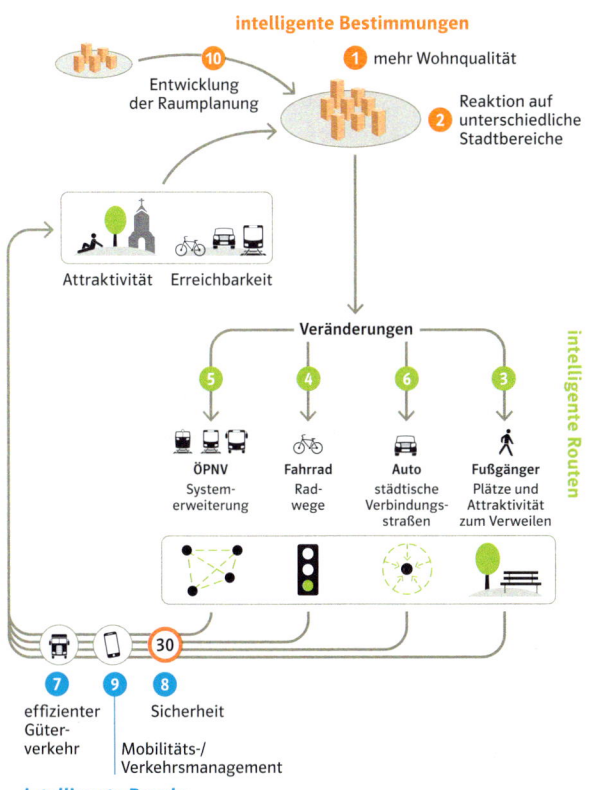

14 Mobilitätskonzept der Stadt Utrecht 2025
Nach Gemeente Utrecht: Mobiliteitsplan Utrecht 2025; unter: https://omgevingsvisie.utrecht.nl

9 NE
Leiten Sie aus Ihren Erkenntnissen nachhaltige Handlungsalternativen für Ihren Wohnort und Ihr eigenes Mobilitätsverhalten ab.

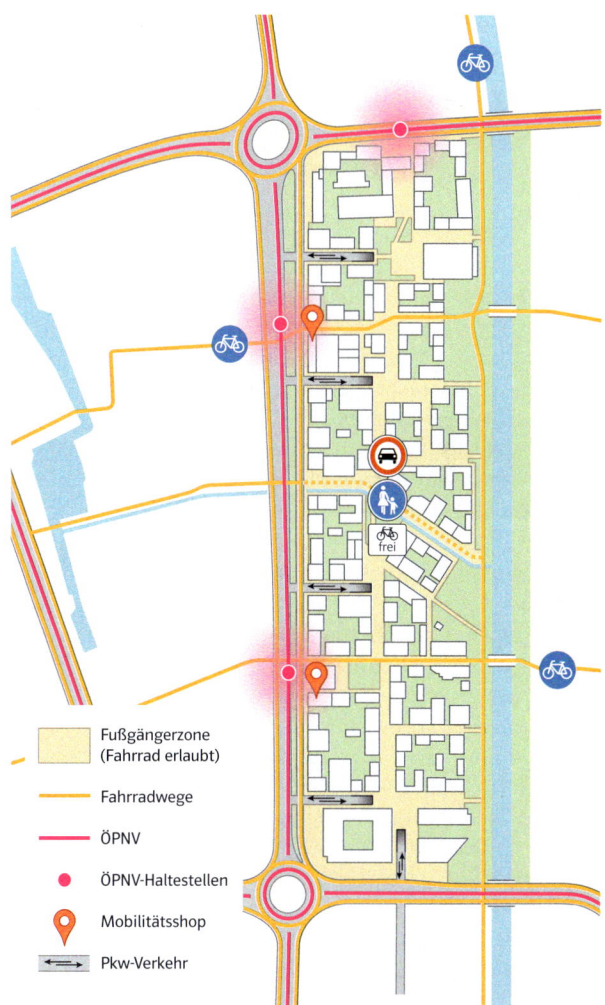

16 Mobilitätsstrategie des Stadtteils Merwede (Utrecht)
Nach Stedenbouwkundig Plan Merwede. Utrecht 2020, S. 26; unter: https://omgevingsvisie.utrecht.nl

1.4 Dimensionen des Klimawandels

Die Folgen des Klimawandels sind in der Atmosphäre, Kryosphäre, Hydrosphäre, Pedosphäre und Biosphäre messbar. Sie verursachen schon heute regional unterschiedliche Risiken für die Menschheit. Steigen die Anteile an Treibhausgasen in der Atmosphäre weiterhin, so sind für die Zukunft weitreichende Veränderungen wahrscheinlich nicht mehr aufzuhalten.

1

Arbeitsauftrag zu den S. 24–26:
a) Arbeiten Sie arbeitsteilig in Gruppen zu dritt oder viert. Teilen Sie zuerst die Materialien untereinander nach Lesetempo auf. Sie benötigen pro Person 4–5 Karteikarten.

Einzelarbeit:
b) Ziel ist es, die Aussagen Ihrer Texte, Bilder, Grafiken stichwortartig für die anderen Gruppenmitglieder zusammenzufassen. Bedenken Sie dabei, dass die anderen die Inhalte Ihrer Materialien nicht kennen. Gehen Sie wie folgt vor:
1. Überblick verschaffen, Material überfliegen.
2. Genaues Lesen, unbekannte Fachbegriffe nachschlagen.
3. Schlüsselbegriffe, Kernaussagen markieren/notieren.
4. Überschriften zu den einzelnen Sinnabschnitten finden.
5. Hauptaussagen auf einzelnen Karteikarten formulieren.

Gruppenarbeit:
c) Stellen Sie sich gegenseitig die Hauptaussagen auf Ihren Karteikarten vor.
d) Erläutern Sie Folge-Wirkung-Prozesse zwischen den Dimensionen. Nutzen Sie hierzu die Karteikarten zum Clustern.
e) Visualisieren Sie Ihr Ergebnis in Ihrer Concept Map.

Plenum:
f) Präsentieren Sie Ihr Ergebnis, z. B. mit der Methode World-Café.

Veränderungen in der Kryosphäre

Arktis bis 2050 im Sommer öfter eisfrei
„Bis zum Jahr 2050 wird der Nordpol nach Berechnung Hamburger Wissenschaftler zumindest in einigen Sommern eisfrei sein. Eine Analyse von 40 Klimamodellen habe ergeben, dass das Eis im Arktischen Ozean auch dann schmelzen werde, wenn die Menschheit ehrgeizige Klimaziele beim Kohlendioxidausstoß verwirkliche. ‚Wenn wir die Emissionen weltweit schnell und deutlich reduzieren und so das Zwei-Grad-Ziel erreichen, wird das Arktiseis trotzdem noch vor 2050 im Sommer immer mal wieder weitestgehend abschmelzen', sagte der Leitautor der Studie, Dirk Notz vom Centrum für Erdsystemforschung und Nachhaltigkeit der Universität Hamburg. ‚Das hat uns überrascht.' [...] Notz nannte die Arktis einen Großschauplatz des Klimawandels. Das Meereis reagiere sehr sensibel und vergleichsweise linear auf die Klimaerwärmung. Jede Tonne CO_2, die ausgestoßen werde, lasse drei Quadratmeter Eis schmelzen.
Sollte die Klimaerwärmung auf zwei Grad begrenzt werden, wäre der Nordpol wahrscheinlich in der Hälfte der Sommer bis 2050 weitgehend eisfrei, das heißt, die Packeisfläche wäre kleiner als eine Million Quadratkilometer. Würde sich das Klima nur um 1,5 Grad erwärmen, so bliebe nach Angaben von Notz eine eisfreie Arktis eine Ausnahme. ‚Selbst im alleroptimistischsten Szenario wird das Eis in manchen Jahren verschwinden', sagte der Klimawissenschaftler jedoch. ‚Es ist voraussichtlich schon zu spät.'"

dpa, Arktis bis 2050 im Sommer öfter eisfrei – auch bei Klimaschutz, dpa-Meldung v. 27.4.2020 © dpa Deutsche Presse-Agentur GmbH

1

Das Containerschiff Venta Maersk bei der Durchfahrt durch die weitgehend eisfreie Nordostpassage

Klimawandel führt zu mehr Schiffsverkehr in der Arktis
„In rund 30 Tagen vom Fernen Osten in die Ostsee – für ein Schiff ist das rekordverdächtig flott. Die ‚Venta Maersk' nahm eine Abkürzung. Am 22. August 2018 stach das 200 Meter lange Containerschiff in Wladiwostok in See. Dann passierte es die Beringstraße sowie die Ostsibirische See und legte am 28. September in St. Petersburg an. Damit befuhr erstmals ein Containerschiff die sogenannte Nordostpassage durchs arktische Polarmeer. [...]
Mit gut 14 000 Kilometern ist die Nordostpassage rund ein Drittel kürzer als der traditionelle Seeweg von Asien nach Europa [...] Dadurch könnte die Containerschifffahrt in Zukunft viel Zeit und Treibstoff einsparen. Zudem ließen sich russische und norwegische Häfen entlang des Polarmeeres ausbauen und stärker für die Versorgung der nördlichen Regionen nutzen, die entlang der Routen leben."

Jan Oliver Löfken: Das erste Containerschiff bewältigt die Nordostpassage. In: Technology Review, 3.1.2019; unter: www.heise.de

2

Globale Herausforderung Klimawandel

Was wir wissen – Fakten zum Klimawandel in der Kryosphäre

Die Gletscherregionen der Gebirge, die großen Inlandeismassen Grönlands, die Polargebiete und die weltweiten Permafrostregionen reagieren auf den Klimawandel weitaus rascher und in einem größeren Ausmaß als alle anderen Regionen. Das geht aus einem 2019 veröffentlichten Sonderbericht des IPCC über den Ozean und die **Kryosphäre** in einem sich wandelnden Klima hervor.

Kryosphäre
Beobachtete physische Veränderungen

„Im Verlauf der vergangenen Jahrzehnte hat die globale Erwärmung dazu geführt, dass die Kryosphäre weiträumig geschrumpft ist; dies beinhaltet Massenverluste von Eisschilden und Gletschern (*A), Rückgänge der Schneebedeckung (*B) und der arktischen Meereisausdehnung und -dicke (*A) sowie erhöhte Permafrosttemperaturen (*A)."

Beobachtete Folgen für Ökosysteme

„Veränderungen der Kryosphäre und damit verbundene hydrologische Veränderungen hatten Folgen für Land- und Süßwasserarten und -ökosysteme in Hochgebirgen und Polargebieten durch das Freiwerden von ehemals eisbedecktem Land, Änderungen der Schneebedeckung und dem Tauen von Permafrost. Diese Veränderungen haben dazu beigetragen, die saisonalen Aktivitäten, die Populationsdichte und die Verbreitung von ökologisch, kulturell und wirtschaftlich wichtigen Pflanzen- und Tierarten, ökologische Störungen und die Funktionsfähigkeit von Ökosystemen zu verändern. (*B)."

Beobachtete Folgen für Menschen und Ökosystemleistungen

„Seit Mitte des 20. Jahrhunderts hat die schrumpfende Kryosphäre in der Arktis und in Hochgebirgsregionen zu überwiegend negativen Folgen für Ernährungssicherheit, Wasserressourcen, Wasserqualität, Lebensgrundlagen, Gesundheit und Wohlergehen, Infrastruktur, Verkehr, Tourismus und Erholung sowie für die Kultur menschlicher Gesellschaften geführt, insbesondere für indigene Völker (*B). Kosten und Nutzen waren ungleichmäßig über Bevölkerungen und Regionen verteilt. Anpassungsanstrengungen haben von der Einbeziehung indigenen Wissens und lokalen Wissens profitiert (*B)."

*(A) sehr hohes Vertrauen (die Aussage ist in mindestens 9 von 10 Fällen richtig)
*(B) hohes Vertrauen (die Aussage ist in etwa 8 von 10 Fällen richtig)

IPCC-Sonderbericht über den Ozean und die Kryosphäre in einem sich wandelnden Klima (SROCC). Finale Version vom 20.11.2020; unter: www.de-ipcc.de

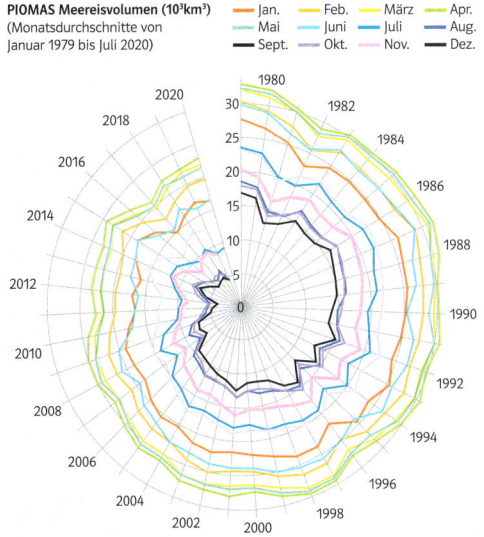

3 Veränderung des Meereisvolumens

Nach http://psc.apl.uw.edu/research/projects/arctic-sea-ice-volume-anomaly/ © 2020 Lee Robinson @ahaeland; Vorlage: https://haveland.com/

Auf Island ist offiziell der erste Gletscher für „tot" erklärt worden. Vom 700 Jahre alten Okjökull gibt es nur noch einen kümmerlichen Rest mit einer Eisdecke von 15 m. Damit kann sich das Eis nicht mehr bewegen und wird als Toteis bezeichnet. Die beiden Satellitenbilder der NASA zeigen links den Gletscher im September 1986 und rechts seine Reste im August 2019. © NASA/AP/dpa

4 Der Okjökull-Gletscher auf Island 1986 und 2019

Wahl

Veränderungen in der Hydrosphäre

IPCC-Sonderbericht warnt vor verheerenden Auswirkungen auf unsere Ozeane

„‚Das Schmelzwasser der Gletscher und Eisschilde ist mittlerweile die Hauptursache für den Anstieg des Meeresspiegels.'

Nach Climate Central – Coastal Risk Screening Tool; unter: https://coastal.climatecentral.org

6

Der immer rasantere Anstieg bedroht dabei die Existenz von rund 680 Millionen Menschen, die in Küstenregionen unterhalb von zehn Metern Höhe zum Meeresspiegel wohnen. In Deutschland wären Städte wie Hamburg, Bremerhaven, Kiel oder auch Wilhelmshaven direkt betroffen. ‚Die Zukunft für tief liegende Küstengemeinden sieht äußerst trostlos aus. Die Konsequenzen werden von uns allen zu spüren sein.'

Die jährlichen Schäden durch Überschwemmungen werden bis zum Jahr 2100 auf das 100- bis 1 000-fache ansteigen, und einige Inselstaaten dürften dabei sogar ‚unbewohnbar werden', so die Studie weiterhin. Während der Meeresspiegel im 20. Jahrhundert weltweit um rund 15 cm angestiegen ist, steigt er derzeit mit 3,6 mm pro Jahr mehr als doppelt so schnell an. Dabei beschleunigt er sich mit dem Abschmelzen der grönländischen und antarktischen Eisdecke immer mehr."

Andreas Krebs: Düstere Zukunft für unseren Planeten. In: TELEPOLIS, 26.9.2019; unter: www.heise.de

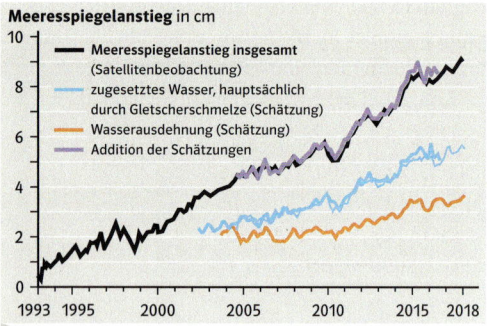

7 Anstieg des Meeresspiegels (globales Mittel) zwischen 1993 und 2018 (schwarze Linie) im Vergleich zu den Ursachen

NOAA Climate.gov graphic, adapted from figure 3.15a in State of the Climate in 2018; unter: www.climate.gov

Aus dem 20. IPCC-Sonderbericht:
Beobachtete physische Veränderungen des Ozeans

„Es ist praktisch sicher, dass sich der globale Ozean seit 1970 ungemindert erwärmt hat und mehr als 90 % der zusätzlichen Wärme im Klimasystem aufgenommen hat (hohes Vertrauen). Seit 1993 hat sich die Geschwindigkeit der Ozeanerwärmung mehr als verdoppelt (wahrscheinlich). Die Häufigkeit von marinen Hitzewellen hat sich seit 1982 sehr wahrscheinlich verdoppelt, und ihre Intensität nimmt zu (sehr hohes Vertrauen). Durch die Aufnahme von mehr CO_2 ist die Ozeanoberfläche zunehmend versauert (praktisch sicher). Sauerstoffverlust fand von der Oberfläche bis in 1 000 m Tiefe statt (mittleres Vertrauen)."

IPCC-Sonderbericht über den Ozean und die Kryosphäre in einem sich wandelnden Klima (SROCC). Finale Version vom 20.11.2020; unter: www.de-ipcc.de

9

Veränderungen in der Atmosphäre

Greenland.com: Was denkst du über den Klimawandel und seine Auswirkungen auf deinen Garten?

„[…] Ganz persönlich freue ich mich darüber […]. Wenn die Winter milder sind, werden neben meinen Kartoffeln auch meine Erdbeeren deutlich besser. Die überwinternden Erdbeerpflanzen überleben sehr gut unter der Erde, wenn ich sie mit viel trockenem Heu und Gewebematerial bedecke. Sie kommen früher zurück. Plötzlich haben wir den ganzen Sommer über Erdbeeren und darüber freue ich mich so richtig."

Sarah Woodall: URBAN GARDENING – Wie man Grönland grüner macht; unter: https://visitgreenland.com

8

Die Folgen der langanhaltenden Dürre in Australien (2019)

„Das Ausmaß der Feuer ist gewaltig: Insgesamt 186 000 Quadratkilometer sind verbrannt, eine Fläche halb so groß wie Deutschland. Mehr als 6 000 Häuser wurden zerstört, mindestens 34 Menschen starben und schätzungsweise anderthalb Milliarden Tiere. [...] Noch verheerendere Brände gab es in Australien nur in den Jahren 1974/75 und 2002, allerdings in Gebieten, in denen Feuer jedes Jahr vorkommen und zum natürlichen Kreislauf gehören."

Andreas Frey: Warum brannte Australien? In: FAZ.net, 22.3.2020; unter: www.faz.net

10

🌐 **Linktipp**
Interaktive Karte Meeresspiegelanstieg
4z454e

🌐 **Linktipp**
Interaktive Karte Brände
4z454e

Globale Herausforderung Klimawandel **1**

11 Satellitenbild eines Hurrikans

13 Schäden nach einem Hurrikan in Mexiko

Tropische Wirbelstürme

Die Hurrikan-Saison 2020 erwies sich als außergewöhnlich stark: Mit 29 Tropenstürmen wurden so viele wie nie zuvor seit Beginn der Messungen registriert. Die Prognosen vom Beginn des Jahres wurden damit sogar übertroffen. Die gängigen Namen zur Bezeichnung der Stürme reichten nicht mehr aus, sodass zur Benennung am Ende der Saison auf das griechische Alphabet zurückgegriffen werden musste.

Viele Klimaforschende sehen einen Zusammenhang zwischen dem Anstieg bzw. der Intensivierung von Sturmereignissen und dem anthropogenen Klimawandel. Mit Blick auf die Entstehung und Auswirkungen von tropischen Stürmen wird die Verknüpfung von Hydrosphäre und Atmosphäre deutlich.

Um zu verstehen, wie die Erderwärmung und die tropischen Stürme miteinander in Beziehung stehen, muss zunächst das Phänomen der tropischen Wirbelstürme selbst erläutert werden. Diese entstehen in einem spezifischen geographischen Korridor unter bestimmten Rahmenbedingungen.

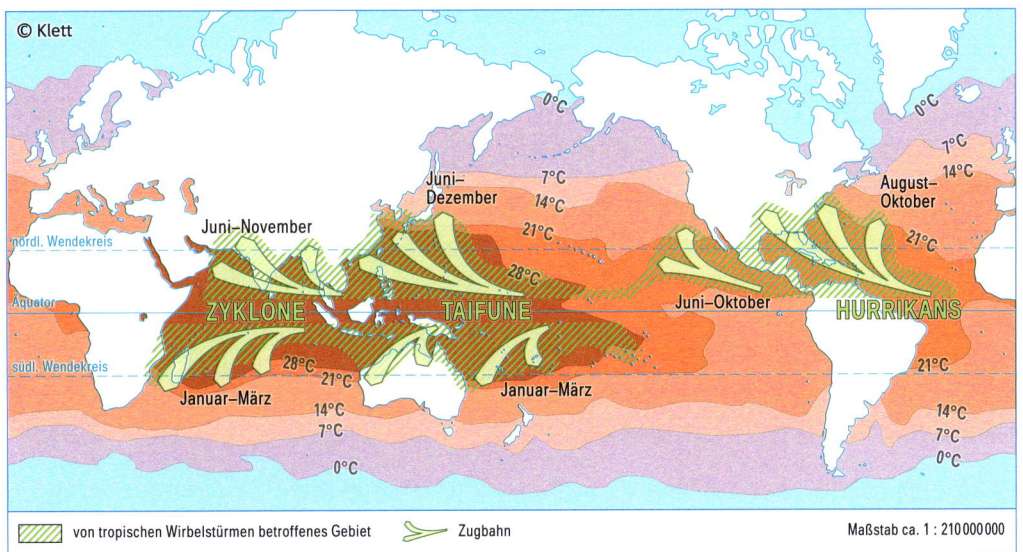

12 Verbreitung tropischer Wirbelstürme und Meerestemperaturen

27

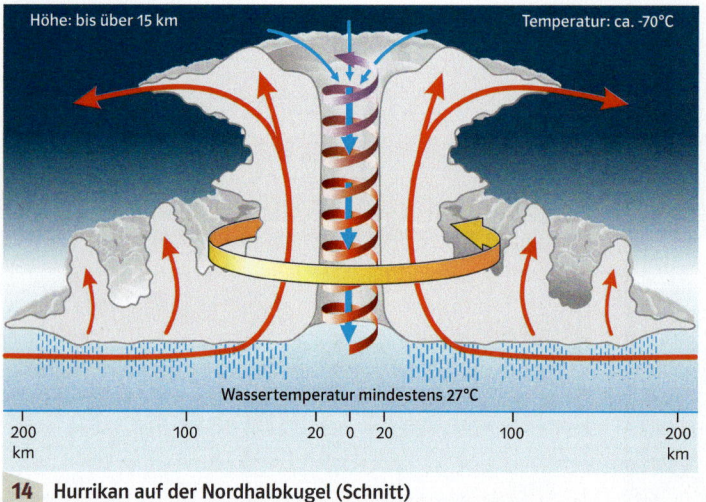

14 Hurrikan auf der Nordhalbkugel (Schnitt)

Weitere Voraussetzungen, damit aus einem Tiefdruckgebiet ein Wirbelsturm wird:

1	Wasser-temperatur	mindestens 26–27 °C → ausreichend Wasserdampf zur Bildung besonders hoher Gewitterwolken
2	Höhenwinde	gleiche Stärke und Richtung → sonst wird der „Wolkenturm" auseinandergerissen
3	geographische Lage	etwa 5° nördliche bzw. südliche Breite → Entfernung zum Äquator, damit die Corioliskraft die Drehbewegung bewirkt

15

Die Entstehung tropischer Wirbelstürme

Tropische Wirbelstürme bilden sich in einer spezifischen geographischen Lage der Erde und sind abhängig von den Meeresoberflächentemperaturen (Karte 12). Ihre Bezeichnung variiert: Hurrikan (Atlantik und Pazifik) in Nord- und Mittelamerika, Taifun (Pazifik) in Südostasien und Ozeanien sowie Zyklon (Indischer Ozean).

Zunächst bilden sich als Basis eines Wirbelsturms Tiefdruckgebiete über tropischen Meeren. Große Mengen an Wasser verdunsten als Folge der hohen Sonneneinstrahlung in Äquatornähe. Die erwärmten, feuchten Luftmassen steigen auf und kühlen sich mit zunehmender Höhe ab, wodurch es zur Kondensation und Gewitterwolkenbildung kommt. Ab einer Höhe von 15–18 km fließen die Luftmassen auseinander. Der Luftdruck über der Meeresoberfläche wird dadurch geringer und ein Tiefdruckgebiet entsteht. Von den Seiten strömen weitere Luftmassen zum Tiefdruckgebiet, um den Druckunterschied auszugleichen. Die von den Seiten nachströmende Luft erwärmt sich und steigt ebenfalls auf. Der Luftdruck über der Meeresoberfläche nimmt wieder ab und ein Kreislauf entwickelt sich, der die Grundvoraussetzung von Wirbelstürmen darstellt.

Sofern weitere Voraussetzungen erfüllt sind, entsteht ein sich selbst verstärkender Mechanismus. Immer mehr Gewitterwolken bauen sich durch die in die Höhe aufsteigende warme, wasserdampfhaltige Luft auf, die dort wieder kondensiert. Luft strömt immer schneller in das Tief, da über der Wasseroberfläche ein Sog entsteht. Ein tropisches Sturmtief entwickelt sich, welches sich durch die Corioliskraft (Material 16) zu drehen beginnt. Wolkenmauern bilden sich spiralförmig durch die sich immer schneller rotierenden Luftmassen.

Corioliskraft

„Luftpartikel, die eine Bewegung relativ zur Erde durchführen, nehmen gleichzeitig auch an der Erdrotation teil. Betrachtet man die Partikelbewegung in einem mitrotierenden, also erdfesten Koordinatensystem, resultiert daraus eine seitliche Ablenkung der Teilchen und zwar auf der Nordhalbkugel nach rechts, auf der Südhalbkugel nach links aus der ursprünglichen Bewegungsrichtung heraus."

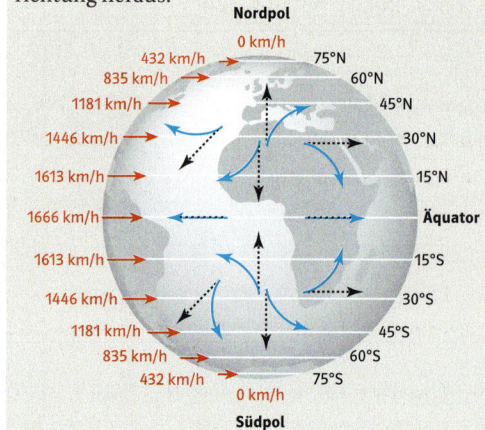

Deutscher Wetterdienst (DWD): Wetterlexikon; unter: www.dwd.de

16

2 Beschreiben Sie die globale Verteilung tropischer Wirbelstürme.

3 Erklären Sie die Entstehung von tropischen Wirbelstürmen (zum Beispiel auf der Nordhalbkugel).

Im Zentrum des Sturmsystems formt sich das „Sturmauge" mit einem Durchmesser von 30–50 km. In dieser Zone sinkt die Luft aus der Höhe ab und erwärmt sich erneut, weil der Luftdruck zunimmt. Die Wassertropfen verdunsten und die Wolken lösen sich auf. Am Boden ist es daher windstill und niederschlagfrei. Die höchsten Windgeschwindigkeiten und Niederschlagsmengen werden in der Wolkenwand erreicht.

Über dem offenen Meer können die tropischen Stürme Geschwindigkeiten von 150–200 km/h erreichen. Auf dem Festland verlieren sie jedoch ihre Intensität. Ihre Stärke und Zugrichtung sind schwer zu prognostizieren, da diese von einigen Parametern abhängen. Angetrieben von den Passatwinden verlagern sie sich auf der Nordhalbkugel westwärts und können Strecken von mehreren Tausend Kilometern überwinden. Im Atlantik ziehen Hurrikans grundsätzlich in Richtung des Golfs von Mexiko. Abhängig von der Lage des Azorenhochs ziehen sie bisweilen gen Norden und erreichen somit häufig die Ostküste der USA.

Klassifizierung und Auswirkungen

Hurrikane im Nordatlantik werden je nach Windgeschwindigkeit nach der sogenannten Saffir-Simpson-Skala in fünf Kategorien eingeteilt. Die Benennung als tropischer Wirbelsturm erfolgt ab einer Windgeschwindigkeit von 56 km/h. Ab 118 km/h spricht man von einem Hurrikan, ab 178 km/h liegt ein Hurrikan der Kategorie 3 vor, über 249 km/h ein Hurrikan der Kategorie 5. Besonders großen Schaden richten sie in Nationen an, in denen sozioökonomische Verwundbarkeiten der Bevölkerung herrschen und wenig Ressourcen zur Katastrophenbewältigung zur Verfügung stehen. Falls durch den Klimawandel die Anzahl von Wirbelstürmen zunimmt, werden Menschen noch stärker gefährdet und anfälliger für die verheerenden Auswirkungen, die diese Sturmsysteme haben können. Fehlen Vorsorge, Katastrophenschutz, adäquate Umgangsmittel, finanzielle Mittel und Wissen, werden Menschen verwundbar.

Einfluss des Klimawandels

„Der Klimawandel begünstigt die Bildung von Stürmen, da er die Erwärmung der Meere vorantreibt. Experten erwarten künftig eine Zunahme von heftigen Stürmen. Schwache Stürme werden dagegen seltener. Es wurde sogar diskutiert, ob die fünf Kategorien für Hurrikane noch ausreichen und ob nicht höhere eingeführt werden müssen. Neben der höheren Intensität bewegen sich die Stürme aber langsamer voran. So ist die Geschwindigkeit von Stürmen zwischen 1949 und 2019 im Schnitt um zehn Prozent gesunken. Der Grund dafür liegt in der langsameren Zirkulation der tropischen Atmosphäre durch die globale Erwärmung, schreibt der Klima- und Meeresforscher Stefan Rahmstorf vom Potsdam-Institut für Klimafolgenforschung (PIK). Eine gute Nachricht ist das aber nicht, wenn Stürme teils unter der Schrittgeschwindigkeit eines Fußgängers über Land schleichen. Der Wind ist für die Schäden, den Tropenstürme anrichten, meist nicht der ausschlaggebende Faktor. Die größte Zerstörung richten Sturmfluten und Regenmengen an. Und die fallen größer aus, wenn sich die Stürme langsam bewegen. [...]. In diesem Jahr [2020] sind die Bedingungen für die Bildung solcher Stürme ganz besonders günstig. In Teilen des Atlantiks und im Golf von Mexiko ist die Oberflächentemperatur des Meerwassers überdurchschnittlich warm. Westlich von Florida wurden sogar schon Temperaturen von um die 30 Grad ermittelt."

joe: Sturm „Eta" markiert Hurrikan-Rekord. In: Spiegel Online, 4.11.2020; unter: www.spiegel.de

18

→ Verwundbarkeit S. 87

→ Podcast erstellen S. 156/157

Stellen Sie sich vor, der Klimawandel schreitet ungebremst voran.
Wie könnten sich Sturmereignisse in den kommenden Jahrzehnten auf betroffene Regionen auswirken? Erörtern Sie auf der Grundlage eigener internetbasierter Recherchen, inwiefern Klimawandel und tropische Wirbelstürme zusammenhängen (z. B. auch als Podcast).

Klassifizierung von Hurrikanen		
Kategorie	Wind (in km/h)	Auswirkungen
Tropischer Wirbelsturm	56–117	starker Wind
Hurrikan 1 (schwach)	118–153	Schäden an Straßen, Bäumen
Hurrikan 2 (mäßig)	154–177	entwurzelte Bäume, aus Halterung gerissene Wegweiser, (Küsten-)Straßen unter Wasser
Hurrikan 3 (stark)	178–210	Bäume und Leitungsmasten am Boden, zerstörte Wohnmobile, umherfliegende Teile sind in Gefahr
Hurrikan 4 (sehr stark)	211–249	zerstörte Dächer, Türen, Fenster, Lebensgefahr in Küstennähe (bis 3 km) durch Sturmflut
Hurrikan 5 (verwüstend)	über 249	Häuser stürzen ein, Lebensgefahr in Küstennähe (bis 16 km) durch Sturmflut

Eigene Zusammenstellung nach Hamburger Bildungsserver: Tropische Wirbelstürme: Aufbau, Entstehung, Verbreitung, Klassifizierung; unter: https://bildungsserver.hamburg.de

17

1.5 Die Arktis – zentrales Kipp-Element im Klimawandel mit Auswirkungen in Mitteleuropa

Wie sich das Klima in den unterschiedlichen Regionen der Erde in den kommenden Jahrzehnten entwickeln wird, ist von vielen Faktoren abhängig, die sich gegenseitig beeinflussen. Besondere Beachtung finden dabei die Kipp-Elemente des Klimasystems, insbesondere in der Arktis. Doch inwieweit beeinflussen die Veränderungen des Klimas in der Arktis das Klima und auch das Wetter in Mitteleuropa?

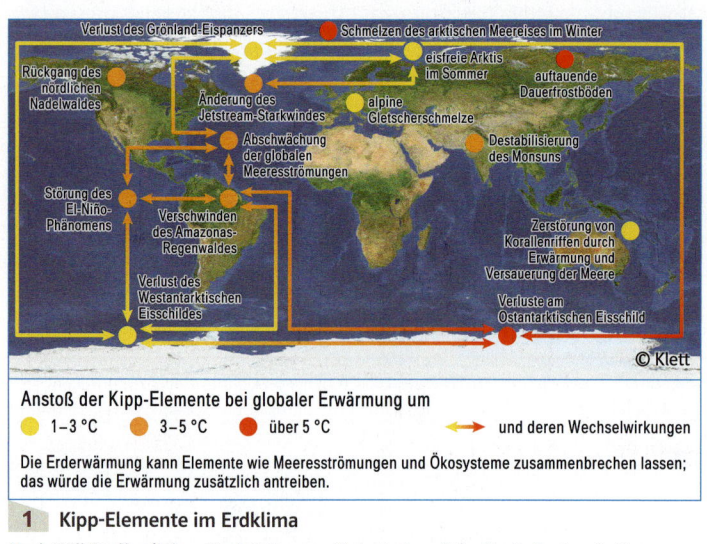

1 Kipp-Elemente im Erdklima
Nach Will Steffen/Johan Rockström u.a.: Trajectories of the Earth System in the Anthropocene. In: PNAS 115(33), 14.8.2018; unter: www.pnas.org

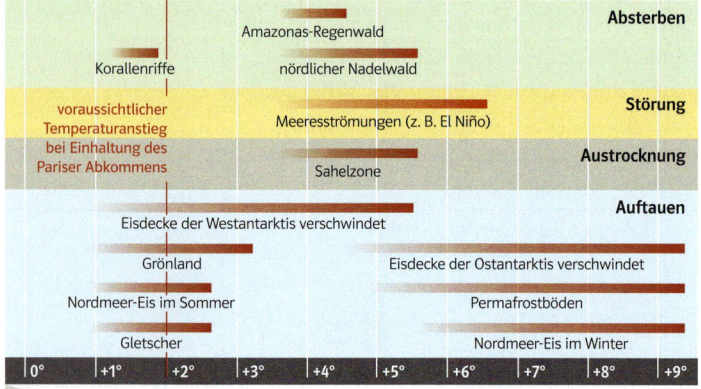

2 Folgen des Klimawandel in Abhängigkeit vom Temperaturanstieg
Nach PIK/Schellnhuber, Rahmsdorf, Winkelmann: Nature Climate Change 2, 2016. In: Zeit 30.1.2020, S. 38

Kipp-Elemente des globalen Klimasystems

Führt der globale Klimawandel zu einer eher langsamen, linearen Zunahme der globalen Durchschnittstemperatur? Oder ändert sich das Klima abrupt, geradeso als würde man einen Schalter umlegen? Forschende am Potsdam-Institut für Klimafolgenforschung (PIK) haben potenzielle **Kipp-Elemente (früher auch Kipp-Punkte oder Tipping Points)** identifiziert, z.B. den Permafrost in der Polarregion. Taut der Permafrost, kann durch eine geringe Temperaturerhöhung ein Schwellenwert erreicht und damit eine qualitative Änderung des Klimasystems ausgelöst werden. Ein neuer, oft nicht umkehrbarer Zustand wird erreicht. Begünstigt werden solche Prozesse durch Rückkopplungen. Die Kipp-Elemente erreichen bei unterschiedlichen Temperaturen ihren Schwellenwert. Wie bei einem Dominoeffekt kann das Überschreiten des einen Kipp-Elements die Überschreitung eines anderen auslösen. Über Wechselwirkungen können sich wie in einer Kaskade weitere Kipp-Elemente ändern.

Kipp-Element Permafrost

Permafrost bedeckt etwa 25% der Landfläche auf der Nordhalbkugel. Der größte Teil befindet sich in den Polarregionen, kleinere Vorkommen in den Hochgebirgen. Permafrost bildet sich, wenn der Boden in zwei aufeinanderfolgenden Jahren dauerhaft gefroren ist. Im arktischen Permafrost sind gewaltige Mengen organischen Kohlenstoffs in Pflanzen und Tierresten eingeschlossen. Insgesamt werden dort zwischen 1300 und 1600 Gigatonnen (Gt) Kohlenstoff gespeichert, in der Atmosphäre etwa 860 Gt. Bis 2100 könnten bis zu 92 Gt Kohlenstoff aus dem Permafrost in die Atmosphäre gelangen. Taut der Permafrost auf, zersetzen Mikroorganismen die Tier- und Pflanzenreste und produzieren Kohlenstoffdioxid und Methan. Bisher wurde vermutet, dass nur sehr geringe Mengen Methan gebildet werden. Nach einer neuen Studie entsteht aber genauso viel Methan wie CO_2.

---

1 Beschreiben Sie den Fachbegriff Kipp-Elemente in eigenen Worten.

2 Der Klimaforscher Stefan Rahmstorf äußert im Hinblick auf Kipp-Elemente: „Das Klimasystem ist kein träges und gutmütiges Faultier, sondern es kann sehr abrupt und heftig reagieren." Erläutern Sie diese Aussage.

Globale Herausforderung Klimawandel 1

Ursachen und Auswirkungen des Klimawandels in der Arktis

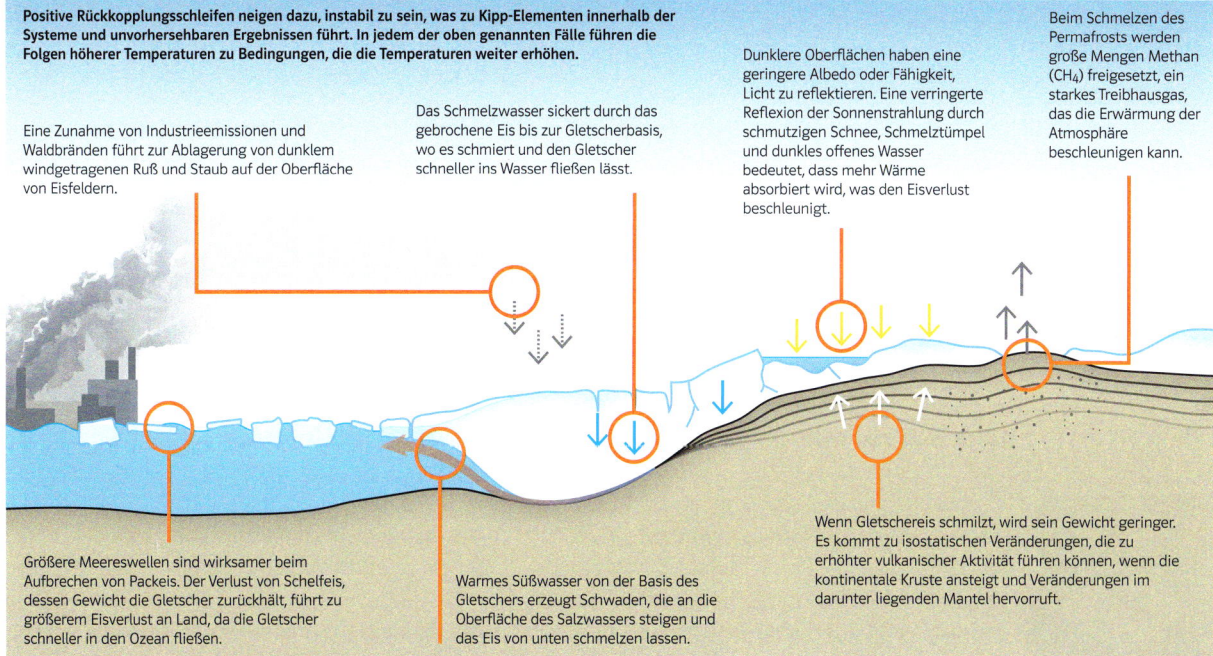

Positive Rückkopplungsschleifen neigen dazu, instabil zu sein, was zu Kipp-Elementen innerhalb der Systeme und unvorhersehbaren Ergebnissen führt. In jedem der oben genannten Fälle führen die Folgen höherer Temperaturen zu Bedingungen, die die Temperaturen weiter erhöhen.

Eine Zunahme von Industrieemissionen und Waldbränden führt zur Ablagerung von dunklem windgetragenen Ruß und Staub auf der Oberfläche von Eisfeldern.

Das Schmelzwasser sickert durch das gebrochene Eis bis zur Gletscherbasis, wo es schmiert und den Gletscher schneller ins Wasser fließen lässt.

Dunklere Oberflächen haben eine geringere Albedo oder Fähigkeit, Licht zu reflektieren. Eine verringerte Reflexion der Sonnenstrahlung durch schmutzigen Schnee, Schmelztümpel und dunkles offenes Wasser bedeutet, dass mehr Wärme absorbiert wird, was den Eisverlust beschleunigt.

Beim Schmelzen des Permafrosts werden große Mengen Methan (CH_4) freigesetzt, ein starkes Treibhausgas, das die Erwärmung der Atmosphäre beschleunigen kann.

Größere Meereswellen sind wirksamer beim Aufbrechen von Packeis. Der Verlust von Schelfeis, dessen Gewicht die Gletscher zurückhält, führt zu größerem Eisverlust an Land, da die Gletscher schneller in den Ozean fließen.

Warmes Süßwasser von der Basis des Gletschers erzeugt Schwaden, die an die Oberfläche des Salzwassers steigen und das Eis von unten schmelzen lassen.

Wenn Gletschereis schmilzt, wird sein Gewicht geringer. Es kommt zu isostatischen Veränderungen, die zu erhöhter vulkanischer Aktivität führen können, wenn die kontinentale Kruste ansteigt und Veränderungen im darunter liegenden Mantel hervorruft.

3 Rückkopplungsschleifen durch Abschmelzvorgänge
Nach Alternatives Journal: Canada's Environmental Voice; unter: www.alternativesjournal.ca

Der Einfluss der Arktis

In der Arktis steigen die Temperaturen doppelt so schnell wie im weltweiten Durchschnitt. Das hat Auswirkungen auf die arktischen Kipp-Elemente:

Abschwächung der thermohalinen Zirkulation. Im Nordatlantik hat das Wasser aufgrund der tieferen Temperaturen und eines höheren Salzgehaltes eine höhere Dichte und sinkt in die Tiefe. Konzentrations- und Temperaturunterschiede sind damit der Motor der thermohalinen Zirkulation. Erwärmt sich die Arktis, wird die Zirkulation abgeschwächt. Die Zufuhr von Süßwasser aus geschmolzenem Inlandeis und die zunehmenden Niederschläge verringern den Salzgehalt und damit die Dichte des Meerwassers. Verstärkt wird dieser Prozess durch höhere Wassertemperaturen.

Verlust des arktischen Meereises. Aktuell schmelzen bereits 80 % des neu gebildeten Eises, welches alljährlich in den russischen Randmeeren der Arktis entsteht, im gleichen Jahr wieder ab. Auch berichten Forscher, dass das Meereis bis zu 30 % dünner ist als vor 15 Jahren.

Tauender Permafrost produziert große Mengen an Kohlenstoffdioxid und Methan, verstärkt die globale Erwärmung und damit auch das Tauen des Permafrosts. Allerdings werden sich auf dem aufgetauten Boden Pflanzen ansiedeln, die Kohlenstoffdioxid aus der Atmosphäre aufnehmen und die Erwärmung etwas abschwächen. Der Pflanzenbewuchs verringert die Albedo und verstärkt die Erwärmung. Ein weiteres Kipp-Element, die thermohaline Zirkulation, wird ebenfalls beeinflusst: Der Abfluss von großen Wassermengen aus den tauenden Permafrostgebieten wird den Salzgehalt des arktischen Meeres weiter senken.

Schmelzen des Grönlandeises. Durch Risse im Eis dringt Schmelzwasser in die Tiefe, wirkt dort wie ein Schmiermittel und beschleunigt die Bewegung des Eises in Richtung Meer. Die Oberfläche des Eisschildes absorbiert zudem mehr Sonnenenergie, da der aufgetaute und überfrorene Schnee weniger Sonnenstrahlung reflektiert.

Zwischen 1970 und 1979 hat die Eismasse in Grönland noch um 47 Mrd. t zugenommen. Seit 2000 beträgt der Eisverlust in Grönland jährlich mehr als 500 Mrd. t bei einem Zuwachs von nur 450 Mrd t. Damit hat das Abschmelzen den Punkt überschritten, an dem es noch rückgängig gemacht werden kann.

4

3 „Permafrostboden ist eine tickende Zeitbombe." Erläutern Sie diese Aussage.

4 Ergänzen Sie das Konzept der Kipp-Elemente in Ihrer Darstellung der Dimensionen des Klimawandels (Concept Map).

5 Begründen Sie, warum die MOSAiC-Expedition (S. 12) eine so große Bedeutung für die Erforschung des Klimawandels hat.

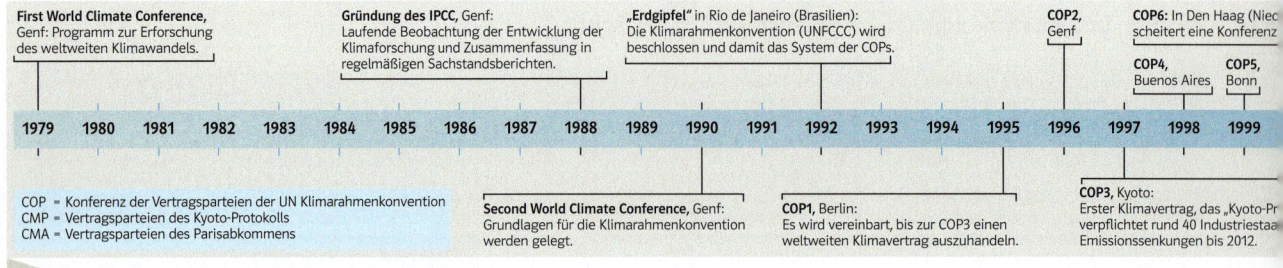

1 Der „Konferenzweg" in eine klimaneutrale Welt

1.6 Der globalen Herausforderung nachhaltig begegnen

Der Klimawandel ist eine besonders komplexe globale Herausforderung. Lösungsorientierte Zukunftsstrategien müssen langfristig angelegt, global vereinbart und regional konsequent umgesetzt werden – so wie es zahlreiche wissenschaftliche Beiträge vorschlagen. Warum ist uns diese Gemeinschaftsaufgabe bislang nicht gelungen?

→ **Simulation einer Weltkonferenz S. 38**
Hier können Sie ausprobieren, wie schwierig Verhandlungen mit unterschiedlichen Interessen zu führen sind.

Adaption
Konzept der Anpassung an den Klimawandel

Mitigation
Konzept zur Reduktion von Treibhausgasen, um Klimaneutralität zu erreichen

Prominente Beispiele wie der Klimawandelleugner Donald Trump (US-Präsident 2017–2021) oder die Klimaaktivistin Greta Thunberg (schwedische Initiatorin der „Skolstrejk för klimatet", aus denen sich seit 2018 die „Fridays for Future"-Bewegung entwickelte) führen uns die Polarisierung in der klimapolitischen Diskussion vor Augen. Dabei prognostizieren renommierte Forschungsarbeiten der letzten Jahrzehnte den regionalen Wandel mit immer größer werdenden Wahrscheinlichkeiten. Der sechste Sachstandsbericht des IPCC (2021) spricht von einer großen Sicherheit für die Richtigkeit der simulierten Zukunftsszenarien. Trotzdem bezweifeln Klimaskeptiker immer noch den anthropogenen Anteil am Klimawandel, der in der Wissenschaft schon lange als erwiesen gilt.

Der lange „Konferenzweg" der Weltgemeinschaft in eine klimaneutrale Welt verdeutlicht die Herausforderung, überregionale Konzepte der **Adaption** und **Mitigation** verbindlich miteinander zu vereinbaren. Es ist schwierig, einen Konsens zwischen den vielfältigen nationalen Perspektiven und Handlungsmustern zu finden, die z.B. aufgrund unterschiedlicher wirtschaftlicher Interessen oder der realen Bedrohung durch die Klimaveränderung deutlich voneinander abweichen können. Politische Entscheidungen mussten und müssen in einer Atmosphäre der Ambiguität diskutiert werden, d.h., verwendete Argumentationsgrundlagen stützen sich auf wissenschaftliche Simulationen. Zudem ist der Erfolg einer Maßnahme häufig erst nach Jahren bzw. Jahrzehnten sichtbar. In Diskussionen war es so für Skeptiker einfacher, Argumente zu entkräften und Entscheidungsträger zu verunsichern.

Der Alleingang eines Staates kann die globale Herausforderung nicht meistern, denn der Klimawandel stoppt nicht vor nationalen Grenzen. Lösungsstrategien müssen als Gemeinschaftsaufgabe international umgesetzt werden. Die Abhängigkeit voneinander zwang die Staaten somit immer wieder an den Verhandlungstisch. 2015 ist es mit dem Pariser Klimaabkommen gelungen, ein gemeinsames Ziel für die Staatengemeinschaft zu formulieren: Der Anstieg der durchschnittlichen Erdtemperatur gegenüber dem vorindustriellen Niveau soll auf unter 2 °C gehalten werden, nach Möglichkeit sogar unter 1,5 °C. Denn jedes Zehntel Grad zählt, um Klimarisiken zu verhindern. Das Abkommen steht aber auch in der Kritik, da zwar das Ziel, aber nicht verbindliche Maßnahmen vereinbart wurden. So gilt es zu beobachten, wie konsequent regional gehandelt wird. In jüngster Zeit erhöhten Bewegungen wie „Fridays for Future" den Druck auf politische Entscheidungsträger, um ein mutiges und verantwortungsvolles Handeln auf nachhaltigen Pfaden einzufordern.

2 Die Rettung des Klimas: Jedes Jahr entscheidet!

Globale Herausforderung Klimawandel

Linktipp Interaktiver IPCC-Atlas 4z454e
Erklärfilm Handlungsstrategien 4z454e

Zeitstrahl der Weltklimakonferenzen

- **COP8**, Neu-Delhi
- Marrakesch: Bericht
- **COP10**, Buenos Aires: Beschluss über Emissionshandel (2003)
- **COP11, CMP1**, Montreal: Kyoto-Protokoll ist in Kraft getreten, erstmals tagt eine CMP (2005)
- **COP12**, Nairobi (2006)
- **COP13, CMP3**, Bali: Die Staaten beschließen Nachfolge-Vertrag für das Kyoto-Protokoll. (2007)
- **COP14**, Posen (2008)
- **COP15, CMP5**, Kopenhagen: Der Klimagipfel scheitert. (2009)
- **COP16, CMP6**, Cancún: Alle Staaten beschließen, die Erderwärmung auf höchstens 2°C zu begrenzen. (2010)
- **COP17, CMP5**, Durban: Kyoto-Protokoll wird verlängert. (2011)
- **COP18**, Doha: Verlängerung des Kyoto-Protokolls bis 2020. (2012)
- **COP19**, Warschau (2013)
- **COP20, CMP10**, Lima: 5. IPPC-Bericht. (2014)
- **COP21, CMP11**, Paris: Mit dem Paris-Abkommen wird ein neuer Weltklimavertrag geschlossen und von genügend Staaten ratifiziert. (2015)
- **COP22, CMP12, CMA1**, Marrakesch (2016)
- **COP23, CMP13. CMA 1-2**, Durban: COP hat der Inselstaat Fidschi, aber am Sitz des UN-Klimasekretariats in Bonn Meeting der Paris-Unterzeichner (CMA). (2017)
- **COP24, CMP14, CMA1-3**, Kattowitz: Verabschiedung des Regelbuchs. (2018)
- **COP25, CMP15, CMA2**, Madrid: Nachbesserung der Klimaschutzpläne bis 2020. (2019)
- **COP26, CMP16, CMA3**, Glasgow (2021)

3 Klimarisiken bei einer globalen Erwärmung von 1,5°C oder 2°C

Risiko	globale Erwärmung 1,5°C	globale Erwärmung 2°C
Extremwetterereignisse: z.B. Überflutungen	100%	170%
Artenvielfalt: Anteil der Arten, die beeinträchtigt sind	6% Insekten, 8% Pflanzen, 4% Wirbeltiere	18% Insekten, 16% Pflanzen, 8% Wirbeltiere
Wasser: Anzahl der Stadtbewohner, die bis 2100 extremer Trockenheit ausgesetzt sind	350 Mio.	410 Mio.
arktisches Meer: eisfreie Sommer	mind. einmal in 100 J.	mind. einmal in 10 J.
Bevölkerung: Anteil, der mind. einmal in 20 J. extremer Hitze ausgesetzt sein wird	9% (700 Mio. Menschen)	28% (2 Mrd. Menschen)
Meeresspiegelanstieg bis 2100	48 cm (46 Mio. Menschen)	56 cm (49 Mio. Menschen)
Korallenbleiche: Korallensterben bis 2100	70%	100%

Ozeane: Einbußen der Artenvielfalt, Schwankungen im Ökosystem, Beeinträchtigung von ökologischen Funktionen und Diensten

Nahrungsmittel: jedes halbe Grad mehr Erwärmung verringert Erträge und Nährstoffe in tropischen Regionen

Kosten: sinkendes Wirtschaftswachstum v.a. in Niedriglohnländern

Eigene Zusammenstellung nach klimafakten.de: Neue Infografik: Macht ein halbes Grad weniger Erderwärmung einen Unterschied?, 21.8.2018; unter: www.klimafakten.de; WWF

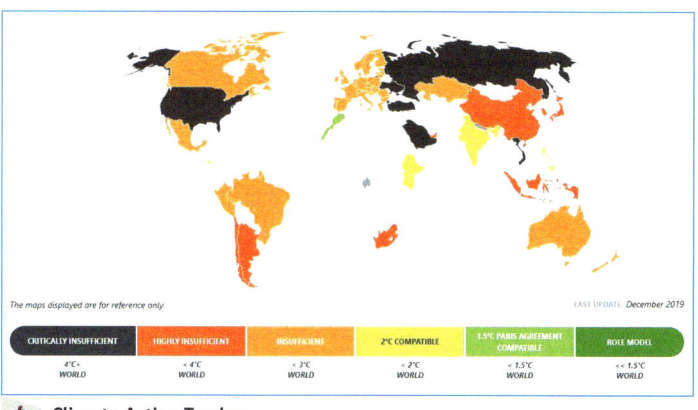

4 Climate Action Tracker

Lesehilfe: Der Climate Action Tracker stellt auf dieser Weltkarte dar, inwieweit die NDCs (Nationally Determined Contributions, also die national festgelegten Beiträge), die Zusagen für 2020, die langfristigen Ziele und die derzeitige Politik der einzelnen Staaten mit dem Temperaturziel des Pariser Abkommens von 1,5°C vereinbar sind.

Nach © 2020 Climate Action Tracker. https://climateactiontracker.org/countries/

1 Ergänzen Sie den Zeitstrahl mit den Ergebnissen der jüngsten Weltklimakonferenzen.

2 Erläutern Sie mit eigenen Worten, warum die Ambiguität Einfluss auf die Klimapolitik hat.

3 Das 1,5-Grad-Ziel:
a) Begründen Sie die Notwendigkeit des 1,5-Grad-Ziels.
b) Beschreiben Sie anhand von Grafik 4 Ländergruppen, die ihre Politik an den Vorgaben des Pariser Abkommens sehr gut bzw. überhaupt nicht ausgerichtet haben.
c) Recherchieren Sie im interaktiven Atlas des 6. Sachstandsberichts (IPCC) die regionalen Unterschiede der Szenarien für Mitteleuropa in 2050 und 2100.

4 Nehmen Sie kritisch zur Aussage der Karikatur Stellung.

1.7 Den Klimawandel bewältigen: von der Adaption zur Mitigation

Welche konkreten Maßnahmen können die Auswirkungen des Klimawandels begrenzen? Konzepte der Adaption (Anpassung an den Klimawandel) und Mitigation (Reduktion von Treibhausgasen) beschreiben Handlungsspielräume, mit denen der globale Temperaturanstieg auf 2 °C, möglichst 1,5 °C begrenzt werden kann. Ziel ist es, bis Mitte des 21. Jahrhunderts Klimaneutralität zu erreichen. Die Abkehr von kohlenstoffhaltigen Energieträgern, die sogenannte Dekarbonisierung, ist dabei ein wichtiger Baustein der Strategiekonzepte.

Arbeitsteilige Gruppenarbeit
Bilden Sie Gruppen zu viert und teilen Sie sich innerhalb Ihrer Gruppe in zwei Partnergruppen auf (A und B). Die Materialien finden Sie auf den folgenden Seiten:
Materialpaket A: Beispiel Ernährung → S. 35, Carbon Law → S. 36, Geo-Engineering → S. 37
Materialpaket B: DAS/ Unterschiedliche Möglichkeiten der Adaption → S. 34, Resilienz im Klimawandel → S. 35, Budget-Ansatz → S. 36

1 Partnerarbeit: Bearbeiten Sie Ihr Materialpaket (A bzw. B), indem Sie in Einzelarbeit die Materialien konzentriert lesen, Fragen notieren und anschließend im Austausch mit Ihrem Partner klären. Arbeiten Sie danach Kernaussagen der Ihnen zugeordneten Strategien heraus und bereiten Sie einen Kurzvortrag für die anderen beiden vor. Bedenken Sie, dass die anderen die Materialien nicht kennen.
Notieren Sie abschließend zwei Kontrollfragen auf Karteikarten zur Überprüfung des Wissens.

2 Gruppenarbeit: Stellen Sie sich in Ihrer Gruppe gegenseitig die unterschiedlichen Strategien mithilfe Ihrer Vorträge vor und klären Sie Nachfragen. Überprüfen Sie mithilfe Ihrer vorbereiteten Kontrollfragen, ob die beiden anderen Ihre Ausführungen verstanden haben.

3 Plenum: Im Plenum werden die unterschiedlichen Strategien nochmals vorgestellt. Dabei wird per Losverfahren entschieden, wer vorstellen darf. Nach einer vertiefenden Phase im Plenum übertragen Sie eigenständig Ihr neues Wissen in Ihre Concept Map. Abschließend werden die Kontrollfragen aus den Gruppen eingesammelt und stichprobenweise im Plenum gestellt und gelöst.

→ Weinanbau im Rheingau S. 42

Deutsche Anpassungsstrategie (DAS)

Deutschland hat 2008 eine Anpassungsstrategie verabschiedet. Damit sollen sowohl kurzfristige als auch langfristige Folgen des Klimawandels bei Planungen bedacht werden. Im Blick sind z. B. die Sicherung der Stromerzeugung, nachhaltiger Hochwasserschutz, der Anbau neuer Nutzpflanzen, die Reduzierung der Hitzebelastung in Ballungsräumen, aber auch die Veränderung von Lebensgewohnheiten und Wirtschaftsformen. Diese Maßnahmen zielen auf eine langfristige, vorbeugende, die Resilienz (Widerstandsfähigkeit) stärkende Anpassung. Sie unterscheiden sich von kurzfristigen Maßnahmen wie der Bewässerung von Feldern oder der Erhöhung von Dämmen.

1 Unterschiedliche Möglichkeiten der Adaption
Nach Daniela Jacob u. a.: Summary for Urban Policymakers – What the IPCC Special Report on 1.5 °C Means for Cities. 2018, S. 13; unter: www.globalcovenantofmayors.org

Linktipp
CO₂-Rechner
4z454e

Globale Herausforderung Klimawandel 1

Beispiel Ernährung

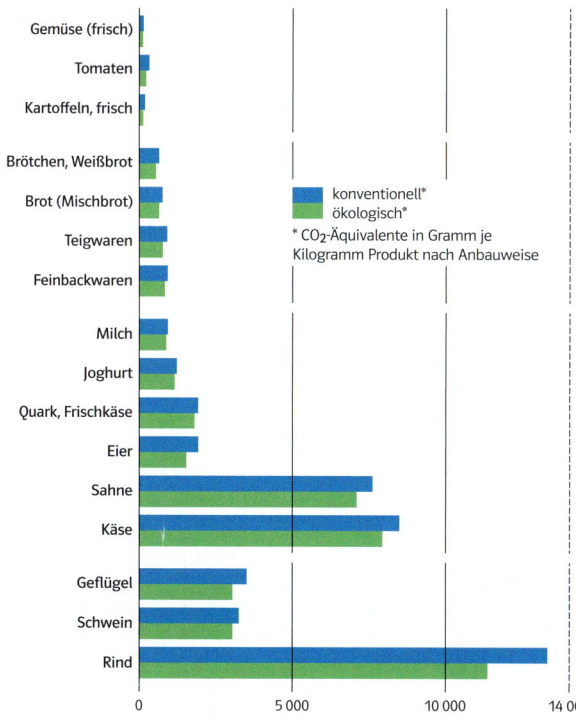

Treibhausgasemissionen von Nahrungsprodukten nach Anbau- und Haltungsart
Nach Our World in Data; unter: https://ourworldindata.org

2

Durchschnittlicher CO₂-Fußabdruck pro Kopf (2017: 11,63 t) nach Konsumbereichen in Deutschland
Nach Umweltbundesamt: UBA-CO₂-Rechner 2017

Mehr als zwei Drittel der direkten Treibhausgasemissionen unserer Ernährung können tierischen Produkten zugeordnet werden. Die Produktion von pflanzlichen Nahrungsmitteln verursacht dagegen nur etwa ein Drittel der Treibhausgasemissionen. Weltweit werden 4,58 Mrd. ha oder 91,6 % der weltweit zur Verfügung stehenden Agrarfläche als Weide oder zur Produktion von Futtermittel verwendet.
Produkte aus ökologischer Landwirtschaft schneiden in ihrer CO₂-Bilanz insgesamt besser ab als Produkte aus konventionellem Anbau. Zusätzlich ist ein regionaler und saisonaler Einkauf von Lebensmitteln gut fürs Klima. Eine sinnvoll geplante Vorratshaltung sowie Verwertung von Resten können Lebensmittelabfälle und damit auch CO₂-Emissionen verringern.

Resilienz im Klimawandel: Herausforderung für Städte

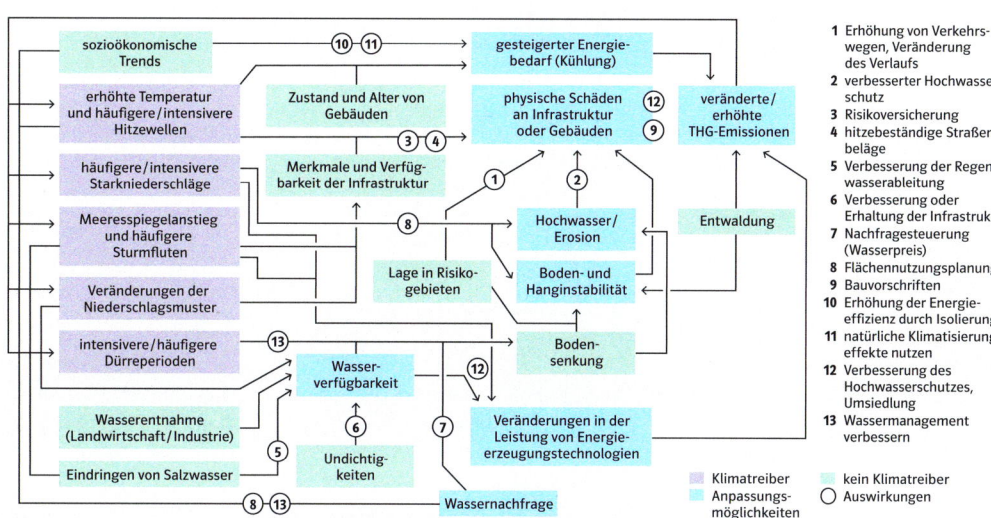

Wirkungsgefüge der Verwundbarkeit von städtischen Räumen im Klimawandel
Nach Climate Service Center Germany (GERICS)/KfW Development Bank: Climate Focus Paper: Cities and Climate Change. Hamburg/Frankfurt a. M. 2015, S. 3; unter: www.gerics.de

3

Mehr als die Hälfte der Weltbevölkerung lebt in Städten. Heißere Temperaturen, intensivere Dürreperioden oder extreme Regenfälle sowie ein steigender Meeresspiegel gefährden die dicht besiedelten urbanen Gebiete und damit die Lebensqualität und den Zugang zu grundlegenden Dienstleistungen. Mit welchen Maßnahmen können Städte ihre Resilienz im Klimawandel stärken?

Wahl

Der Budgetansatz

Im Rahmen der Klimakonferenz in Kopenhagen (2009) ist der Budgetansatz vorgestellt worden, der sich einzig auf die CO_2-Emissionen konzentriert. Forscherinnen und Forscher schlagen eine maximale globale Emissionsmenge von 900 Gt CO_2 für den Zeitraum von 2010–2050 vor, um die Erwärmung auf unter 2 °C zu begrenzen.

Ausgehend von diesem globalen Budget berechnen sich die nationalen Budgets. Mit einem Anteil von 1,1 % an der Weltbevölkerung entspricht das deutsche Budget Anfang 2016 noch 9,7 Gt. Nach jährlichen CO_2-Emissionen von ca. 0,8 Gt verbleibt in Deutschland ab 2019 ein Restbudget von 7,3 Gt.

Die **Dekarbonisierung** ist ein wichtiger Baustein in der Emissionsminderung. Als Dekarbonisierung wird die Abkehr von der Nutzung kohlenstoffhaltiger Energieträger bezeichnet. Ziel ist es, die Emissionsminderung so zu steuern, dass bis zum Erreichen der **Klimaneutralität** die CO_2-Emissionen unter der Budgetgrenze bleiben.

Budget (aus dem Französischen): Haushaltsplan mit zukünftig zu erwartenden Einnahmen und Ausgaben

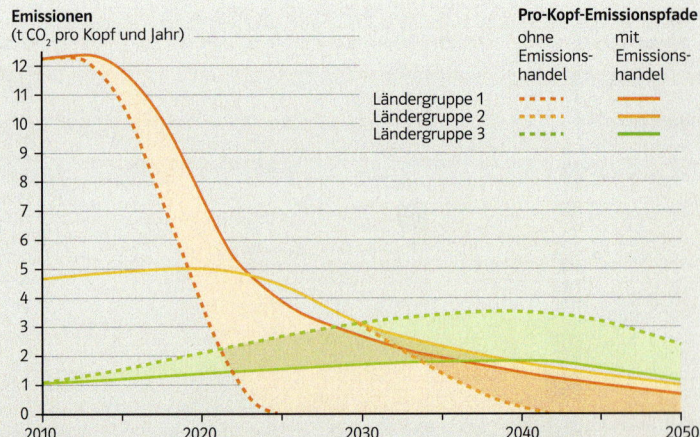

Budget-Ansatz und Emissionshandel
Nach WBGU: Kassensturz für den Weltklimavertrag – der Budgetansatz. Sondergutachten. Berlin 2009, S. 4

Beispiele für Pro-Kopf-Emissionsverläufe von CO_2 aus fossilen Quellen für drei Ländergruppen nach dem Budgetansatz, die sich durch einen Emissionshandel ergeben könnten (durchgezogene Kurven). Annahme dabei: Die Länder der Gruppe 1 erhöhen ihr Budget um 75 %, indem sie Emissionsrechte für 122 Mrd. t CO_2 hinzukaufen. Die Länder in Gruppe 2 kaufen Emissionsrechte im Umfang von insgesamt 41 Mrd. t CO_2 hinzu. Verkäufer der insgesamt 163 Mrd. t CO_2 sind die Länder der Gruppe 3, deren Budget damit um etwa 43 % sinkt. Ländergruppen nach CO_2-Emissionen aus fossilen Quellen pro Kopf und Jahr:
Rot: Ländergruppe 1 (> 5,4 t): Industrieländer (z. B. EU, USA,), ölexport. Länder (z. B. Saudi-Arabien, Venezuela) und wenige Schwellenländer (z. B. Südafrika).
Orange: Ländergruppe 2 (2,7–5,4 t), hier finden sich viele Schwellenländer (z. B. China, Mexiko, Thailand).
Grün: Ländergruppe 3 (< 2,7 t), Entwicklungsländer (z. B. Burkina Faso, Vietnam) und einige große Schwellenländer (z. B. Indien, Brasilien).

4

Carbon Law – der Fahrplan zu einer CO_2-neutralen Welt

Forscherinnen und Forscher am Potsdamer Institut für Klimafolgenforschung (PIK) haben einen Plan für eine CO_2-neutrale Welt entwickelt. Der Carbon-Law-Plan sieht eine Halbierung der CO_2-Emissionen aus fossilen Brennstoffen alle zehn Jahre vor. Gleichzeitig müssen sich die erneuerbaren Energien alle fünf bis sieben Jahre verdoppeln. Ergänzt werden müssen diese Maßnahmen mit der aktiven Entfernung von CO_2 aus der Atmosphäre mittels einer anthropogen entwickelten technischen CO_2-Senke. (Geo-Engineering).

Lesehilfe: Im Jahr 2040 betragen die anthropogenen Netto-CO_2-Emissionen etwa 14 Gt CO_2 im Jahr. Zwar werden in diesem Jahr etwa 35 Gt CO_2 ausgestoßen, aber das CO_2 wird durch Pflanzenwachstum, Aufnahme durch die Ozeane und durch Geo-Engineering (Nutzung von Bioenergie mit CO_2-Abscheidung und Speicherung) aus der Atmosphäre entfernt.

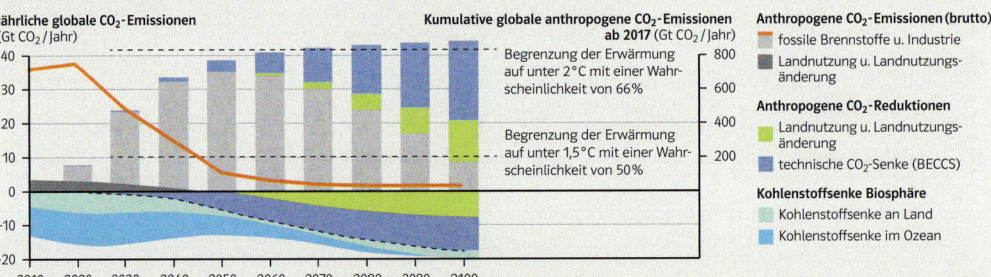

Dekarbonisierungspfad, um das Pariser Abkommen zu erreichen
Nach Johan Rockström u. a.: A roadmap for rapid decarbonization. In: Science 335, 24.3.2017; unter: https://science.sciencemag.org

5

Linktipp
Video Geo-Engineering
4z454e

Globale Herausforderung Klimawandel 1

Geo-Engineering – Techniken für eine CO_2-neutrale Welt?

Mittlerweile gibt es viele technische Vorschläge, die CO_2-Menge in der Atmosphäre zu reduzieren oder den Strahlungshaushalt zu verändern. Ungeklärt sind mögliche Risiken. Es wird befürchtet, dass einige dieser Maßnahmen zu irreparablen Folgen führen.

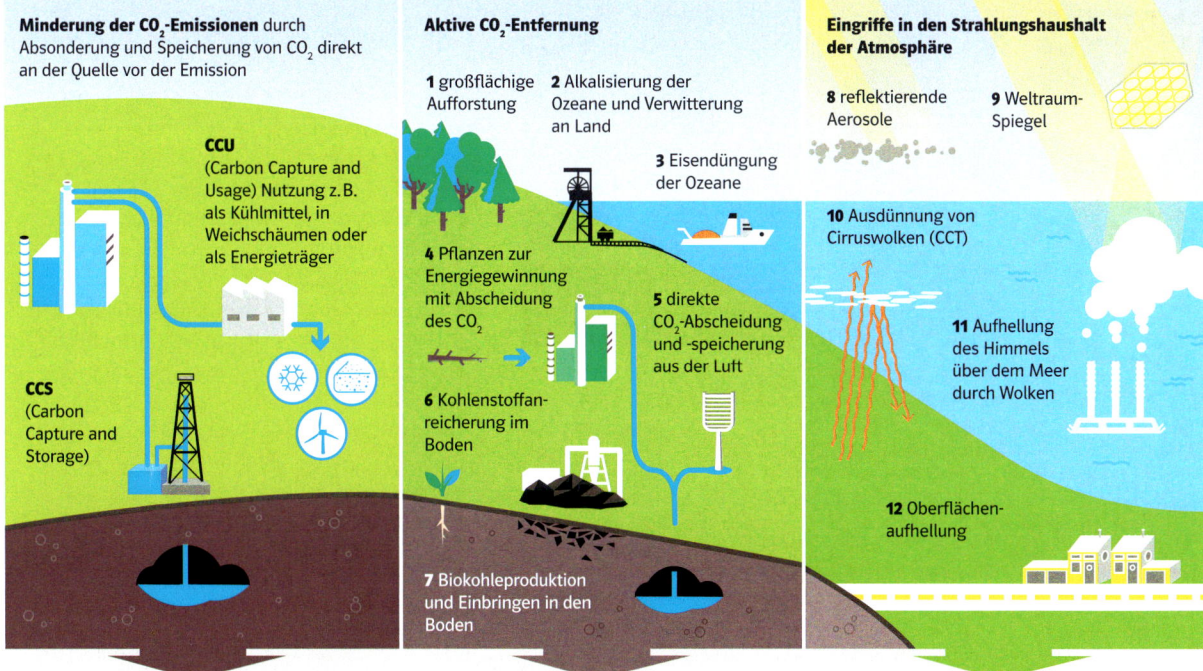

Minderung der CO_2-Emissionen durch Absonderung und Speicherung von CO_2 direkt an der Quelle vor der Emission

CCU (Carbon Capture and Usage) Nutzung z. B. als Kühlmittel, in Weichschäumen oder als Energieträger

CCS (Carbon Capture and Storage)

Aktive CO_2-Entfernung

1 großflächige Aufforstung
2 Alkalisierung der Ozeane und Verwitterung an Land
3 Eisendüngung der Ozeane
4 Pflanzen zur Energiegewinnung mit Abscheidung des CO_2
5 direkte CO_2-Abscheidung und -speicherung aus der Luft
6 Kohlenstoffanreicherung im Boden
7 Biokohleproduktion und Einbringen in den Boden

Eingriffe in den Strahlungshaushalt der Atmosphäre

8 reflektierende Aerosole
9 Weltraum-Spiegel
10 Ausdünnung von Cirruswolken (CCT)
11 Aufhellung des Himmels über dem Meer durch Wolken
12 Oberflächenaufhellung

Bsp. CO_2-Abscheidung und Speicherung (CCS)

 Idee Bei der Verbrennung von Brennstoffen wie Kohle oder Erdgas entsteht CO_2. Dieses könnte aus dem Abgas einer Anlage (beispielsweise eines Kohlekraftwerkes) abgenommen und gelagert werden.

 Potenzial Bei sofortigem Start ließen sich ab dem Jahr 2050 jährlich zwischen 2,4 und 11 Milliarden Tonnen CO_2 aus der Atmosphäre entfernen.

 Risiken CCS verbraucht viel Energie. Der Wirkungsgrad der Kraftwerke verschlechtert sich durch die energieintensive CO_2-Abscheidung erheblich. Die Speicherung von CO_2 ist in Deutschland hoch umstritten.

Bsp. Alkalisierung der Ozeane (2)

 Idee Verschiedene Gesteine enthalten Minerale, die mit CO_2 chemisch reagieren und es binden. Durch das Ausbringen solcher Gesteinspulver im Meer oder an Land ließe sich die CO_2-Aufnahme künstlich verstärken.

Potenzial Durch das Ausbringen von Mineralen im Meer könnten zwischen zehn Millionen und fünf Milliarden Tonnen CO_2 aus der Atmosphäre entfernt werden; an Land circa zwei bis vier Milliarden Tonnen.

Risiken Es müssten mit hohem Energieeinsatz jährlich bis zu zwölf Milliarden Tonnen Gesteine gewonnen, gemahlen und ausgebracht werden. Dafür wäre eine Art neue Bergbauindustrie notwendig. Giftige Schwermetalle könnten freigesetzt werden.

Bsp. Reflektierende Aerosole (8)

Idee Feste Schwebstoffe wie beispielsweise Sulfatpartikel werden in der Stratosphäre ausgebracht und reflektieren einfallendes Sonnenlicht.

 Potenzial Das Vorbild sind Vulkanausbrüche, bei denen Asche und Schwefeldioxid eine Abkühlung von bis zu einigen Zehntel Grad Celsius hervorrufen. Neuere Studien zeigen aber, dass dafür mehr Sulfat ausgebracht werden müsste als bislang angenommen.

 Risiken Die Atmosphäre würde sich verdunkeln und die Methode wahrscheinlich dazu führen, dass sich Regengebiete verlagern. Das Sulfat könnte den Ozonabbau in der Stratosphäre verstärken. Pflanzen und Tiere könnten größere Anpassungsprobleme haben.

Potenzial und Risiken von ausgewählten Geo-Engineering-Maßnahmen zur Reduktion der globalen Erwärmung
Nach Nature communications, Evaluating climate geoengineering proposals in the context of the Paris Agreement temperature goals, 13.9.2018;
Texte der Beispiele aus: Helmholtz Perspektiven, Klempnern am Klima, 04/2018

6

MK Klimaverhandlungen zur Begrenzung der Erderwärmung auf 1,5 Grad – ein simulationsgestütztes Rollenspiel

1 Schüler eines Gymnasiums simulieren eine UN-Klimakonferenz

World Climate und Climate Action Simulation
Untersuchungen belegen, dass das Zeigen von Forschungsergebnissen nicht zur nötigen oder gewünschten Handlungs- und Politikveränderung führt. Menschen treten häufiger in Aktion, wenn ihre Gefühle angesprochen werden. Mit den beiden Rollenspielen World Climate und Climate Action Simulation werden die voraussichtlichen Konsequenzen eigener Entscheidungen unmittelbar durch das Simulationsmodell deutlich. Untersuchungsergebnisse zeigen, dass sich mehr als 80 % der Teilnehmenden im Anschluss für mehr Klimaschutz engagieren.

Das Rollenspiel **World Climate** bildet die Verhandlungen bei den UN-Klimakonferenzen ab. Die Teilnehmenden verhandeln in der Rolle von Verhandlungsführerinnen der USA, der EU, von anderen Industrienationen, China, Indien und anderen Entwicklungsländern, wann in ihren Ländern der Anstieg an Treibhausgas-Emissionen gestoppt wird und ab wann und mit welcher Geschwindigkeit die Emissionen reduziert werden. Die Verhandlungsergebnisse werden mit dem **Klimasimulationsmodell C-ROADS** auf ihre Wirksamkeit getestet.

Im Rollenspiel **Climate Action Simulation** verhandeln die Teilnehmenden als Vertreter von Staaten, Industrie und Handel, Landwirtschaft, Klimaaktivisten und Energieunternehmen über konkrete Maßnahmen, mit denen die Temperaturerhöhung bis zum Jahre 2100 auf 1,5 °C beschränkt werden kann. Die Vorschläge werden mit dem **Klima-Energie-Simulationsmodell En-ROADS** analysiert.

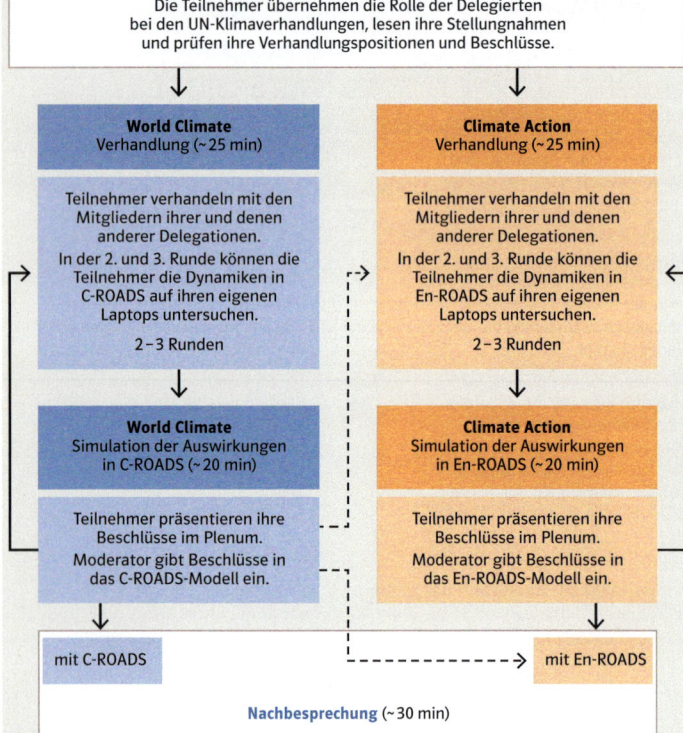

2 Rollenspiel-Verlauf

1 MK

Führen Sie das Rollenspiel in ihrem Kurs entsprechend dem Ablaufschema durch. Sie können zwischen dem Rollenspiel World Climate und der Climate Action Simulation wählen, die beiden Rollenspiele auch kombinieren oder den Simulator En-ROADS für die Nachbesprechung von World Climate nutzen.

Die notwendigen Informationen und Materialien zum World-Climate-Rollenspiel finden Sie unter dem Terra-Code 4z454e.

World-Climate-Rollenspiel

Die Ziele der Simulation

1. Das Treibhausgasniveau bis 2100 so weit zu reduzieren, dass die Erderwärmung deutlich unterhalb von 2 °C über dem vorindustriellen Niveau bleibt.
2. Eine Vereinbarung auszuhandeln, die Kosten für den Schadensminderungs- und Anpassungsfonds zu teilen, der den am meisten gefährdeten Nationen helfen soll.

Entscheidungen

Entscheidung 1:
Emissionen aus fossilen Brennstoffen
Sie legen fest:
- Anstiegsstopp der jährlichen THG-Emissionen in Ihrem Block (soweit zutreffend);
- Jahr (so gewünscht), ab dem THG-Emissionen wieder sinken;
- falls Emissionen sinken, mit welcher Rate (% pro Jahr)?

Entscheidung 2:
Forstwirtschaft und Landnutzung
Entwaldung (0 – 100 %):
- 0 = setzt die Entwaldung im „Business-as-usual"-Umfang fort;
- 100 % = allmähliche Eliminierung der Entwaldung während der kommenden Jahrzehnte.

Aufforstung (0 – 100 %):
- 0 = keine neuen Flächen zur Aufforstung vorgesehen;
- 100 % = maximale machbare Aufforstungsfläche.

Entscheidung 3:
Klimafinanzierung
Schaffen Sie einen grünen Klimafonds, um gefährdeten Ländern zu helfen bei:
- Katastrophenhilfe;
- Lebensmitteln und Wasser;
- Einwanderung und Flüchtlingen;
- Emissionsminderung.

Das Ziel liegt bei 100 Mrd. US-$ pro Jahr.

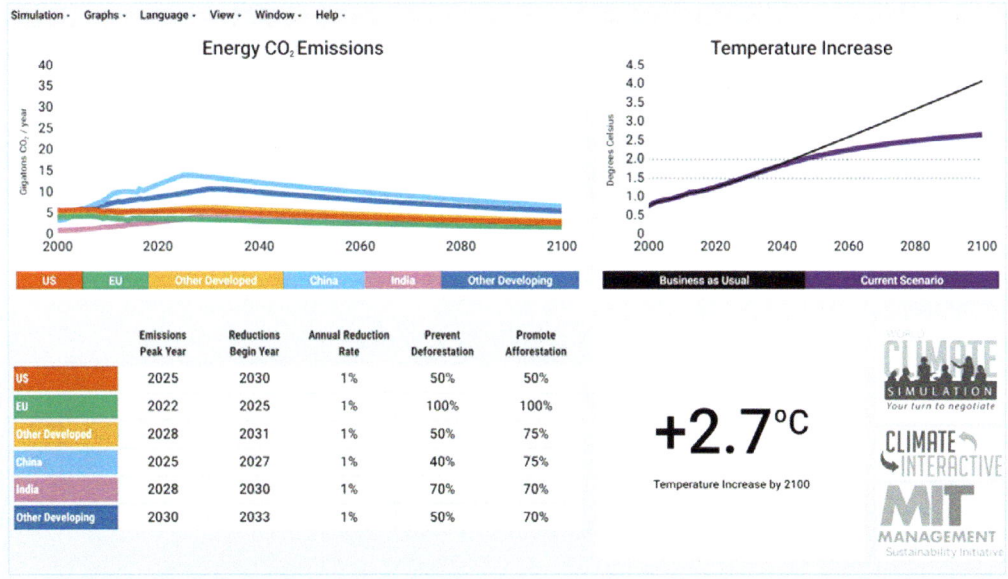

4 Das Simulationsmodell C-ROADS (Screenshot)

Lesehilfe: C-ROADS (Climate Rapid Overview and Decision Support) ist ein Klimamodell von Climate Interactive, welches die Konsequenzen der Treibhausgas-Emissionspfade auf das Klimasystem in Echtzeit transparent macht. Das Modell ist anhand der IPCC-Szenarien kalibriert und wird weltweit von Entscheidungsträgern in Regierungen, Unternehmen, NGOs, von Medien, von Studierenden und Schülerinnen und Schülern genutzt.

Vernetzung

Wichtige Begriffe

- Adaption
- Ambiguität
- Anthroposphäre
- Atmosphäre
- Biosphäre
- Dekarbonisierung
- Geo-Engineering
- Geosphäre
- Hydrosphäre
- Kipp-Element
- Klimaneutralität
- Klimawandel
- Kohlenstoffsenke
- Kryosphäre
- Mitigation
- Mobilitätsverhalten
- Ökosystem
- Pedosphäre
- Reduktion der Treibhausgase
- Treibhauseffekt
- tropische Wirbelstürme

Wissen vernetzen

Der Klimawandel hat weltweit längst eingesetzt. Seine Auswirkungen sind komplex und regional unterschiedlich. Besonders weitreichend sind die Veränderungen durch die globale Erwärmung in der Atmosphäre, der Kryosphäre und der Hydrosphäre. Die Auswirkungen reichen von der Zunahme von Extremwetterlagen wie Hitzewellen oder Starkregenereignissen über das Schmelzen der Gletscher und des Meereises bis hin zum Anstieg des Meeresspiegels. Der Arktis kommt dabei eine zentrale Rolle als potenzielles Kipp-Element zu. Zentrale Ursache des Klimawandels ist die Freisetzung von Treibhausgasen, insbesondere von CO_2 durch die Verbrennung fossiler Energierohstoffe, wie es z.B. im Bereich der Mobilität geschieht. In der Atmosphäre absorbieren die Treibhausgase Wärmestrahlung und heizen so die Atmosphäre auf. Die Veränderungen beeinflussen auch maßgeblich die menschlichen Lebensbedingungen.

Seit dem Ende des 20. Jahrhunderts verstärken Menschen, Unternehmen und Staaten ihre Anstrengungen, den Klimawandel zu begrenzen. Auf der Klimakonferenz in Paris 2015 hat sich die Weltgemeinschaft das Ziel gesetzt, den globalen Temperaturanstieg gegenüber der vorindustriellen Zeit auf 2 °C, besser auf 1,5 °C zu begrenzen. Ob dieses Ziel erreicht wird, hängt auch vom Umgang mit der Ambiguität ab: In einem Umfeld von Unsicherheit müssen weitreichende Entscheidungen getroffen werden, die zum Teil Schritt für Schritt durch wissenschaftliche Erkenntnisse belegt werden müssen. Wie dieses Ziel erreicht werden kann, wird z.B. durch die Roadmap „Carbon Law" beschrieben. Weltweit wird es das Zusammenwirken vieler kleiner und unterschiedlicher Maßnahmen der Vermeidung und Anpassung sein, also der Mitigation und Adaption, die unter einer gemeinsamen Prämisse wirksam den Klimawandel begrenzen. Letztlich entscheidet aber jeder Einzelne von uns mit seinem Lebensstil, ob wir bis 2050 eine klimaneutrale Welt erreichen.

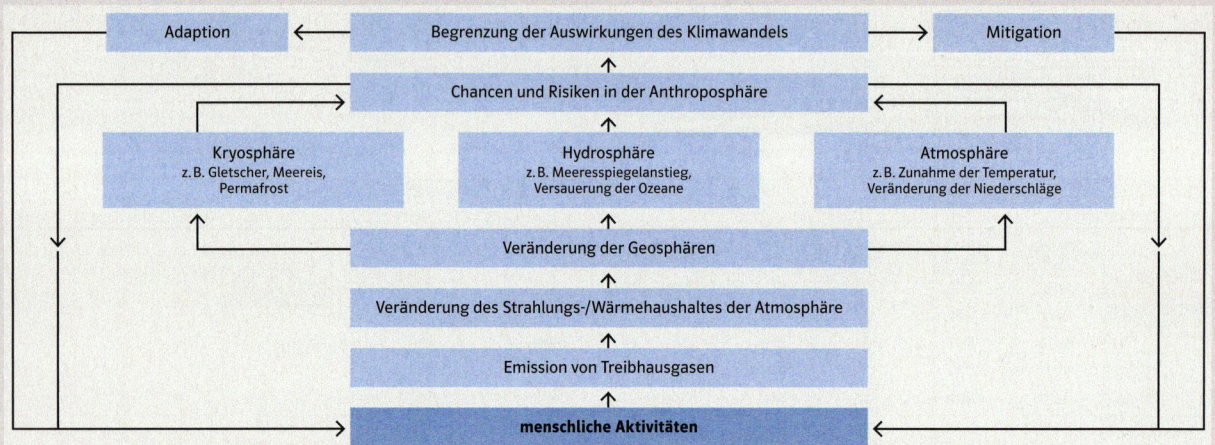

1 Globale Herausforderung: Klimawandel

Wenn Sie alle Seiten dieses Kapitels bearbeitet haben, können Sie …

- Ursachen und Dimensionen des Klimawandels auf Grundlage wissenschaftlicher Erkenntnisse erläutern;
- den Klimawandel unter dem Aspekt einer nachhaltigen Entwicklung bewerten sowie Maßnahmen und Anpassungsstrategien gegen den Klimawandel beurteilen;
- eine Simulation zur CO_2-Begrenzung durchführen;
- klimaneutrale Lebensweisen und Arbeitsweisen in Grundzügen beschreiben und erste Handlungsansätze dazu entwickeln.

Klausuren trainieren

Baustein 1: Überblickswissen zu Geographieklausuren

Klausuren im Fach Geographie zu schreiben, bedeutet eine neue Herausforderung für Sie. Aber mit diesem ersten Überblickswissen zum Aufbau einer Klausur, einigen Tipps und der nachfolgenden Übungsklausur ist die Hürde für den Einstieg in die schriftlichen Arbeiten sicherlich leichter zu nehmen. Weitere Klausurbausteine in den folgenden Kapiteln helfen Ihnen schrittweise, hier mehr Sicherheit zu bekommen.

Der Aufbau einer Klausur

Jede Klausur im Fach Geographie bildet eine thematische Einheit aus **Problemaufriss** zu einem thematisch abgegrenzten **Raumbeispiel, materialbezogenen Aufgaben** und den **Materialien**. Diese Struktur finden Sie bis zu den Abiturprüfungen wieder.

Die gegebenen Materialien bieten viele Detailinformationen und sind Grundlage für Ihre Ausarbeitung. Hierbei kann es sich z. B. um Diagramme, Tabellen, Kartenmaterial oder auch Texte handeln, anhand derer Sie Ihre Ausführungen belegen müssen. M1 ist häufig mit „Karten nach Wahl" tituliert, d.h., Sie müssen selbstständig in dem in Ihrer Schule eingeführten Atlas geeignete Karten recherchieren. Häufig finden Sie unterhalb der Aufgaben eine kurze Auflistung aller Materialien für den ersten Überblick.

Die materialbezogenen Aufgaben beziehen sich konkret auf den genannten Problemaufriss, sind thematisch aufbauend gestellt und werden mit **Operatoren** formuliert. Wie Sie bereits in diesem Kapitel geübt haben, werden für die Bearbeitung sowohl die **natürlichen Voraussetzungen** des Beispielraumes beschrieben (Aufgabe 1) als auch der **anthropogene Veränderungsprozess** analysiert (Aufgabe 2), um abschließend eine **Bewertung** vornehmen zu können (Aufgabe 3). Ihre Ausführungen formulieren Sie aufgabenweise in einem Fließtext. Als weiteres **Hilfsmittel** können Sie den in der Schule eingeführten Taschenrechner nutzen.

Die Bewertung der Klausur

Die Bewertung setzt sich aus einem **inhaltlichen Teil** und der **Darstellungsleistung** zusammen. Häufig sind genau wie in der Abiturprüfung 80 % der Punkte für den Inhalt, 20 % für die Darstellungsleistung zu vergeben. Die Punkteverteilung pro Aufgabe wird oft zur Transparenz bereits auf dem Aufgabenblatt der Klausur aufgeführt. Dabei gibt die Verteilung auch eine erste Orientierung zum zeitlichen Umfang der Aufgaben. Mit der Rückgabe der Arbeit werden zumeist die geforderten inhaltlichen Erwartungen an Sie im beigefügten Erwartungshorizont Ihren erbrachten Leistungen gegenübergestellt. So erhalten Sie ein direktes Feedback, in welchen Teilbereichen Sie bereits gut arbeiten und in welchen Bereichen Sie sich noch verbessern können.

→ **Anforderungsbereiche und Operatoren S. 242/243**

Tipps

Das Lernen vor der Klausur
Wissen, was die Operatoren erwarten, wichtige Fachbegriffe kennen und sich schnell im eingeführten Atlas orientieren können sind wesentliche Voraussetzungen zur Lösung der Aufgaben.
Das Wissen der wichtigsten Eckpunkte des vorangegangenen Unterrichts hilft, Vergleiche zum Klausurthema herzuleiten und gewonnene Erkenntnisse einzuordnen.

Einen ersten Überblick in der Klausur verschaffen
Unterstreichen Sie das Thema, das Raumbeispiel, den angegebenen anthropogenen Veränderungsprozess und die Operatoren der Aufgaben.

Konzeptpapier erstellen
Nutzen Sie einen Notizzettel als Konzeptpapier, um Ihre Gedanken zu visualisieren. Hilfreich sind Mindmaps, aufgabenbezogene Tabellen oder andere Formen, mit denen Sie auch sonst zur Vorbereitung arbeiten. Damit können Sie Ihre Rechercheergebnisse im Atlas, ihre Materialauswertungen, Ihr Vorwissen oder auch Argumente aufgabenbezogen festhalten. Wichtig ist, in Klammern direkt die Materialnummern zu notieren. Denn so ist es im sich anschließenden, aufgabenbezogenen Schreiben im Fließtext schnell möglich, mithilfe des Konzeptpapiers die gefundenen Daten aus dem Material zu zitieren.

Einleitende Worte formulieren
Notieren Sie zu Beginn einen einleitenden Satz mit Nennung des Raumbeispiels und der Problemfrage. Diesen können Sie zuhause schon in Teilen vorformulieren – das gibt Sicherheit.

Fachsprache
Achten Sie auf die Verwendung von geographischen Fachbegriffen. Nutzen Sie Formulierungshilfen aus dem Unterricht.

Klausurtraining

Beispielklausur:
Weinbau und Klimawandel: Chance oder Risiko im Rheingau?

1 Lokalisieren Sie das Weinanbaugebiet Rheingau und beschreiben Sie die Eignung des Gebietes für den Weinanbau. **(30 Pkt.)**

2 Erläutern Sie die heute messbaren veränderten klimatischen Bedingungen und deren Auswirkungen auf den Weinbau. Beziehen Sie sich dabei vor allem auf das Beispiel des Weinbaujahrs 2017. **(30 Pkt.)**

3 Nehmen Sie kritisch Stellung zur Einstiegsfrage: „Weinbau und Klimawandel: Chance oder Risiko im Rheingau?" **(20 Pkt.)**

Sprachliche Darstellung: 20 Pkt.
Zugelassenes Arbeitsmaterial: eingeführter Atlas, Taschenrechner, Materialien M1–M9

1 Karten nach Wahl (eingeführter Atlas)

	J	F	M	A	M	J	J	A	S	O	N	D
ø Temperatur (°C)	1,7	2,3	5,6	10	14,2	17,7	19,7	19,2	15,4	10,7	5,9	2,6
min. Temperatur (°C)	–0,7	–0,7	1,4	4,8	9,2	12,7	14,8	14,4	11,1	7,2	3,4	0,3
max. Temperatur (°C)	4,1	5,6	9,8	14,7	18,5	22,1	24,1	23,7	19,7	14,3	8,5	4,9
Niederschlag (mm)	55	48	54	52	67	66	68	64	61	59	62	67
Regentage (d)	9	8	9	8	9	8	9	9	7	8	9	10
Sonnenstunden (h)	2,6	3,9	5,7	8,5	9,5	10,6	10,8	9,6	6,9	4,5	2,8	2,5

2 Klimadaten Eltville (Sonnenberg, Rheingau)
Nach Climate-Data.org; unter: https://de.climate-data.org

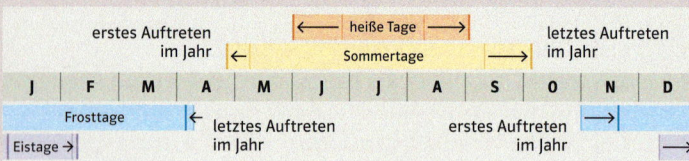

3 Klimaveränderung in Geisenheim im Rheingau 1951/2000 zu 2046/55
Nach Manfred Stock u.a.: Perspektiven der Klimaänderung bis 2050 für den Weinbau in Deutschland (Klima 2050). PIK-Report 106. Potsdam 2007, S. 90; unter: www.pik-potsdam.de

Anbaufläche im Rheingau:
– 2005: ca. 3 106 ha, 78,2 % der Fläche Riesling
– 2019: ca. 3 185 ha, 77,7 % der Fläche Riesling
(Das Weinbaugebiet Rheingau umfasst 3,1 % an der gesamtdeutschen Rebfläche.)

Standortansprüche Weinreben allgemein:
– Jahresdurchschnittstemperatur über 9 °C
– mittlere Temperatur im wärmsten Monat über 18 °C
– mehr als 1 300 Sonnenstunden pro Jahr
– während der Vegetationszeit mindestens 180 frostfreie Tage mit mindestens 2 800 h über 0 °C und 1 000 h über 10 °C
– mittlere Wintertemperatur größer als –0,3 °C und keine Temperaturen unter –18 °C
– Niederschlagsmenge zwischen 600 und 700 mm pro Jahr

Hinweis: Weinstöcke sind mehrjährige Pflanzen, die erst nach ca. 3–5 Jahren für die Weinherstellung geeignet sind.

Zusätzliche Standortansprüche der Riesling-Traube:
– langsam reifende Sorte
– hohe Ansprüche an die Wärme
– geringer Anspruch an den Boden
– optimal sind wärmespeichernde Steillagen entlang von Flusstälern

Eigene Zusammenstellung nach verschiedenen Quellen

5 Daten zum Weinbau

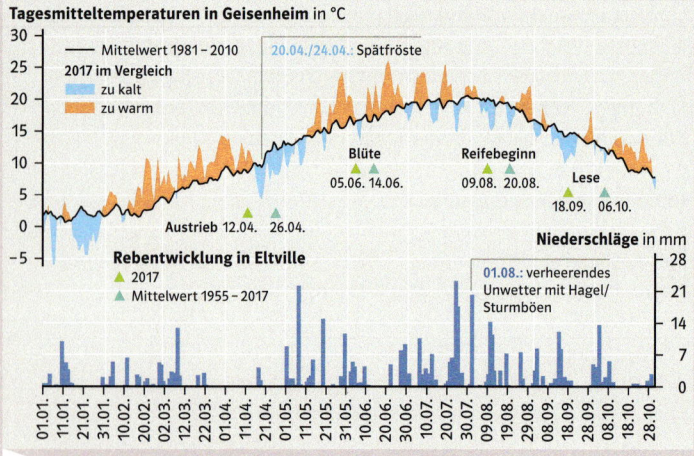

4 Wetter- und Rebentwicklung im Rheingau 2017
Nach Deutscher Wetterdienst (DWD): Das Weinjahr 2017 – Später Frost und frühe Lese, 17.11.2017; unter: www.dwd.de

6 Weinanbau im Rheingau
Nach Weinstandort-Viewer Hessen; unter: https://weinbau-standort.hessen.de

Globale Herausforderung Klimawandel 1

Material
Lösungshinweise
4z454e

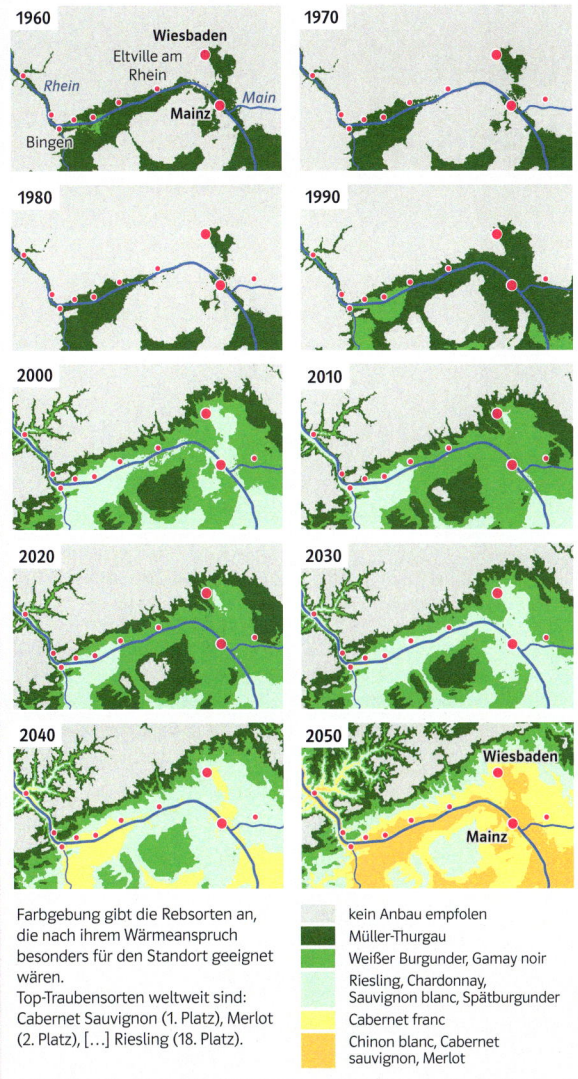

Farbgebung gibt die Rebsorten an, die nach ihrem Wärmeanspruch besonders für den Standort geeignet wären.
Top-Traubensorten weltweit sind: Cabernet Sauvignon (1. Platz), Merlot (2. Platz), […] Riesling (18. Platz).

kein Anbau empfolen
Müller-Thurgau
Weißer Burgunder, Gamay noir
Riesling, Chardonnay, Sauvignon blanc, Spätburgunder
Cabernet franc
Chinon blanc, Cabernet sauvignon, Merlot

7 Folgen des Klimawandels im Rheingau auf die Auswahl der Rebsorte 1960–2050

Nach Manfred Stock u.a.: Perspektiven der Klimaänderung bis 2050 für den Weinbau in Deutschland (Klima 2050). PIK-Report 106. Potsdam 2007, S. 94; unter: www.pik-potsdam.de

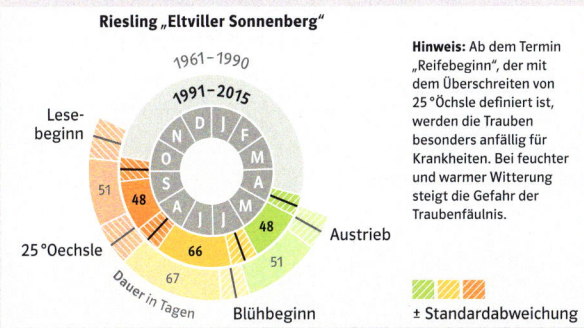

8 Phänologische Uhr

Nach Hessisches Landesamt für Naturschutz, Umwelt und Geologie; unter: www.hlnug.de

Weinbau und Klimawandel

„Der Klimawandel hat schon jetzt den Weinanbau in Hessen und Deutschland maßgeblich verändert. ‚Früher galt der 50. Breitengrad als nördlichste Grenze', erklärt der Präsident der Hochschule Geisenheim, Hans Reiner Schultz. Der 50. Breitengrad verläuft auf der Höhe von Wiesbaden. Das bedeutete, schon im Rheingau oder an der Mosel hatten die Winzer in vielen Jahren Mühe, reifen Wein zu ernten. Dieses Problem gibt es nicht mehr. Mit der früheren Rebblüte steigt aber die Gefahr einer Schädigung durch Spätfröste, die sich zeitlich kaum verschieben. Später im Jahr bedrohen lang andauernde Hitzeperioden und kurzzeitige extreme Trockenereignisse die Reben. Die Hitzestresstoleranz der Weinreben ist beschränkt. Bei Temperaturen über 35 °C verändert sich die Qualität der Trauben. Dementsprechend wird erwartet, dass sich in der zweiten Hälfte des 21. Jahrhunderts der Charakter der Weine aufgrund der stetig steigenden Temperaturen verändern wird.

Ohnehin wird sich das Sortenspektrum im Weinbau mittelfristig verschieben. Zwar können sie als Pfahlwurzler mit einer senkrecht tief nach unten wachsenden Hauptwurzel auch über längere Zeiträume mit weniger Wasser auskommen. Dauern die Hitzeperioden länger an, kann jedoch nur Bewässerung im Weinberg Abhilfe schaffen. Sowohl die Bewässerung als auch Frostschutzmaßnahmen sind jedoch sehr teuer.

Und Frost, Hitze und Trockenheit sind noch nicht die einzigen Bedrohungen, denen die Rebe ausgesetzt ist. Für Weinreben, die ein warm-gemäßigtes Klima mit einer geringen Anzahl von extremen Wetterlagen bevorzugen, stellen auch Starkwetterereignisse mit extremen Niederschlagsformen (Graupel, Hagel) und erhöhten Niederschlagsmengen eine Gefahr dar. Sintflutartige Regenfälle in kurzer Zeit begünstigen den Mehltaubefall der Reben in den Sommermonaten und führen zu möglichen Ernteausfällen. Auch langanhaltender Sommerregen begünstigt Pilzbefall und führt vermehrt zu Fehlaromen im Wein.

Die Weinrebe zählt zu den C3-Pflanzen. Diese benötigen zur Optimierung ihrer Fotosyntheseraten höhere Kohlenstoffdioxid-Konzentrationen als momentan in der Atmosphäre vorzufinden sind. Dementsprechend kann sich die CO_2-Konzentrationserhöhung im Zuge des Klimawandels positiv auf das Pflanzenwachstum, also den Ertrag auswirken."

Zusammengestellt aus: dpa: „Die Wasserknappheit wird das größte Problem sein". In: FAZ.net, 5.8.2019; unter: www.faz.net; Bundesinformationszentrum Landwirtschaft: Die Folgen des Klimawandels für den Weinbau; unter: www.landwirtschaft.de; Rheinland-Pfalz, Kompetenzzentrum für Klimawandelfolgen: Weinbau in Rheinland-Pfalz; unter: www.kwis-rlp.de

9

2 Landschaftszonen im globalen Wandel

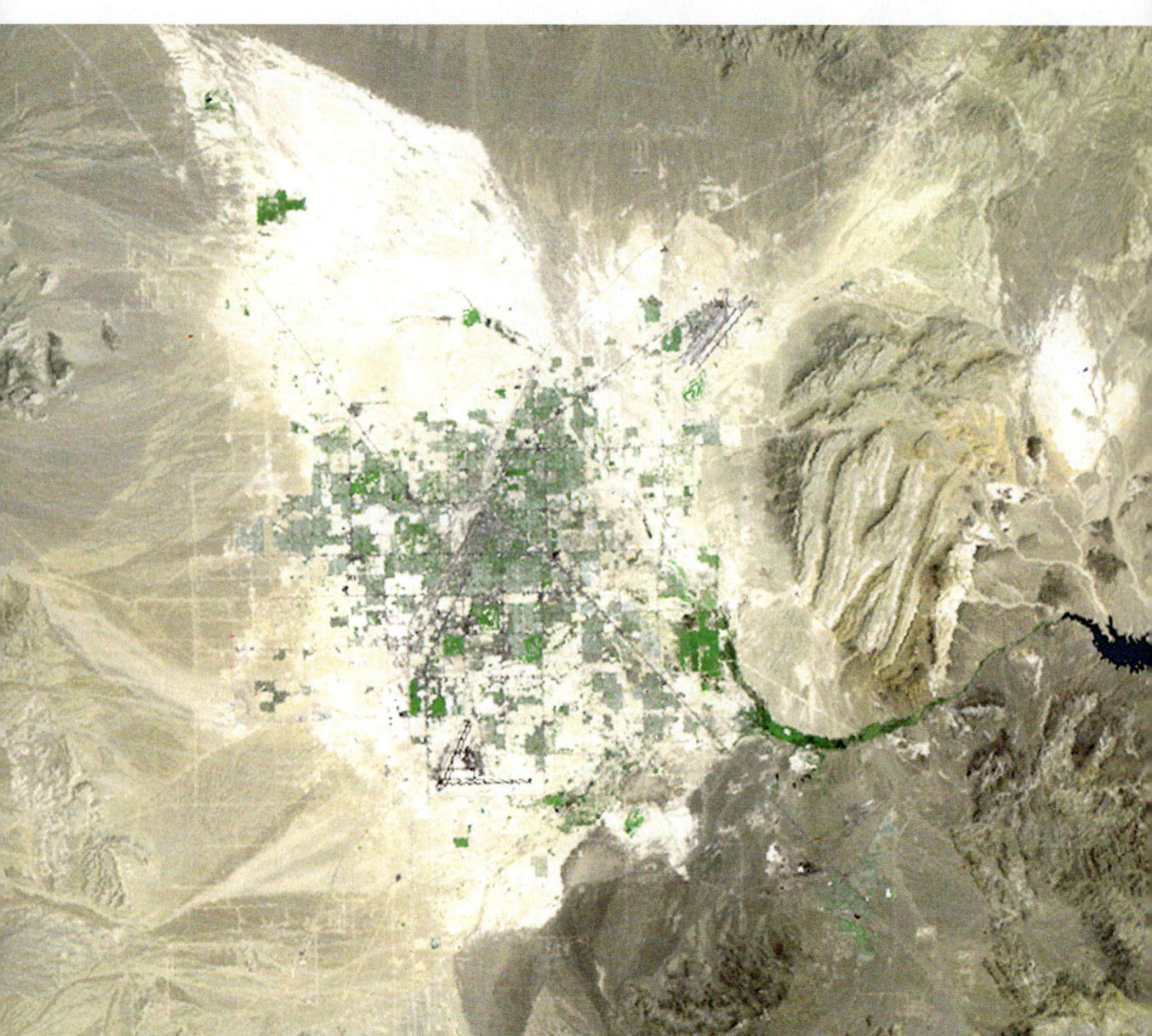

1 Las Vegas 1975

Unser Planet mit seinen vielfältigen Landschaften und Landschaftszonen unterliegt seit jeher einem Wandel. In den letzten Jahrzehnten hat ihn der Mensch so stark umgestaltet wie nie zuvor. Im vorigen Kapitel wurde dies anhand des Klimawandels deutlich. Es gibt jedoch noch weitere bedeutende und teils unumkehrbare Veränderungen im Mensch-Umwelt-System, z. B. den Verlust der Biodiversität, die Wüstenbildung oder die Vermüllung. Dieser tiefgreifende Wandel trägt einen eigenen Namen: Global Change – der globale Wandel.

In diesem Kapitel werden daher nicht nur die naturräumlichen Grundlagen einzelner Landschaftszonen untersucht, sondern auch der menschliche Einfluss. Dabei wird deutlich, dass der Mensch Räume teilweise übernutzt und in Regionen vordringt, die für sein Wirtschaften ungünstig sind.

2 Las Vegas heute

Sie untersuchen …

3 Braunkohletagebau im Gunstraum der Gemäßigten Zone

4 Städtewachstum im Ungunstraum Wüste

Die beiden Fotos zeigen beispielhaft, wie der Mensch unseren Planeten umgestaltet. Dabei beschränkt sich sein Wirken nicht nur auf die gut nutzbaren Gunsträume der Ökumene (Foto 3). Er dringt auch in die Ungunsträume der Anökumene (Foto 4) vor. Seine Aktivität erstreckt sich somit über alle Landschaftszonen. Eine Übernutzung oder komplette Umnutzung kann dabei unsere Lebensgrundlagen und die der zukünftigen Generationen gefährden.

Die teils radikalen durch den Menschen bedingten (anthropogenen) Veränderungen unserer Erde, der Global Change, erfolgen vor allem seit den 1950er-Jahren – die sogenannte „große Beschleunigung". Dazu gehören der globale Klimawandel, die Ausweitung der Wüsten, die Verschlechterung des Zustandes der Böden (**Bodendegradation**), der Biodiversitätsverlust, die Verschmutzung der Umwelt, die Ausdünnung der Ozonschicht sowie die Ausbreitung ortsfremder Tier- und Pflanzenarten. In diesem Kapitel werden Sie nach einer Einführung in das Konzept der Landschaft ausgewählte Landschaftszonen im Hinblick auf ihre natürliche Ausstattung kennzeichnen. Auf dieser Basis werden Sie beispielhaft vier globale Umweltveränderungen anhand von Raumbeispielen analysieren (Sahel-Zone, D.R. Kongo, Las Vegas/USA, Alberta/Kanada). Abschließend wird untersucht, wie der Mensch den Planeten auf globaler Ebene umgestaltet. Dafür muss die Ihnen bekannte Karte der Landschaftszonen neu gezeichnet werden. In diesem Zusammenhang stellt sich auch die Frage, wie jeder einzelne von uns zu diesen Veränderungen beiträgt.

> **Diesen Fragen zu Landschaftszonen werden Sie nachgehen:**
>
> - Anhand welcher Kriterien lässt sich eine Landschaft kennzeichnen?
> - Wie kommt es zur Ausprägung von Landschaftszonen?
> - Wodurch sind die vier Naturräume der immerfeuchten Tropen, der wechselfeuchten Tropen, der Trockengebiete und die Zone der borealen Nadelwälder gekennzeichnet?
> - Wie verändert der Mensch die Landschaftszonen, welche Ursachen und Folgen hat dies?
> - Welche Lösungsansätze für die Umweltprobleme gibt es?
> - Wie sieht das neue Gesicht der Erde unter dem Einfluss des Menschen aus?
> - Wie lässt sich unser Einfluss messen (ökologischer Rucksack)?

1 Stellen Sie anhand von Foto 3 oder 4 positive und negative Folgen des menschlichen Eingriffs dar.

2 Verorten Sie die erwähnten Raumbeispiele in der Karte 5 (Atlas).

Landschaftszonen im globalen Wandel 2

Sie knüpfen an ...

5 Karte der Landschaftszonen nach Troll und Paffen (1964)

Grenzen menschlichen Wirtschaftens

Die **Ökumene** ist der Raum der Erde, den der Mensch dauerhaft oder zeitweilig bewohnt. Die **Anökumene** ist der Bereich, der – bis auf Forschungsstationen etc. – unbesiedelt ist. Mögliche Grenzen zwischen den beiden Räumen stellen Küsten, dichte Wälder, Gebirge sowie die **Kältegrenze** (Wärmemangel) und die **Trockengrenze** (Wassermangel) dar. Jenseits dieser Grenzen kann kein Ackerbau mehr betrieben werden. Das Überschreiten der Grenzen ist nur mit technischen Hilfsmitteln (z. B. Bewässerung), anderen Anbautechniken oder neuen Züchtungen möglich und mit Risiken verbunden. Die Grenzen sind somit variabel.

6

Das wissen Sie schon:

Seit der 5. Klasse werden die Geofaktoren und ihr Zusammenwirken angesprochen – insbesondere der Einfluss des Klimas und der Böden sowie die Rolle des Menschen. Die Gliederung unserer Erde in Landschaftszonen und relevante Einflussfaktoren wie Klima, Boden und Vegetation sind Ihnen ebenfalls bekannt. Sie haben dabei nicht nur die naturräumlichen Gegebenheiten besprochen, z. B. die Verfügbarkeit von Wasser und Wärme, sondern auch, wie der Mensch in ihnen wirtschaftet. Außerdem wurden ausgewählte natürliche und durch den Menschen bedingte Gefährdungen wie Hochwasser oder die Regenwaldzerstörung thematisiert. Des Weiteren haben Sie auch Klimadiagramme ausgewertet sowie die Landnutzung mit thematischen Karten betrachtet.

Bekannte Begriffe

- Gemäßigte Zone
- Geofaktor
- Gunstraum/Ungunstraum
- Kalte Zone
- Klima
- Klimadiagramm
- Landschaft
- Landschaftszone
- Subtropen
- Tropen
- tropische Zirkulation
- Vegetation

 3 Definieren Sie mit eigenen Worten die Begriffe Ungunstraum, Gunstraum, Trockengrenze, Kältegrenze, Ökumene, Anökumene.

 4 Beschreiben Sie den Verlauf der Kältegrenze und der Trockengrenze (Karte 5).

 5 Erläutern Sie anhand der Kältegrenze und der Trockengrenze, warum sie den Rand der Ökumene definieren und variabel sind.

2.1 Landschaft und Landschaftszonen

Im Alltag verbinden wir mit dem Begriff „Landschaft" zumeist Bilder von schönen, idyllischen Landstrichen, z. B. von Gebirgen mit schneebedeckten Gipfeln oder von Küsten mit Dünen und weiten Stränden. Der Begriff ist damit auch emotional aufgeladen und nur schwer greifbar. Daher ist es notwendig, sich genau darüber zu verständigen, was der Begriff Landschaft bedeutet, wenn man ihn in der Wissenschaft verwendet.

In der Geographie sind **Landschaften** räumliche Ausschnitte der Erdoberfläche, die anhand ausgewählter Merkmale (z. B. Vegetation und Relief) abgegrenzt werden können und sich so von anderen Räumen unterscheiden. Bekannte Landschaften sind z. B. die italienische Toskana, das Münsterland, aber auch Siedlungsräume wie das Ruhrgebiet. Eine Landschaft besteht dabei grundsätzlich aus sieben Teilbereichen bzw. Teilsphären, wie sie im Modell der Geosphäre (Grafik 1) festgehalten sind, und umfasst meist mehrere einzelne, kleinere Ökosysteme wie Seen, Wälder oder Siedlungen. In den Sphären wirken die erdgestaltenden **Geofaktoren**, die durch messbare Geoelemente konkretisiert werden (Tabelle 2). Geoelemente beeinflussen sich gegenseitig und prägen dadurch unsere Umwelt. So kann z. B. mit zunehmender Höhe aufgrund mangelnder Wärme keine Vegetation auf Bergen wachsen. Landschaften sind somit durch sichtbare und unsichtbare Elemente geprägt.

Diese Modellierung hilft dabei, Landschaften zu kennzeichnen, sie zu vergleichen und Zusammenhänge in der Landschaft sowie ihre Entstehung besser zu verstehen.

Neuere Landschaftsmodelle

Da der Mensch die Landschaften ganz entscheidend prägt, bekommt er in neueren Modellen ein deutlich stärkeres Gewicht (Grafik 3). Landschaft kann auch so modelliert werden, dass sich Mensch und Natur gleichwertig gegenüberstehen. Aus ihrem Zusammenwirken ergibt sich die Landnutzung, die für Geographinnen und Geographen von besonderem Interesse ist. Ist die Landschaft weitgehend vom Menschen unbeeinflusst, dann wird von einer Naturlandschaft gesprochen. Sind jedoch die Einflüsse des Menschen deutlich sichtbar, wird der Begriff Kulturlandschaft verwendet. Zudem können auch externe Einflüsse berücksichtigt werden. Der globale Klimawandel oder die Globalisierung verdeutlichen diese Notwendigkeit.

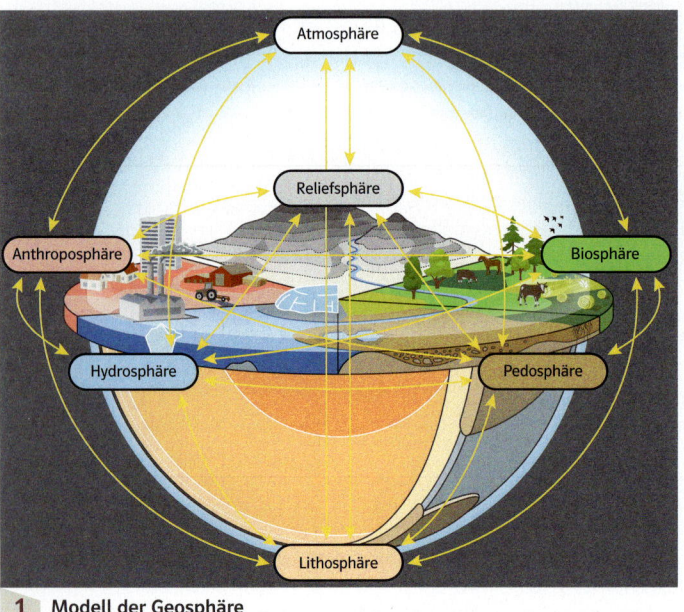

1 Modell der Geosphäre

Geofaktoren	Geoelemente (Beispiele)
Klima	Niederschlag Temperatur Luftdruck Verdunstung
Geologischer Bau	Gesteinsart
Boden	Bodenart Bodentyp Wassergehalt Bodenhorizonte
Relief	Geländeneigung Höhe
Wasser	ph-Wert Sauerstoffgehalt Temperatur
Tier- und Pflanzenwelt	Artenzahl Populationsdichte

2

Material
Vorlage Strukturdiagramm
t7h5c2

Landschaftszonen im globalen Wandel 2

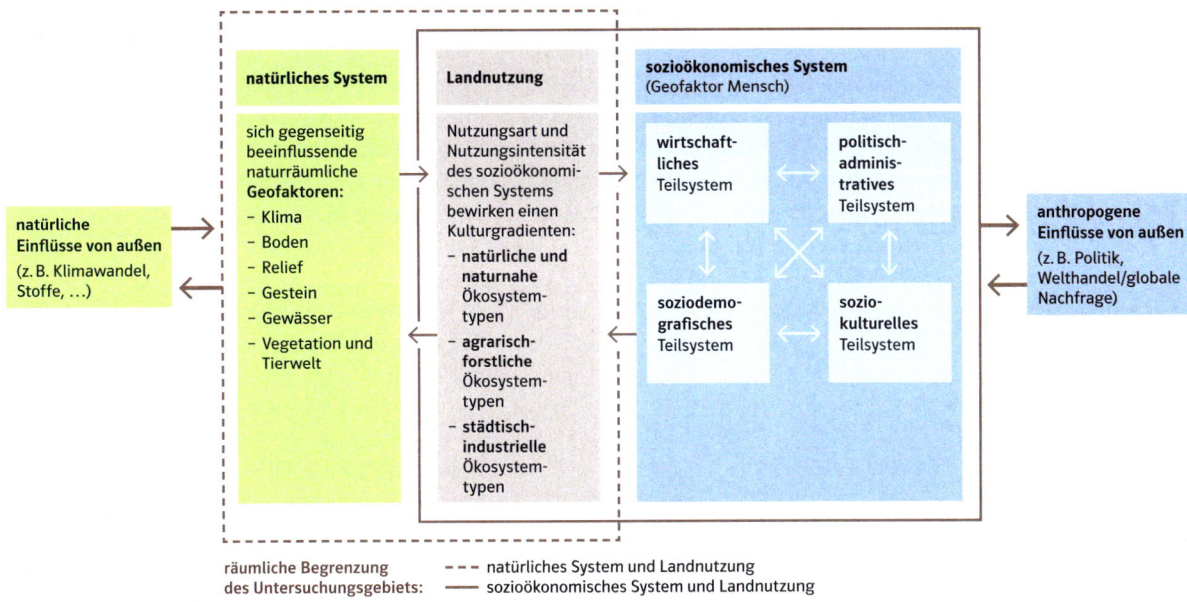

3 Modell eines regionalen Mensch-Umwelt-Systems
Nach Paul Messerli (1986)

Landschaftszonen

Die größten Raumeinheiten, die die Geographie unterscheidet, sind die breitenkreisparallelen **Landschaftszonen**, die auch als Landschaftsgürtel, Geozonen oder **Ökozonen** bezeichnet werden (Karte 5, S. 47). Die Einteilung der Landschaftszonen basiert fast nur auf naturräumlichen Merkmalen. Von besonderer Bedeutung ist der prägende Einfluss des Klimas. Kulturräumliche Merkmale spielen nur dann eine Rolle, wenn eine Beziehung zu den natürlichen Geofaktoren gegeben ist, wie bei der land- und forstwirtschaftlichen Landnutzung.

Eine solche globale Zonierung gibt die reale Vielfalt von Standortverhältnissen – wie auch Modell 3 deutlich macht – in konkreten Regionen nur bedingt wieder. Zudem sind die Grenzen benachbarter Zonen in der Regel breite Übergangszonen und bilden keine „scharfen" Grenzen, wie das Kartenbild suggeriert.
Die Landschaftszonen ermöglichen es jedoch die naturräumlichen Grundlagen schnell zu erfassen, die an einem beliebigen Ort der Erde zu erwarten sind. Nur wenn diese komplexen Zusammenhänge beachtet werden, können anthropogene Fehlentwicklungen begrenzt oder verhindert werden.

1

Nach einer einführenden Methode werden auf den dann folgenden vier Doppelseiten vier ausgewählte Landschaftszonen genauer untersucht (z. B. in arbeitsteiliger Gruppenarbeit oder als Gruppenpuzzle). Anschließend wird analysiert, wie der Mensch diese umgestaltet, wobei auch Ansätze für eine nachhaltige Raumentwicklung aufgezeigt werden. Die folgenden Aufgaben leiten sich aus dem Modell 1 ab und helfen dabei, die Landschaftszone jeweils differenziert zu charakterisieren.
a) **Lage:** Lokalisieren Sie die Lage der jeweiligen Landschaftszone (Karte 5, S. 47; Atlas).
b) **Klima:** Werten Sie jeweils ein Klimadiagramm aus. Nutzen Sie dafür die einführende Methode.
c) **Boden:** Stellen Sie die Merkmale der zonentypischen Böden dar.
d) **Vegetation:** Beschreiben Sie die Ausprägung der Vegetation und erklären Sie diese soweit möglich.
e) **Nutzung:** Beurteilen Sie, inwiefern es sich bei der jeweiligen Zone um einen Gunstraum oder Ungunstraum für die landwirtschaftliche Nutzung handelt.
f) Arbeiten Sie ausgewählte Besonderheiten der jeweiligen Zone heraus.
g) Erstellen Sie ein Strukturdiagramm (Terra-Code) zu jeder Zone, dass die Geofaktoren stichwortartig zusammenfasst und Zusammenhänge andeutet.

→ immerfeuchte Tropen S. 52/53
→ Savannen S. 54/55
→ Wüsten S. 56/57
→ borealer Nadelwald S. 58/59

Methode

Klimadiagramme auswerten

Klimadiagramme fassen wichtige Klimaelemente, vor allem Temperatur und Niederschlag, zusammen und stellen sie im Jahresverlauf übersichtlich dar. Sie dienen der vereinfachten Erfassung der klimatischen Verhältnisse an einem Ort und sind geeignet verschiedene Klimate zu vergleichen. Zudem ermöglichen sie Aussagen über ökologische Voraussetzungen (z. B. Trockenzeiten) und potenzielle Raumnutzungen (z. B. Tourismus).

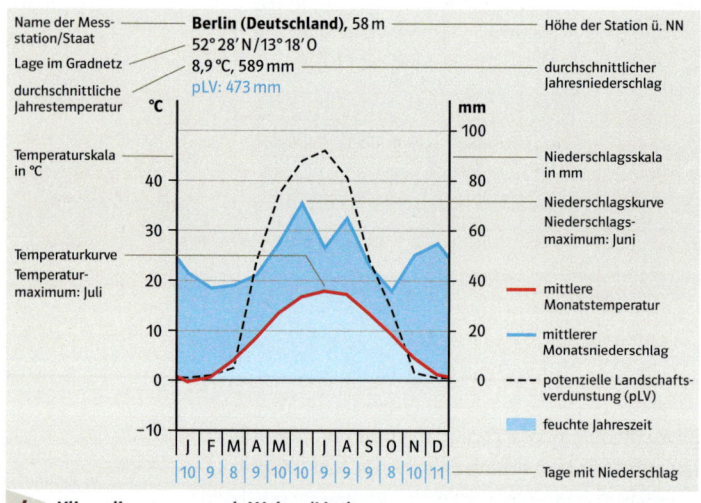

4 Klimadiagramm nach Walter/Lieth

Das Klimadiagramm nach Walther/Lieth ist die in der Oberstufe am häufigsten verwendete Darstellungsform des Klimadiagramms. Dabei werden im Jahresverlauf die langfristigen durchschnittlichen Monatstemperaturen in °C den langfristigen Mittelwerten der monatlichen Gesamtniederschlagssummen in mm gegenübergestellt. Hierfür werden blaue (Niederschlag) und rote (Temperatur) Kurven genutzt. Dabei wird von einer groben Abhängigkeit der Verdunstung von der Temperatur ausgegangen. Bei einer monatlichen Temperatur von z. B. 10 °C verdunsten gemäß der Annahme etwa 20 mm Niederschlag, bei 20 °C sind es 40 mm usw. Diese Menge steht der Vegetation damit nicht zur Verfügung. Nur wenn der Niederschlag höher ist, haben Pflanzen ausreichend Wasser.

Gemäß dieser Annahme werden die beiden Kurven im Diagramm in ein entsprechendes Skalenverhältnis von 1 : 2 zueinander gesetzt. Dies ermöglicht eine grobe Unterscheidung von ariden und humiden Monaten bzw. Jahreszeiten: Liegt die Temperaturkurve über der Niederschlagskurve, kann man von ariden (trockenen) Verhältnissen sprechen, ansonsten liegen humide (feuchte) Verhältnisse vor.

Da jedoch neben der Temperatur noch weitere Faktoren die Verdunstung beeinflussen (z. B. Winde, Landnutzung), ist dieser Ansatz physikalisch nicht ganz korrekt. Vollständiger ist es, den monatlichen Niederschlägen – wenn vorhanden – die potenzielle Landschaftsverdunstung (pLV) gegenüberzustellen. Sie gibt an, wie viel Wasser verdunsten könnte, wenn stets ausreichend Wasser zur Verfügung stehen würde. So können humide (N ≥ pLV) und aride (N ≤ pLV) Monate deutlich aussagekräftiger identifiziert werden. Manche Klimadiagramme enthalten daher eine weitere, meist schwarze Linie, die die pLV angibt.

Klimadiagramme auswerten

1. Schritt: Orientierung
- Name der Station (Land)
- Lagemerkmale der Station: Lage im Gradnetz, Höhe über NN

2. Schritt: Beschreibung der Temperaturwerte
- Jahresdurchschnittstemperatur
- kältester und wärmster Monat
- Jahresschwankung der Temperatur
- Verlauf der Monatstemperaturen im Jahr

- Schreiben Sie zur Verdeutlichung des Verlaufs der Monatswerte nicht: „Die Temperaturkurve fällt" o. ä., sondern etwa: „Die monatlichen Durchschnittstemperaturen werden geringer." Gleiches gilt auch für die anderen Werte.
- Nutzen Sie zur genaueren Kennzeichnung der Temperaturwerte sowie auch der Niederschlagswerte die Stufenbezeichnungen (Tabellen 6 und 7).

3. Schritt: Beschreibung der Niederschlagswerte
- durchschnittlicher Jahresniederschlag/ Jahresniederschlagssumme
- Monat mit den geringsten und den höchsten Niederschlägen

	Erklärfilm		Linktipp		
	Ein Klimadiagramm erstellen t7h5c2		Klimadiagramme weltweit t7h5c2	Landschaftszonen im globalen Wandel	**2**

- Jahresschwankung der monatlichen Niederschlagssummen
- Verlauf der Monatsniederschlagssummen

Denken Sie daran, dass es sich bei dem durchschnittlichen Jahresniederschlag, wie auch bei der pLV, um eine Summe aus allen Monatswerten handelt – im Gegensatz zur durchschnittlichen Jahrestemperatur.

4. Schritt: Beschreibung der Werte der potenziellen Landschaftsverdunstung (pLV)
- durchschnittliche pLV
- Monat mit der geringsten und der höchsten pLV
- Jahresschwankung der pLV
- Verlauf der pLV im Jahr

Hinweis: Nicht alle Klimadiagramme enthalten die pLV.

5. Schritt: Ökologische Schlussfolgerungen
- Dauer der Vegetationsperiode (Anzahl der Monate über 5 °C)
- Anzahl und Verteilung humider sowie arider Monate und dies unter Verweis auf Niederschlag und Temperatur bzw. pLV begründen
- Kennzeichnung der Wasserverfügbarkeit (Tabelle 8)

- Ausweisung von Regen- und Trockenzeiten
- ggf. knapp daraus resultierende (landwirtschaftliche) Nutzungsmöglichkeit ableiten

- Der Richtwert von 5 °C für die Vegetationsperiode ist vage. Manche Pflanzen stellen höhere oder geringere Ansprüche.
- Schreiben Sie nicht einfach: „Da die Temperaturkurve über der Niederschlagskurve liegt, handelt es sich um aride Monate." Ergänzen Sie zudem etwa: „Dies bedeutet, dass die Monatstemperaturen und damit vermutlich auch die Verdunstung so hoch sind, dass der Niederschlag direkt wieder verdunstet, es somit trocken ist und kein Wasser für die Pflanzen nutzbar ist …"

6. Schritt: Zuordnung und ggf. Erklärung
- Einordnung der Station in eine Landschafts- oder Klimazone z. B. anhand der Jahresdurchschnittstemperatur (Atlas)
- oder Zuordnung anhand des Niederschlagsgangs und des Temperaturverlaufs (Grafik 5)
- ggf. klimatische Verhältnisse mithilfe der atmosphärischen Zirkulation und/oder regionaler Besonderheiten erklären

2

Werten Sie das Klimadiagramm 4 aus.

Wärmestufen der Monatsmitteltemperaturen (in °C)	
heiß	über 25
warm	10 bis 25
mild	5 bis 10
kühl	0 bis 5
kalt	−15 bis 0
extrem kalt	unter −15

6

Stufen des Jahresniederschlages (in mm)	
sehr gering	unter 200
gering	200 bis 400
mittel	400 bis 800
hoch	800 bis 1500
sehr hoch	über 1500

7

Wasserverfügbarkeit und humide Monate	
vollarid	0 bis 2 Monate
semiarid	2 bis 5 Monate
semihumid	6 bis 9 Monate
vollhumid	10 bis 12 Monate

8

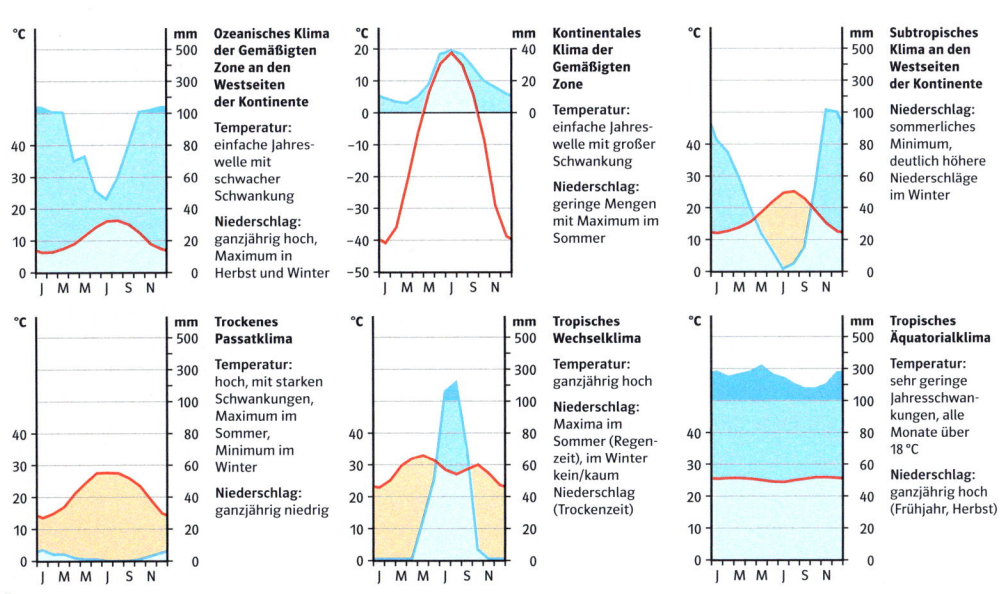

5 Ausgewählte Klimatypen

Wahl 1

Tropischer Regenwald: die immerfeuchten Tropen

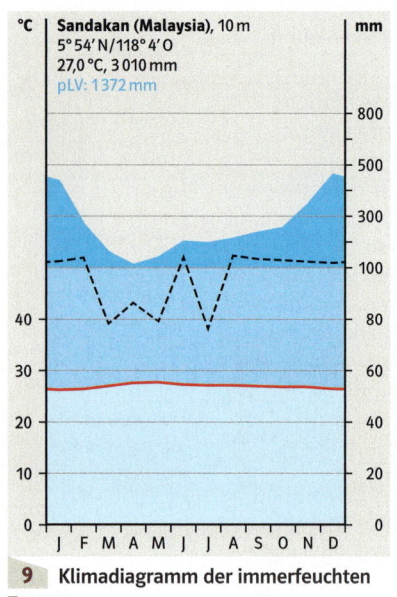

9 Klimadiagramm der immerfeuchten Tropen

11 Tiefgründig verwitterte Böden

Boden als ökologisches Handicap

Die **tropischen Regenwälder** stellen nach den borealen Wäldern das zweitgrößte Waldökosystem der Erde dar. So üppig die Vegetation des tropischen Regenwaldes ist, so karg ist der Boden – im Amazonas-Regenwald ist es der ärmste und unfruchtbarste auf der ganzen Welt. Holzt man den Wald ab, ist die dünne mineralstoffhaltige Humusschicht schnell ausgewaschen: Spätestens drei Jahre nach der Rodung wächst kaum noch etwas. Dieser sogenannte Ferralsol-Boden ist durch folgende Handicaps gekennzeichnet:

– Mineralstoffarmut: Infolge der starken chemischen und physikalischen Verwitterung sind die Böden zwar mächtig (meist 5–20 m). Das Ausgangsgestein liegt dadurch jedoch so tief, dass die Pflanzenwurzeln die dort enthaltenen Mineralstoffe, auch Nährstoffe genannt, nicht erreichen. Wenige Mineralstoffe befinden sich in der aufliegenden Humusschicht. Die Vegetation benötigt aber Mineralstoffe für verschiedenste Lebensvorgänge, z.B. die Fotosynthese;

– geringe Mineralstoffspeicherkapazität: Anders als die meisten Böden in den Gemäßigten Breiten enthalten die tropischen Böden nahezu keine verwitterbaren Silikate. Es überwiegen sogenannte Zweischicht-Tonminerale. Diese können Mineralstoffe wie Stickstoff, Kalium oder Magnesium weniger gut festhalten, sodass sie rasch ausgeschwemmt werden;

– hohe Bodenacidität (ph-Wert 3,5–5): Die starke Versauerung des Bodens bewirkt, dass die Aufnahme der Mineralstoffe durch die Wurzeln der Pflanzen gehemmt wird und sie schlechter gespeichert werden können;

– ungünstige Bodenstruktur, Verdichtung und periodische Vernässung: Vorherrschend sind rötliche Böden mit starken Eisen- und Aluminiumoxidanreicherungen. Diese führen zu Wasserstau und krustenartigen Verhärtungen an der Oberfläche.

Wie können dennoch Pflanzen im tropischen Regenwald wachsen? Die Lösung heißt: **kurzgeschlossener Mineralstoffkreislauf**.

10

Erklärfilm
Stockwerkbau und Mineralstoffkreislauf
t7h5c2

Landschaftszonen im globalen Wandel 2

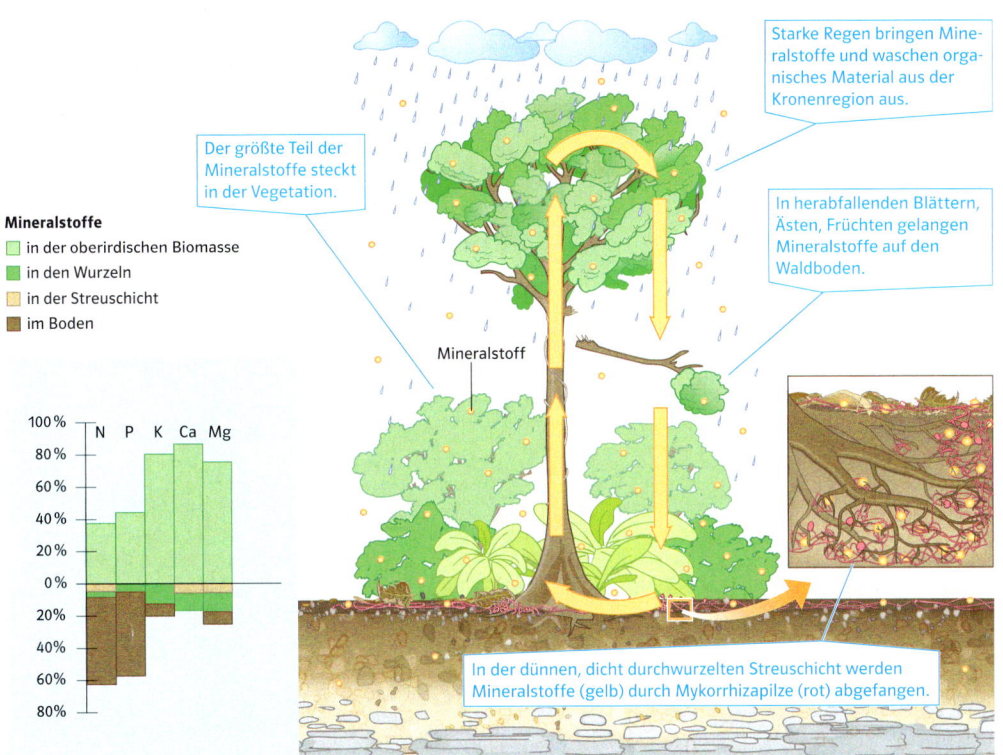

Tonminerale
Blättchenförmige Silikate (Mineral) mit unterschiedlichem Schichtaufbau (Zwei- und Dreischichttonminerale). An ihnen können sich Ionen und damit auch Mineralstoffe anlagern und bei Bedarf an Wurzeln abgegeben werden.

Fotosynthese
Pflanzen nehmen Kohlenstoffdioxid (CO_2) aus der Luft und Wasser auf und stellen unter Nutzung der Lichtenergie Stärke und Sauerstoff (O_2) her. Hierdurch erzeugen Pflanzen den Großteil ihrer Biomasse.

Die dem Wurzel- und Pilzgeflecht durch Niederschlag und Stammabfluss zugeführten Mineralstoffe werden weitestgehend aufgefangen. Zudem werden die in organischen Abfällen (z. B. Laub) eingebundenen Mineralstoffe aufgeschlossen und den Baumwurzeln zugeführt. Im Gegensatz zu Pflanzen betreiben Pilze keine Fotosynthese. Sie sind auf die Zuführung von Fotosyntheseprodukten wie Stärke angewiesen. Diese liefert ihnen der Baum. Eine solche „Win-win-Situation" wird als Symbiose bezeichnet. So werden fast 99 % der Mineralstoffe aus dem Sickerwasser gefiltert und dem Kreislauf zugeführt.

12 Mineralstoffrecycling im tropischen Regenwald

Produktivität tropischer Regenwälder
Die tropischen Regenwälder sind die produktivsten Landökosysteme der Welt. Dies zeigt sich in der Nettoprimärproduktion (NPP). Sie stellt die gesamte Biomasse dar, die von Pflanzen durch Fotosynthese gewonnen wurde. Gründe sind die für die Fotosynthese optimalen Bedingungen in den Tropen, vor allem die ganzjährige Dauer der Vegetationsperiode, die hohe Sonneneinstrahlung, Temperaturen von 20 bis 30 °C sowie Jahresniederschläge von über 2 500 mm. Durch die Bindung von CO_2 im Rahmen der Fotosynthese fungiert die Vegetation zudem als CO_2-Senke bzw. Speicher.

13

	C-Speicher (in Gt C)	NPP (in Gt C/Jahr)	Senkenwirkung (in Gt C/Jahr)
Tropische Wälder	553	21,9	0,66
Gemäßigte Wälder	292	8,1	0,35
Boreale Wälder	395	2,6	0,47

C = Kohlenstoff, Gt = Gigatonnen
Nach Dieter Anhuf: Kein Klimaschutz ohne Waldschutz. In: Geographische Rundschau, H. 9/2010, S. 28–33

14

Bedeutung tropischer Regenwälder
„Tropische Feuchtwälder bedecken nach den borealen Wäldern nicht nur die zweitgrößte Fläche unseres Planeten, sie bilden auch die wichtigsten Ökosysteme [...]. Sie beherbergen das größte Reservoir an Pflanzen und Tieren. Die Regionen mit der höchsten Biodiversität (Biodiversity Hotspots) liegen nahezu ausnahmslos in den Waldgebieten der Tropen. [...] Sie beinhalten gleichzeitig den größten natürlichen Genpool. Darüber hinaus schützen und regulieren die Wälder die kleineren bis hin zu riesigen Wassereinzugsgebiete. Sie verursachen Regen, forcieren die Bodenbildung und sind zu einem großen Teil für die Stabilität unseres Klimasystems, nicht zuletzt durch ihre Bedeutung für den regionalen und globalen CO_2-Haushalt, verantwortlich [,indem sie durch die Fotosynthese CO_2 binden.]"
Dieter Anhuf: Quo Vadis Amazonia? – Probleme im tropischen Regenwald. In: Rüdiger Glaser/Klaus Kremb (Hg.): Nord- und Südamerika. Darmstadt 2006, S. 156

15

Wahl 2

Savannen: die wechselfeuchten Tropen

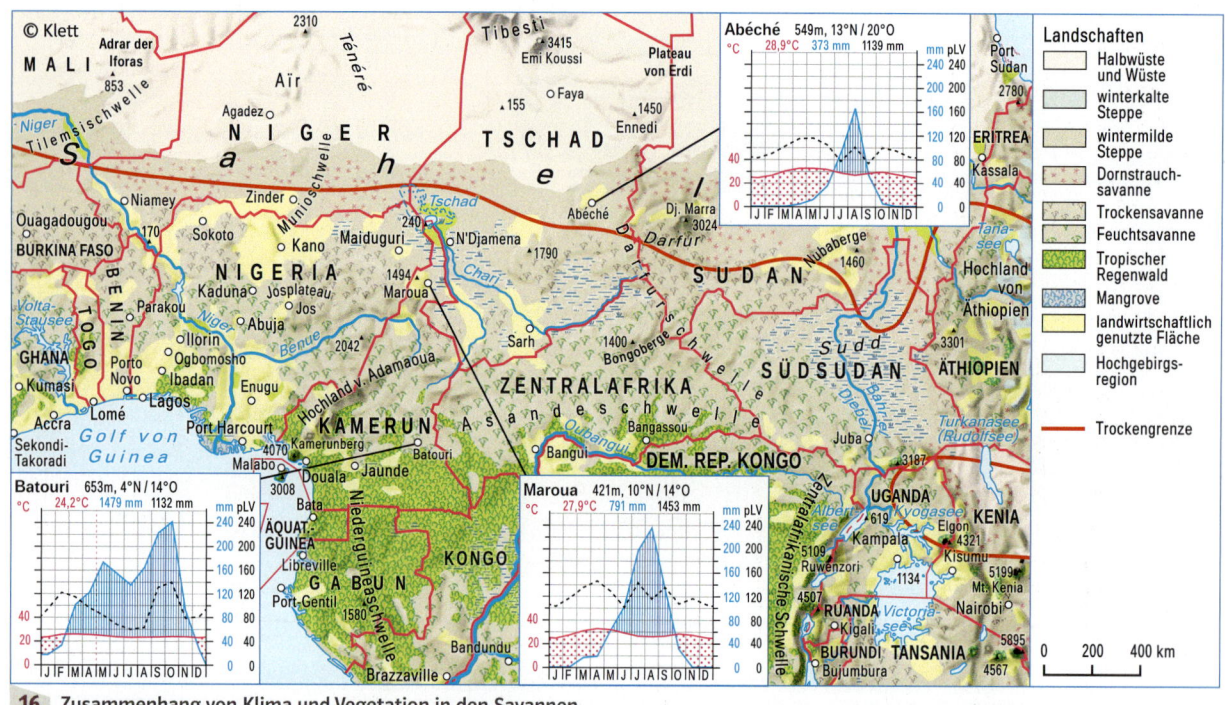

16 Zusammenhang von Klima und Vegetation in den Savannen

Feuchtsavanne Niederschlag > 1200 mm

Trockensavanne Niederschlag 500–1200 mm

Dornsavanne Niederschlag < 500 mm

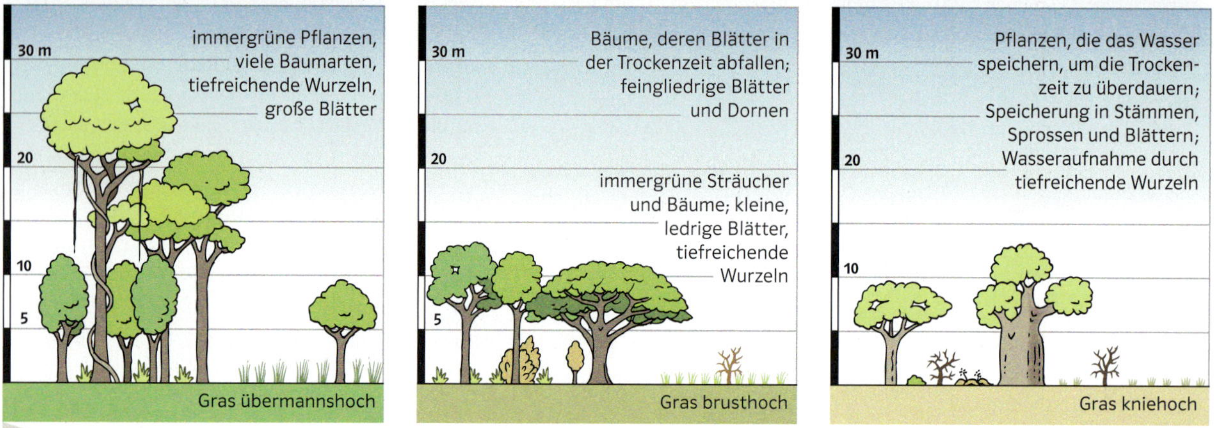

immergrüne Pflanzen, viele Baumarten, tiefreichende Wurzeln, große Blätter

Gras übermannshoch

Bäume, deren Blätter in der Trockenzeit abfallen; feingliedrige Blätter und Dornen

immergrüne Sträucher und Bäume; kleine, ledrige Blätter, tiefreichende Wurzeln

Gras brusthoch

Pflanzen, die das Wasser speichern, um die Trockenzeit zu überdauern; Speicherung in Stämmen, Sprossen und Blättern; Wasseraufnahme durch tiefreichende Wurzeln

Gras kniehoch

17 Savannentypen: unterschiedliche Ausprägung der Vegetation

Vegetation und Klima

Die **Savannen** sind tropische Grasländer mit darin zerstreut stehenden Holzpflanzen (Bäume, Sträucher, Büsche). Geprägt wird die Vegetation vor allem durch Niederschlagsdauer und Niederschlagsmenge sowie den ‚Kampf' zwischen Gräsern und Holzpflanzen.

In der Trockenzeit stirbt der oberirdische Teil der Gräser ab, da dieser keinen Verdunstungsschutz hat. Holzpflanzen haben hingegen die Möglichkeit, ihr Laub abzuwerfen, ihre Spaltöffnungen zu verschließen und so die Transpiration einzuschränken. Darüber hinaus sind sie unterschiedlich an den Wassermangel angepasst [Grafik 17].

Je höher die Niederschlagsmenge ist, umso mehr Wasser lassen die Gräser übrig und desto mehr und größere Holzpflanzen können sich neben den immer größer und dichter werdenden Gräsern etablieren. In anhaltenden Überschwemmungsgebieten treten jedoch keine Bäume auf.

Aufgrund der polwärts abnehmenden Jahresniederschläge wird in der Savanne auch die agronomische Trockengrenze überschritten. Jenseits dieser Grenze ist kein Regenfeldbau mehr möglich. Sie liegt meist bei einem Jahresniederschlag von etwa 500 mm. Ihre Lage variiert aber von Jahr zu Jahr etwas.

Nach Werner Klohn/Hans-Wilhelm Windhorst: Physische Geographie: Böden, Vegetation und Landschaftsgürtel. Vechta 2006, S. 97 ff.

18

Savannenböden

Die Böden weisen einige Merkmale der tropischen Regenwaldzone auf, z.B. Mineralstoffarmut und geringe Mineralstoffspeicherkapazität. Dies ist aber zu differenzieren. Mit der polwärtigen Abnahme der Niederschläge verringert sich auch die Intensität der chemischen Verwitterung und die Mineralstoffe werden weniger stark ausgewaschen. Manche Bereiche werden nur während der Regenzeit ausreichend mit Wasser versorgt (Hänge), während sich in Senken das Wasser ansammelt und eine bessere Durchfeuchtung bewirkt. In der Feuchtsavanne treten tropische Rotlehme (Eisenoxidation) auf, die mit abnehmender Feuchtigkeit polwärts von mineralstoffreicheren braunen und braunroten Böden abgelöst werden. Verbreitet sind sogenannte Laterite, d.h. irreversibel verhärtete Bereiche im Boden aus eisenreichem Substrat. Diese Krustenbildung nimmt mit der Trockenheit zu. In den Randbereichen mit langen Trockenzeiten ist die Verwitterung und damit auch die Bodenbildung geringer. Es treten bereits wüstenartige Sandböden mit spärlicher und verletzlicher Vegetation auf.

Nach Werner Klohn/Hans-Wilhelm Windhorst: Physische Geographie: Böden, Vegetation und Landschaftsgürtel. Vechta 2006, S. 97 ff.

20

← Corioliskraft
S. 28

Tropische Zirkulation

Wenn die Sonne in den Tropen im Zenit steht, kommt es zu einer starken Erwärmung der unteren Luftschichten. Die erwärmte Luft dehnt sich aus und steigt in die Höhe. Der Luftdruck am Boden sinkt, es bilden sich Tiefdruckgebiete am Boden und ein Höhenhoch. Diese äquatoriale Tiefdruckrinne umspannt die ganze Erde. Da aufgrund des Druckausgleichs die Luftmassen in diesen Bereich einströmen, wird er auch als innertropische Konvergenzzone (ITC) bezeichnet.

Die erwärmte, feuchte Luft kühlt beim Aufsteigen ab. Dadurch kondensiert der Wasserdampf und es bilden sich teils mächtige Gewitterwolken mit Starkregen (Zenitalregen). Aus dem Höhenhoch über der ITC strömt die Luft polwärts. Im Bereich der Wendekreise sinken die Luftmassen ab. Dabei erwärmen sie sich und können wieder Wasserdampf aufnehmen. Wolken lösen sich auf.

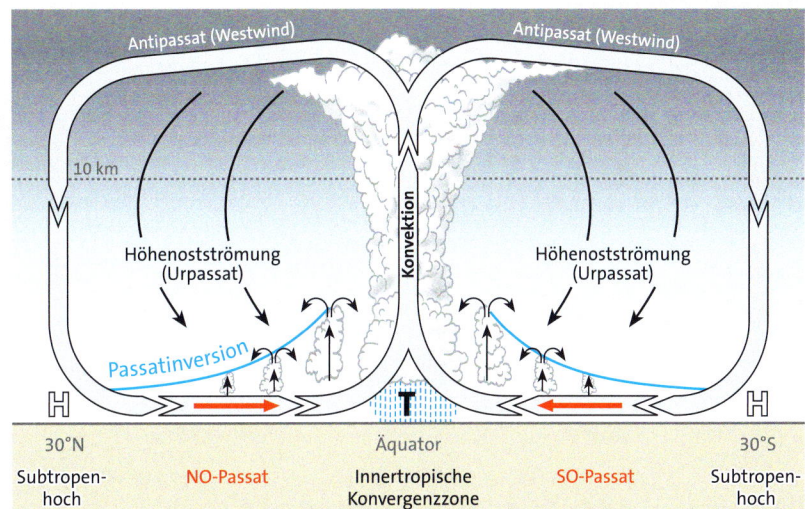

Am Boden bildet sich so die subtropische Hochdruckzone. Infolge des Druckgefälles zur ITC entsteht unter dem Einfluss der Corioliskraft eine östliche Strömung: auf der Nordhalbkugel der Nordostpassat und auf der Südhalbkugel der Südostpassat.

Im Jahresverlauf pendelt der Zenitstand der Sonne zwischen den Wendekreisen (23,5° N bzw. S). Infolgedessen verlagern sich auch die ITC und die tropische Zirkulation mit dem Zenitalregen. Hierdurch entstehen Regen- und Trockenzeiten.

19

Wahl 3

Wüsten und Halbwüsten der Tropen und Subtropen

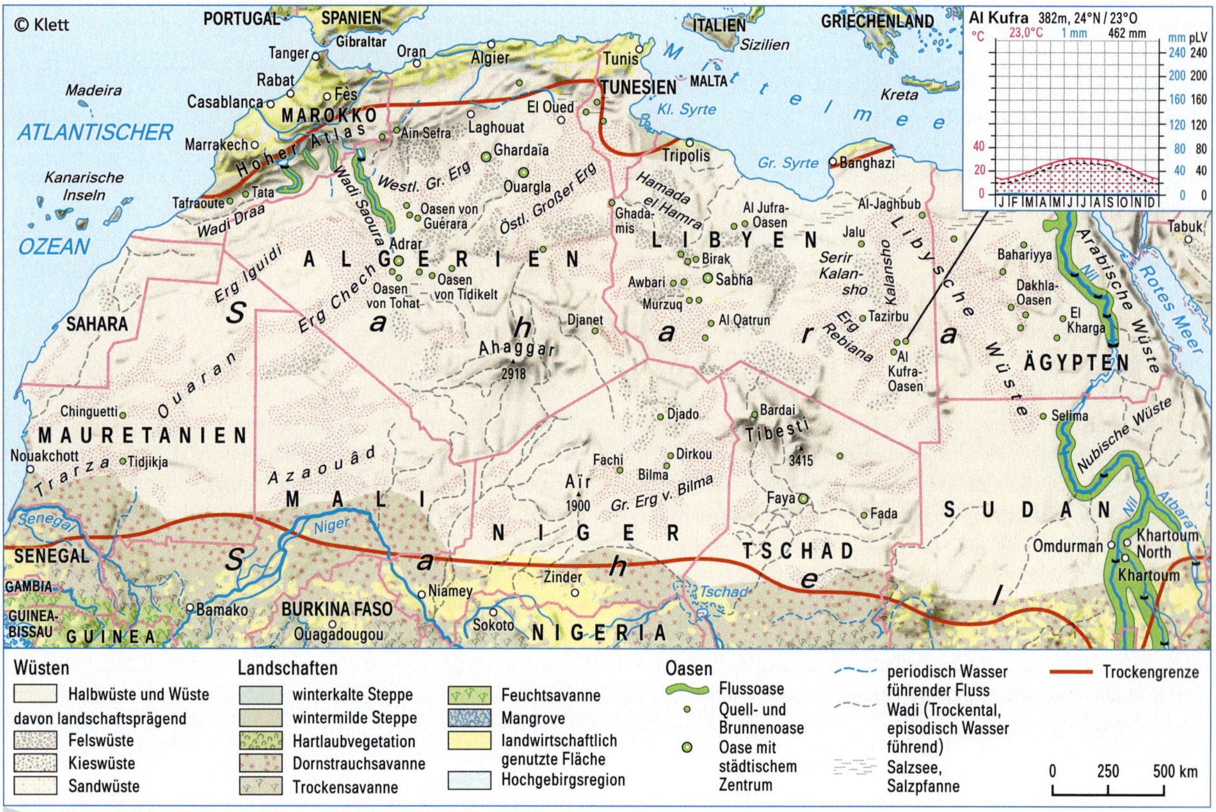

21 Landschaften im Trockengürtel des nördlichen Afrika

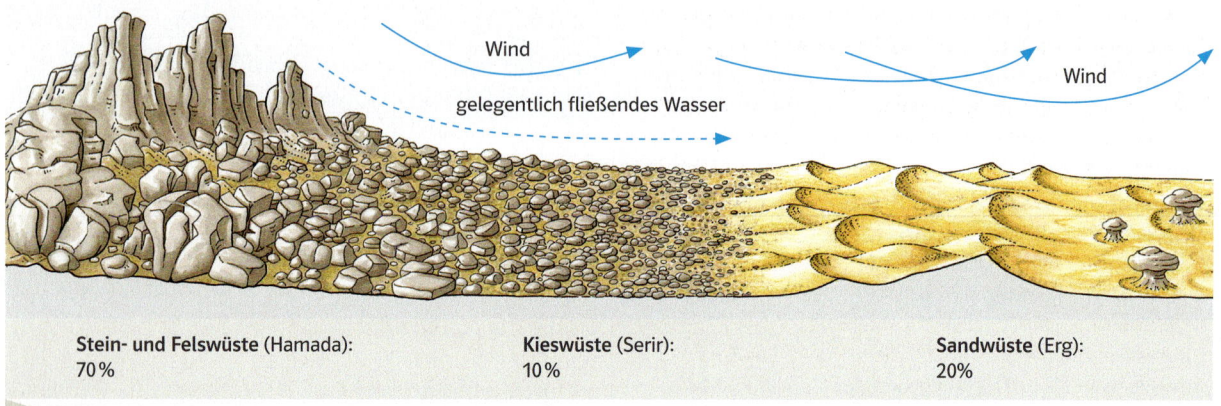

Stein- und Felswüste (Hamada): 70 %
Kieswüste (Serir): 10 %
Sandwüste (Erg): 20 %

22 Wüstenarten, ihre Entstehung und ihre globale Häufigkeit

Klimatische Gegebenheiten

An den Wendekreisen sinken die vom Äquator kommenden Luftmassen ab und strömen bodennah zur innertropischen Konvergenzzone (ITC) zurück. Dort steigen sie, angetrieben durch Sonneneinstrahlung, wieder auf und regnen sich ab. Diese Winde bilden die sogenannte Hadley-Zelle.

Beim Absinken über den Wendekreisen erwärmen sich die bereits trockenen Luftmassen, wodurch sie mehr Feuchtigkeit aus der Umgebung aufnehmen können. Die Bewölkung ist deshalb sehr gering und die Böden sind trocken. Die extreme Trockenheit führt zur Vegetationslosigkeit und bildet die Wendekreiswüsten (z. B. Sahara, Kalahari).

In einigen Regionen wird die Aridität dadurch verursacht, dass sich feuchte Luftmassen weit landeinwärts oder über Gebirge bewegen. Dabei regnen sie sich aus und werden zunehmend trockener, bringen also keinen Regen mehr mit sich (Binnen- und Regenschattenwüsten, z. B. Mojavewüste).

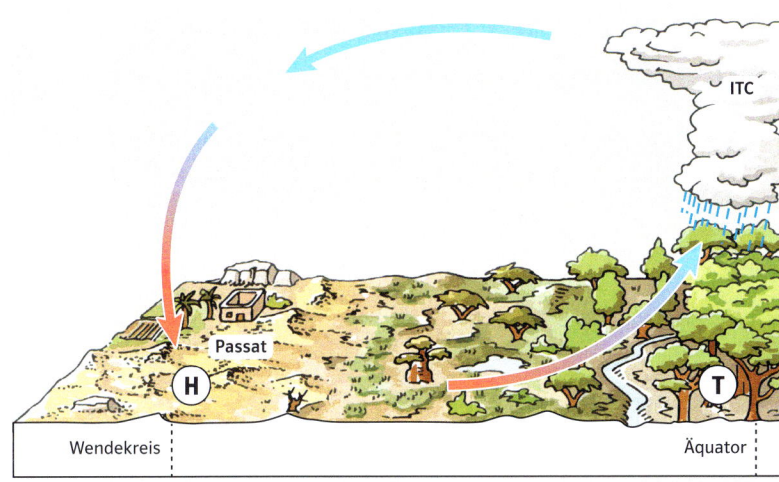

Die Sonnenscheindauer ist aufgrund der geringen Bewölkung extrem lang. In der zentralen Sahara sind es bis zu 4 000 Sonnenstunden jährlich. Zugleich ist die direkte Sonneneinstrahlung wegen des steilen Einfallswinkels und der geringen Absorption in der Atmosphäre besonders hoch. Entsprechend hoch sind die sommerlichen Mittagstemperaturen. Nachts wird die Ausstrahlung, also die Wärmeabgabe an den Weltraum, ebenso wenig durch eine Wolkendecke behindert. Die Auskühlung ist dann so stark, dass es in den Wintermonaten mit Tagestemperaturamplituden von 50 °C häufig zu Nachtfrösten kommt.

23

Wüstenböden

„Von Böden im eigentliche Sinn kann in den Halbwüsten und Wüsten gar nicht gesprochen werden, da es sich lediglich um Rohböden handelt. Diese sind aus dem Verwitterungsschutt des anstehenden Gesteins entstanden. Dabei ist die physikalische Verwitterung am bedeutendsten, also die Hitzesprengung des Gesteins aufgrund hoher Temperaturunterschiede zwischen Tag und Nacht. Die zerkleinerten Bestandteile werden vor allem vom Wind fortgeweht, wodurch es zu einer Differenzierung der Wüstenformen kommt [Grafik 22]. Die seltenen und geringen Niederschläge erlauben kaum Pflanzenwuchs, sodass auch keine Anreicherung von organischem Material (Humusbildung) erfolgen kann. Für die Wasserversorgung der Pflanzen ist die Niederschlagsmenge aber nur bedingt entscheidend. Wichtiger ist vielmehr die gespeicherte Haftwassermenge im Boden, die den Pflanzen tatsächlich zur Verfügung steht. Sandböden sind daher die feuchtesten und Tonböden die trockensten Standorte. Wüstenböden enthalten zumeist reichlich Mineralstoffe und sind locker im Gefüge. Für ihre Fruchtbarkeit ist das Wasser der begrenzende Faktor. Ist mehr Wasser vorhanden, können Halbwüsten entstehen."

Werner Klohn/Hans-Wilhelm Windhorst: Physische Geographie: Böden, Vegetation und Landschaftsgürtel. Vechta 2006, S. 97 ff.

24

25 Halbwüste Sonora (Mexiko)

Wahl 4

Borealer Nadelwald der kalten Zone

26 Borealer Nadelwald in Sibirien

Klima

Der klimatische Gegensatz zwischen den meeresnahen Gebieten im Westen (maritimes Klima) und den Gebieten im Landesinneren (kontinentales Klima) ist stärker ausgeprägt als zwischen Norden und Süden. Richtung Osten nimmt die Temperaturamplitude deutlich zu und die Jahresniederschläge fallen geringer aus.

Eine Ursache ist die unterschiedliche Wärmespeicherfähigkeit des Wassers und der Landmasse. Das Wasser kann die einfallende Strahlung besser speichern. Es nimmt also im Sommer viel Energie auf. Im Winter gibt es Wärme ab und bewirkt so relativ milde Temperaturen. Die Landmasse kann jedoch kaum Energie speichern. Sie erhitzt sich im Sommer sehr schnell und stark – im Winter kühlt sie sehr stark aus.

Eine weitere Ursache ist, dass die Feuchtigkeit, welche die von den Meeren kommenden Westwinde bringen, zu mehr Niederschlägen in meeresnahen Regionen führt.

28

27 Lage der Permafrostböden sowie Anbaugrenzen in der polaren Zone

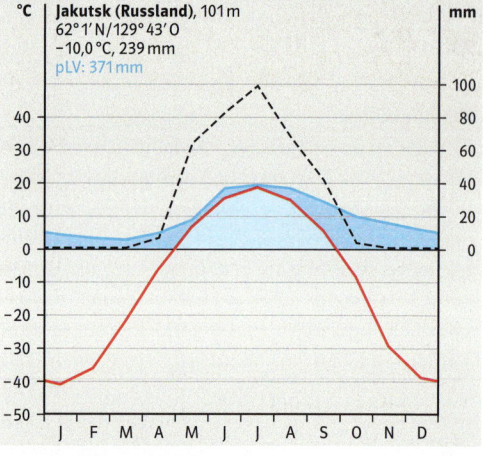

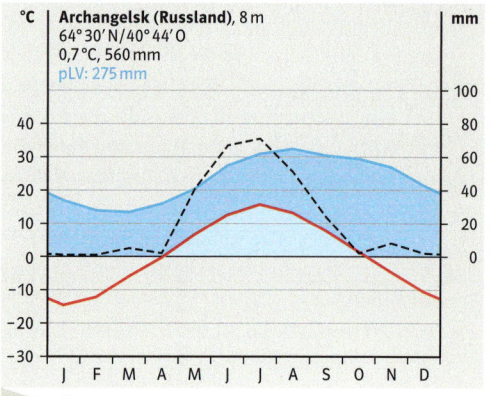

29 Klimadiagramme

Vegetations- und Landschaftsformen

Die Bezeichnung boreale Nadelwaldzone könnte zu der Vorstellung verleiten, dass Nadelwälder die alles beherrschende Vegetationsform darstellen. Charakteristisch ist für diese Zone jedoch auch die außerordentlich weite Verbreitung von stehenden Gewässern, Sümpfen und Mooren. Deren Entstehung wird nicht nur durch das humide Klima begünstigt. Zu ihrer Verbreitung trägt auch bei, dass das Relief weithin flach ist, das Oberflächenwasser also schlecht abfließen kann, und dass der Unterboden mehrere Monate im Jahr gefroren ist und somit wasserstauend wirkt.

30

Bodenbildung

Aufgrund der niedrigen Jahresmitteltemperaturen ist auch die Bodenbildung stark eingeschränkt. Der am weitesten verbreitete Bodentyp ist der Podsolboden. Die niedrigen Temperaturen verhindern eine Zersetzung der Nadelstreu, sodass sich Rohhumus mit einem geringen Bodenleben bildet. Die wenigen Mineralstoffe werden zudem durch das Sickerwasser (humides Klima) ausgewaschen. Zurück bleibt ein nährstoffarmer, ausgebleichter Oberboden, der nur bei hohen Düngergaben annehmbare Erträge bringt.

31

Permafrostböden

Permafrostböden machen 25 % der Erdoberfläche aus. In der borealen Nadelwaldzone tritt vornehmlich sogenannter diskontinuierlicher (inselartiger) **Permafrost** auf. Im Zuge der globalen Erwärmung wurde in den letzten Jahrzehnten festgestellt, dass die Permafrostgrenze nach Norden wandert. Die Folgen sind nicht nur Schäden an Gebäuden und Infrastruktureinrichtungen (z. B. Pipelines), die dort stehen, wo der Boden auftaut. Beim Auftauen können zudem große Mengen an Methan (CH_4) und Kohlenstoffdioxid (CO_2) freigesetzt werden. Man geht davon aus, dass der gefrorene Boden mindestens zwischen 1 300 und 1 600 Gt Kohlenstoff in Form von Kohlenstoffdioxid enthält (Atmosphäre: 800 Gt CO_2). Wie viel Methan im Boden gespeichert ist und abgegeben werden kann, ist bisher unbekannt. Man geht aber davon aus, dass die Menge die des gesamten heute in der Atmosphäre enthaltenen Methan um ein Hundertfaches übertrifft. Die Folgen reichen somit weit über Sibirien hinaus. Der Permafrost gilt daher als zentrales Kippelement für das Klima: Kippt das Klima hier, so hat dies Auswirkungen auf das gesamte Weltklima.

32

2.2 Globale Umweltveränderungen

Der Mensch greift weltweit in Ökosysteme ein – teils bis hin zu ihrer vollständigen Zerstörung. Die Gründe dafür sind vielfältig. Es zeigen sich jedoch weltweit oft ähnlich geartete Muster der Umgestaltung bzw. „Krankheitsbilder" unseres Planeten. Sie werden Syndrome des globalen Wandels genannt.

Wenn Regenwald gerodet wird – Beispiel D. R. Kongo

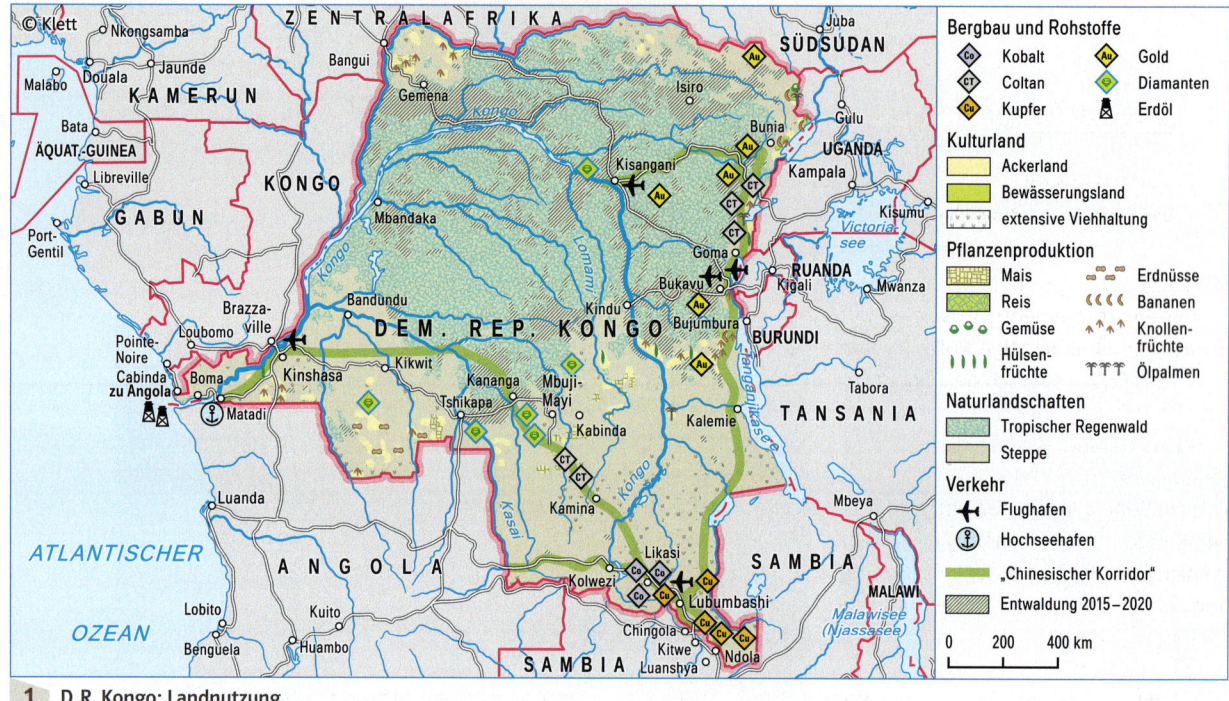

1 D. R. Kongo: Landnutzung

Ein in den tropischen und borealen Wäldern wie auch in den Weltmeeren verbreitetes **Syndrom** ist das Raubbau-Syndrom – die nicht nachhaltige Übernutzung natürlicher Ressourcen.

In der D. R. Kongo und ihren Nachbarstaaten liegt der zweitgrößte Regenwald der Erde. Er ist größer als Deutschland und Frankreich zusammen und die größte natürliche Ressource des Landes. Wertvolle Edelhölzer sind nur ein Teil dieser Ressource. Der Wald dient auch als Rohstofflieferant und Wasserspeicher für große Teile der Bevölkerung.

Ursachen des Raubbaus

Doch vielerorts ist der Druck auf den Wald so groß geworden, dass es zur Schädigung des Ökosystems oder einer kompletten Umnutzung (Konversion) kommt. Ein bedeutender Treiber der Zerstörung ist die Abholzung, vor allem zur Entnahme von Edelhölzern (Holzextraktion). Ein zweiter Treiber ist die Landwirtschaft, z. B. in Form von Palmölplantagen. Die Zunahme der Bevölkerung im Land führt als indirekter Einflussfaktor zu einer höheren Nachfrage nach landwirtschaftlichen Gütern, aber auch nach Siedlungsfläche – was ein weiterer Treiber ist. Die angebauten landwirtschaftlichen Produkte dienen nicht nur der Selbstversorgung, sondern auch dem Export (Cash Crops) und tragen damit zum Einkommen des Landes bei.

Ein vierter, vor allem im Kongo bedeutender Treiber ist der Abbau von Bodenschätzen, welche größtenteils exportiert werden. Neben Kupfer und Gold wird auch Coltan stark nachgefragt, das in der Mikroelektronik (Computer, Smartphones etc.) benötigt wird. Hierbei wird abermals deutlich, dass die globale Nachfrage, aber auch die Verkehrsinfrastruktur zur Erschließung und zum Ex-

Linktipp
Global Forest Watch
t7h5c2

Landschaftszonen im globalen Wandel 2

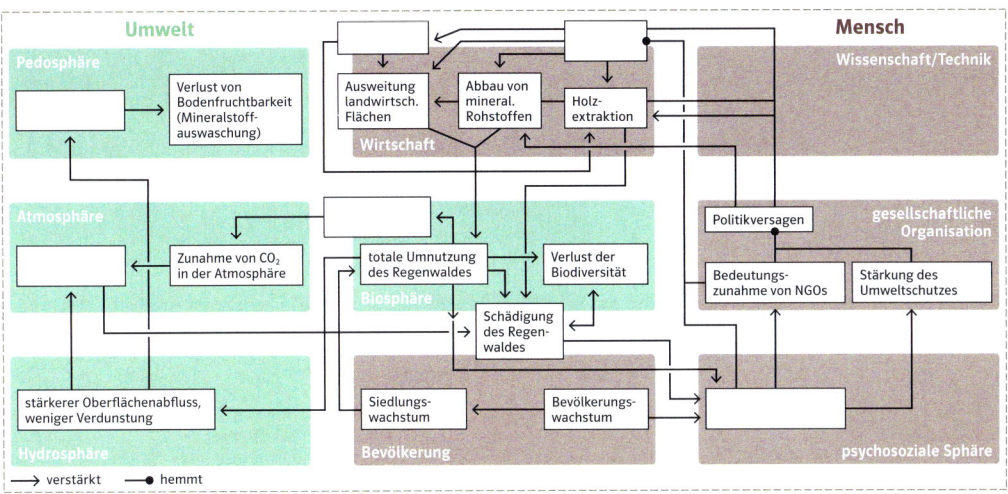

2 Das Raubbau-Syndrom (vereinfacht)

port ein indirekter Treiber der Entwaldung sind. In diesem Zusammenhang spielen internationale Investoren eine wichtige Rolle. Im Kongo ist dies vor allem China, das sich den Zugriff auf Rohstoffe sichert und Geld in die Modernisierung und den Ausbau der Verkehrsinfrastruktur des Landes investiert.

Internationale Investoren treffen dabei – nicht nur im Kongo – oft auf instabile politische und administrative Verhältnisse, z.B. Streitigkeiten unterschiedlicher regionaler und ethnischer Gruppierungen. Hinzu treten im Kongo bewaffnete Konflikte mit Rebellen im Osten, wobei es neben der Politik auch um die dortigen Bodenschätze geht. Einschlag- oder Bergbaukonzessionen werden von der Regierung verkauft, aber häufig nicht reguliert und kontrolliert. Dadurch wird die Übernutzung durch illegale und legale Einschläge verstärkt.

Folgen des Raubbaus

Der Raubbau, d.h. die Umnutzung und Übernutzung der tropischen Regenwälder, wirkt sich vor allem auf die Biosphäre, aber auch auf die Atmosphäre, die Hydrosphäre sowie die Pedosphäre aus. Diese Folgen haben teils eine globale Reichweite (Grafik 2).

Von Bedeutung ist, dass es zu einer Rückkopplung über das anthropogene System kommt, wodurch der Raubbau auch geschwächt werden kann (negative Rückkopplung). Dabei spielen vor allem die Wahrnehmung der Umweltprobleme durch die Öffentlichkeit und der damit einhergehende Bedeutungsgewinn von Umweltschutzorganisationen und anderen Institutionen (z.B. UN) bzw. ein verstärkter Umweltschutz eine Rolle. Dies wiederum kann die Politik vor Ort beeinflussen, z.B. in Form einer strengeren Umweltgesetzgebung und Kontrolle.

→ Thematische Karten auswerten S.70/71

1 Lokalisieren Sie die D.R. Kongo.

2 Beschreiben Sie die Wirtschaftsstruktur sowie die Infrastruktur im tropischen Regenwald der D.R. Kongo (Karte 1).

3 Erläutern Sie die Bedeutung des tropischen Regenwaldes für die D.R. Kongo.

4 Ergänzen und erläutern Sie das Syndrom-Geflecht 2 mit folgenden Begriffen: steigende (globale) Nachfrage, wachsendes Umweltbewusstsein, Verlust an CO_2-Senken, Straßenbau, Wassererosion, verstärkter Klimawandel.

5 „Die politische Situation und der Einfluss ausländischer Interessen verschärft die Gefahr des Raubbaus am Regenwald der D.R. Kongo." Nehmen Sie Stellung zu dieser Aussage.

6 Recherchieren Sie Regionen, in denen das Raubbau-Syndrom auch auftritt (siehe Terra-Code).

3 Dorf der Songhai, Fuß des Hombori-Gebirges, südöstlich von Timbuktu, etwa 1850 (Stich)

5 Heute, ähnlicher Standort

Wenn Grasland zur Wüste wird – Desertifikation im Sahel

2012 gingen Bilder einer verheerenden Hungerkatastrophe in der Sahelzone um die Welt. Wie auch früher schon wurden vor allem die Naturbedingungen für den Wasser- und damit den Nahrungsmangel verantwortlich gemacht. Allerdings sind die traditionellen Landnutzungssysteme an das Klima und die sandigen Böden mit ihrer Vegetation aus einjährigen Gräsern sowie Buschwerk angepasst: Es handelt sich zum einen um Nomadismus in den besonders niederschlagsarmen Räumen. In den Gebieten mit einer etwas längeren Regenzeit ist es zum anderen die Fruchtwechselwirtschaft mit geringer Nutzungsintensität. Beide Nutzungsformen können kürzere Dürreperioden überstehen. Dies ist auch notwendig, da die agronomische Trockengrenze im Sahel stark schwankt. Treten aber mehrjährige Wassermangelzeiten auf, entstehen Notsituationen und Hungerkatastrophen. Sind damit also doch die natürlichen Bedingungen verantwortlich für die Hungerkatastrophen im Sahel?

Die wissenschaftlichen Erkenntnisse sind hier eindeutig: Die von Menschen gemachte Desertifikation ist die eigentliche Ursache, die durch natürliche Ungunstfaktoren wie mehrjährige Dürrephasen (Diagramm 8) verstärkt wird. Desertifikation ist die durch anthropogene Faktoren bedingte Ausbreitung wüstenähnlicher Verhältnisse („Man-made Desert"). In der Sahelzone gehen so jedes Jahr etwa 1,5 Mio. ha landwirtschaftliche Nutzfläche verloren.

Sahel-Syndrom

Der wissenschaftliche Beirat für globale Umweltveränderungen der Bundesregierung (WBGU) hat mit dem **Sahel-Syndrom** eine besonders in Afrika bedeutende Form der Desertifikation modelliert. Im Kern besteht das Sahel-Syndrom aus einem unheilvollen Kreislauf: Die Landbevölkerung lebt in Armut und nutzt die Böden oft über deren

Landwirtschaftliche Nutzung in Mali			
	1970	2000	2018
Einwohner (Mio.)	5,484	11,295	19,107
Ackerbau			
Ackerland/Ew. (ha)	0,5	0,45	0,34
Baumwolle, Ertrag (1000 t)	19,89	100,80	275,78
Baumwolle, Anbaufläche (Mio. ha)	0,07	0,23	0,70
Sojabohnen, Ertrag (1000 t)	0	2,30	6,69
Zuckerrohr, Ertrag (1000 t)	60,5	312,99	367,70
Hirse, Ertrag (1000 t)	411,00	759,11	1840,32
Hirse, Anbaufläche (Mio. ha)	0,54	1,08	2,16
Viehwirtschaft			
Rinder (Mio.)	5,31	5,93	11,76
Weidefläche/Rind (ha)*	4,4	>3,3	2,9
Ziegen (Mio.)	5,50	9,50	25,22
Schafe (Mio.)	5,75	6,80	18,27

*notwendig sind in der Trockensavanne eigentlich ca. 45 ha

Nach Raimund Ditter: Ursachen und Folgen der Desertifikation. In: Praxis Geographie, 39. Jg., H 6. Braunschweig 2009, S. 17/18; aktualisiert nach FAO, unter: www.fao.org

4

2 Landschaftszonen im globalen Wandel

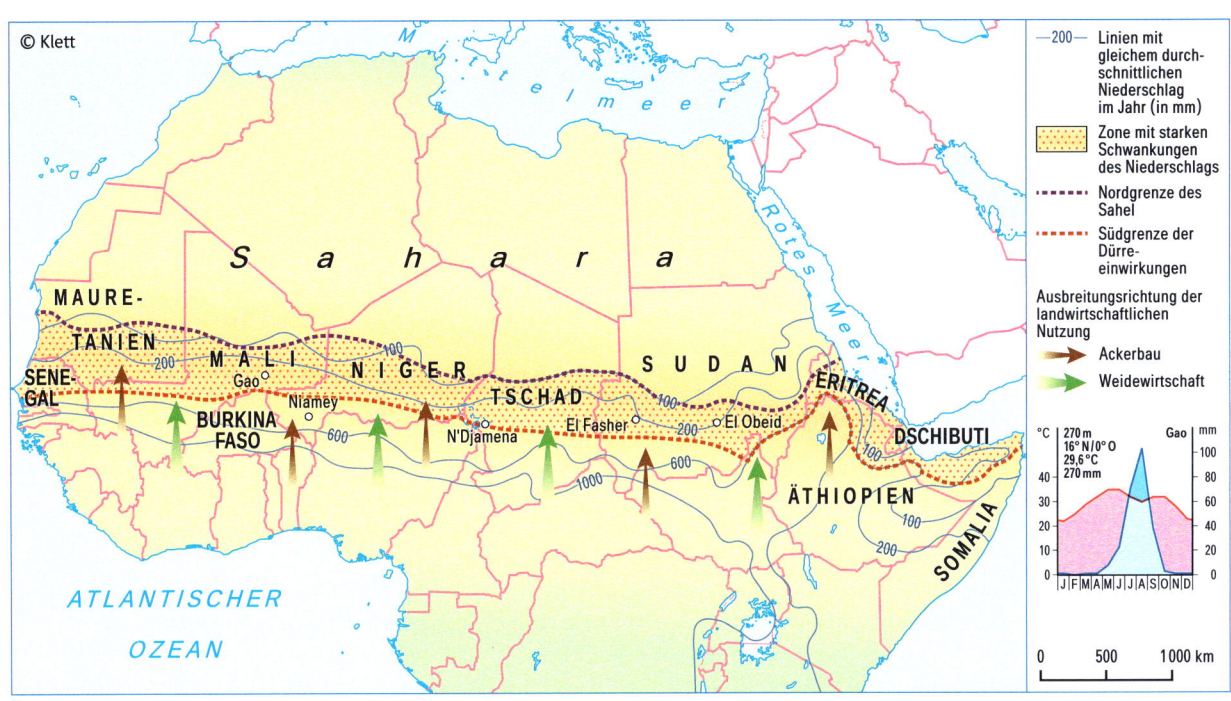

6 Die Sahelzone und ihre Grenzen

schon geringe Tragfähigkeit hinaus, um ihr Überleben zu sichern. Durch diese intensivierte Landwirtschaft kann zwar kurzfristig mehr Ertrag erzielt werden. Die lokalen Ökosysteme, vor allem die Vegetation und die Böden (Grafik 7), werden jedoch geschädigt und gehen verloren. Dies führt zum Verlust landwirtschaftlicher Flächen und damit zu Einbußen im Ertrag der armen Landbevölkerung – wodurch wiederum die Armut zunimmt. Infolgedessen werden erneut landwirtschaftliche Flächen – oft in noch ungünstigere Regionen – ausgeweitet sowie vorhandene Flächen intensiver genutzt. Es ist ein sich verstärkender Kreislauf entstanden (positive Rückkopplung).

Der Kreislauf wird durch Treiber in Schwung gehalten: Durch das hohe Bevölkerungswachstum steigt nicht nur die Armut, sondern auch die Nachfrage nach landwirtschaftlichen Produkten, was zu einer Ausweitung landwirtschaftlicher Flächen führt sowie zur verstärkten Intensivierung. So wird z.B. auf Brachen verzichtet, wodurch sich die Böden schlechter regenerieren können.

Hinzu kommt das Sesshaftwerden der Nomaden aufgrund des Drucks der Regierungen und internationalen Organisationen sowie der willkürlichen

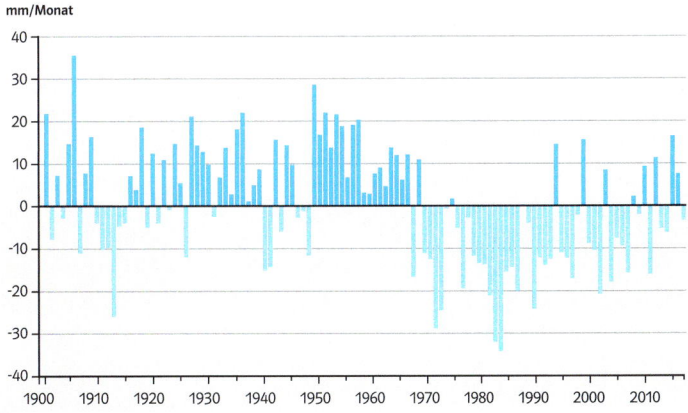

7 Bodenabtrag und Vegetation

8 Niederschlagsanomalien im Sahel: Abweichung der Durchschnittsniederschläge Juni–Oktober vom Mittel der Jahre 1901–2017

Nach University of Washington, Joint Institute for the Study of the Atmosphere and Ocean; unter: http://jisao.washington.edu

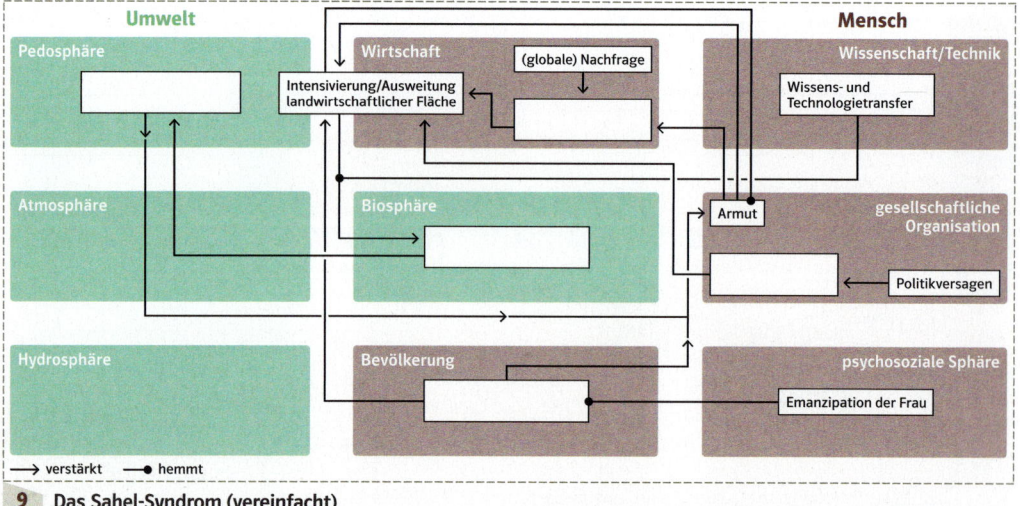

9 Das Sahel-Syndrom (vereinfacht)

Grenzziehung nach der Kolonialzeit ab 1945. Traditionelle Weidegründe wurden zerschnitten. Heute sind es vor allem terroristische Milizen, die Grenzüberschreitungen verhindern. Auch dies steigert die Intensivierung in Form der Überweidung. Der Weidedruck einer zunehmenden Anzahl an Ziegen und Rindern zerstört durch Tritt und Fraß die ohnehin schon dünne Vegetationsdecke und fördert die Erosionsanfälligkeit.

Als weiterer Treiber tritt der Anbau von Cash Crops wie Baumwolle, Erdnüsse und Reis für den internationalen Markt hinzu. Diese brauchen oft mehr Wasser und mineralstoffreichere Böden. Daher werden häufig Gunststandorte genutzt, die vormals der Eigenversorgung (Subsistenzwirtschaft) dienten. Die arme Bevölkerung wird in ungünstige Gebiete der Trockensavanne verdrängt. Durch den erhöhten Maschineneinsatz beim Anbau der Cash Crops kommt es zudem zur stärkeren Schädigung der Ökosysteme und damit zur Erosion.

Ein neues Kipp-Element im Erdsystem
„[...] Regionen wie die zentralen Teile Malis, des Niger und des Tschad – die im Grunde Teil der Sahara sind – könnten so viel Regen abbekommen wie heute das zentrale Nigeria oder der Norden Kameruns, wo ein tropisches Klima mit üppigem Pflanzenwuchs herrscht. [...] Es ist [...] bereits bekannt, dass in dieser Region in einer wärmeren Welt etwas mehr Regen fällt. Die Wissenschaftler haben nun aber jene Simulationen genauer untersucht, die den größten Zuwachs an Regen zeigen, nämlich zwischen 40 und 300 Prozent [...]. Die Forscher entdeckten, dass [...] mit der Erwärmung der Afrika umgebenden Ozeane der Regen im Sahel plötzlich und stark zunimmt. Zugleich werden die Monsunwinde stärker, die vom Atlantik ins Innere des Kontinents wehen, und sie reichen weiter nordwärts. [...] ‚Die Temperaturen müssen über einen bestimmten Punkt steigen, um diesen Prozess zu starten [ca. 1,5–2 °C]', erklärt Schewe [vom Potsdam-Institut für Klimafolgenforschung (PIK) ...]. ‚Die ungeheure Veränderung, die wir hier erleben könnten, würde ganz klar eine große Herausforderung für den Sahel darstellen', betont Levermann [vom PIK]."

Leibniz-Gemeinschaft/Pressestelle: Mehr Regen in der Sahelzone? Forschungsnachrichten, 10.7.2017; unter: www.leibniz-gemeinschaft.de

10

7 Lokalisieren Sie die Sahelzone.

8 Begründen Sie, inwiefern die Sahelzone ein Ungunstraum ist.

9 Erläutern Sie ausgewählte Werte der Tabelle 4.

10 Ergänzen und erläutern Sie das Syndrom-Geflecht 9 mit folgenden Begriffen: Bodenerosion; Cash-Crop-Anbau; Sesshaftmachung von Nomaden; Vegetationsschädigung/-verlust; Bevölkerungswachstum.

11 Begründen Sie, warum man in der Sahelzone von „anthropogenen Ursachen der Desertifikation" sprechen kann.

12 Recherchieren Sie weitere Regionen, die von Desertifikation betroffen sind.

2 Landschaftszonen im globalen Wandel

Yacouba Sawadogo: der Mann, der die Wüste aufhielt

"Alternativer Nobelpreis" an Farmer vergeben

„Der Landwirt Yacouba Sawadogo aus Burkina Faso und der australische Agrarwissenschaftler Tony Rinaudo werden zu Preisträgern des ‚Alternativen Nobelpreises' ernannt. Beide Umweltschützer setzen sich in der Sahelzone dafür ein, trockene Böden wieder für die landwirtschaftliche Produktion nutzbar zu machen und leisten damit einen Beitrag zur Hungerbekämpfung in den Gebieten, verkündete die Right-Livelihood-Stiftung.

Die Stiftung vergibt die Auszeichnung, die allgemein unter dem Alternativen Nobelpreis bekannt ist, seit 1980 jährlich an Personen und Organisationen, die innovative Lösungen für globale Probleme finden. ‚In einer Zeit alarmierender Umweltzerstörung und des Versagens politischer Führung zeigen unsere Preisträger einen Weg in eine andere Zukunft', verkündet der Direktor der Stiftung, Ole von Uexküll Montag in Stockholm. Die Auszeichnung ist mit je 96 000 € dotiert.

Yacouba Sawadogo habe die Auszeichnung mit der Weiterentwicklung einer vergessenen Anbaumethode verdient, die aus trockenen Böden wieder nutzbares Land mache, begründe die Stiftung ihre Entscheidung. Die Desertifikation im Norden Burkina Fasos sei ein großes Problem. Sawadogo erfand jedoch eine Methodik mit großem Vorzeigecharakter. 30 Jahre nach den ersten Versuchen würden heute viele Menschen in Burkina, aber auch in Mali oder Niger seine Anbauweise anwenden, wodurch im Sahel heute wieder grüne Haine wachsen […].

Traditionell sät man in der Region nach dem Zaï-System aus, indem also die ausgesäte Hirse in Erdgruben mit halbmondförmigen Erdwällen vor Erosion geschützt wird. Sawadogo vergrößerte die Halbmonde, um sie vor Verwehungen zu schützen und gab zusätzlich Kuhfladen oder Kompost hinzu, was Termiten anlockte […]. Die Insekten lockerten den Boden auf, sodass die Ern-

teerträge um ein Vielfaches gesteigert werden konnten. Ein weiterer innovativer Aspekt von Sawadogos Methode: Er ließ die Baumtriebe zwischen der Hirse wachsen, sodass die Bäume der Hirse Schatten spendeten und Wind abhielten. Herabfallende Blätter dienten als zusätzlicher Schutz der Pflanzen. Die Stiftung sagt: ‚Sawadogo leistet einen Beitrag zur Nahrungssicherheit, Biodiversität und Einkommensgenerierung'".

Lissa Peters: „Alternativer Nobelpreis" an Farmer vergeben. In: top agrar online, 25.9.2018; unter: www.topagrar.com

11

12 Anpflanzung nach der Zaï-Methode

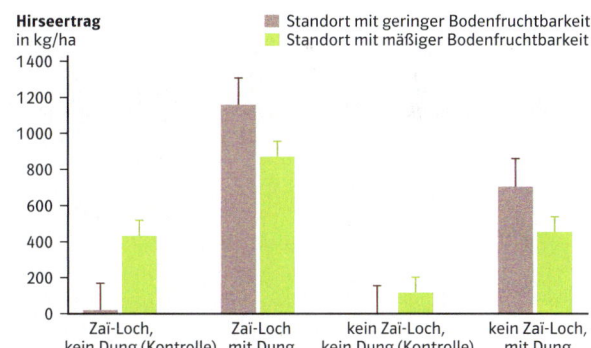

13 Ergebnisse eines Experiments zur Wirksamkeit der Zaï-Methode

Nach Dougbedji Fatondji u.a.: „Zaï" – traditionelle Methode der Landsanierung im Niger. In: ZEFnews Nr. 8, 8.9.2001, S. 2; unter: www.zef.de

---

13 Erläutern Sie das Prinzip der Zaï-Methode.

14 Beschreiben Sie die Versuchsergebnisse in Diagramm 13 und erklären sie diese anschließend.

15 Lohnt sich das aufwendige Graben eines Zaï-Lochs? Beurteilen Sie.

16 „Technische Maßnahmen sind gut, greifen aber nicht an der Wurzel der Sahel-Problematik." Nehmen Sie Stellung zu dieser Aussage.

15 Las Vegas bei Nacht

16 Lake Mead 2015: Weiße Ablagerungen zeigen den ehemaligen Wasserstand an; seit 2000 Abnahme um ein Drittel.

Von der Wüste zur Metropole – urbanes Wachstum in ariden Räumen

Bevölkerungsentwicklung Clark County mit Las Vegas	
1910	3 321
1920	4 859
1930	8 532
1940	16 414
1950	48 289
1960	127 016
1970	273 288
1980	463 087
1990	741 459
2000	1 375 765
2009	1 902 934
2019	2 266 715

Zusammenstellung nach US Census Bureau; unter: www.census.gov

14

Selbst in semi- oder vollariden Gebieten, d.h. klassischen Ungunsträumen, entwickeln sich Siedlungen, teils sogar Metropolen wie Dubai oder Las Vegas. Damit einher gehen besondere Herausforderungen für die Siedlungsentwicklung, wie man am Beispiel von Las Vegas sehr gut sehen kann.

Las Vegas wird häufig als Welthauptstadt des Entertainments bezeichnet. 50 Jahre bevor diese Stadt im Jahr 1905 gegründet wurde, errichteten Mormonen hier ein Fort zur Bekehrung der indianischen Bevölkerung. Etwa gleichzeitig mit der Gründung wurde die Stadt an die neu erbaute Eisenbahnstrecke „San Pedro, Los Angeles and Salt Lake Railroad" angeschlossen. Der 1931 errichtete Hoover Dam ermöglichte zusammen mit der ersten Lizenzvergabe zur Errichtung von Casinos den wirtschaftlichen Aufschwung der Stadt.

Während des Zweiten Weltkriegs zog die US-Armee in die Stadt, das Casino El Rancho Vegas wurde eröffnet und mafiöse Bandenkriminalität verfestigte sich.

Zwischen 1951 und 1992 fanden 65 Meilen entfernt von Las Vegas mehr als 900 Tests atomarer Bomben statt, über 100 davon oberirdisch, die von Touristen aus Las Vegas beobachtet werden konnten. Der rasante Tourismusboom (1954: mehr als acht Millionen Touristen) verlangsamte sich in den 1960er-Jahren, sodass sich Las Vegas in den 1980er-Jahren neu auf Themen- und Resorthotels ausrichtete und zum Ziel von Familien und Restaurant-, Spa- und Show-Besuchern wurde. Spätestens mit dem Bau von Megaresorts wurde das ursprüng-

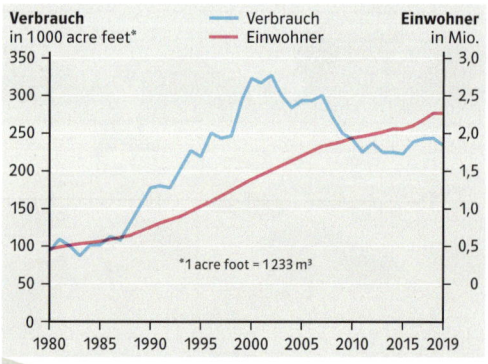

17 Las Vegas: Nutzung von Wasser aus dem Colorado River

Daten nach US Bureau of Reclamation; unter: www.usbr.gov und US Census Bureau; unter: www.census.gov

---

17 Kennzeichnen Sie die naturräumlichen Bedingungen im südlichen Nevada (Atlas).

18 Nennen Sie die Gründe, warum in einem Ungunstraum eine Metropole entstand.

19 Erläutern Sie die grundlegende Wasserproblematik in Las Vegas.

20 Beurteilen Sie das Wasserversorgungskonzept von Las Vegas vor dem Hintergrund der Nachhaltigkeit.

Landschaftszonen im globalen Wandel 2

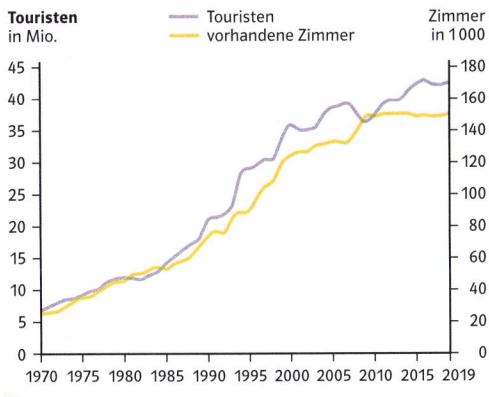

18 Tourismus in Las Vegas
Daten nach Las Vegas Convention and Visitors Authority;
unter: www.lvcva.com

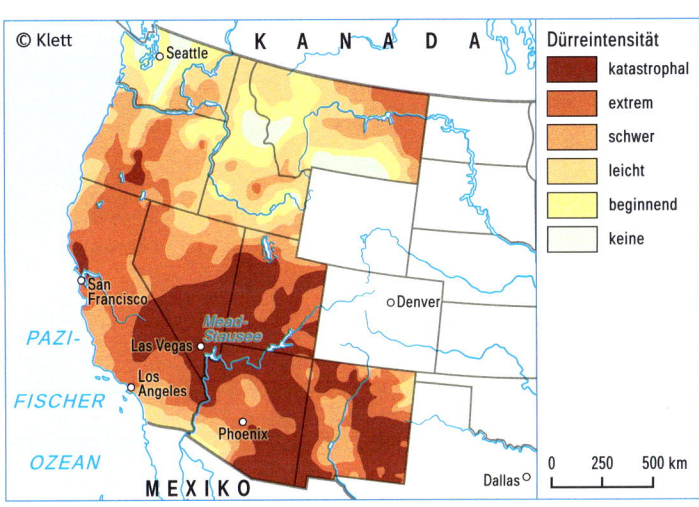

20 Dürregebiete im Westen der Vereinigten Staaten
Nach National Drought Mitigation Center: U.S. Drought Monitor; unter: https://droughtmonitor.unl.edu

liche und innerstädtische Vergnügungszentrum Fremont Street von dem etwa 7 km langen „Strip" außerhalb der Stadtgrenzen abgelöst. Seit dem Jahr 2000 ist das Ende der familientauglichen Ära und die teilweise Rückkehr zum Sin-City-Slogan „What happens here, stays here" zu beobachten.

Seit Neuestem ist Las Vegas US-Vorreiter beim Konzept der Smart Cities und das „Internet der Dinge" wird verstärkt eingesetzt.

Smarte Wasserlösungen in Las Vegas

„Las Vegas bezieht den größten Teil seines Wassers aus dem See Lake Mead und dem Einzugsgebiet des Flusses Colorado River. Als Patricia Mulroy 1985 zum Las Vegas Valley Water District kam, war der See noch voll Wasser, aber Nevada näherte sich der 370 Mio. m³-Grenze seiner Zuteilung aus dem Einzugsgebiet des Colorado River in rasendem Tempo und erlebte ein enormes Wachstum. Die Wassermenge, die Las Vegas pro Jahr aus dem Lake Mead und dem Colorado River beziehen kann, ist gesetzlich geregelt. Als Antwort auf diese Begrenzungen trug Mulroy 1991 zur Gründung der wegbereitenden Wasserbehörde Southern Nevada Water Authority bei. Zu jener Zeit bemühte sich jede Stadt separat um Wasserzuteilungen aus dem Fluss, was den Schutz der Wasserreserven behinderte. Mulroy erkannte die Notwendigkeit, die Ressourcen zu vereinen und gemeinsame Maßnahmen zur effizienteren Wassernutzung zu ergreifen, um ein weiteres Bevölkerungswachstum in der Region zu ermöglichen. Heute verbrauchen die riesigen Casinos, die die Wirtschaft ankurbeln, jedoch nur drei Prozent des städtischen Wassers. Im Gegensatz zu vielen Städten, die ihren Kunden Volumenrabatte gewähren, fordert Las Vegas von Großverbrauchern einen höheren Literpreis.

‚Die Hotels versuchen sich in ihren Schutz- und Nachhaltigkeitsbestrebungen gegenseitig zu übertrumpfen', sagt Mulroy. ‚Die Unternehmen haben sich vorbildlich verhalten und die Frage intensiv vorangetrieben.' Gartenbesitzer dazu anzuregen, ihre Rasenflächen durch wassersparende Wüstenlandschaften zu ersetzen, ist seit 2003 ein Eckpfeiler der Mulroy-Kampagne. Das innovative Water-Smart-Landscapes-Rückzahlungsprogramm belohnt Einwohner, die ihre durstigen Rasenflächen nach genehmigten Gartengestaltungsplänen durch einheimische Wüstenflora ersetzen. Über 40 000 Grundbesitzer haben die Vorteile dieses Programms genutzt, das 16 US-$/m² zahlt und über 30 Mrd. Liter Wasser pro Jahr einspart. […] Begleitend zum Rückzahlungsprogramm wurden Vorschriften erlassen, die bei neuen Häusern in Las Vegas keinen Rasen vor dem Haus gestatten; hinter dem Haus darf nur die Hälfte der Gartenfläche mit Gras bewachsen sein. Es ist nicht erlaubt, einen Rasensprenger auf Beton sprühen zu lassen. Alle Einwohner im Tal haben sich außerdem an einen Bewässerungsplan zu halten: einmal wöchentlich während der Wintermonate, drei festgelegte Tage pro Woche im Herbst und Frühjahr und während der heißesten Sommermonate keine Bewässerung zwischen 11 und 19 Uhr. […] Golfplätze bekamen ebenfalls strenge Wasserbudgets, und die Einwohner zahlen gestaffelte Gebühren für ihr Wasser. Einige Städte in Süd-Nevada testen derzeit eine neue Technologie, die die Bodenfeuchtigkeit misst und den Rasensprenger nur einschaltet, wenn die Erde zu trocken ist."

Eric Gourley: Smarte Wasserlösungen in Las Vegas. In: Making Waves, 12.12.2012; unter: www.xylem.com

19

21 Ölsandabbau bei Fort McMurray, Alberta, Kanada – Beispiel für das Katanga-Syndrom

Wenn Nadelwälder zu Mondlandschaften werden – Rohstoffgewinnung in der Kalten Zone

Der boreale Nadelwald ist zwar ein Ungunstraum, dennoch gibt es dort vereinzelte Inseln menschlicher Aktivität. Diese hängt oft mit dem Abbau von Rohstoffen zusammen. Ein Beispiel ist der Ölsandabbau in Alberta (Kanada). Die mit dem Abbau nicht erneuerbarer Rohstoffe einhergehende Umweltdegradation wird **Katanga-Syndrom** genannt.

Ölindustrie in Kanada

Kanada gehört zu den reichsten Staaten der Erde (BIP 2019: 1,9 Bio. US-Dollar (PPP); Rang 16). Einen wesentlichen Beitrag hierzu leistet der Export, dessen Umfang etwa einem Viertel des BIP entspricht.

→ Braunkohlentagebau S. 150

→ Fracking S. 176

Zwar führen bei den Exportprodukten wertvolle Fertigwaren die Rangliste an (z. B. Autos, Flugzeuge, chemische Produkte), doch kommt auch den Rohstoffen eine hohe Bedeutung zu. Dabei dominieren Erdöl und Erdgas. Beim Export von Erdöl und Erdgas ist eine extreme US-Abhängigkeit zu erkennen: Über 90% aller Ausfuhren gingen 2021 ins Nachbarland. Allerdings gewinnen die USA zunehmend Erdgas und Erdöl mit der Fracking-Methode. Der Ölpreis schwankt zudem in Abhängigkeit von der US-Konjunktur bzw. der Nachfrage.

Ölsandförderung

Mittlerweile dominiert in Kanada die Ölgewinnung aus sogenannten Ölsanden. Als man diese in den 1990er-Jahren entdeckte, war die Euphorie groß. Die riesigen Lagerstätten in der Athabasca-Region prägten die Ölindustrie massiv. Sie boomt seit Jahren ungebremst. Kanadas Rohölreserven sind durch die Erschließung der Ölsandvorkommen die drittgrößten der Welt.

Durch den Ölsandabbau werden Einnahmen generiert, Arbeitsplätze geschaffen sowie eine Importunabhängigkeit hergestellt. Allerdings sind die Folgen der Ölsandförderung für Umwelt und Mensch gravierend. Das hängt mit den Fördermethoden sowie mit der Ölabscheidung zusammen: Ungefähr 20% der Ölsande liegen zwischen 30 und 70 m Tiefe. Hier erfolgt der Abbau vergleichbar dem Braunkohlentagebau im Tagebau. Nachdem der Wald gerodet ist und die Deckschichten abgetragen sind, werden die Ölsande ausgebaggert und mit Lkw zur Weiterverarbeitung gebracht. Hier zerlegt man die Ölsande mithilfe von Wasserdampf in ihre Bestandteile, vor allem Sand, Ton und Bitumen. Das Bitumen wird anschließend in Raffinerien zu Öl veredelt. Für den Prozess benötigt man immense Mengen an Wasser und Energie, die vor allem aus Erdgas gewonnen wird.

Liegen die Ölsande tiefer als 75 m, wendet man im Untertagebau das Insitu-Verfahren an. Dabei bohrt man zwei parallele Schächte in den Boden. Unter hohem Druck wird in einem Schacht Wasserdampf in die Bitumen führende Schicht gepresst. Das Bitumen löst sich und wird in dem zweiten Schacht nach oben gepumpt. Waldrodungen finden hier nur in kleinem Umfang statt. Da das Verfahren aber noch wesentlich mehr Energie verbraucht, ist dabei auch der CO_2-Ausstoß erheblich höher.

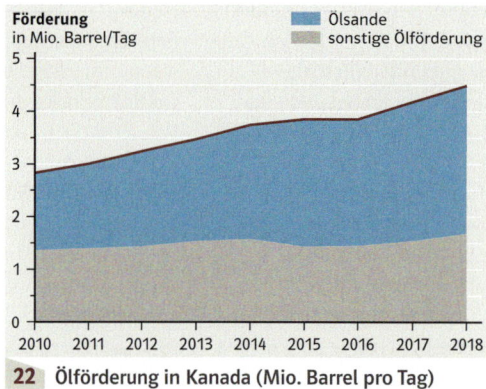

22 Ölförderung in Kanada (Mio. Barrel pro Tag)

Daten nach Canada's Oil and Natural Gas Producers (CAPP); unter: www.capp.ca

Linktipp
Google Earth Timelapse
t7h5c2

Landschaftszonen im globalen Wandel

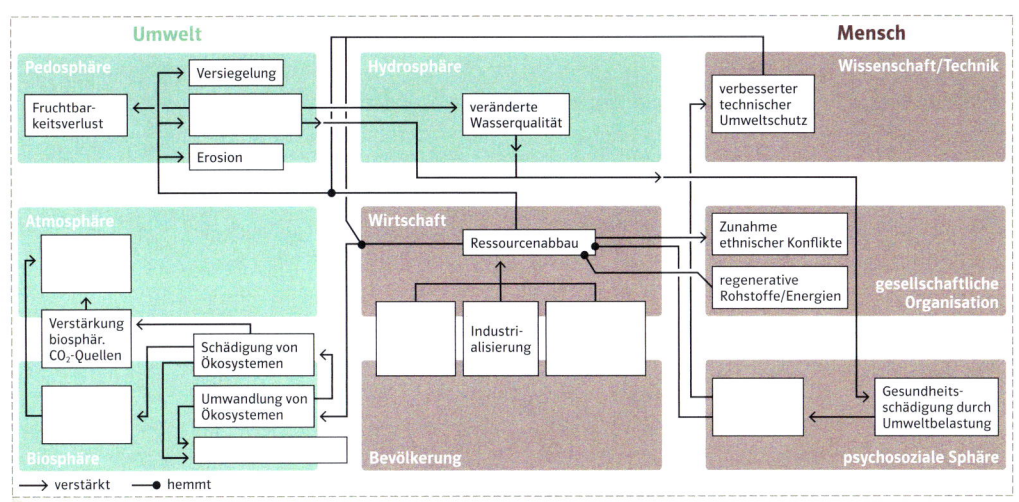

23 Das Katanga-Syndrom (vereinfacht)

Ökologische Folgen

„[...] Dass dieses ‚größte Industrieprojekt des Planeten', wie Greenpeace den Ölsandabbau in Kanada nennt, nicht ohne Folgen für die Umwelt bleiben kann, ist klar und fällt sofort ins Auge: Aus riesigen Flächen Nadelwald sind trostlose Mondlandschaften mit Giftteichen und Schwefelbergen geworden. Um einen Liter Bitumen aus dem Sand zu waschen, braucht man fünf Liter Wasser – Wasser, das danach ein mit Schwermetallen und zum Teil krebserregenden Kohlenwasserstoffen verseuchter Schlick ist und in Klärteichen gelagert wird. Diese künstlichen Seen voller Giftbrühe sind zusammengenommen mit 130 km² bereits halb so groß wie Frankfurt am Main. Das kanadische ‚Pembina Institute', das sich mit Energie- und Umweltfragen beschäftigt, schätzt, dass elf Millionen Liter des giftigen Abwassers täglich ins Grundwasser und die umliegenden Flüsse sickern.

Für diese Schätzungen sprechen auch Untersuchungen, die im Wasser und in den Fischen des Athabascas, der an den Abbaugebieten und Klärbecken vorbeifließt, hohe Konzentrationen an Quecksilber, Arsen und krebserregenden Kohlenwasserstoffen festgestellt haben. Und im etwas mehr als 200 km flussabwärts gelegenen Dörfchen Chipewyan haben die Krebserkrankungen deutlich zugenommen. [...] Laut Greenpeace werden je nach Abbauart 62 bis 176 kg CO_2 [je Barrel Erdöl] freigesetzt – drei- bis fünfmal so viel wie bei der konventionellen Ölförderung. [...]"

Christoph Teves: Ölsandabbau in Kanada. In Planet Wissen, 12.10.2018; unter: www.planet-wissen.de

24

---

21 Beschreibe die Lage des Ölsandabbaus am Athabasca (Atlas).

22 Erläutere die Bedeutung der Ölsandförderung für die kanadische Wirtschaft.

23 Recherchieren Sie im Internet aktuelle Entwicklungen, vor allem mit Blick auf einen stärkeren Umweltschutz.

24 Ergänze und erläutere das Syndromgeflecht 23 mit folgenden Begriffen: zunehmender Rohstoff-/Energieverbrauch; Verlust an Biodiversität; wachsendes Umweltbewusstsein; Verlust von CO_2-Senken; verstärkter Klimawandel; Kontamination und Abfälle; Globalisierung und Welthandel.

25 Nehmen Sie Stellung zur Aussage: „Ölsande am Athabasca – nicht nachhaltiger Bergbau!"

Methode

Thematische Karten auswerten

Karten sind das zentrale Medium der Geographie. Dies ergibt sich aus dem Forschungsfeld der geographischen Wissenschaft, den räumlichen Strukturen und Entwicklungen. Karten stellen die Komplexität des Raums bezogen auf eine Fragestellung oder ein Thema verebnet und vereinfacht dar.
Mithilfe von Karten kann man somit einen räumlich differenzierten Eindruck der physisch-geographischen und/oder der anthropo-geographischen Merkmale erhalten. Durch ihre kompakte Darstellung von Raumstrukturen, deren Lagebeziehungen und damit ihren funktionalen Zusammenhängen sowie von raumbezogenen Prozessen ist es möglich, kausale Zusammenhänge im Mensch-Umwelt-System zu analysieren.

Bei der Auswertung einer thematischen Karte empfiehlt es sich, einer bestimmten Vorgehensweise zu folgen, dem sogenannten Vierschritt der Kartenauswertung. Dabei muss man nicht jeden Schritt komplett durchlaufen: Was jeweils notwendig ist, richtet sich nach dem Arbeitsauftrag und der Karte.

1. Schritt: Orientierung
- Was stellt die Karte dar (Thema/Karteninhalt)?
- Wo liegt der dargestellte Raum?
- Wie groß ist der Raumausschnitt?
- Für welchen Zeitpunkt/Zeitraum gelten die Angaben in der Karte?
- Woher stammt die Karte? Was kann über die Quelle gesagt werden?

- Beachten Sie die Operatoren: Sie geben entscheidende Hinweise, in welche konkrete Richtung die Kartenauswertung gehen soll.
- Der erste Blick geht nicht ins Kartenbild, sondern auf die Legende. Sie gibt Hinweise zur inhaltlichen Strukturierung der Karte.
- Untersuchen Sie die Legende genauer: Welche Signaturen sind besonders wichtig? Achten Sie auch auf Zwischenüberschriften.
- Beachten Sie den Maßstab: Ermitteln Sie eventuell Entfernungen, um ein Gefühl für die Distanzen zu bekommen.

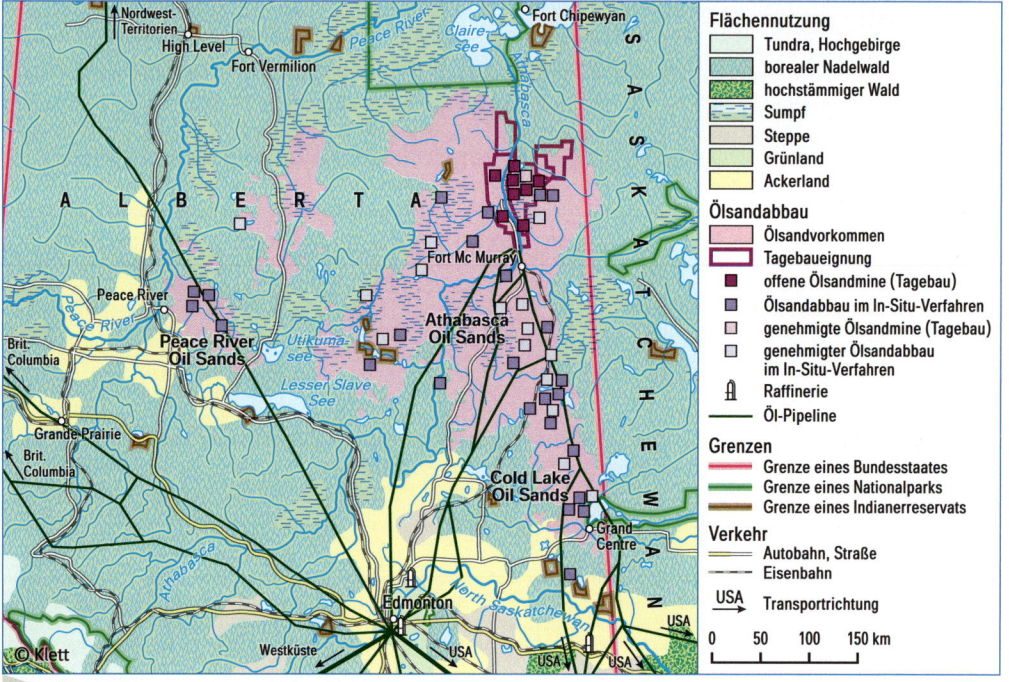

25　Ölsandabbau in Alberta (Kanada)
Nach Oil Sands Information Portal; unter: http://osip.alberta.ca; Canada's Oil and Natural Gas Producers; unter: www.capp.ca

Material
Infoblatt Ölsand in Kanada
t7h5c2

Landschaftszonen im globalen Wandel **2**

2. Schritt: Beschreibung
(Was ist wo und wie?)
- Wie sind die für die Aufgabe relevanten Raumstrukturen und Prozesse ausgeprägt?
- Welche Regelhaftigkeiten sind zu finden? Gibt es Ausnahmen?
- Sind auffällige Strukturen zu erkennen? Gibt es deutlich zu unterscheidende Teilräume?

- Beginnen Sie nicht unmittelbar mit der Erklärung der Raumstrukturen, sie erfolgt später.
- Untersuchen Sie die Karte Schicht für Schicht, z. B. erst Rohstoffe, dann Industrie und Verkehr.
- Geben Sie die Lage und die Verbreitung der Raumstrukturen an.

Sprachliche Hilfen:
- Punktsignaturen: Die Verteilung ist verstreut/dicht/regelmäßig/ungleichmäßig/fleckenhaft/linear.
- Liniensignaturen: Die Linienmuster und Linienformen sind parallel/kurvig/gitterförmig/konzentrisch/radial/verzweigt.
- Flächensignaturen: Die Flächen sind rechteckig/dreieckig/elliptisch/zerstückelt/kompakt/künstlich.
- Bei der Landnutzung dominiert …
- Nutzungen konzentrieren sich/sind verteilt …
- Schwerpunkte befinden sich …

- Die Legende gibt oft eine Hilfe bei der Erklärung, indem ihre Reihenfolge die Logik der Zusammenhänge widerspiegelt (z. B. zu erklärende Raumstrukturen zu Beginn).
- Die Nähe von unterschiedlichen Raumstrukturen kann ein Hinweis auf einen kausalen Zusammenhang sein (z. B. Tagebaue in der Nähe von Ölsandvorkommen).
- Zur Erklärung von Raumstrukturen usw. können nicht nur karteninterne Informationen, sondern auch kartenexterne Informationen nötig sein.

Sprachliche Hilfen:
- Gesamter Raum/Region: Der Raum hat Zugang zu …/steht in Verbindung mit … durch …
- Lagebeziehungen einzelner Raumstrukturen: Die Raumstruktur liegt in der Nähe von …/verbindet …/steht in Verbindung mit …/grenzt ab …/befindet sich bei …
- Ursache-Wirkungs-Beziehungen: Begriffe wie „weil", „daher" oder „das führt zu", „wird beeinflusst durch" drücken kausale Zusammenhänge zwischen Raumstrukturen aus und sind in der Erklärung besonders wichtig, z. B.: „Da die US-Nachfrage nach Öl hoch ist, wurden Ölpipelines zwischen Alberta und den USA gebaut."
- Schränken Sie ggf. ihre Aussagen über Zusammenhänge ein, indem sie z. B. Wörter wie „möglicherweise", „höchstwahrscheinlich" nutzen.

3. Schritt: Erklärung (… und warum?)
- Wie sind die beschriebenen Strukturen und Entwicklungen zu erklären?
- Welche kausalen und funktionalen Zusammenhänge sind zwischen Kartenelementen/Kartenstrukturen sowie kartenexternen Informationen (z. B. Theorien, Modelle, Vorwissen allgemein; z. B. Materialien 26, 27) vorzufinden?

4. Schritt: Bewertung
- In welcher Weise dient die Karte der Aufgabenstellung?
- Welche Teilaspekte kann die Karte nicht oder nur in Teilen beantworten?
- Wurden durch Auslassungen, fehlende Informationen oder unklare Zusammenhänge die Aussagen der Karte verfälscht oder manipuliert?

Methoden der Ölsandgewinnung

Tagebau (ca. 20 %): Nach dem Abraum der Deckschicht liegt bitumenhaltiger Ölsand frei. Er wird abgebaut, zerkleinert und in Zentrifugen mithilfe von Wasser und Ätznatron aufbereitet. Aus dem dabei gewonnenen Bitumen steigen Kohlenwasserstoffdämpfe auf, die in Tanks zu Öldestillaten kondensieren. Nebenprodukte (z. B. Koks, Schwerbenzin) lassen sich auch nutzen.

In-Situ-Verfahren (ca. 80 %): 250 °C heißer Wasserdampf wird in den Untergrund geleitet (> 75 m). Der Dampf erhitzt den Ölsand, wodurch das Bitumen verflüssigt wird und nach unten sickert, von wo es durch eine zweite Leitung an die Oberfläche gepumpt wird.

26

Weiterverwendung des Öls aus Alberta	
USA	74 %
Alberta	15 %
restliches Kanada	11 %
andere Staaten	0,1 %

Daten nach: Alberta Energy Communications; unter: https://open.alberta.ca

27

26

Erläutern Sie mithilfe des Vierschritts der Kartenauswertung den Ölsandabbau in Alberta.

2.3 Globaler Wandel – der Mensch gestaltet die Erde

Unsere Welt wandelt sich rasant. Der Mensch baut den Planeten nach seinen Vorstellungen radikal um. Dabei ging er über die klassischen Anbau- und Wirtschaftsgrenzen hinaus und erweiterte sukzessive die Ökumene. Das menschliche Handeln stößt jedoch zunehmend an die Grenzen der räumlichen Belastbarkeit oder geht sogar über diese hinaus.

Primäre Treiber
Bevölkerungsentwicklung, -struktur, -verteilung, Werthaltungen, soziokulturelle Normierungen

Sekundäre Treiber
Ökonomische Prozesse, Produktion, Märkte, Handel und Konsum, Globalisierung, Urbanisierung, Austausch und Verteilungsprozesse, IT, wissenschaftliche und technische Innovationen

Menschliche Einwirkungen
Landnutzung, Ressourcenentnahme, stoffliche Eingriffe, Emissionen, Ablagerung von Reststoffen

Änderungen
Klimawandel, Ausdünnung der Ozonschicht, Umweltverschmutzung, Landdegradation, Desertifikation, Verlust an Biodiversität, Verlust an Genpotenzial, invasive Arten, stoffliche Änderungen

Perspektive/Alternativen
1. Wende zur Nachhaltigkeit, Suffizienz, Green Economy, Welt der Einsicht und des Ausgleichs
2. Nachsteuern, Mitigation und Anpassung
3. Weiter wie bisher

Zeitliche Skalen
- neolithische Revolution
- Kolonialismus
- Industrialisierung
- 1950er-Jahre-Syndrom (The Great Acceleration)
- Globalisierung

Räumliche Skalen
- lokal
- regional
- national
- supranational
- global

Soziale Skalen
- Akteure
- Pioniere
- Konsumenten
- Haushalte
- Gruppen
- Nationen
- supranationale Gremien
- Weltgemeinschaft

1 Das umfassende Konzept des globalen Wandels
Nach Rüdiger Glaser: Global Change. Das neue Gesicht der Erde. Darmstadt 2014, S. 11

Die Syndrome des **globalen Wandels** sind ein extremer Ausdruck der Belastung bzw. Überlastung. Mit dem Raubbau-Syndrom, dem Sahel-Syndrom und dem Katanga-Syndrom haben Sie bereits drei ausgewählte Syndrome anhand konkreter Raumbeispiele kennengelernt.

Wechselt man nun von der regionalen auf die globale Maßstabsebene, wird sehr schnell deutlich, dass sich die Syndrome nicht auf einzelne Orte beschränken, sondern in Abhängigkeit von den jeweiligen regionalen Bedingungen weltweit vorzufinden sind (Karte 3). Sie beschreiben somit einen tiefgreifenden globalen Wandel von **Mensch-Umwelt-Systemen**.

Die Syndrome sind jedoch nur ein Ausdruck des globalen Wandels, wie er in Grafik 4 dargestellt wird: Mit dem Klimawandel haben Sie sich im vorherigen Kapitel auseinandergesetzt. In den folgenden Kapiteln und in der Qualifikationsphase werden immer wieder einzelne Veränderungen im globalen Mensch-Umwelt-System und deren Trei-

Wie der Mensch die Erde formt

„Das Weltbild, das der Geografieunterricht vermittelt, ist geschönt: Auf der Erde gibt es eine Handvoll Vegetationszonen vom sommergrünen Laubwald über Wüste bis zum tropischen Regenwald. Das Modell der Ökozonen geht noch etwas weiter ins Detail: Es zeigt Wüstensteppen, Halbwüsten und Trockensavannen. Welche Zone wo zu finden ist, zeigt eine bunt gefärbte Weltkarte.

Doch mit der Realität haben diese Übersichten wenig zu tun. Wo angeblich saftiger Laubwald wächst, finden sich dicht bebaute Metropolen, Autobahnen oder Rapsfelder, so weit das Auge reicht. Geografen fordern deshalb schon seit längerem Alternativen zu den herkömmlichen, unrealistischen Zonenmodellen. ‚Wir suchen nach neuen Bewertungen, die die jetzige Situation besser beschreiben', sagte Rüdiger Glaser vom Institut für Physische Geografie der Universität Freiburg [...].

Ein US-kanadisches Forscherteam hat nun ein neues, auf den Einfluss des Menschen fokussiertes Ökozonenmodell vorgeschlagen. Auf der neuen Weltkarte haben Navin Ramankutty von der McGill University in Montreal und seine Kollegen eine Reihe neuer Bereiche markiert: Urbane Zonen beispielsweise erscheinen dunkelrot – wie etwa die Rhein-Main-Region und der Raum Stuttgart [...]. Weite Teile Südostasiens sind hingegen bedeckt von Reisdörfern und Feldern, auf denen dank ausreichender Niederschläge Pflanzen angebaut werden [...] Die klassischen Ökozonen existierten in Wirklichkeit kaum noch. ‚Europaweit sind nur zwischen einem und fünf Prozent der Landfläche noch von natürlichen Wäldern bedeckt', sagte Glaser."

Holger Dambeck: Wie der Mensch die Erde formt.
In: Spiegel Online, 28.11.2007; unter: www.spiegel.de

2

Landschaftszonen im globalen Wandel 2

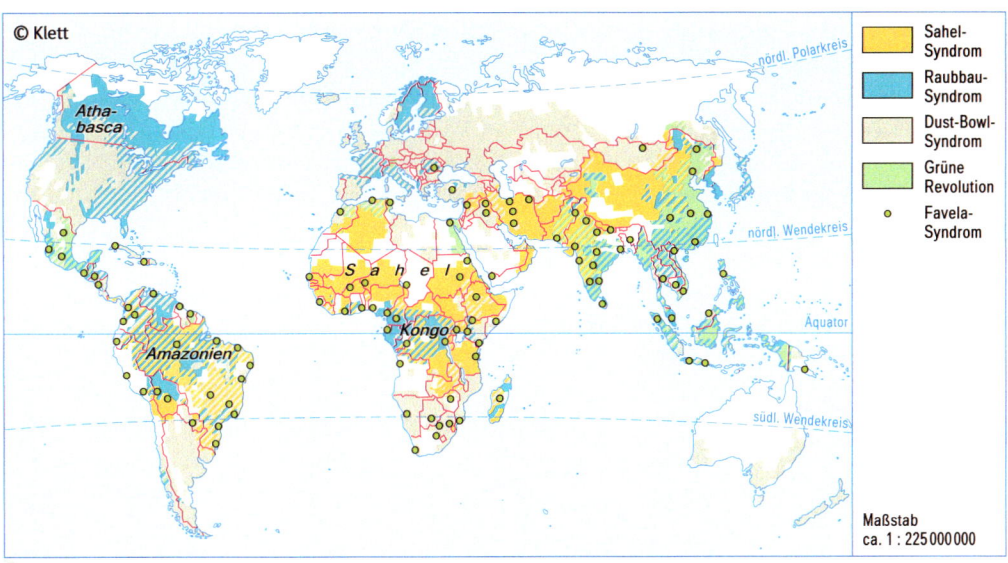

3 Weltweite Verbreitung ausgewählter Syndrome des globalen Wandels

Nach Matthias Lüdeke u. a.: Syndromes of Global Change. In: GAIA, 01/2004; unter: www.researchgate.net

ber betrachtet. Die Vergangenheit zeigte aber auch, dass Syndrome teils reparabel sind und in mehr oder weniger nachhaltige Bahnen gelenkt werden können (z.B. Rekultivierung von Bergbauregionen in Deutschland, Kapitel 5.2).

Das Anthropozän

Der Mensch gestaltet die Erde um, seitdem er sesshaft wurde und das erste Mal Ackerbau und Viehzucht betrieb. Seit den 1950er-Jahren hat die Umgestaltung des Planeten aufgrund menschlicher, vor allem wirtschaftlicher Aktivität deutlich an Fahrt aufgenommen („große Beschleunigung"). Einige Wissenschaftlerinnen und Wissenschaftler sprechen daher davon, dass ein neues Erdzeitalter begonnen hat – das Anthropozän, das Zeitalter des Menschen. Anhand bekannter Karten der Landschaftszonen lässt sich dieser Wandel jedoch nicht fassen – sie sind gewissermaßen aus der Zeit gefallen. Daher haben Geographen neue Weltkarten entworfen (Text 2), von denen Sie eine auf der kommenden Doppelseite vorfinden und studieren können. Den Forschenden folgend, ist die Erde als ein anthropogenes, mosaikartiges Landnutzungssystem zu verstehen, in welches natürliche und naturnahe Systeme lediglich eingebettet sind.

→ Rekultivierung S. 153

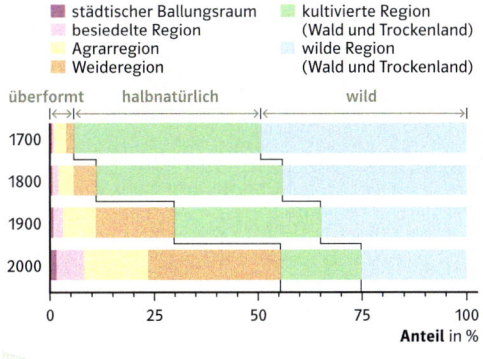

4 Landnutzungswandel 1700 – 2000

Nach Erle C. Ellis u. a.: Anthropogenic transformation of the biomes, 1700 to 2000. In: Global Ecology and Biogeography, 19/2010, S. 596; unter: https://ecotope.org

 1 Beschreiben Sie die weltweite Landnutzungsänderung der letzten 300 Jahre (Grafik 4).

 2 Erläutern Sie das Konzept des globalen Wandels (Grafik 1).

 3 Wenden Sie das Konzept des globalen Wandels auf eines der drei Syndrome an. Ordnen Sie dafür Teilaspekte der Beispiele den Teilbereichen des Konzepts zu.

 4 Nehmen Sie Stellung zur These von Ramankutty und Ellis, dass der Mensch die globalen Landökosysteme stärker beeinflusst als die Kräfte der Natur.

73

Anthrome – die Erde unter dem Einfluss des Menschen

Aufgrund der globalen Aktivität des Menschen muss die Karte der Landschaftszonen unserer Erde neu gezeichnet werde. Die Geographen Navin Ramankutty und Erle Ellis haben daher die Karte der menschengeprägten Großlebensräume, der sogenannten anthropogenen Biome – kurz: **Anthrome** – entwickelt. Damit wird versucht, die Landnutzungsveränderung des globalen Wandels auf Basis einer umfänglichen Analyse naturnaher und anthropogener Ökosysteme in das Landschaftszonenkonzept zu integrieren und ein realistischeres Bild vom Zustand der Erde zu erhalten. Die Karte ist damit eine deutliche Abkehr von der Sichtweise, dass unser Planet ein natürliches Sys-

5

Ermitteln Sie stark überprägte und weitgehend natürliche Regionen unserer Erde.

5 Anthrome der Erde

Nach Erle Ellis: Anthroecology Lab, unter: https://anthroecology.org

tem ist, welches vom Menschen lediglich gestört wird. Ramankutty und Ellis betonen, dass natürliche Systeme in menschliche Landnutzungssysteme eingebettet sind. Der Einfluss des Menschen auf die Erde sei in der heutigen Zeit mindestens so groß wie der Einfluss natürlicher Kräfte. Dieser Ansatz unterstreicht sehr deutlich unsere Verantwortung für den Planeten.

6

Vergleichen Sie die Landschaftszonenkarte nach Troll und Paffen (S. 47) mit der Karte der Anthrome nach Ellis und Ramankutty bezüglich ihrer Intentionen und Zonierungen.

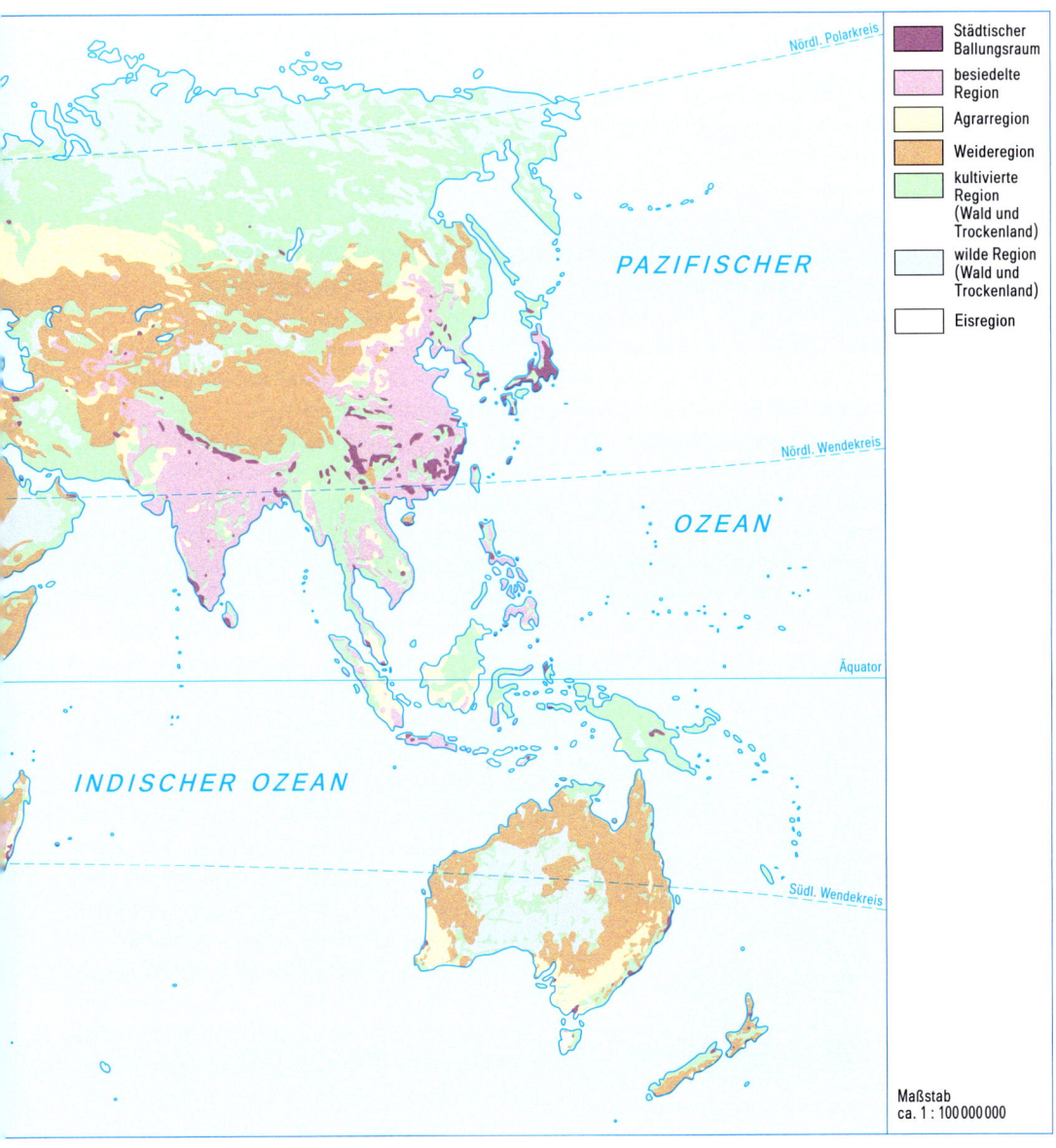

Unser Konsum prägt Räume – weltweit

6 Unterschätztes Gewicht

Mirjas Heavy Morning

"Mirja wakes up and puts on her 12.5 kg heavy wristwatch. She slips into her 30 kg heavy jeans, brews her coffee with the 52 kg weighing coffee machine and enjoys the refreshing drink from her 1.5 kg heavy mug. After putting on her 3.5 kg weighing jogging shoes she gets on the way to the office on her 400 kg heavy bicycle.

Once there, she turns on her computer that weighs several tons and puts in her first call with the help of her telephone weighing 25 kg.

Mirja's day has begun as usual. Except this time it started with ecological rucksacks."

Friedrich Schmidt-Bleek: Future. Beyond Climatic Change. Position Paper 08/01, 25.12.2007, S. 6 f.; unter: www.factor10-institute.org

8

Warum ein Goldring mehr wiegt als ein Auto

Massenproduktion und Massenkonsum haben dazu geführt, dass vielen Konsumenten gar nicht mehr bewusst ist, welche Ressourcen wir indirekt verbrauchen. Im Zeitalter der Jäger und Sammler sah jeder, was er von der Erde genommen hatte. Es wurde mit den eigenen Händen berührt und erarbeitet. Heute werden die meisten Produkte von vielen Menschen arbeitsteilig in Produktionsketten hergestellt.

Um den Umweltverbrauch von Produkten messbar zu machen, wurde am Wuppertal Institut für Klima, Umwelt, Energie von Prof. Friedrich Schmidt-Bleek Mitte der 1990er-Jahre das Konzept des „**ökologischen Rucksacks**" entwickelt.

Dieser unsichtbare Rucksack hängt an jedem Produkt, das gekauft wird. Er ist klein, manchmal groß und in manchen Fällen ist er sogar riesig. In der Regel ist er zudem viel schwerer als das Produkt selbst.

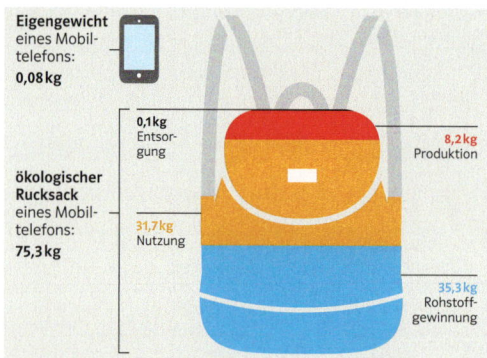

7 Ökologischer Rucksack eines Mobiltelefons

Nach Informationszentrum Mobilfunk: Lebenszyklus eines Handys und ökologischer Rucksack; unter: www.informationszentrum-mobilfunk.de

In ihm stecken:
- nicht nachwachsende Rohstoffe (z. B. Kohle oder Erze),
- nachwachsende Rohstoffe (z. B. pflanzliches Material wie Holz),
- der Abbau und die Bearbeitung von Böden (z. B. durch die Landwirtschaft),
- das benötigte Wasser,
- die z. B. durch Verbrennung verbrauchte Luft.

Der Rucksack wird für jede dieser Kategorien ermittelt und ausgewiesen.

Zur Berechnung wird das Produkt zunächst in seine sämtlichen Bestandteile zerlegt, dann werden alle Prozessschritte vom Produkt zurück zum Rohstoff verfolgt. Hierbei gewinnt man Informationen über die Stoffströme und Prozessketten der einzelnen Materialien, aber auch über ihre geographische Herkunft. Oft bleibt das verwendete Wasser unberücksichtigt, denn die Masse des Wassers würde das Gewicht des ökologischen Rucksacks so dominieren, das alle anderen Ressourcen im Vergleich dazu nicht mehr sichtbar wären.

Sein Gewicht lässt keine absolute Aussage über die Umweltwirkung eines Produktes zu, wohl aber einen Vergleich zwischen einzelnen Produkten. Niemand kann leben, ohne seinen individuellen Rucksack zu tragen, jeder kann aber versuchen, das Gewicht so gering wie möglich zu halten.

Der ökologische Rucksack umfasst nicht alle Auswirkungen des Material-Inputs. Er sagt nichts über soziale Aspekte der Arbeit, gesundheitliche Gefahren, Naturverträglichkeit der eingesetzten Materialien oder Sicherheitsaspekte aus. Bisher ist er das einzige Maß dafür, wie viel Nutzen aus einer bestimmten Menge Ressourcen gezogen wird. Er ist

Landschaftszonen im globalen Wandel

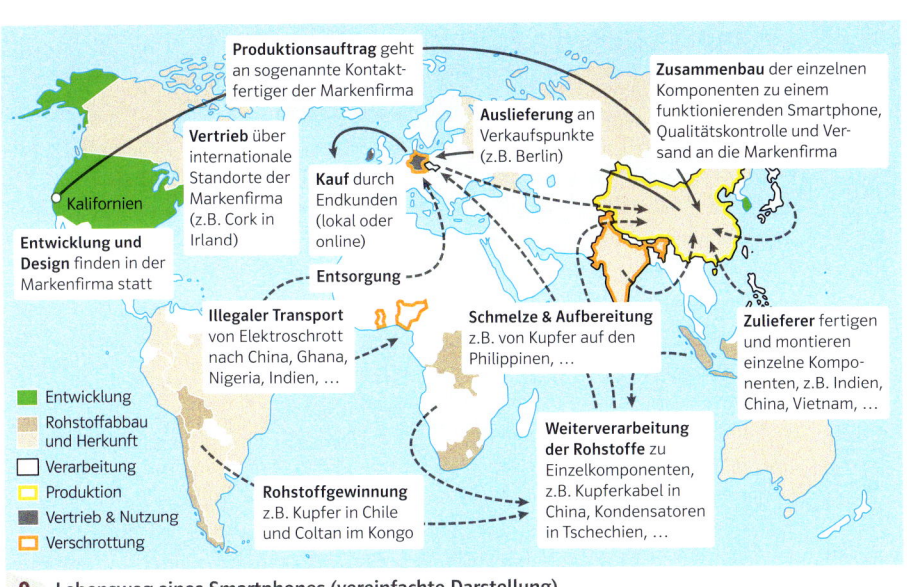

9 Lebensweg eines Smartphones (vereinfachte Darstellung)
Nach Weltwirtschaft, Ökologie und Entwicklung – WEED e.V., Berlin; unter: www2.weed-online.org

Eigengewicht und ökologischer Rucksack ausgewählter Produkte (in kg)	
Handy	0,08/75
DVD	0,02/1,7
Jeans	0,6/10
Pkw	1100/20 000
Zahnbürste	0,01/0,12
Goldring	0,04/2 000
Kaffeeautomat	3,7/52
Computer	25/1500
Armbanduhr	0,2/12,5
Laufschuhe	0,2/3,5
Laptop	3/300

11

als grobe Zahl zu verstehen, die einen Einblick in durch Konsumgüter verursachte Prozesse und Aufwendungen gibt.

So werden am Beispiel eines Smartphones zwar die benötigten Ressourcen berücksichtigt, die sozialen und konfliktträchtigen Auswirkungen ihres Abbaus jedoch nicht.

Faktor 10

„Während der deutsche Durchschnittsverbraucher heute etwa 60 Tonnen natürliches Material pro Jahr (einschließlich Energieträger, aber ohne Wasser zu rechnen) benötigt, gebietet ethisch vertretbare Vorsorgepolitik, dass jeder Weltbürger künftig mit etwa 6–8 Jahrestonnen auskommt. Eine Reihe armer Länder liegt noch heute deutlich unter dieser Marke. Offenbar ist ein Faktor 10 in etwa die Hürde, die Deutschland wird überspringen müssen, um seinen Beitrag zur Annäherung an eine weltweite Zukunft mit Zukunft zu leisten, einschließlich Klimaschutz.

Manche befürchten, die zehnfache Kürzung in Energie-, Wasser- und Materialverbrauch müsse einen entsprechenden Einbruch an Lebensqualität zur Folge haben. Dies ist jedoch zum Glück nicht der Fall. Bereits heute stehen Techniken zur Verfügung oder sind absehbar, solche Effizienzsprünge bei vergleichbarer Befriedigung des Endverbrauchers zu bewältigen.

Ihre Verwirklichung wird zur Schaffung von nachhaltigem Wohlstand und Wohlbefinden von Menschen und ihrer Kommunen führen, zur verbesserten Wettbewerbsfähigkeit von Unternehmen, und zu steigenden Beschäftigungspotentialen."

Friedrich Schmidt-Bleek: Warum der ökologische Rucksack und Faktor 10 entscheidend sind. Positionspapier 03/2010, 12/2010, S.7; unter: http://s-webdesign.de

10

---

7 NE Erläutern Sie das Prinzip des ökologischen Rucksacks anhand eines Smartphones.

8 Erläutern Sie die Verbindung, die zwischen unserem Konsum und
a) dem Raubbau im Kongobecken (S. 60/61) sowie
b) dem Raubbau am Regenwald Amazoniens (Atlas) bestehen.

9 Ermitteln Sie Vorteile und Nachteile des „ökologischen Rucksacks".

10 NE Stellen Sie konkrete Maßnahmen dar, wie Sie durch ihr eigenes Konsumverhalten die Ressourceneffizienz erhöhen können.

11 NE Entwerfen Sie ein Werbeplakat, mit dem auf die Dimensionen unseres täglichen Gebrauchs und Verbrauchs aufmerksam gemacht wird.

Vernetzung

Wichtige Begriffe

- Anökumene
- Anthrome
- Bodendegradation
- borealer Nadelwald
- Geofaktor
- globaler Wandel
- Halbwüste
- Kältegrenze
- Katanga-Syndrom
- kurzgeschlossener Mineralstoffkreislauf
- Landschaft
- Landschaftszone
- Mensch-Umwelt-System
- ökologischer Rucksack
- Ökozone
- Ökumene
- Permafrost
- Raubbau-Syndrom
- Sahel-Syndrom
- Savanne
- Syndrom
- Trockengrenze
- tropischer Regenwald
- tropische Zirkulation
- Wüste

Wissen vernetzen

Der bedeutendste Einflussfaktor für die breitenkreisparallele Ausprägung der Landschaftszonen ist das Klima – insbesondere die Faktoren Niederschlag und Wärme (Grafik 1). Weitere bedeutende Geofaktoren sind der Wasserhaushalt, das Relief, der Boden und das Gestein. Der Geofaktor Mensch als Erdgestalter trat nach seiner Sesshaftwerdung vor etwa 10 000 Jahren hinzu. Im Laufe der Zeit breitete sich seine Aktivität immer weiter aus. Die Landnutzung wurde zudem intensiver, sodass heute diskutiert wird, ein neues Erdzeitalter einzuführen – das Anthropozän. Der Mensch gilt danach als der bedeutendste Geofaktor. Diese Ausweitung der menschlichen Aktivität geht, auch mit Unterstützung technischer Hilfsmittel, über die ursprünglichen Anbaugrenzen (v. a. Trockengrenze, Kältegrenze) in den Bereich der Anökumene hinaus. So bewirtschaftet der Mensch zunehmend Ungunsträume, z. B. aride und semiaride Gebiete mithilfe von Bewässerungstechniken, und gründet Siedlungen, z. B. zur Rohstofferschließung, in der polaren Zone oder den Wüsten. Ergänzend zu den klassischen Landschaftszonen wurde das Konzept der Anthrome eingeführt, der anthropogenen Lebensräume. Die Erde wird dabei als anthropogenes Nutzungsmosaik verstanden, in das natürliche Systeme eingebettet sind. Waren urtümliche Nutzungsformen in der Regel an den Naturraum angepasst, erfolgt die Landnutzung nunmehr häufig unangepasst und nicht nachhaltig. Die Syndrome des globalen Wandels stellen damit einhergehende, besonders bedeutende und komplexe Probleme im Mensch-Umwelt-System dar. Neben den thematisierten Syndromen (Sahel-, Katanga-, Raubbau-Syndrom) gibt es noch weitere, die in der Qualifikationsphase teils aufgegriffen werden (z. B. Favela-Syndrom). Inwiefern diese Nutzungsmuster in nachhaltige Bahnen gelenkt werden können, entscheidet darüber, wie lebenswert unsere Zukunft sein wird. Dazu ist es wichtig, Wissen über natürliche Voraussetzungen und anthropogene Einflüsse im Mensch-Umwelt-System zu haben, um im Sinne der Nachhaltigkeit zu handeln.

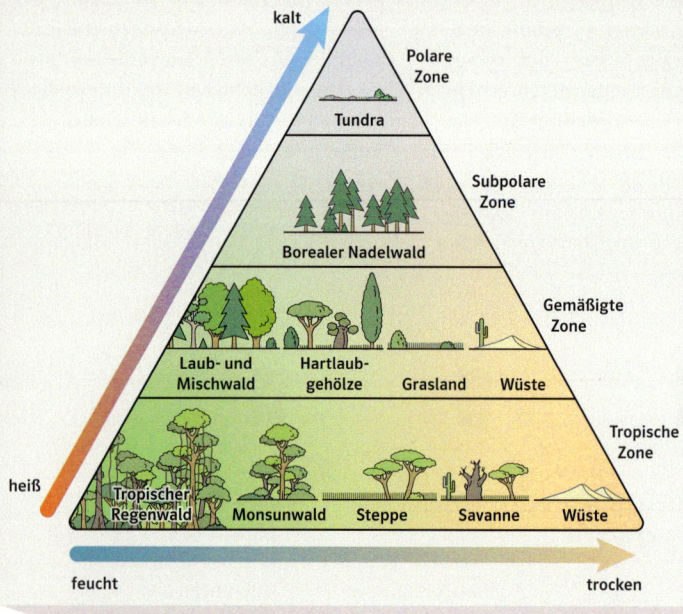

1 Pyramide der Landlebensräume

Wenn Sie alle Seiten dieses Kapitels bearbeitet haben, können Sie ...

- Landschaftszonen der Erde vor allem anhand der Geofaktoren Klima und Vegetation charakterisieren;
- Gunst- und Ungunstfaktoren von Lebensräumen darstellen;
- die naturräumliche Gunst bzw. Ungunst von Räumen beurteilen;
- Möglichkeiten zur Überwindung der Grenzen zwischen Ökumene und Anökumene darstellen;
- Maßnahmen zur Überwindung natürlicher Nutzungsgrenzen unter ökologischen und ökonomischen Gesichtspunkten bewerten;
- am Beispiel der Desertifikation Ursachen und Folgen der anthropogen bedingten Bedrohung von Lebensräumen erläutern;
- anhand von Raumbeispielen und ausgewählten Syndromen erläutern, wie sich Landschaftszonen im globalen Wandel verändern.

Klausuren trainieren

Baustein 2: Lokalisieren

Im Mittelpunkt der geographischen Betrachtung stehen der Raum bzw. Standorte im Raum. Dies erfordert es, die Lage dieser Räume (z.B. Städte, Gebirge, Flüsse, Länder) genau zu beschreiben. Denn je nach Lage wirken andere naturräumliche und anthropogene Einflüsse (z.B. hohe Verdunstung in den Wüsten und Wasserüberfluss in den immerfeuchten Tropen). Daher beginnt jede Klausur mit dem Operator „lokalisieren" oder „verorten". Gefordert ist hier das Einordnen von Fall- bzw. Raumbeispielen in bekannte Orientierungsraster. Dabei hat sich das in Grafik 2 dargestellte, schrittweise Vorgehen als hilfreich erwiesen. Ähnlich wie bei virtuellen Globen kann man so Stück für Stück in den zu untersuchenden Raum hineinzoomen und damit die Lage eines konkreten Raumes bzw. Raumbeispiels auf der Welt genau beschreiben und in Grundzügen charakterisieren.

Themenbezogene Lokalisierung

Dabei ist entscheidend, dass die Lokalisierung immer im Zusammenhang mit der Fragestellung bzw. dem Thema der Klausur erfolgt. Das heißt, dass vor allem solche Raumstrukturen zur Lokalisierung herangezogen werden, die bei der Klausurbearbeitung hilfreich sind. Steht z.B. die Landwirtschaft im Vordergrund, ist es hilfreich, das Raumbeispiel in einer Landschafts- oder Klimazone zu verorten. Hat die Klausur hingegen Erdbeben oder Vulkanismus als Gegenstand, kann die Plattentektonik als Bezugssystem herangezogen werden.

Physische und thematische Übersichtskarten im Atlas (z.B. Geotektonik, Landschaftszonen, Wirtschaftsregionen) stellen dabei die bedeutendsten Hilfsmittel dar.

2 Vorgehen bei der Lokalisierung/Verortung

Beispiel für die Lokalisierung zur folgenden Klausur (S. 80/81)

Amazonien liegt im Norden des südamerikanischen Kontinents im Land Brasilien. Im Nordosten grenzt die Region an den atlantischen Ozean, im Norden an die Länder Franz.-Guyana, (...) Amazonien liegt damit etwa zwischen 5° nördlicher und 10° südlicher Breite sowie etwa zwischen 73° und 50° westlicher Länge (Atlas, phys. Karte). Das Relief ist vor allem durch das Amazonasbecken im Norden und die Hochländer im südlichen Teil geprägt. Der Amazonas ist weit verzweigt, durchfließt das Amazonasbecken und mündet in den Atlantik (Atlas, phys. Karte). Städtische Siedlungen befinden sich vor allem im Nordosten an der Küste und halbmondförmig im Südosten, Süden und Südwesten (Karte 1, S. 80). Amazonien kann weitestgehend in die Landschaftszone des tropischen Regenwaldes und, weiter südlich, in die der Feuchtsavanne eingeordnet werden (Atlas, Landschaftszonen).

3

Klausurtraining

Beispielklausur: Amazonien – Raubbau am tropischen Regenwald

1 Lokalisieren Sie Amazonien. **(5 Pkt.)**

2 Werten Sie das Klimadiagramm 2 von Belém aus. **(15 Pkt.)**

3 Erläutern Sie Ursachen und Folgen des Raubbaus am tropischen Regenwald in Amazonien mithilfe des Raubbau-Syndroms. Gehen Sie dabei von der Lage der Rodungsgebiete aus. **(40 Pkt.)**

4 „Amazonien gehört uns!" ist die Aussage mancher brasilianischer Politiker. Nehmen Sie Stellung dazu. **(20 Pkt.)**

Zugelassenes Arbeitsmaterial: Atlas, Taschenrechner, M1–M6

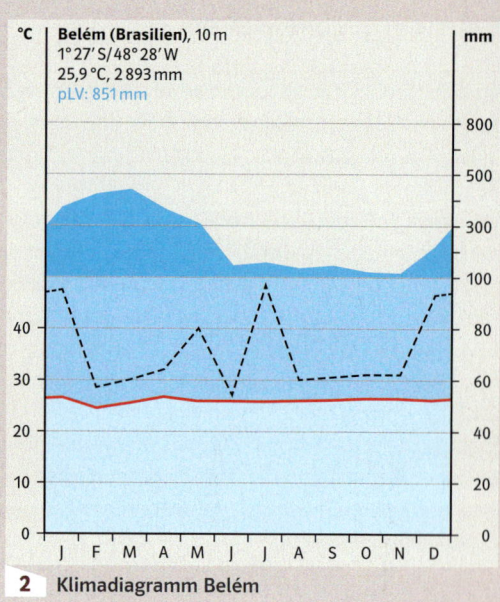

2 Klimadiagramm Belém

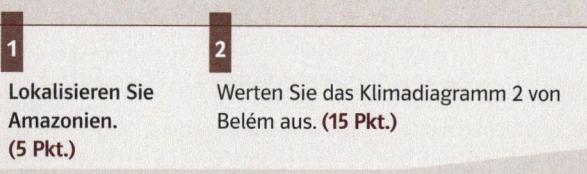

1 Amazonien – Eingriffe in den tropischen Regenwald

Planungsregion Amazonien

Der brasilianische Regenwald ist mit einer Ausdehnung von mehr als 5 Mio. km² das größte tropische Regenwaldgebiet der Erde. Es wird allgemein als „Amazonien" bezeichnet, wobei die räumliche Abgrenzung nicht eindeutig ist. Dieser Naturraum hat eine besondere Bedeutung als Lebens- und Kulturraum, zudem ist er Lieferant zahlreicher Rohstoffe und Wirtschaftsgüter. Allerdings ist dieses Ökosystem durch Eingriffe des Menschen stark gefährdet. Durch sie gehen immer größere Teile dieses wichtigen Naturraums verloren. Bis in die 1960er-Jahre war Amazonien weitgehend unerschlossen. Es stellte ein im Wesentlichen intaktes Ökosystem dar. Die Veränderung setzte mit der Entdeckung großer Eisenerzvorkommen und anderer Rohstoffe ein, deren Abbau den ökonomischen Aufstieg Brasiliens voranbringen sollte. Auch ein hoher Bevölkerungs- und Siedlungsdruck, hervorgerufen durch das starke Bevölkerungswachstum, veranlasste die Regierung, die Erschließung Amazoniens zu forcieren. Die Initialzündung erfolgte durch den Bau der Fernstraße „Transamazonica".

3

Von der Website der Naturschutzorganisation WWF Deutschland

„Mit der Erforschung der Amazonas-Regenwälder ist auch das Verständnis um ihre weltweite Bedeutung gestiegen. Die Regenwälder [...] bieten zehn Prozent aller auf der Welt lebenden Arten eine Heimat – eine Artenvielfalt, die den Menschen immer mehr als Quelle medizinischer Wirkstoffe und technischer Entwicklung (Bionik) dient.

Darüber hinaus vermuten internationale Experten, dass Amazonien eine Schlüsselrolle für das Weltklima einnimmt: Allein durch seinen immensen Wasserhaushalt hat das größte Regenwaldgebiet der Welt einen enormen Einfluss auf die Erdatmosphäre. Dessen natürliche Vegetation und ihr Wolkendach schützen vor einer stärkeren Aufheizung unseres Planeten. Die Zerstörung der Regenwälder mindert nicht nur diesen Kühleffekt, sondern setzt auch in der Biomasse gebundene Treibhausgase frei, die noch zusätzlich zur Erwärmung der Atmosphäre beitragen. [...]

Der Schutz Amazoniens wird daher immer wichtiger – nicht nur für die Menschen vor Ort, die Artenwelt der Pflanzen und Tiere, sondern auch für uns Menschen weltweit. Seit 1971 arbeitet der WWF bereits auf den unterschiedlichsten Ebenen zum Schutz der Amazonas-Regenwälder. Auf Initiative der Partnerschaft des WWF mit der KfW Entwicklungsbank (KfW), dem Umweltfonds (GEF) und der Weltbank mit der brasilianischen Regierung wurde 1998 das mit Abstand größte und umfassendste Tropenwaldschutzvorhaben gegründet: das Amazon Region Protected Area Programme (ARPA). Hauptziel: Bis 2016 sollen 60 Millionen Hektar brasilianischen Amazonas-Regenwaldes durch ein umfassendes Schutzgebietsnetzwerk gesichert werden – eine Fläche so groß wie Deutschland und England."

WWF Deutschland: Mehr Hilfe für die Wälder am Amazonas, 9.6.2020; unter: www.wwf.de

4

Folgen der Umwandlung des Regenwaldes

	ursprünglicher tropischer Regenwald	mehrjährige Feld- oder Weidewirtschaft
Gesamtverdunstung (in % des Gesamtniederschlags)	55 – 65	50 – 40
Abfluss (in % des Gesamtniederschlags)	5 (oberirdisch) 30 – 40 (Versickerung)	50 – 60 (überwiegend oberirdisch)
Erosionsrate (in t/ha/Jahr)	ca. 4	6 – 60 (maximal 1200 bei Brandrodung an Hängen)
Mineralstoffe (Menge, Lage)	überwiegend in der oberirdischen Biomasse	Mineralstoffverluste, Ausgleich ggf. durch Düngung
Artenreichtum (in %)	100	bei Weide ca. 10 % des ursprünglichen Waldes

Eigene Zusammenstellung nach verschiedenen Quellen

5

Brasilien: Strukturdaten (2019)

Einwohner (in Mio.)	212,6
BIP Anteile nach Sektoren (in %)*	
– Landwirtschaft	4,4
– Industrie	18,4
– Dienstleistungen	63,2
Export Gesamtwert (in Mrd. US-Dollar) Anteile der bedeutendsten Güter (in %)	225
– Rohstoffe (v.a. Soja, Eisenerz)	30,4
– Nahrungsmittel (v.a. Fleisch, Zucker)	30,4
Import Gesamtwert (in Mrd. US-Dollar) Anteile der bedeutendsten Güter (in %)	177
– chemische Erzeugnisse	25,5
– Maschinen	11,5
– Elektronik	11,2

*Aufgrund methodischer Anpassungen (gesonderte Erfassung von Finanzserviceleistungen) ergibt die Summe hier keine 100 %.

Eigene Zusammenstellung nach Germany Trade & Invest (GTAI): Wirtschaftsdaten kompakt. Brasilien, Mai 2021; unter: www.gtai.de; Kosmos Weltalmanach 2021

6

3 Endogene Kräfte – Gefährdung von Lebensräumen

1 Japan 1995: Folgen eines Erdbebens in Kobe

2 Philippinen 2018: Leben mit dem Vulkan Mayon

Endogene Kräfte der Erde wirken auf die Erdoberfläche und entfachen Naturgewalten. Erdbeben und Vulkanausbrüche führen uns immer wieder vor Augen, dass unsere Erde nicht statisch und unveränderlich ist, sondern dass sich ihr Erscheinungsbild manchmal in kürzester Zeit drastisch wandeln kann. Naturereignisse wie Erdbeben, Vulkanausbrüche und Tsunamis führen weltweit jedes Jahr wiederholt zu vielen Todesopfern und zu immer größeren Sachschäden. Dabei zeigt sich, dass bei gleicher Intensität eines Naturereignisses, bei ähnlicher Stärke von Erdbeben, die Folgen für die Menschen von Land zu Land voneinander abweichen. Worauf sind diese Unterschiede in der Betroffenheit, in der Verwundbarkeit zurückzuführen? Warum trifft es in den meisten Fällen immer die ärmeren Bevölkerungsgruppen?

3 Indonesien 2018: Folgen eines Tsunamis auf Sulawesi

Sie untersuchen ...

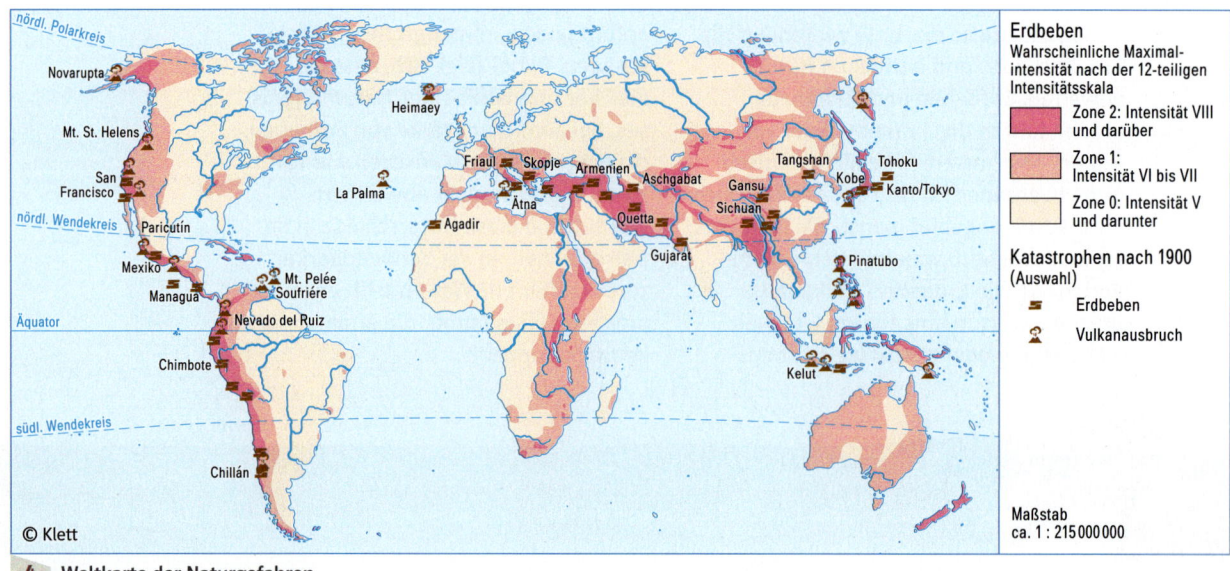

4 Weltkarte der Naturgefahren

Die Erde ist ein dynamischer Planet. Endogene Vorgänge sorgen für weiträumige Hebungen und Senkungen der Erdoberfläche und für horizontale Bewegungen der Erdkruste, sie verursachen Erdbeben und Vulkanausbrüche. Solche Naturereignisse lassen verschiedene Regionen der Erde unterschiedlich verwundbar erscheinen. Häufig sind Tote, Verletzte und hohe Sachschäden die Folge. Doch ist die Gefährdung der Lebensräume nicht nur „naturbedingt", sondern wird vor allem auch durch das anthropogene Umfeld begründet.

Dieses Kapitel stellt die endogenen Kräfte der Erde und deren Auswirkungen in den Mittelpunkt der Betrachtung. Untersucht wird das Entstehen und Zusammenwirken von plattentektonischen Prozessen, Vulkanausbrüchen, Erdbeben und Tsunamis sowie die unterschiedlichen Auswirkungen dieser Naturereignisse auf das Leben von Menschen.

Diese Auswirkungen werden am Beispiel der Vulkanregion Merapi in Indonesien, der Erdbebenregion am San-Andreas-Graben in Kalifornien (USA) und der 2011 von einem schweren Tsunami getroffenen Region Sendai in Japan mithilfe des Vulnerabilitätskonzeptes analysiert. Dieses Konzept untersucht neben der Entstehung der naturräumlichen Gefährdungslagen auch die strukturelle Anfälligkeit, die verfügbare Bewältigungskapazität und die Anpassungsfähigkeit der Gesellschaft auf die jeweilige naturräumliche Bedrohung.

Im Kapitel wird demnach geklärt, wie Erdbeben, Vulkanausbrüche und Tsunamis entstehen und warum sie sich teilweise derart unterschiedlich auswirken.

Diesen Fragen zu endogenen Kräften werden Sie nachgehen:

- Unter welchen Bedingungen wird aus einem Naturereignis eine Naturkatastrophe?
- Was heißt Vulnerabilität?
- Was ist das Vulnerabilitätskonzept?
- Was begründet die unterschiedliche Vulnerabilität von Entwicklungsländern und Industrieländern?
- Wie funktioniert Vulkanismus?
- Warum entstehen so viele Vulkane an Plattengrenzen?
- Warum leben Menschen trotz aller Standortgefahren an Vulkanen oder an Plattengrenzen?
- Wie entstehen Erdbeben?
- Wie entstehen Tsunamis?
- Wie kann man die Gefährdung durch Vulkane, Erdbeben und Tsunamis minimieren?
- Welche Bewältigungsstrategien gibt es im Umgang mit Erdbeben, Vulkanausbrüchen und Tsunamis?
- Welche Präventivmaßnahmen gibt es?

3 Endogene Kräfte – Gefährdung von Lebensräumen

Sie knüpfen an ...

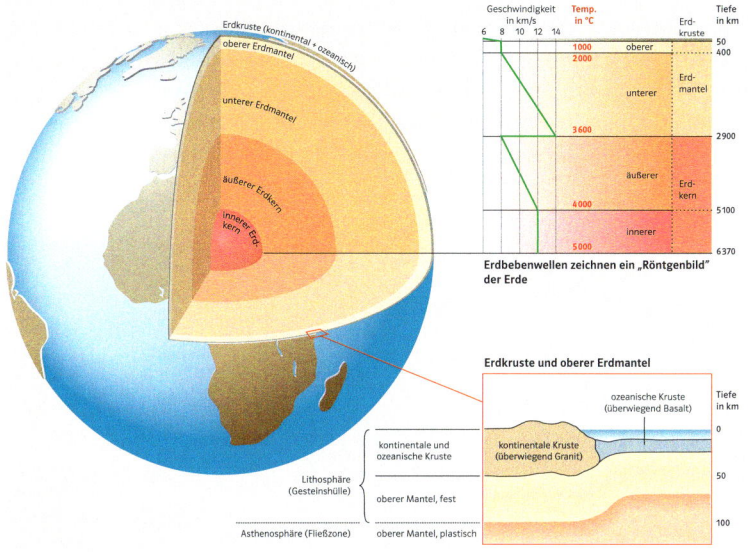

5 Schalenbau der Erde

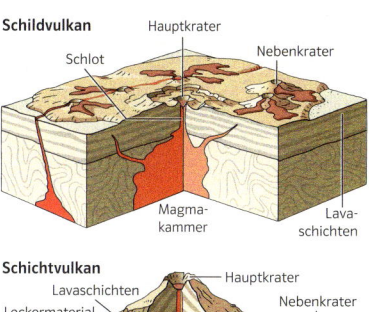

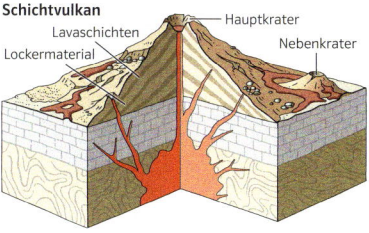

7 Vulkantypen

Das wissen Sie schon:

In der Mittelstufe haben Sie neben dem Schalenbau der Erde bereits die Theorie der Kontinentalverschiebung kennengelernt. Nach dieser Theorie Alfred Wegeners (1912) ist die Lithosphäre keine durchgehende Schale, sondern in starre Platten gebrochen. Diese bewegen sich mit unterschiedlichen Geschwindigkeiten und in unterschiedlichen Richtungen auf der Asthenosphäre, einer Zone des oberen Erdmantels.

Sie haben sich mit den unmittelbaren Folgen der Plattenbewegungen auseinandergesetzt, haben die Entstehung von Erdbeben und Vulkanismus beschrieben und Grundformen der Vulkantypen erläutert und unterschieden. Dabei haben Sie gelernt, dass Schichtvulkane ihre Magma explosionsartig durch den Schlot als dickflüssige Lava herausschleudern, wohingegen die „sanfteren" Schildvulkane ihre dünnflüssige Lava aus dem flachen Hauptkrater herausfließen lassen.

Erdbeben haben Sie als vergleichsweise häufig auftretende Naturereignisse kennengelernt. Eine besondere Folge eines Seebebens, einen Tsunami mit riesigen Flutwellen, können Sie in seiner Entstehung im Allgemeinen erklären und in Teilen in seiner Gefährlichkeit beschreiben. Sie haben das Risiko- und Chancenpotenzial der endogenen Kräfte der Erde für den Menschen in Grundzügen kennengelernt und hinsichtlich seiner Vorteile und Nachteile erläutert.

Bekannte Begriffe

– Epizentrum
– Erdbeben
– Erdkern
– Erdkruste
– Erdmantel
– Hypozentrum
– Kontinentalverschiebung
– Lava
– Lithosphäre
– Magma
– Plattentektonik
– Schalenbau
– Schichtvulkan
– Schildvulkan
– Vulkanismus
– Tsunami

Die Erde vor **300 Mio.** Jahren

Die Erde vor **40 Mio.** Jahren

Die Erde vor **2,5 Mio.** Jahren

6 Kontinentalverschiebung nach Wegener (1912)

---

1 Beschreiben Sie den Schalenbau der Erde und dessen Bedeutung für die Plattenbewegungen.

2 Erläutern Sie die Theorie der Kontinentalverschiebung von Wegener (1912).

3 Erklären Sie die bekannten Begriffe (Fachtermini) der vergangenen Schuljahre.

3.1 „Naturkatastrophe" ist nicht gleich „Naturkatastrophe"

Die Auswirkungen von Naturereignissen sehen bisweilen sehr unterschiedlich in verschiedenen Ländern aus. Manche Staaten, Bevölkerungen und ihre Infrastrukturen können sich schnell von einem Ereignis erholen. Andere leiden über viele Jahre an den Folgen. Dabei ist nicht immer die Intensität und Stärke des Naturereignisses verantwortlich, sondern insbesondere die Vulnerabilität der Bevölkerung. Doch wie kommt diese zustande und wie lässt sie sich erläutern?

2 Millionenstadt Port-au-Prince, Haiti nach dem Erdbeben 2010

3 Chile nach dem Erdbeben 2010

Die Erdbebenereignisse in Haiti und Chile im Jahr 2010		
	Haiti	Chile
Datum	12.1.2010	27.2.2010
Epizentrum	25 km südwestlich von Port-au-Prince (Hauptstadt)	325 km südwestlich von Santiago de Chile (Hauptstadt)
Erdbebenstärke	7,0	8,8
Geschätzte Schäden (in Mrd. US-Dollar)	8	33
Todesopfer	ca. 300 000	700
Obdachlosigkeit	1,3 Mio.	k. A.
Schäden	starke Schäden an bzw. Einsturz von Gebäuden und Infrastruktur → viele Bildungseinrichtungen, Krankenhäuser, Behörden und Hafenanlage zerstört	Schäden an Gebäuden und Infrastruktur
erdbebensicheres Bauen	nein, keine speziellen Auflagen hinsichtlich Erdbeben, teils minderwertige Bausubstanz	ja, durch massive Bauweise und qualitativ hochwertige Bausubstanz
Erdbebenvorsorge bzw. Erdbebenmanagement	nicht vorhanden	vorhanden
Krisenfall	Versagen der öffentlichen Einrichtungen	Behörden und Rettungsdienste auf Bedrohung eingestellt
Wiederaufbau	2020 immer noch 220 000 Menschen in Notunterkünften	innerhalb von 12 Monaten weitgehend abgeschlossen
Besonderheit	„das am stärksten zerstörerische Ereignis, das ein Land in der modernen Zeit je erlebt hat" (vgl. DesRoches u. a. 2011)	mit Stärke 8,8 eines der stärksten je gemessenen Erdbeben → ca. 100-mal stärker als das Beben, welches Haiti am 12. Januar erschütterte

Eigene Zusammenstellung nach u.a.: DesRoches u.a.: Overview of the 2010 Haiti Earthquake. In: Earthquake Spectra, 2011; unter: https://doi.org; Gunnar Ries: Das Erdbeben von Chile am 27. Februar 2010. In: Spektrum.de SciLogs, 1.3.2010; unter: https://scilogs.spektrum.de

1

Ausgewählte Strukturdaten zu Haiti und Chile im Erdbebenjahr 2010

	Haiti (2010)	Chile (2010)
Bevölkerungszahl (in Mio.)	9,95	17,06
Bruttoinlandsprodukt (BIP, in Mrd. US-Dollar)	11,66	218,32
BIP pro Kopf (in US-Dollar)	1171	12 794
Kindersterblichkeit (je 1000 Geburten)	207 (2009: 81,5; 2011: 77,7)	8,7
Korruptionsindex, Weltrang (2012) (Platz 1: am wenigsten korrupt)	165	20
Human Development Index (HDI), Weltrang (Platz 1: „hoch entwickelt")	145	45

Eigene Zusammenstellung nach Statista, https://de.statista.com (Daten nach: IMF; Transparency International); United Nations Development Program: Human Development Report, www.hdr.undp.org; Worldbank, www.worldbank.org

4

Naturereignis – Naturgefahr – Sozialkatastrophe – Vulnerabilität

Bei Vulkanausbrüchen, Erdbeben, Tsunamis oder Wirbelstürmen handelt es sich um natürliche Ereignisse, die unseren Planeten seit Jahrmillionen prägen. Diese **Naturereignisse** werden zu **Naturgefahren**, wenn sie Menschen und ihre Sachgüter in Mitleidenschaft ziehen und zu Verlusten führen können. Da Naturgefahren ein natürlicher Bestandteil unserer Lebenswelt sind, kann sich der Mensch kaum vor ihnen schützen bzw. sie verhindern. Menschen können jedoch lernen mit ihnen zu leben und umsichtig mit ihnen umzugehen. Hierfür muss zunächst das Gefahrenpotenzial identifiziert werden, d.h. die Gesamtheit der möglichen Ausprägungen einer Gefahr. So ist oft weniger ein Erdbeben selbst die Ursache für massive Schäden oder menschliche Verluste, sondern Gebäude- und Infrastruktureinsturz durch nicht erdbebensicheres Bauen.

Unterschiedliche Strategien und Anpassungsmaßnahmen spielen in diesem Zusammenhang eine relevante Rolle. Daher werden vielfältige wissenschaftliche Analysen zu den Ursachen, Prozessen, Auftretenswahrscheinlichkeiten, Risiken und Maßnahmen zur Gefahrenreduzierung durchgeführt. Denn oft entscheidet nicht allein die Intensität einer Naturgefahr, ob ihr Auftreten zur Sozialkatastrophe führt, sondern die zugrundeliegende **Vulnerabilität** (Verwundbarkeit/Anfälligkeit) einer betroffenen Gesellschaft. Der Ausdruck „Naturkatastrophe" wird daher seit Jahren zunehmend kritisch gesehen. Um Max Frisch zu zitieren: „Katastrophen kennt allein der Mensch, sofern er sie überlebt; die Natur kennt keine Katastrophen." (Max Frisch: Der Mensch erscheint im Holozän, 1979)

Lokalisieren Sie die Länder Haiti und Chile mithilfe des Atlas.

Vergleichen Sie die Erdbebenereignisse im Jahr 2010 in Haiti und Chile:
a) Stellen Sie die Folgen heraus.
b) Erläutern Sie die unterschiedlichen Auswirkungen mit Blick auf die ausgewählten Strukturdaten (Tabelle 4).

Erstellen Sie eine Tabelle zur räumlichen Verteilung der Naturgefahren auf der Erde (Karte 4, S.84).

Erläutern Sie die Begriffe Naturereignis, Naturgefahr und Sozialkatastrophe.

Das Vulnerabilitätskonzept	
Exposition: Staaten, Städte, Gesellschaften, Bevölkerungsgruppen, Einzelne sind mit ihren Gütern (z. B. Gebäude, Infrastruktureinrichtungen) – bedingt durch die geographische Lage – in unterschiedlicher Weise den Auswirkungen einer oder mehrerer Naturgefahren ausgesetzt.	Natur Gefährdung
Anfälligkeit: Aufgrund bestimmter struktureller Merkmale (z. B. Zustand der Wirtschaft, Ernährungs- und Gesundheitssituation, Funktionstüchtigkeit der Infrastruktur) können Gesellschaften, Gruppen bzw. Einzelne besser oder schlechter auf Gefährdungen reagieren. **Bewältigungskapazität:** Betroffene Länder, Gruppen oder Einzelne verfügen in unterschiedlichem Maße über Ressourcen, aber auch über die Bereitschaft, Fähigkeit und Institutionen, um Auswirkungen einer Gefährdung zu minimieren sowie Vorkehrungen zu treffen. **Anpassungsfähigkeit:** Im Vergleich zur Bewältigungskapazität beschreibt dieser Faktor die Kapazitäten, Maßnahmen und vor allem auch die Bereitschaft der Verantwortlichen, existierende Strukturen an erwartete Auswirkungen einer Gefährdung anzupassen.	Gesellschaft Vulnerabilität

5

Das Vulnerabilitätskonzept betrachtet auf der einen Seite die Exposition einer Gesellschaft hinsichtlich natürlicher Gefahren in ihrer geographischen Lage. Entscheidend kommt auf der anderen Seite die Analyse der gesellschaftlichen Vulnerabilität mit Blick auf die strukturelle Anfälligkeit, verfügbare Bewältigungskapazität und Anpassungsfähigkeit hinzu. Vielfach gelten sozioökonomisch schwächere Gesellschaften als besonders vulnerabel, da ihnen finanzielle, technische und infrastrukturelle Mittel zur Vorsorge und Nachsorge nicht in passendem Maß zur Verfügung stehen.

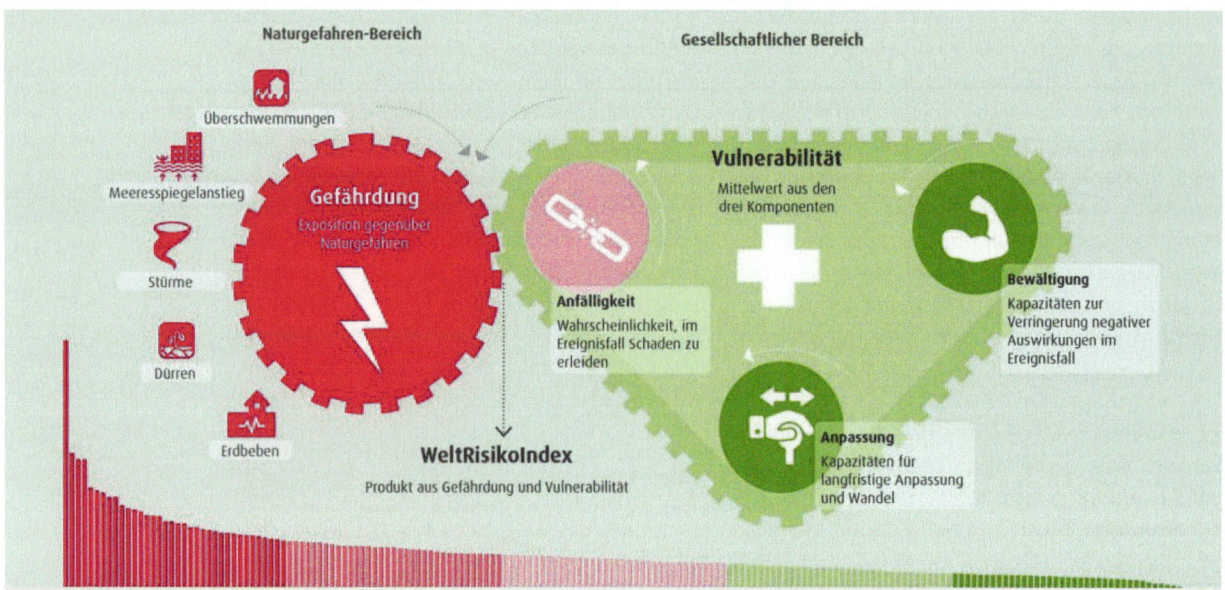

WeltRisikoIndex

„Der WeltRisikoIndex gibt das Katastrophenrisiko durch extreme Naturereignisse für 181 Länder der Welt an. Berechnet wird er pro Land durch die Multiplikation der Exposition und der Vulnerabilität. [...] Das Konzept des WeltRisikoIndex mit seinem modularen Aufbau wurde gemeinsam mit dem Institut für Umwelt und menschliche Sicherheit der Universität der Vereinten Nationen (UNU-EHS) entwickelt. Im Jahr 2017 und 2018 wurde der Index auf Basis neuer Erkenntnisse überarbeitet und Veränderungen auf der Ebene der Indikatoren [wurden] vorgenommen. In den Index fließen 27 Indikatoren aus weltweit verfügbaren und öffentlich zugänglichen Datensätzen ein. Seit 2018 wird der Index vom Institut für Friedenssicherungsrecht und Humanitäres Völkerrecht (IFHV) der Ruhr-Universität Bochum berechnet. Der WeltRisikoIndex dient unter anderem dazu, Entscheidungsträger:innen eine schnelle Orientierung zu bieten und Handlungsfelder für die Katastrophenvorsorge sichtbar zu machen."

6 Der WeltRisikoIndex und seine Komponenten
Bündnis Entwicklung Hilft (Hg.): WeltRisikoIndex; unter: https://weltrisikobericht.de

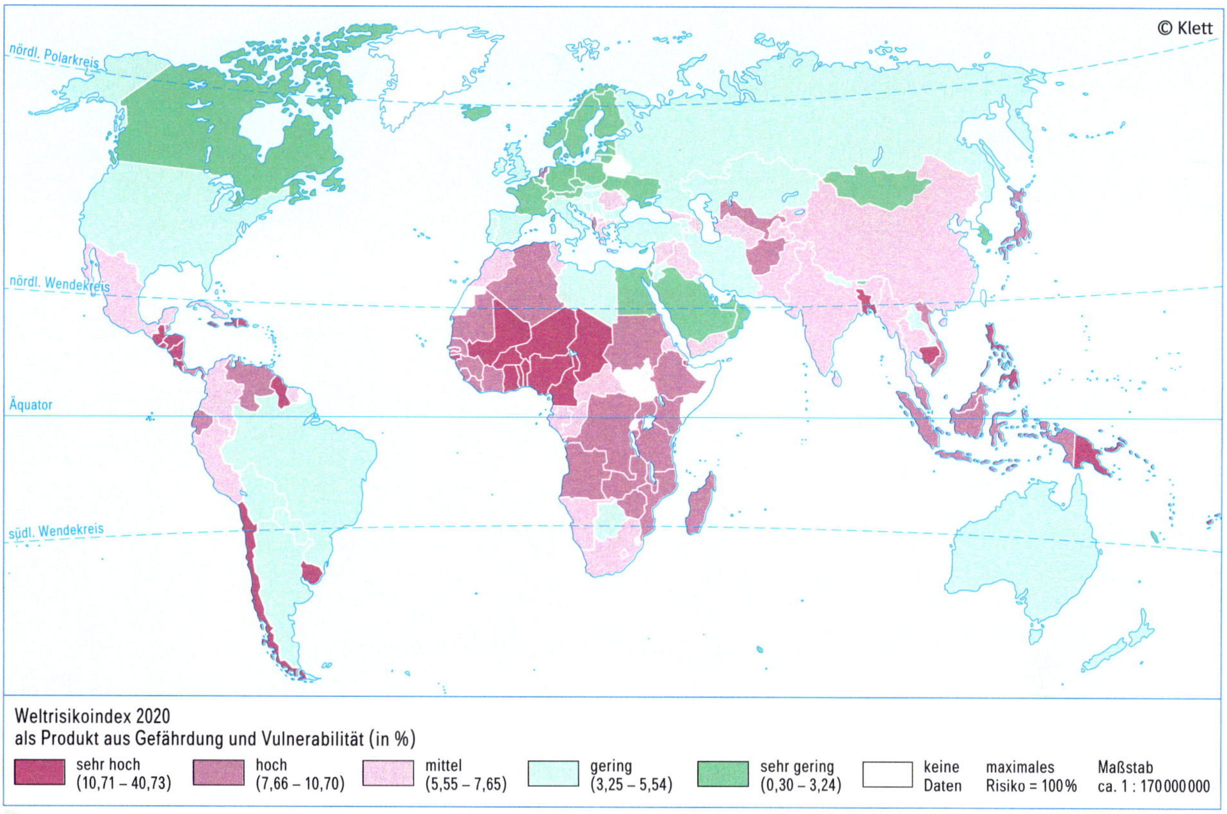

3 Endogene Kräfte – Gefährdung von Lebensräumen

7 Weltkarte des Risikos 2020: WeltRisikoIndex
Nach Bündnis Entwicklung Hilft (Hg.): WeltRisikoIndex; unter: https://weltrisikobericht.de

Weltrisikoindex 2020 als Produkt aus Gefährdung und Vulnerabilität (in %)
- sehr hoch (10,71 – 40,73)
- hoch (7,66 – 10,70)
- mittel (5,55 – 7,65)
- gering (3,25 – 5,54)
- sehr gering (0,30 – 3,24)
- keine Daten
- maximales Risiko = 100 %
- Maßstab ca. 1 : 170 000 000

Record hurricane season and major wildfires

"Natural catastrophe losses in 2020 were significantly higher than in the previous year. Record numbers for many relevant hazards are a cause for concern, whether we are talking about the severe hurricane season, major wildfires or the series of thunderstorms in the US. Climate change will play an increasing role in all of these hazards. Five years ago in Paris, the global community set itself the target of keeping global warming well below 2 °C. It is time to act."

Torsten Jeworrek, Vorstandsmitglied der Munich Re. In: Munich RE: 2020 Natural disaster balance, unter: www.munichre.com

8

← tropische Wirbelstürme S. 27 – 29

9 Miami (USA) während eines Hurrikans

5 Erläutern Sie das Vulnerabilitätskonzept.

6 Lokalisieren Sie anhand der Karte 7 Gebiete der Erde, die besonders vulnerabel sind.

7 Stellen Sie einen Zusammenhang zwischen der Zunahme von „Naturkatastrophen" und dem Klimawandel her.

8 Diskutieren Sie, inwiefern der Ausdruck „Sozialkatastrophe" dem Ausdruck „Naturkatastrophe" vorzuziehen ist.

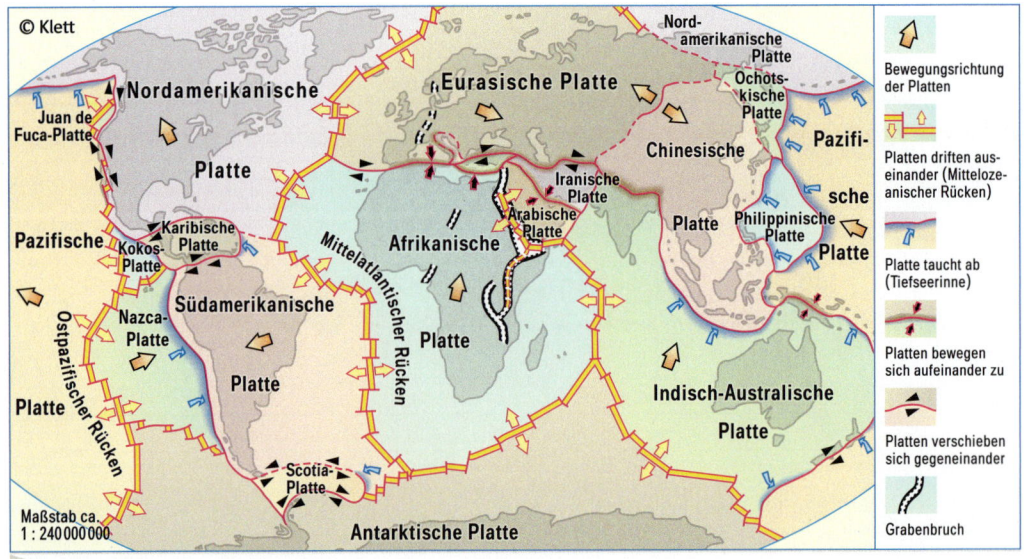

1 Plattenbewegungen der Erde

3.2 Die Erde – ein Planet in Bewegung

Viele Regionen der Erde sind durch ihre geographische Lage einer oder mehreren Naturgefahren ausgesetzt, die durch plattentektonische Bewegungen entstehen. Die Gefährdung durch Erdbeben und Tsunamis sowie die Wahrscheinlichkeit, von einem Vulkanausbruch überrascht zu werden, steigt an Plattengrenzen exponentiell. Warum ist das so?

Der deutsche Geophysiker und Meteorologe Alfred Wegener veröffentlichte 1912 seine Theorie zur Kontinentalverschiebung, nach der es vor 220 Mio. Jahren einen Urkontinent (Pangäa) gegeben haben muss. Wegener konnte jedoch nie nachweisen, welche Kräfte für die gewaltigen Bewegungen der Erdoberfläche verantwortlich waren, die die heutige Verteilung der Kontinente bewirkt haben könnten. Erst die großflächige Vermessung und Erkundung der Ozeanböden in den 1960er-Jahren lieferten Daten für die Formulierung der Theorie der **Plattentektonik**.

Prozesse der Plattentektonik

Die Lithosphäre der Erde gliedert sich in unterschiedlich große Platten, die sich auf der Asthenosphäre in verschiedene Richtungen bewegen. Es ergeben sich drei Arten von Plattengrenzen: divergierende, konvergierende und konservierende.

An **divergierenden Plattengrenze**n wie dem Mittelozeanischen Rücken oder dem Arabisch-Indischen Rücken bewegen sich zwei Platten voneinander weg.

Der beim Auseinanderdriften (**Seafloor Spreading**) entstehende Zwischenraum wird mit neuem Lithosphärenmaterial, mit neuer ozeanischer Kruste, geschlossen.

An **konvergierenden Plattengrenzen** stoßen Platten zusammen. Treffen eine ozeanische Platte und eine Kontinentalplatte wie am Sundagraben in Indonesien aufeinander, taucht meist die spezifisch schwerere ozeanische Platte unter die leichtere, dickere kontinentale (Subduktion). Stoßen zwei Kontinentalplatten zusammen, werden die Erdplatten zusammengeschoben und es entstehen Gebirge wie der Himalaya in Asien (Orogenese).

An **konservierenden Plattengrenzen** gleiten zwei Platten aneinander vorbei. Dabei wird keine neue Kruste gebildet und in der Regel kein Lithosphärenbereich zerstört. Ein bekanntes Beispiel für eine solche **Transformstörung** ist der San-Andreas-Graben in Kalifornien.

Die Kontinentalplatten werden sich auch zukünftig fortwährend in unterschiedliche Richtungen verschieben, mit einer Geschwindigkeit von 3–4 cm pro Jahr, einem Tempo, mit dem auch der menschliche Fingernagel wächst. Das Bild der Erde wird sich weiter verändern.

Material
Infoblatt „Kontinentalverschiebung"
q3i9dw

Endogene Kräfte – Gefährdung von Lebensräumen **3**

Der Motor der Plattentektonik

Welche Kräfte aber bewegen die Platten? Als Alfred Wegener 1912 erstmals seine Vorstellungen über die Verschiebung der Kontinente vorstellte, erntete er weitgehend Gelächter. Er hatte zwar viele Beweise dafür vorgelegt, dass es einmal einen Urkontinent Pangäa gegeben haben muss, er konnte aber die Antriebskräfte für die Bewegungen der Kontinente nicht erklären. Heute gehen Wissenschaftlerinnen und Wissenschaftler von unterschiedlichen Antriebskräften aus, die auch zusammenwirken können.

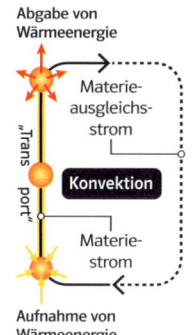

Als **Mantelkonvektion** werden die langsamen Magmaströme im Erdinneren bezeichnet. Durch die thermische Konvektion des Magmas versucht die Erde ständig die Temperatur zwischen Erdkern und Erdoberfläche auszugleichen.

4 Thermische Konvektion (Mantelkonvektion)

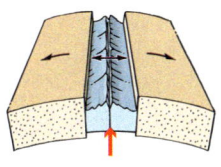

Mittelozeanischer Rücken

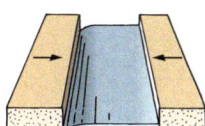

Destruktive Plattengrenze, Subduktionszone

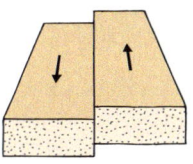

Transformstörung an konservierenden Plattengrenzen

2 Arten von Plattenbewegungen

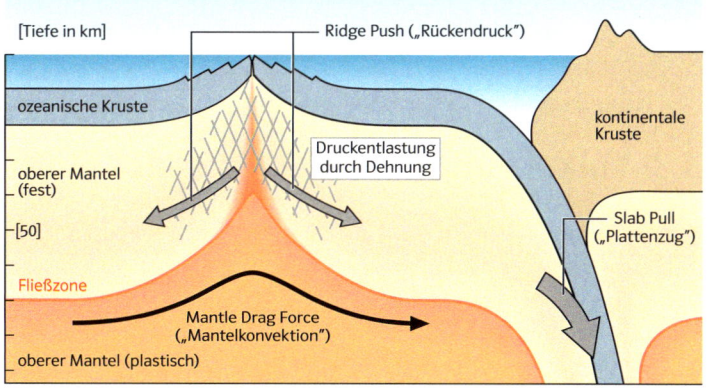

Rückendruck (Ridge Push): Die Platten „rutschen" infolge ihres Gewichtes von den Aufwölbungen der Mittelozeanischen Rücken weg (Höhenunterschied bis zu 1000 m).
Plattenzug (Slab Pull): Die spezifisch schwerere, absinkende Platte (ozeanische Kruste) sinkt durch ihr Eigengewicht in den Subduktionszonen in die Asthenosphäre und zieht die Platte mit sich.
Mantelkonvektion (Mantle Drag Force): Im oberen Mantel wird Gestein nach Aufnahme von Wärmeenergie aus dem Erdkern als heißes Magma unter den divergierenden Platten Richtung Erdkruste transportiert, um nach Abgabe von Wärmeenergie als abgekühlte Materie in Subduktionszonen abzusinken.

3 Vermutete Antriebskräfte der Plattenbewegungen

---

1 Vergleichen Sie die Auffassung Alfred Wegeners zur Kontinentalverschiebung mit der Theorie der Plattentektonik.

2 Beschreiben Sie die drei grundlegenden Arten der Plattenbewegungen.

3 Lokalisieren Sie anhand von Karte 1 Plattengrenzen und ordnen Sie diesen Arten von Plattenbewegungen zu.

4 Erläutern Sie die möglichen Antriebskräfte für die Plattenbewegungen.

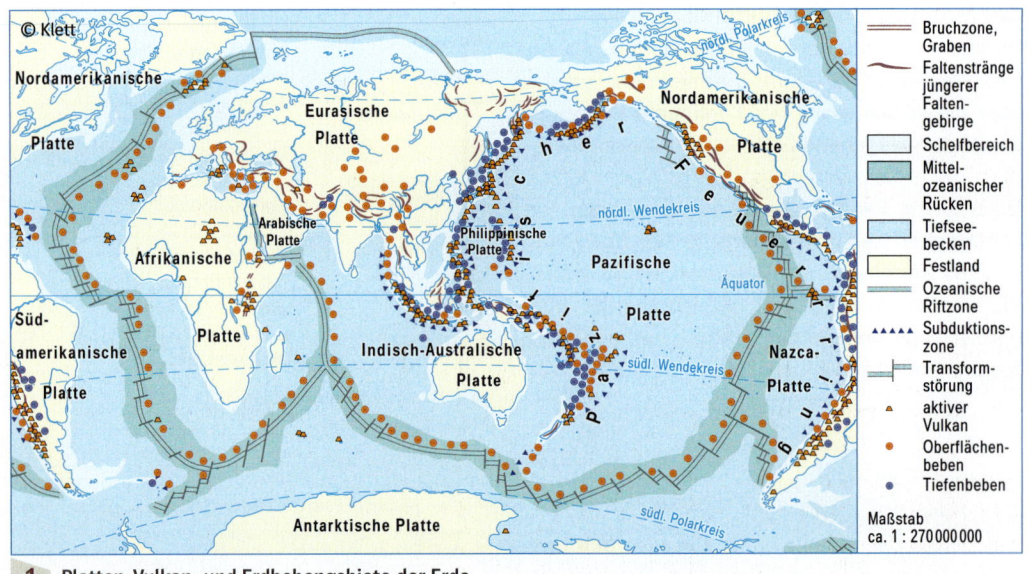

1 Platten, Vulkan- und Erdbebengebiete der Erde

3.3 Vulkanismus – Gefahr aus dem Erdinneren

Weltweit brechen jährlich etwa 50–60 Vulkane aus. Seit dem 16. Jahrhundert verloren insgesamt mehr als 250 000 Menschen ihr Leben durch Vulkanausbrüche. Die Zahl der Opfer stieg dabei über die Jahrhunderte, obwohl die Rate der Ausbrüche insgesamt konstant ist – ein klares Zeichen für die zunehmende Vulnerabilität unserer Zivilisation.

Vulkanismus an Plattengrenzen

Mit dem Begriff **Vulkanismus** werden alle geologischen Erscheinungen bezeichnet, die mit dem Aufdringen von Magma in die Erdkruste und dem Austritt von Lava und Gasen an der Erdoberfläche verbunden sind. Dazu gehört vor allem die Bildung von Vulkanen und vulkanischen Gesteinen. Ein Blick auf die Verteilung von Vulkanen zeigt, dass diese vor allem an den Rändern von Erdplatten auftreten. Driften wie am Mittelatlantischen Rücken zwei Platten auseinander, reißt die Erdkruste auf und das Magma steigt dünnflüssig (effusiv) in Spalten zur Erdoberfläche auf. Es entstehen Spaltenvulkane. Bewegen sich zwei Platten aufeinander zu, taucht die spezifisch schwerere (ozeanische) Kruste in den **Subduktionszonen** ab und wird langsam erhitzt. Es entstehen Magmakammern, in denen das Magma einen großen Druck auf die darüber liegenden Gesteinsschichten ausübt. Entlang von Bruchzonen steigt das Magma aufgrund seiner geringeren Dichte auf. Die gasreiche und zähflüssige Lava bildet an der Erdoberfläche dann hochexplosive Vulkane oder Vulkanketten – wie am Atacamagraben und entlang des gesamten Vulkangürtels, der den Pazifischen Ozean umgibt, des Pazifischen Feuerrings.

→ Tsunami
S. 102

Vulkanische Gefahren
Lavastrom: Ein Lavastrom fließt einen Vulkankegel langsam hinab und zerstört alles, was ihm im Weg steht.
Pyroklastischer Strom: Ein pyroklastischer Strom ist ein Gemisch aus Gesteins- und Lavabrocken sowie feiner Asche, das bei einer Gasexplosion entsteht und mit großer Geschwindigkeit (bis zu 400 km/h) hangabwärts rast.
Lahars: Lahars bestehen aus einer Mischung aus Vulkanasche und Wasser. Sie erreichen eine Geschwindigkeit von 50 km/h und haben eine große Zerstörungskraft. Sie können noch Monate nach einem Vulkanausbruch ausgelöst werden.
Gas: Giftige Gase sind eine heimtückische Gefahr, da man sie nicht sieht.
Auswurf von Asche, Lapilli und Vulkanbomben: Gesteinsbrocken unterschiedlicher Größe können Lebewesen beim Aufprall verletzen oder töten.
Erdrutsch: Durch einen Vulkanausbruch können Berghänge teilweise abrutschen und Siedlungen gefährden.
Tsunami: Untermeerische Vulkanausbrüche können riesige Flutwellen auslösen. Hauptursache sind jedoch Seebeben.

2

 **Erklärfilm** Schichtvulkan q3i9dw

 **Material** Manteldiapir q3i9dw

Endogene Kräfte – Gefährdung von Lebensräumen **3**

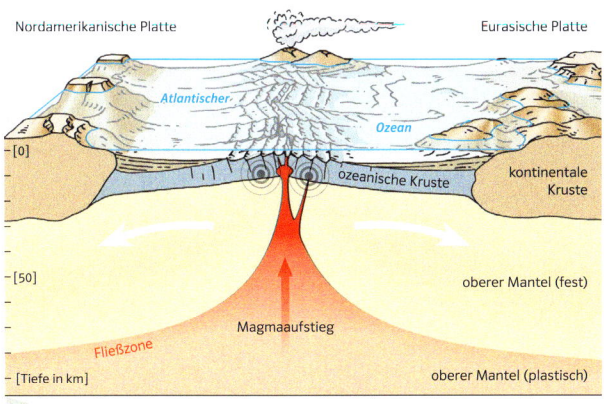

3 Vorgänge am Mittelatlantischen Rücken

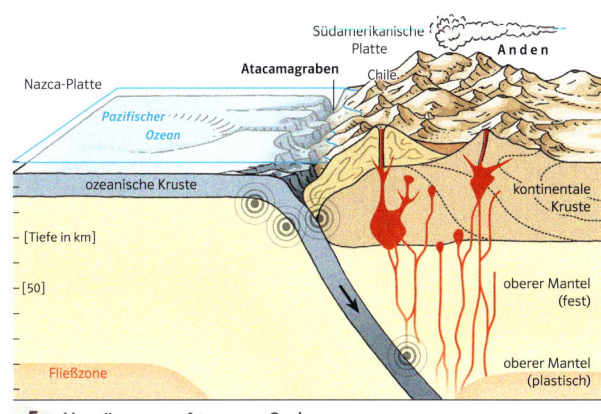

5 Vorgänge am Atacama-Graben

Hotspots

Unabhängig von Plattengrenzen gibt es auch inmitten von Kontinenten oder Ozeanen Vulkanismus, der an sogenannte „Hotspots" gebunden ist. So werden stationäre Magmaquellen genannt, die ihre Entstehung Manteldiapiren verdanken. Manteldiapire sind schlauchartige, röhrenförmige Gebilde mit Durchmessern von 100 bis 1000 km, in denen Magma im oberen Erdmantel aufsteigt. Trifft ein solcher Diapir auf die Lithosphäre, staut sich das Magma auf und breitet sich flächig aus. Die Lithosphäre wölbt sich auf und wird gedehnt, durch den Druck können Bruchzonen entstehen. Driftet ozeanische Lithosphäre über einen solchen Hotspot hinweg, kann das Magma in Bruchzonen nach oben steigen, die ozeanische Kruste durchbrechen und einen untermeerischen Vulkan bilden. Ist die Magmaproduktion sehr groß, kann der Vulkan über die Meeresoberfläche wachsen und bildet eine Insel. Die Aktivität ist beendet, sobald sich die Platte zu weit vom Hotspot wegbewegt. Dann wiederholt sich der Vorgang an einer anderen Stelle und bildet eine neue Insel. Aufgrund der Plattenbewegung über dem Hotspot nimmt das Alter der Insel mit der Entfernung von der vulkanisch aktivsten Insel zu. Zwei der aktivsten und bekanntesten Hotspots befinden sich unter Island und Hawaii.

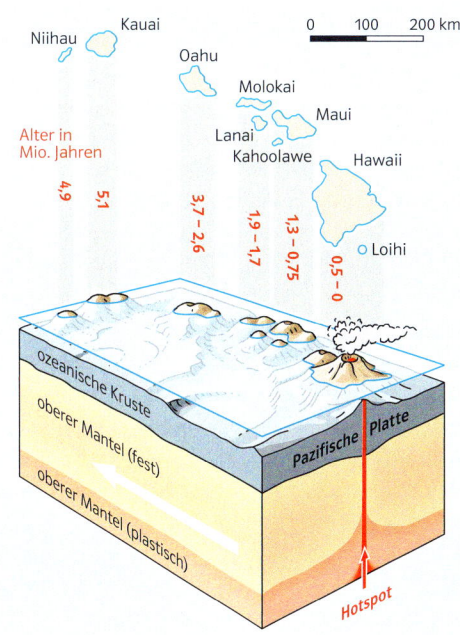

4 Hotspot Hawaii

Nach USGS: This Dynamic Planet. World Map of Volcanoes, Earthquakes, Impact Craters, and Plate Tectonics, 2006; unter: https://pubs.usgs.gov

---

1 Beschreiben Sie die räumliche Verteilung von Vulkanen auf der Erde.

2 Erläutern Sie die Zusammenhänge zwischen Plattentektonik und Vulkanismus, indem Sie die Karten 1, S. 90 und 1, S. 92 vergleichen.

3 Vergleichen Sie das Gefährdungspotenzial der vulkanischen Prozesse am Mittelatlantischen Rücken und an der Subduktionszone des Atacamagrabens.

4 Erklären Sie die Entstehung und das unterschiedliche Alter der Hawaii-Inseln.

6 Lage des Merapi

7 Landwirtschaft am Merapi

10 Ausbruch des Merapi 2010: Tote durch Ascheregen

Merapi – Leben an einem der gefährlichsten Vulkane der Erde

11 NACHHALTIGE STÄDTE UND GEMEINDEN

Der 2914 m hohe Merapi gilt als unberechenbar und als einer der gefährlichsten Vulkane der Erde. Er brach in den letzten 450 Jahren durchschnittlich alle sieben Jahre aus. Als Schichtvulkan gehört der Merapi durch seine Lage am Sundagraben zu den hochexplosiven Subduktionszonen-Vulkanen. Mit seiner Nähe zur Millionenmetropole Yogyakarta stellt er eine Bedrohung für etwa drei Millionen Menschen dar.

← Vulnerabilitätskonzept S. 88

Merapi Volcano Monitoring
Seit 1994 entwickelt das MERAPI-Projekt (Mechanism Evaluation, Risk Assessment, Prediction Improvement) Vorhersage- und Warnstrategien zur Kurzzeitvorhersage vulkanischer Ereignisse in der Merapi-Region. Besonderes Augenmerk wird auf die kontinuierliche Beobachtung der Seismizität, Verformung und der Gasausstrahlung gelegt. Die Daten werden in einem Netz von Messstationen gesammelt, per Funk an das Büro des Volcanological Technology Research Centre in Yogyakarta übermittelt und in das indonesische Frühwarnsystem integriert. Ergänzt wird das Frühwarnsystem durch meteorologische Messstationen, die bei Starkregenereignissen vor möglichen Laharen warnen.

Nach Jochen Zschau u. a.: The Merapi-Project. In: J. Zschau u. a. (Hg.): Early Warning Systems for Natural Disaster Reduction, 2003; unter: https://link.springer.com

8

Vulkanismus am Merapi
„[Als Schichtvulkan gilt der Merapi als hochexplosiv. Die Magma von Schichtvulkanen ist so zähflüssig,] dass sich ein Pfropfen im Vulkanschlot bildet, der Gase nur noch schwer hindurchlässt. Der aufgestaute Druck entlädt sich irgendwann durch eine heftige Eruption, wodurch Teile des Berges abgesprengt werden. Dies ist beim Merapi 1872 geschehen. Danach hat sich der Ausbruchsmechanismus geändert. Durch zutage gefördertes Material baut der Berg am Krater einen Dom auf, der mit der Zeit instabil wird und den Hang hinunterrutscht. Kollabiert der Dom des Merapi, rutscht lawinenartig ein mehrere Hundert Grad heißes Gas-Feststoff-Gemisch, pyroklastischer Strom genannt, den Hang hinunter. Mit einer Geschwindigkeit von über 100 Stundenkilometern kann das heiße Material selbst in mehreren Kilometern Entfernung großen Schaden anrichten. Das lockere Material an den Flanken des Vulkans kann im Zusammenhang mit dem tropischen Klima zu einer weiteren großen Gefahr für die Bevölkerung werden: die Schlammlawine oder Lahar genannt. Die aufgeschlämmte Masse strömt mit 30 Stundenkilometern den Berg hinunter und hat eine ungeheure Zerstörungskraft. Meistens kommen die Schlammlawinen entlang der Hauptflüsse herab, die den Vulkan entwässern."

Andre Szymkowiak/Ria Hidajat: Unterrichtsreihe „Leben am Vulkan". In: Deutsches Komitee Katastrophenvorsorge. Bonn 2005, S. 40

9

Wahrnehmungs- und Interessenkonflikte am Merapi

„Bei der Nutzung eines Risikoraums treffen [häufig] verschiedene Interessengruppen mit unterschiedlicher Wahrnehmung aufeinander. [...] Der Katastrophenschutz stützt sich hauptsächlich auf die wissenschaftlichen Daten der Vulkanologie in Yogyakarta und auf das technische Frühwarnsystem [Indonesiens und will die Bevölkerung vor Gefahren schützen ...] Die regionale Planungsbehörde ist für die Sicherheit, aber auch für die wirtschaftliche Entwicklung der [strukturschwachen] Region zuständig. Sie versucht durch raumplanerische Maßnahmen die Risikozonen auch als Gunstraum zu nutzen. [...] Einerseits ist der Vulkan eine Bedrohung, [andererseits aber auch ein touristisches Ausflugsziel]. Deshalb dürfen Hotels in einer Zone geringen Risikos [und ein Campingplatz und Golfplatz auf 2 000 Metern als Raumentwicklungsmaßnahme in der höchsten Gefahrenzone] gebaut werden."

Andre Szymkowiak/Ria Hidajat: Unterrichtsreihe „Leben am Vulkan". In: Deutsches Komitee Katastrophenvorsorge. Bonn 2005, S. 46 f.

11

Leben und Arbeiten am Merapi

An der Südflanke des Merapi, in der Region um Sleman, werden Kaffee und Tabak angebaut. Unter 1000 m beginnt der Nassreisanbau mit bis zu drei Ernten jährlich. Die Menschen sind glücklich darüber, dass sie die fruchtbaren Böden bebauen können und keinen Hunger leiden müssen. Dafür gehen sie scheinbar ohne Angst das Risiko ein, durch einen Ausbruch des Merapi alles zu verlieren.

Vonseiten der Behörden gibt es ein **Katastrophenmanagement**. Sobald sich ein Ausbruch andeutet, werden regionale und nationale Expertenteams gebildet, die die Verantwortlichen vor Ort beraten. In unregelmäßigen Abständen finden Evakuierungsübungen für die Bevölkerung statt. Darüber hinaus sind viele Einwohner davon überzeugt, die Götter und Dämonen auf den Vulkanen durch Zeremonien besänftigen zu können.

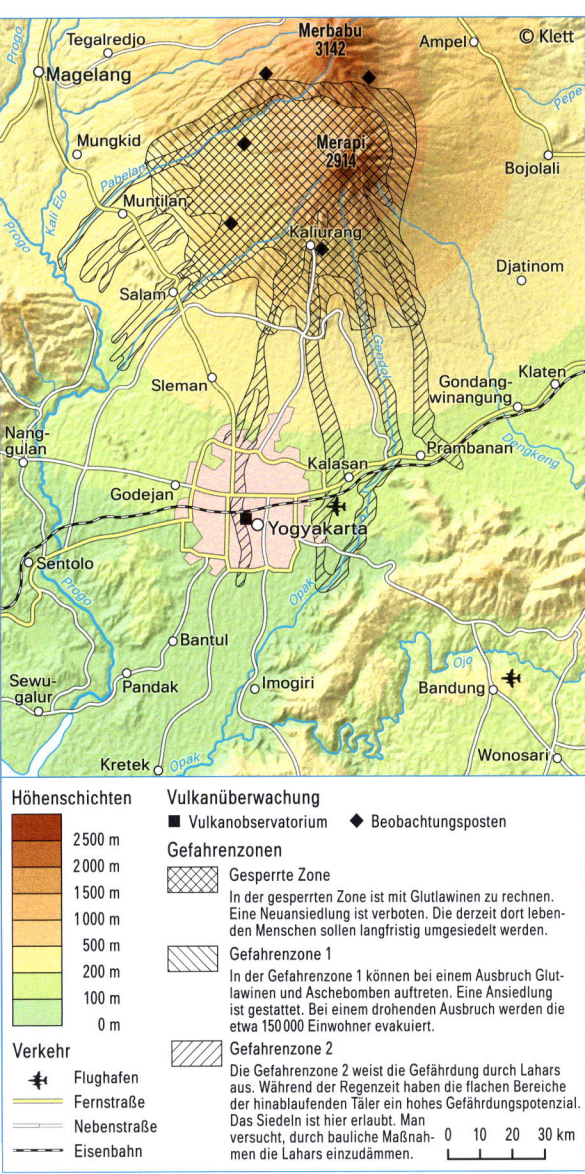

12 Gefahrenzonen des Merapi

Nach Andre Szymkowiak/Ria Hidajat: Unterrichtsreihe „Leben am Vulkan". In: Deutsches Komitee Katastrophenvorsorge. Bonn 2005, S. 48, 50/51

---

5 Lokalisieren Sie die Lage des Vulkans Merapi.

6 Erläutern Sie das Gefährdungspotenzial des Merapi mithilfe des Vulnerabilitätskonzeptes. Recherchieren Sie hierzu gegebenenfalls ergänzend aktuelle Informationen im Internet:
a) **Exposition:** Beschreiben Sie, inwiefern die Merapi-Region aufgrund ihrer geographischen Struktur als Risikoregion bezeichnet werden kann.
b) **Anfälligkeit:** Erläutern Sie die infrastrukturelle Anfälligkeit der Region.
c) **Bewältigungskapazität:** Analysieren Sie, inwieweit die Bevölkerung durch Präventionsmaßnahmen vor den Folgen eines Vulkanausbruchs geschützt werden kann.
d) **Anpassungsfähigkeit:** Beurteilen Sie die Interessenkonflikte der regionalen Planungsbehörde vor dem Hintergrund des Katastrophenschutzes.

1 Auswirkungen eines Erdbebens in Haiti am 14.8.2021

Durchschnittliche jährliche Erdbebenhäufigkeit weltweit (basierend auf Daten der Jahre 1990–2015 des US Geological Survey)	
Erdbeben pro Jahr	Magnitude
1	8,0 und größer
15	7,0–7,9
139	6,0–6,9
1509	5,0–5,9
ca. 13 000	4,0–4,9
ca. 130 000	3,0–3,9

Nach Bundesanstalt für Geowissenschaften und Rohstoffe (BGR); unter: www.bgr.bund.de

4

3.4 Erdbeben – Gefahr aus dem Erdinneren

Erdbeben ereignen sich ständig. Starke Beben mit Magnitude 6 oder höher finden durchschnittlich dreimal pro Woche statt. Warum verlaufen diese Beben für die Bevölkerung in manchen Regionen fast unbemerkt, während sie in anderen Gebieten der Erde dramatische Folgen haben?

Erdbeben an Plattengrenzen

Erdbeben sind ruckartige Erschütterungen der Erdkruste, die vor allem durch Plattenbewegungen an Plattengrenzen entstehen. Man spricht von Erdbeben, wenn sie ihre Wirkung auf dem Festland entfalten, und von Seebeben, wenn das im Meer geschieht. Erdbeben gehören zu den gefährlichsten Naturereignissen, weil sie meist plötzlich und ohne Vorwarnung ungeheure Energien freisetzen und damit größte Schäden verursachen können: So hatte das Beben von Kobe 1995 die achtfache Energie der Atombombe, die 1945 auf Hiroshima abgeworfen wurde.

Auslöser für Erdbeben sind vor allem tektonische Verschiebungen, bei denen sich Gesteinsschichten entlang einer Bruchzone verschieben. Da sich die Lithosphäre im Unterschied zur darunter liegenden Asthenosphäre nur schwer verformen lässt, zerbrechen Gesteinsschichten entlang einer Bruchlänge von bis zu 100 km. Dabei kommt es zu Erschütterungen, die zu den schwersten Erdbeben gehören.

Erlebnisbericht
Sanur, Indonesien, 16. Juli 2019: „Starkes Rütteln, unser ganzes Zimmer wackelte. Die Erschütterungen, das Klirren des Geschirrs in den Schränken, all das dauerte nur 15 bis 20 Sekunden. Draußen rannten die Menschen schreiend, panisch aus ihren Häusern. Ich hatte Angst."
Reisetagebuch, Jonathan L., 16 Jahre

2

Räumliche Verteilung von Erdbeben

„Die Verteilung der Erdbebenzentren ist bei den verschiedenen Arten von Plattengrenzen […] unterschiedlich. Tief liegende Erdbebenherde treten nur entlang der Subduktionszonen auf, flach liegende hingegen an allen Plattengrenzen. […] Die stärksten Konzentrationen von Erdbebenzentren finden sich an […konvergierenden] Plattenrändern, wie sie vor allem rund um den Pazifik zu finden sind. Die Zonen der Epizentren sind hier relativ breit, weil die subduzierenden Platten, in denen die Erdbebenherde lokalisiert sind, schräg abtauchen. Die Subduktionszonen lassen sich […] bis in eine Tiefe von fast 700 km nachweisen […] Entlang von Transformationsstörungen sind die […] Beben viel schärfer auf die Plattengrenze konzentriert, weil die Störungsgrenzen vertikal stehen. Wenn Transformstörungen kontinentale Kruste durchschneiden (z. B. San-Andreas-Störung in Kalifornien), können auch sie katastrophale Erdbeben auslösen. Dies ist auf das Aneinanderreiben der mächtigen, starren Platten zurückzuführen und unter anderem von der Bewegungsgeschwindigkeit abhängig."

Wolfgang Frisch/Martin Meschede: Plattentektonik. Darmstadt 2007, S. 17/18

3

Linktipp
Aktuelle Erdbeben
q3i9dw

Endogene Kräfte – Gefährdung von Lebensräumen

Unterschiedliche Auswirkungen von Erdbeben

„Solange sich die Epizentren [der] starken Beben beispielsweise in Gebieten mit geringer Bevölkerungsdichte bzw. guter Bausubstanz befinden, oder aber der Erdbebenherd in größerer Tiefe liegt, treten kaum schwerwiegende Folgen auf. Diese Beben werden von den Medien meist gar nicht wahrgenommen. [Anders sieht das in strukturschwächeren Gebieten, mit schlechterer Bausubstanz und mit zentralen Lagen der Epizentren aus.] Durch Erdbeben haben in diesem und letzten Jahrhundert mehr als 2 Millionen Menschen ihr Leben verloren. Die durch diese Naturkatastrophen hervorgerufenen volkswirtschaftlichen Schäden beliefen sich [...] in den letzten 10 Jahren auf 6 Mrd. Euro (Quelle: Münchener Rück Versicherung)."

Zusammengestellt nach Bundesanstalt für Geowissenschaften und Rohstoffe (BGR): Erdbeben, Gefährdungsanalysen; unter: www.bgr.bund.de

5

Entstehung von Erdbeben: die Scherbruch-Hypothese

Bereits 1911 entwickelte der amerikanische Geologe J. F. Reid Vorstellungen zur Entstehung von Erdbeben. Danach sammeln sich in der Erdkruste über Jahrzehnte so lange Spannungen an, bis an einem bereits geschwächten Bereich die Bruchspannungsgrenze erreicht wird und die Reibungskräfte überwunden werden. Dann entsteht ein Scherbruch, an dem Gesteinsblöcke gegeneinander geschoben werden. Den Betrag dieser Verschiebung nennt man Sprungweite oder Versatzbetrag. Er kann bis zu 15 m betragen. Der Punkt, an dem die Verschiebungsbewegung einsetzt, ist das Hypozentrum eines Erdbebens. Die angesammelte Spannungsenergie wird als Reibungswärme freigesetzt und in seismische Energie (Bewegungsenergie) umgewandelt. Diese breitet sich in Form von wellenförmigen Schwingungen nach allen Seiten aus. Je größer die sich verschiebende Bruchfläche im Erdinneren ist, desto mehr seismische Energie wird freigesetzt. Im Epizentrum haben die seismischen Wellen ihre größte Wirkung. Mit zunehmender Entfernung vom Hypozentrum nimmt die Intensität der Bodenbewegungen ab.

Klassifizierung von Erdbebenstärken

In der Erdbebenforschung gibt es zwei Skalen, um Erdbeben nach ihrer Stärke zu klassifizieren.

Die **Intensitätsskala** teilt die Erschütterungen bzw. Schwingungen an einem Ort nach der Art der Wahrnehmung durch den Menschen und das Ausmaß der Erdbebenschäden ein.

Bei der **Magnitudenskala** (besser unter dem Begriff Richterskala bekannt) ist die Magnitude ein Maß für die gesamte, bei einem Beben freigesetzte seismische Schwingungsenergie. Im Unterschied zur Intensitätsskala beruht die Magnitude nicht auf den subjektiven Erschütterungswahrnehmungen des Menschen, sondern auf den mit **Seismographen** gemessenen Geschwindigkeiten der Bodenschwingungen. Die Richterskala reicht von 1 bis 10, wobei ein Erdbeben der Stärke 6,0 zehnmal so starke Erdbewegungen wie ein Erdbeben der Stärke 5,0 hat. Oder anders ausgedrückt: Ein Beben der Stärke 7 setzt etwa 100-mal mehr Erschütterungsenergie frei als ein Beben der Magnitude 5.

Gekürzt und verändert nach Peter Bormann/GeoForschungsZentrum Potsdam: Was ist die Magnitude und was ist die Intensität eines Erdbebens?; unter: http://bib.gfz-potsdam.de

6

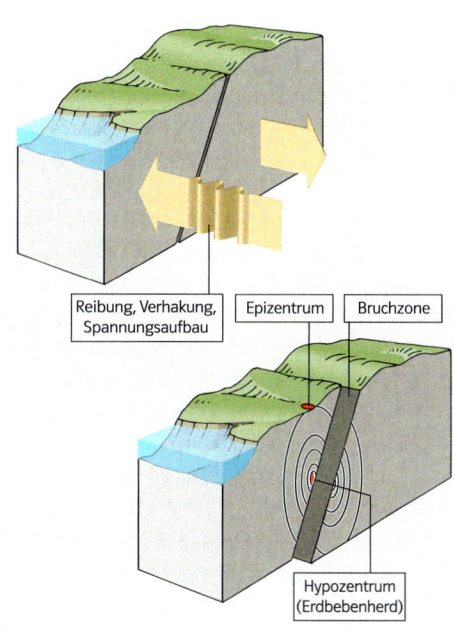

7 Scherbruch-Hypothese

1 Erklären Sie Zusammenhänge zwischen der Verbreitung von Erdbeben und plattentektonischen Bewegungen.

2 Wie entstehen Erdbeben? Erläutern Sie die Scherbruch-Hypothese von J. F. Reid.

3 Benennen Sie die Unterschiede der Klassifizierungsskalen zur Messung von Erdbebenstärken.

4 Erläutern Sie die regionsspezifisch unterschiedlichen Auswirkungen von Erdbeben.

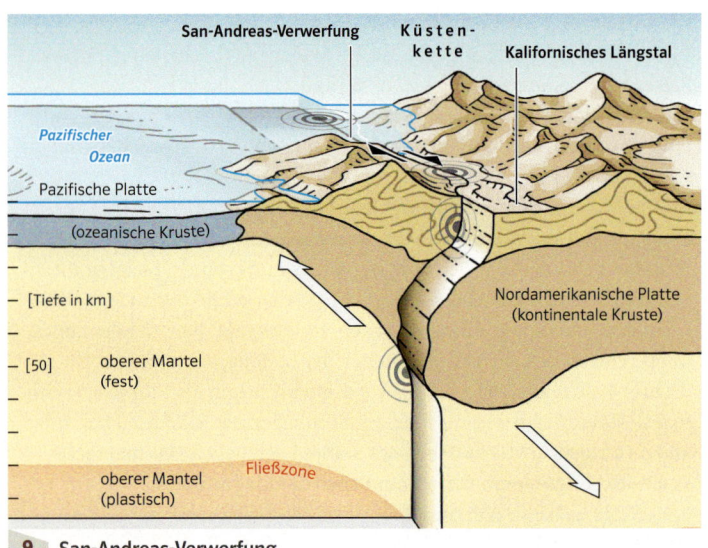

9 San-Andreas-Verwerfung

10 San-Andreas-Verwerfung

Kalifornien – Leben mit der Erdbebengefahr

San-Andreas-Verwerfung in Kalifornien

In Kalifornien bewegen sich die Nordamerikanische Platte und die Pazifische Platte aneinander vorbei. Ihre Nahtstelle ist eine über 1300 km lange und 100 km breite Transformstörung, die San-Andreas-Verwerfung genannt wird. Diese und viele der sie begleitenden Verwerfungen sind durch ständige Erdbebentätigkeit gekennzeichnet und somit direkter Nachweis für aktive Plattenbewegungen. In Kalifornien treten jedes Jahr Zehntausende kleinere Erdbeben auf. San Francisco liegt auf der Nordamerikanischen, Los Angeles auf der Pazifischen Platte. Die San-Andreas-Verwerfung ist jedoch nicht die einzige Gefahrenzone. So verlaufen z. B. unter der Metropole Los Angeles mehrere kleinere Verwerfungen.

Die potenziellen Erdbebenherde in bis zu 30 km Tiefe konzentrieren sich auf die spröde, durch Bruch reagierende Plattengrenze, wo die Bewegung im Allgemeinen episodisch und ruckartig erfolgt. Durch die Plattenbewegungen entstehen im unmittelbaren Störungsbereich langgestreckte Rinnen und Täler.

„The Big One" – das große Beben

„Ein Blick zurück: Das letzte extreme Beben in Kalifornien war das San Francisco-Erdbeben von 1906, bis heute im Verhältnis zur Wirtschaftsleistung der USA die teuerste Naturkatastrophe des Landes. [...]

Die Gefahr aus der Natur ist in Kalifornien vielerorts offensichtlich: Die Verwerfungen durchziehen mit Furchen und Schluchten den Bundesstaat. Verzerrte Straßen zeugen von der Gewalt, mit der sich die tektonischen Platten um ein paar Zentimeter pro Jahr aneinander vorbeipressen. [...] Den genauen Zeitpunkt des nächsten Knalls [...] kann natürlich niemand vorhersagen. Entsprechend hoch ist [...] das Risikobewusstsein in Kalifornien. Die Baustandards sind mit die strengsten der Welt, und bei der jährlichen Katastrophenübung ‚Great ShakeOut' [...] werden Menschen daran erinnert, wie sie sich bei einem Beben am besten schützen können: auf die Knie gehen, unter ein Möbelstück kriechen und dort mit dem Arm über dem Nacken verharren."

Torsten Jeworrek: The „Big One": Schweres Erdbeben in Kalifornien nur eine Frage der Zeit. In: Munich RE, Topics, 15.10.2018; unter: www.munichre.com

11

← Vulnerabilitätskonzept S. 88

8

---

5 Lokalisieren Sie die Lage der San-Andreas-Verwerfung.

6 Erläutern Sie das Gefährdungspotenzial der San-Andreas-Verwerfung mithilfe des Vulnerabilitätskonzeptes. Recherchieren Sie hierzu gegebenenfalls ergänzend aktuelle Informationen im Internet:

a) **Exposition:** Beschreiben Sie, inwiefern Kalifornien aufgrund seiner geographischen Struktur als Risikoregion bezeichnet werden kann.

Material
Infoblatt San-Andreas-Verwerfung

Endogene Kräfte – Gefährdung von Lebensräumen

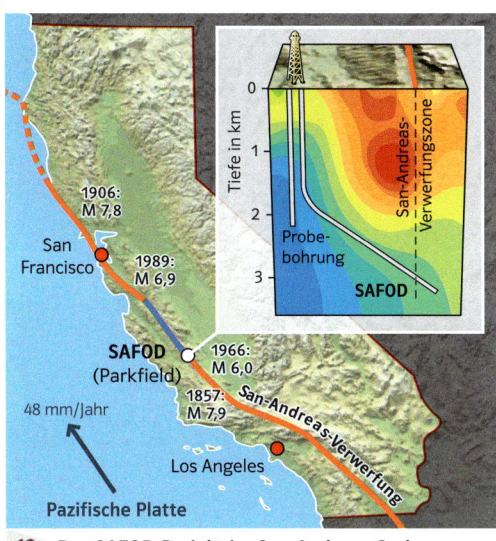

12 Das SAFOD-Projekt im San-Andreas-Graben

14 SAFOD-Tiefenbohrung

Erdbebenforschung am San-Andreas-Graben

Das Projekt SAFOD (San Andreas Fault Observatory at Depth) ist eine Tiefenbohrung in Kalifornien. Sie dient der dauernden Untersuchung der San-Andreas-Verwerfung, die als Ausgangspunkt vieler Erdbeben in der Region gilt. Seit 2007 werden mithilfe geophysikalischer Instrumente im Rahmen von Langzeituntersuchungen Daten gesammelt.

Die Geologen wollen Erkenntnisse zum Aufbau, zur Struktur und zu den Aktivitäten der Verwerfung gewinnen. Die bisherigen Messergebnisse sind bislang (Stand 2019) jedoch nicht so regelmäßig und eindeutig auszuwerten, wie die Geologen gehofft hatten. Dennoch sind die gewonnenen Daten unverzichtbar. Sie stellen einen direkten Zugriff auf die Entstehungszonen von Erdbeben dar.

→ Tsunami
S. 100 – 102

Stärkstes Erdbeben in Südkalifornien seit 20 Jahren

6.7.2019 „Der Süden Kaliforniens ist […] von einem heftigen Erdbeben erschüttert worden. […] Nach Angaben der Erdbebenwarte USGS hatte das Erdbeben […] eine Stärke von 7,1. […] Es sollen mehrere Feuer ausgebrochen sein. […] Eine Anwohnerin […] beschrieb dem Sender CNN, dass der Boden und ihr Haus stark schwankte. Der Strom sei ausgefallen. […] Den Erdstoß […] konnten Millionen Menschen von Sacramento im Norden Kaliforniens bis San Diego und von Los Angeles bis nach Las Vegas im Wüstenstaat Nevada sowie an der Nordgrenze Mexikos spüren. […] Todesopfer oder Schwerverletzte gab es nicht."

dpa: Erneut schreckt starkes Erdbeben Menschen in Kalifornien auf, dpa-Meldung v. 6.7.2019 © dpa Deutsche Presse-Agentur GmbH

13

„Wir haben wichtigere Probleme"

„Wir haben wichtigere Probleme als ein Erdbeben, das vielleicht irgendwann einmal kommt', sagt […] die 29-jährige Diana Straham, die mit ihrer Familie in der Kleinstadt Paso Robles lebt. ‚Der Staat sollte erst einmal seinen Haushalt sanieren.' Angst vor einer Katastrophe wie im japanischen Fukushima, bei der […] auch ein Atomkraftwerk schwer beschädigt wurde, hat die Kalifornierin nicht. ‚Ich vertraue darauf, dass wir sicher sind.' Diejenigen, die sich mit der Materie genauer befassen, finden solche Aussagen naiv. ‚In den flacher gelegenen Regionen sind Tsunamis die größte Gefahr', warnt James Wheeler, der als Ranger im Redwood-Nationalpark an der Pazifikküste arbeitet. ‚In Japan ist das Warnnetz für Tsunamis viel höher entwickelt als bei uns, und trotzdem kam es zur Katastrophe.' Vielen sei gar nicht bewusst, dass sie sofort in höheres Gelände flüchten müssen, wenn sich das Wasser nach einem Erdbeben zurückzieht."

Steve Przybilla: Regeln im Ernstfall hält keiner ein. In: Schwarzwälder Bote, 19.10.2011; unter: www.schwarzwaelder-bote.de

15

---

b) **Anfälligkeit:** Erläutern Sie die infrastrukturelle Anfälligkeit der Region.
c) **Bewältigungskapazität:** Analysieren Sie, inwieweit die Bevölkerung durch Präventionsmaßnahmen vor den Folgen eines Erdbebens geschützt werden kann.
d) **Anpassungsfähigkeit:** Beurteilen Sie die Bereitschaft der kalifornischen Behörden, existierende Strukturen an die potenzielle Gefahrenlage „Erdbeben" anzupassen.

1 Tsunami am 11.3.2011 in Sendai (Japan)

3.5 Tsunami – Gefahr aus dem Meer

Am 11.3.2011 traf ein gewaltiger Tsunami auf die Küste der japanischen Hauptinsel Honshū. Obwohl Japan wie kein anderer Staat Vorkehrungen gegen Tsunamis getroffen hatte, wurde das Land von der Wucht des Tsunamis überrascht. Doch wie entstehen diese Naturereignisse und welche Möglichkeiten bestehen, sich vor der Gefahr zu schützen?

Ein **Tsunami** ist eine extrem langwellige, schnelle Bewegung von Wassermassen. Der Begriff Tsunami („Hafenwelle") verweist auf die bereits seit Jahrhunderten (in Japan) beobachtete Auswirkung von Tsunamis auf anthropogene Strukturen in den Küstenbereichen. Die Wellen eines Tsunamis unterscheiden sich in jeder Hinsicht von herkömmlichen windgenerierten Wellen. Wellen, die durch einen Tsunami auslösenden Impuls verursacht werden, erfassen die gesamte Wassersäule. Vom Epizentrum ausgehend breiten sich diese Wellen, je nach Wassertiefe, mit bis zu 1 000 km/h konzentrisch aus.

Wenn diese Wellen flachere Zonen des Kontinentalschelfs und der Küste erreichen, wird die Energie auf eine immer kleinere Wassersäule gebündelt. Dadurch werden die Wellen verlangsamt, gestaucht und gewinnen immer weiter an Höhe. Die maximale Höhe über dem Meeresspiegelniveau („run-up") ist daher für gewöhnlich um ein Vielfaches höher als die Wellenhöhe eines Tsunami auf dem offenen Meer.

Bevor die Wellen eines Tsunami die Küste erreichen, ist häufig ein „Zurückweichen" des Meeres zu verzeichnen, da der Welle in diesem Fall zunächst ein Wellental vorangeht.

Tsunamiwellen breiten sich durch die Energieübertragung auf offener See annähernd ohne Energieverlust aus. Daher erreichen die Wellen als „Tele-Tsunamis" auch entfernte Küsten mit enormer Intensität. Tsunamis können potenziell an allen Küstenregionen der Erde in Erscheinung treten. Grund hierfür sind nicht nur die extreme Weitenwirkung von Tsunamis, sondern auch die variablen Auslöseereignisse. Da die meisten Tsunamis in Folge von **Seebeben** entstehen, ereignen sich diese vornehmlich entlang von Subduktionszonen konvergenter Plattengrenzen.

Treffen Tsunamis auf die Küste, sind die Folgen oft verheerend – die Wellen zerstören die Infrastruktur und ganze Siedlungen teilweise kilometerweit bis ins Landesinnere.

3 Endogene Kräfte – Gefährdung von Lebensräumen

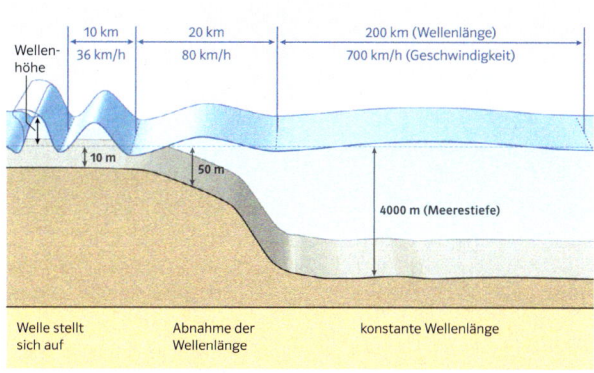

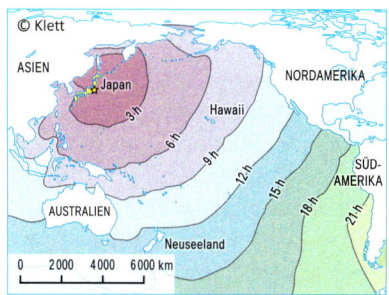

2 Entstehung eines Tsunamis
Nach Achim Kopf: Erdbeben, Hangrutschungen und Tsunamis an Ozeanrändern. Bremen 2006, S. 68

5 Wellenparameter bei einem starken Tsunami (Schema)
Nach Hans Gebhardt u.a. (Hg.): Geographie. Heidelberg 2007, S. 1046

Tsunami-Auslöser
- Seebeben: ca. 85 %
- unterseeische Vulkaneruptionen: ca. 11 %
- Rutschungen: ca. 3 %
- Fels- und Eisstürze an Steilküsten, Meteoriten- und Kometeneinschläge, Gashydratausbrüche am Meeresboden: ca. 1 %

3 Die Geschwindigkeit des Japan-Tsunamis, 2011

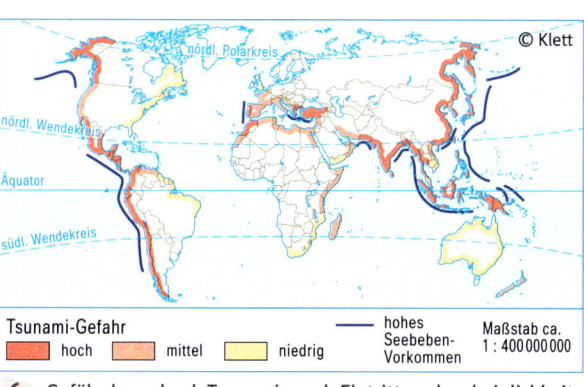

6 Gefährdung durch Tsunamis nach Eintrittswahrscheinlichkeit
Nach A3M AG, Tsunami Alarm System; unter: www.tsunami-alarm-system.com

Schwerste Tsunamis der letzten 100 Jahre

Datum	Land	Stärke des den Tsunami auslösenden Erdbebens	maximale Wasserhöhe (in m)	Zahl der Todesopfer
26.12.2004	Indonesien	9,1	50,90	227 899
11.03.2011	Japan	9,0	38,90	15 890
16.08.1976	Philippinen	8,1	8,50	4 376
27.11.1945	Pakistan	8,0	15,24	4 000
04.11.1952	Russland	9,0	18,00	4 000
02.03.1933	Japan	8,4	29,00	3 022
22.05.1960	Chile	9,5	25,00	2 234
17.07.1998	Papua-Neuguinea	7,0	15,03	2 205
01.09.1923	Japan	7,9	13,00	2 144
04.08.1946	Dom. Republik	7,8	5,00	1 790

Nach Aktion Deutschland hilft; unter: www.aktion-deutschland-hilft.de

4

1 Lokalisieren Sie Regionen, die gegenüber dem Naturereignis Tsunami exponiert sind:
a) Erstellen Sie eine Tabelle.
b) Differenzieren Sie nach Risiko zwischen hoch, mittel und niedrig.

2 Erläutern Sie die Entstehung und Ausbreitung von Tsunamis.

3 Erklären Sie, warum Tsunamis teilweise ohne natürliche Vorwarnung wie seismische Wellen auf die Küste treffen können.

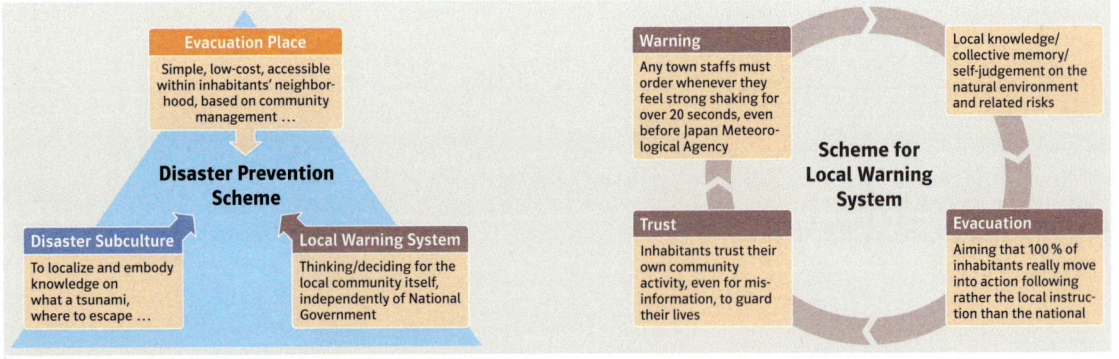

7 „Nishiki-Scheme": ein von dem japanischen Ort Nishiki umgesetztes Modell zur Tsunamiprävention

Nach Makoto Takahashi u.a.: Proposing the community-based tsunami warning system. International Conference on Tsunami Warning, 2008; unter: www.researchgate.net

Japan – Vorreiter in der Tsunamivorsorge ...

← Vulnerabilitätskonzept S. 88

Die Anpassung eines Gesellschaftssystems an die Naturgefahr Tsunami ist entscheidend, um dessen Vulnerabilität zu mindern. In Japan sind verschiedene Anpassungsmaßnahmen umgesetzt worden. Grundlegend für den Umgang mit der Naturgefahr Tsunami ist dabei die wissenschaftliche Forschung zu dem Naturereignis.

Frühwarnung

Im Gegensatz zu anderen Naturgefahren wie Erdbeben werden Menschen durch einen Tsunami nicht unmittelbar gefährdet, sondern es gibt ein „Zeitfenster" von wenigen Minuten bis Stunden. Dies erlaubt es potenziell, Schutzmaßnahmen wie Evakuierungen zu treffen. Eine der wichtigsten Vorsorgemaßnahmen im Zusammenhang mit der Naturgefahr Tsunami ist daher ein funktionstüchtiges und effizientes Frühwarnsystem. Dieses setzt sich zusammen aus technisch gestützter Tsunamiregistrierung, Informationsübermittlung und Warnungserzeugung sowie institutioneller Warnungsstreuung, Reaktionsbereitschaft und Reaktionsfähigkeit der Gesellschaft. Die technische Komponente der Frühwarnung besteht aus einer Kombination von Messinstrumenten (Bojen, Satelliten, Seismografen, Drucksensoren usw.), die im Falle eines Seebebens Daten an Tsunamiwarnzentren übermitteln. Von dort werden Frühwarnungen an die Bevölkerung ausgegeben, z.B. über Telekommunikationseinrichtungen und Sirenen. Da diese Frühwarnsysteme jedoch ins „Leere" laufen, wenn die lokale Bevölkerung nicht erreicht wird oder unzureichende Reaktionsbereitschaft zeigt, ist der wichtigste Schritt in der Vorsorge, die Bevölkerung über die Vorgänge bei einem Tsunami und die natürlichen und technischen Warnzeichen zu unterrichten.

Baulicher und natürlicher Schutz

Auch bauliche Vorsorgemaßnahmen können bis zu einem bestimmten Grad vor der Naturgefahr Tsunami schützen. So gehören z.B. Strandmauern, wellenbremsende und wellenbrechende Konstruktionen, Fluttore an Flussmündungen sowie Fluchttürme zu den verbreitetsten Katastrophenschutzmaßnahmen. Neben baulichen Strukturen, die einen Tsunami abbremsen und so den Schaden vermindern sollen, bieten auch der Erhalt bzw. die Wiederherstellung von natürlichen „Barrieren" einen gewissen Schutz vor Tsunamis. Hierzu gehören Mangrovensäume, Korallenriffe, Dünen, Sand- und Schlickbänke sowie Felsküsten.

8 Tsunamischutzmauer in Japan

4 Halten Sie die verschiedenen Formen der Tsunamivorsorge in Japan in einer Tabelle fest.

Endogene Kräfte – Gefährdung von Lebensräumen **3**

9   Kernkraftwerk Fukushima nach dem Tsunami

10   Tsunami des 11.3.2011

… und dennoch vulnerabel

Mit den Ereignissen des 11. März 2011 ist deutlich geworden, dass auch hochtechnisierte Gesellschaften mit enormen Anstrengungen bei der Tsunamivorsorge von der Zerstörungskraft des Naturereignisses überrascht werden können. Bedingt durch die topographische und ökonomische Gunstlage ist in Japan die Bevölkerungs- und Siedlungsdichte entlang des Küstensaums am höchsten, was das Land sehr vulnerabel macht. Selbst modernste bauliche Schutzmaßnahmen konnten nicht verhindern, dass weite Teile der Strukturen entlang der japanischen Ostküste zerstört wurden. Die materiellen Schäden (Versicherungsschäden), die durch den Tsunami verursacht wurden, liegen bei schätzungsweise 220 Mrd. Euro. Die hinsichtlich der enormen Tsunamiamplitude vergleichsweise „niedrigen" Opferzahlen von ca. 20 000 Toten und 2 400 Verletzten sind vor allem auf die schnelle Reaktion der gefährdeten Bevölkerung zurückzuführen: Diese flüchtete im Wesentlichen aus eigenem Antrieb oder nach Frühwarnung durch die Behörden in sichere Gebiete, noch bevor der Tsunami die Küste erreichte. Neben der Erdbeben- und Tsunamikatastrophe wurde das Land überdies von der Nuklearkatastrophe im Kernkraftwerk Fukushima Daiichi getroffen. Durch die Überflutung kam es hier zur Kernschmelze in mehreren Reaktoren, wodurch große Mengen Radioaktivität freigesetzt wurden.

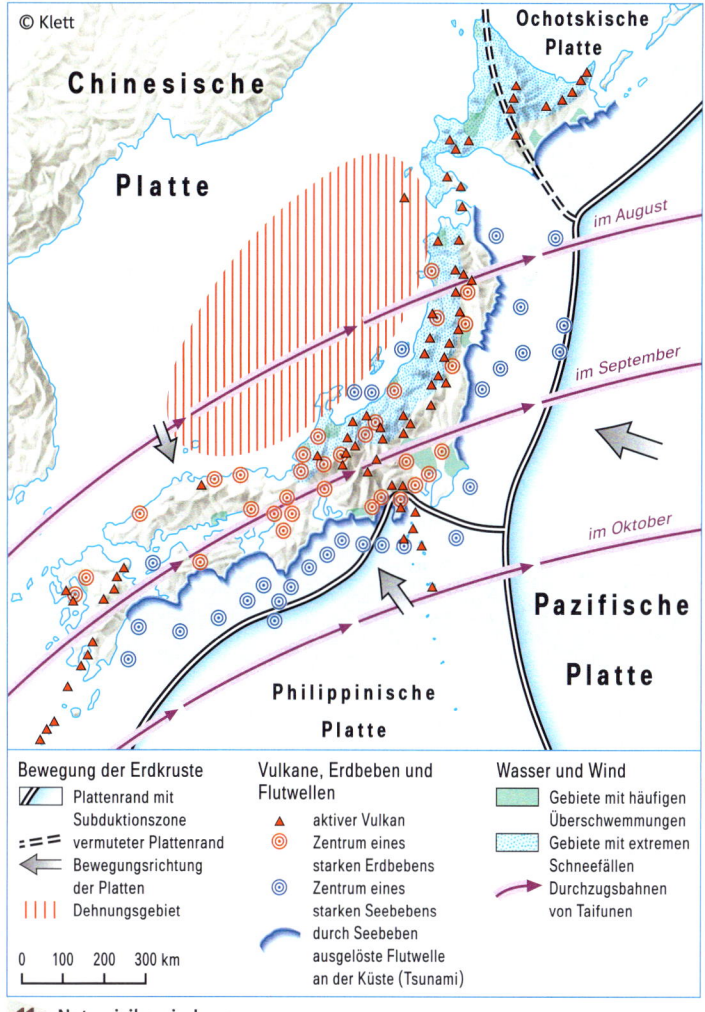

11   Naturrisiken in Japan

Recherchieren Sie zu dem Beben vom 11.3.2011:
a) Lokalisieren Sie die betroffene Region.
b) Halten Sie den chronologischen Verlauf der Ereignisse fest.

Beurteilen Sie, welche der genannten Maßnahmen der Tsunamivorsorge Ihnen am wichtigsten erscheint.

Begründen Sie, warum Japan trotz der vorbildlichen Tsunamischutzmaßnahmen vulnerabel gegenüber dem Naturereignis ist.

1 Satellitenbild des Kilauea in Google Earth

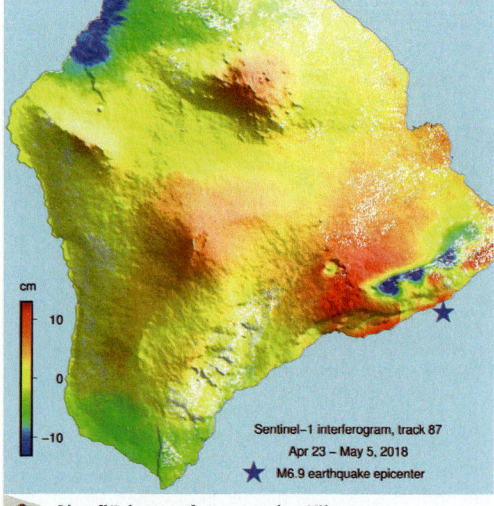

2 Oberflächenverformung des Kilauea

MK 3.6 Mit digitalen Geomedien die Welt analysieren

Entscheidend für den sinnvollen Einsatz eines Geomediums ist das angestrebte Ziel, egal ob es um eine Fragestellung mit notwendiger Auswertung von Geodaten oder um die Recherche nach einem Sachverhalt geht, etwas präsentiert werden soll oder nach einem geographischen Ort oder einem Ereignis gesucht wird.

Die Welt von oben betrachtet – Fernerkundung

Die Rauchwolken des Kilauea (Foto 1) lassen sich in einem virtuellen Globus wie Google Earth oder einem digitalen Kartendienst wie Google Maps sehr gut erkennen. Satelliten- und/oder Luftbilder werden dabei auf ein digitales Geländemodell projiziert. So wird ein Echtfarben-Eindruck der Welt geschaffen. In ganz unterschiedlichen Maßstäben können natürliche Gegebenheiten, z.B. vom Bach bis hin zu Gebirgen, ebenso wie die menschlichen Spuren, z.B. vom einzelnen Haus bis zur Megastadt, aus der Ferne erkundet werden, ohne vor Ort sein zu müssen. Mit den Indikatoren Farben, Formen und Strukturen lassen sich geographische Strukturen erkennen, aber auch Prozesse wie Desertifikation oder Stadtentwicklung, wenn man mit entsprechenden Tools die Bilder verschiedener Zeitpunkte miteinander vergleicht.

Tools für einen zeitlichen Ablauf, z.B.:
- Google Earth Engine: Timelapse
- Google Earth: historisches Bildmaterial

Der Blick mit „vielen Sinnen"

Ausgestattet mit verschiedenen Sensoren können Satelliten vielfältige Beobachtungen machen: Die ESA-Satelliten ERS-1 und ERS-2 können die Erde bei Tag und Nacht, bei klarem Himmel oder dichter Bewölkung mit einem Radar-Sensor beobachten. Werden mehrere Satellitenbilder über einen Zeitraum von demselben Gebiet aufgenommen und verglichen, lässt sich mithilfe der Radardaten die Veränderung der Erdoberfläche ermitteln. Ein detailliertes Bild der Oberflächenverformung des Kilauea (Abbildung 2) ist ein mögliches Ergebnis. Zusammen mit weiteren Informationen, z.B. den Erdbebenmessungen am Vulkan, kann dies dann einen wichtigen Beitrag zur Risikoabschätzung von Vulkanausbrüchen (Screenshot 3) liefern und somit notwendige und rechtzeitige Evakuierungsmaßnahmen erleichtern helfen.

1

Den Kilauea im Blick:
a) Beschreiben Sie die unterschiedlichen Darstellungsweisen des Kilauea.
b) Erläutern Sie die Möglichkeiten und Vorteile der jeweiligen Darstellung.

Linktipp
Vulkanüberwachung USA
q3i9dw

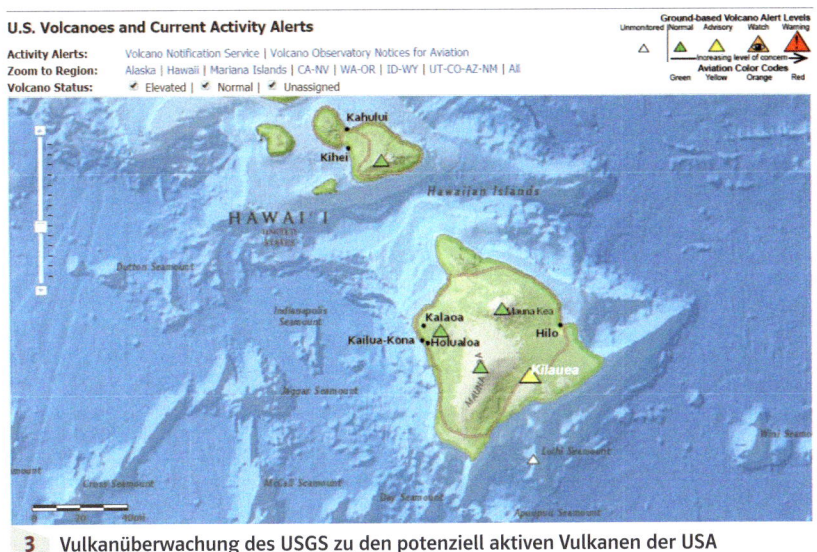

3 Vulkanüberwachung des USGS zu den potenziell aktiven Vulkanen der USA

4 App „Vulkane und Erdbeben"

Geographische Informationssysteme

Geodaten werden durch die Analyse nach bestimmten Fragestellungen und mithilfe von verschiedenen Methoden zu Geoinformationen, die präsentiert und interpretiert werden können. Apps und Programme zu diesem Zweck werden Geographische Informationssysteme (GIS) genannt.

Die bekanntesten sind die Navigationssysteme im Auto. Ihre Aufgabe besteht in der Analyse von Wegstrecken in Verbindung von Zielvorgaben und interaktiven, dynamischen Verkehrsinformationen. Andere GIS analysieren Standorte, wiederum andere stehen etwa für die Beobachtung, z. B. das Monitoring von Vulkanen (Screenshot 3) zur Verfügung. Allen GIS sind folgende Prinzipien gemein:

- Alle Daten sind georeferenziert, d. h., sie haben einen Ortsbezug, z. B. geographische Koordinaten.
- Die Geodaten bzw. Geoinformationen werden entweder als Rasterdaten oder Vektordaten angezeigt. Bei den Rasterdaten werden die Sachinformationen mit Rauminformationen Pixel für Pixel verknüpft, bei den Vektordaten als Punkte, Linien, Flächen oder 3-D-Körper im Raum.
- Die Geodaten bzw. Geoinformationen werden in unterschiedlichen Ebenen in den sogenannten Layern (Schichten) dargestellt, die sichtbar und unsichtbar geschaltet werden können,
- Die Geodaten bzw. Geoinformationen können mit verschiedenen Tools analysiert werden.

Digitale Geomedien

Es gibt vielfältige Möglichkeiten, geographische Informationen digital zu erhalten: virtuelle Globen und digitale Kartendienste, digitale thematische Karten zu verschiedenen Themen (z. B. Haack-Atlas digital), spezielle Geowerkzeuge um eigene Analysen vorzunehmen (z. B. ArcGIS), Animationen und Simulationen, thematische Lexika, Lernportale, Bildersammlungen und Geographie-Spiele.

Möglichkeiten, digitale Daten zu sammeln und zu recherchieren, bieten auch spezielle Anwendungen wie Apps, die das weltweite Vulkanismus- und Erdbebengeschehen dokumentieren (vgl. Screenshot 4).

---

2 Erstellen Sie eine Tabelle, welche Geodaten und Geographischen Informationssysteme Sie und Ihr Umfeld im Alltag nutzen und wozu Sie die erhaltenen Daten einsetzen.

3 Beurteilen Sie den Einsatz von Geographischen Informationssystemen im Alltag und für das Umweltmonitoring.

Vernetzung

Wichtige Begriffe

- divergierende Plattengrenze
- Erdbeben
- Katastrophenmanagement
- konservierende Plattengrenze
- konvergierende Plattengrenze
- Naturereignis
- Naturgefahr
- Plattentektonik
- Seafloor Spreading
- Seebeben
- Subduktionszone
- Transformstörung
- Tsunami
- Vulkanismus
- Vulnerabilität

Wissen vernetzen

Wir leben auf einem unruhigen Planeten, das zeigen uns die häufigen Meldungen über Erdbeben oder Vulkanausbrüche. Der Tsunami, der im März 2011 die Küsten Japans erreichte, verdeutlicht: Eine Auseinandersetzung darf nicht nur einzelne Naturereignisse in den Blick nehmen. Es kommt vielmehr darauf an, die von Naturereignissen ausgelösten Katastrophen in einem größeren gesellschaftlichen Zusammenhang zu betrachten. Denn erst durch die Anwesenheit des Menschen und dessen Verhalten wird ein Naturereignis zur Katastrophe.

Früher wurden Naturkatastrophen vor allem von der naturwissenschaftlichen Seite erforscht. Wenn in den Medien über Naturkatastrophen berichtet wird, steht häufig immer noch die „unberechenbare Natur" als Auslöser im Mittelpunkt. Schlagzeilen wie „die Natur schlägt zurück" oder „höhere Gewalt" weisen darauf hin und erwecken den Eindruck, als ob der Mensch den Naturgewalten hilflos ausgesetzt sei. Zum Verständnis von Katastrophen reicht der Blick auf die natürlichen Ursachen aber nicht aus.

Heute bezieht die Geosystemforschung die betroffenen Menschen und Gesellschaften mit ein. Neue Konzepte fordern Maßnahmen zur Anpassung an die Naturgefahren in Industrienationen und Entwicklungsländern. Doch wie sehen solche Konzepte aus?

Mit dem Konzept der Vulnerabilität lassen sich heute mögliche Schäden und das Reaktionsvermögen gegenüber Katastrophen erfassen. Die getroffenen oder unterlassenen Maßnahmen vor oder nach einer Katastrophe bestimmen das Ausmaß der Zerstörungen. Deshalb können Anpassungsstrategien in Form von Vorsorgemaßnahmen das Risiko des Lebens mit Naturgefahren verringern. Die Bedeutung solcher Vorsorgestrategien ist jedoch der Öffentlichkeit noch nicht in ausreichendem Maße bewusst.

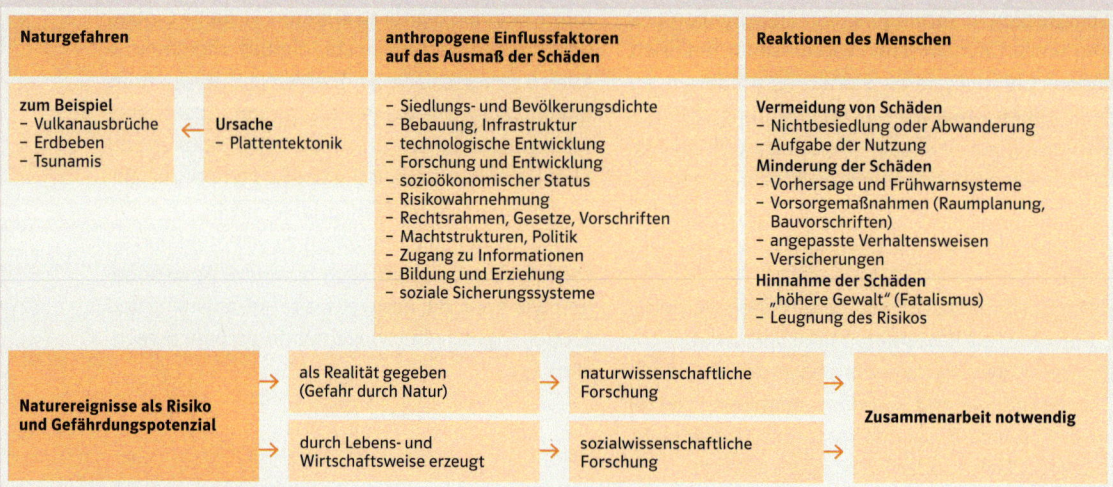

1 Leben mit Naturgefahren

Wenn Sie alle Seiten dieses Kapitels bearbeitet haben, können Sie …

- Ursachen und Auswirkungen plattentektonischer Prozesse auf der Grundlage aktueller wissenschaftlicher Erkenntnisse erläutern;
- mithilfe des Vulnerabilitätskonzepts die unterschiedlichen Auswirkungen von Naturereignissen erklären;
- präventive Schutzmaßnahmen im öffentlichen und privaten Raum kritisch beurteilen;
- mit ausgewählten digitalen Geomedien geographische Sachverhalte recherchieren und analysieren.

Klausuren trainieren

Baustein 3: die Darstellungsleistung

Eine richtige Wortwahl, Grammatik, Rechtschreibung und Zeichensetzung sind die Grundvoraussetzungen für eine gute Klausur. Die Darstellungsleistung trägt in der Abiturprüfung 20 % zur Gesamtbeurteilung bei.

Aufgaben in Geographieklausuren sind immer materialgestützt zu lösen. Die verschiedenen Materialarten sind nach einer ersten Sichtung aufgabenbezogen und fachgerecht auszuwerten und Vernetzungen herauszuarbeiten.

Fachsprache
In einer Geographieklausur ist es besonders wichtig, geographische Fachbegriffe (Fachtermini) zu verwenden. Die richtige Anwendung der im Unterricht erarbeiteten Fachterminologie unterstreicht die geographische Fachkompetenz und ist nicht nur eine stilistische Frage, sondern vermeidet auch unnötige, umschreibende und häufig unklare Sachaussagen.
Wichtige Fachbegriffe in der Beispielklausur sind:
Vulnerabilität, Risikopotenzial, Exposition.

1

Materialbezug
Zum angemessenen methodischen Vorgehen in einer Geographieklausur gehört es, die Auswertung der Materialien mit entsprechenden Materialbezügen zu belegen. In der Regel geschieht das durch einen Verweis in Klammern auf das jeweilige Material.
Beispiel: *„Lahars stellen eine große Gefahr am Vulkan Ijen dar (M 10)."*
Möglich ist es auch, konkrete Zahlenwerte oder auch „zentrale" Zitate direkt einzubinden. Zitate sind mit „Anführungszeichen" auszuweisen. Ein Materialbezug geschieht auch hier über einen Verweis in Klammern.

2

Umgang mit Materialien
Karten: Durch ihren Raum- und Themenbezug stellen (Atlas-)Karten im Rahmen einer Geographieklausur häufig ein Kernmaterial dar. Aber selbst wenn eine thematische Karte wie die Karte „Gefahrenzonen am Vulkan Ijen" (M 9) genau zum Klausurthema passt, enthält sie oft auch viele Informationen, die nicht zum Thema gehören. Eine aufgabenspezifische Auswertung der Legende ist demnach wichtig.

Bilder: Bildliche Darstellungen sollen in Klausuren bestimmte Informationen transportieren. Eine erste inhaltliche Orientierung der Bildmaterialaussage kann die Bildunterschrift, die Zeit der Aufnahme oder die Bildquelle liefern. So weist das Foto zum „Schwefelabbau am Kawah Ijen" (M 5) auf schlechte und gefährliche Arbeitsbedingungen der Minenarbeiter auf Java hin.

Texte: Materialtexte wie der Text zu den „Schutzmaßnahmen am Kawah Ijen" (M 10) scheinen vermeintlich leicht zugängliche Informationen zu liefern. Doch Texte sind häufig subjektiv. Deshalb ist es wichtig, die Herkunft von Texten (Autor, Textart, Erscheinungsdatum) zu hinterfragen und aufgabenbezogen zu analysieren. Will man auf die Subjektivität oder die besondere Aussagekraft einer Quelle in einer Klausur hinweisen, so weist man diese aus.
Beispiel: *„Nach Aussagen von Wissenschaftlern vor Ort ist das Präventionsgesetz der Regierung für die Kawah Ijen-Region nicht effektiv und effizient genug ... (M 10)."*

Statistiken: Für die Einschätzung statistischer Daten sind häufig Vergleichswerte notwendig.
Beispiel: *„Das indonesische Bruttoinlandsprodukt (BIP/Kopf) von 4 197 US-Dollar ist 2019 im Vergleich zum deutschen BIP/Kopf (46 445 US-Dollar) sehr gering ... (M 2)"*
Nicht immer liefern die Quellen Vergleichszahlen gleich mit. Deshalb ist es sinnvoll, einige grundsätzliche Referenzwerte von Deutschland (2020) zu kennen: Einwohnerzahl: 82 Mio., Größe: 357 000 km², HDI-Wert: 0,94, BIP: 3 367 Mrd. Euro.

3

Klausurtraining

Beispielklausur: Gefährdung von Lebensräumen – das Beispiel Kawah Ijen

1 Lokalisieren Sie den Vulkan Kawah Ijen und beschreiben Sie das Leben und Arbeiten am Vulkan. **(15 Pkt.)**

2 Erläutern Sie das Risikopotenzial des Vulkans Kawah Ijen. **(40 Pkt.)**

3 „Die Vulkanregion Kawah Ijen ist ein Beispiel für die erhöhte Vulnerabilität von schwächer entwickelten Ländern." Nehmen Sie Stellung zu dieser Aussage. **(25 Pkt.)**

Sprachliche Darstellung: 20 Pkt.
Zugelassenes Arbeitsmaterial: Atlas, Taschenrechner, M1–M10

1 Lage des Kawah Ijen

Daten im Vergleich (2019):
Indonesien
- HDI-Rang 107
- BIP pro Kopf (US-$) 4135
- Lebenserwartung 71,7
- Ärzte/1000 Einw. 0,16

Deutschland
- HDI-Rang 6
- BIP pro Kopf (US-$) 46445
- Lebenserwartung 80,9
- Ärzte/1000 Einw. 3,73

Eigene Zusammenstellung

2

3 (Schemazeichnung Subduktionszone Sundagraben mit Kawah Ijen, Pinatubo, Ind.-Austral. Platte, Chinesische Platte, Paz. Platte)

5 Schwefelabbau am Kratersee des Kawah Ijen (2329 m ü. NN)

Leben und Arbeiten am Vulkan Kawah Ijen, Indonesien

Der Vulkan Ijen zählt zu den hoch explosiven Subduktionszonen-Vulkanen am Sundagraben. Der Kratersee ist mit seinem türkisfarbenen, 48°C heißen säurehaltigen Wasser und den stark schwefelhaltigen Dämpfen eines der eindrucksvollsten, aber auch gefährlichsten Naturphänomene Indonesiens. Der See soll der säurehaltigste Kratersee der Erde sein, der Vulkan gilt als unberechenbar. Observatorien überwachen die seit 1991 erneut zunehmende Aktivität des Kawah Ijen. Immer wieder erfolgen Eruptionen aus dem Grund des Säuresees. Der oberste Teil des Vulkans ist wegen der ständigen Eruptionen und Vulkangase vegetationslos. Nach starken Regenfällen oder magmatisch verursachten Wasserdampfexplosionen aus dem Inneren des Kratersees kommt es immer wieder zu Schlammströmen (Lahars), denen in den benachbarten Ortschaften zahlreiche Menschen zum Opfer fielen.
Im fast 300 m tiefen Krater befindet sich nicht nur der 180 m tiefe Säuresee, sondern es tritt auch Schwefelgas aus. Das Schwefelgas wird durch Rohre geleitet und gekühlt, wodurch sich der Schwefel am Ende der Rohre ablagert. Der Abbau des Schwefels erfolgt dann, indem die Minenarbeiter ihn mit Eisenstangen herausbrechen und in Körben aus dem Krater bis zur drei Kilometer entfernten Verladestation tragen. Pro Ladung fördern die Schwefelarbeiter bis zu 70 kg Schwefel, für den sie etwa 2,50 Euro bekommen. Dabei schaffen sie etwa zwei Fuhren am Tag.
Der Vulkan und seine Schwefelmine werden mit einfachsten Mitteln auch touristisch erschlossen. Lokale Veranstalter bieten Ijen-Expeditionen an. Für die landwirtschaftliche Nutzung herrschen an den Ausläufern des Vulkans auf 1600 m sehr gute Bedingungen für den Kaffeeanbau. Mineralreicher, fruchtbarer Vulkansteinboden, regenreiche Monate von November bis April und viele Sonnenstunden bilden ideale Voraussetzungen. Geerntet wird in den Trockenmonaten von Mai bis September. Ein Großteil der Ernte wird exportiert, auch nach Europa. Arbeitsplätze im produzierenden Gewerbe sind in der strukturschwachen Region sonst selten.

Nach Kawah Ijen und der Schwefel. In: vulkane.net, Stand 2015; unter: www.vulkane.net; verändert und ergänzt

4

Endogene Kräfte – Gefährdung von Lebensräumen

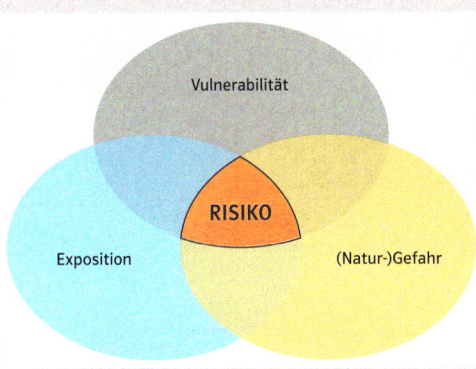

6 Gefährdung von Lebensräumen – Risikokonzept
Nach Geographisches Institut der Universität Bonn: Der Profilschwerpunkt Risiko am GIUB; unter: www.geographie.uni-bonn.de

Vulkanische Aktivitäten am Kawah Ijen seit 1976	
Jahr	Phänomen
1976	Gasausbruch mit 49 Toten
1989	Gasausbruch mit 25 Toten
1991	Erderschütterungen
1993	Eruptionen mit Gasausbrüchen
1997	Eruptionen mit Gasausbrüchen
1999	Eruptionen mit Gasausbrüchen
2000	Eruption, Folgen unbekannt
2002	Eruption, Folgen unbekannt
2018	Eruption mit Gasausbrüchen, Kalianyar Village evakuiert, 30 Personen verletzt
2020	Erdrutsch am Vulkankrater mit 1 Toten
2020	Eruption mit Gasausbrüchen bis zu 500 m

Eigene Zusammenstellung nach verschiedenen Quellen

7

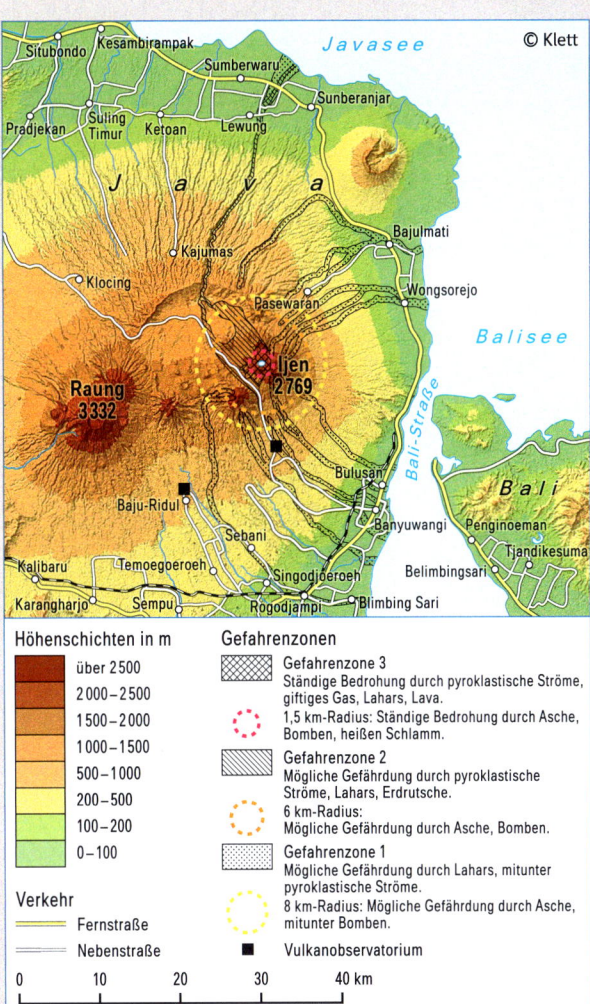

9 Gefahrenzonen am Vulkan Ijen
Nach Smithsonian Institution: National Museum of Natural History, Global Volcanism Program; unter: https://volcano.si.edu

Erfahrungsbericht
Wir sind mit unserer Familie für eine Vulkanexpedition zum Kawah Ijen gekommen. Wir hatten vom „Blue Fire" im Internet gelesen, den blau brennenden Vulkangasen. Das wollten wir unbedingt erleben. Ungefähr 20 bis 30 Expeditions-Kleingruppen waren es, die in dieser Nacht den Abstieg vom Kraterrand durch die Schwefelwolken wagten. Es gab keine Sicherungsseile. Nichts. Unser Bruder, unsere Eltern und wir mussten die ganze Zeit Gasmasken als Schutz vor den giftigen Vulkangasen tragen. Die Arbeiter in der Schwefelmine und unser lokaler „Guide" trugen zum Teil keine. Ob wir es nochmal machen würden? Ich glaube nein, es war zu gefährlich.

8

Schutzmaßnahmen am Kawah Ijen
Insbesondere Lahars gefährden das Umfeld des Vulkans. 5 000 Menschen leben innerhalb eines 10 km-Radius, tausende weitere sind im Falle eines großen Lahars gefährdet. Natürliche Flussläufe sollen mögliche Lahars, pyroklastische Ströme und Lava kanalisieren. Die Hafenstädte im Norden haben eine Bevölkerung von ca. 1,5 Mio. und liegen in der Nähe der Mündung eines Flusses, der die Hauptentwässerung der Caldera darstellt, einschließlich des kontrollierten Abflusses aus dem Kratersee. Weitere bauliche Maßnahmen zum Schutz der Bevölkerung gibt es bislang nicht. Einzig eine „Evacuation Route" ist mit Schildern ausgewiesen. Gut ausgerüstete Rettungsdienste gibt es nicht. Nach Aussagen von Forschenden vor Ort war das Präventionsgesetz der Regierung bislang nicht effektiv und effizient genug. Die Bevölkerung vor Ort wisse zu wenig über die Gefahren des Vulkans.

10

4 Wassermangel und Wasserüberschuss

1 Dürre in Ostafrika

Die Meldungen können gegensätzlicher nicht sein: In großen Teilen Ostafrikas herrscht seit 2016 eine katastrophale Dürre. Sie vernichtet Ernten und Viehbestände. Millionen Menschen kämpfen täglich um das Minimum an Nahrung, das zum Überleben notwendig ist.
In Nordindien und Bangladesch dagegen lassen während der Monsunzeit heftige Regenfälle regelmäßig die Flüsse über die Ufer treten. Tausende von Ortschaften werden zerstört, Millionen von Menschen müssen fliehen.

Naturereignisse wie Dürren oder Überschwemmungen zerstören also immer wieder die Lebensgrundlagen von Menschen und werden so zu Katastrophen. Ihre Intensität nimmt in den letzten Jahrzehnten offenkundig zu. Und sie zwingen Millionen Menschen jährlich zur Flucht – auch in Richtung Europa.
Handelt es sich hier um bloße Naturereignisse oder auch um Menschenwerk? Wie gehen die Menschen, wie gehen wir mit diesen Herausforderungen um?

2 Überschwemmung in Bangladesch

Sie untersuchen …

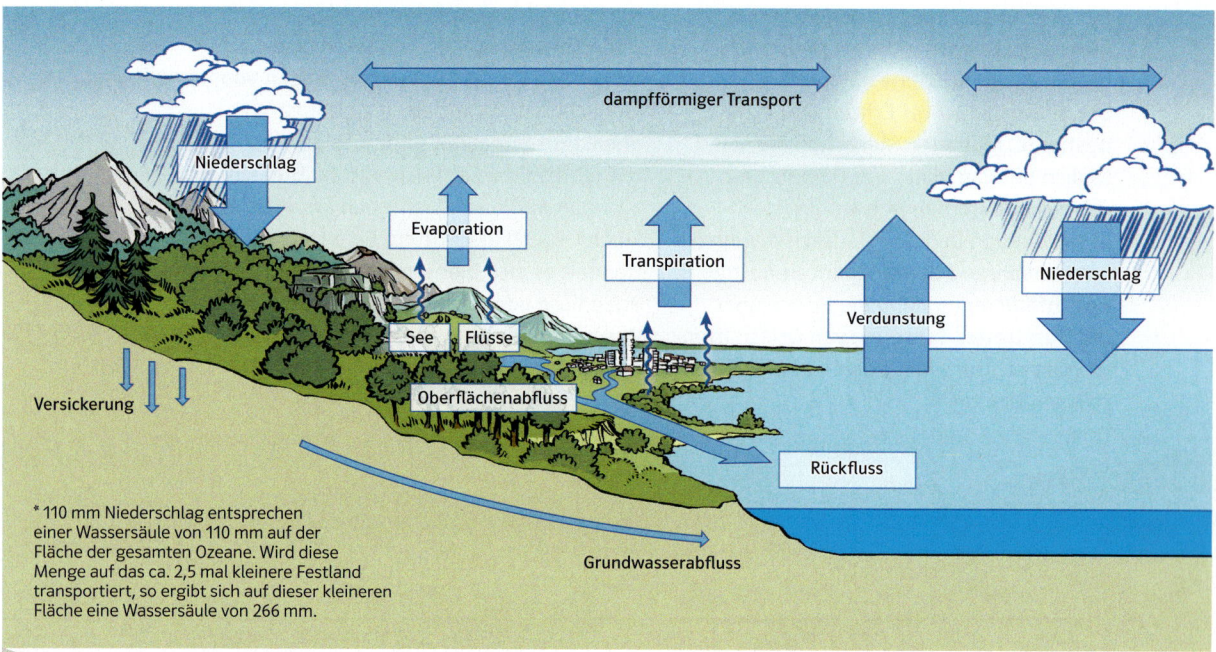

* 110 mm Niederschlag entsprechen einer Wassersäule von 110 mm auf der Fläche der gesamten Ozeane. Wird diese Menge auf das ca. 2,5 mal kleinere Festland transportiert, so ergibt sich auf dieser kleineren Fläche eine Wassersäule von 266 mm.

3 Globaler Wasserkreislauf

Der Prozess des Wasserkreislaufs

„In der Atmosphäre ist Wasser in gasförmiger Form (d. h. Wasserdampf) vorhanden. Durch den Verdunstungsprozess (Evaporation) wird dieser Anteil vermehrt. Dabei steigt Wasser im gasförmigen Zustand von der Erdoberfläche auf […] und es bilden sich Wassertröpfchen oder Eiskristalle, die in Form von Wolken oder Nebel in der Atmosphäre gehalten bzw. durch den Wind über größere Strecken transportiert werden können. […] Das Wasser [gelangt …] in Form von festen bzw. flüssigen Niederschlägen (z. B. Schnee, Hagel, Regen) wieder zur Erdoberfläche zurück. Dort kann ein Teil durch die Vegetationsdecke zurückgehalten bzw. in Form von Schnee sowie Eis gespeichert werden, erneut verdunsten, versickern (Infiltration) oder z. B. in den nächsten Fluss und wiederum über eine gewisse Zeitverzögerung ins Meer gelangen (Oberflächenabfluss).

Durch den Prozess der Infiltration werden zunächst die Bodenwasserreserven aufgefüllt. Pflanzen [nehmen mit den Wurzeln …] das Wasser auf und es wird durch das Pflanzensystem zu den Blattoberflächen transportiert, wo es dann erneut verdunsten kann (Transpiration)."

Andreas Hempel: Infoblatt Wasserkreislauf. In: Terrasse Online, 6.4.2016; unter: www.klett.de

4

Diesen Fragen zum Problem von Wassermangel und Wasserüberschuss werden Sie nachgehen:

- Wo und wie greift der Mensch in den Wasserkreislauf ein?
- Welche Ursachen und Folgen haben Dürren?
- Inwieweit stellen Hochwasserereignisse einen natürlichen Prozess im Rahmen des Wasserkreislaufs dar?
- Welche Rolle spielt der Mensch bei der Verursachung von Überschwemmungen?
- Gibt es in den besonders gefährdeten Gebieten Möglichkeiten der Anpassung an Dürren oder der Hochwasservorsorge?
- Wie gehen Sie selbst mit der Ressource Wasser um?

Antworten auf diese Fragen werden sie anhand der folgenden Fallbeispiele erarbeiten: Dürren in Deutschland und in Indien, Hochwasser in Mitteleuropa und Überschwemmungen in Monsungebieten Südostasiens. Dabei können Sie Ihre in der Sekundarstufe I bereits erworbenen Kompetenzen anwenden und vertiefen. Ausgehend von der Grafik 3 können Sie am Ende Ihrer Analyse das Modell eines vom Menschen beeinflussten Wasserkreislaufs erläutern.

Sie knüpfen an …

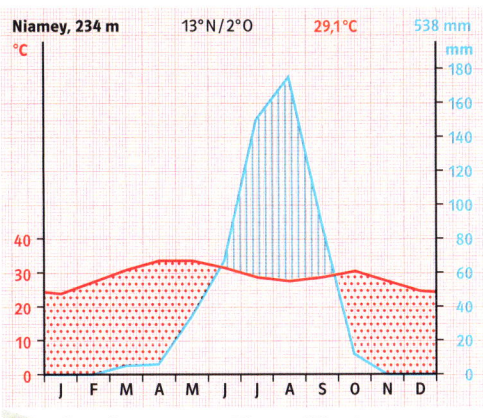

5 Klimadiagramm von Niamey (Niger)

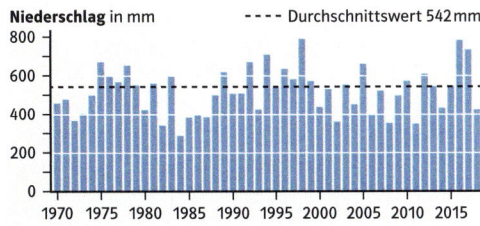

6 Niamey: Gang der Jahresniederschläge

Nach Institut National de la Statistique – Niger;
aktualisiert nach www.weatheronline.de

8 Maßnahmen gegen Hochwasser

Bekannte Begriffe

- Aue
- Aufforstung
- Dürre
- Extremereignisse
- Hochwasser
- Hochwasservorsorge
- Klimawandel
- Passatzirkulation
- Regenzeit
- Renaturierung
- Retentionsraum
- Savanne
- Trockenzeit
- Wasserkreislauf
- Wüste

Der Klimawandel ist da!

„Der Klimawandel ist in Nordrhein-Westfalen längst angekommen und bringt spürbare und sichtbare Veränderungen mit sich. […] Die Zahl der Sommertage (über 25 Grad) beziehungsweise Hitzetage (über 30 Grad) hat in den vergangenen hundert Jahren um elf beziehungsweise vier heiße Tage zugenommen. […] ‚Das Wetter ist der Vorbote des Klimawandels. Extremereignisse wie Hitze oder Starkregen werden unseren Alltag künftig noch stärker bestimmen […]', kommentiert Umweltministerin Ursula Heinen-Esser die neuesten Klimaanalysen."

Land Nordrhein-Westfalen, Das Landesportal: Klimawandel in Nordrhein-Westfalen: Mehr Hitze, weniger Frost, 12.8.2020; unter: www.land.nrw.de

7

Das wissen Sie schon:

Mit den Themen „Trockenheit" und „Hochwasser" haben Sie sich schon in der Mittelstufe beschäftigt. Dabei ging es zunächst um die von der Sonne angetriebenen Luftbewegungen. Manche der Winde bringen Hitze und Trockenheit, andere dagegen Wolken und ausgiebige Regengüsse. Die unterschiedliche Sonneneinstrahlung und die davon abhängigen Windsysteme führen zur Ausbildung von Klima- und Vegetationszonen. In den Wüsten müssen sich die Menschen mit ihrer Lebens- und Wirtschaftsweise an Hitze und Trockenheit, in den Savannen an den ständigen Wechsel von Regenzeit und Trockenzeit anpassen. Auch in den gemäßigten Zonen treten immer wieder Wetterextreme auf. Das wochenlange Ausbleiben von Niederschlägen führt in Sommermonaten in einigen Regionen zu Wassermangel und erhöht die Waldbrandgefahr, gewaltige Stürme und Hochwasser richten schwere Schäden an. Die Lebensräume des Menschen sind also durch Extremereignisse wie Dürren oder Überschwemmungen bedroht. Der Klimawandel verschärft diese Probleme.

---

1 Beschreiben Sie – auch mithilfe der „bekannten Begriffe" – die hier vorgestellten Gefährdungen von Lebensräumen und entsprechende Schutzmaßnahmen.

2 Erläutern Sie Ihnen bereits bekannte Ursachen der Gefährdungen und Bedrohungen.

3 Offene Fragen:
a) Erstellen Sie einen Katalog von noch offenen Fragen zu den Ursachen und Folgen von Extremereignissen wie Trockenheit bzw. Hochwasser.
b) Überprüfen Sie nach Abschluss dieses Kapitels, inwieweit die von Ihnen aufgeworfenen Fragen beantwortet werden konnten.

4.1 Gefährdung von Lebensräumen durch Dürren

Beim Stichwort Dürre denken wir eher an weit entfernte Regionen wie Indien, aber weniger an Deutschland. Denn Deutschland ist ein wasserreiches Land – eigentlich. Doch die niederschlagsarmen und warmen Jahre 2018 bis 2020 führten auch in Deutschland zu einer Dürre.

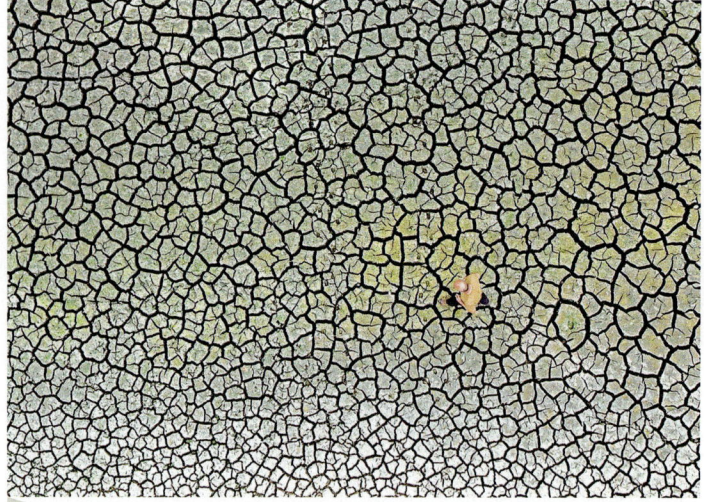

1 Fischteich in Deutschland im Juli 2020

Risiko Dürre

„Aufgrund ihrer langfristigen sozioökonomischen und ökologischen Auswirkungen zählen Dürren zu den verheerendsten Extremwetterereignissen der Erde. Sie führen zu Wassermangel, sodass der bestehende Bedarf für Mensch und Natur nicht mehr gedeckt werden kann.

Dabei ist Süßwasser nicht nur ein wichtiges Lebensmittel, sondern vor allem für die Produktion von Nahrung, Energie und fast allen industriellen Produkten unabdingbar. Die Auswirkungen von Dürren können sich sowohl direkt, durch Wasserknappheit, Ernteeinbußen, lokale Nahrungsmittelknappheit und Waldbrände, als auch indirekt, durch Migration, Arbeitslosigkeit und soziale Unruhen, äußern. Bereits heute sind durchschnittlich 55 Millionen Menschen weltweit jedes Jahr von Dürren betroffen."

WWF Deutschland (Hg.): Risiko Dürre. Berlin 2019, S. 9; unter: www.wwf.de

3

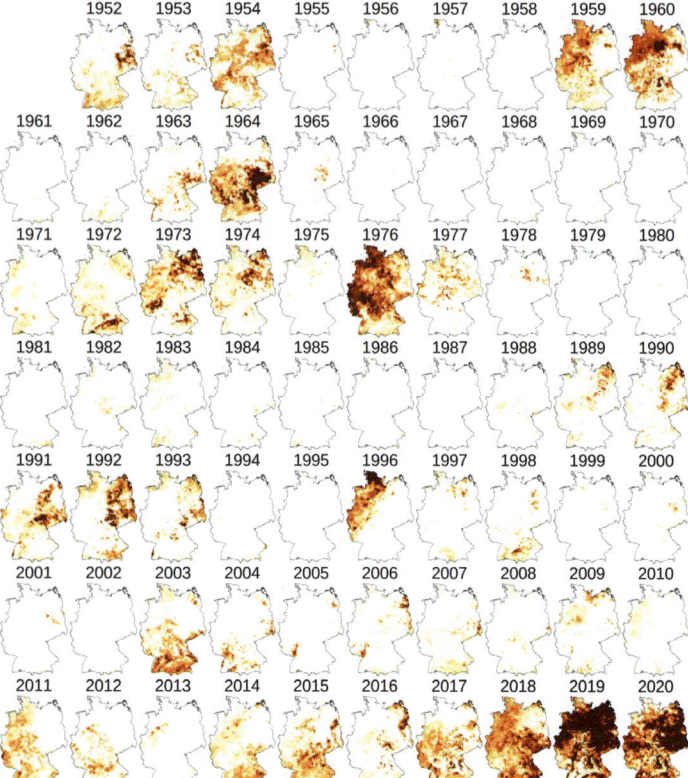

2 Grad der Dürre im Boden bis zu einer Tiefe von 180 cm während der Vegetationsperiode April bis Oktober

Dürren sind natürliche klimatische Phänomene. Sie sind definiert als ein Zeitraum mit ungewöhnlich trockenem Wetter, welches lange genug anhält, um in einer Region eine Wasserknappheit zu verursachen. Dabei wird zwischen drei Formen von Dürren unterschieden:

– Meteorologische Dürre: Hierbei fällt in einer Region über einen längeren Zeitraum weniger Niederschlag als im Mittel für diesen Zeitraum üblich.
– Landwirtschaftliche Dürre: Sie ist charakterisiert durch einen ungewöhnlichen und signifikanten Mangel an Wasser, welches im Boden oder in der Vegetation gespeichert ist.
– Hydrologische Dürre: Von ihr spricht man, wenn Flüsse oder Seen weniger Wasser führen als normal üblich sowie bei ungewöhnlich niedrigen Grundwasserpegeln.

Die meteorologische Dürre ist Ausgangsform jeder Dürre. Sie kann, je nach Beschaffenheit des Bodens und Landnutzung durch den Menschen, zu einer landwirtschaftlichen oder einer hydrologischen Dürre führen.

Dürre in Deutschland – eine ungewöhnliche Situation?

Die sommerlichen Dürreperioden und Hitzewellen der Jahre 2018–2020 hatten in Europa verheerende ökologische und ökonomische Folgen. Um zu prüfen, inwieweit eine solche Dürre in Deutschland außergewöhnlich ist, rekonstruierte ein Team aus Wissenschaftlerinnen und Wissenschaftlern der Universitäten Cambridge und Mainz das historische Auftreten von Dürreperioden in Mitteleuropa.

Hierzu sammelten sie Jahresring-Proben von 147 Eichen, die in den letzten mehr als 2 000 Jahren in Tschechien und Bayern gewachsen waren. Neben einigen noch lebenden Bäumen stammen die Baumproben aus dem Holz historischer Bauten sowie aus fossilen Holzfunden. Insgesamt konnten 27 080 Jahresringe ausgewertet werden. Da ähnliche äußere Bedingungen auch ähnlich geformte Jahresringe ausbilden, konnten durch Vergleich der Jahresringe unterschiedlicher Bäume übereinstimmende Phasen erkannt und so die Jahresringe verschiedener Baumstämme in eine zeitliche Reihenfolge gebracht werden. Im nächsten Schritt analysierten die Wissenschaftlerinnen und Wissenschaftler die Isotopenverhältnisse von Sauerstoff und Kohlenstoff von jedem einzelnen Jahresring. Wie ein chemischer Fingerabdruck liefern die Jahresring-Isotope sehr genaue Daten, um die klimatischen Bedingungen zu rekonstruieren.

Droht künftig Wassermangel?

„,Sommer wie 2018 [,] 2019 [und 2020] könnten in 30 Jahren der Normalzustand in Deutschland sein, denn wir befinden uns mitten im Klimawandel,' erklärt [Dietrich] Borchardt [vom Helmholtz-Zentrum für Umweltforschung in Magdeburg]. ‚Aktuell sind wir in einem Stress-Test. Wir müssen in vielen Bereichen einen neuen Umgang mit knapper werdendem Wasser finden: in der Landwirtschaft und Forstwirtschaft, in der wasserintensiven Energiewirtschaft genauso wie in der Binnenschifffahrt oder dem Wassermanagement in den Städten.'"

Jeannette Cwienk: Droht in Deutschland künftig Wassermangel? In: Deutsche Welle, 27.1.2021; unter: www.dw.com

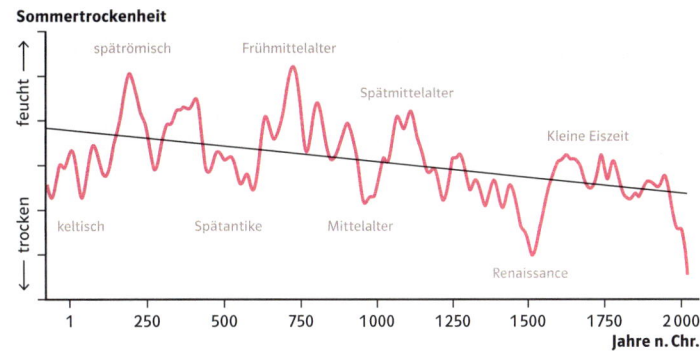

5 Sommertrockenheit der vergangenen 2 000 Jahre
Nach Ulf Büntgen; unter: www.uni-mainz.de

Mögliche Ursachen

Welche Ursachen hinter der Dürreperiode 2018–2020 stehen, ist bislang noch nicht völlig geklärt. Es ist aber sehr wahrscheinlich, dass sie Ergebnis der anthropogenen Klimaerwärmung ist. Der zu beobachtende abnehmende Gradient zwischen den Temperaturen der Arktis und der mittleren Breiten führt dazu, dass der für Mitteleuropa klimabestimmende **Jetstream** an Stärke verliert. Gleichzeitig stagnieren seine typischen Wellenmuster, was sich auf die Position und Dauer der Hoch- und Tiefdruckzellen über Nord- und Mitteleuropa auswirkt. Diese verharren länger an derselben Stelle – und das bringt im Sommer öfter anhaltend sonniges und trockenes Wetter.

→ Jetstream S. 128

← Vulnerabilität S. 86

6 Baumscheibe für die Isotopen-Probennahme

---

1 Beschreiben Sie die Entwicklung der Sommertrockenheit der letzten mehr als 2 000 Jahre.

2 Ordnen Sie den Abbildungen 1, 2 und 5 jeweils begründet eine Form der Dürre zu.

3 Erarbeiten Sie zu dritt die Folgen von Dürren in Deutschland am Beispiel der Bereiche Landwirtschaft (S. 116), Forstwirtschaft (S. 118) und Trinkwasserversorgung (S. 120):
a) Arbeiten Sie für jedes Fallbeispiel die Grundaussagen aus den Materialien heraus.
b) Untersuchen Sie jeweils, inwieweit Dürren die ökologische, soziale oder technische Vulnerabilität erhöhen.
c) Stellen Sie sich in Ihrer Dreier-Gruppe gegenseitig die Ergebnisse zu jedem Fallbeispiel vor.
d) Gestalten Sie dann gemeinsam eine Präsentation zum Thema „Folgen von Dürren in Deutschland und mögliche Anpassungs- bzw. Bewältigungsstrategien".

Wahl 1

Folgen für die Landwirtschaft

9 Maisfeld im Sommer 2018

11 Vergleich von Weizenähren, oben: 2017, unten: 2018

Fläche Deutschland gesamt: 35 739 ha
landwirtschaftliche Nutzfläche 2020 gesamt: 16 614 ha
Ackerland: 11 690 ha
Weideland: 4 724 ha
Dauerkulturen: 198 ha

Eigene Zusammenstellung nach Statistisches Bundesamt; destatis.de

7

Auswirkungen der Dürre
„Hitzestress und Trockenheit beeinflussen Ertrag sowie Qualität der Feldfrüchte und lassen intensiv beweidete Flächen verdorren. Das betrifft nicht nur die Existenz der Landwirte.
2018 ernteten Bauern nur etwa drei Viertel der Kartoffelmenge von 2017, der Preis für Kartoffeln stieg auf ein Fünfjahreshoch. Damit waren auch Verbraucher direkt von den Auswirkungen der Dürre betroffen.
Auf vertrockneten Weideflächen fanden Rinder im Hitzesommer 2018 kein Futter mehr und Landwirte konnten kaum Heu ernten. Einige Landwirte mussten sogar Kühe notschlachten."

Sigrid März: Dürre: So kommen wir auf Dauer damit klar. In: quarks.de, 11.8.2020; unter: www.quarks.de

10

In den Sommern 2018–2020 konnte man fast überall in Deutschland die Folgen der Hitze und Trockenheit erkennen: Wiesen und Weiden waren gelb und verdorrt, Weizen- und Maispflanzen auf den Feldern wirkten kümmerlich und viel zu klein. Diese Wahrnehmung lässt sich anhand der Ernteerträge bestätigen.
Der durch die Dürre verursachte Schaden belief sich 2018 auf rund 770 Mio. Euro. Als Reaktion stellten Bund und Länder etwa 340 Mio. Euro als „Dürrehilfen" bereit, um die wirtschaftliche Existenz vieler landwirtschaftlicher Betriebe zu sichern.

Und die Prognosen?

Daten des Deutschen Wetterdienstes zeigen, dass die jährlichen Gesamtniederschläge in Deutschland eine hohe Variabilität aufweisen und in langjähriger Tendenz sogar leicht zunehmen, jedoch verlagert sich der Zeitpunkt des Niederschlagsmaximums.
Für den Pflanzenbau ist es aber von großer Bedeutung, dass der Niederschlag v.a. in den Sommermonaten – und damit in der Zeit der wichtigsten Vegetationsperiode – fällt, zumal ein Teil des Regens durch die hohen Temperaturen gar nicht erst den Boden erreicht, weil er zuvor bereits wieder verdunstet. Hinzu kommt: Je trockener der Boden ist, umso schlechter nimmt er Wasser auf. Ein weiteres Problem mit den Sommerniederschlägen besteht darin, dass sie oftmals kurz und heftig fallen. Das meiste Wasser läuft dann an der Oberfläche ab, ohne in den Boden einzusickern. Somit ist also auch zukünftig mit erhöhten Ernteausfällen zu rechnen.

So sehr machte die Dürre der Landwirtschaft zu schaffen
Ernteertrag verschiedener Feldfrüchte im Fünf-Jahres-Vergleich (in dt/ha)

	2018	Veränderung zum Vorjahr	Fünf-Jahres-Mittel
Körnermais	52,7	-45,9 %	97,5
Roggen	40,5	-28,7 %	56,8
Winterweizen	64,3	-20,1 %	80,5
Triticale*	52,0	-19,1 %	64,3
Wintergerste	60,6	-17,6 %	73,5
Hafer	39,1	-16,8 %	47,0
Sommergerste	46,8	-14,8 %	54,9

* Weizen-Roggen-Kreuzung
Quelle: DBV

8

Wassermangel und Wasserüberschuss 4

Folgen von Dürren für die Landwirtschaft

Geringeres Wasserdargebot während der Vegetationsperiode.
Dies bedingt eine eingeschränkte bis fehlende Wasserverfügbarkeit für das Pflanzenwachstum und damit die Gefahr der Ertragsminderung.

Anstieg der Evapotranspiration durch steigende Temperaturen.
Damit verdunstet das pflanzenverfügbare Bodenwasser schneller.

Zunehmende Wind- und Wassererosion, hierdurch Abtragung der nährstoffreichen Humusschicht.

Zunahme der Artenvielfalt und Populationsgrößen eingewanderter, wärmeliebender und trockenresistenter Unkräuter und Schädlinge, zumal die Pflanzen durch Trocken- und Hitzestress anfälliger gegenüber Schaderregern sind.

→ Wasserentnahme nach Sektoren S. 120

Evapotranspiration
Summe aus Evaporation (direkte Verdunstung von Wasser über einer Land- oder einer freien Wasserfläche) und Transpiration (Wasserabgabe durch Tiere und Pflanzen, in erster Linie über die Spaltöffnungen der Blätter im Zuge der Fotosynthese)

Notwendigkeit von Anpassungsstrategien

Diversifizierung/ mehr Vielfalt
Baut eine Landwirtin oder ein Landwirt auf großer Fläche nur eine Feldfrucht an, kann es unter Umständen zu einem Totalausfall kommen, wenn etwa eine Dürre oder andauernder Starkregen zuschlagen.

Wird dagegen kleinparzelliger gearbeitet und viele verschiedene Feldfrüchte angebaut, ist das Risiko gestreut. Überdies führt die Vermeidung von großflächigen Monokulturen zu weniger Schädlingen und anderen Krankheitserregern. Allerdings kann die Bewirtschaftung damit aufwendiger und teurer werden.

Wasserspeicherung
Da der größte Anteil des Jahresniederschlags künftig im Winter fallen wird, sollte das Regenwasser in Teichen oder unterirdischen Rückhaltebecken gespeichert werden, um es dann in den sommerlichen Trockenperioden zu nutzen.
Hierbei sollten wassersparende, bedarfsorientierte, also effiziente Bewässerungstechniken eingesetzt werden.

Konservierende Bodenbearbeitung
Eine möglichst schonende Bodenbearbeitung, die weitestgehend auf schwere Geräte wie etwa den Pflug verzichtet.

Stattdessen wird der Boden nicht gewendet, die Pflanzenrückstände der vorherigen Kultur verbleiben an der Erdoberfläche. Diese Mulchauflage aus unverrottetem organischen Material hindert Wasser daran, oberflächlich abzufließen. Stattdessen hat es mehr Zeit, im Boden zu versickern. Hierdurch werden die Erosionsgefahr sowie die Verdunstung reduziert und gleichzeitig die biologische Aktivität, der Humusaufbau, das Bodenklima und die Bodenfruchtbarkeit gefördert.

Smarte Landwirtschaft
Der Einsatz von Drohnen und digitalen Ertrags- und Nährstoffkarten ermöglicht ein umfassendes Monitoring der Flächen. Auf dieser Grundlage kann mittels VRC-Technologie (Variable Rate Control) dafür gesorgt werden, dass die Menge an eingesetzten Düngemitteln, Pflanzgut oder auch Bewässerung exakt dem Bedarf der Fläche entspricht. So können Kosten eingespart und der Boden geschont werden.

Züchtung angepasster Sorten
Seit Jahrtausenden werden immer wieder Sorten gezüchtet. Bisher waren dabei vor allem Ertrag und Qualität relevant. Durch die zunehmende Trockenheit wird jetzt der Faktor Robustheit immer wichtiger. Gezüchtet werden nun Sorten, die mit Trockenheit, Hitze oder Starkregen besser umgehen können.

Agroforstwirtschaft
Früher waren von Hecken eingerahmte Äcker fester Bestandteil der Kulturlandschaft. Heute werden die ökologischen Mehrwerte von Vegetationsstreifen zwischen Äckern neu entdeckt und erweisen sich zunehmend als effektiv gegen dürrebedingte Winderosion: Sie bremsen den Wind, erhöhen die Biodiversität, spenden Schatten und halten Feuchtigkeit im Boden.

In diesem Zusammenhang gewinnt die Agroforstwirtschaft stetig an Bedeutung. Hierunter fallen Landnutzungssysteme, die bewusst die Anpflanzung von Obst- oder anderen Werthölzbäumen und Sträuchern mit Formen des Ackerbaus und/oder der Tierhaltung kombinieren. So werden ökologische und ökonomische Vorteile erzeugt.

Anbau neuer Arten
Wenn es schon wärmer und trockener wird: Warum nicht einfach Pflanzen aus dem Süden auch bei uns anbauen? So ist z. B. Soja eine wärmeliebende und trockenheitstolerierende, eiweißreiche Futterpflanze. Einige Landwirte in Süddeutschland haben Soja bereits in der Fruchtfolge.

Auch Sonnenblumen oder Hartweizen, ein „Pastagetreide", das ursprünglich im Mittelmeerraum verbreitet ist, sind den veränderten klimatischen Bedingungen angepasst.

Schädlingsbekämpfung
Hier gilt es, effiziente Methoden zu entwickeln, um die Einschleppung gefährlicher Schadorganismen zu vermeiden. Da die Invasion neuer Schädlinge aber nicht komplett unterbunden werden kann, müssen wirkungsvolle, aber umweltverträgliche Bekämpfungsstrategien entwickelt werden. Dazu gehören Fruchtwechsel, die Einführung natürlicher Fressfeinde und letztlich auch die Optimierung von Herbiziden und Insektiziden.

12 Möglichkeiten der Anpassung an Dürren

Wahl 2

Folgen für die Forstwirtschaft

14 Nadelwaldmonokulturen sind besonders durch Dürren gefährdet

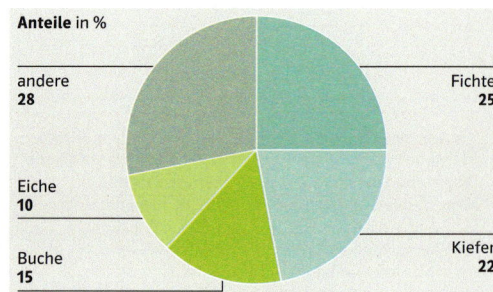

15 Artenzusammensetzung der deutschen Wälder

Daten nach BMEL: Bundeswaldinventur; unter: www.bundeswaldinventur.de

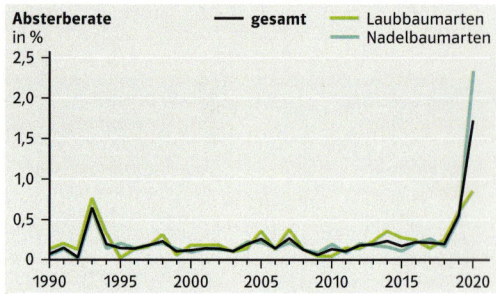

16 Absterberaten bei Laub- und Nadelbäumen

Nach Bundesministerium für Ernährung und Landwirtschaft (BMEL): Ergebnisse der Waldzustandserhebung 2020. Bonn 2021, S. 44; unter: www.bmel.de

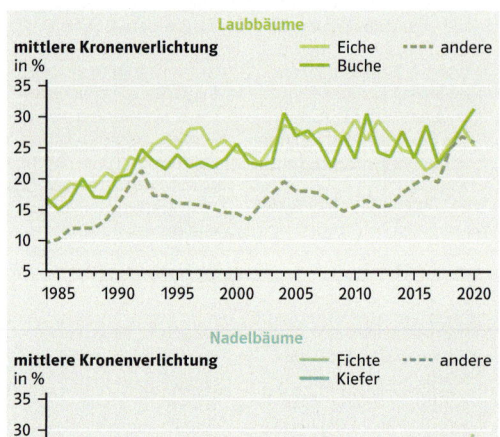

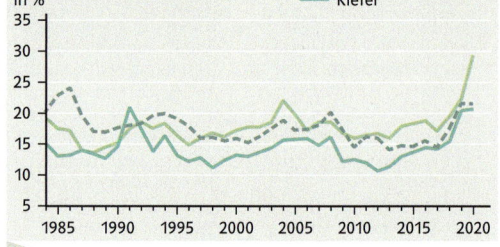

17 Kronenverlichtung bei Laub- und Nadelbäumen

Wie Fieber beim Menschen ein messbarer Hinweis auf Krankheit ist, so ist dies der Kronenzustand bei Bäumen. Wird die Krone lichter, ist der Baum krank.

Nach Bundesministerium für Ernährung und Landwirtschaft (BMEL): Ergebnisse der Waldzustandserhebung 2020. Bonn 2021, S. 12, 19; unter: www.bmel.de

Folgen für die Forstwirtschaft

„Etwa ein Drittel der Landesfläche Deutschlands ist von Wald bedeckt. Das sind etwa 11,4 Millionen Hektar. Wälder sind Lebensraum für zahlreiche Tiere, aber auch Naherholungsgebiete für Menschen, sie sind CO_2- und Wasserspeicher sowie Sauerstoffproduzent. Sterben Bäume oder sogar ganze Waldgebiete, ist der ökologische Schaden entsprechend groß.

Ein Großteil der deutschen Wälder wird auch forstwirtschaftlich genutzt, das heißt, dass die Bäume nach einer bestimmten Zeit des Wachstums gefällt und verarbeitet werden. Nadelbäume wie Fichte und Kiefer wachsen deutlich schneller als heimische Laubbäume wie Buche und Eiche. Deshalb wurden zur forstwirtschaftlichen Nutzung vermehrt Nadelbäume angepflanzt. [...]

Auch Waldbäume leiden unter der Dürre. [...] Zum einen setzt Wassermangel den Bäumen direkt zu, besonders Flachwurzlern wie Fichten und jungen Bäumen, die nur ein kleines Wurzelwerk haben.

Zum anderen macht stetiger Wassermangel Bäume anfällig für Schadinsekten oder Pilze. Fichten zum Beispiel leiden unter dem Borkenkäfer, der sich wegen der milden Winter der letzten Jahre stark vermehrt. Eine weitere Gefahr sind Waldbrände: 2018 verbrannten 2 300 Hektar Wald und damit sechsmal so viel wie im Jahr zuvor. Es entstand ein Schaden von 2,7 Millionen Euro. Geschwächte Bäume fallen außerdem leichter Stürmen zum Opfer.

Der Wald ist also nicht nur akut betroffen, er ist auf Dauer geschädigt. Die Folgen werden teilweise erst in zehn oder 15 Jahren sichtbar sein. Zusammengenommen werden allein in den Jahren 2018 bis 2020 durch Dürre, Waldbrände, heftige Stürme und Borkenkäferbefall geschätzt mehr als 160 Millionen Kubikmeter Holz auf einer Fläche von rund 245 000 Hektar anfallen. Das sind deutlich mehr Bäume, als die Holzindustrie zeitnah verarbeiten kann. Ein solches Überangebot drückt den Holzpreis."

Sigrid März: Dürre: So kommen wir auf Dauer damit klar. In: quarks.de, 11.8.2020; unter: www.quarks.de

13

Wassermangel und Wasserüberschuss

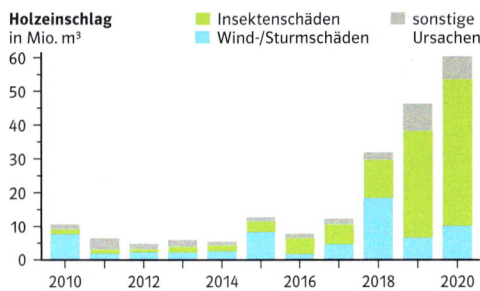

18 Holzeinschlag in Deutschland aufgrund von Schäden

Daten nach Statistisches Bundesamt; unter: www.destatis.de

Möglichkeiten der Anpassung an Dürren

Eine an schneller Holzproduktion orientierte **Forstwirtschaft** hat über Jahrzehnte hinweg Nadelbaum-Monokulturen hervorgebracht. Diese sind aber anfällig für Dürren, Stürme und Schädlinge wie den Borkenkäfer.

Ziel der zukünftigen Planungen muss es sein, den Wald nachhaltig umzubauen und die Resilienz zu erhöhen, also die Fähigkeit des Ökosystems, auf Störungen zu reagieren. Um dieses Ziel zu erreichen, arbeiten viele Wissenschaftlerinnen und Wissenschaftler sowie Forschungseinrichtungen am „Wald der Zukunft".

„Die größte Herausforderung wird sein, die Waldwirtschaft mit den notwendigen grundlegenden Kenntnissen zu versorgen. Die Forschung muss die physiologischen Reaktionen von Baumarten auf extreme Hitze- und Trockenstress-Ereignisse untersuchen, um – darauf aufbauend – waldbauliche Konzepte zu erstellen."

Henrik Hartmann, Pflanzenökophysiologe vom Max-Planck-Institut für Biogeochemie in Jena. Zitiert nach: Carolin Eckenfels, dpa: Der Wald der Zukunft: Buchen meiden und Eichen suchen?, dpa-Meldung v. 15.07.2019 © dpa Deutsche Presse-Agentur GmbH

„Der Wald kann am besten dadurch auf den Klimawandel vorbereitet werden, indem wir eine möglichst vielfältige Baumartenmischung haben."

Sprecher des Landesbetriebs Hessen-Forst. Zitiert nach: Carolin Eckenfels, dpa: Der Wald der Zukunft: Buchen meiden und Eichen suchen?, dpa-Meldung v. 15.07.2019 © dpa Deutsche Presse-Agentur GmbH

„,In jedem Bundesland gibt es Versuchsflächen, auf denen Baumarten und Baumarten-Gemeinschaften getestet werden', sagt [Dr. Andreas] Marx [Helmholtz-Zentrum für Umweltforschung Leipzig]. Heimische Arten wie Buchen, Eichen, und Lärchen halten dem Klimawandel eher stand als Fichten und Kiefern. Aber auch andere nicht heimische Arten wie Douglasien sind robuster und werden regional in Deutschland bereits als Alternative zur Fichte angebaut. Allerdings dauert es auch mal gut und gerne 15 Jahre, bevor klar ist, ob die neue Waldzusammenstellung an einem bestimmten Ort gut funktioniert oder nicht."

Sigrid März: Dürre: So kommen wir auf Dauer damit klar. In: quarks.de, 11.8.2020; unter: www.quarks.de

„Naturschützer halten einen weiteren Aspekt zur Anpassung an den Klimawandel für wichtig: mehr naturnahen Wald schaffen, also Wald, in dem Alt- und Totholz verbleibt. ‚Durch Verdunstung von Wasser, das sowohl im lebenden wie im abgestorbenen Holz vorhanden ist, schafft sich der Wald ein eigenes Klima, extreme Hitze wird so abgepuffert', heißt es beim Naturschutzbund Deutschland (Nabu)."

Carolin Eckenfels, dpa: Der Wald der Zukunft: Buchen meiden und Eichen suchen?, dpa-Meldung v. 15.07.2019 © dpa Deutsche Presse-Agentur GmbH

„,Das Wild ist unter den Tieren der größte potenzielle Schadfaktor im Wald, nicht die Borkenkäfer.' Was nütze es, haufenweise neue Bäume zu pflanzen, wenn Rehe diese in kürzester Zeit wieder abäsen? Es müsse deshalb vielerorts anders gejagt werden als bisher. [...] ‚Es geht nicht darum, das Wild auszurotten, die Bäume müssen aber eine Chance bekommen.'"

Michael Müller, Professor für Waldschutz an der TU Dresden, zitiert nach: Christoph Seidler: Stirbt langsam. Deutschlands Wald in der Krise. In: Spiegel Online, 25.7.2020; unter: www.spiegel.de

„Bunte" Mischwälder sind belastbarer.

„13 Mrd. Euro Schaden [innerhalb der Jahre 2018–2020] treffen die Forstbetriebe in ihrer Substanz. Die Soforthilfeprogramme von Bund und Ländern sind richtig, decken mit 1,5 Mrd. Euro aber nur einen Bruchteil der Schäden. ‚Wenn wir den Wald und seine Funktionen für die Gesellschaft erhalten und an den Klimawandel anpassen wollen, werden Finanzmittel dieser Größenordnung jährlich benötigt', betont DFWR-Präsident Georg Schirmbeck. [...] ‚Die Forstwirtschaft in Deutschland steht vor ihrer größten Bewährungsprobe, die sie nur gemeinsam mit Politik und Gesellschaft bewältigen kann.'"

Deutscher Forstwirtschaftsrat (DFWR): Milliarden-Schäden in der Forstwirtschaft. 8.4.2021; unter: www.dfwr.de

Wahl 3

Folgen für die Trinkwasserversorgung

20 Trinkwassergewinnung in Deutschland
Nach Bundesanstalt für Geowissenschaften und Rohstoffe (BGR); unter: www.bgr.bund.de

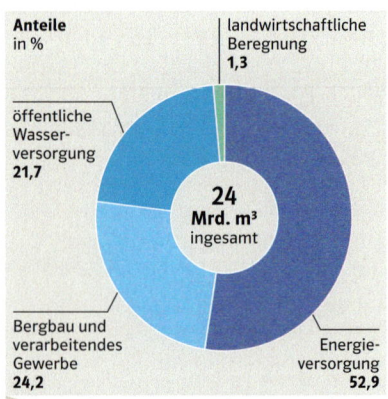

21 Wasserentnahme in Deutschland (2016)
Nach Jeannette Cwienk: Droht in Deutschland künftig Wassermangel? In: Deutsche Welle, 27.1.2021; unter: www.dw.com; Daten nach Statistisches Bundesamt 2016

Schlagzeilen 2020

„Lauenau geht das Trinkwasser aus."

„VG Simmern-Rheinböllen schränkt Nutzung von Trinkwasser ein."

„Freibad in NRW wegen Trinkwasserknappheit zeitweise geschlossen."

22

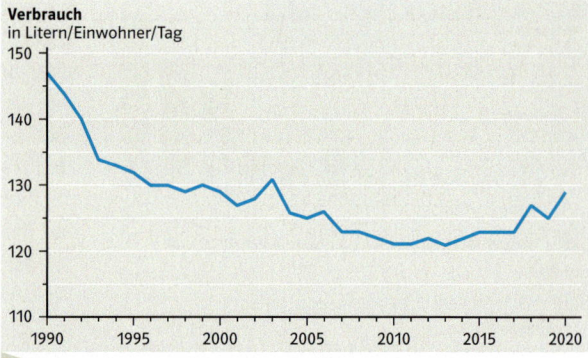

23 Entwicklung des Wasserverbrauchs in Deutschland
Nach Bundesverband der Energie- und Wasserwirtschaft e.V. (BDEW); unter: www.bdew.de

In Deutschland wird das Wasser knapp

„Deutschland ist eigentlich ein wasserreiches Land. Doch von der Dürre des [...] Jahres [2018] haben sich die Wasserspeicher noch nicht erholt. [...]
Rund 30 Prozent des Trinkwassers werden aus Talsperren, Seen und Flüssen gewonnen. 70 Prozent kommen aus dem Grundwasser. [...] Für die Neubildung des Grundwassers sind vor allem die Wintermonate wichtig, in denen der Regen ungehindert versickern kann. Im Sommer dagegen gelangt nur ein relativ geringer Anteil des Niederschlags in tiefere Bodenschichten, weil die Vegetation viel Wasser verbraucht. [...] ‚Durch den Klimawandel kann die Balance von Nutzung und Neubildung ins Wanken geraten.' [...]
Der Hitzesommer 2003 und der Dürresommer 2018[– 2020] haben aber gezeigt, wie schnell der Wasserverbrauch bei hohen Temperaturen und anhaltender Trockenheit in die Höhe schnellen kann. In den Wasserwerken sind die Kapazitäten von Pumpen, Leitungen und Speichern nur auf eine bestimmte Menge ausgelegt. Kurzfristig kann daher nicht viel mehr Wasser zur Verfügung gestellt und der erhöhte Bedarf gedeckt werden. Dann kann es vorübergehend zu regionalen Engpässen kommen [...].
Das Bundesamt für Bevölkerungsschutz und Katastrophenhilfe (BBK) warnt in seiner aktuellen Risikoanalyse ‚Dürre': ‚Lange Dürreperioden (insbesondere verbunden mit Hitzewellen) können zu Problemen bei der Versorgung der Bevölkerung mit Trinkwasser führen.' [...] Und das gilt nicht nur für die privaten Haushalte. Industrien brauchen Wasser für die Produktion, Kraftwerke für die Kühlung. Und schließlich kommen noch die Bedürfnisse der Landwirtschaft hinzu. ‚Die Konkurrenz um Wasser ist ein neuer Konflikt', sagt [der Biologe Karsten] Rinke [vom Helmholtz-Zentrum für Umweltforschung. [...]"
Claudia Ehrenstein: „Wir müssen uns auf Wasserknappheit vorbereiten". In: Welt.de, 6.9.2019; unter: www.welt.de

24

Wassermangel droht

„Um die Grundversorgung mit Trinkwasser während der anhaltenden Trockenheit sicherzustellen, sind folgende Tätigkeiten in der Verbandsgemeinde im Hunsrück seit Sonntag untersagt: die Befüllung von Planschbecken und Schwimmbädern, die Bewässerung von Rasen und Gartenflächen, das Waschen von Fahrzeugen auf Privatgrundstücken, das Reinigen und Abspritzen von Hofflächen sowie die Bewässerung von öffentlichen Grünflächen und Sportplätzen. Verstöße gegen die Beschränkungen werden demnach durch das Ordnungsamt kontrolliert. [...] Andernorts [...] war das Wasser nach warmen und trockenen Tagen zwischenzeitlich bereits ausgegangen. Am Samstagmittag lief der Wasserspeicher dort leer. Zeitweise waren Tankfahrzeuge im Einsatz."

Einwohnern von Hunsrück-Verbandsgemeinde droht Wassermangel, dpa-Meldung v. 09.08.2020
© dpa Deutsche Presse-Agentur GmbH

→ Wasser sparen S.139

25

Möglichkeiten der Anpassung an Dürren

Um auch in Zukunft eine sichere öffentliche Versorgung mit sauberem Trinkwasser zu gewährleisten, haben sich zwischen 2018 und 2021 mehr als 200 Expertinnen und Experten aus der Wasserwirtschaft, Landwirtschaft, Forschung und Verwaltung sowie interessierte Bürgerinnen und Bürger im Rahmen eines „Nationalen Wasserdialogs" ausgetauscht und den Entwurf einer „Nationalen Wasserstrategie" vorgelegt.

Dieser Entwurf umfasst ein Bündel von 57 Maßnahmen, die bis zum Jahr 2030 schrittweise ergriffen werden sollen, um die deutsche Wasserwirtschaft zukunftsfähig, nachhaltig und sicher zu machen. Bezüglich der Trinkwasserversorgung werden u.a. folgende Maßnahmen empfohlen:

Prognosefähigkeit: Die Behörden müssen genauer vorhersagen können, wo Wasser in Zukunft verfügbar ist und in welchen Regionen das Wasser knapp werden könnte. Hierzu bedarf es einer detaillierteren Datensammlung, um genauere Prognosen und Szenarien zu entwickeln.

Smarter Verbrauch: Künftig wird Wasser regional und zeitlich nicht mehr so gleichmäßig verfügbar sein, wie wir es gewohnt sind. Um die Wassernutzung gezielter zu steuern, sollen Anreize geschaffen werden. Daher prüft das BMU gemeinsam mit den Wasserversorgern die Einführung von „smarten" Wassertarifen. Bei solchen Tarifen könnte das Wasser für Nutzer – sei es in Privathaushalten oder in der Industrie – günstiger sein, wenn die Nachfrage gering ist. So könnten beispielsweise Anreize geschaffen werden, den Garten spät abends zu wässern oder die Waschmaschine so zu programmieren, dass sie nachts läuft.

Gewässerschonende Landnutzung: Das BMU erstellt gemeinsam mit Experten aus der Land-, Forst- und Wasserwirtschaft regionale Leitbilder für eine gewässerschonende und klimagerechte Landnutzung und nachhaltige Wassernutzung. Konkret bedeutet das z. B. eine Umgestaltung der Be- und Entwässerung von landwirtschaftlichen Flächen oder Maßnahmen zur Vermeidung von Erosion bei Starkniederschlägen.

Wassernutzungshierarchie: Es sollen Pläne entwickelt werden, wer im Fall von regionaler Wasserknappheit vorrangig Wasser nutzen darf. Vorrang haben dabei die Versorgung der Bevölkerung mit Trinkwasser und der ökologische Wasserbedarf, d. h. das Mindestmaß an Wasser, das Tiere und Pflanzen zum Überleben brauchen.

Sofortprogramm für Gewässerentwicklung: Das BMU setzt sich für ein Sofortprogramm des Bundes ein, das den ökologischen Zustand der Gewässer verbessert und ihre Widerstandsfähigkeit gegenüber dem Klimawandel erhöht. Dafür sollen in den nächsten 10 Jahren jeweils 100 Millionen Euro bereitgestellt werden. Das Geld fließt in Renaturierungsmaßnahmen, den Abbau von Hindernissen für wandernde Arten, die Beschattung von Gewässern gegen Erwärmung und die Rückgewinnung bzw. Schaffung natürlicher Speicher als Vorsorge gegen Trockenheit.

Eigene Zusammenstellung nach BMU (Hg.): Nationale Wasserstrategie. Entwurf des Bundesumweltministeriums, Kurzfassung 2021; unter: www.bmu.de

26

Ziele der Nationalen Wasserstrategie

„Mit der Nationalen Wasserstrategie will das Bundesumweltministerium erreichen:
- dass auch in 30 Jahren jederzeit und überall in Deutschland ausreichend qualitativ hochwertiges und bezahlbares Trinkwasser zur Verfügung steht,
- dass unser Grundwasser, unsere Seen, Bäche und Flüsse sauberer werden,
- dass eine weitere Übernutzung und Überlastung der Wasserressourcen vermieden wird,
- dass die Abwasserentsorgung weiterhin hervorragend funktioniert und die Kosten dafür verursacher- und sozial gerecht verteilt werden,
- und dass die Wasserwirtschaft sich an die Folgen des Klimawandels und die Veränderungen der Demographie anpasst."

BMU (Hg.): Nationale Wasserstrategie. Entwurf des Bundesumweltministeriums, Kurzfassung 2021, S.2; unter: www.bmu.de

27

Chennai geht das Wasser aus

Die Situation war dramatisch: Chennai, die mit etwa 11 Mio. Einwohnern sechstgrößte Stadt Indiens, stand 2019 kurz vor einem noch nie erlebten Dürre-Kollaps.

Nachdem es über Wochen nicht geregnet hatte, waren die Grundwasserpumpen trockengefallen und die vier großen Stauseen, über die Chennai normalerweise das Trinkwasser bezieht, fast gänzlich ausgetrocknet. Zusammen fassten sie noch 3 Mrd. Liter Wasser, was weniger als 1 % der möglichen Gesamtkapazität von 313 Mrd. Litern entspricht. Um diese Zahlen besser einordnen zu können: Die Stadt Chennai hat einen Gesamtbedarf von 0,83 Mrd. Litern Wasser pro Tag.

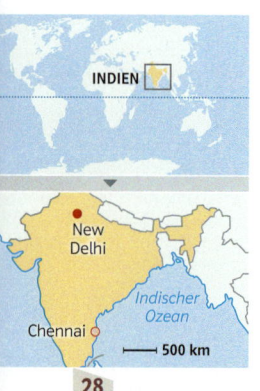

28

Kampf um den letzten Tropfen

„Die seit zwei Wochen unter Wasserknappheit leidende Millionenstadt Chennai im Südosten Indiens soll nun von Spezialzügen mit dem kostbaren Nass versorgt werden. Die Tankzüge werden täglich zehn Millionen Liter Wasser aus dem 200 Kilometer entfernten Vellore und aus dem Veeranam-See in die sechstgrößte Stadt Indiens im Staat Tamil Nadu bringen. Das berichtete der TV-Sender Republic TV am Freitag nach einer Krisensitzung der dortigen Regierung.

In den vergangenen Tagen hatten viele der 4,6 Millionen Einwohner von Chennai stundenlang mit Kanistern Schlange gestanden, um mit Wasser aus Tanks der Regierung versorgt zu werden. Restaurants mussten schließen. Die Vorräte in den Wasserreservoirs der Hauptstadt von Tamil Nadu sind fast erschöpft.

Angesichts der prekären Lage richtete die indische Regierung am Donnerstag ein neues Ministerium für Wasserkraft ein. ‚Wir müssen Wasservorräte für unsere Kinder und künftige Generationen bewahren', sagte Staatspräsident Ram Nath Kovind bei einer Parlamentsansprache in Neu Delhi. Das neue Ministerium sei ein entscheidender Schritt in diese Richtung, sagte Kovind. Er beklagte den Schwund traditioneller Wasservorkommen. [...]"

dpa: Wassermangel: Indien schickt Versorgungszüge nach Chennai. dpa-Meldung v. 21.06.2019 © dpa Deutsche Presse-Agentur GmbH

29 Trinkwasserversorgung in Chennai, Juni 2019

31

30 Der größte Stausee zur Trinkwasserversorgung Chennais (Puzhal-See) im Juni 2018 und im Juni 2019

Auswirkungen

„Der Preis für private Wasserversorgung hat sich [...] innerhalb weniger Wochen vervierfacht. [Die ärmeren Teile der Bevölkerung können sich diese Preise nicht leisten. Bei ihnen] steigt auch das Risiko von Krankheiten, da viele Bewohner in ihrer Not verschmutztes, trübes Wasser trinken."

mpf: In Fünf-Millionen-Stadt wird das Wasser knapp. In: Welt.de, 24.6.2019; unter: www.welt.de

32

---

4 Fassen Sie die Auswirkungen des Trinkwassernotstands stichwortartig in einer Tabelle zusammen.

5 Stellen Sie die Ursachen des Wassernotstands in Chennai 2019 in Form einer Mindmap dar.

6 Begründen Sie mithilfe des Vulnerabilitätskonzeptes (s. S. 88) die Verwundbarkeit der Stadt Chennai.

Dürre und Trockenheit in Chennai – nur eine Laune der Natur?

Ausbleibende Niederschläge

„[...] In den vergangenen Jahren [fiel] vergleichsweise wenig Regen [...]. Auch in Teilen von Delhi sowie in Jaipur, der Hauptstadt von Rajasthan, gibt es Engpässe. Der Monsun könnte etwas Abhilfe schaffen, wie der TV-Sender NDTV berichtete. Er hat vor zwei Wochen begonnen, aber noch nicht das ganze Land erfasst.
In Chennai fällt der meiste Regen gewöhnlich aber erst zwischen Oktober und November [in der Zeit des Nordostmonsuns, anders als in anderen Teilen des Landes]."

dpa: Wassermangel: Indien schickt Versorgungszüge nach Chennai. dpa-Meldung v. 21.06.2019 © dpa Deutsche Presse-Agentur GmbH

33

Extreme Temperaturen

Die Intensivierung der schon bestehenden Trockenheit war auch eine Folge der extremen Temperaturen: Im Mai 2019 wurden in Chennai zum Teil Werte von 42 °C anstelle der für diese Jahreszeit durchschnittlichen 32 °C erreicht. Der Staatspräsident Indiens führte dies auch auf die zunehmende Erderwärmung zurück.

34

Chennai: Bevölkerungsentwicklung

	1950	1970	1990	2010	2020	2030	2035
Mio.	1,491	3,044	5,332	8,506	10,971	13,814	15,375

Daten nach World Population Review; unter: worldpopulationreview.com

36

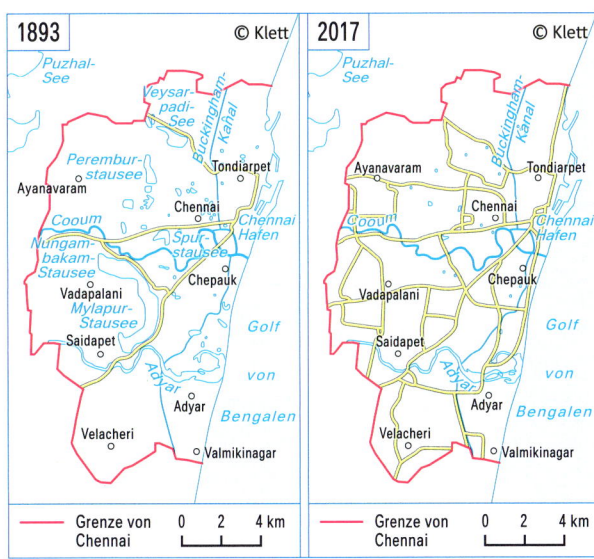

37 Entwicklung der Seen und Feuchtgebiete in Chennai 1893–2017

Nach Sujith Sourab Guntoju u.a.: Chennai water crisis: A wake-up call for Indian cities. In: Downtoearth.org, 5.8.2019; unter: www.downtoearth.org.in

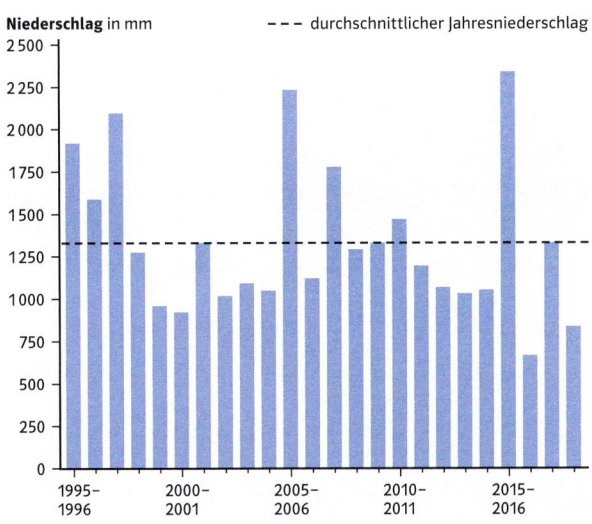

35 Jahresniederschläge in Chennai 1995–2019

Nach Sujith Sourab Guntoju u.a.: Chennai water crisis: A wake-up call for Indian cities. In: Downtoearth.org, 5.8.2019; unter: www.downtoearth.org.in

Missmanagement im Wassersektor

„‚Missmanagement im Wassersektor ist überall in Indien verbreitet.' Das gilt auch und besonders für Chennai: Ohne den Blick auf die Nachlässigkeit der Behörden, die Korruption und all die Bausünden, die jahrzehntelang geduldet wurden, ist das Wasserdesaster dort kaum zu erklären. ‚Chennai zahlt heute den Preis für seine Respektlosigkeit gegenüber seinen Wasserquellen', schreibt das Blatt Economic Times.
Politik und Bauwirtschaft sind eng verflochten, der mafiöse Filz macht es möglich, Regeln straflos zu umgehen. Der Staat hat illegale Projekte an Seen und Feuchtgebieten nicht gestoppt, die Sünden rächen sich. Chennai hat durch rasches Wachstum etwa 100 Reservoirs und Feuchtgebiete verloren. Sie sind wichtig, um Wasser zu speichern und das Grundwasser aufzustocken. [...]"

Arne Perras: Nur einen Zoll von der Katastrophe entfernt. In: Süddeutsche Zeitung, 26.6.2019; unter: www.sueddeutsche.de

38

---

7 Erläutern Sie das Konzept der „Sponge City" (Grafik 39) anhand einer selbst erstellten Bildfolge (Internet).

Und nun? Was tun?

Das Entsenden von mit Trinkwasser beladenen Zügen aus anderen, wasserreicheren Regionen – wie beim Beispiel Chennai – ist zwar eine sinnvolle, kurzfristige Hilfe im Sinne der Bewältigungsstrategie. Das Problem der Wasserknappheit in Städten kann aber auf diese Weise nicht auf Dauer, also nachhaltig, gelöst werden. Hier bedarf es anderer, langfristiger Strategien. Eine davon ist das Konzept der **Sponge City (Schwammstadt)**. Hierunter wird ein stadtplanerischer Werkzeugkasten verstanden, der viele Ideen und Werkzeuge beinhaltet, das vorhandene Wasser, hauptsächlich Regenwasser, zu sammeln, zu speichern und wiederzuverwerten. Ziel ist es, keinen Tropfen Regenwasser mehr verloren zu geben, sondern den Niederschlag zu „ernten" (Rainwater Harvesting). Hierzu muss die Oberfläche der Stadt umgebaut werden mit dem Leitgedanken, die natürliche Umgebung so weit wie möglich nachzuahmen und stärker als bisher das Ökosystem Stadt wieder in den natürlichen Wasserkreislauf einzubinden.

Gleichzeitig hilft das Konzept der Sponge City aber auch bei einem genau gegensätzlichen Problem: dem Hochwasserschutz. Typische Kennzeichen von Städten sind eine starke Flächenversiegelung sowie eine rasche Ableitung von Niederschlagswasser in die Kanalisation. Gerade bei Starkregen resultiert daraus eine Überlastung der Kanalnetze. Als Folge kann es vermehrt zu verheerenden Überschwemmungen kommen, z.B. im Dezember 2015, als Chennai viele Tage lang unter einem massiven Hochwasser litt. Damals starben über 500 Menschen in den Fluten, 1,8 Mio. Menschen flohen. Die wirtschaftlichen Schäden beliefen sich auf mehr als 3 Mrd. Dollar. Für Chennai gilt also: Von überschwemmt zu staubtrocken in nur vier Jahren!

Chennai – ein düsterer Vorbote der Zukunft?

Was Chennai durchmacht, ist symptomatisch für die Wasserkrise in Indien, doch das Problem reicht weit über die Grenzen Indiens hinaus. Es lohnt ein Blick über den „Tellerrand" …

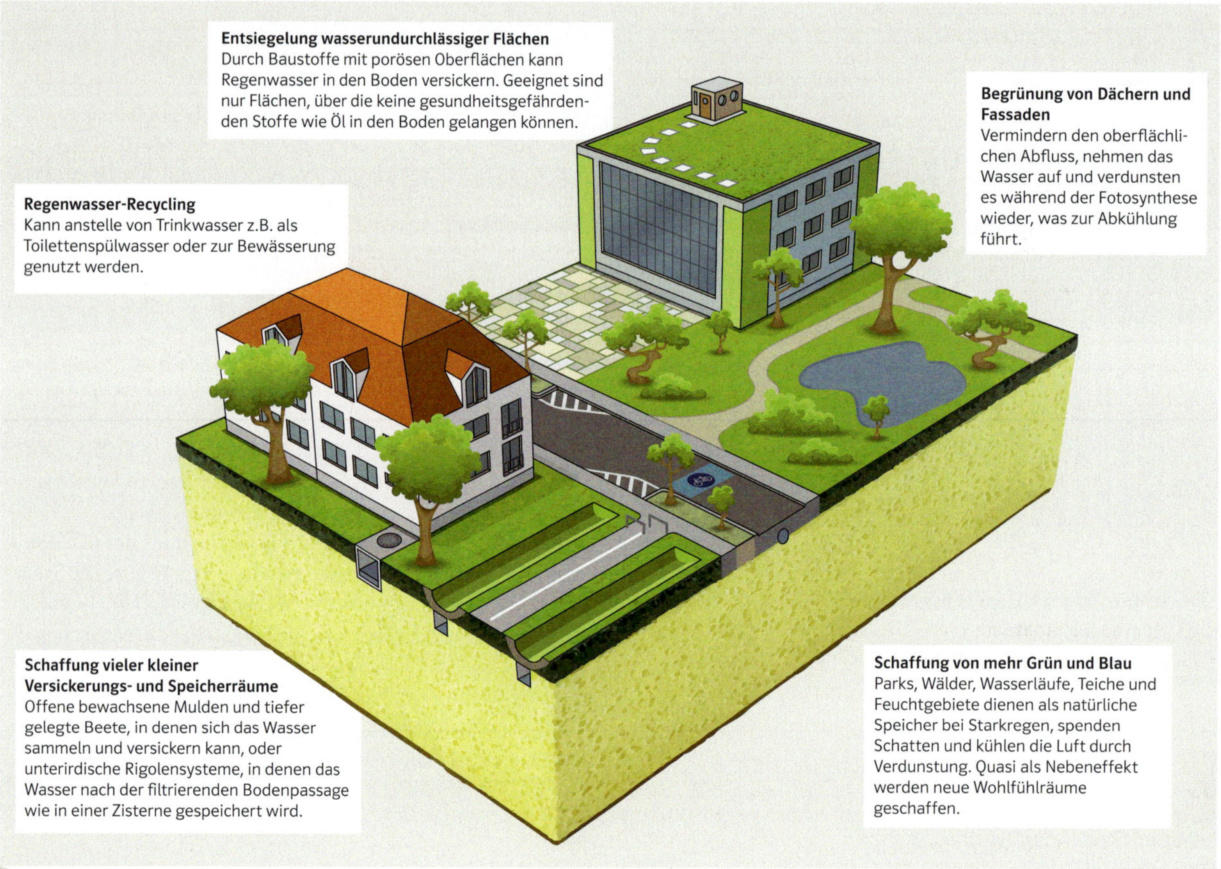

Entsiegelung wasserundurchlässiger Flächen
Durch Baustoffe mit porösen Oberflächen kann Regenwasser in den Boden versickern. Geeignet sind nur Flächen, über die keine gesundheitsgefährdenden Stoffe wie Öl in den Boden gelangen können.

Begrünung von Dächern und Fassaden
Vermindern den oberflächlichen Abfluss, nehmen das Wasser auf und verdunsten es während der Fotosynthese wieder, was zur Abkühlung führt.

Regenwasser-Recycling
Kann anstelle von Trinkwasser z.B. als Toilettenspülwasser oder zur Bewässerung genutzt werden.

Schaffung vieler kleiner Versickerungs- und Speicherräume
Offene bewachsene Mulden und tiefer gelegte Beete, in denen sich das Wasser sammeln und versickern kann, oder unterirdische Rigolensysteme, in denen das Wasser nach der filtrierenden Bodenpassage wie in einer Zisterne gespeichert wird.

Schaffung von mehr Grün und Blau
Parks, Wälder, Wasserläufe, Teiche und Feuchtgebiete dienen als natürliche Speicher bei Starkregen, spenden Schatten und kühlen die Luft durch Verdunstung. Quasi als Nebeneffekt werden neue Wohlfühlräume geschaffen.

39 Sponge City

Wassermangel und Wasserüberschuss 4

Dürre und Städte

„In hohem Maße von der Erderhitzung und somit auch von Extremwetterereignissen betroffen sind Städte. Als Zentren für Wirtschaft, Verkehr und Haushalte haben sie einen besonders hohen lokalen Wasserbedarf [...] Ein Rückgang der Grundwasservorkommen oder zu geringe Wasserstände in Reservoirs haben dramatische Auswirkungen auf die lokale Trinkwasserversorgung. [...] Aufgrund der höheren Bevölkerungsdichte in städtischen Gebieten kann Wassermangel zu einer unzureichenden sanitären Grundversorgung führen, die den Ausbruch von Krankheiten beschleunigt und im Extremfall soziale Unruhen und Migration fördert. [...]
Bereits 19 Prozent der Städte (mit mehr als einer Million Einwohnern) liegen in Gebieten mit hohem bis sehr hohem Dürrerisiko; das bedeutet: Rund 370 Millionen Menschen sind weltweit betroffen. [...]
Laut [einer] Studie sehen 73 Prozent der Städte ihre Wasserversorgung einem erhöhten Risiko durch die Erderhitzung ausgesetzt, wobei Wasserknappheit von 83 Prozent (196 Städte) als schwerwiegendes Problem eingestuft wird.
Derzeit leben rund 55 Prozent der globalen Bevölkerung in urbanen Gebieten. Diese Zahl wird bis 2050 auf voraussichtlich 70 Prozent ansteigen, wobei 90 Prozent dieses Anstiegs vor allem in Asien und Afrika zu beobachten sein werden. Selbst unter einem optimistischen Klimaszenario werden bis zum Jahr 2050 77 Prozent der größten Städte einen deutlichen Wandel der klimatischen Bedingungen erleben.
Laut einer Studie der ETH Zürich verändert sich das Klima der Städte tendenziell zu einem subtropischen. Auf der Nordhalbkugel werden in Großstädten künftig Klimabedingungen herrschen, wie sie heute mehr als tausend Kilometer weiter südlich bestehen."

WWF Deutschland (Hg.): Risiko Dürre. Berlin 2019, S.13; unter: www.wwf.de

40

Die Dürre-Situation in Indien

„Laut einem 2018 veröffentlichten Bericht der Regierung erlebt Indien die bisher schlimmste Wasserkrise. Rund 600 Millionen Menschen leiden unter großer bis extremer Knappheit. Zudem sterben rund 200000 Menschen jährlich als Folge einer unzureichenden Wasserversorgung.
Bis 2030 soll der Wasserbedarf etwa doppelt so hoch sein wie die verfügbaren Ressourcen. Den Angaben zufolge könnte zudem 21 größeren Städten in Indien bis 2020 das Wasser ganz ausgehen. Davon wären rund 100 Millionen Menschen betroffen."

dpa: Wassermangel: Indien schickt Versorgungszüge nach Chennai. dpa-Meldung v. 21.06.2019 © dpa Deutsche Presse-Agentur GmbH

42

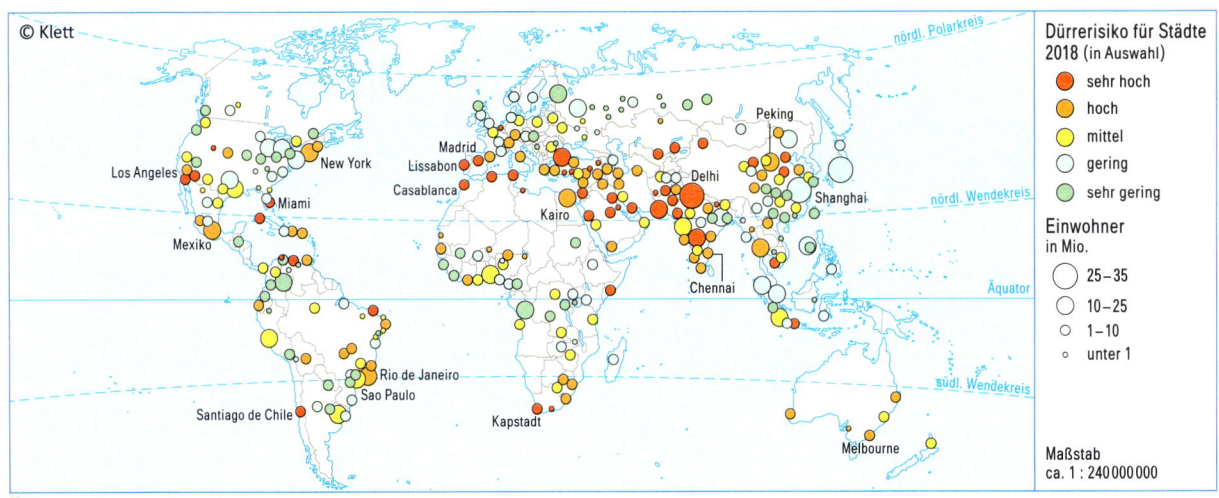

41 Dürrerisiko für Städte
Nach WWF Deutschland (Hg.): Risiko Dürre. Berlin 2019, S.14; unter: www.wwf.de

---

8
Dürrerisiko für Städte:
a) Charakterisieren Sie die weltweite Verteilung der von Wasserknappheit und Dürren bedrohten Millionenstädte.
b) Erarbeiten Sie für eine Millionenstadt die klimatische und wirtschaftliche Situation (Atlas, Internet).
c) Stellen Sie mögliche Ursachen für die Vulnerabilität Ihrer Beispielstadt dar.

9
„Chennai – ein düsterer Vorbote der Zukunft?" Erörtern Sie diese Frage.

4.2 Hochwasser – Naturereignis oder Menschenwerk?

Bilder von überfluteten Siedlungen, zerstörten Landstrichen und verzweifelten Opfern, die Auflistung von Schäden und Schadenssummen – derartige Berichte über Hochwasserkatastrophen stammen in der Regel aus weit entfernten Regionen wie Bangladesch. Im Juli 2021 war das anders: Mitten in Europa, in Nordrhein-Westfalen und Rheinland-Pfalz, wurden Menschen Opfer eines Naturereignisses. Solche „Jahrhundertfluten" häufen sich in den letzten Jahrzehnten. Welche Rolle spielt der Mensch bei diesen Naturereignissen? Inwieweit zeigen sich hier Auswirkungen des Klimawandels? Gibt es wirksame und politisch durchsetzbare Maßnahmen der Hochwasservorsorge?

Hochwasser in Mitteleuropa

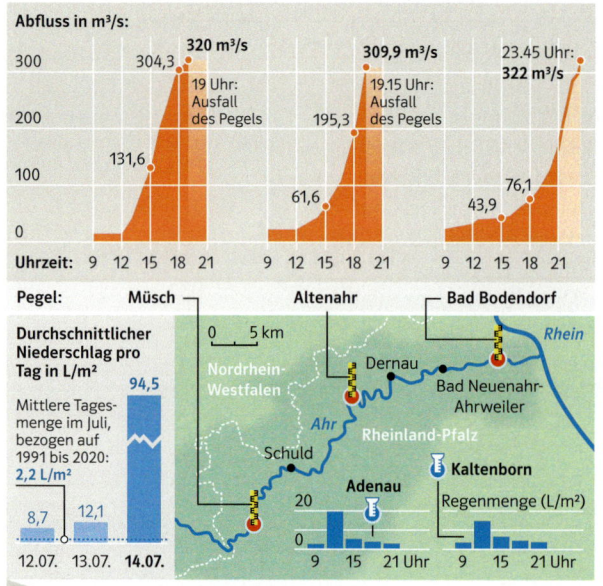

1 Die Messung der Katastrophe
Nach Oliver Schlömer u.a.: Déjà-vu der Katastrophe. In: F.A.Z. Multimedia, 5.8.2021; unter: www.faz.net

Die Hochwasserkatastrophe im Juli 2021

„[Es] war eine Naturkatastrophe mit schweren Sturzfluten beziehungsweise Überschwemmungen in mehreren Flussgebieten in Mitteleuropa [...] Die Flut wirkte sich besonders im Nordosten der Eifel verheerend aus, wo Ortschaften an der Ahr, am oberen Teil der Erft, an der Nette (Mittelrhein) und [...] an der Rur [...] verheerend getroffen wurden. Viele Häuser wurden unterspült, von den Fluten mitgerissen und beschädigt; Straßen, Brücken und andere wichtige Infrastruktureinrichtungen wurden zerstört.
Bei der Flutkatastrophe starben über 220 Menschen, davon mindestens 183 in Deutschland [...] Das Hochwasser ist gemessen an der Opferzahl die schwerste Naturkatastrophe in Deutschland seit der Sturmflut 1962."

Wikipedia: Hochwasser in West- und Mitteleuropa 2021; unter: https://de.wikipedia.org

3

Chronologie der Katastrophe

„In einem verzweigten Flusssystem entwässern zahlreiche Bäche [...] in die tief eingeschnittene Ahr [...]. Im windungsreichen und steilwandigen Tal der Ahr wird der Abfluss kanalisiert. Vorhandene Auen sind durch die Orte Schuld, Altenahr, Dernau und Ahrweiler teilweise dicht besiedelt [...]
Beginnend am 14. Juli und bis in die Morgenstunden des 15. Juli kam es durch das Tief ‚Bernd' zu ergiebigem Dauerregen, der lokal immer wieder durch intensive Regenschauer verstärkt wurde [...] Die hohen Niederschlagsmengen infiltrieren nicht in den Boden, sondern laufen oberflächig ab.
Es entwickelt sich eine Sturzflut. Für die Pegel Müsch und Altenahr verdreifacht sich die Abflussmenge in der Zeit von 15:00 bis 18:00 Uhr. Am Pegel Altenahr wird der ‚100-jährliche Hochwasserabfluss' von 241 Kubikmeter pro Sekunde zwischen 18:15 und 18:30 Uhr erreicht [...] In der Folge kommt es zu [...] Ausfällen der Pegelstationen entlang der Ahr [...] Das Landesamt für Umwelt gibt für Altenahr später einen Wasserstand von mindestens 7 Metern an."

Oliver Schlömer u.a.: Déjà-vu der Katastrophe. In: F.A.Z. Multimedia, 5.8.2021; unter: www.faz.net

2

---

1 Beschreiben Sie Ausmaß, Ablauf und Auswirkungen der „Flutkatastrophe Juli 2021" in Westdeutschland.

2 Erklären Sie die verheerenden Auswirkungen.

4 Wassermangel und Wasserüberschuss

Hochwasser als natürlicher Prozess

Teil des Wasserkreislaufs

„Hochwasser sind Teil des natürlichen Wasserkreislaufes. Nicht Menschenhand, sondern die Natur selbst verursacht dieses Phänomen [...] Es regnet! Was nicht verdunstet oder im Boden gespeichert wird, fließt ober- und unterirdisch ins nächste Gewässer. Bei starken Niederschlägen ist dieser Abfluss so hoch, dass in Bächen und Flüssen Hochwasser entstehen kann.

Fachleute betrachten im Wesentlichen vier Prozesse, um Höhe und Ausmaß eines Hochwassers zu ermitteln:
- Wie viel Niederschlag fällt in welcher Zeit auf welches Gebiet?
- Welcher Anteil des Niederschlags fließt oberflächlich ab?
- Wie schnell erreicht der Abfluss Bäche und Flüsse?
- Wie läuft das Hochwasser ab?"

Bayerisches Landesamt für Umwelt: Entstehung von Hochwasser; unter: www.lfu.bayern.de

4

Ökologische Bedeutung von Überschwemmungen und Flussauen

„Für natürliche Flussauen ist regelmäßiges Hochwasser lebenswichtig. Tiere und Pflanzen haben sich an den natürlichen Wechsel zwischen Überflutung und Austrocknung angepasst. So findet man in natürlichen Auen eine charakteristische Zonierung mit typischen Pflanzengesellschaften, die i. W. durch die Dynamik der Wasserstände und die unterschiedlichen Nährstoffgehalte bestimmt werden. [...]

Bei Hochwasser kann sich das Wasser [in Auenlandschaften] weiträumig verteilen, wird durch Sedimentationsvorgänge auf natürliche Weise gereinigt und fließt erst allmählich wieder ab, ein Teil sickert ins Grundwasser. Auen sind somit natürliche Wasserrückhaltesysteme (Retentionsräume), die zum Hochwasserschutz, aber auch zur Grundwasserneubildung und damit zur Trinkwasserregeneration beitragen."

Martina Graw: Hochwasser – Naturereignis oder Menschenwerk? Schriftenreihe der Vereinigung Deutscher Gewässerschutz Bd. 66. 3. Auflage Bonn 2005, S. 8 und 12

6

Direktabfluss
Wasser, das nach einem Niederschlagsereignis unmittelbar in ein Gewässer fließt

Basisabfluss
Wasser, das zeitlich verzögert aus dem Grundwasser abfließt

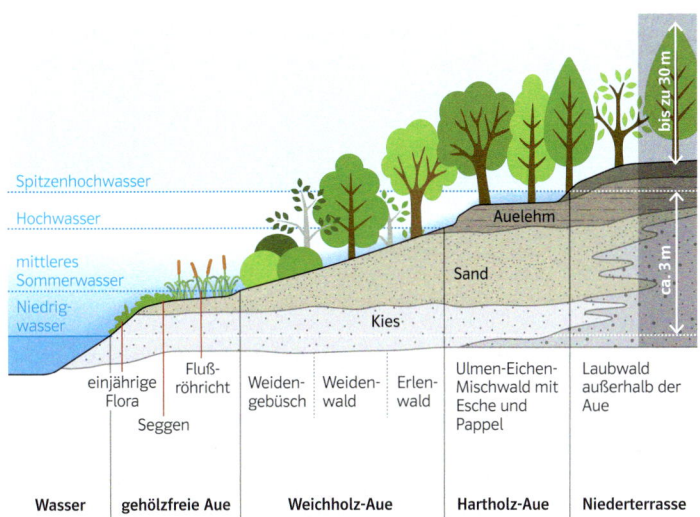

5 Typische Standortdifferenzierung in einer Flussaue

Nach Spektrum der Wissenschaft: Lexikon der Geowissenschaften. Aue; unter: www.spektrum.de

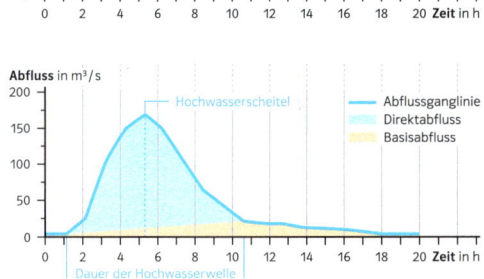

7 Abflussganglinie einer Hochwasserwelle

Nach Martin-Luther-Universität Halle-Wittenberg: Glossardatenbank, 21.8.2009; unter: http://mars.geographie.uni-halle.de

3 Stellen Sie Hochwasserereignisse als natürliche Prozesse im Rahmen des Wasserkreislaufs dar.

4 Erläutern Sie Veränderungen der Abflussganglinie (Grafik 7) bei einem Stark- und Dauerregen.

Hochwasser als Extremereignis

Natürliche Ursachen

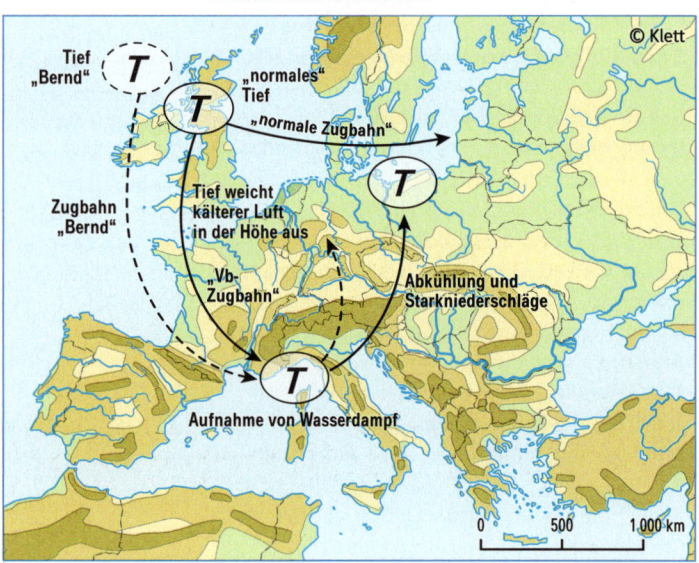

8 Entstehung von sommerlichen Starkniederschlägen in Mitteleuropa infolge der Vb-Zugbahn

Nach Dieter Kasang: Starkregen und Hochwasser in Europa. In: Hamburger Bildungsserver; unter: https://bildungsserver.hamburg.de

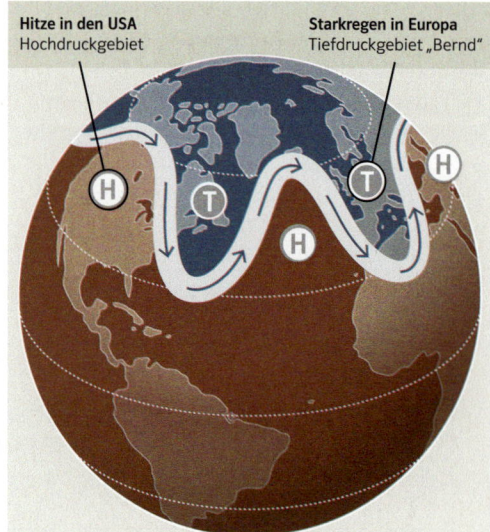

10 Jetstream und Klimawandel

Flutkatastrophe Juli 2021: meteorologische Ursachen
„Kleine Flüsse, die zu reißenden Strömen werden, überflutete Straßen und Häuser soweit das Auge reicht und sogar Todesopfer. In Mitteldeutschland wecken die Bilder aus Nordrhein-Westfalen und Rheinland-Pfalz schlimme Erinnerungen an die Flut-Jahre 2013 und 2002.
Und tatsächlich ist es dasselbe Wetterphänomen, das damals wie heute für extreme Regenfälle und Überschwemmungen sorgt: eine Vb-Wetterlage [...] Aber wie war die Wetterlage in den vergangenen Tagen? Über Osteuropa hängt ein Hochdruckgebiet, sagte Florian Engelmann vom Deutschen Wetterdienst. ‚Von Südosteuropa über das Baltikum bis Russland hat sich eine sehr ausgeprägte Hochdruckzone etabliert.' Diese sogenannte Omega-Lage verhinderte, dass Tiefdruckgebiete weiter nach Osten abziehen konnten. Und so trafen in der Mitte heiße auf kühlere Luftmassen und es entstanden heftige Gewitter. Außerdem hat ein Tief bei Norditalien feuchte Luftmassen aus der Adria nach Deutschland gebracht, die hier wie ein Schwamm ausgepresst wurden. Das Ergebnis war starker Regen über Stunden und Tage.
Die Vb-Wetterlage bezeichnet eine selten auftretende Großwetterlage über Europa, bei der ein Tief von der Adria über den nördlichen Balkan und die Alpen in Richtung Baltikum nach Nordosten abzieht."
kk: Wenn der Starkregen kommt: Klimakrise trifft auf Wetterphänomen. In: mdr.de, Wissen, 16.7.2021; unter: www.mdr.de

9

Jetstream, Klimawandel und Extremereignisse
„Der Jetstream, ein Starkwindband in einigen Kilometern Höhe, steuert die Zugbahn der Hoch- und Tiefdruckgebiete in unseren Breiten [...] Der Antrieb des Jetstreams ist der Temperaturkontrast zwischen dem Nordpol und den Tropen. Durch den Klimawandel erwärmen sich die Pole allerdings derzeit besonders schnell. So kommt der Jetstream ins Stottern und verläuft in größeren Bögen. Hoch- oder Tiefdruckgebiete bleiben deswegen länger an einer Stelle stehen. So bleiben Wetterlagen länger bestehen und das sorgt für mehr Extreme beim Wetter [...] So kann es auch passieren, dass sich ein Tiefdruckkomplex einfach nicht vom Fleck bewegen will [...] Dann ziehen Regengebiete sehr langsam und einzelne Orte bekommen riesige Wassermengen ab.
Nun gehören Sommergewitter und Dauerregen grundsätzlich natürlich zum deutschen Sommer dazu und sind an sich nicht außergewöhnlich. Jedoch häufen sich solch extreme Wetterlagen in Zeiten des Klimawandels."
Jahrhunderthochwasser: Flutkatastrophe gleich Klimakatastrophe? In: wetter.com, 16.7.2021; unter: www.wetter.com

11

---

5 Beschreiben Sie die Vb-Wetterlage und ihre Wirkung.

6 Vergleichen Sie diese Wetterlage mit der Situation bei der Flutkatastrophe im Juli 2021.

Wassermangel und Wasserüberschuss 4

Anthropogene Faktoren

Der Mensch ist nicht Verursacher von Hochwasser. Aber er trägt in vielen Fällen maßgeblich zu dessen Verstärkung und damit zur Vergrößerung der Schäden bei. Schutzmaßnahmen wie der Bau von Deichen können zwar an einer bestimmten Stelle des Flusses das Hochwasser bändigen. Sie können aber flussabwärts die Situation dadurch verschärfen, dass sie die Abflusswelle beschleunigen.

Flächenversiegelung

„Ob aus einem Starkregenereignis eine Hochwasserkatastrophe wird, hängt von mehreren Faktoren ab: Die Niederschlagsmenge ist zwar ein entscheidender, aber nicht der einzige […]

Regnet es tagelang, können die Böden so durchtränkt werden, dass sie kein zusätzliches Wasser mehr aufnehmen. Auch lange Dürreperioden verhindern, dass die Böden effektiv Wasser aufnehmen. Der Überschuss kann zur Flut werden. Wie aufnahmefähig der Boden ist, hängt jedoch auch davon ab, wie er genutzt wird.

‚Wenn wir immer weiter Wiesen, Weiden und Äcker mit Gebäuden und Straßen versiegeln, fließt das Wasser verstärkt an der Oberfläche ab, die Gefahr von Hochwassern steigt,‘ sagt Andreas Rienow, Geograph an der Ruhr-Universität Bochum. Er denkt an die Neubaugebiete, […] die überall aus dem Boden zu wachsen scheinen. Denn Nordrhein-Westfalen ist die Königin unter den Bodenversieglern.

Rund ein Viertel der Flächen sind dort laut Umweltbundesamt für Verkehrs- oder Siedlungszwecke bebaut; elf Prozent so, dass fast gar kein Wasser mehr in den Boden gelangt. Nur in den Stadtstaaten Berlin, Hamburg und Bremen ist noch weniger aufnahmefähiger Grund. ‚Das sind Flächen, die wir eigentlich dringend brauchen, um die Folgen des Klimawandels abzufedern‘, sagt Geograph Rienow."

Theresa Crysmann: Die Flutkatastrophe deckt die Versäumnisse der Politik auf. In: t-online.de, 17.7.2021; unter: www.t-online.de

12

13 Wegfall natürlicher Überschwemmungsflächen

Faktor Gewässerausbau

„Da Ausbaumaßnahmen [Begradigungen] nicht nur an den großen Flüssen, sondern auch an Nebenflüssen […] im Einzugsgebiet durchgeführt wurden, kommt es immer häufiger zu ungünstigen Überlappungen der Hochwasserwellen der Haupt und Nebenflüsse. Der Wegfall natürlicher Überschwemmungsgebiete, […], die Verkürzung der Flussläufe und steigendes Gefälle führten also zu einer frappierenden Reduktion der Laufzeiten der Hochwasserwellen, die heute erheblich schneller, steiler und mit höheren Volumina pro Zeiteinheit abfließen."

Martina Graw: Hochwasser – Naturereignis oder Menschenwerk? Schriftenreihe der Vereinigung Deutscher Gewässerschutz Bd. 66. 3. Auflage Bonn 2005, S. 23

14

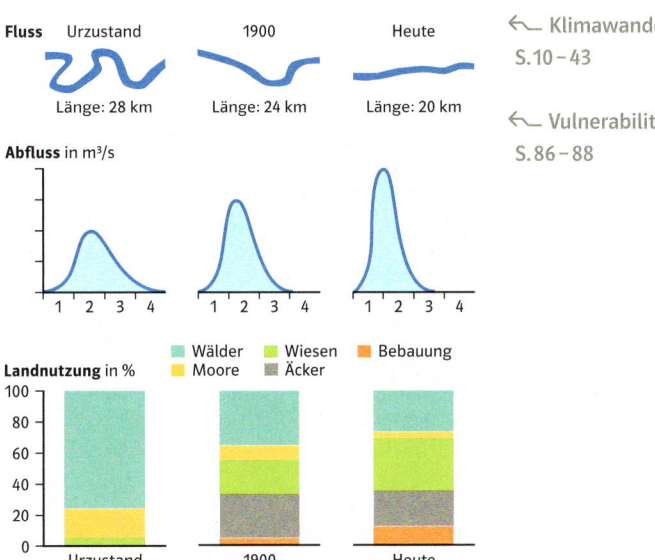

← Klimawandel S. 10–43

← Vulnerabilität S. 86–88

15 Faktoren des Abflussverhaltens

Nach: Martina Graw: Hochwasser – Naturereignis oder Menschenwerk? Schriftenreihe der Vereinigung Deutscher Gewässerschutz Bd. 66. 3. Auflage Bonn 2005, S. 20

---

7 Beschreiben Sie Eingriffe des Menschen, die zu einer Verschärfung von Hochwasserereignissen führen können.

8 Erläutern Sie die Folgen dieser Eingriffe für die Vulnerabilität der betroffenen Regionen.

Schutz vor Hochwasser

Hochwasser lässt sich als Naturereignis nicht verhindern. Aber genauso vielfältig wie seine Ursachen sind auch die Möglichkeiten des Menschen, sich gegen dessen zerstörerische Auswirkungen zu schützen. Lange Zeit standen dabei die technischen Maßnahmen im Mittelpunkt (Übersicht 17). Mehr und mehr setzt sich nun die Erkenntnis durch, dass nachhaltige Lösungen nicht gegen, sondern nur mit der Natur erreichbar sind.

16 Nachhaltiger Hochwasserschutz?

Schadenspotenziale minimieren

„In Gebieten, in denen lang anhaltende, flächenhafte Hochwasser auftreten, ist nicht nur die Überschwemmung selbst eine Gefahr für die Häuser. [Deren] Sicherheit [...] ist auch wegen der Auftriebskräfte des steigenden Grundwasserspiegels gefährdet. Der Wasserdruck erhöht sich, die Sohle und Grundmauern der Häuser werden durch die wachsende Strömung belastet. Dies kann im Extremfall dazu führen, dass Häuser aufschwimmen oder sogar brechen. Daher muss eine vorausschauende Bauplanung die Hochwassergefahr bei der Bemessung aller Gebäudeteile berücksichtigen [...]

Um dem Eindringen des Wassers – sowohl des eigentlichen Hochwassers als auch des Grundwassers oder des Rückstauwassers aus der Kanalisation – und den damit verbundenen Schäden an der Bausubstanz und der Inneneinrichtung vorzubeugen, bietet sich beim Hausbau Verschiedenes an: [...] die Stelzenbauweise, die wasserdichte Ausführung von Kellern, die Abdichtung der Fenster und Türen mit mobilen Wänden, Dammbalken oder die Verwendung wasserbeständiger Baustoffe für Wände oder Bodenbeläge. [...]

Elektrische Installationen und wertvolle Gegenstände sollten die Bewohner höher oder ganz in den oberen Stockwerken an- oder unterbringen."

Umweltbundesamt (Hrsg.): Hochwasser verstehen, erkennen, handeln. Dessau 2011, S. 41–43; unter: www.umweltbundesamt.de

18

Drei Säulen des Hochwasserschutzes

Natürlicher Wasserrückhalt	Technischer Hochwasserschutz	Weitergehende Hochwasservorsorge
– standortgerechte Landbewirtschaftung – flächensparendes Bauen – Ackerflächenstilllegung – Gewässerrenaturierung – Wiedergewinnung von Retentionsflächen – Deichrückverlegung	– Hochwasserrückhaltebecken und Talsperren – Neubau oder Verstärkung von Deichen oder Ufermauern – Vergrößerung der Abflussquerschnitte sowie Anlage von Flutmulden	– Freihaltung von Überschwemmungsflächen im Rahmen der Raumplanung – Stärkung des Wasserrückhaltes in der Fläche („Breitwasser statt Hochwasser") – Hochwasserwarndienst – Alarm- und Einsatzpläne der Kommunen und des Katastrophenschutzes – hochwasserangepasstes Bauen, Wohnen, Leben – Hochwasserversicherung

Nach Martina Graw: Hochwasser – Naturereignis oder Menschenwerk? Schriftenreihe der Vereinigung Deutscher Gewässerschutz Bd. 66. 3. Auflage Bonn 2005, S. 54 (verändert)

17

Aktuelle Hochwasserlage

🕐 18.11.2021 09:22

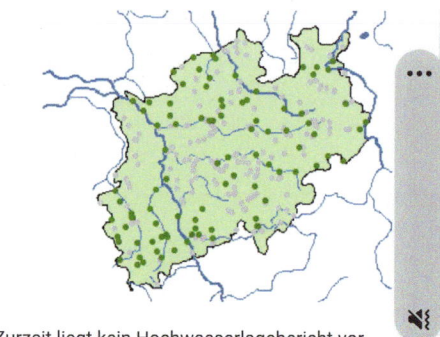

Zurzeit liegt kein Hochwasserlagebericht vor

19 Länderübergreifendes Hochwasserportal

Das Länderübergreifende Hochwasserportal informiert seit 2015 über Hochwasserwarnlagen in Deutschland und der Schweiz sowie der grenznahen Region aller deutschen Nachbarländer. Die Informationen sind auch über eine App („Meine Pegel") verfügbar.

Hochwasservorsorge aus der Perspektive unterschiedlich Betroffener

Ein Deich soll weichen

„Diskutiert wird die Rückverlegung von Deichen an der niedersächsischen Elbe schon seit Jahren, jetzt hat das Land ein konkretes Gebiet ins Auge gefasst: den Elbabschnitt zwischen Bleckede und Radegast. Im Gespräch ist eine Ausdeichung von mindestens 100, eher 140 Hektar [...], betroffen wären neben dem Hartholz-Auwald der Landesforsten verschiedene landwirtschaftlich genutzte Ackerflächen. Ob die Maßnahme tatsächlich umgesetzt wird, ist derzeit zwar noch offen. Erste betroffene Bauern machen aber schon unmissverständlich klar: Sie werden ihre Flächen nicht kampflos aufgeben.

Die Trägerschaft für das Projekt übernommen hat der Artlenburger Deichverband. ‚In unserem Auftrag wird jetzt der Niedersächsische Landesbetrieb für Wasserwirtschaft, Küsten- und Naturschutz (NLWKN) eine Machbarkeitsstudie erstellen‘, sagt Deichhauptmann Hartmut Burmester."

Ein Deich soll weichen. In: landeszeitung.de, 23.5.2016; unter: www.landeszeitung.de

21 Der Deich zwischen Bleckede und Radegast. Im Hintergrund links das Waldstück, bis zu dem die Rückverlegung des Deiches geprüft werden soll.

20

Mögliche Argumentation der Betroffenen

– Land Niedersachsen und die Gemeinde: „Wir wollen der Elbe mehr Raum geben und womöglich die nächste Hochwasserkatastrophe verhindern ..."

– Landwirte: „Wir müssten auf einen beträchtlichen Teil unserer bewirtschafteten Betriebsflächen verzichten und Ersatzflächen gibt es nicht. ..."

– Anwohner in Bleckede und Radegast: „Der Deich rückt näher ans Dorf, die Elbe dringt weiter in die Fläche vor, es besteht die Gefahr einer Vernässung unserer Keller ..."

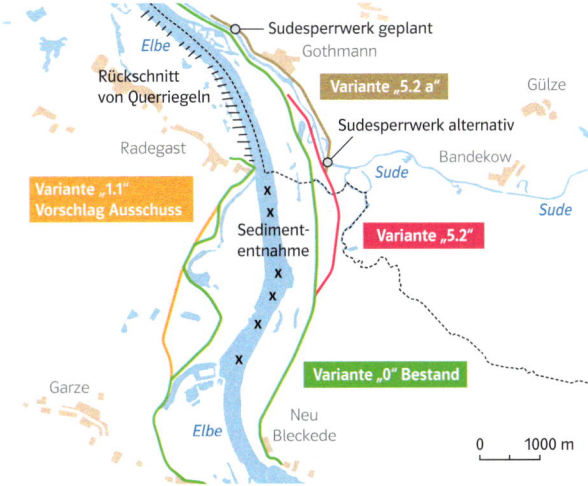

22 Vom Bauausschuss der Stadt Bleckede favorisierte Varianten der Deichtrassen, 9.11.2020
(Variante 1.1 nur zusammen mit Variante 5.2; ohne 5.2 bleibt nur Variante 0.0 mit Ertüchtigung des Bestandsdeiches)

– Naturschützer: „Die Deichrückverlegung gibt der Elbe ihre natürlichen Überflutungsflächen zurück und verbessert den Lebensraum zahlreicher Tier- und Pflanzenarten ..."

9 Ordnen Sie die Hochwasserschutzmaßnahmen dieser Doppelseite in die Übersicht 17 ein.

10 Erläutern Sie die Auswirkungen solcher Maßnahmen auf die Faktoren des Vulnerabilitätskonzeptes.

11 Untersuchen Sie Hochwasserschutzmaßnahmen an einem Fließgewässer in Ihrem Heimatraum.

12   Diskutieren Sie – ggf. im Rahmen eines Rollenspiels – die Positionen der Betroffenen gegenüber dem Projekt einer Deichrückverlegung (Materialien S. 131, Internetrecherche).

13 Erstellen Sie auf der Grundlage einer Recherche eine Übersicht über die weitere Entwicklung dieses Projektes.

← Vulnerabilität
S. 86–88

Überschwemmungen in Monsungebieten – Beispiel Bangladesch

Überschwemmungen: Segen und Fluch

„Wenn die Erde trocken riecht und sich dichte, graue Wolken über unserem Dorf zusammenbrauen, weiß ich, dass es heftig regnen wird', sagt Saleha Begum, eine Bäuerin im Kurigram-Distrikt im Nordwesten von Bangladesch. Für Saleha und unzählige andere im berühmten ‚Land der Flüsse' sind es Zeichen des Unheils, denn ihre Lebensgrundlagen hängen von den Flüssen ab. Der letzte Monat hat das auf dramatische Weise gezeigt: Sintflutartige Überschwemmungen haben Häuser weggespült und mehr als sieben Millionen Menschen aus den Distrikten Kurigram, Jamalpur und Gaibandha vertrieben. Viele warten in Notunterkünften, provisorischen Camps oder aufgeschütteten Dämmen, dass der Wasserspiegel wieder sinkt.

‚Die Regenfälle ließen nicht nach und ich hörte den Fluss über das Ufer strömen. In diesem Augenblick wusste ich, dass Hochwasser kommen wird', sagt Feroze, ein dreifacher Vater, der wie Saleha Reis, Mais und Gemüse anbaut. ‚Ich nahm meine Kinder und flüchtete in höher gelegene Gebiete.' [...]

‚Der Fluss ist unser Segen und Fluch zugleich', sagt Saleha. ‚Wenn es den Fluss nicht gäbe, hätten wir nicht überlebt. Unsere Felder wären ausgetrocknet und wir hätten nichts zu essen. Aber der Fluss ist auch wie ein Fluch – wenn es regnet und es dann Überschwemmungen gibt, wird alles, was wir besitzen, von der Flut weggerissen."

WFP Deutsch: Im Land der Flüsse den Stürmen standhalten. In: Kontext. Der Blog des UN World Food Programme (WFP), 28.8.2019; unter: https://kontext.wfp.org

23

Bangladesch
(Stand 2020)

Einwohner: 170 Mio.

Fläche: 147 570 km² (mehr als doppelte Größe Bayerns)

Bevölkerungsdichte: 1151 E/km² (dichtest besiedelter Flächenstaat der Erde)

Schichtfluten
Flächenhafter Abfluss nach starken Niederschlägen bei geringem Oberflächengefälle mit Mächtigkeiten des abfließenden Wassers von bis zu 20 cm.

← tropische Wirbelstürme S. 27/28

Der überwiegende Teil von Bangladesch besteht aus einem reliefarmen Küstentiefland. In der im Südosten gelegenen Region Chittagong allerdings steigen steil aufragende Hügel- und Bergketten bis in Höhen von 1000 m an.

Bei den immer wieder auftretenden Überschwemmungen müssen drei Überflutungstypen unterschieden werden:
– Monsunfluten von Juli bis September als Folge intensiver Niederschläge und aufgrund der Schneeschmelze im Himalaya;
– Schichtfluten von März bis Mai sowie von September bis Oktober als Ergebnis lokaler Starkregen in benachbarten Bergregionen;
– weitläufige Überschwemmungen im Gefolge tropischer Wirbelstürme mit bis zu 10 m hohen Sturmwellen im Küstenbereich.

24 Bangladesch: überschwemmtes Dorf während des Monsuns

25 Bangladesch: Nutzung und Überschwemmungsgefahren

4 Wassermangel und Wasserüberschuss

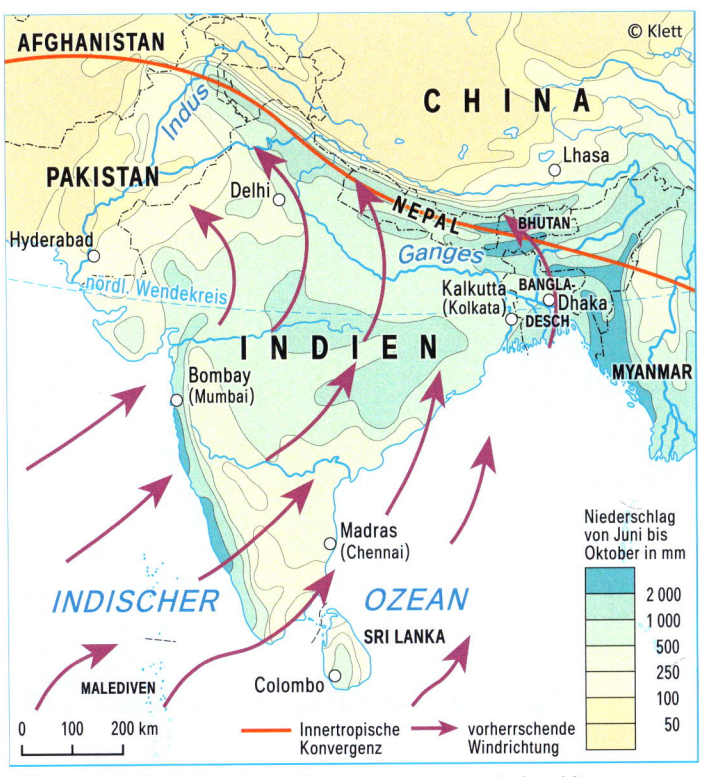

26 Der indische Subkontinent: Sommermonsun und Niederschläge

Lebenswichtige Überflutungen

„Durch die alljährlichen Überflutungen im aktiven Delta werden jedes Jahr ca. 1,5–2 Mrd. t fruchtbarer Schlamm in den Floodplains angelagert. Diese natürliche Düngung [schafft] eine der fruchtbarsten Schwemmlandebenen der Erde und ist wesentlich für das Auskommen der Kleinbauern in der Deltaregion. Hier wird während des Südwestmonsuns [...] auf den Feldern Amman-Reis angebaut, eine Reissorte, die mit steigendem Wasserstand heranwächst und am besten auf tief überfluteten Flächen gedeiht.

Zudem werden durch die alljährlichen Überschwemmungen riesige zusammenhängende Wasserflächen gebildet und Feuchtgebiete am Leben erhalten, die ideale Brut- und Aufzuchtsstätten für Fischlarven und Jungfische sind. Diese tragen zur Biodiversität und zum Fischreichtum der Region bei, von dem zahlreiche Menschen abhängig sind."

Heidrun Mateijka: Leben mit dem Wasser: Überflutungsgefährdung und -management in Bangladesh. In: Rüdiger Glaser und Klaus Kremb (Hrsg.): Asien. Darmstadt 2007, S. 162

28

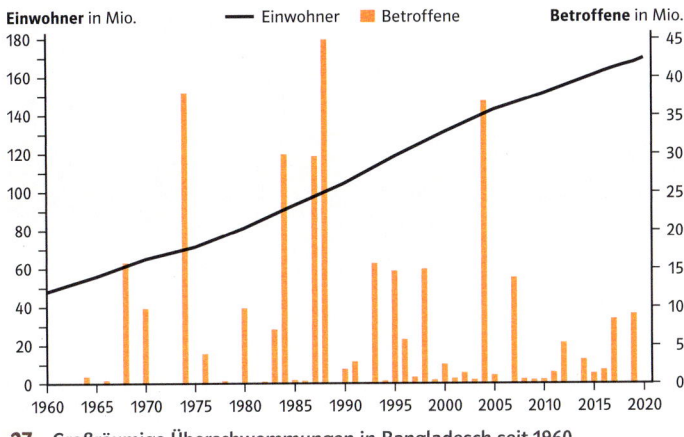

27 Großräumige Überschwemmungen in Bangladesch seit 1960

Daten nach International Disaster Database, www.emdat.be; Deutsche Stiftung Weltbevölkerung, diverse Datenreports, www.dsw.org

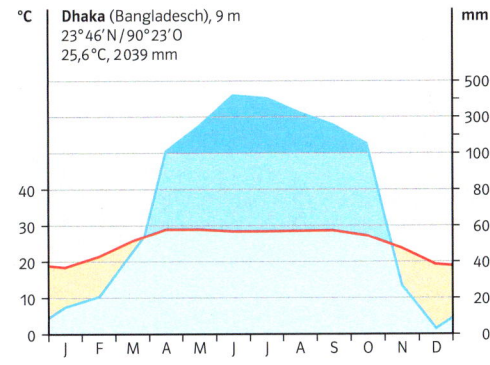

29 Klimadiagramm von Dhaka

---

14 Charakterisieren sie die Lebenssituation der Menschen in einem Monsungebiet (Foto und Text 23).

15 Beschreiben Sie den Naturraum in Bangladesch (Relief, Hydrologie).

16 Stellen Sie die naturbedingten Ursachen der Überschwemmungen in Monsungebieten dar.

17 „Überschwemmungen bringen Leben und Tod." Erläutern Sie diese Aussage.

30 Garnelen aus Bangladesch – bei uns frisch auf den Tisch

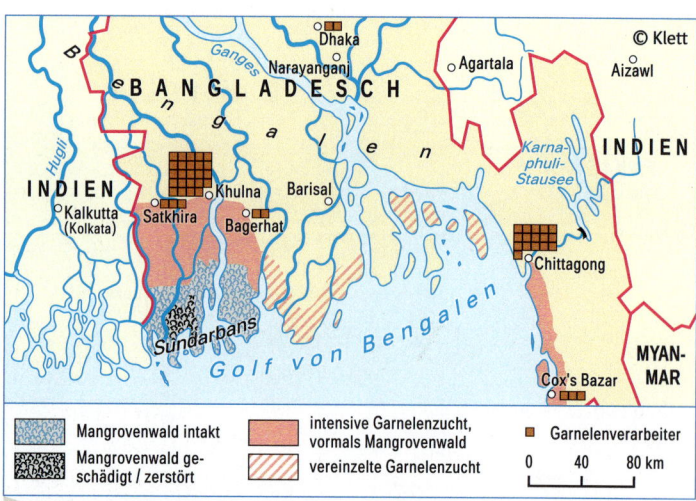

32 Garnelenzucht im südlichen Bangladesch (jährlicher Rückgang der Mangrovenwälder seit 2010: 2,5 %)

Nach Christian Dietsche: Garnelen aus Bangladesch im Weltmarkt. In: Geographische Rundschau Nr. 62/2010, S. 34 ff.

Der Faktor Mensch

Wie in Südasien insgesamt nimmt auch in Bangladesch mit wachsender Bevölkerungsdichte die Intensität der Landnutzung zu. Das gilt sowohl für den Siedlungsbau als auch für den Anbau wichtiger Grundnahrungsmittel wie Reis. Zudem haben sich bestimmte Agrarprodukte zu ausgesprochenen Exportschlagern entwickelt. In Bangladesch sind das die tropischen Garnelen. Steigende Nachfrage auf dem Weltmarkt aufgrund veränderter Konsumgewohnheiten und hohe Abnahmepreise führten zur großflächigen Ausweitung von Shrimp-Farmen im Gangesdelta. Das aber ging vielfach zulasten des Reisanbaus oder auch der Mangrovenwälder, die großflächig gerodet wurden.

Erschließung von Siedlungs- und Wirtschaftsräumen: ökologische Folgen

„Die [...] kulturlandschaftliche und wirtschaftliche Erschließung küstennaher Räume hat in den vergangenen Dekaden zu einer weitgehenden Degradation der natürlichen Küstenökosysteme geführt. [...] Längst haben sich im Bereich der asiatischen Deltas Megacities ausgebreitet und den primären Sektor weitgehend verdrängt. Problematisch ist dieser Prozess insbesondere vor dem Hintergrund der Versiegelung ertragreicher Böden und der nahezu vollständigen Vernichtung der ursprünglichen Küstenvegetation. Nur noch regional begrenzt finden sich Altbestände der natürlichen Vegetation tropischer Salzmarschen und der sumpfigen Überschwemmungsniederungen, die an vielen Orten durch Aquakulturen, Reisfelder oder die Ausweitung der Siedlungs- und Industrieflächen verdrängt wurden.

Damit einhergehend werden die natürlichen Georisiken wie Erosion, Überschwemmung und Sturmeinwirkung zunehmend durch anthropogene Nutzungen direkt und indirekt verstärkt. Insbesondere in Bezug auf die Auswirkungen tropischer Wirbelsturmereignisse ist die Vulnerabilität der dicht besiedelten Deltagebiete [...] deutlich gestiegen. Die Reduzierung der Waldbedeckung bedeutet den Verlust des natürlichen Küstenschutzes. Ursächlich damit in Zusammenhang stehen höhere Windgeschwindigkeiten durch die Herabsetzung der Oberflächenrauigkeit und das raschere und tiefere Eindringen von Sturmflutwellen ins Hinterland.

Problematisch ist auch der Bau von Staudämmen im Mittel- und Oberlauf der Flüsse, da dies mittelfristig zu einer Reduzierung der Sedimenteinträge im Unterlauf führt. Dammkonstruktionen und Wasserentnahmen sind verbunden mit deutlich reduzierten Abflussraten der Flüsse im Mündungsbereich, sodass in den tidebeeinflussten Zonen der asiatischen Deltas die Salinität in erheblichem Maße ansteigt."

Gregor C. Falk: Deltagebiete Asiens. In: Geographische Rundschau Nr. 68/2016, S. 6 f.

31

4 Wassermangel und Wasserüberschuss

33 Intakter Mangrovensaum an der Küste der Sundarbans

35 Garnelenfarmen statt Mangrovenwald

1. Garnelenproduktion in Bangladesch: Ausweitung der Aquakultur-Flächen im Küstenraum von ca. 165 000 ha (2005) auf 275 000 ha (2013) Hauptabnehmer: Westeuropa, USA

2. Noch vor zehn Jahren waren Riesengarnelen eine teure Delikatesse. Heute kostet eine tiefgefrorene 20-Stück-Packung Black Tiger King Prawns beim Discounter nur noch ein paar Euro.

3. Philip Gain: "Chokoria Sundarban is sad tale for us ... It was a mangrove forest ... You know that forest was destroyed to carry out shrimp cultivation."

4. Die Auswirkungen von Stürmen im Bereich der tropischen Küstengebiete werden vom Mangrovenurwald gemindert. Windgeschwindigkeiten werden durch die Wälder deutlich reduziert.

5. In Bangladesch arbeiten direkt und indirekt ungefähr 10 Mio. Menschen in der Garnelenzucht. Tiefkühlkost ist nach Kleidung der zweitwichtigste Exportzweig des Landes. Garnelen machen 80 % der exportierten Tiefkühlwaren aus.

6. Mangrovenwälder beherbergen eine vielfältige sowie einzigartige Flora und Fauna.

7. In Deutschland ist der Pro-Kopf-Verbrauch von Garnelen in den letzten zehn Jahren um das Dreifache angestiegen. Früher galten Garnelen als kostbare Luxusware, heute findet man sie im Kühlfach der Discounter für ein paar Euro.

8. Die Sundarbans bildeten einst den größten Mangrovenwald der Erde. 1987 wurden sie aufgrund der Einzigartigkeit von der UNESCO zum Weltkulturerbe erklärt.
Heute existiert nur noch ein kleiner Rest der inzwischen abgeholzten Wälder.

9. Seit vielen Jahrhunderten werden Garnelen an den Küsten Asiens gezüchtet: Mit Gezeiten und Überschwemmungen gelangten Garnelenlarven in die Reisfelder, wo sie kultiviert wurden. Fisch- und Garnelenfang bildeten eine wichtige Ergänzung der Nahrungspalette. Anfang der 1980er-Jahre stieg die weltweite Nachfrage nach Garnelen stark an, die industrielle Zucht der Tiere begann.

10. Mangroven haben eine große Bedeutung für die Küstenmorphologie. Sie bremsen die Erosion und tragen zur verstärkten Sedimentation bei.

11. Aus dem Prospekt eines deutschen Garnelenlieferanten:
„Wir importieren für Sie ein umfangreiches Sortiment direkt aus den Ursprungsländern. Ein Netz von Lieferanten sichert die jederzeitige Verfügbarkeit bei gleichbleibender Qualität. Unsere Produktpalette umfasst auch Black-Tiger-Garnelen aus Aquakulturen in Bangladesch, Indien, Vietnam."

12. Die Anlage von Deichen und Dämmen bedeutet eine große Herausforderung, da sämtliche Gewässer ständig ihren Lauf verändern. Eine vollständige Eindeichung wie in den Niederlanden ist unter den gegebenen geomorphologischen und finanziellen Rahmenbedingungen unmöglich.

13. Bangladeschs Wirtschaft 2021:

Sektoren	BIP
Landwirtschaft	13 %
Industrie	30 %
Dienstleistungen	57 %

34 Zusammenhang zwischen dem Rückgang der Mangrovenwälder und der Garnelenproduktion und -konsumption?
Verändert und ergänzt nach Gregor C. Falk: Bangladeschs Küste – Lebens- und Wirtschaftsraum unter Druck. In: Praxis Geographie, 40/2010, S. 36–38; Fischer Weltalmanach, diverse Jahrgänge

---

18 Arbeiten Sie die durch den „Faktor Mensch" bedingten Ursachen der Überschwemmungen heraus.

19 Wir Deutschen gönnen uns zunehmend exotische Delikatessen wie Garnelen. In Bangladesch kommt es immer häufiger zu Überschwemmungskatastrophen. Besteht zwischen beiden Entwicklungen ein Zusammenhang?
Erstellen Sie zur Beantwortung dieser Frage ein Wirkungsgefüge mit den Info-Kärtchen in Material 34.

4.3 Vom Menschen beeinflusster Wasserkreislauf

In diesem Kapitel haben Sie einige Beispiele kennengelernt, wie der Mensch in den natürlichen Wasserkreislauf eingreift und welche Folgen diese Eingriffe haben können. Dabei unterscheidet man zwischen Eingriffen, die unmittelbare Auswirkungen auf den Wasserkreislauf haben, und Eingriffen, die indirekte Folgen für den Wasserkreislauf haben, wie die Auswirkungen des Klimawandels, die z. B. zu einem Erlahmen des Jetstreams führen.

← Jetstream
S.128

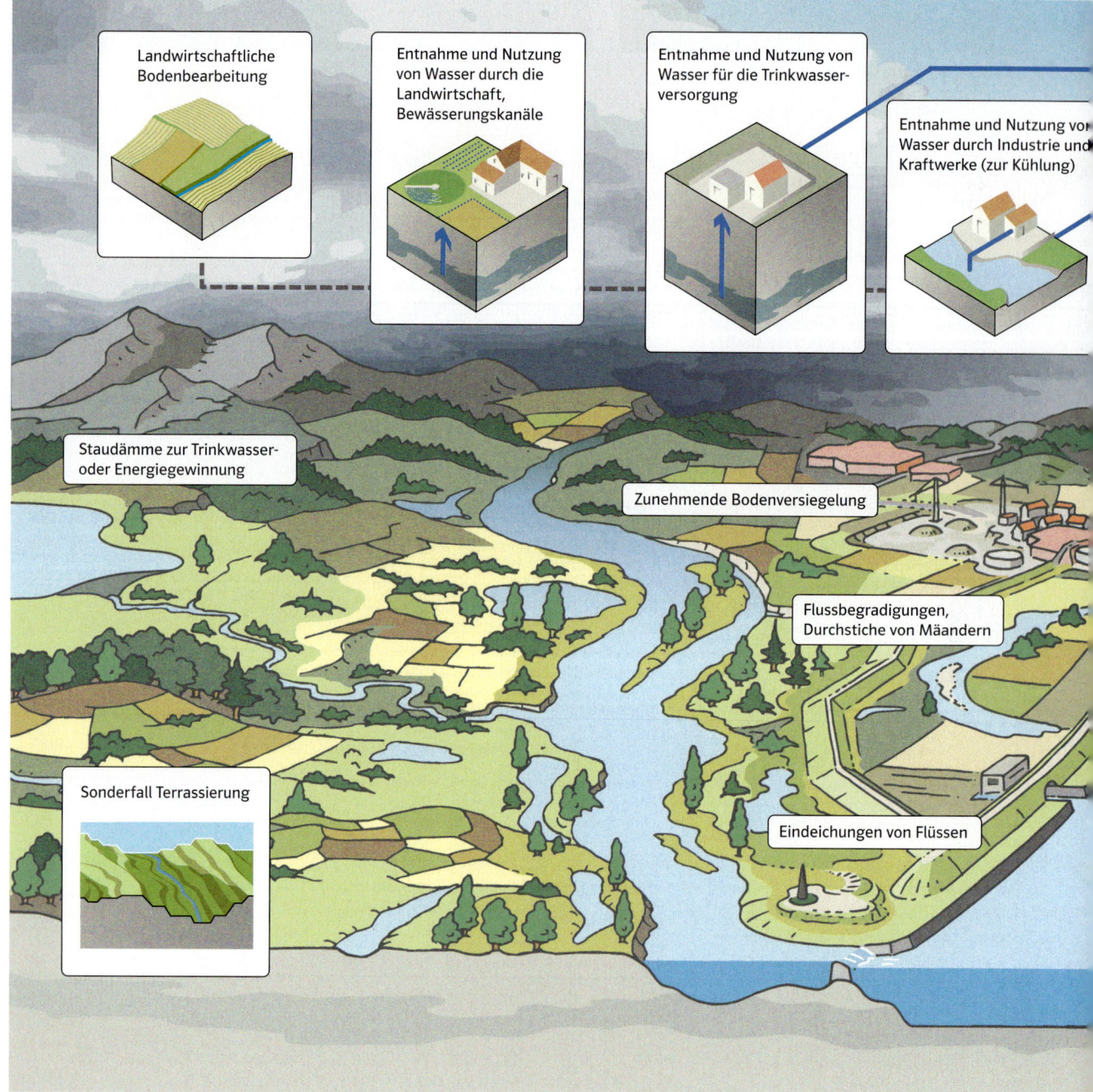

1 Vom Menschen beeinflusster Wasserkreislauf

4 Wassermangel und Wasserüberschuss

1

In der Grafik sind verschiedene Eingriffe des Menschen in den natürlichen Wasserkreislauf dargestellt. Erläutern Sie zu jedem der dargestellten Eingriffe mögliche Auswirkungen auf den Wasserkreislauf.

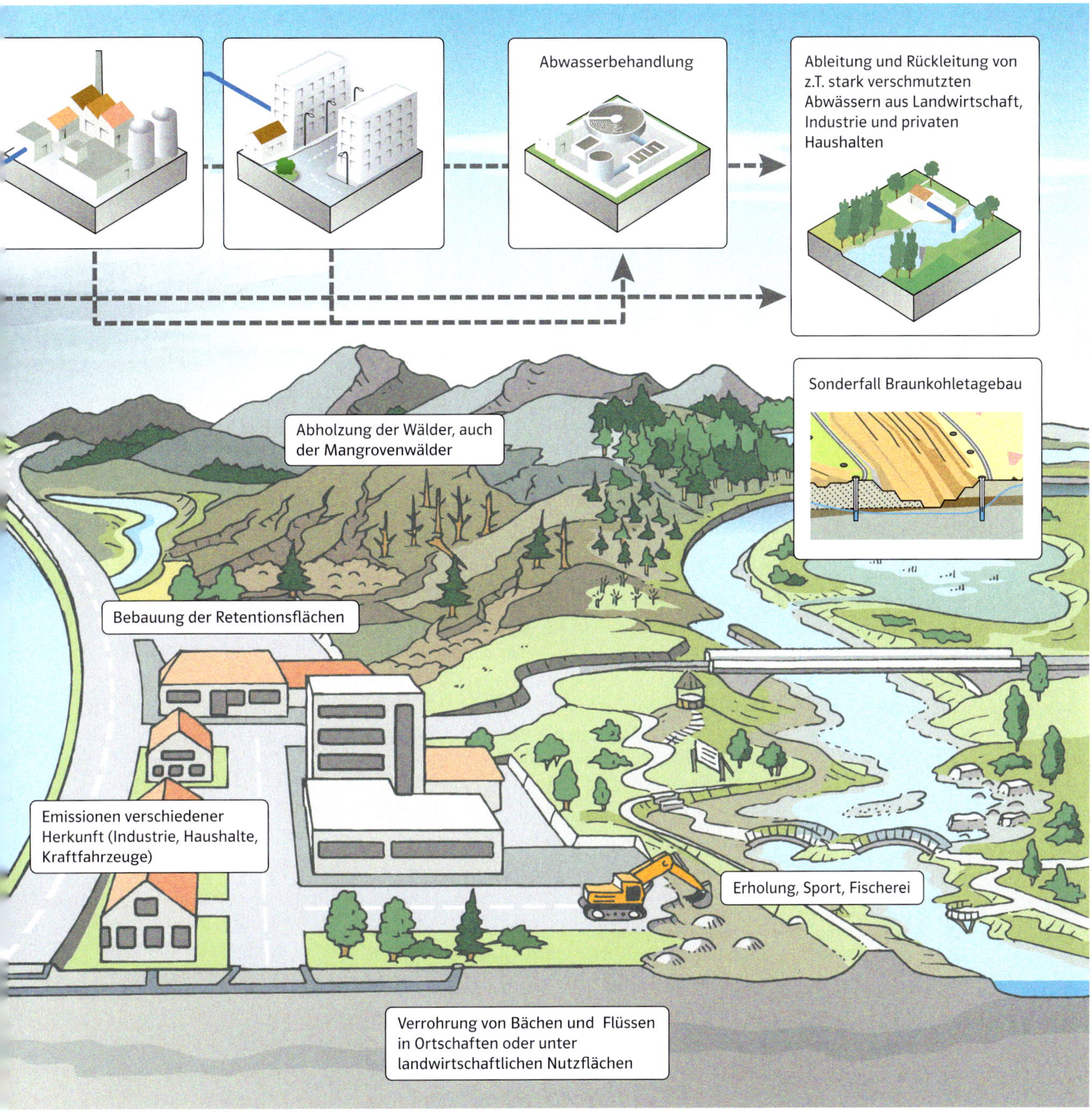

4.4 Wassermangel – was geht das mich an?

Auf den ersten Blick erscheint es paradox: Zwei Drittel unserer Erde sind von Wasser bedeckt, gleichzeitig wird das Trinkwasser knapp. Tatsächlich ist das „blaue Gold" eines der knappsten Güter der Welt. Wie Sie selbst dazu beitragen können, die Ressource Wasser möglichst schonend zu verwenden, erfahren Sie hier.

1

5

35 Badewannen täglich!

„Die Deutschen haben im Vergleich zu anderen Industrieländern einen geradezu vorbildlich niedrigen realen Wasserverbrauch. Doch es gibt noch einen anderen Wasserverbrauch, der im Verborgenen liegt: der virtuelle. [...]
Das Konzept des virtuellen Wassers beruht auf der Idee, dass jedes Produkt – egal ob landwirtschaftlich oder industriell – für seine Herstellung eine bestimmte Menge Wasser benötigt. So wird bei der Herstellung eines Brotes der Wasserverbrauch mit eingerechnet, den das Getreide für sein Wachstum benötigt.

Mehr als 70 Prozent des Wassers wird weltweit für die Herstellung von Nahrungsmitteln verbraucht. Der Rest verteilt sich auf industrielle Güter und den persönlichen Wasserbedarf. Der virtuelle Wasserkonsum in den Industrieländern ist deutlich höher als in den Ländern der Dritten Welt. Das liegt vor allem daran, dass die Industrieländer viele Nahrungsmittel aus ärmeren Ländern importieren, in denen die Landwirtschaft meist sehr bewässerungsintensiv ist.
Im Großen und Ganzen verbrauchen tierische Produkte deutlich mehr Wasser als pflanzliche Nahrungsmittel. Da wir in Deutschland viel Fleisch und Milcherzeugnisse zu uns nehmen, ist der virtuelle Wasserverbrauch dementsprechend hoch.
Ein niederländischer Professor für Wassermanagement, Arjen Hoekstra, hat 2002 den Begriff des ‚Wasserfußabdrucks' geprägt und ihn für einzelne Länder ausgerechnet. Demnach verbraucht ein Deutscher jeden Tag durchschnittlich 5 300 Liter virtuelles Wasser. [Diese Menge entspricht einem Wert von 35 vollen Badewannen täglich.]"

Tobias Aufmkolk: Der persönliche Wasserfußabdruck. In: Planet Wissen, 22.3.2021; unter: www.planet-wissen.de

2

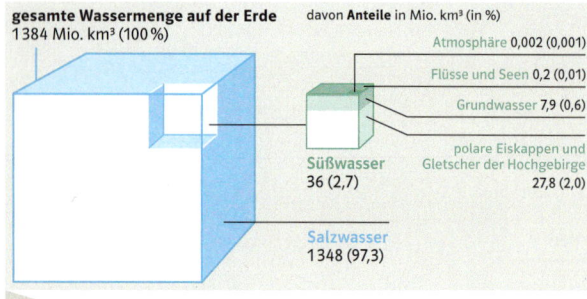

gesamte Wassermenge auf der Erde
1 384 Mio. km³ (100 %)

davon **Anteile** in Mio. km³ (in %)
- Atmosphäre 0,002 (0,001)
- Flüsse und Seen 0,2 (0,01)
- Grundwasser 7,9 (0,6)
- polare Eiskappen und Gletscher der Hochgebirge 27,8 (2,0)

Süßwasser 36 (2,7)
Salzwasser 1348 (97,3)

3 Wasserverteilung auf der Erde

insgesamt 125 l
davon (in l) für …

- 45 Baden, Duschen, Körperpflege
- 34 Toilettenspülung
- 15 Wäsche waschen
- 8 Reinigung, Autopflege, Garten
- 8 Geschirr spülen
- 5 Essen, Trinken

4 Trinkwasserverbrauch je Einwohner in Deutschland 2019
Daten nach Statista; unter: https://de.statista.com

| Linktipp |
| Wasserfußabdruck-Rechner |
| v72z2a |

4 Wassermangel und Wasserüberschuss

Wasserfußabdruck ausgewählter Länder	
Land	Liter/Kopf und Jahr
USA	7 800
Spanien	6 700
Kasachstan	6 500
Brasilien	5 600
Türkei	4 500
Deutschland	3 900
Japan	3 800
Indien	3 000
China	2 900

Daten nach: Water Footprint Network; unter: https://waterfootprint.org

9

6 Wasserverbrauch bei der Herstellung ausgewählter Produkte des Alltags

10 Wasserspar-Regeln

Durch verschiedene, leicht umzusetzende Wasserspar-Maßnahmen schonen Sie nicht nur die wertvolle Ressource Wasser, sondern gleichzeitig auch noch den eigenen Geldbeutel.

1. Duschen statt Baden.
2. Zahnputzbecher benutzen.
3. Wasser bei Händewaschen, Duschen oder Zähneputzen nur laufen lassen, wenn man es braucht.
4. Wassersparende Duschköpfe und Wasserhähne einbauen.
5. Tropfende Wasserhähne reparieren.
6. WC-Spartaste benutzen.
7. Geschirrspüler statt Handwäsche.
8. Weniger Fleisch essen.
9. Morgens den Garten bewässern.
10. Mit Regenwasser bewässern.

7

8

---

1 Beschreiben Sie den Wasserverbrauch Ihrer Familie im Laufe eines Tages.

2 Erklären Sie den Begriff „virtuelles Wasser".

3 MK Überprüfen Sie Ihren Beitrag zum globalen Wasserverbrauch, indem Sie Ihren eigenen Wasserfußabdruck berechnen (Terra-Code).

4 Arbeiten Sie Ihre Möglichkeiten zur Einsparung von Wasser (virtuell sowie im direkten täglichen Gebrauch) heraus.

5 Nehmen Sie Stellung zur Karikatur 5.

6 MK Recherche: Stellen Sie Intention und Projektideen der Organisation „Viva con Agua" in Form einer Präsentation vor.

Vernetzung

Wichtige Begriffe

- Aue
- Bewältigungskapazität
- Dürre
- Forstwirtschaft
- globaler Wasserkreislauf
- Hochwasser
- Jetstream
- Monsun
- Renaturierung
- Retentionsraum
- Sponge City (Schwammstadt)

Wissen vernetzen

Zusammen mit anderen Naturfaktoren schafft der Wasserkreislauf wesentliche Grundlagen für die Ausbildung von Landschaftszonen und Lebensräumen. Weichen in einer Region die Höhe und zeitliche Verteilung der Niederschläge von den langjährigen Mittelwerten in starkem Maße ab, sind Dürre- oder Flutkatastrophen die Folge. Besonders gefährdet sind Küstengebiete vor allem in tropisch-subtropischen Regionen. Wirbelstürme bringen Starkregen und Fluthochwasser, der Meeresspiegel steigt als Folge des Klimawandels.

Der Mensch verschärft durch seine Siedlungs- und Wirtschaftsweise die Ursachen und Folgen von Dürre und Flut. Er dringt in Trockengebiete ein und erzeugt Desertifikation, er beutet Grundwasservorräte aus und verstärkt damit den Wassermangel, er begradigt Flüsse und erhöht durch den schnelleren Abfluss die Hochwasserfolgen am Unterlauf.

Die einzelnen Lebensräume weisen gegenüber diesen Naturrisiken eine unterschiedliche Vulnerabilität auf. Sie ist in erster Linie von der Siedlungsdichte, der infrastrukturellen Ausstattung, dem wirtschaftlichen Entwicklungsstand und der Finanzkraft abhängig. Gegenüber einer Dürre weist Deutschland eine höhere Resilienz, Bewältigungskapazität und Anpassungsfähigkeit auf als der Raum Chennai. Gleiches gilt für Hochwasserkatastrophen, die Mitteleuropa oder ein Monsungebiet wie Bangladesch treffen.

Es ist eine der globalen Herausforderungen, durch eine nachhaltigere Lebens- und Wirtschaftsweise die Ursachen von Dürre und Flut zu bekämpfen und deren Schadensfolgen einzudämmen.

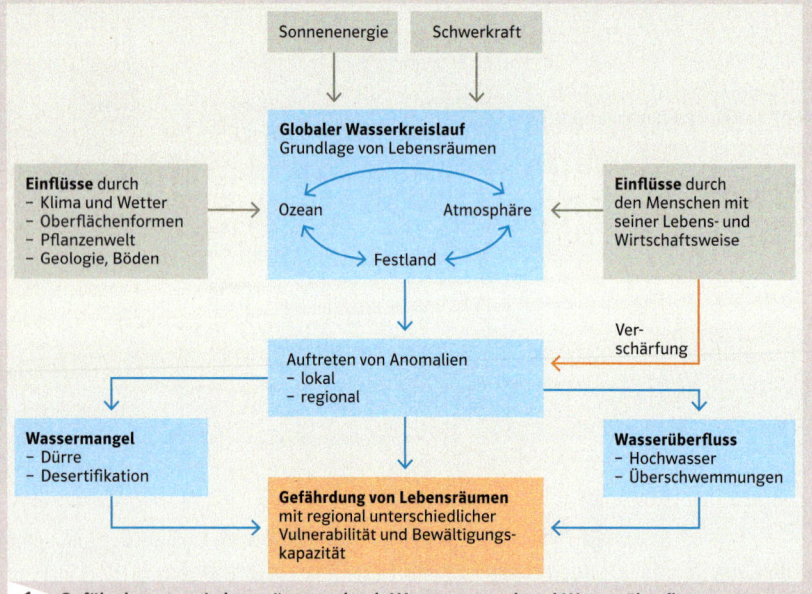

1 Gefährdung von Lebensräumen durch Wassermangel und Wasserüberfluss

Wenn Sie alle Seiten dieses Kapitels bearbeitet haben, können Sie ...

- Ursachen und Auswirkungen von Dürren erläutern;
- das Konzept der Sponge City beschreiben;
- Eingriffe des Menschen in den Wasserkreislauf darstellen;
- Ursachen und Folgen von Hochwasserkatastrophen erläutern;
- Maßnahmen der Hochwasservorsorge aus verschiedenen Perspektiven beurteilen.

Klausuren trainieren

Baustein 4: Wissen verknüpfen

In einer Klausur benötigen Sie zum einen die Fähigkeit, verschiedenen Materialien relevante Informationen zu entnehmen und diese zusammenfassend darzustellen. Zum anderen geht es vor allem darum, die entnommenen Informationen aufeinander zu beziehen und fachlich richtig miteinander zu verknüpfen. Nur so lassen sich Einzelaspekte in größeren Zusammenhängen verdeutlichen. Ein bloßes „Abarbeiten" oder eine reine Reproduktion der Materialien ist also zu vermeiden.

Folgende Tipps können Ihnen bei der Verknüpfung von Materialaussagen helfen:
Dazu erstellen Sie am besten eine Tabelle:
In der Regel kann man davon ausgehen, dass die Anordnung der Materialien im weitesten Sinne der Aufgabenfolge entspricht. In Ihrer Tabelle halten Sie diese Zuordnung fest.
– Beschreiben Sie nicht jedes Material im Detail. Das würde sehr viel Zeit kosten und oft tragen diese Textteile nichts zur Aufgabenlösung bei. Tragen Sie stattdessen die wesentlichen Kernaussagen der Materialien in eine weitere Spalte der Tabelle ein. Behalten Sie dabei aber stets das Thema bzw. die Aufgabenstellung im Blick.
– In einer weiteren Spalte der Tabelle können Sie nun die Verknüpfungsmöglichkeiten der einzelnen Materialien mit anderen herausstellen und kurz den Zusammenhang zwischen den Materialien festhalten.
– Bringen Sie nun die einzelnen Aspekte in eine für Sie sinnvolle Ordnung und überlegen Sie, mit welchem Aspekt Sie anfangen möchten. Wenn Sie im Rahmen der Ausformulierung nun einen Aspekt Ihrer Tabelle abgearbeitet haben, machen Sie einen Haken hinter die Zeile. So vermeiden Sie Dopplungen und behalten gleichzeitig die Übersicht, welche Aspekte Sie bereits dargelegt haben und welche noch nicht.

Sprachhilfen, um die Verknüpfung zwischen den Materialien deutlich zu machen:
– *Dies erkennt man ebenfalls in ...*
– *Diese Entwicklung kann mithilfe von Mx erklärt werden.*
– *Diese Aussage steht im Zusammenhang mit/ allerdings im Widerspruch zu ...*
– *Hieraus folgt ...*
– *Als Ursache für ... kann Mx herangeführt werden.*
Begründung: denn, weil, da, zumal, deshalb, deswegen, darum, weshalb, weswegen, nämlich, wegen, aufgrund, aus diesem Grund, ist die Folge von
Gegenüberstellung: aber, sondern, doch, jedoch, während, indessen, dagegen, wogegen, dennoch, einerseits ... andererseits, zum einen ... zum anderen, hingegen, vielmehr, umgekehrt, Gegenteil von, Gegensatz zu, zwar ... aber, obwohl, obgleich, obschon, wenn ... auch, auch wenn, trotz allem, trotzdem, dennoch, gleichwohl

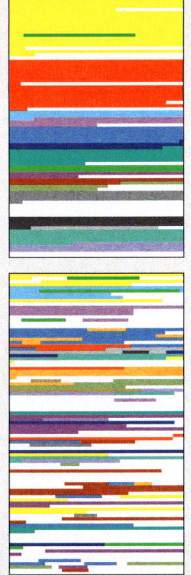

3 Zwei Klausurseiten im schematischen Vergleich.
Die Grafik verdeutlicht schematisch die unterschiedliche Qualität zweier Klausuren: Die Verwendung eines Arbeitsmaterials im Klausurtext ist durch unterschiedliche Farben gekennzeichnet. Die untere Klausur wurde deutlich besser bewertet als die obere.
Dorothea Wiktorin u.a.: Zwischen Materialschlacht und Reproduktion: Schriftliche Zentralabituraufgaben Geographie im Bundesländervergleich und erste Erkenntnisse zu Schülerleistungen. In: Geographie und Schule, 35 (206), 2013, S. 4–14

2

Material	hilft bei Aufgabe	wesentliche Aussagen	steht in Verbindung mit	Zusammenhang	So könnte es in der Klausur sein
M4	1	Niederschläge im Einzugsgebiet des Paraná zw. Mai 2019 und April 2020 um bis zu 300 mm zurückgegangen	M1/M2: früher Fluss wie das Meer, derzeit Eindruck einer Wüste M3 2021 historisch gesunkener Wasserspiegel auf ca. 40 cm	M4 ist Ursache von M3	Weil die Niederschlagsmengen im angegebenen Zeitraum im Einzugsgebiet des Paraná so stark gesunken sind, ist der Wasserpegel auf ein historisches Tief von gerade einmal 40 cm gefallen (M4).
M6	2	im Einzugsgebiet des Paraná großflächige Brandrodungen	M5 Auswirkungen der gerodeten Flächen auf den Wasserhaushalt M4 Niederschlagsrückgang im Einzugsgebiet	M6 ist Ursache von M4 und damit M5	Der Grund für den Niederschlagsrückgang im Einzugsgebiet (M4) liegt in der großflächigen Brandrodung des Regenwaldes (M6). Hierdurch verändert sich der Wasserhaushalt (M5): Es wird trockener ...

Klausurtraining

Beispielklausur: Geht dem Paraná das Wasser aus?

1 Lokalisieren Sie den Fluss Paraná und stellen Sie dessen wirtschaftliche Bedeutung dar. **(30 Pkt.)**

2 Erläutern Sie die Ursachen und Folgen der Dürre am Paraná. **(30 Pkt.)**

3 Beurteilen Sie die in M10 dargestellte Maßnahme gegen die wirtschaftlichen Folgen der Dürre. **(20 Pkt.)**

Zugelassenes Arbeitsmaterial: Atlas, Taschenrechner, M1 – M11

1 Ausgetrocknetes Flussbett am Paraná

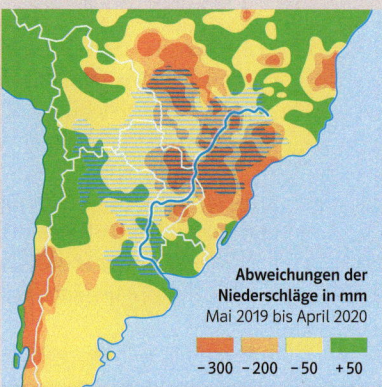

Abweichungen der Niederschläge in mm
Mai 2019 bis April 2020

−300 −200 −50 +50

4 Abweichungen der Niederschläge im Paraná-Einzugsgebiet Mai 2019 – April 2020
Nach Nachrichtenpool Lateinamerika: Dürre im Zeichen der Klimakrise, 24.12.2020; unter: www.npla.de

Paraná – Südamerikas Lebensader in Gefahr

„Überall wirbelt Staub auf, Hunderte Meter weit sieht man nichts als Sand. Was wie eine Wüste wirkt, ist eigentlich das Bett eines der längsten Ströme Südamerikas. ‚Ein Fluss wie das Meer' wurde er einmal in einer Fernsehdokumentation genannt. Doch der Paraná führt derzeit so wenig Wasser wie seit einem halben Jahrhundert nicht mehr. [...]
Der Paraná ist nicht irgendein Fluss, sondern eine mehr als 4000 Kilometer lange Lebensader für weite Teile Brasiliens, Argentiniens und Paraguays. Auf ihm werden in normalen Zeiten unzählige Tonnen Soja und Fleisch für den Welthandel transportiert. In Argentinien verschiffen sie 80 Prozent der Exporte über ihn. Zudem ist er Trinkwasserquelle für Millionen Menschen und speist Kraftwerke, von denen riesige Landstriche abhängen."

Matthias Ebert: Südamerikas Lebensader in Gefahr. In: Tagesschau.de, 4.8.2021; unter: www.tagesschau.de

2

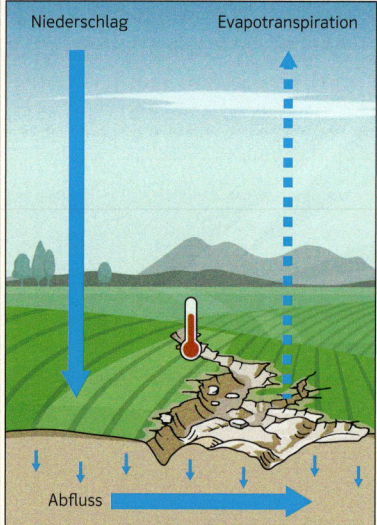

5 Die Auswirkungen der Entwaldung auf die Niederschläge in den Tropen

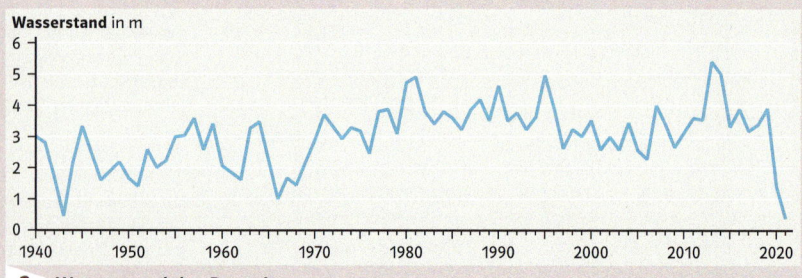

3 Wasserstand des Paraná

Nach Dry Bulk Market, Freight News: Parched Parana river disrupts Argentina's soybean exports, 5.7.2021. In: Hellenic Shipping News Worldwide; unter: www.hellenicshippingnews.com

Wassermangel und Wasserüberschuss

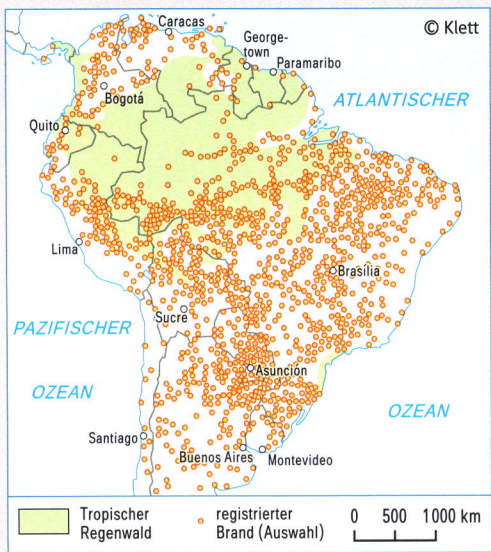

6 Waldbrände in Südamerika über drei Tage im August 2019 (24.–26.8.2019)

Die roten Punkte geben nicht die reale Größe von Bränden wieder, sondern markieren Gitterzellen, in denen Feuer registriert wurden.

Nach Climate Service Center Germany/Hamburger Bildungsserver/Deutscher Bildungsserver: Wiki Klimawandel, Waldbrände in Südamerika; unter: https://wiki.bildungsserver.de

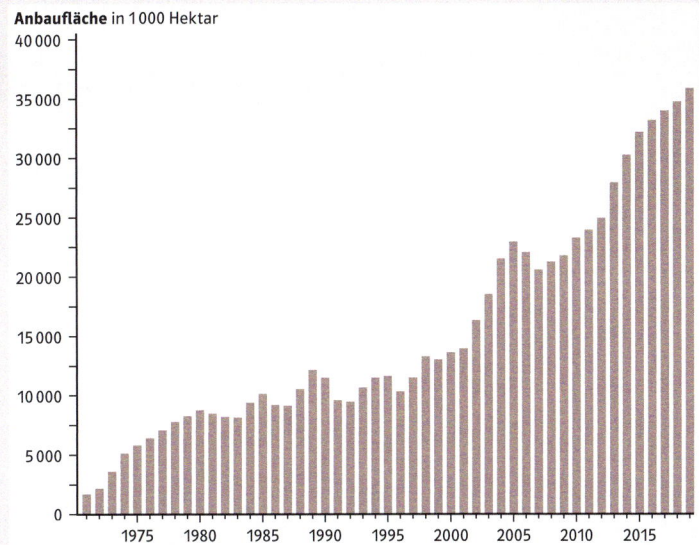

8 Anbaufläche für Sojabohnen in Brasilien

Daten nach FAO, unter: www.fao.org

Folgen der Dürre am Paraná

„In Argentinien wurde in mehreren Provinzen der Wassernotstand verhängt. Dieser gilt bereits seit Mai [2021] in großen Teilen Süd-Brasiliens. Für die Menschen im Bundesstaat São Paulo wurde das Trinkwasser rationiert. So darf dieses in der Stadt Tietê nicht mehr zum Waschen von Autos oder Auffüllen von Schwimmbädern verwendet werden. Andernorts wird an zwei Tagen pro Woche die Trinkwasserzufuhr abgestellt. In dem besonders stark betroffenen Ort Rio das Pedras gibt es sogar täglich zwischen 10 und 18 Uhr kein Trinkwasser mehr. Weiteres Kopfzerbrechen bereitet den Behörden die Lage an den zahlreichen gigantischen Wasserkraftwerken. Denn die extrem niedrigen Pegelstände bedrohen die Stromversorgung in Argentinien und Brasilien. Die Sorge vor einem Blackout ist groß. [...]. Für Landwirte hat der Mangel an Niederschlägen – und zuletzt auch Frost – zu Ernteausfällen bei der Kaffee- und [Soja]produktion geführt."

Matthias Ebert: Südamerikas Lebensader in Gefahr. In: Tagesschau.de, 4.8.2021; unter: https://www.tagesschau.de

7

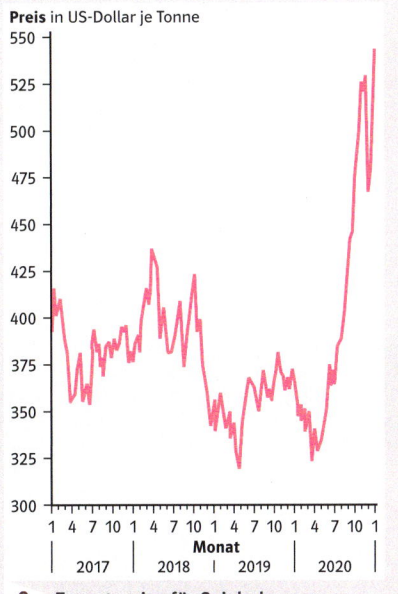

9 Exportpreise für Sojabohnen aus Brasilien

Nach Olaf Zinke: Getreidepreise: Warum Südamerika über die Getreidepreise entscheidet. In: Agrarheute, 19.1.2021; unter: www.agrarheute.com

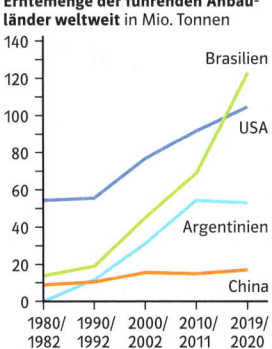

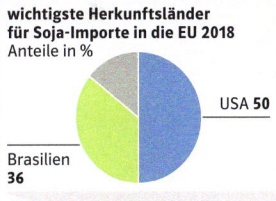

11 Bedeutung des Sojabohnenanbaus in Brasilien

Nach Statista; unter: https://de.statista.com

Eine Lösung?

Am Unterlauf des Paraná in Argentinien heben sie nun das Flussbett mit Baggern aus. Die Vertiefung ist eine Maßnahme, um das Wasser in diesem vertieften Bett zusammenzuführen, sodass auch weiterhin ein Schiffsverkehr möglich ist und der Fluss als wichtige Exportader am Leben erhalten wird.

10

5 Fossile Energieträger im Spannungsfeld von Ökonomie, Ökologie und Politik

1 Rheinisches Revier, Braunkohletagebau Inden – das Ende als Perspektive?
Noch sind die drei Braunkohletagebaue im Rheinischen Revier für unsere Stromerzeugung ebenso bedeutsam wie umstritten. Eine Perspektive haben sie jedoch nicht mehr, seit am 14. August 2020 das „Gesetz zur Reduzierung und zur Beendigung der Kohleverstromung und zur Änderung weiterer Gesetze" („Kohleausstiegsgesetz") in Kraft getreten ist.

Deutschland befindet sich mitten in der Energiewende. Dem Ausstieg aus der Steinkohle (2018) folgt das Ende der Atomkraft (2022). Und spätestens in den 2030er-Jahren wird auch für die Braunkohle im Rheinischen Revier sowie in den beiden mittel- und ostdeutschen Revieren das Ende gekommen sein. Macht es da überhaupt noch Sinn, sich mit fossilen Energieträgern zu beschäftigen? Die Antwort kann nur „Ja" lauten.

Die Steinkohle hat starke strukturelle Wirkungen auf viele Regionen gehabt, die deshalb schon seit Längerem wirtschaftliche und soziale Umbrüche bewältigen müssen. Braunkohle wird noch eine Reihe von Jahren weiter gefördert, was zu Spannungen und Konflikten führt, auch über die Förderzeit hinaus. Und Erdöl und Erdgas schließlich werden global noch für lange Zeit eine herausragende Rolle bei der Energieversorgung spielen.

2   Erdölraffinerie der Ruhr Oel GmbH, BP Gelsenkirchen – Erdöl und kein Ende?
Noch immer ist Erdöl weltweit der wichtigste Energieträger, bei dem Deutschland mit seinen zahlreichen Raffinerie- und Chemiestandorten allerdings weitgehend auf Importe angewiesen ist. Erdöl und auch Erdgas schaffen für die einen Räume Entwicklungsimpulse und Zukunftschancen, für die anderen aber auch Abhängigkeiten und Konflikte.

Sie untersuchen …

3 Strom für die Bevölkerung und die Industrie Deutschlands

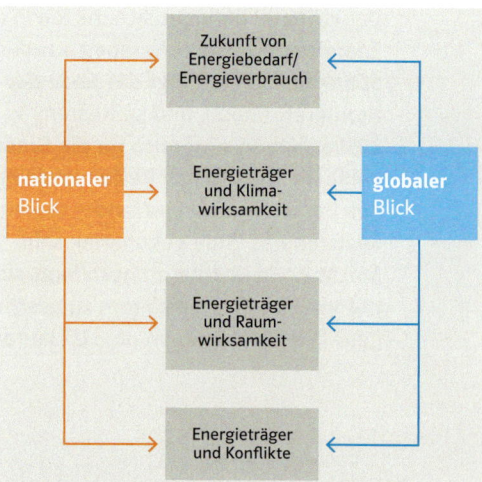

5 Untersuchungsperspektiven in Kapitel 5

Konventionelle Energieträger: derzeit unverzichtbar für eine verlässliche Energieversorgung

„Wir bauen unsere Energieversorgung schrittweise um, damit sie klimaverträglich und nachhaltig wird. Dieser Umbau braucht Zeit. Noch sorgen konventionelle Energieträger dafür, dass ‚die Lichter an bleiben'. Derzeit erzeugen konventionelle Energieträger knapp zwei Drittel des Stroms hierzulande. Der stetige Ausbau der erneuerbaren Energien sowie der Ausstieg aus der Nutzung der Kernenergie werden aber die Zusammensetzung des Strommixes in Deutschland dauerhaft verändern. Um die Versorgungssicherheit auch bei hohen Anteilen fluktuierender erneuerbarer Energien zu gewährleisten, wird der derzeitige Strommarkt zu einem Strommarkt 2.0 weiterentwickelt. […]"

Bundesministerium für Wirtschaft und Energie (BMWI): Artikel Konventionelle Energieträger; unter: www.bmwi.de

4

Der Kohleausstieg hat viele Facetten

„[…] Bis dahin geht die Nutzung von Braun- und Steinkohlen mit erheblichen Auswirkungen auf das Klima, aber auch auf die Qualität der Luft, der Gewässer und des Bodens einher.
Das aktualisierte UBA-Hintergrundpapier beleuchtet die aktuelle und perspektivische Rolle der Kohlen als Energieträger aus energiewirtschaftlicher, ökonomischer […] und umweltpolitischer Sicht. Wegen der schlechten Umwelt- und Klimabilanz ist ein zügiger Kohleausstieg dringend geboten. […]"

Umweltbundesamt: Daten und Fakten zu Kohlen: Status quo und Perspektiven, 23.2.2021; unter: www.umweltbundesamt.de

6

In Deutschland sind die fossilen Energieträger zugunsten der erneuerbaren Energien auf dem Rückzug. Seit dem Ende des Steinkohlebergbaus im Dezember 2018 hat in unserem Land die „Energiewende" massiv an Dynamik gewonnen.

Im globalen Maßstab ist das allerdings anders. Hier dominieren Kohle, vor allem aber Öl und Gas immer noch den Energiemarkt – auch wenn sie vielen, vor allem in Deutschland und Europa, als ausgesprochene „Klimakiller" gelten.

Diesen Fragen zu fossilen Energieträgern werden Sie nachgehen:

- Wie stark beeinflussen fossile Energieträger den Klimawandel?
- Welche Bedeutung hat Energie für den „Standort Deutschland"?
- Ist der Braunkohlebergbau ein Synonym für Nicht-Nachhaltigkeit?
- Inwiefern wirkte vor allem die Steinkohle als Standortfaktor für die wirtschaftliche Entwicklung?
- Wie gelingen die strukturellen Veränderungen „nach der Kohle"?
- Welche Bedeutung haben Erdöl und Erdgas für die ökonomische Entwicklung der Förderregionen, aber auch für nationale und internationale Konflikte?
- Sichern neue Fördertechniken und neue Förderregionen die Energiezukunft oder schaffen sie eher neue Probleme?

Fossile Energieträger **5**

Sie knüpfen an ...

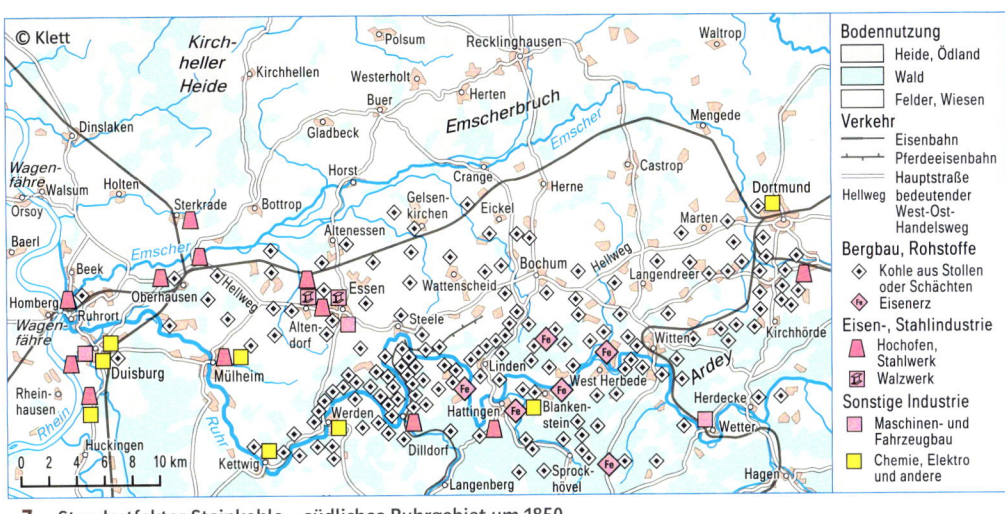

7 Standortfaktor Steinkohle – südliches Ruhrgebiet um 1850

Bekannte Begriffe

- fossile Energieträger
- Grundwasserabsenkung
- Klimawandel
- Ressourcen
- Standortfaktor
- Strukturwandel
- Tagebau
- Treibhauseffekt

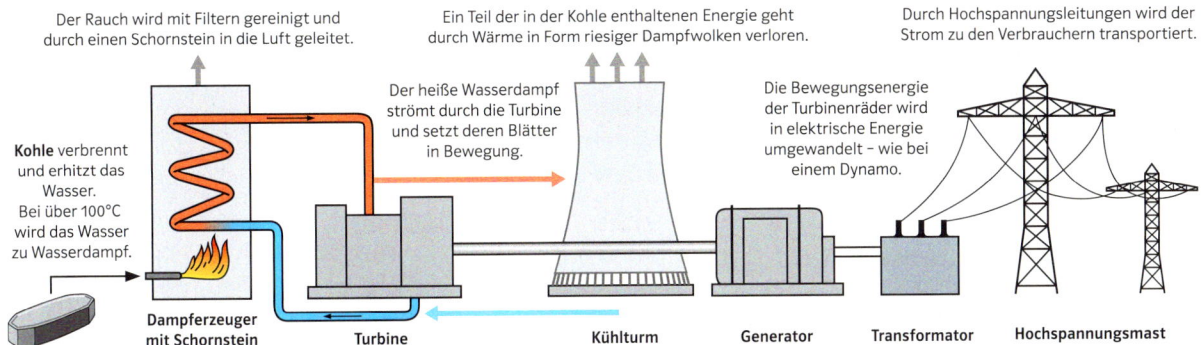

8 Stromerzeugung aus Braunkohle

Das wissen Sie schon:

Sie haben bereits erfahren, dass Ressourcen die Stoffe sind, die die Erde uns Menschen als Grundlage für Leben und Wirtschaften zur Verfügung stellt. Zu ihnen gehören auch die fossilen Energieträger.
Dabei lag der Fokus Ihrer bisherigen Arbeit vor allem auf der Kohle. Zum einen war dies die Braunkohle mit ihrer Gewinnung in Tagebauen im Rheinischen Revier mit der hierfür notwendigen Grundwasserabsenkung sowie mit ihrem wesentlichen Einsatzbereich, der Stromerzeugung (Grafik 8). Zum anderen handelte es sich um die Steinkohle und ihre Wirkung als ein wesentlicher Standortfaktor für Wirtschaftsräume wie das Ruhrgebiet (Karte 7). Sie erfuhren auch schon etwas über den Bedeutungsverlust dieses Standortfaktors und über den daraus folgenden Strukturwandel des Ruhrgebiets.

Ein späteres Thema war der von Menschen verursachte bzw. beschleunigte Klimawandel. Hier wurde deutlich, dass gerade auch die fossilen Energieträger, z. B. die Braunkohle, einen wesentlichen Anteil am Klimawandel haben. Der Grund liegt in den CO_2-Emissionen, die bei der Verbrennung fossiler Energieträger entstehen und die damit den anthropogenen Treibhauseffekt massiv verstärken.

1
Charakterisieren Sie die Bedeutung der CO_2-Emissionen für den anthropogenen Treibhauseffekt (siehe auch Kapitel 1).

2
Erläutern Sie anhand von Karte 7 Standortfaktoren, die zur Entstehung der Industrie im Tal der Ruhr führten.

3
Überprüfen Sie nach der Bearbeitung dieses Kapitels die Berechtigung des Begriffs „Politik" in der Kapitelüberschrift.

5.1 Fossile Energieträger und Klimawandel: Sind wir auf dem richtigen Weg?

Für den Klimawandel spielen die fossilen Energieträger eine große Rolle, da ihre CO_2-Emissionen als ein Hauptverursacher des anthropogenen Treibhauseffektes gelten. Daher wird, in Deutschland vielleicht noch vehementer als in vielen anderen Staaten, der Ausstieg aus diesen Energieträgern gefordert. Nehmen Sie mithilfe der Doppelseite Stellung zur Frage, ob wir hierbei auf dem richtigen Weg sind. Es ist dabei sinnvoll, Ihre Kenntnisse aus dem Kapitel 1 zum „Klimawandel" hinzuziehen.

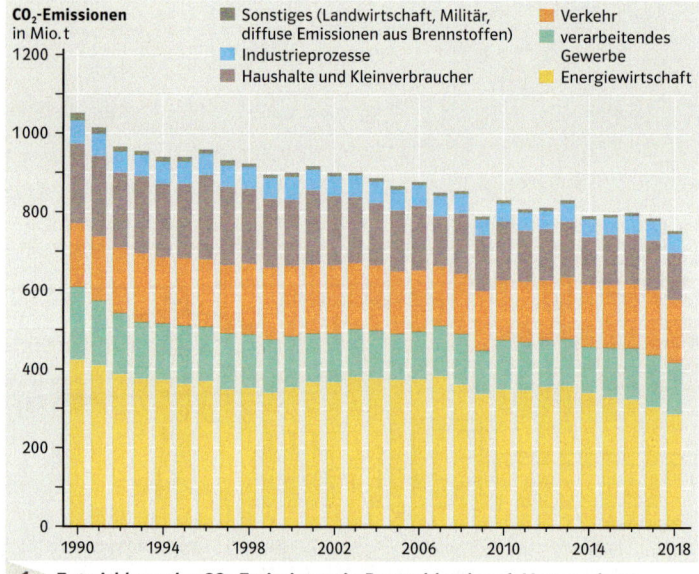

Bei den Verursachern der CO_2-Emissionen betreffen uns im Alltag einige ganz besonders. Jeder von uns benötigt z. B. im Laufe eines Tages Strom in den unterschiedlichsten Bereichen – für die morgendliche Dusche oder fürs Kochen, für die Arbeit mit dem PC oder für die Nutzung des Smartphones oder weiterer digitaler Endgeräte. Und die meisten benutzen auch regelmäßig Verkehrsmittel, von denen die große Mehrzahl immer noch von fossilen Brennstoffen angetrieben wird – Benzin in Pkw, Diesel in Bussen, Kerosin in Flugzeugen. Und auch wer bereits ein Elektroauto besitzt, benötigt für das Laden der Batterien doch wieder Strom, der zumindest z.T. aus fossilen **Energieträgern** gewonnen wird. Hier besteht also angesichts der dramatischen klimatischen Veränderungen auf unserer Erde eine zentrale Herausforderung: Wir müssen die CO_2-Emissionen unbedingt reduzieren.

1 Entwicklung der CO_2-Emissionen in Deutschland nach Verursachern

Nach Umweltbundesamt: Kohlendioxid-Emissionen; unter: www.umweltbundesamt.de

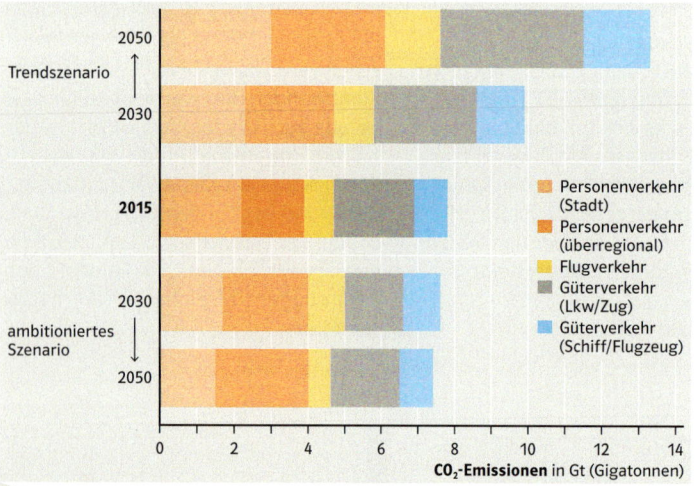

2 Globale CO_2-Emissionen durch Verkehr 2015 im Vergleich zu zwei Zukunftsszenarien

Nach Deutsche Welle, 2.2.2017; unter: www.dw.com

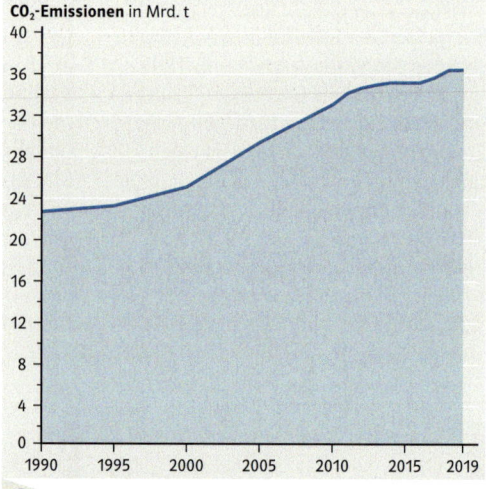

3 Globale CO_2-Emissionen

Nach Statista; unter: https://de.statista.com; Quelle: Global Carbon Project

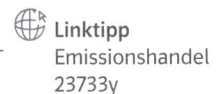

Linktipp
Emissionshandel
23733y

Fossile Energieträger

Die beiden wichtigsten Energieträger bei der Stromproduktion in ausgewählten EU-Staaten (2019)

Land	Hauptstromquellen	Anteil in % an der Gesamterzeugung
Frankreich	Atom	68
	Wasserkraft	10
Polen	Kohle	72
	Wind	9
Niederlande	Gas	53
	Kohle	23
Schweden	Wasserkraft	42
	Atom	38
Deutschland (1.1.–30.6.2020)	Wind	31
	Kohle	20

Eigene Zusammenstellung nach verschiedenen Quellen

4

CO₂-Emissionen durch Stromerzeugung in Deutschland

Jahr	Mio. t CO_2
1990	366
1995	335
2000	327
2005	333
2010	313
2015	305
2016	304
2017	283
2018	269
Braunkohle	*146*
Steinkohle	*62*
Erdgas	*48*
Müll	*7*
Sonstige (z. B. Öl)	*6*
2019	219

Nach Umweltbundesamt: Bilanz 2019: CO_2-Emissionen; unter: www.umweltbundesamt.de

6

Stromerzeugung nach Energieträgern in der EU*
(1.1.2020 – 8.12.2020)

Energieträger	Mrd. kWh
Atom	631,31
Gas	488,88
Braunkohle	167,82
Steinkohle	140,15
Öl	17,94
Wind	387,44
Wasserkraft	360,71
Solar	128,13
Geothermie	5,23
Biomasse	88,28
Müll	12,58

* außer Malta und Luxemburg

Eigene Zusammenstellung nach verschiedenen Quellen, u. a. nach Eurostat

8

EU-Kraftwerke mit deutlich weniger Klimagas

„Die schrittweise Abkehr von Kohle hat den Ausstoß von Klimagasen aus europäischen Kraftwerken 2019 um zwölf Prozent gedrückt – so stark wie seit fast 30 Jahren nicht mehr. Dies geht aus einer am Mittwoch veröffentlichten Studie […] hervor. Der entscheidende Hebel war demnach der Europäische Emissionshandel und der Anstieg des Kohlendioxid-Preises auf rund 25 Euro je Tonne.

Die Stromerzeugung aus Stein- und Braunkohle habe 2019 wegen der höheren CO_2-Kosten um fast ein Viertel unter dem Wert des Vorjahrs gelegen […]. Der wegfallende Kohlestrom sei je zur Hälfte durch Strom aus Gaskraftwerken und aus erneuerbaren Energien wie Sonne oder Wind ersetzt worden. Der Ökostromanteil stieg demnach europaweit um 1,8 Prozent auf 34,6 Prozent, Strom aus Gaskraftwerken nahm sogar um zwölf Prozent zu.

‚Europa legt weltweit eine einzigartige Geschwindigkeit bei der Ablösung von Kohlestrom durch Wind- und Solarenergie an den Tag', erklärte Dave Jones von der Londoner Organisation Sandbag, die an der Studie beteiligt war. Anders als in Deutschland beschleunigte sich EU-weit der Zubau von Windrädern und Solaranlagen. Diese lieferten 2019 erstmals EU-weit deutlich mehr Strom als Kohlekraftwerke. Das Tempo müsse allerdings weiter steigen, erklärten die Autoren."

dpa: Klimagase aus EU-Kraftwerken drastisch gesunken, dpa-Meldung v. 05.02.2020 © dpa Deutsche Presse-Agentur GmbH

5

7 Kohle, Öl, Gas – mehr als nur Energie?

2

In Quellentext 5 ist von „Emissionshandel" die Rede. Erstellen Sie für Ihren Kurs auf der Basis einer Internetrecherche (s. Terra-Code) ein Infoblatt zur Funktion und zu den Wirkungen dieser Emissionsrechte.

1 Energiegewinnung im Braunkohletagebau

3 Demonstration gegen den Braunkohletagebau

5.2 Braunkohle – im Spannungsfeld von Energiebedarf und Energiewende

Der Braunkohletagebau sichert einerseits Teile der deutschen Energieversorgung und generiert viele Tausend Arbeitsplätze, schädigt aber andererseits die Landschaft und Umwelt massiv – ein Dilemma.

Energiewende
Übergang von der nicht nachhaltigen Nutzung fossiler Energieträger und der Kernenergie zu einer nachhaltigen Energieversorgung mittels erneuerbarer Energien

Dilemma
Eine Situation, die unterschiedliche Möglichkeiten zur Entscheidung bietet, die alle auch unerwünschte Resultate mit sich bringen

Die Hälfte aller CO_2-Emissionen in Deutschland werden durch die Energiewirtschaft verursacht. Ein großer Teil dieser Emissionen entsteht beim Verbrennungsprozess von Braunkohle für die Stromgewinnung. Trotz aller Bemühungen um eine **Energiewende** wird die Braunkohle nach Meinung von Fachleuten noch viele Jahre einen wichtigen Beitrag zum globalen und deutschen **Energiemix** leisten.

Braunkohle – ein heimischer Energieträger

Deutschland ist mit seinen drei großen Braunkohlerevieren „Rheinland", „Lausitz" und dem „mitteldeutschen Revier" eines der größten Förderländer der Welt. Braunkohle wird in Deutschland seit Mitte des 19. Jahrhunderts industriell im Tagebau gefördert. Die Braunkohle dient vor allem der Stromversorgung. Es ist inzwischen der einzige fossile Energieträger, der nicht nach Deutschland importiert werden muss. Die großen Lagerstättenvorräte der Braunkohle sichern einen Teil der deutschen Energieversorgung und schaffen eine geringere Energielieferabhängigkeit vom Ausland.

Der Abbau ist jedoch mit schwerwiegenden Eingriffen in die Natur und die Umwelt verbunden. Für die Tagebaue mussten in Deutschland mehr als 300 Siedlungen aufgegeben und etwa 100 000 Menschen umgesiedelt werden. Die Braunkohlegesellschaften versuchen die Folgen für die Umwelt mit Maßnahmen zur **Rekultivierung** und für die Menschen mit geförderten Neubauten an neuen Standorten abzumildern.

Braunkohlelagerstätten in Deutschland: Lagerstättenvorräte in Mrd. t (2021)			
Reviere	geologische Vorräte	wirtschaftlich gewinnbare Vorräte	genehmigte und erschlossene Tagebaue
Rheinland	50,8	30,8	0,9
Lausitz	11,4	2,9	0,6
Mitteldeutschland	10,0	2,0	0,3
Deutschland	72,2	35,7	1,81

Nach DEBRIV: Braunkohle in Deutschland. Daten und Fakten 2020; unter: https://braunkohle.de

2

Fossile Energieträger 5

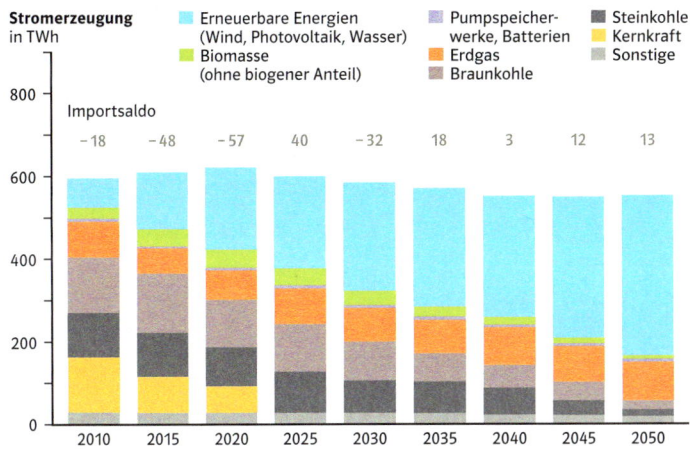

4 Nettostromerzeugung nach Energieträgern (Referenzszenario) 2010–2050 (in TWh)

Nach Prognos/Bundesministerium für Wirtschaft und Energie: Energiewirtschaftliche Projektionen und Folgeabschätzungen 2030/2050, 2020, S. 44; unter: www.bmwi.de

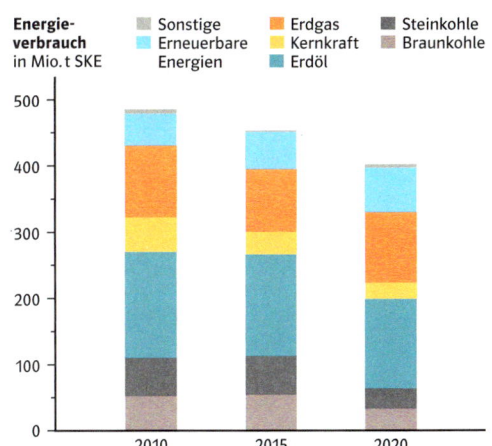

7 Primärenergieverbrauch in Deutschland

Nach DEBRIV: Braunkohle in Deutschland. Daten und Fakten 2020; unter: https://braunkohle.de

Ökonomische Bedeutung des Braunkohletagebaus

Spricht man von der wirtschaftlichen Bedeutung des Braunkohletagebaus, so muss man zwischen deutschlandweiter und regionaler Bedeutung differenzieren. Die gesamtwirtschaftliche Bedeutung für Deutschland beinhaltet vor allem die Rolle der Braunkohle für die Stromerzeugung, auch unter dem Aspekt der zukünftig sicheren Energieversorgung. Die regionale Bedeutung des Braunkohletagebaus ist nur zum Teil messbar. Er wirkt sich unmittelbar auf den regionalen Arbeitsmarkt der Braunkohleregionen aus. Insgesamt waren z. B. im Jahr 2019 knapp über 20 000 Menschen in der Braunkohleindustrie direkt und knapp über 60 000 Arbeitnehmerinnen und Arbeitnehmer in vor- und nachgelagerten Wirtschaftsbereichen beschäftigt. Stellvertretend kann man hier die Investitionsgüterindustrie nennen, also z. B. Firmen des Maschinenbaus und der Elektrotechnik zur Ausrüstung der Tagebaue oder Kraftwerke.

Beschäftigte zum Jahresende				
Reviere	1989	2016	2019	2020
Rheinland	15 565	9 716	9.785	9 418
Lausitz	79 016	8 765	8.116	7 822
Mitteldeutschland	59 815	2 414	2.334	2 190
Helmstedt	1 693	199	101	53
Kleinbetriebe	642	–	–	–
Deutschland	156 731	21 094	20 336	19 483

Nach DEBRIV: Braunkohle in Deutschland. Daten und Fakten 2020; unter: https://braunkohle.de

5

Bundesregierung beschließt Kohleausstiegsgesetz

„Spätestens 2038 soll in Deutschland auch das letzte Kohlekraftwerk stillgelegt werden. Der Kohleausstieg ist nicht nur ein Meilenstein in der Energiewende, er wird auch den CO_2-Ausstoß erheblich reduzieren. [...] Konkret bedeutet dies: Bis zum Jahr 2022 wird der Anteil der Kohleverstromung durch Steinkohle- sowie Braunkohle-Kraftwerke auf jeweils rund 15 Gigawatt reduziert. Bis 2030 sind weitere Reduktionen auf rund acht Gigawatt Leistung bei den Braunkohle-Kraftwerken vorgesehen. Bis 2038 soll der Ausstieg aus der Kohleverstromung spätestens abgeschlossen sein."

Die Bundesregierung: Abschied von der Kohleverstromung; unter: www.bundesregierung.de

6

 1
Erarbeiten Sie die aktuelle Bedeutung der Braunkohle für die deutsche Energieversorgung.

 2
Stellen Sie die ökonomische Bedeutung des Braunkohletagebaus in den deutschen Braunkohlerevieren dar.

 3 NE
Erörtern Sie das Dilemma des deutschen Braunkohletagebaus.

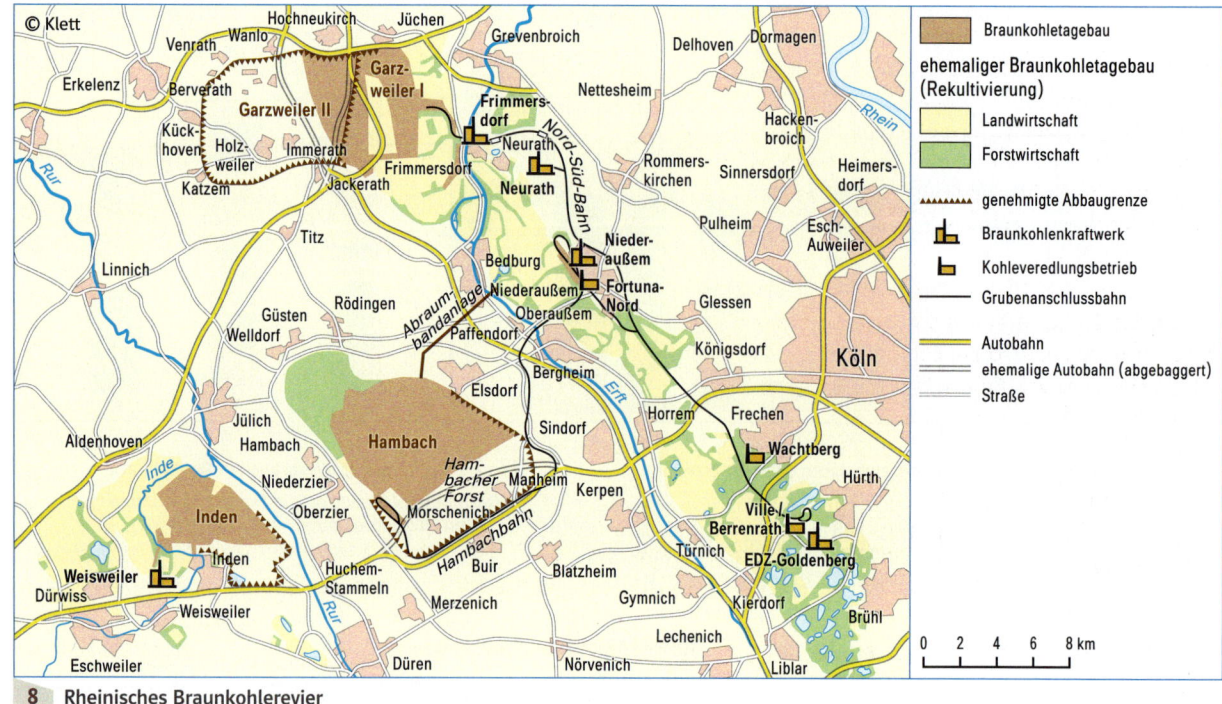

8 Rheinisches Braunkohlerevier

Beispiel Rheinisches Braunkohlerevier

Braunkohle wird im Rheinischen Braunkohlerevier seit Mitte des 19. Jahrhunderts industriell im Tagebau gefördert. Es ist die größte Braunkohlelagerstätte in Europa, die 2020 knapp 31 Mrd. Tonnen wirtschaftlich gewinnbarer Vorräte besaß. 2020 hingen noch ca. 10 000 Arbeitsplätze von der Braunkohleindustrie im Rheinland ab.

Die Region zwischen Aachen, Köln und Mönchengladbach ist ein alter Kultur- und Siedlungsraum. Neben diesen Oberzentren am Rande des Reviers gibt es zahlreiche Mittel- und Kleinstädte sowie dörfliche Siedlungen.

Verbunden sind sie durch ein dichtes Netz an Verkehrswegen, das durch Bundesautobahnen ergänzt wird (A4, A44 und A61). Der Raum wird intensiv landwirtschaftlich genutzt; Grundlage hierfür sind die fruchtbaren Lössböden. Das Rheinische Braunkohlerevier umfasst eine Fläche von etwa 2 500 km². Seit den 1970er-Jahren hat eine deutliche Konzentration auf Großtagebaue stattgefunden. Förderte man noch in den 1950er-Jahren in ca. 150 kleinen Tagebauen, so sind heute nur noch drei große in Betrieb.

Landschaftszerstörung

In keinem anderen Bereich der industriellen Erschließung in Deutschland werden Landschaft und Natur vom Menschen so weitgehend beeinflusst wie beim Abbau von Braunkohle. Großflächig muss die über Jahrhunderte gewachsene Kulturlandschaft den Tagebauen weichen. Landwirtschaftliche Nutzfläche wird ebenso beseitigt wie Siedlungen, Flüsse oder Verkehrswege. Es entstehen gigantische Restlöcher, die nachfolgend renaturiert werden müssen.

Einen zentralen Problembereich bei der Förderung von Braunkohle stellen die wasserwirtschaftlichen Maßnahmen dar. Der Abbau tief liegender, von mächtigen Grundwasserreservoirs über- und unterlagerter Braunkohlevorkommen setzt eine umfangreiche Grundwasserabsenkung voraus. Die Wirkung dieses Abpumpens endet nicht an der Tagebaugrenze, sondern bedeutet auch eine Absenkung des Grundwasserspiegels im Umfeld des Abbaufeldes. Mit aufwendigen Maßnahmen versucht man, diese Absenkung zu verhindern. Es drohen sonst grundwasserabhängige Feuchtgebiete oder Biotope, z. B. in der Nähe von Garzweiler II, trockengelegt zu werden. Jahrhunderte alte Waldgebiete verschwinden dann für immer.

Proteste

Es gibt Widerstände gegen die Landschaftszerstörung. Im Hambacher Forst, einem Teilstück eines Waldes, der für den Tagebau Hambach gerodet wurde, wehrten sich die Menschen lange gegen die Abholzung, letztlich mit Erfolg. Gegen die Maßnahmen zur Grundwasserabsenkung für die planmäßige Fortführung des Tagebaus Hambach im Zeitraum von 2020–2030 gibt es über 1400 Widersprüche aus der Bevölkerung. Die Menschen in der Region sind sensibilisiert bei Eingriffen in die Umwelt. Daher ist es von Beginn an wichtig, Vorstellungen zu entwickeln, wie die Landschaft nach dem Ende des Bergbaus rekultiviert werden kann.

11 Protestaktion am Tagebau Garzweiler

Rekultivierung

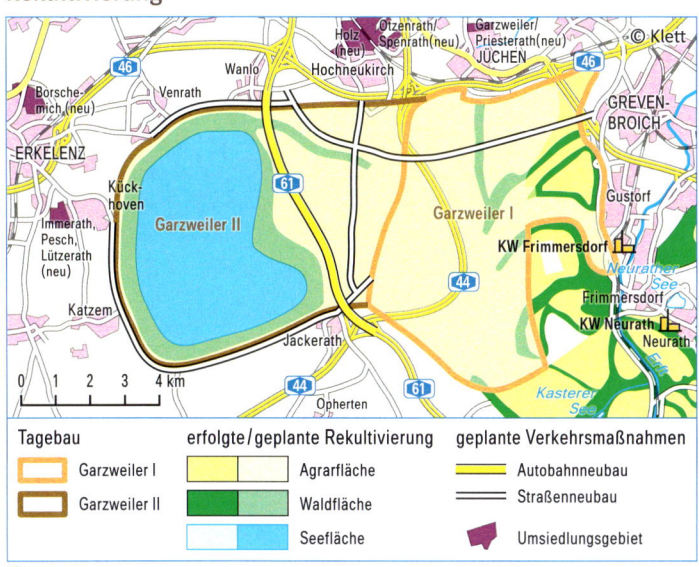

9 Rekultivierung Garzweiler I und II bis 2045

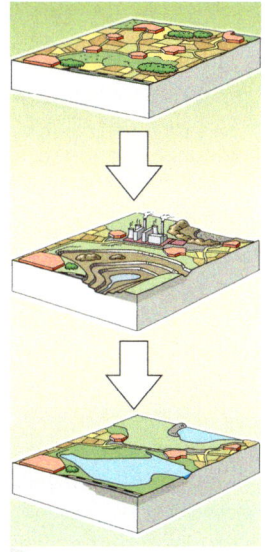

12 Rekultivierung

Rekultivierung
Wiederherstellung und Wiedereingliederung von Landschaftsteilen, die durch wirtschaftliche Aktivitäten gestört oder zerstört wurden

Rekultivierungsmaßnahmen im Rheinischen Braunkohlerevier
Meinung: „Die dem Braunkohlebergbau folgende Rekultivierung gilt weltweit als vorbildlich. Sie gleicht bergbaubedingte, befristete Landinanspruchnahmen aus und schafft neue Kultur-, Wirtschafts- und Naturräume."
DEBRIV: Braunkohle in Deutschland. Daten und Fakten 2020; unter: https://braunkohle.de

Meinung: „Nach Auffassung des BUND sind die gravierenden Eingriffe in Natur und Landschaft nicht ausgleichbar. [...] Es kommt unweigerlich zu Verlusten an natürlicher Bodenvielfalt. Die Neulandböden bieten bei Weitem nicht das landwirtschaftliche und ökologische Potenzial ihrer in Jahrtausenden entstandenen Vorgänger."
BUND Landesverband Nordrhein-Westfalen: Kunstlandschaften statt Natur; unter: www.bund-nrw.de

10

4 Beschreiben Sie die Struktur des Rheinischen Braunkohlereviers (Karte 8).

5 Erarbeiten Sie die landschaftlichen Auswirkungen des Braunkohletagebaus auf das Rheinische Revier.

6 Erläutern Sie bereits erfolgte, aktuelle und geplante Rekultivierungsmaßnahmen im Rheinischen Braunkohlerevier. Führen Sie hierzu eine ergänzende Internetrecherche durch (Stichworte: Forschungsstelle, Rekultivierung).

7 Diskutieren Sie die Rekultivierungsmaßnahmen hinsichtlich ihrer Nachhaltigkeit.

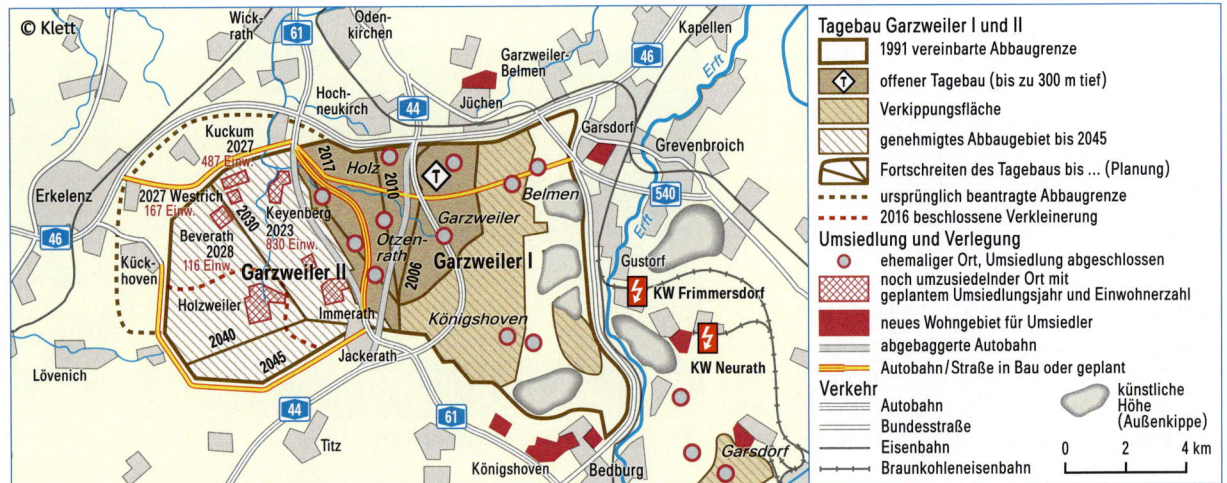

13 Umsiedlungsmaßnahmen in Garzweiler I und II
Nach Bezirksregierung Köln: Braunkohleplan Garzweiler II; unter: www.bezreg-koeln.nrw.de; https://upload.wikimedia.org

Ist sozialverträgliche Umsiedlung möglich?

Eine der zentralen Fragen bei der Planung und Durchführung eines Braunkohletagebaus ist die nach seiner Sozialverträglichkeit. Individuelle Wohnrechtsansprüche stehen laut deutschem Bergrecht (BbergG, 1982) gesamtgesellschaftlichen Interessen nach Förderung von Bodenschätzen nach. Das hat zur Folge, dass durch den Tagebau Menschen ihren gewachsenen Wohn- und Lebensraum aufgeben und umgesiedelt werden müssen. Für diese Maßnahme braucht man schlüssige Konzepte, die nicht nur die technischen und wirtschaftlichen Schwierigkeiten berücksichtigen, sondern auch die Emotionen der Menschen. Besonders die dörfliche Struktur mit ihrem ländlichen Charakter hat das Heimatgefühl der Menschen und ihre Einbindung in Familie, Vereine und Kirchengemeinden stark entwickelt. Im Rahmen der Umsiedlungsmaßnahmen gibt es die Möglichkeit, „gemeinsam" an den neuen Standort zu ziehen, um so gewachsene Familien- und Sozialstrukturen zu erhalten. Erfahrungsgemäß nimmt mehr als die Hälfte der Bevölkerung dieses Angebot an. Andere klagen vor Gericht gegen die **Umsiedlung**. Für diese Menschen wiegt der Verlust der Heimat schwerer als der kostengünstige Neubau an einem neuen Standort.

Beispiel Pier

„Wir siedelten um"
„Unser altes Dorf Pier mussten wir 2006 endgültig verlassen. Die letzten Jahre dort waren schwer. Der Ort starb. Alle Instandsetzungsarbeiten, die Geld kosteten, wurden vermieden. Wer sich mit seiner jungen Familie niederlassen wollte, suchte sich einen Ort, an dem kein Bagger drohte. Entsprechend alt waren am Ende die Pierer. Und durch den schrittweisen Fortzug standen überall Häuser leer. Nun, knapp 20 Jahre später, wohnen wir schon lange im neuen Pier, einem Ortsteil von Langerwehe und Umsiedlungsstandort für das alte Dorf. Die Umsiedlungskosten trug tatsächlich, wie versprochen, zum Großteil die ‚RWE Power'. Das Ziel, jedem Umsiedler ein neues, dem alten entsprechendes Zuhause zu ermöglichen, wurde bei realistischer Betrachtung erreicht. Wer damals aber von einem Neubauschloss träumte, wurde natürlich enttäuscht. Ich denke auch nach 20 Jahren immer wieder einmal an unsere Zeit in Pier und an das alte Dorf zurück, gerade auch an die sozialen und menschlichen Kontakte. Aber es war nicht zu ändern. Und mittlerweile sind wir natürlich längst im neuen Zuhause angekommen."
Aus einem Interview von Arno Kreus mit H. Tharau, 2021

Das Deutsche Bergrecht
Seit 1980 gilt in Deutschland das Bundesbergrecht. Es regelt u. a. den Abbau und die Gewinnung von bestimmten Bodenschätzen (Erdöl, Erdgas, Kohle, Erdwärme etc.). Es räumt im Interesse des Allgemeinwohls der sicheren Versorgung mit Rohstoffen und Bodenschätzen einen Vorrang gegenüber Privatinteressen ein. Demzufolge können einem Grundeigentümer Flächen mit bestimmten Rohstoffvorkommen vom Staat entzogen werden. Die Grundstückseigentümer müssen entschädigt werden.

14   **15**

Fossile Energieträger **5**

Beispiel Königshoven (Garzweiler I)

16 Alt- und Neu-Königshoven (Garzweiler I)

Beispiel Immerath/Pesch/Lützerath (Garzweiler II)

Abgeschlossene Umsiedlungen

„Die gemeinsame Umsiedlung der Erkelenzer Ortsteile [Immerath, Pesch und Lützerath] wurde Ende April 2017 offiziell mit einem Fest abgeschlossen. Immerath (neu) liegt ungefähr acht Kilometer von den alten Orten entfernt westlich von Kückhoven. Auf dem Dorfplatz stehen drei Bronzeskulpturen, die an [...] Besonderheiten des früheren Immerath erinnern [...]. Die drei großen Traditionsvereine von Immerath (neu) [...] hatten dies angeregt. Diese Vereine sind nach wie vor die Säulen der Dorfgemeinschaft. Sie und der Bürgerbeirat hatten mit viel persönlichem Einsatz der Vorstände und der Mitglieder die alten, bewährten Traditionen von den alten Orten an den heutigen Standort übertragen. Das unterscheidet Immerath (neu) von einer herkömmlichen Neubausiedlung, wo sich Menschen erst zusammenfinden müssen. Die Umsiedlung von Pesch begann 1999, die von Immerath und Lützerath 2006. Betroffen waren damals fast 1 500 Bürger, von denen heute über die Hälfte am neuen Standort wohnt."

RWE AG: Abgeschlossene Umsiedlungen; unter: www.group.rwe

17

18 Immerath (neu) 2017

8 Beschreiben Sie anhand der Karte 13 die (geplanten) Umsiedlungsmaßnahmen in der Tagebauregion Garzweiler I und II.

9 Vergleichen Sie die Siedlungsstruktur von Alt- und Neu-Königshoven.

10 Begründen Sie anhand des Deutschen Bergrechts, warum Menschen gegen ihren Willen umgesiedelt werden dürfen.

11 Beurteilen Sie anhand der Beispiele Pier (Quelle 15), Neu-Königshoven (Karte 16) und Neu-Immerath (Quelle 17, Foto 18) den Versuch, Umsiedlungsprozesse sozialverträglich zu gestalten.

Methode

 Einen Podcast erstellen: die Zukunft des Rheinischen Reviers

Ein Audio-Podcast ist eine reine Hörproduktion, die im Unterschied zu einer Radiosendung jederzeit weltweit über das Internet abrufbar ist. Häufig werden Podcasts einem bestimmten Thema gewidmet. In den meisten Fällen gibt es eine oder mehrere Sprecherinnen und Sprecher, die ein gewähltes Thema vorstellen und diskutieren. In Ihrem Fall ist das Thema: „Die Zukunft des Rheinischen Reviers".

Um einen Podcast zur Zukunft des Rheinischen Reviers zu erstellen, ist es neben dem technischen und organisatorischen Vorlauf wichtig, sich inhaltlich vorzubereiten.

Die Zukunft des Rheinischen Reviers
Der Ausstieg aus der Braunkohleförderung ist absehbar, da der Kohleabbau auf Basis des Kohleausstiegsgesetzes spätestens 2038 enden wird. Mit der Einrichtung der „Zukunftsagentur Rheinisches Revier" hat der Strukturwandel begonnen. Ein erstes Wirtschafts- und Strukturprogramm ist erarbeitet. Es bildet die Grundlage für Projekte und Förderempfehlungen im Rahmen des von der Bundesregierung geplanten Strukturstärkungsgesetzes „Kohleregionen". So soll dem wirtschaftlichen Transformationsprozess Ziel, Strategie und Richtung gegeben werden.

Zukunftsagentur Rheinisches Revier
„Die Zukunftsagentur ist in der Region der strategische Partner von Bundes- und Landesregierung. Sie nimmt die regionale Koordinationsfunktion wahr, um gemeinsam mit dem Land und dem Bund sowie kommunalen und regionalen Akteuren den Strukturwandel im rheinischen Braunkohlerevier voranzutreiben. [...] Geförderte Projekte müssen einen Beitrag für neue Wertschöpfung und neue Arbeitsplätze leisten."
Zukunftsagentur Rheinisches Revier: Unser Zukunftsrevier 2020–2050. Juli 2020; unter: www.rheinisches-revier.de

1

2 Zukunftsvisionen für das Rheinische Revier

Vier Zukunftsfelder stehen im Mittelpunkt der Projektplanungen:
- Energie und Industrie;
- Ressourcen und Agrobusiness;
- Innovation und Bildung;
- Raum und Infrastruktur.

Wie ein Zukunftskonzept entsteht

Der Ausstieg aus der Kohleverstromung in Deutschland erfordert für das Rheinische Revier die Erarbeitung neuer Zukunftsperspektiven. Nachdem eine Kommission zu „Wachstum, Strukturwandel und Beschäftigung" 2019 einen ersten Bericht zu den neuen Herausforderungen, aber auch Chancen und Perspektiven für die Region veröffentlichte, verabschiedete der Deutsche Bundestag 2020 die Gesetze zum Kohleausstieg und zum Strukturwandel. Das zukünftige „Aus" des Braunkohletagebaus war damit beschlossen. Leitentscheidungen für das Rheinische Revier durch die Landesregierung Nordrhein-Westfalens folgten und wurden unter Beteiligung der Öffentlichkeit in Form von Internetforen und Bürgerversammlungen öffentlich diskutiert. Erste Programme zur Förderung des Strukturwandels im Rheinischen Revier laufen seit 2021.

Einen Podcast erstellen

1. Schritt: Inhaltliche Vorbereitung
Recherchieren Sie Fakten. Hinterfragen Sie Quellen. Werfen Sie Fragen auf. Überlegen Sie sich einen aussagekräftigen Titel.

2. Schritt: Technische Vorbereitung
Sie benötigen ein Aufnahmegerät, ggf. ein Audioschnitt-Programm, ein digitales Endgerät zur Verarbeitung der Audiodaten.

3. Schritt: Erstellung des Drehbuchs
Erstellen Sie ein Drehbuch, eine Art „Roadmap", die als inhaltlich roter Faden durch den Podcast führt. Sorgen Sie für einen klaren Anfang, Hauptteil und ein inhaltliches Ende Ihres Podcasts.

4. Schritt: Absprachen im Team
Verteilen Sie Sprechrollen. Üben Sie einzelne Textpassagen, die Einleitung und thematische Übergänge ein.

5. Schritt: Aufnahme des Podcasts
Achten Sie auf Ruhe. Bei Aufnahme darf immer nur eine Person sprechen. Seien Sie authentisch. Unterbrechen Sie die Aufnahme so wenig wie möglich.

6. Schritt: Schnitt
Bearbeiten Sie Ihre Aufnahme mit einem digitalen Schnittprogramm.

7. Schritt: Speicherung und Veröffentlichung des Podcasts
Speichern Sie Ihr Podcast-Projekt als MP3-Datei. Berücksichtigen Sie bei einer möglichen Veröffentlichung über eine Internet-Plattform die Einhaltung möglicher Urheberrechte.

> **Podcast**
> Pod: Play on demand + Cast: abgekürzt vom Begriff Broadcast

3 Bürgerbeteiligung im Planungsprozess

Nach Bürgerbroschüre Zukunftsrevier; unter: www.rheinisches-revier.de

---

 Erstellen Sie mithilfe der sieben Schritte einen Podcast zur Zukunft des Rheinischen Reviers (etwa 10 Minuten Dauer). Für die inhaltliche Vorbereitung bearbeiten Sie vorab folgende Aufgaben:

a) Beschreiben Sie die Zukunftsvisionen für das Rheinische Revier (Grafik 1).
b) Wie plant man die Zukunft? Erläutern Sie die konzeptionelle Erarbeitung von Zukunftskonzepten für das Rheinische Revier.
c) Recherchieren Sie mithilfe des Internets aktuelle Entwicklungsprojekte im Rheinischen Revier.

1 Wirtschaftsstandorte in Mittel- und Osteuropa am Ende des 19. Jahrhunderts

5.3 Standortfaktor Steinkohle – Raumwirksamkeit eines Energieträgers

Bevor die Braunkohle wirtschaftliche und räumliche Wirkung erlangte, entwickelte sich die Steinkohle über mehr als 150 Jahre zu einem entscheidenden Standortfaktor für die Industrialisierung in Europa. Sie wurde seit Ende der 1950er-Jahre aber auch zum Auslöser des bisher größten Umbruchs in der europäischen Industriegeschichte mit einer tiefen Krise der Montanregionen. Ein Beispiel hierfür ist das nordrhein-westfälische Ruhrgebiet.

Montanindustrie
Oberbegriff für Steinkohlebergbau plus Eisen- und Stahlerzeugung, die lange Zeit auf der Kokskohle basierte

Bereits Mitte des 18. Jahrhunderts machte die Erfindung des Koksverhüttungsverfahrens in England den Einsatz der Steinkohle in der Eisen- und Stahlindustrie möglich. Seit 1769 diente sie zudem als Brennstoff in den von James Watt verbesserten Dampfmaschinen. Diese wurden seit 1788 auch zum Antrieb der mechanischen Webstühle in der boomenden Textilindustrie eingesetzt, was wiederum die Nachfrage nach Steinkohle stark anwachsen ließ. Und in den 1820er-/1830er-Jahren begann in Europa das Eisenbahnzeitalter, mit der Kohle als Antriebsenergie für die Dampflokomotiven.

Um den Bedarf an Steinkohle zu decken, wurden immer neue Vorkommen erschlossen. Ausgangspunkt war das mittelenglische Revier, doch bald folgten zahlreiche weitere Montanreviere in Kontinentaleuropa mit Tausenden von Zechen.

2 Zeche Nordstern, Gelsenkirchen, hier im Jahr 1980 mit rund 3 300 Beschäftigten (siehe auch die Materialien 16–18, S. 163)

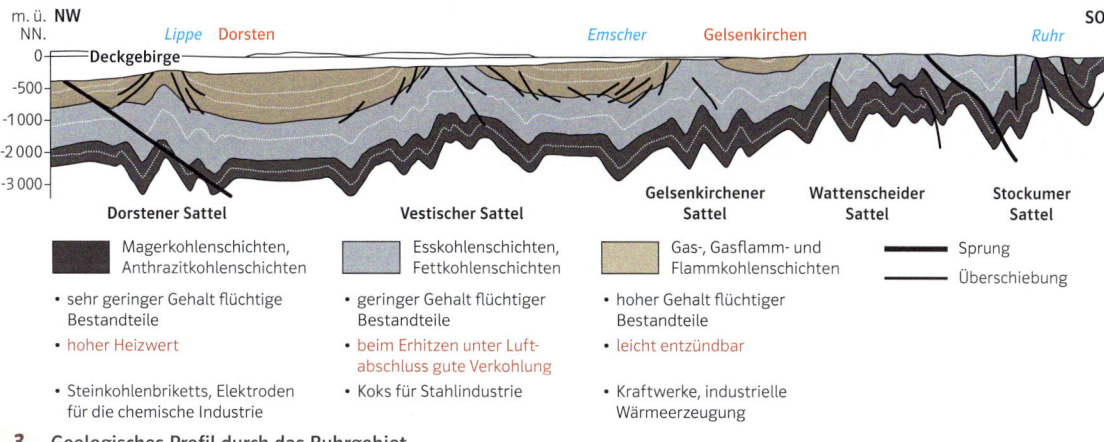

3 Geologisches Profil durch das Ruhrgebiet

Beispiel Ruhrgebiet

Die folgenden drei Aufgabenblöcke (S.159: Aufstieg, S.160: Krise, S.162: Wandel) können Sie auch arbeitsteilig in Gruppen bearbeiten.

 1 Beschreiben Sie die industrielle Struktur und ihre Grundlagen in Europa am Ende des 19. Jahrhunderts.

 2 Erläutern Sie die Bedeutung des Standortfaktors Steinkohle für die Entstehung des Ruhrgebiets.

 3 Erstellen Sie eine kurze Präsentation zu einem Altindustriegebiet außerhalb Deutschlands (Karte 1, Atlas, Internet).

Entwicklung des Steinkohlenbergbaus im Ruhrgebiet im 19. Jahrhundert

Jahr	Arbeitskräfte	Produktion (in 1 000 t)	Anzahl Zechen
1800	1 546	231	158
1825	3 834	437	166
1850	12 238	1 961	198
1860	28 487	4 276	277
1870	50 499	11 571	215
1880	78 240	22 364	193
1890	127 534	35 517	175
1900	288 693	60 119	170

Nach Kommunalverband Ruhrgebiet (Hrsg.): Das Ruhrgebiet. Essen 2002, S. 33

4

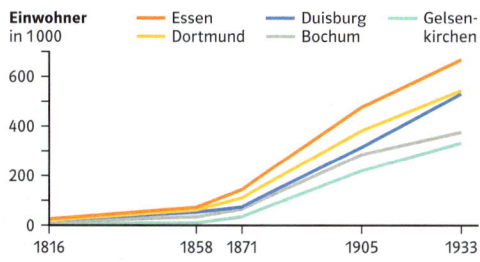

5 Bevölkerungsentwicklung in ausgewählten Ruhrgebietsstädten

Eigene Zusammenstellung nach verschiedenen Quellen

Standortfaktor Steinkohle

In Deutschland entstanden auf der Basis der Steinkohle mehrere Industrieviere: das kleinste bei Ibbenbüren (nahe Osnabrück), das Aachener Revier, das Saarrevier sowie das Ruhrgebiet. Mit 5,3 Millionen Einwohnern ist es heute der größte Verdichtungsraum in Deutschland und Europas bedeutendste Industrieregion.

Auf der Basis der Steinkohle bildete sich an der Ruhr und nördlich von ihr ein Montanrevier mit Bergbau sowie Eisen- und Stahlerzeugung heraus. Am Anfang musste man sich auf einen Stollenabbau beschränken. Doch die Erfindung der Dampfmaschine schuf die Möglichkeit, Grundwasser abzupumpen und somit auch tiefer gelegene Kohlenflöze abzubauen. „Auf der Kohle" entstanden dann Hochöfen, die mithilfe von Steinkohlenkoks Eisen aus dem Erz schmolzen. Der größte Teil wurde anschließend zu Stahl veredelt, der meist noch an Ort und Stelle in den Walzwerken und Gießereien eine erste Weiterverarbeitung erfuhr. Unterstützt wurde die Entwicklung durch den Ausbau der Verkehrswege – zuerst die Eisenbahn, zwischen 1899 und 1930 auch die drei großen Kanäle, die eine Anbindung an den Rhein und an die Nordsee schufen.

Die erste Phase der Hochindustrialisierung des Raums war die Zeit der Industriellen Revolution, die zweite die 1930er-Jahre, als das Ruhrgebiet zur „Waffenschmiede" Hitler-Deutschlands wurde. Die letzte Hochphase datiert schließlich nach dem Zweiten Weltkrieg in den Jahren von Wiederaufbau und „Wirtschaftswunder".

6

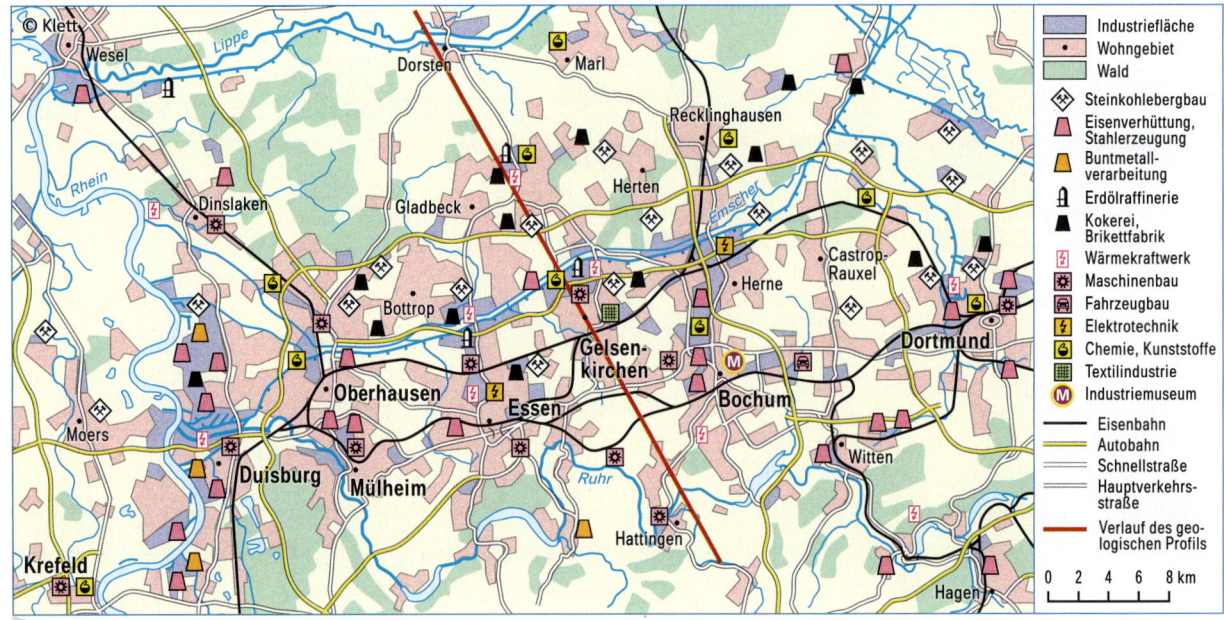

7 Ruhrgebiet 1965 – zwischen Boom und Krise

Ruhrgebiet – Steinkohle als Krisenfaktor

4

Analysieren Sie die industrielle Struktur des Ruhrgebiets 1965, ihre Verflechtungen und Grundlagen.

5

„Kohlekrise" und „Zechensterben":
a) Vergleichen Sie die beiden Zechenfotos 2 und 10.
b) Charakterisieren Sie die Probleme und Aufgaben, die sich aus der in Foto 10 dargestellten Situation ergeben.

6

Begründen Sie die Rolle der Steinkohle als ein wichtiger Faktor beim industriellen Niedergang des Ruhrgebiets seit 1958. Ziehen Sie hierzu auch das geologische Profil heran (Grafik 3).

Der Weg zum Ende

„1968 kam es zur Gründung der Ruhrkohle AG, der heutigen RAG. Eine Bergwerks-Einheitsgesellschaft, die damals fast 50 deutsche Schachtanlagen und 200 000 Beschäftigte zusammenfasste. Ihr Auftrag: einen leistungsfähigen Bergbau garantieren und die Fördermengen kontrollieren. Im Gegenzug gab es Stilllegungsprämien, Abnahmegarantien und Subventionen – und Kritik. Denn trotz roter Zahlen wurde die deutsche Kohleförderung jahrzehntelang aufrechterhalten.

‚Sie wissen ja, wie das in der Politik ist: Das war jedem bekannt, und dennoch hatte man Angst, eine solche zentrale Entscheidung politisch zu fällen', sagt Jürgen Rüttgers rückblickend. Der ehemalige nordrhein-westfälische Ministerpräsident von der CDU leitete den Ausstieg ein, zusammen mit den Gewerkschaften, dem Unternehmen und der Bundesregierung. Zu spät, hieß es auf der einen Seite. Jahrzehntelang seien Subventionen verschwendet worden. Zu früh, hieß es anderswo, denn so mache man – trotz weiterem Bedarf und Steinkohle-Vorkommen – eine Region kaputt. [...] Fakt ist, Anfang 2007 war besiegelt, dass der Ausstieg elf Jahre später kommen wird [...]"

Moritz Küpper: Schicht im Schacht. Steinkohle-Bergbau im Ruhrgebiet. In: Deutschlandfunk Kultur, 22.11.2018; unter: www.deutschlandfunkkultur.de

8

9 21.12.2018: Die letzte Ruhr-Zeche schließt, der Bundespräsident bekommt das letzte Stück geförderter Steinkohle.

Fossile Energieträger 5

10 Typisches Bild eines Zechenareals, einige Jahre nach der Stilllegung (hier die Grube Heinrich Robert in Hamm, in Betrieb von 1901–2010)

Beginn und Ursachen der Krise

„Im Februar 1958 wurden auf den Zechen im Ruhrgebiet erste Feierschichten eingelegt, erstmals seit der Rüstungskonjunktur überstieg die Förderung die Nachfrage. Einen langfristigen Rückgang der Steinkohlennachfrage hatte kaum jemand prognostiziert, vielmehr waren auch die Akteure im Ruhrbergbau davon ausgegangen, auch weiterhin in hohem Maße an einem stark wachsenden Energiebedarf zu partizipieren. Entsprechend überraschend begann mit dem Einbruch der Nachfrage im Winter 1957/58 die Kohlenkrise. In der zweiten Hälfte der 1950er-Jahre hatte sich das Mineralöl auf dem deutschen Markt durch den Wegfall des Heizölzolls verbilligt, zudem war es zu einer Erschließung neuer Fördergebiete gekommen, und [...] die Transportpreise [waren] stark gefallen. Zwischen 1957 und 1960 halbierten sich die Preise für Heizöl, während die gesunkenen Frachtraten auch die importierte amerikanische Steinkohle stark verbilligten. Auch andere Entwicklungen, wie der Wechsel von Schiene zur Straße oder die Umstellung der Lokomotiven auf Dieselkraftstoffe, wirkten gegen den Ruhrbergbau."

Juliane Czierpka: Der Ruhrbergbau. Von der Industrialisierung bis zur Kohlenkrise. In: BpB (Hrsg.): Aus Politik und Zeitgeschichte: Ruhrgebiet. Bonn 2019; unter: www.bpb.de

11

Entwicklung der Beschäftigten im Steinkohlenbergbau des Ruhrgebiets (gerundet)

Jahr	Beschäftigte	Jahr	Beschäftigte
1922	545 000	1985	124 700
1945	283 600	1990	98 700
1950	435 100	1995	70 500
1955	478 300	2000	45 400
1660	398 400	2005	49 400
1965	306 900	2010	18 600
1970	201 800	2015	7 500
1975	159 700	2020	0*
1980	143 400		

*betrifft nur den eigentlichen Bergbau; einige Hundert Beschäftigte arbeiten noch Über- und auch Untertage an der Abwicklung der Zechen und an der Beseitigung der Bergbaufolgen

Eigene Zusammenstellung nach verschiedenen Quellen (v. a. https://de.statista.com)

12

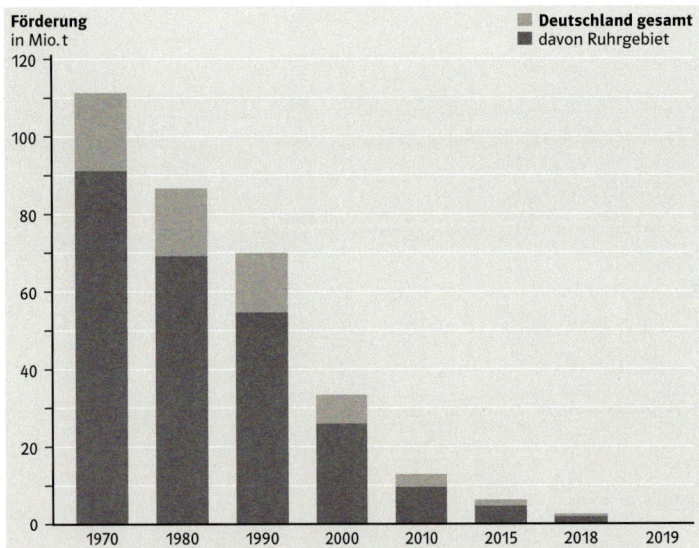

13 Steinkohlenförderung in Deutschland und im Ruhrgebiet (in Mio. t)
Daten nach Statistik der Kohlenwirtschaft e.V.; unter: https://kohlenstatistik.de

Entwicklung der deutschen Steinkohlenimporte

Gesamte Importe

Jahr	1991	2001	2011	2019
Mio. t	15,4	23,9	41,6	42,2

Wichtigste Lieferländer	2011 (Mio. t)	2019 (Mio. t)
Russland	9,7	19,4
USA	9,4	8,2
Australien	4,4	4,8
Kolumbien	10,5	1,8
Polen	3,7	1,4
Südafrika	2,7	0,8
Sonstige	1,2	5,8

Eigene Zusammenstellung nach Statistik der Kohlenwirtschaft e.V.; unter: https://kohlenstatistik.de (bis 2011); Verein der Kohlenimporteure: Jahresbericht 2020, S.18; unter: www.kohlenimporteure.de (2019)

15

Ursache Lagerungsbedingungen

Zu einem der wichtigsten Gründe für den Niedergang der Steinkohle, der also sehr lange vor der „Energiewende" begann, wurden ausgerechnet die Lagerungsverhältnisse der Ruhrkohle (siehe Grafik 3, „Geologisches Profil durch das Ruhrgebiet"). Die einst günstige, oberflächennahe Lage spielte keine Rolle mehr, da diese Vorkommen im Ruhrtal und in der Hellwegzone zwischen Duisburg und Dortmund längst erschöpft waren. Der Bergbau war gezwungen, sich immer weiter nach Norden zu verlagern. Man sprach von der „Nordwärtswanderung", die zu einem wichtigen Krisenfaktor wurde.

14

Ruhrgebiet – Maßnahmen zur Überwindung der Krise: Beispiel Nordsternpark

7
Stellen Sie Intentionen, Maßnahmen und Strukturen der Revitalisierungsmaßnahme „Nordsternpark" dar (Materialien 16–18 sowie Internetrecherche).

8
Beurteilen Sie dieses Projekt unter den Aspekten „Multifunktionalität" und „nachhaltige Entwicklung".

1857 entstand in Gelsenkirchen-Horst die Zeche Nordstern (siehe auch Foto 2, S.158). 1993, 136 Jahre später, wurde sie infolge der **„Kohlenkrise"** geschlossen. Hieraus resultierten gravierende Probleme: Im Stadtgebiet befand sich nun eine große, unattraktive Industriebrache mit kontaminierten Böden. Arbeitsplätze gingen verloren, die Arbeitslosigkeit nahm stark zu. Dadurch sank die Kaufkraft der Bevölkerung, was negative Auswirkungen auf weitere Wirtschaftsbereiche hatte. Und schließlich wurden Abwanderungstendenzen vor allem bei den jungen Menschen verstärkt.

Ein Wandel setzte allerdings schon ein Jahr später ein, als Gelsenkirchen den Zuschlag für die Bundesgartenschau (BUGA) 1997 bekam und dafür das Areal der gerade aufgegebenen Zeche Nordstern auswählte. Auf 100 ha Fläche entstand der Nordsternpark, besonders auch als Maßnahme zur wirtschaftlichen Wiederbelebung („Revitalisierung") des Raums. Die BUGA zog zwischen April und Oktober 1997 rund 1,6 Mio. Besucher an.
Trotz des Schwerpunkts als Park gibt es auch andere Nutzungen, wie die 1500 Arbeitsplätze zeigen, die mittlerweile hier angesiedelt sind. Weitere Flächen, z.B. für Büros, stehen in alten Zechengebäuden zur Verfügung.

Linktipp
Nordwärtswanderung Ruhrbergbau
23733y

Erklärfilm
Strukturwandel
23733y

5 Fossile Energieträger

16 Nordsternpark in Gelsenkirchen, ehemalige Zeche Nordstern

17 Gewerbeareal im Nordsternpark

18 Blick auf eine Veranstaltung im Amphitheater des Nordsternparks

163

5.4 Globale und nationale Entwicklung des Energiebedarfs

Der weltweite Energieverbrauch wird wohl auch in Zukunft weiter steigen. Das liegt u. a. am globalen Bevölkerungswachstum und am Wirtschaftswachstum aufstrebender Schwellen- und Entwicklungsländer. Eine große Rolle spielen allerdings auch die fortschreitende Digitalisierung und ihr enormer Energieverbrauch. Spätestens hier wird das scheinbar abstrakte Thema „Globale und nationale Entwicklung des Energiebedarfs" konkret greifbar.

„Sie verzichten auf Flugreisen, weil Sie etwas für das Klima tun wollen? Hören Sie lieber auf, sich ständig Videos auf YouTube anzuschauen."

Über diese provokante Aussage eines Digitalisierungsforschers könnten wir schmunzeln. Aber: Weltumspannende Kommunikationsnetze, Informations- und Nachrichtenaustausch quasi in Echtzeit, verschiedenste mobile, internetfähige Endgeräte – sie machen es möglich, dass wir jederzeit einfach Bilder rund um den Globus schicken, per Video mit Freundinnen oder Freunden auf anderen Kontinenten kommunizieren, mithilfe von Streamingdiensten Sportereignisse vom anderen Ende der Welt verfolgen usw. All dies verbraucht enorme Mengen an Energie: zehn Minuten Video-Streaming in HD auf einem Smartphone z. B. so viel wie ein Herd, der fünf Minuten auf höchster Stufe läuft.

Für unseren digitalen Konsum muss immer mehr Energie produziert werden. Das vergrößert auch den globalen CO_2-Ausstoß zulasten unserer Umwelt.

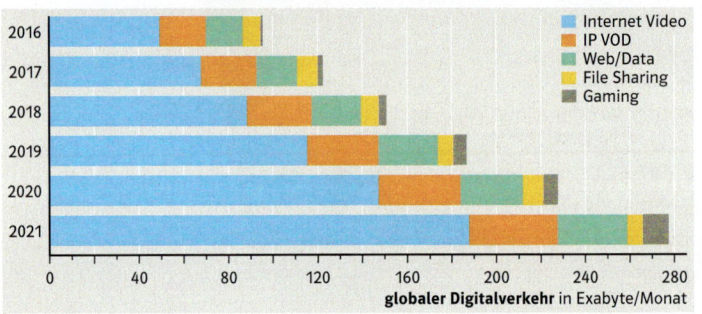

1 Entwicklung des globalen Digitalverkehrs nach Nutzungsbereichen (1 Exabyte = 1,074 Mrd. Gigabytes)
Nach Thinktank The Shift Project: Lean ICT. Towards Digital Sobriety. März 2019. S. 23; unter: https://theshiftproject.org

Globale Entwicklung nach Primärenergieträgern

Weltweite Trends

„Auch wenn in der aktuellen Corona-Krise [2020/21] der weltweite Energieverbrauch sinkt, so zeigt der langjährige globale Trend eine steigende Nachfrage nach Energie. [...] Die weltweit wachsende Bevölkerung und die Erhöhung des allgemeinen Lebensstandards werden trotz höherer Energieeffizienz voraussichtlich auch langfristig einen steigenden Energiebedarf zur Folge haben.

Bei fortlaufenden Verschiebungen im globalen Energiemix trägt weiterhin nur eine begrenzte Zahl von Energieträgern die Hauptlast der Energieversorgung. Um einen weltweit steigenden Energiebedarf auch zukünftig bedarfsgerecht decken zu können, werden in den nächsten Jahrzehnten fossile Energieträger und Kernkraft, neben den erneuerbaren Energien, auch weiterhin eine maßgebliche Rolle spielen. Die große Herausforderung der kommenden Jahrzehnte ist daher der Umbau der Energiesysteme. [...]"
BGR Energiestudie 2019, S. 40; unter: www.bgr.bund.de

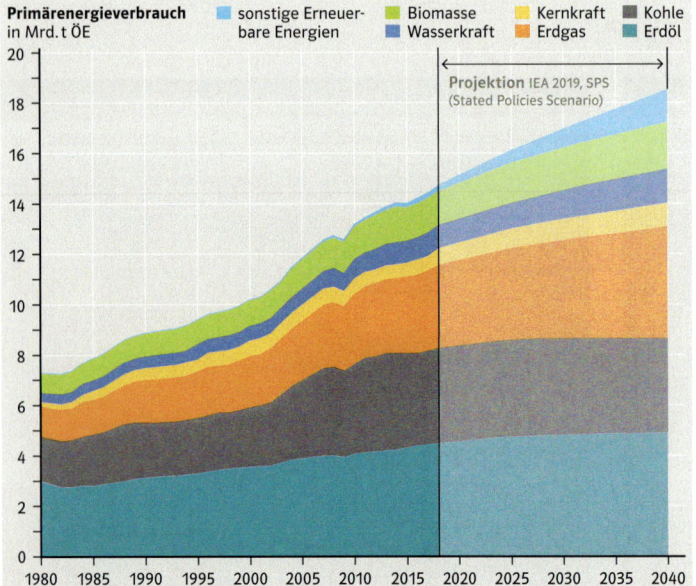

2 Weltenergieverbrauch nach Energieträgern 1980–2040 in Mrd. t Öleinheiten (Projektion siehe Erläuterungen S. 165)
Nach BGR Energiestudie 2019, S. 40; unter: www.bgr.bund.de

3

Fossile Energieträger 5

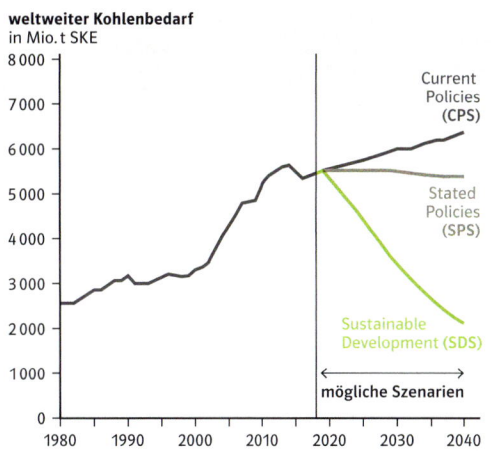
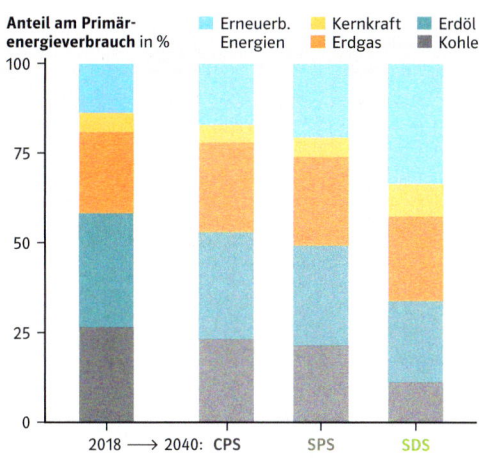

4 Drei mögliche Szenarien zur Entwicklung des zukünftigen globalen Kohlenbedarfs (links) sowie die jeweils daraus resultierenden Anteile der Energierohstoffe am globalen Primärenergieverbrauch (rechts)
Nach BGR Energiestudie 2019, S. 57; unter: www.bgr.bund.de

Bedeutung der drei Szenarien
Stated Policies Scenario (SPS): Szenario auf Basis der heute existierenden energiepolitischen Rahmenbedingungen und Zielsetzungen bis zum Jahr 2040

Current Policies Scenario (CPS): Szenario, das von einer bloßen Fortschreibung der aktuellen Energiesituation ausgeht

Sustainable Development Scenario (SDS): Szenario bei erfolgreicher Umsetzung der Sustainable Development Goals, besonders der SDG 3, 7 und 13

Prognosen zur Entwicklung des globalen Energieverbrauchs sind schwierig. Sie sind u. a. von politischen Parametern abhängig, wie sie die Szenarien in den Grafiken 2 und 4 skizzieren. Es ergibt sich aber auch immer wieder eine Neubewertung einzelner Parameter, z. B. bei der **Reichweite** von Erdöl und Erdgas. Im Gegensatz zu früher ist es heute möglich, auch unkonventionelle **Lagerstätten**, wie in Schiefer eingeschlossenes Gas oder Öl, wirtschaftlich zu nutzen. Die hier angewandte, umstrittene Fracking-Methode wird in einigen Ländern wie den USA schon umfangreich eingesetzt.

Entkoppelung. Lange Zeit galt die Prämisse, dass Energiebedarf und Wirtschaftswachstum unmittelbar zusammenhingen. Das ist in vielen Industrieländern jedoch seit ungefähr drei bis vier Jahrzehnten nicht mehr der Fall. Mit Ausnahme der Finanz- und Wirtschaftskrise 2008–2011 sowie des Corona-Pandemie-Jahres 2020 hat es ganz überwiegend einen stetigen Anstieg des BIP gegeben. Der Energiebedarf ist aber nicht in gleichem Maße gestiegen, da verschiedene Maßnahmen griffen: sparsamere Automobilantriebe und elektrische bzw. elektronische Geräte, wachsendes Energiebewusstsein der Bevölkerung, modernere Produktionsmethoden in der Industrie etc. Für die Entwicklung der globalen Energiesituation ist bedeutsam, ob diese Entkoppelung von Wirtschaftswachstum und Energieverbrauch in Zukunft auch in den heutigen Schwellen- und Entwicklungsländern stattfinden wird.

Statische Reichweite fossiler Energieträger
(Basisjahr: 2000; statisch: bei gleichbleibender Förderung wie im Basisjahr)

Energieträger	Reserven[1] (Jahre)	Ressourcen[2] (Jahre)
Erdöl	53	67
Erdgas	65	149
Steinkohle	207	1425
Braunkohle	198	1264
Uran	42	527

[1] Reserven: sicher verfügbar und wirtschaftlich gewinnbar
[2] Ressourcen: nachgewiesene oder vermutete Vorräte, zurzeit noch nicht wirtschaftlich gewinnbar; hierzu zählten im Basisjahr 2000 auch die unkonventionellen Lagerstätten von Öl und Gas
Eigene Zusammenstellung nach BGR

5

→ Fracking
S. 176

---

1 Beschreiben Sie die Entwicklung des Weltenergieverbrauchs nach Energieträgern.

2 NE Drei mögliche Szenarien (Grafik 4):
a) Charakterisieren Sie die im linken Kurvendiagramm dargestellten Entwicklungen.
b) Vergleichen Sie die sich daraus ergebenden Szenarien für die Anteile der Energieträger (rechte Säulen) mit den Ergebnissen aus Aufgabe 1.

3 Beurteilen Sie die Aussagekraft der „statischen Reichweite" bei den fossilen Energieträgern.

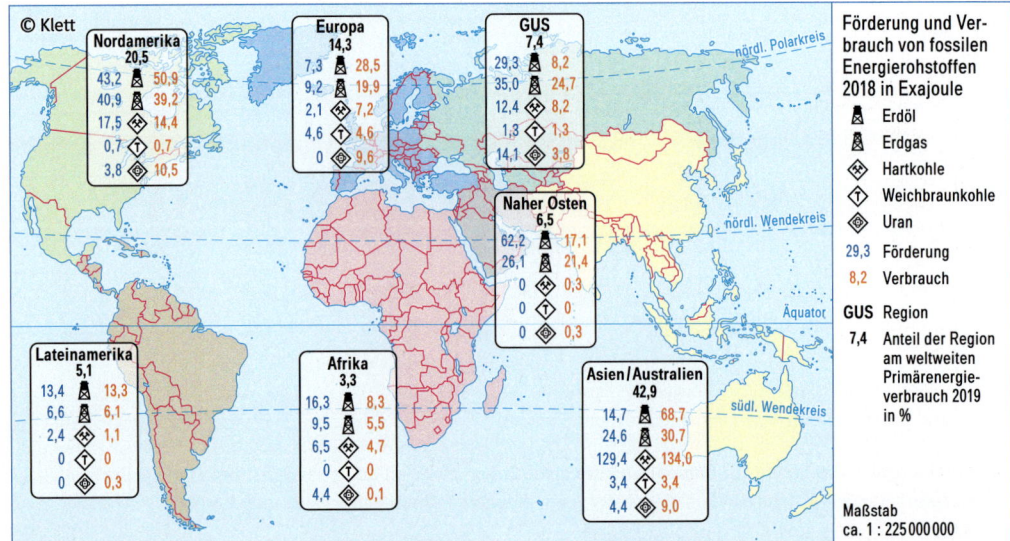

6 Regionale Verteilung der Förderung und des Verbrauchs von fossilen Energierohstoffen 2018 sowie regionaler Anteil am weltweiten Primärenergieverbrauch

Nach BGR Energiestudie 2019, S. 16; unter: www.bgr.bund.de

Situation und Entwicklung nach Regionen

Die regionale Verteilung des weltweiten Energiebedarfs ist heute vor allem ein Spiegel des ökonomischen Entwicklungsstandes. Allerdings werden sich in den nächsten Jahren deutliche Veränderungen abspielen. Das betrifft sowohl die Höhe der Nachfrage nach Primärenergie als auch die Anteile der einzelnen Energieträger. Dem liegen unterschiedliche Faktoren zugrunde. In den einen Regionen ist es z. B. ein erwartetes weiteres Wirtschaftswachstum, in den anderen eine Umgestaltung der ökonomischen Strukturen. Ein Beispiel für Letzteres ist die Region Mittlerer und Naher Osten, die auch die arabischen Ölförderstaaten mit einschließt. Bei vielen von ihnen führt zurzeit das Vorhandensein von Erdöl und Erdgas noch zu einem verschwenderischen Umgang mit diesen Rohstoffen; ihr Pro-Kopf-Energieverbrauch gehört zu den höchsten weltweit. Die Förderung wird dort, wo es möglich ist, sogar noch weiter erhöht. Denn immer stärker werden die Einnahmen aus den Exporten von Öl und Gas für die Umstrukturierung der Wirtschaft benötigt. Man rüstet sich für die Zeit nach dem Erschöpfen der Vorräte.

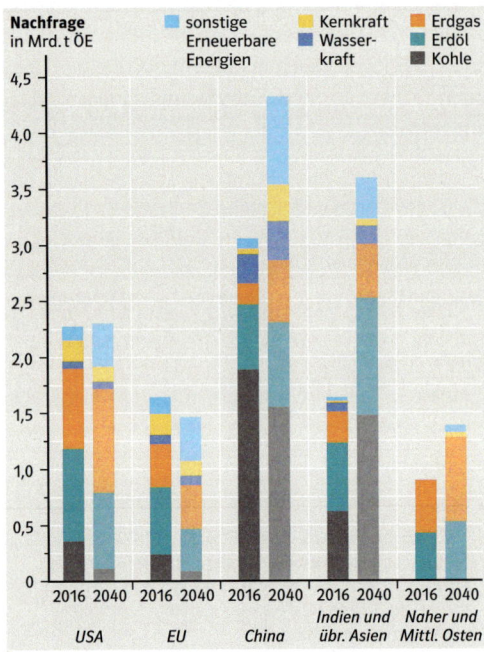

7 Nachfrage nach Energieträgern in ausgewählten Regionen der Erde in Mrd. t ÖE, Prognose für das Jahr 2040

Nach BP Energy Outlook 2018, S. 54; unter: www.bp.com

 Stellen Sie wichtige Merkmale der regionalen Verteilung von Förderung und Verbrauch fossiler Energieträger dar.

 Erläutern Sie Gründe für die in Diagramm 7 dargestellten Prognosen.

 Analysieren Sie die Entwicklungen in Deutschland bei der Stromerzeugung.

5 Fossile Energieträger

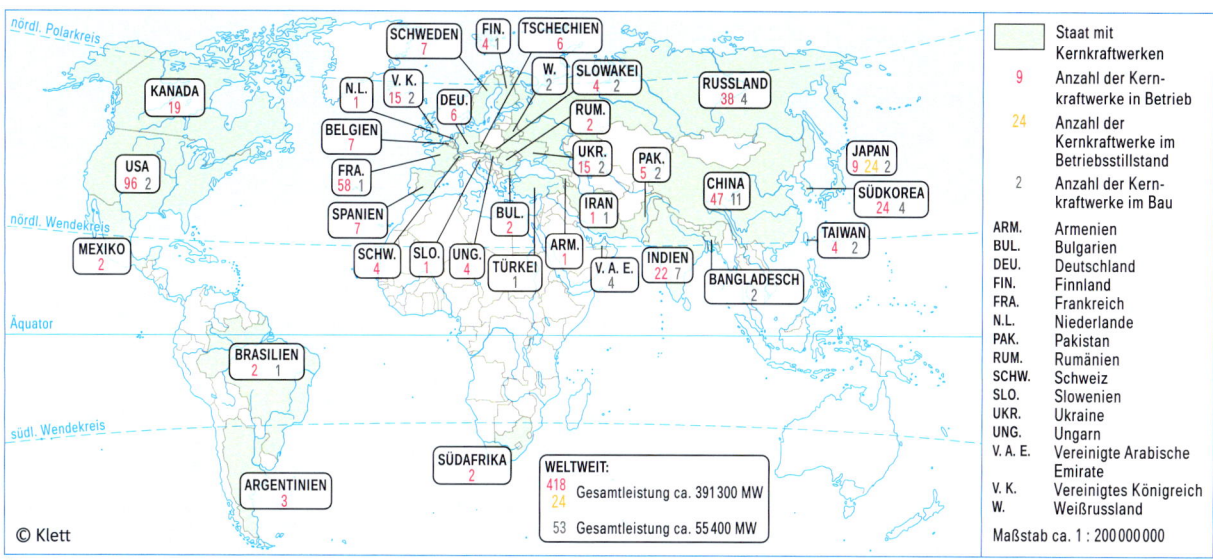

8 Kernkraftwerke weltweit 2019
Nach Swissnuclear; unter: www.kernenergie.ch

Energie als Schlüsselkomponente – Entwicklung in Deutschland

Deutschland gehört zu den größten Energieverbrauchern weltweit. Das hat zum einen mit dem Wohlstand von vielen seiner rund 83 Mio. Einwohner zu tun. Zum anderen spielt der hohe Industrialisierungsgrad eine Rolle. So sind z. B. etwa 80 % unserer Exporte Industriegüter, und um sie zu produzieren, braucht man Energie und Strom.

Wir gehen jedoch in der Bedarfsdeckung aufgrund von Umweltschutz und Sicherheit einen eigenen Weg. Braunkohle und Steinkohle sind zwar unsere einzigen im Land vorhandenen fossilen Energieträger, dennoch steigen wir hier aus: 2018 schloss die letzte Steinkohlenzeche, spätestens 2038 endet der Braunkohlebergbau (siehe Kapitel 5.2 und 5.3). Und nach der Reaktor-Katastrophe im japanischen Fukushima 2011 ist das Ende der Atomstromerzeugung für das Jahr 2022 beschlossen.

Gerade bei Letzterem fällt die Besonderheit unseres Weges auf. Es gibt nämlich wenige andere Staaten, die den Atomausstieg per Gesetz vollzogen haben. In Europa sind das bisher neben Deutschland nur Italien, Österreich und Litauen;

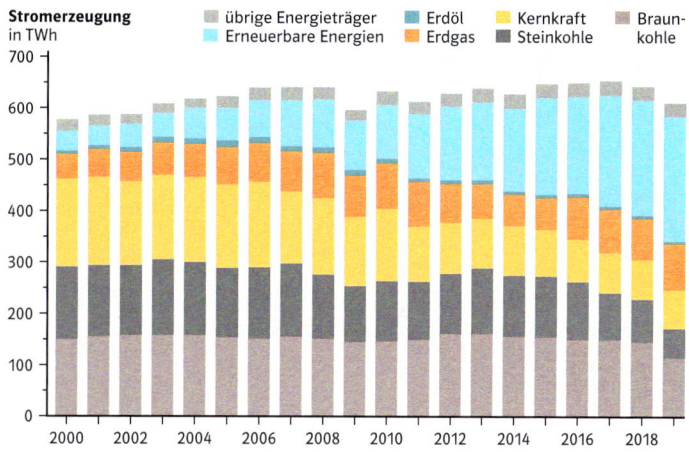

9 Entwicklung der Stromproduktion in Deutschland nach Energieträgern in TWh

Nach Umweltbundesamt: Erneuerbare und konventionelle Stromerzeugung, 12.11.2020; unter: www.umweltbundesamt.de

Belgien und Spanien planen das Ende der Atomkraft. Ein Gegenbeispiel liefert Schweden, wo man einen früheren Ausstiegsbeschluss wieder rückgängig gemacht hat – mit dem Verweis auf die Klimaschutzziele.

„Deutschlands Ausstieg aus dem Atomstrom ist im Hinblick auf Energieversorgung und Klimaschutz kaum zu verantworten." Verfassen Sie zu diesem Thema einen (fiktiven) Leserbrief für Ihre örtliche Zeitung (weitere Recherche im Internet).

5.5 Öl und Gas – Entwicklungsimpulse durch Rohstoffe

In den Förderländern von Erdöl und Erdgas können diese Rohstoffe starke Entwicklungsimpulse geben. Die Einnahmen aus den Exporten ermöglichen zukunftsfähige wirtschaftliche und soziale Veränderungen, auch für die Zeit nach Öl und Gas. Als ein Beispiel hierfür gilt Oman.

1 Oman – Wirtschaft

Kurzcharakteristik Politik

Schon im dritten Jahrtausend v. Chr. gab es im Oman Hochkulturen. Nach einer wechselvollen Geschichte und langer selbstgewählter Isolation öffnete sich der Oman seit 1970 und strebt seitdem eine konsequente Modernisierung und Öffnung vor allem nach Westen an. Allerdings ist das islamische Land auch heute noch eine absolute Monarchie, in der Regierung und Parlament nur beratende Funktionen haben.

2

Strukturdaten 2019		Oman	zum Vergleich: Deutschland
Fläche (km²)		309 500	349 360
Bevölkerung (Mio.)		4,97	83,10
– Anteil der Immigranten (%)		ca. 48	ca. 15
– städtische Bevölkerung (%)		86,3	77,5
Lebenserwartung (Jahre)		76,3	81,1
Alphabetisierungsrate (%)		95,7	98,2
Bildungsausgaben, Anteil am BIP (%)		4,3	4,5
BIP/Kopf (PPP, US-Dollar)		18 198	41 508
BIP nach Sektoren (%)	I	2,5	0,9
	II	46,7*	29,8
	III	52,6	69,3
BIP nach Beschäftigten (%)	I	4,6	1,3
	II	32,8*	24,1
	III	62,7	74,6
Ölförderung (Mio. t)		101,4	–
Öleinnahmen (Mrd. US-Dollar)		19,1	–
– Anteil am BIP (%)		26,9	–
CO_2-Emissionen/Kopf (t)		17,6	9,1
Korruptionsindex CPI (Wert)		52	80
– Weltrang (180 Staaten)		56	9
HDI (Wert, 2020)		0,821	0,939
– Weltrang (2020, 189 Staaten)		48	4

* einschließlich Öl- und Gassektor
Eigene Zusammenstellung nach verschiedenen Quellen (v. a. https://de.statista.com)

3

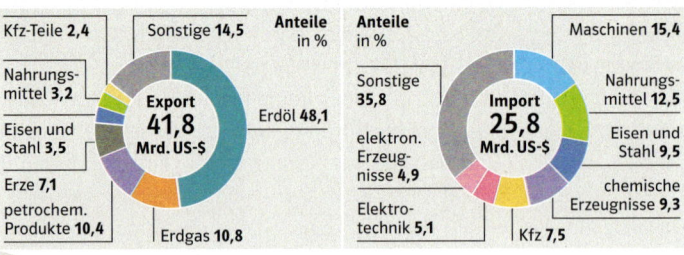

4 Omans Außenhandel 2018, Hauptgüter
Nach GTAI Wirtschaftsdaten kompakt Oman, November 2020; unter: www.gtai.de

1 Beschreiben Sie die wirtschaftliche Struktur von Oman.

2 Charakterisieren Sie den Entwicklungsstand des Landes.

3 Erläutern Sie Planungen und Maßnahmen, mit denen Oman seine Zukunft gestalten will.

Tourismus

Oman treibt im Rahmen seiner Öffnung die Entwicklung des internationalen Tourismus voran, für den man mit Natur, Kultur und Aktivitäten wirbt. Dabei zielt man allerdings nicht auf Massentourismus. So stehen z. B. den 26 Drei-Sterne-Hotels des Landes 41 Vier- und Fünf-Sterne-Hotels gegenüber. 2018 wurde Oman bereits von 2,5 Mio. Touristen besucht. Sie brachten dem Land Einnahmen von 2,52 Mrd. Euro, was rund 3,7 % des BIP entsprach.

5

8 Tourismusziel Oman

Bildung

1986 wurde die größte und einzige staatliche Universität Omans in der Hauptstadt Maskat gegründet, benannt nach Sultan Al-Quabus, der 2020 nach fast 50-jähriger Regierungszeit starb. Die von ihm betriebene Modernisierung des Landes spiegelt sich in ihr wider. Neben Arabisch ist Englisch die zweite Studiensprache in Fachbereichen wie Medizin, Ingenieurswesen, Landwirtschaft oder Erziehungswissenschaft. Von den heute rund 20 000 Studierenden sind mehr als die Hälfte Frauen, sodass man vor kurzem sogar eine „Jungsquote" (boys quota) eingeführt hat.

Neben der staatlichen Universität gibt es noch etwa ein Dutzend private. Zu ihnen gehört die 2007 gegründete GUTech (German University of Technology), eine Zusammenarbeit mit der RWTH Aachen. Auch bei ihren 2 350 Studierenden liegt der Frauenanteil bei etwa 50 %. Das Lehrpersonal kommt aus fast 30 verschiedenen Ländern, die Lehrsprache ist Englisch. Ziel ist die Ausbildung kompetenter Absolventen in den vier Schwerpunktfächern „Nachhaltiger Tourismus und Regionalentwicklung", „Stadtplanung und Architektur", „Angewandte Geowissenschaften" und „Angewandte Informationstechnologien". (Stand: Januar 2021)

6

Industrie

„Siemens liefert für das integrierte Energie- und Wasserprojekt in der omanischen Hafenstadt Duqm mehrere Gas- und Dampfturbinen sowie digitale Lösungen. [...] Das Unternehmen unterstützt damit den Oman dabei, den wachsenden Energiebedarf des Landes zu decken. [...] Nach Fertigstellung im Jahr 2022 wird das Projekt über eine installierte Leistung von 326 Megawatt im Gas- und Dampfturbinenbetrieb verfügen und pro Tag 36 000 Kubikmeter Wasser für Raffinerie- und Petrochemie-Anlagen am Standort entsalzen können. Die Anlage ist an die Bedürfnisse des neuen Raffinerie- und Petrochemiekomplexes angepasst, der derzeit in der Sonderwirtschaftszone von Duqm entsteht. Das Projekt ergänzt den wirtschaftlichen Diversifizierungsplan des Landes, der darauf abzielt, den Industriesektor aufzubauen."

Siemens AG, Pressemitteilung, 29.1.2019; unter: https://press.siemens.com

7

Sonderwirtschaftszone von Duqm

"The Special Economic Zone of Duqm is the largest in the Middle East and North Africa, with an area of 2,000 square kilometers.
[It] contains several economic, tourism and service development zones, the most prominent are a multi-purpose port, a dry dock for repairing ships, a fishing port, a regional airport, and tourist, industrial and logistical areas."

Special Economic Zone of Duqm (SEZAD); unter: www.duqm.gov.om

9

---

4 Beurteilen Sie die Bedeutung des Erdöls für die Entwicklung Omans.

5 Überprüfen Sie, inwieweit die Planungen und Maßnahmen für die Zukunft Omans zur Verwirklichung der abgebildeten SDG beitragen.

5.6 Öl und Gas – Rohstoffe schaffen Konflikte

Öl und Gas sind seit Jahrzehnten weltweit unverzichtbare Energieträger. Für viele der Länder, die Erdöl oder Erdgas fördern, garantieren diese Rohstoffe wirtschaftliche Entwicklung und Wohlstand. Jedoch bergen die begehrten Rohstoffe häufig auch Konfliktpotenziale. Welche Konflikte können entstehen und wie können diese gelöst werden? Diesen Fragen gehen Sie anhand von drei Beispielen nach, die politische, ökonomische und ökologische Konfliktfelder betrachten.

Erdgas aus Russland – unverzichtbar für Europas Energiesicherheit?

Energiebedarf Europas
Europas Energiebedarf wird gegenwärtig durch viele verschiedene fossile und regenerative Energieträger gedeckt. Im Zuge der forcierten Wende zu einer klimaneutralen Energiewirtschaft soll Erdgas nach dem Willen der Europäischen Union (EU) eine zentrale Rolle als Übergangsenergieträger zukommen. Da der Großteil des Erdgasbedarfs der EU durch Importe gedeckt wird, ist hierfür ein weit verzweigtes transnationales Netz von Pipelines und Speichern notwendig.

2 Bau von Nord Stream 2

Nord Stream 2
Im Jahr 2021 wurde die Nord Stream-2-Pipeline durch die Ostsee fertig gestellt. Sie soll die Versorgung Deutschlands und weiterer europäischer Länder mit Erdgas sicherstellen. Es handelt sich dabei um eines der größten Energieinfrastrukturprojekte Europas in den vergangenen Jahrzehnten, das jedoch weitreichende geopolitische Konflikte schafft. Kritiker des Projektes befürchten eine zunehmende Abhängigkeit von Russland als Energielieferant und bezweifeln die Wirtschaftlichkeit der Pipeline. Besonders die USA haben den Bau mit Sanktionsdrohungen gegen beteiligte Firmen begleitet und warnen immer noch vor diesem Pipeline-Projekt. Hierbei spielen jedoch auch ökonomische Gründe eine Rolle, denn die USA sind selbst Erdgasexporteur.

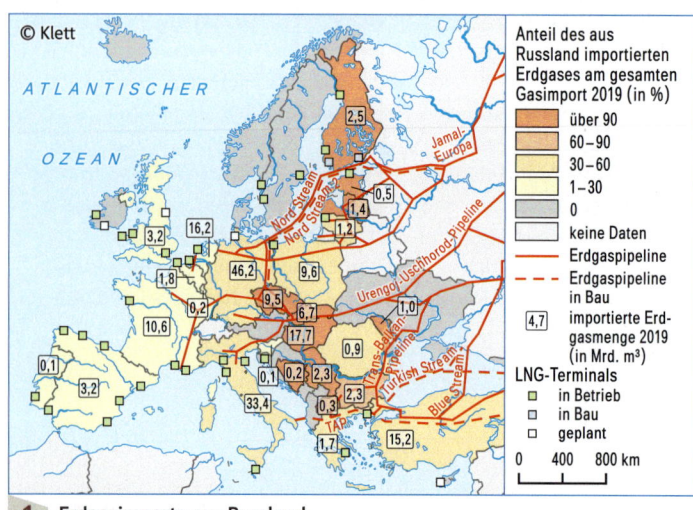

1 Erdgasimporte aus Russland
Nach Osteuropa 9–10/2017; unter: www.zeitschrift-osteuropa.de (Aktualisierung nach Eurostat, https://ec.europa.eu) und Rachel Waldholz u.a.: Liquefied gas – Does LNG have a place in Germany's energy future? 12.2.2019. In: CLEW; unter: www.cleanenergywire.org

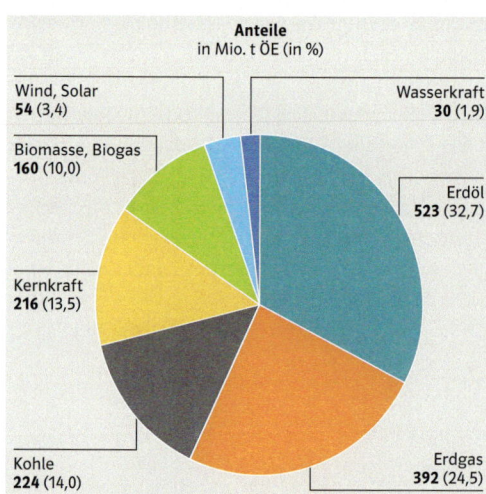

3 Energiemix der EU nach Energieträgern 2018
(Primärenergieversorgung in Mio. t Öläquivalent)
Daten nach International Energy Agency; unter: www.iea.org

5 Fossile Energieträger

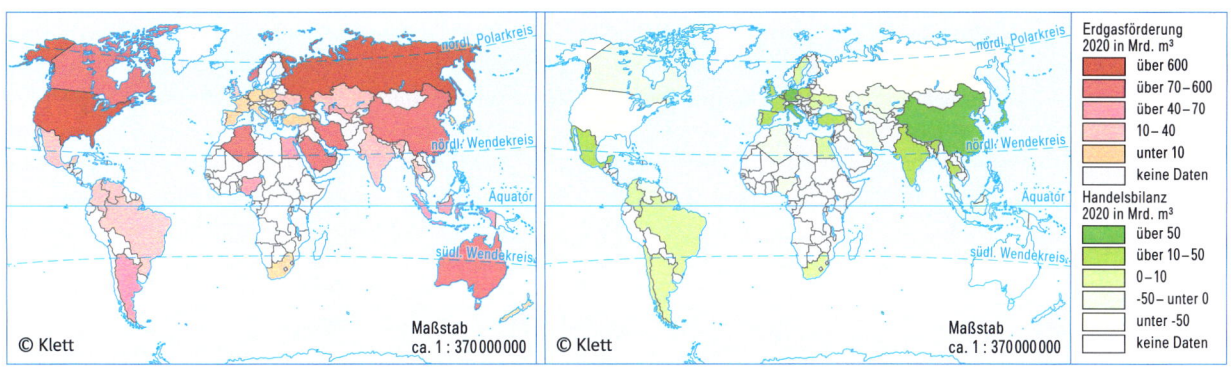

4 Erdgasförderung sowie Bilanz der Erdgasimporte und Erdgasexporte weltweit 2020 (in Mrd. m³)
Nach Enerdata. Statistisches Jahrbuch zur globalen Energie 2020; unter: https://energiestatistik.enerdata.net

LNG
„LNG (Liquefied Natural Gas) entsteht durch die Abkühlung auf minus 161 Grad Celsius und hat den Vorteil, dass es in diesem Aggregatzustand auf 1/6 000stel seines Volumens schrumpft. Damit lässt sich LNG weltweit mit speziellen Tankschiffen, aber auch auf der Straße oder Schiene transportieren." [In den USA werden z. B. durch Fracking große Mengen Schiefergas gewonnen, die teilweise für den Export als LNG gefördert werden.]

Le Monde diplomatique/taz Verlags- und Vertriebs GmbH: Atlas der Globalisierung. Berlin 2009, S.83 (ergänzt)

5

7 USA-Kritik an Nord Stream 2

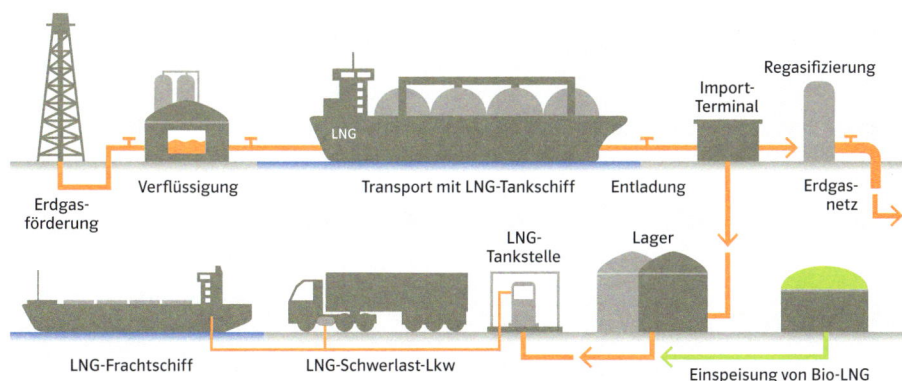

6 Transport und Nutzung von LNG
Nach Bundesverband der Energie- und Wasserwirtschaft e.V. (BDEW); unter: www.gewerbegas.info

1
Arbeit mit Karte 1:
a) Beschreiben Sie die Erdgas-Infrastruktur Europas.
b) Lokalisieren Sie den Verlauf von Nord Stream 2.

2
Analysieren Sie anhand der Karten 4 die globale Erdgasförderung sowie die Bilanz der Exporte und Importe.

3 MK
Nennen Sie Argumente für und gegen den Bau von Nord Stream 2 (Materialien dieser Doppelseite sowie Internetrecherche).

4
Stellen Sie die ökonomischen Interessen der EU, Russlands und der USA im Konflikt um den Bau von Nord Stream 2 gegenüber.

5
Erläutern Sie die Karikatur 7 und nehmen Sie Stellung zu der Aussage des Karikaturisten.

6 MK
Beschreiben Sie auf Grundlage einer Recherche den gegenwärtigen Stand des Projektes Nord Stream 2.

↙ Syndrome
S. 60–73

Nigeria – Öl als „Ressourcenfluch"?

„Es scheint wie ein historisches Gesetz zu sein, dass Ölreichtum mehr Fluch als Segen bringt – wenn nicht bereits eine stabile demokratische Tradition entwickelt ist." (Ulrich Clauss: Der Fluch des Öls, 2004)

Erdölvorkommen können Staaten beträchtlichen Reichtum einbringen und ein wirtschaftlicher und gesellschaftlicher Entwicklungsmotor sein. Wie das Zitat von Ulrich Claus aus der Zeitung „Die Welt" verdeutlicht, ist dies aber keineswegs eine Gesetzmäßigkeit. Auch für Nigeria stellt sich die Frage: Öl als **Ressourcenfluch**?

Die wirtschaftliche, gesellschaftliche und ökologische Lage

Nigerias Wirtschaft – die größte südlich der Sahara, noch vor Südafrika – weist nach einer stabilen Phase seit 2016 ein schwankendes Wirtschaftswachstum auf. Die hohen Öleinnahmen flossen in die Infrastruktur bzw. in den „Excess Crude Oil Account", ein Sonderkonto der Zentralbank, um eine stabile Finanzpolitik leisten zu können. Es bahnten sich geordnetere Verfahren bei der Vergabe öffentlicher Aufträge und die Schaffung größerer Transparenz bei den Einnahmen im Öl- und Gasgeschäft an. Trotz einiger Erfolge und der Versuche der Regierung, die Krise im Land zu bewältigen – von „Good Governance" ist Nigeria weit entfernt. Zudem spielen auch ausländische Interessen, v.a. die der Erdölkonzerne, eine wichtige Rolle bei den gegenwärtigen Problemen des Landes.

So war der Ausbau der Infrastruktur für die Ölindustrie auch der Startschuss für die umfangreiche Rodung der Regen- und Mangrovenwälder in Nigeria. Es entstanden Zugangswege, die die Wälder sowohl dem privaten Holzeinschlag als auch der kommerziellen Nutzung durch Unternehmen erschlossen. Es folgte die für Syndrome typische Übernutzung, hier als Raubbau am Regenwald und Mangrovenwäldern.

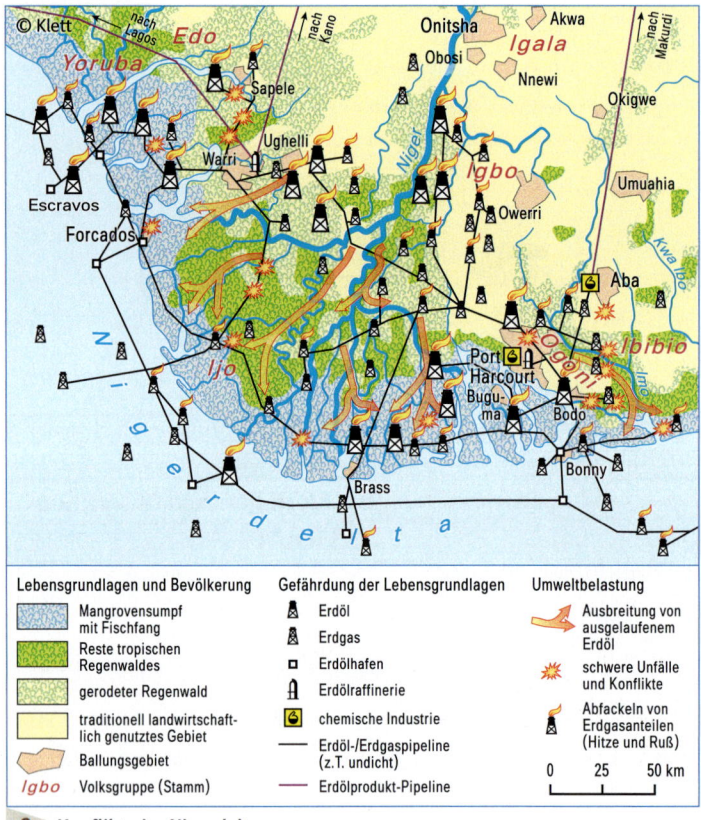

8 Konflikte im Nigerdelta

Bevölkerung und Probleme in Nigeria

„Jeder fünfte Afrikaner ist Nigerianer: In dem westafrikanischen Land […] leben nach Angaben der Regierung fast 200 Millionen Menschen. Mehr als die Hälfte von ihnen ist unter 18, ein weiteres Fünftel zwischen 18 und 35 Jahre alt. Zwischen dem Sahelgürtel im Norden und dem Golf von Guinea im Süden leben Mitglieder von mehr als 250 Ethnien […].

Die Einkünfte aus den großen Ölvorkommen, die vor allem im Nigerdelta und offshore im Golf von Guinea ausgebeutet werden, kommen zudem kaum der Bevölkerung zugute. […] Die große Ungleichheit begünstigt Gewalt. Im Nigerdelta sind ebenso bewaffnete Gruppen aktiv wie im Zentrum des Landes, wo sie für die zuletzt stark wachsende Zahl von Entführungen verantwortlich sind […]. Im Norden kämpft die nigerianische Armee weitgehend erfolglos gegen islamistische Terrorgruppen wie Boko Haram, die sich zum sogenannten Islamischen Staat zählen. 1,7 Millionen Nigerianer sind deshalb im eigenen Land auf der Flucht. Der Staat kommt seinen Kernaufgaben kaum nach. Zu den größten Problemen gehören neben der Sicherheit der Bevölkerung auch die Energieversorgung und andere grundlegende Infrastruktur. Ein Grund dafür ist die weit verbreitete Korruption. Im Index von Transparency International steht Nigeria auf Rang 144 von 180 Staaten."

epd: Das Stichwort: Nigeria, epd-Meldung v. 14.2.2019, auch unter: www.domradio.de

9

Fossile Energieträger 5

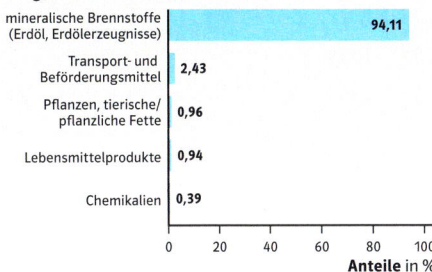
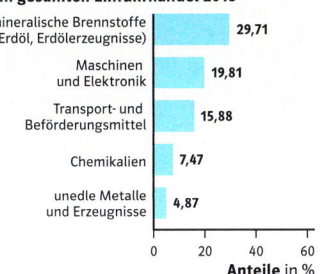
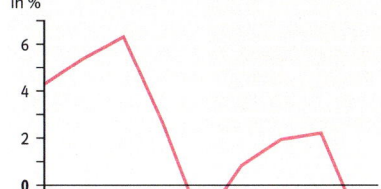

10 Nigeria: Außenhandel
Nach Statista; unter: https://de.statista.com

13 Entwicklung des BIP
Nach Statista; unter: https://de.statista.com

Nigeria: 60 Jahre Abhängigkeit vom Öl

„Seit der Unabhängigkeit lebt Nigerias Wirtschaft von Öl-Exporten. Die Bevölkerung hat davon nichts: Strom, Benzin und Lebensmittel sind teuer, die Armut hoch. [...]

Dabei ist Nigeria Afrikas größter Rohöl-Produzent. Erdöl und Erdgas machen rund 95 Prozent der Exporterlöse und fast 40 Prozent der Staatseinnahmen aus. Doch das Land hat gerade mal vier Raffinerien, die von einer Staatsfirma betrieben werden. Sie arbeiteten jahrelang nur mit einem Bruchteil ihrer eigentlichen Kapazität, nun sind sie geschlossen. Dahinter stecken Korruption und die Veruntreuung der Einnahmen aus dem Benzinverkauf. [...] Seit Jahren muss Nigeria daher 90 Prozent des benötigten Benzins und Diesels importieren – und dafür Milliarden Euro ausgeben. Doch für Subventionen ist nach Angaben der Regierung kein Geld mehr da, weil der Ölpreis durch die Corona-Krise eingebrochen ist. [...] Schon lange fordern Experten, dass sich Nigeria aus der Abhängigkeit vom Öl lösen muss. [...] Tukur Abdulkadir, Politikwissenschaftler an der Universität Kaduna State, bleibt bei allen Ankündigungen skeptisch: [...] ‚Wir hatten Unternehmen im ganzen Land, die sind alle bankrottgegangen. Früher war der Eisenbahnsektor eine lebendige Industrie, wir exportierten Baumwolle, Erdnüsse, Kaffee und Kakao. Damit erreichen wir heute nicht mehr viel.' [...] Kritiker sagen: So lange die politischen und wirtschaftlichen Eliten vom Ölexport profitieren, wird sich wenig ändern. Seit 1960 soll Nigeria über 326 Milliarden Euro durch Korruption verloren haben. [...] Doch nun sei es höchste Zeit zu handeln, sagt Abdulkadir. ‚Es herrscht ein hohes Maß an Ernüchterung und Unzufriedenheit im Land. Wenn sich diese Desillusionierung weiter anhäuft, befürchte ich, dass die Dinge eines Tages außer Kontrolle geraten könnten.'"

Silja Fröhlich: Nigeria: 60 Jahre Abhängigkeit vom Öl. Mitarbeit: Muhammad Bello, 30.9.2020. In: Deutsche Welle; unter: www.dw.com

11

Strukturdaten 2019

	Nigeria	z. Vergleich: Deutschland
Fläche (km²)	923 770	349 360
Bevölkerung	200 964 000	83 133 000
– städtische Bev. (%)	51,2	77,5
Lebenserwartung (Jahre)	53,9	81,1
Alphabetisierungsrate (%)	62,2	98,2
BIP/Kopf (PPP, US-$)	2 149	41 508
BIP nach Sektoren (%)	I 21,9 II 27,4 III 49,7	I 0,9 II 29,8 III 69,3
Ölförderung (Mio. t)	101,4	–
Öleinnahmen (Mrd. US-$)	36,3	–
– Anteil am BIP (%)	8,1	–
CO_2-Emissionen/Kopf (t)	4,93	9,1
Korruptionsindex CPI (Wert)	26	80
– Weltrang (180 Staaten)	146	9
HDI (Wert, 2018)	0,532	0,939
– Weltrang (2020, 189 Staaten)	157	4

Eigene Zusammenstellung nach verschiedenen Quellen (v. a. https://de.statista.com)

12

---

7 Lokalisieren Sie Nigeria und beschreiben Sie die Rolle der Erdölförderung für die Wirtschaft des Landes.

8 Erläutern Sie Probleme und Konflikte der Erdölförderung in Nigeria, indem Sie einen Text verfassen oder eine Concept Map erstellen.

9 Vergleichen Sie die Importe und Exporte Nigerias und erläutern Sie die Problematik des gegenwärtigen Außenhandels.

10 „Ressourcensegen" oder „Ressourcenfluch"? Vergleichen Sie die Folgen der Erdöl- und Erdgasförderung in Nigeria und Oman.

Sachalin – Erschließung im Einklang mit der Ökologie?

Die Förderung von Erdöl und Erdgas zeigt angesichts der weltweit steigenden Nachfrage in den letzten Jahrzehnten konstante Wachstumsraten. Als Folge der gesteigerten Nachfrage werden zunehmend Förderregionen erschlossen, die bisher unwirtschaftlich waren oder angesichts der geographischen Gegebenheiten weitestgehend unmöglich zu erschließen waren. Mithilfe neuer Verfahren und unter enormem Aufwand werden die Grenzen der Erschließung heute immer weiter ausgeweitet. Ein Beispiel hierfür ist die Insel Sachalin im Pazifik.

Sachalin ist nicht nur die größte Insel Russlands, hier befinden sich zugleich die größten Erdöl- und Erdgasvorkommen des Landes. Aufgrund seiner peripheren Lage in Russland und der klimatischen und geographischen Gegebenheiten war die Insel lange infrastrukturell und wirtschaftlich wenig erschlossen. Sachalin ist daher bis heute weitestgehend unberührt und weist ein einzigartiges und empfindliches Ökosystem auf. Erst die großen Erdöl- und Erdgasfunde verliehen der Insel ökonomische Bedeutung, wodurch die Erschließung der Insel und seiner Küstenlinie immer weiter voranschreitet.

Chronologie des Projekts Sachalin I–II
April 1994: Gründung von Sakhalin Energy
22. Juni 1994: Vertrag zur Ausbeute der Öl- und Gaslagerstätten Piltun-Astochskoje und Lunskoje
1996: Beginn der Projektumsetzung
1999: Erste Erdölförderung aus der Lagerstätte Piltun-Astochskoje
2007: Übernahme der Beteiligung an Sachalin II durch Gazprom
2009: Beginn der LNG-Herstellung (geplante Kapazität: 9,6 Millionen Tonnen/Jahr)
2015: Kooperationsvertrag zwischen Gazprom und Shell für den Ausbau des LNG-Werkes im Rahmen von Sachalin II
Nach Gazprom; unter: www.gazprom.de

15

14 Wirtschaftsentwicklung auf Sachalin

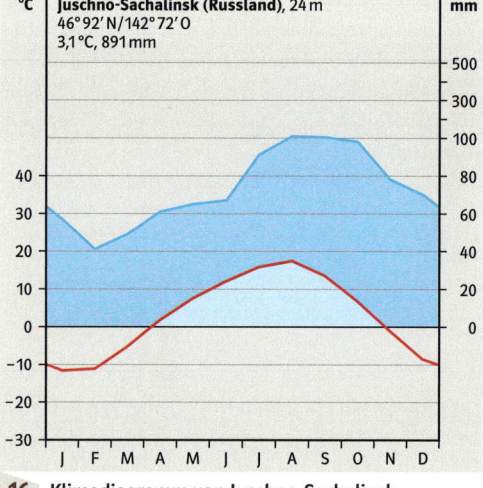

16 Klimadiagramm von Juschno-Sachalinsk
Nach https://climatecharts.net

Fossile Energieträger 5

17 Protest von Bewohnern gegen das Projekt Sachalin II in Moskau 2005 (Text im Hintergrund: Genug geraubt Russland)

19 LNG-Terminal auf Sachalin

Ökologie: Rohöl statt Grauwal?

„Vor der russischen Insel Sachalin [...] kämpfen Umweltschutzorganisationen für das Überleben der letzten Westpazifischen Grauwale [...]. Während der Sommermonate halten sich die Tiere hauptsächlich an einer Stelle auf: in der Bucht von Piltun an der Ostküste der Insel Sachalin, den Nahrungsgründen für die Letzten ihrer Art. Ausgerechnet in diesem Refugium kollidieren die Interessen von Mensch und Natur. Denn unter dem Meeresboden befinden sich Erdölvorkommen von geschätzten 3,3 Milliarden Barrel sowie nicht minder riesige, erschließbare Erdgasreserven. Konzerne [...] fördern seit 1998 vor Sachalin während der Sommermonate täglich etwa 75 000 Barrel Öl, berichtet der World Wildlife Fund (WWF). Doch rund um die Insel [...] sind zehn neue Bohrstationen geplant oder im Bau [...] zudem 20 Kilometer südlich der Futterplätze eine Unterwasser-Pipeline [...]. Neben den Gebietsverlusten beeinträchtigt auch der Bau- und Betriebslärm die sensiblen Tiere, die per Infraschall miteinander kommunizieren. Die Piltun-Bucht [...] friert während der langen Wintermonate [...] ganz oder teilweise zu. Würde in dieser Zeit Öl auslaufen, bliebe es unter den Eismassen unbemerkt. [...] Selbst an Land bereitet der Bau der weiterführenden Pipeline Probleme. So hat die russische Regierung massive Umweltverstöße bei den Arbeiten an dieser Leitung festgestellt. Vom ungesetzlichen Abholzen von Primärwäldern bis hin zur Verschmutzung zahlreicher Flüsse [...]"

GEO Nr. 1/2007: Das Paradies; unter: www.geo.de

18

Sachalin – wo Öl getrunken und Gas geatmet wird

„Die reichen Rohstoffvorkommen auf Russlands größter Insel wecken viele Begehrlichkeiten – auch zum Nachteil der Einwohner und zur Überraschung mancher Konzerne.

[...] Sachalin ist eine von vielen russischen Erdölprovinzen und doch etwas Besonderes. Knapp 5 % des weltweit produzierten verflüssigten Erdgases (‚Liquefied Natural Gas, LNG') stammen von hier. Auf Sachalin steht die erste und bis vor Kurzem einzige LNG-Fabrik Russlands. LNG braucht keine Pipelines, es wird mit Tankern verschifft und eröffnet Russland neue Märkte. Prioritäres Ziel ist der asiatische Raum. 80 % von Sachalins LNG werden nach Japan verkauft. Die seit 2009 existierende Fabrik ist Teil eines Projekts namens Sachalin 2. Bald soll sie von zwei auf drei Produktionslinien aufgestockt werden. Das ist aber nicht das einzige LNG-Projekt in Russland: Vor wenigen Tagen nahm der Erdgaskonzern Novatek eine Anlage in der Arktis in Betrieb. Sachalin muss sich anstrengen, um nachzuziehen [...]"

Benjamin Triebe: Sachalin – wo Öl getrunken und Gas geatmet wird. In: Neue Zürcher Zeitung, 17.12.2017; unter: www.nzz.ch

20

---

11 Lokalisieren Sie Sachalin und beschreiben Sie die Erdölförderung auf der Insel.

12 Charakterisieren Sie die naturräumlichen Voraussetzungen (Gunstfaktoren und mögliche Hemmnisse) für die Förderung von Erdöl und Erdgas.

13 Erläutern Sie vor dem Hintergrund der naturräumlichen Gegebenheiten die Lage des LNG-Werks und des Ölterminals.

14 Beurteilen Sie die entstehenden Raumnutzungskonflikte auf Sachalin im Zusammenhang mit der Erschließung der Insel.

5.7 Energiesicherung mit kalkulierbaren Risiken?

Die Reserven und Ressourcen von Erdöl und Erdgas sind begrenzt – vor allem in den konventionellen Lagerstätten, aus denen seit Jahrzehnten gefördert wird. Daher werden einerseits unkonventionelle Lagerstätten, wo Öl und Gas in anderen Stoffen eingeschlossen sind, z. B. in Schiefer und Sand oder in Methanhydraten, mit neuen Fördertechnologien erschlossen. Andererseits steigt auch das Interesse an neuen Förderregionen.

Umweltproblematik

„[...] Im Fracturing Fluid sind verschiedene Chemikalien enthalten. Die chemischen Zusätze sorgen dafür, dass die Bohrleitungen nicht rosten oder durch Bakterien beschädigt werden. Zudem verhindern sie die Ablagerung schwer löslicher Mineralien an der Bohrstelle und dienen gleichzeitig als Schmierstoffe und Verflüssigungsmittel. Salzsäure wird zur Reinigung des Bohrstrangs eingesetzt. Die Unternehmen geben die exakte Zusammensetzung der chemischen Zusatzstoffe nicht bekannt. Daher können Fachleute die genauen Auswirkungen auf die Umwelt nur abschätzen. [...] Umweltschützer befürchten, dass die Chemikalien das Grundwasser verunreinigen und in Flüsse, Seen oder Trinkwasserreservoire geraten können. In einigen Gegenden der USA, in denen Fracking eingesetzt wird, kommt Feuer aus dem Wasserhahn, weil sich Gas in den Leitungen befindet. Auch der hohe Wasserverbrauch, der beim Hochvolumen-Hydrofracking bei mehr als 10 000 m³ pro Bohrloch liegt, wird häufig kritisiert. Die Bohrungen an den Förderstellen führen zu spürbaren Vibrationen des Bodens und können in seismologisch auffälligen Gegenden zu einem Erdbeben führen."

FastEnergy GmbH: Was ist Fracking?; unter: www.heizoelpreise24.net

1

Fracking – ökonomischer Segen oder Umweltfluch?

Seitdem in den USA das **Fracking** zur Erschließung von Öl und Gas in Sanden oder Schiefern (unkonventionelle Lagerstätten) praktiziert wird, ist das Land zum größten Erdöl- und Erdgasproduzenten der Welt aufgestiegen. Das hat aus Sicht der USA eine starke strategische Bedeutung, denn man ist so deutlich unabhängiger von Importen geworden. Praktiziert wird das Fracking z. B. auch in Texas, wo sich aufgrund einer über 100-jährigen Öltradition die konventionellen Vorräte erschöpfen. Ökonomisch mag das Fracking zur Erschließung von Öl- und Gasvorkommen sinnvoll sein. Ökologisch ist es allerdings so umstritten, dass es beispielsweise in Deutschland verboten ist (hier geht es ausschließlich um Gasvorkommen, der Prozess ist allerdings weitgehend gleich).

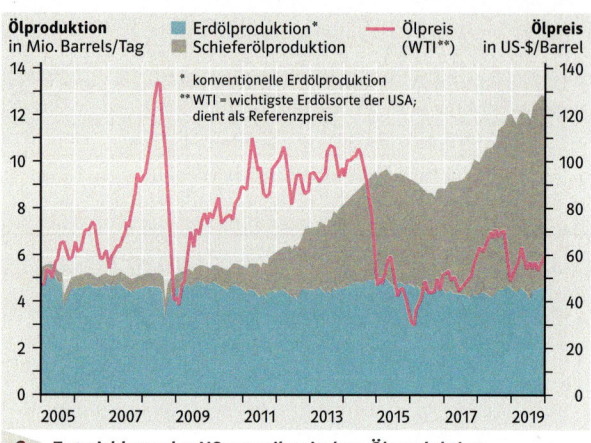

2 Entwicklung der US-amerikanischen Ölproduktion

Nach Monika Psenner: USA: Öl- und Gas-Boom durch Fracking. In: Salto.bz, 8.3.2020; unter: www.salto.bz

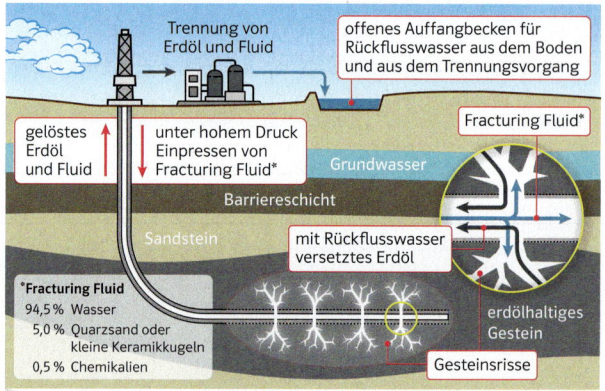

3 Prozess des Erdöl-Frackings (weitgehend identisch mit dem bei Erdgas)

Nach FastEnergy GmbH: Was ist Fracking?; unter: www.heizoelpreise24.net

---

1 Beschreiben Sie die Entwicklung der US-Ölproduktion.

2 Erläutern Sie die Vorgänge beim Erdöl-Fracking.

3 NE „Fracking – Fluch oder Segen?" Veranstalten Sie in Ihrem Kurs eine Podiumsdiskussion zu diesem Thema (Vertreter: Ölindustrie, Politik, Umweltschützer, evtl. indigene Völker …).

Methanhydrate – Sicherung der Ressource Gas für Hunderte von Jahren?

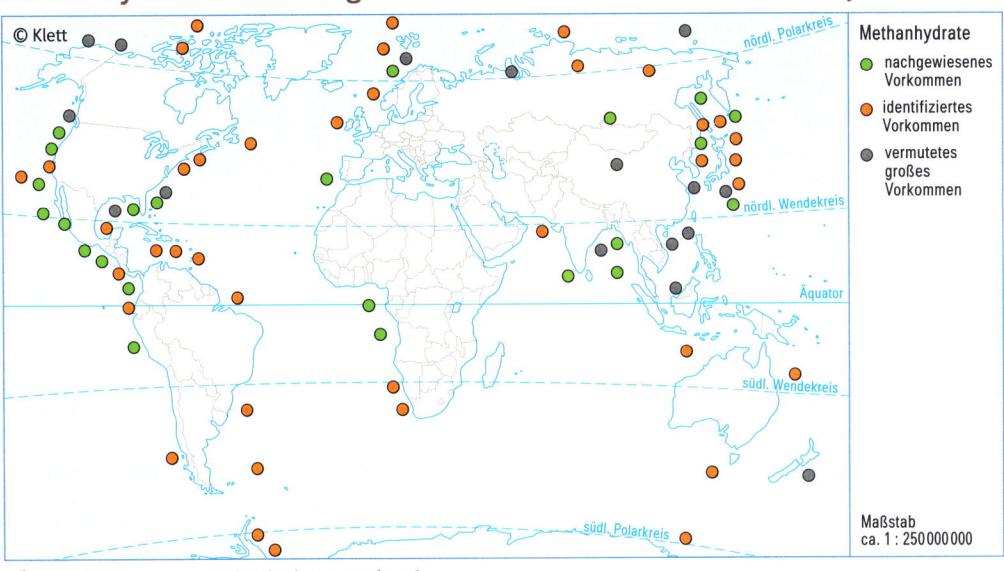

4 Vorkommen von Methanhydraten weltweit

Nach Holger Kroker: Wie der Schatz der Tiefsee gefördert werden soll. In: Welt.de, 2.3.2015 (Daten: US Department of Energy); www.welt.de

5 Was aussieht wie Eis, ist Methanhydrat

Methanhydrate und Klimawandel

„Gelangt Methan in die Atmosphäre, so wirkt es ähnlich wie Kohlendioxid als Treibhausgas – allerdings 30-mal stärker – und beteiligt sich an der globalen Erwärmung der Atmosphäre. Der Kohlenstoffdioxid-Speicher der Atmosphäre ist mit 760 Gigatonnen zwar von beträchtlicher Größe, kann aber durch Freisetzung von Methan aus den [...] Gashydratvorkommen bei Destabilisierung erheblich moduliert und verändert werden. So könnte eine erhöhte Methanfreisetzung aus Gashydraten die Glazial-Interglazial-Schwankungen beeinflussen, wobei [...] die ozeanischen Gashydrate vorwiegend durch Meeresspiegeländerungen eine negative Rückkopplung haben. Bei rascher Destabilisierung werden Gashydrate zu wichtigen Einflussgrößen klimatischer Wechsel, deren Zeitskalen bisher noch wenig verstanden sind. [...]"

Gerhard Bohrmann: Energiepotenzial der Gashydrate. In: Deutsche Physikalische Gesellschaft e.V.: Welt der Physik, 6.10.2008; unter: www.weltderphysik.de

6

Methanhydrate als Energieressource

„Methanhydrate [...] sind Substanzen, bei denen ein Molekültyp eine kristallartige Käfigstruktur ausbildet und darin einen anderen Molekültyp einschließt. Ist das käfigbildende Molekül Wasser, spricht man von Hydrat. Ist das im Wasserkäfig eingeschlossene Molekül ein Gas, spricht man von Gashydrat – in diesem Fall von Methanhydrat. [...]

Man schätzt, dass in den Methanhydraten mehr fossiler Brennstoff enthalten sein kann als in den klassischen Energieträgern Kohle, Erdöl und Erdgas. Je nach Rechenmodell schwanken die Kalkulationen der Vorkommen derzeit zwischen 100 und 530 000 Gigatonnen Kohlenstoff. Wahrscheinlicher sind Werte zwischen 1 000 und 5 000 Gigatonnen. [Die Bundesanstalt für Geowissenschaften und Rohstoffe (BGR) errechnete allerdings 2019 auch einen Umfang von nur 100 Gigatonnen Kohlenstoff.] Das ist in etwa 100- bis 500-mal mehr Kohlenstoff, als jährlich durch die Verbrennung von Kohle, Öl und Gas in die Atmosphäre freigesetzt wird. Bei einem künftigen Abbau wäre vermutlich nur ein Teil der Gashydrate tatsächlich als Energiequelle nutzbar, da viele Lagerstätten unerreichbar sind oder weil eine mögliche Förderung zu teuer oder technisch zu aufwendig ist. Trotzdem beschäftigen sich Indien, Japan, Korea und andere Nationen derzeit mit der Entwicklung von Abbautechniken, um Methanhydrate in Zukunft als Energiequelle nutzen zu können. [...]"

[Hinweis: Die Informationen im Text gelten weiterhin.]

maribus gGmbH: World Ocean Review 1, 2010, S. 48 f.; unter: https://worldoceanreview.com

7

4

Erörtern Sie Vorteile und Risiken, die mit einer möglichen zukünftigen Nutzung der Methanhydrat-Vorkommen verbunden sind.

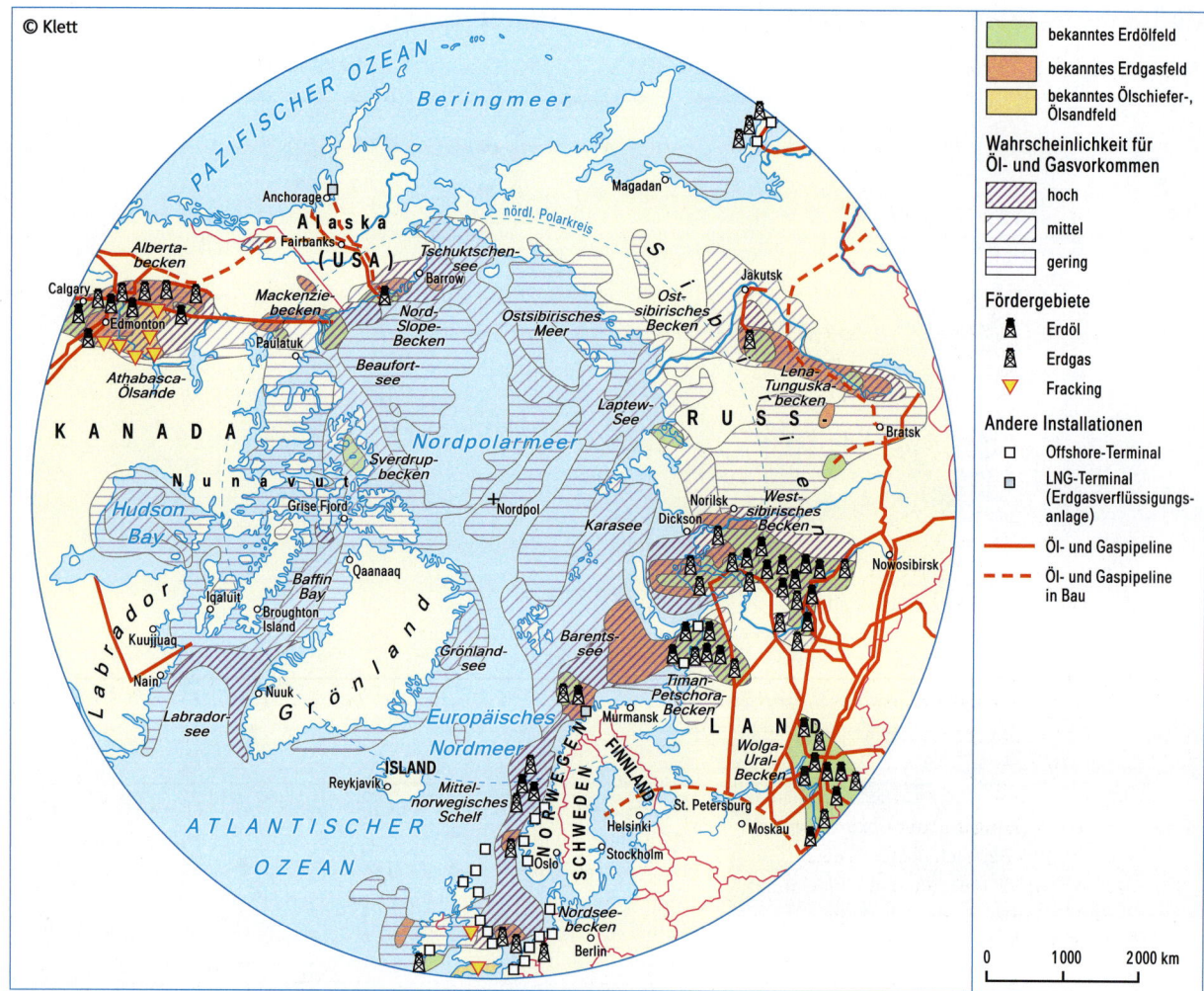

8 Erdöl und Erdgas in der polaren Zone
Nach maribus gGmbH: World Ocean Review 6, 2019, S. 261; unter: https://worldoceanreview.com

Energierohstoffe in der Arktis

„Mittlerweile finden insgesamt etwa zehn Prozent der weltweiten Erdöl- und 25 Prozent der Erdgasförderung in der Arktis statt, allerdings nahezu ausschließlich aus Lagerstätten auf dem Festland. […] Trotz dieser großen Fördermengen gilt die Arktis nach wie vor in großen Teilen als unerschlossen, vor allem offshore. Das heißt, viele mögliche Lagerstätten sind noch gar nicht entdeckt. […] Berechnungen zufolge lagern nördlich des Polarkreises etwa 30 Prozent aller noch unentdeckten Erdgasreserven der Welt und rund 13 Prozent der unentdeckten Erdölvorkommen. Ein Großteil dieser bislang unentdeckten Felder wird in den flachen Schelfbereichen des Arktischen Ozeans vermutet – in Wassertiefen von weniger als 500 Metern."

maribus gGmbH: World Ocean Review 6, 2019, S. 261 f.;
unter: https://worldoceanreview.com

9

← Klimawandel und Arktis S. 30

Öl und Gas aus der Arktis – Energiezukunft mit zu hohem Risiko?

Der Hunger der Menschheit nach Öl und Gas scheint – trotz Klimawandel und Energiewende – unerschöpflich. Das führt zur Erschließung von Förderregionen in ausgesprochen sensiblen Räumen. Ein Beispiel hierfür liefert die polare Zone. Schon die Erschließung der Festlandslagerstätten, z. B. im russischen Westsibirien, ist mit starken Einwirkungen auf die Umwelt verbunden, wenn man an das dortige empfindliche Ökosystem der Tundra mit seinen Permafrostböden denkt. Nun geht der Blick von Staaten wie Russland, Norwegen oder Kanada und USA darüber hinaus in einen Raum, der ohnehin bereits unter dem Stress des Klimawandels steht: die Meere der Arktis. Sichern wir so unsere energetische Zukunft nachhaltig?

Fossile Energieträger **5**

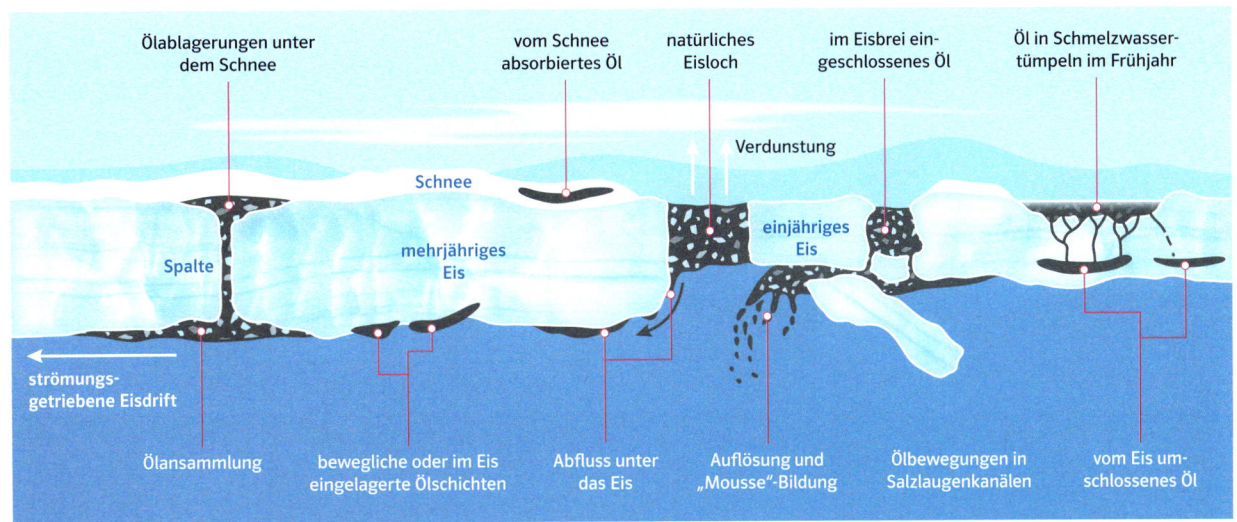

10 Ölverschmutzung im arktischen Meereis

Nach Manfred A. Lange: Die Nutzung von Öl- und Gasvorkommen in einer nahezu eisfreien Arktis. In: Lozán, J. L., H. Grassl, D. Notz & D. Piepenburg: WARNSIGNAL KLIMA, Hamburg 2014, S.343; unter: www.klima-warnsignale.uni-hamburg.de

Risiken

„Polare Ökosysteme reagieren extrem sensibel auf kleinste Schwankungen und regenerieren sich nach Unfällen nur sehr langsam. Viele Experten stufen daher das Umweltrisiko in der Arktis aufgrund der Eisbedeckung und der extrem niedrigen Temperaturen, in denen sich beispielsweise Ölrückstände deutlich langsamer abbauen als in wärmeren Regionen, als nicht kalkulierbar ein. [...]

Klagen oder Kampagnen von Umweltorganisationen und der einheimischen Bevölkerung können den Genehmigungsprozess von Explorationsmaßnahmen in der Arktis verzögern oder aber sogar verhindern. Erst im April 2019 entzog das norwegische Parlament einem geplanten Öl- und Gasbohrprojekt in den Gewässern der Lofoten seine Zustimmung. Der Entscheidung vorangegangen waren weltumspannende Kampagnen von Umweltschutzorganisationen wie SeaLegacy, die vor den Folgen des Rohstoffabbaus für Umwelt, Fischerei und Tourismus gewarnt hatten."

maribus gGmbH: World Ocean Review 6, 2019, S.260; unter: https://worldoceanreview.com

11

12 Greenpeace-Protest

5 Analysieren Sie Karte 8 im Hinblick auf Vorkommen und Aktivitäten bei Erdöl und Erdgas.

6 NE Erläutern Sie Umweltrisiken, die mit einer weiteren Rohstofferschließung in der Arktis verbunden sind.

7 NE „Ermöglichen neue Fördertechniken und -regionen eine Sicherung der Energieversorgung der Erde oder gefährden sie unseren Planeten?" Nehmen Sie Stellung zu dieser Frage.

8 MK Bei den Aktivitäten in der Nordpolregion spielt u.a. auch die Frage eine Rolle: „Wem gehört die Arktis?" Erstellen Sie hierzu auf der Basis einer Internetrecherche ein Informationsblatt für Ihren Kurs.

Vernetzung

Wichtige Begriffe

- Energiemix
- Energieträger
- Energiewende
- fossile Energieträger
- Fracking
- Kohlekrise
- Lagerstätten
- Montanindustrie
- Rekultivierung
- Ressourcen
- Ressourcenfluch, Ressourcensegen
- Standortfaktor
- statische Reichweite
- Umsiedlung

Wissen vernetzen

Im Rahmen der Diskussionen um den Klimawandel ist die Verwendung fossiler Energieträger in den Fokus der Kritik geraten. Wichtigster Grund dafür sind die bei ihrer Verbrennung freigesetzten CO_2-Emissionen. Für die zukünftige Entwicklung des Verbrauchs der Primärenergieträger Kohle, Erdöl und Erdgas gibt es unterschiedliche Szenarien. Auf jeden Fall werden Öl und Gas noch länger eine global bedeutende Rolle spielen. Anders sieht es in Deutschland bei den heimischen Energieträgern Steinkohle und Braunkohle aus. Das Kohleausstiegsgesetz regelt den Abschied von der Kohle, der spätestens 2038 mit dem Auslaufen des Braunkohlenbergbaus endgültig wird.

Alle Primärenergieträger hatten und haben erhebliche Raumwirkungen. So war die Steinkohle ein entscheidender Standortfaktor für die Herausbildung der Montanreviere, aber auch für deren Niedergang. Besonders gravierend sind die Auswirkungen bei der Braunkohle, deren Tagebaue ganze Landschaften beseitigen, die anschließend rekultiviert werden müssen. Gerade bei der Braunkohle entstehen erhebliche Spannungen zwischen ökonomischen, ökologischen und sozialen Belangen. Global gesehen, geben auch Erdöl und Erdgas starke Raumentwicklungsimpulse, besonders in den Förderregionen. Sie werden von den einen Ländern im Sinne des „Ressourcensegens" für eine zukunftsfähige Entwicklung genutzt, bei anderen werden sie eher zum „Ressourcenfluch" mit negativen Folgen für die Umwelt und für die gesellschaftlichen Strukturen.

Dass der globale Energiehunger nahezu ungebremst ist, hat Konsequenzen. Neue Fördertechniken wie das Fracking führen zur Erschließung von unkonventionellen Öl- und Gaslagerstätten; Energieträger wie die Gase in Methanhydraten werden erkundet; und schließlich werden Überlegungen konkreter, die arktischen Ressourcen umfangreicher zu nutzen. Alle diese Versuche stoßen auf Kritik, da sie im Widerspruch zu einem nachhaltigen Handeln stehen und die Zukunft unseres Planeten gefährden.

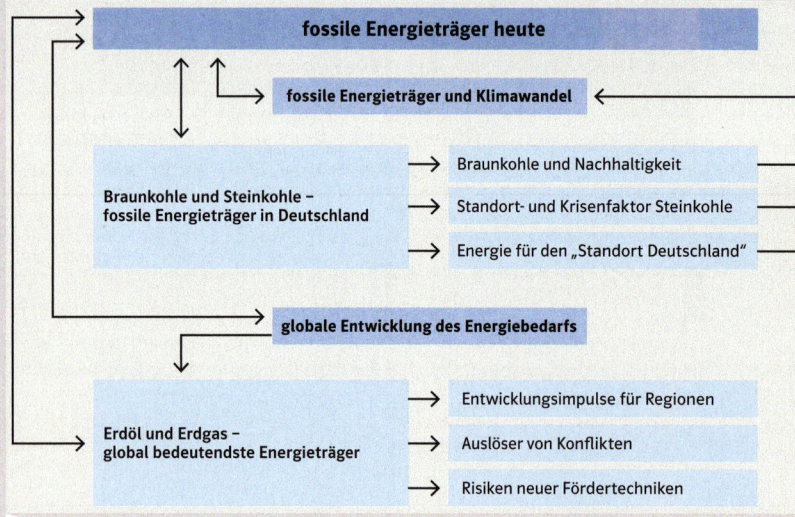

1 Fossile Energieträger im Spannungsfeld von Ökonomie, Ökologie und Politik

Wenn Sie alle Seiten dieses Kapitels bearbeitet haben, können Sie ...

- den Zusammenhang zwischen fossilen Energieträgern und dem Klimawandel beurteilen;
- die Raumwirksamkeit von Kohle, Öl und Gas erläutern;
- die Bedeutung der Kohle als Standortfaktor darstellen;
- Probleme und Perspektiven des Rheinischen Reviers erörtern;
- Öl und Gas als Auslöser von Konflikten charakterisieren;
- die Risiken neuer Fördermethoden erörtern.

Klausuren trainieren

Baustein 5: Argumentieren – die Operatoren „Beurteilen" und „Bewerten"

In der dritten Aufgabe jeder Klausur werden Sie aufgefordert, zum bearbeiteten Thema und seiner Problematik Pro- und Kontra-Argumente zu finden, sie zu gewichten und schließlich ein Sachurteil zu formulieren. Hierbei müssen Sie:
- Vorwissen aus dem Unterricht nutzen,
- konkrete Bezüge zu den beiden vorherigen Arbeitsaufträgen herstellen,
- aus unterschiedlichen Perspektiven argumentieren, denn ein Urteil richtet sich auch danach, aus welcher Betroffenheitslage Sie auf die Problematik schauen.

Besonders häufige Operatoren bei dieser dritten Aufgabe sind **„Beurteilen"** und **„Bewerten"**:

Beurteilen heißt, dass Sie Aussagen, Behauptungen, Vorschläge oder Maßnahmen auf ihre Stichhaltigkeit hin überprüfen. Hierbei müssen Sie die von Ihnen angewandten Kriterien nennen.

Bewerten geht noch einen Schritt weiter. Denn Ihre Argumentation soll jetzt in eine persönliche Stellungnahme einfließen, die auf eigenen Wertmaßstäben beruht. Dabei ist es notwendig, diese Maßstäbe offenzulegen und zu begründen.

Erste Überlegung:
Wie finde ich Argumente?

→ Arbeitsauftrag beachten:
Gibt die Aufgabenformulierung eine Richtung vor?
  → „Beurteilen Sie Dubais Weg ‚nach dem Öl' unter den Aspekten der Nachhaltigkeit."
  → Material 1 konkretisiert diese Aspekte: **Ökonomie, Ökologie, Gesellschaft**
  → Als Formulierungshilfe für den Einstieg in die dritte Aufgabe nutzen.

→ Ergebnisse der vorhergehenden Aufgaben einbeziehen: **Aus den Aufgaben 1 und 2 sowie aus Ihrem unterrichtlichen Grundwissen Pro- und Kontra-Argumente ableiten und gegenüberstellen.**
  → Wie bei jeder erörternden Aufgabe gibt es zwei Möglichkeiten des Argumentationsaufbaus:
    a) die beiden Pro- und Kontra-Blöcke voneinander trennen und im zweiten, also dem Kontra-Block, Bezüge zum ersten, dem Pro-Block, herstellen;
    b) Pro- und Kontra-Argumente, die zu einem Unterthema gehören, unmittelbar verknüpfen.

Zweite Überlegung:
Wie schaffe ich einen Perspektivwechsel?
→ Der erste Perspektivwechsel ist hier durch die drei Nachhaltigkeitsaspekte (Aufgabe 3, Grafik 1) gegeben.
→ Weitere Perspektivwechsel können sich innerhalb der einzelnen Beurteilungsfelder ergeben.

Am Ende ein beurteilendes Fazit ziehen.
→ Nach einem akzentuierten Einstieg hier noch einmal zwei bis drei zentrale Argumente zur Stützung der eigenen Beurteilung aufführen.

Einstieg in die dritte Aufgabe
Die Beurteilung, ob Dubais Planungen und Maßnahmen nachhaltig sind, findet unter drei Fragestellungen statt: Sind sie ökonomisch wirksam? Berücksichtigen sie ökologische Maßstäbe? Sind sie sozial ausgewogen? Hieraus ergeben sich drei unterschiedliche Blicke auf Dubais Entwicklungsweg „nach dem Öl".

Pro- und Kontra-Argumentation
Das Emirat Dubai hat erhebliche ökonomische Erfolge aufzuweisen. Diese basieren vor allem auf drei Säulen: der Industrialisierung, dem Ausbau des Tourismussektors sowie dem Aufbau einer umfangreichen Infrastruktur für Außenbeziehungen. *[Es folgen Beispiele für den ökonomischen Erfolg mit kurzen, prägnanten Belegen aus den vorherigen Darstellungen.]*
Allerdings haben diese Erfolge auch ihren Preis. So ist ein wesentliches Hemmnis für die zukünftige Finanzierung von Maßnahmen die hohe Auslandsverschuldung von rund 135 Mrd. US-$ (2020). Hauptgläubiger ist das benachbarte, ölreiche Abu Dhabi. Wie problematisch diese Situation ist, zeigte das Corona-Pandemie-Jahr 2020, als auch Abu Dhabi aufgrund der Einbrüche auf dem Weltölmarkt Dubai nicht mehr finanziell helfen konnte. *[Auch hier wird die Argumentation fortgeführt, z. B. im Hinblick auf die Tourismuseinbrüche in 2020.]*

Perspektivwechsel innerhalb eines Aspektes
Wie sehr die Bürger Dubais von den wirtschaftlichen Erfolgen profitieren, zeigen das relativ hohe BIP/Kopf von über 34 000 US-$ ebenso wie die hohen Gehälter. 52 % verdienten 2019 mehr als rund 5 000 US-$ pro Woche. Vom ökonomischen Wachstum profitiert allerdings das Heer der Arbeitsmigranten aus Indien und Pakistan, die über 90 % der Bevölkerung ausmachen, deutlich weniger. Sie finden zwar Arbeitsplätze, haben jedoch viel höhere Wochenarbeitsstunden als die Emirati bei gleichzeitig sehr viel niedrigeren Gehältern. *[…]*

Fazit
Bei einer Reihe von Maßnahmen, die Dubai ergriffen hat bzw. ergreift, werden Nachhaltigkeitsaspekte berücksichtigt. Dennoch ergeben sich in allen drei Bereichen – Ökonomie, Ökologie, Gesellschaft – immer wieder Probleme und Risiken. Hierzu gehören besonders *[…]*

2

Klausurtraining

Beispielklausur: Emirat Dubai – nachhaltige Entwicklung nach dem Erdöl?

1 Beschreiben Sie die Siedlungs-, Wirtschafts- und Infrastruktur von Dubai City. (25 Pkt.)

2 Erläutern Sie Planungen und Maßnahmen, die Dubai in den letzten zwei „Nach-Öl-Jahrzehnten" durchgeführt hat. (35 Pkt.)

3 Beurteilen Sie Dubais Weg „nach dem Öl" unter den Aspekten der Nachhaltigkeit. (20 Pkt.)

Zugelassenes Arbeitsmaterial: Atlas, Taschenrechner, M1–M8

1 Dreieck der Nachhaltigkeit

Dubai – Erdöl und „Nach-Öl-Zeit"
Im Jahr 1966 begann in Dubai die Erdölförderung. Obwohl die Vorkommen relativ klein waren, machten die Einnahmen aus den Ölexporten noch 1998 rund ein Fünftel des BIP aus. Während in den gesamten Vereinigten Arabischen Emiraten, zu denen Dubai als Gründungsmitglied seit 1971 gehört, die Erlöse aus Erdöl und Erdgas heute sogar 30% des BIP ausmachen, ist die Bedeutung für Dubai nur noch marginal. Da man vor zwei Jahrzehnten das Ende der „Öl-Zeit" (Erdgas besaß Dubai ohnehin nicht) im Blick hatte, setzte das Land auf einen rigorosen wirtschaftlichen Wandel. Dessen Säulen sind Handel und Verkehr, Industrialisierung und eine massive Bautätigkeit, Dienstleistungen für Privatkunden und Firmen sowie Tourismus. Aufgrund des Mangels an Öl muss man für den Wandel z. T. allerdings Geld leihen, sodass die Verschuldung 2020 bei 135 Mrd. US-Dollar lag, das sind etwa 130% des BIP. Hauptgläubiger ist Abu Dhabi.

3

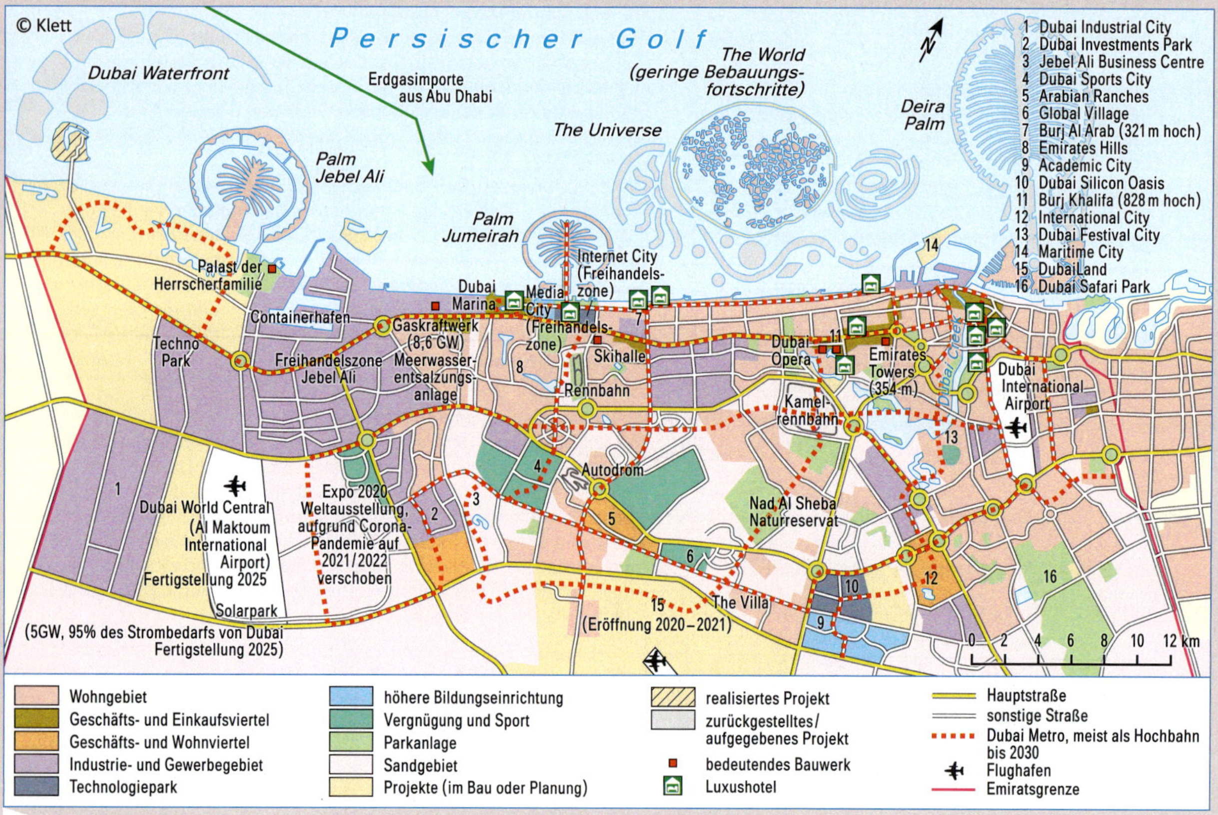

2 Dubai City

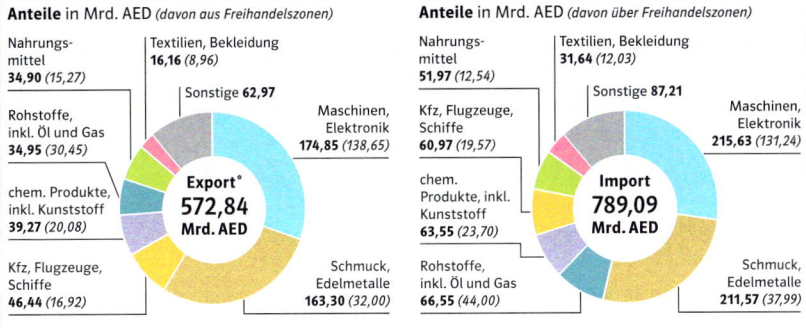

4 Außenhandel Dubais 2019, wichtigste Güter (in Mrd. AED)
Eigene Zusammenstellung nach Dubai Statistics; unter: www.dsc.gov.ae

Fakten zu Dubai 2019	
Fläche (km^2)	3 885
Bevölkerung (Mio.)	3,4
Anteil Immigranten (%) (v.a. aus Indien, Pakistan)	92,2
BIP/Kopf der Emirati* (US-$)	34 334
BIP nach Beschäftigten (%)	
Sekundärer Sektor	31,3
– davon Industrie	9,6
– davon Baugewerbe	21,7
Tertiärer Sektor	68,5
Ölexport	
Einnahmen (Mrd. US-$)	1,2
Anteil am BIP (%)	1,1
Tourismus	
Einnahmen (Mrd. US-$)	32,0
Anteil am BIP (%)	29,1
HDI-Rang (2020, von 189 Staaten)	35

*Emirati: Bürger des Emirats Dubai
Eigene Zusammenstellung nach verschiedenen Quellen (v.a. www.dsc.gov.ae)

7

Dubai – Tourismus im Jahr 2020

Eigentlich hatte man im Jahr 2020, auch wegen der „Expo" (Weltausstellung), einen Anstieg der ausländischen Touristen von 16,7 auf rund 25 Mio. geplant. Corona ließ diese Erwartungen jedoch platzen. Am 19. März 2020 schloss das Emirat seine Grenzen. Zwar wurde dieser Einreisestopp am 7. Juli 2020 bereits wieder aufgehoben, in den dreieinhalb Monaten aber war der Tourismus komplett zum Erliegen gekommen. Auch danach erholte er sich nur sehr langsam, da Dubai in vielen Ländern, z. B. auch in Deutschland, noch immer zum Risikogebiet erklärt war. Dazu kamen erhebliche Einschränkungen, z. B. Tests und Quarantänevorschriften oder die verminderte Nutzung touristischer Einrichtungen. Und: Die Weltausstellung wurde schließlich um ein Jahr auf Oktober 2021 bis März 2022 verschoben. Wie in vielen Tourismusdestinationen geht die World Tourism Organization der UNO auch für Dubai mit einem Besucher- und Einnahmerückgang von rund 70 % für 2020 aus. In früheren Krisenzeiten kam immer wieder das ölreiche Abu Dhabi mit Krediten dem Nachbarn Dubai zu Hilfe. Der ebenfalls durch Corona bedingte starke Einbruch auf dem Welt-Ölmarkt ließ das 2020 jedoch nicht zu.

5

Golfstaaten – Immigranten zur Zeit der Corona-Pandemie

„Indien rüstet sich für die größte Rückholaktion seiner Bürger überhaupt. [...] Einer der Schwerpunkte der Rückholaktion sollen die Golfstaaten sein. Bis zum Ausbruch der Corona-Krise hatten sich Millionen Inder auf der Arabischen Halbinsel als günstige Arbeitskräfte verdingt. Doch durch die Pandemie hatten sie ihre Arbeit verloren. Viele der ausgestellten Visa sind inzwischen abgelaufen.
Mit der Aktion reagiert Indien auf die desaströsen Umstände, unter denen sich viele der indischen Gastarbeiter – wie auch die aus anderen asiatischen Ländern, so etwa Pakistan und Nepal – seit Ausbruch des Virus auf der Golfhalbinsel leben. Dort hat die Pandemie [...] die einkommensschwachen Wanderarbeiter besonders hart getroffen. [...]
So haben die Vereinigten Arabischen Emirate (VAE) eigens ihre Arbeitsgesetzgebung geändert, um es Unternehmen zu ermöglichen, die Arbeitsverträge von Ausländern aufzukündigen und Verträge umzustrukturieren. Auf dieser Grundlage können sie nun deren Löhne senken und die Beschäftigten dazu drängen, unbezahlten Urlaub zu nehmen. [...]"

Tom Allinson, Lewis Sanders (kk): Golfstaaten: Wanderarbeiter in Not. In: Deutsche Welle, 8.5.2020; unter: www.dw.com

6

Arbeitsbedingungen in Dubai 2019		
Gehalt (VAR-Dirham)	% an allen Beschäftigten	
	Emirati	Immigranten
> 35 000	13,0	4,2
20 000 – 34 999	39,0	6,3
10 000 – 19 999	41,9	10,9
5 000 – 9 999	5,9	12,9
2 500 – 4 999	0,2	21,0
< 2 499	0,0	44,7
Arbeitsstunden pro Woche	% an allen Beschäftigten	
	Emirati	Immigranten
> 49	3,4	38,2
40 – 48	45,2	58,9
35 – 39	49,6	2,0
< 35	1,8	0

Eigene Zusammenstellung nach Dubai Statistics; unter: www.dsc.gov.ae

8

6 Regenerative Energieträger – Möglichkeiten und Grenzen nachhaltiger Nutzung

1 Solarkraftwerk in Andalusien, Spanien

Erneuerbare Energien sind der Schlüssel für eine klimaschonende Energieversorgung. Sonnen- oder Windenergie, Wasserkraft bzw. Wasserstoff, Geothermie oder Biomasse sollen die fossilen Energieträger ablösen.

An technischen Lösungen wird engagiert geforscht und gleichzeitig können bereits vor Ort wichtige Impulse für die Energiewende gesetzt werden. Wie also sieht der Energiemix der Zukunft aus, der uns rund um die Uhr ausreichend versorgt?

Sie untersuchen ...

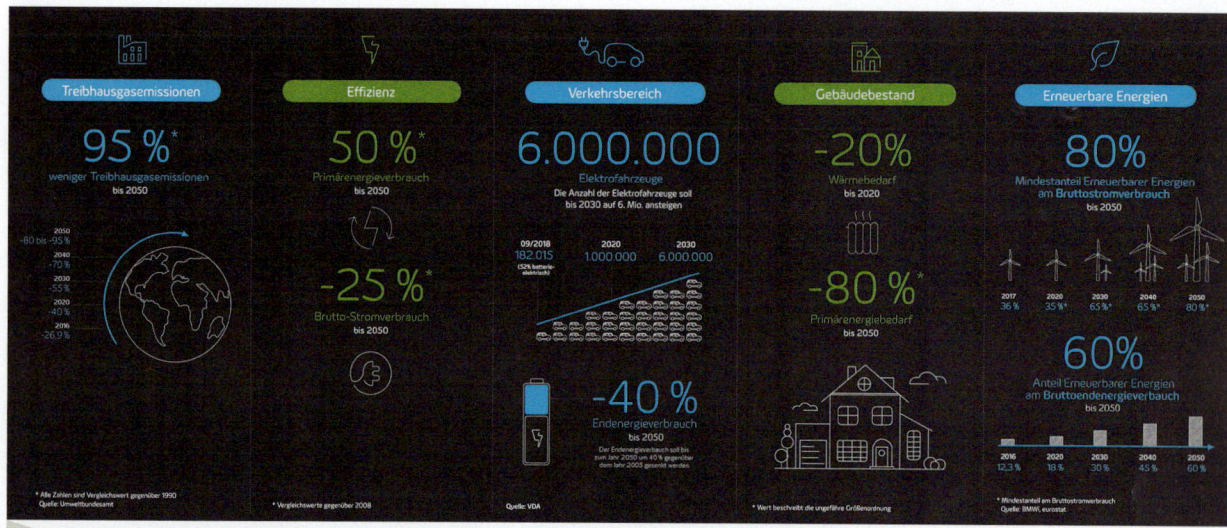

2 Die Ziele der Energiewende
Nach envia Mitteldeutsche Energie AG: Energiewende in Deutschland; unter: www.enviam-gruppe.de

Bereits 2010 haben Bundestag und Bundesrat mit dem „Energiekonzept 2050" einen grundlegenden Umbau der deutschen Energieversorgung auf den Weg gebracht. Das Konzept sieht in allen drei Energiesektoren – Strom, Wärme und Mobilität – eine grundsätzliche Abkehr von der Nutzung fossiler Energieträger unter gleichzeitiger Förderung regenerativer Energieträger vor. Unterstützend wird mit dem 2021 veränderten Klimaschutzgesetz das Ziel verfolgt, bis 2030 Treibhausgasemissionen um 65 % gegenüber 1990 zu reduzieren, bis 2045 sogar klimaneutral zu wirtschaften. Die deutsche Energiewende soll weiterhin mit dem Umstieg auf regenerative Energieträger und einem gleichzeitigen effizienten Energiesparen gelingen. Ein sehr ambitioniertes Ziel – aber angesichts des Klimawandels geboten.

Grundsätzlich ist regenerative Energie landesweit in großem Umfang vorhanden, eine Energiewende also machbar. Voraussetzung ist aber, dass viele Anbieter auf regionaler und kommunaler Ebene dezentral Energie für die Eigenversorgung oder zur Einspeisung erzeugen. Der Fortschritt der Energiewende bekommt vor Ort die entscheidenden Impulse. Dort müssen Entwicklungen geplant, mit den Bürgerinnen und Bürgern abgestimmt und umgesetzt werden. Das ist keine einfache Aufgabe, denn Anwohnende und Akteure haben sehr unterschiedliche Interessen, die sich zwischen wirtschaftlichem Gewinn sowie Klima-, Landschafts- und Naturschutz bewegen. Die Geographie kann hier helfen, die verschiedenen Raumansprüche abzustimmen.

Ist die Energie erzeugt, muss sie bedarfsorientiert ihren Weg dorthin finden, wo sie gebraucht wird. Innovationen und Investitionen in der Speicher- und Netzinfrastruktur sind damit die andere Seite des Weges zur Energiewende.

Wie Schritte in Richtung Klimaschutz konkret aussehen können, erfahren Sie in diesem Kapitel am Beispiel der Gemeinde Nottuln und Deutschlands. Dies stellt dann vielleicht auch eine Anregung für die Energiepolitik in ihrem Heimatort dar.

Diesen Fragen zur Entwicklung der regenerativen Energien werden Sie nachgehen:

– Was sind regenerative Energien?
– Wie können regenerative Energien genutzt werden?
– Welche Impulse können auf kommunaler Ebene die Energiewende vorantreiben?
– Wie können Interessen beim Ausbau der Windenergie mittels Geographie und GIS geschützt und abgestimmt werden?
– Welche Verfahren zur Speicherung von Energie sind technisch und wirtschaftlich möglich?
– Welche Veränderungen müssen in der Netzinfrastruktur bedacht werden?
– Inwieweit stehen das Ziel des Ausbaus der Biokraftstoffe und die Ernährungssicherung im Widerspruch zueinander?

6 Regenerative Energieträger – Möglichkeiten und Grenzen nachhaltiger Nutzung

Sie knüpfen an ...

Weniger in der Sekundarstufe I, sondern vor allem in den vorangegangenen Kapiteln haben Sie sich ein breites Wissen über das Ziel der Klimaneutralität im Zusammenhang mit der Energiewirtschaft aufgebaut. Dieses Wissen ist grundlegend, um die Entwicklung der regenerativen Energien, auch erneuerbare Energien genannt, zu verstehen. Hier wird an wichtige Begriffe und Impulse erinnert.

„**Erneuerbare Energien** sind Wind- und Sonnenenergie, Biomasse, Geothermie und Wasserkraft. Sie können einen erheblichen Beitrag zum Klimaschutz leisten. Außerdem tragen sie zur Versorgungssicherheit und zur Vermeidung von Rohstoffkonflikten bei. Das Grundprinzip von erneuerbaren Energien besteht darin, dass zum einen in der Natur stattfindende Prozesse genutzt werden. Zum anderen auch aus nachwachsenden Rohstoffen Strom, Wärme und Kraftstoffe erzeugt werden. [...]"

Umweltbundesamt: Erneuerbare Energien. In: Themen, Klima/Energie, 19.11.2020; unter: www.umweltbundesamt.de

3

8 Icons für erneuerbare Energieträger

4 Demonstration für mehr Klimaschutz

„**Energiewende auch ohne Nord Stream 2?**
Würde ein Aus für Nord Stream 2 die Energiewende gefährden? Fakt ist: Gas wird für den Übergang gebraucht. Dass die Lichter ohne die Pipeline ausgehen, glauben Experten aber nicht [...] Fakt ist [aber] auch: Am Energiemix hatte Erdgas im ersten Quartal 2020 einen Anteil von immerhin 12,7 Prozent. Kohle und Kernenergie kamen zusammen auf fast 34 Prozent. Kohle soll aber bis spätestens 2038, Kernkraft bis 2022 ersetzt werden. Und dann? Zur Absicherung der Versorgung werde Gas gebraucht werden, glaubt auch Prof. Manfred Fischedick vom Wuppertal Institut für Klima, Umwelt, Energie. [...]"

Mark Hugo: Energiewende auch ohne Nord Stream 2? In: zdf.de, Nachrichten, Panorama, 11.9.2020; unter: www.zdf.de

6

„**Klimaneutralität** bedeutet, ein Gleichgewicht zwischen Kohlenstoffemissionen und der Aufnahme von Kohlenstoff aus der Atmosphäre in Kohlenstoffsenken herzustellen. Um Netto-Null-Emissionen zu erreichen, müssen alle Treibhausgasemissionen weltweit durch Kohlenstoffbindung ausgeglichen werden."

Europäisches Parlament: Was versteht man unter Klimaneutralität und wie kann diese bis 2050 erreicht werden? In: Aktuelles, Schlagzeilen, Gesellschaft, 24.6.2021; unter: www.europarl.europa.eu

5

Aus dem Physikunterricht

„Die **Grundlast** bei der Stromerzeugung bezeichnet den Anteil der elektrischen Last (Leistung) in einem Versorgungsgebiet, welche andauernd benötigt wird. Die darüber hinaus nicht zu allen Zeiten benötigte Leistung wird als **Mittellast** und **Spitzenlast** bezeichnet."

Rüdiger Paschotta: RP-Energie-Lexikon. Grundlast, 16.9.2021; unter: www.energie-lexikon.info/grundlast.html

7

---

1 Erklären Sie den Unterschied zwischen Grundlast, Mittellast und Spitzenlast mit eigenen Worten.

2 Der globale Energiebedarf wächst. Erläutern Sie in diesem Zusammenhang die Bedeutung von Nord Stream 2 für die Energiewende.

3 Bedeutet Klimaneutralität das Ende der Verbrennung fossiler Brennstoffe? Argumentieren Sie mithilfe der Definition der Klimaneutralität.

1 Gold-Preisverleihung im Rahmen des European Energy Award in Aachen

3

6.1. „Unser Klima, Unser Nottuln – Unsere Zukunft"

So lautet der Gewinnerslogan aus einem Wettbewerb der weiterführenden Schulen in Nottuln, mit dem die klimapolitischen Aktivitäten der Gemeinde gebündelt werden. Mit großem Engagement vor Ort stellt sich Nottuln der Gemeinschaftsaufgabe Klimaneutralität. Der nachfolgend skizzierte Weg dieser Gemeinde verdeutlicht, aus wie vielen Perspektiven eine gelungene kommunale Energiepolitik gedacht werden muss.

Im Rahmen der **nationalen Klimaschutzinitiative** fördert der Bund seit 2008 kommunale Klimaschutzkonzepte und begleitet anschließend die Umsetzung der geplanten Klimaschutzmaßnahmen.

Das Projekt **European Energy Award (EEA)** unterstützt seit Ende der 1990er-Jahre europäische Kommunen im kommunalen Klimaschutz. Es versteht sich als Qualitätsmanagementsystem und Zertifizierungsinstrument.

Die Gemeinde Nottuln mit den Ortsteilen Appelhülsen, Darup und Schapdetten liegt naturnah im Kreis Coesfeld, eingebettet in die münsterländische Parklandschaft. Hier haben unterschiedliche Akteure schon früh mit erfolgreichen Einzelmaßnahmen und Projekten den Klimaschutz angepackt. Das erste Energiekonzept stammt bereits aus dem Jahr 1992, aus dem z. B. das Projekt „Nahwärmeverbund Nottuln" hervorgeht (vgl. S. 194/195).

Um die kommunale Klimapolitik zu intensivieren, ist die Gemeinde seit 2005 Mitglied im Projekt European Energy Award (EEA), das vom Land Nordrhein-Westfalen gefördert wird. Jährlich zeichnet der EEA vorbildliche Kommunen mit dem Goldstatus aus – Nottuln hat diesen bereits dreimal erhalten. Zudem ist Nottuln seit 2010 Mitglied im Klimabündnis und hat sich damit einer CO_2-Minderungsstrategie verpflichtet. Seit 2015 sind nötige Maßnahmen im integrierten Klimaschutzkonzept zusammengefasst, welches seitdem als detaillierte Entscheidungs- und Planungshilfe dient. So sind mit Maßnahmen wie Gebäudesanierung, Carsharing-Angeboten oder auch dem Ausbau erneuerbarer Energien erste Erfolge zu verzeichnen. Ende 2021 hat der Rat der Gemeinde Nottuln zudem beschlossen, bereits deutlich früher als bundesweit vorgeschrieben, also bis 2030 klimaneutral zu wirtschaften. So muss für die Zukunft eine erweiterte Strategie greifen, um alle kommunalen Potenziale zum Energiesparen und zum Ausbau erneuerbarer Energien voll ausschöpfen zu können. Damit übernimmt Nottuln die Rolle einer Vorreiterkommune.

Kennzahlen Nottuln 2019 (zum Vergleich Land NRW in Klammern)	
Einwohnerdichte (in Einw./km²)	228 (526)
Beschäftigte nach Sektoren (in %)	
Primärer Sektor	1,2 (0,4)
Sekundärer Sektor	27,7 (26,5)
Tertiärer Sektor	71,1 (73,1)
Pendlerquoten (in %)	
Auspendler	72,2 (ca. 52)
Einpendler	54,6 (k. A.)
Flächennutzung (in %)	
Siedlung	14,9 (23,7)
Vegetation/Gewässer	85,1 (76,3)
Eigene Zusammenstellung nach: www.it.nrw; www.wn.de	

2

Regenerative Energieträger – Möglichkeiten und Grenzen nachhaltiger Nutzung

Einblicke in die Ausgangslage 2015

Klimaschutzziele der Gemeinde Nottuln

„Die Gemeinde Nottuln hat sich bereits im Vorfeld des Integrierten Klimaschutzkonzeptes dafür entschieden, sich aktiv für den Klimaschutz zu engagieren. Um diesem Willen Ausdruck zu verleihen, hat sich Nottuln im Rahmen der energetischen Zielplanung gemeinsame Klimaschutzziele gesetzt. Die gesetzten Ziele helfen nicht nur bei der Ressourcenschonung und CO_2-Vermeidung, sondern stärken die lokale Wertschöpfung und erhöhen die Resilienz der Region gegenüber externen Einflüssen. Die nachfolgend beschriebenen quantitativen und qualitativen Ziele der Gemeinde Nottuln helfen auch bei der Koordination und Zielkontrolle der zukünftigen Klimaschutzarbeit.

Quantitative Ziele

Die Gemeinde Nottuln hat folgende drei quantitative Ziele definiert, die sowohl die Bereiche der CO_2-Emissionseinsparung und der Endenergieeinsparung, des Ausbaus erneuerbarer Energien und kommuneneigene Bereiche betrachten:
– Reduktion der CO_2-Emissionen um 10 % alle fünf Jahre (seit 2010 Mitglied im Klimabündnis und Selbstverpflichtung zur CO_2-Minderungsstrategie);
– Erzeugung von 50 % Strom aus erneuerbaren Energien bis 2030 durch weitere regenerative Stromerzeugung auf dem Gemeindegebiet (Wind, PV [Photovoltaik], Holz, Biogas, KWK [Kraft-Wärme-Kopplung] u. neue Techniken);
– klimaneutrale Gemeindeverwaltung (Gebäude) bis 2020 durch Umstellung der Beheizung der Gebäude auf regenerative Energieträger und Ausbau der regenerativen Stromerzeugung;

Qualitative Zielsetzungen

Die Gemeinde Nottuln hat zudem folgende qualitative Ziele definiert, die sowohl den Gebäude- als auch den Verkehrssektor tangieren:
– Erhöhung der Sanierungsquote von Wohngebäuden;
– Reduzierung des Gesamtstromverbrauches;
– Ausbau von Bürgerbeteiligungen bei Energieversorgungsprojekten;
– Unterstützung und Ausbau ‚Kraft-Wärme-Kopplung';
– weitere Reduzierung des Einsatzes von Heizöl zur Beheizung;
– Erhöhung des Anteils Umweltverbund (ÖPNV, Fuß- und Radverkehr);
– Reduzierung des Verkehrsbedarfs (z. B. Heimarbeit)"

Gemeinde Nottuln: Integriertes Klimaschutzkonzept der Gemeinde Nottuln. 26.11.2015, S. 52/53; unter: www.nottuln.de

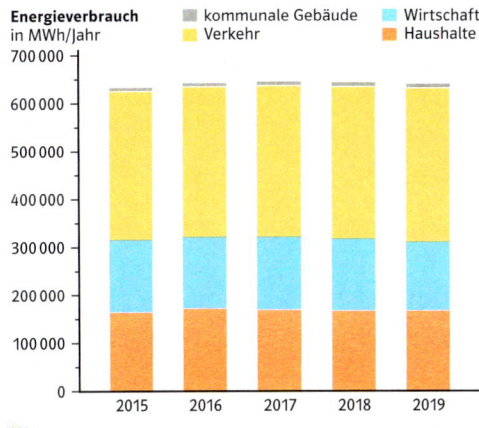

5 Endenergieverbräuche der Gemeinde Nottuln nach Sektoren in MWh/Jahr

Nach Gemeinde Nottuln: Integriertes Klimaschutzkonzept der Gemeinde Nottuln. 26.11.2015, S. 18; unter: www.nottuln.de

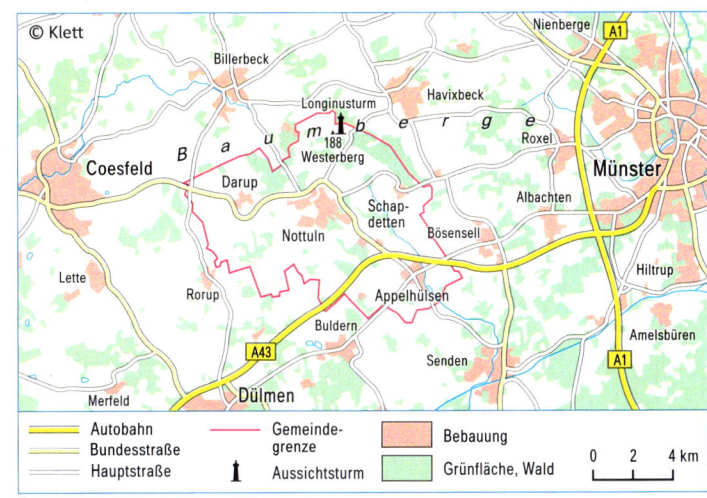

6 Nottuln

---

1 Lokalisieren Sie Nottuln.

2 Erstellen Sie einen Steckbrief der Gemeinde Nottuln mithilfe einer Internetrecherche.

3 Erläutern Sie ausgehend von Text 4 die kommunalen Klimaschutzziele der Gemeinde Nottuln vor dem Hintergrund der Entwicklung des Endenergieverbrauchs nach Sektoren.

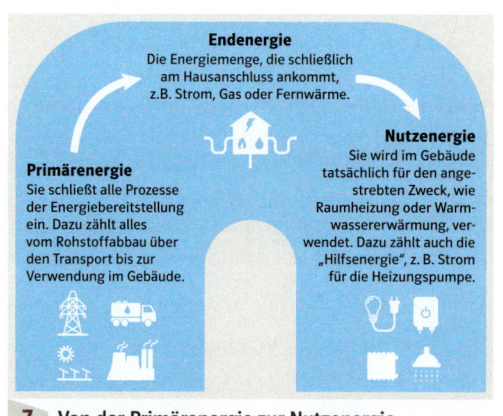

7 Von der Primärenergie zur Nutzenergie

Nach Verbraucherzentralen in Deutschland; unter: www.verbraucherzentrale.de

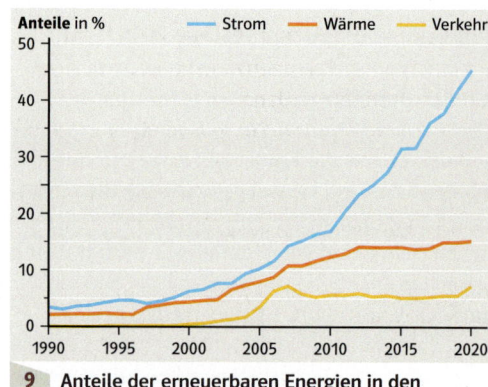

9 Anteile der erneuerbaren Energien in den Sektoren Strom, Wärme und Verkehr in Deutschland

Nach Umweltbundesamt, 4.3.2021; unter: www.umweltbundesamt.de

Energiewende – Zukunft jetzt gestalten

Begriffslexikon Heiztechnik

Wärmepumpe
Sie bezieht Energie zu einem Großteil aus der Umgebung, also aus der Luft, dem Erdreich oder dem Grundwasser (Umweltwärme). Strom wird nur für den Betrieb z. B. der Pumpe benötigt.

Kraft-Wärme-Kopplungsanlage (KWK)
Sie erzeugt nicht nur Strom, sondern nutzt die entstehende (Ab-)Wärme auch zur Wärmeerzeugung.

Power-to-Gas
Ein Baustein der Wasserstofftechnologie: Mit überschüssigem Strom aus erneuerbaren Energien wird mittels Wasserelektrolyse Brenngas hergestellt (vgl. S. 214).

Stromverbrauch ist in unserem Alltag allgegenwärtig und wird quasi mit dem Energieverbrauch gleichgesetzt. Doch tatsächlich entfällt nur ein kleinerer Teil der Endenergie auf den Stromverbrauch. In Deutschland betrug der Anteil am Energiebedarf 2019 für Wärme 48,8 %, für Kraftstoffe 29,9 % und für Strom lediglich 21,3 %. Daher gilt es insbesondere für die Wärmeerzeugung und den Kraftstoffbedarf, die Dominanz der fossilen Energieträger zu brechen und sich erneuerbaren Energien zuzuwenden. Den gesetzlichen Rahmen für die deutsche Energiewende bildet seit dem Jahr 2000 das Erneuerbare-Energien-Gesetz (EEG).

Die energetische Gebäudesanierung spielt für die Energiewende eine entscheidende Rolle. Der hohe Energieverbrauch zur Wärmeerzeugung resultiert vor allem daraus, dass viele Häuser schlecht gedämmt sind und es einen hohen Anteil an alten, ineffizienten Heizungsanlagen gibt. Diese werden mit fossilen Energieträgern und geringem Wirkungsgrad betrieben – 2019 waren die deutschen Heizungsanlagen durchschnittlich 17 Jahre alt. Gleichzeitig ist die Wechselquote auf klimaschonendere Energieträger von 2009–2019 nur mäßig um 4,2 % angestiegen. Daher wurde 2020 das Marktanreizprogramm (MAP) mit weiteren steuerlichen Anreizen oder Austauschprämien seitens der Bundesregierung nochmals verstärkt. Gleichzeitig ist im Gebäudeenergiegesetz (GEG) seit 2020 festgeschrieben, dass Heizkessel, die mit Heizöl oder festen fossilen Brennstoffen (Kohle) betrieben werden, ab 2026 nur noch kombiniert mit erneuerbaren Energien aufgestellt werden dürfen.

Parallel dazu existieren im Verkehrssektor Anreizprogramme, um die Elektromobilität zu fördern. Zudem sollen der motorisierte Individualverkehr

8 Thermografie eines zum Teil wärmesanierten Hauses: „Außen blau ist innen warm."

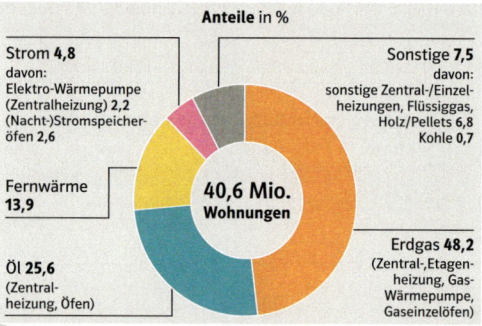

10 Energieträger zur Heizung von Wohnungen in Deutschland (2019)

Nach Bundesverband der Energie- und Wasserwirtschaft e.V. (BDEW): Wie heizt Deutschland 2019. Berlin 2019, S. 12; unter: www.bdew.de

6 Regenerative Energieträger – Möglichkeiten und Grenzen nachhaltiger Nutzung

reduziert und die umweltschonende Mobilität, z. B. der öffentliche Personenverkehr oder auch das Fahrrad, gestärkt werden.

Die Entwicklung der Energiewende hat somit maßgeblichen Einfluss sowohl auf das Erreichen der gesteckten lokalen Klimaschutzziele in Nottuln als auch auf die nationale Gesamtaufgabe der Klimaneutralität bis 2045. Bleibt es etwa in Nottuln bei dem bisherigen Trend der energetischen Sanierung von 1 % der Gebäude, so muss die Gemeinde im Jahr 2050 schätzungsweise gut 133 000 MWh Strom importieren. Bei einer verbesserten Sanierungsquote von 2 % wird ein Zukauf von nur noch etwa 81 500 MWh prognostiziert.

← Mobilität in Deutschland S. 18/19

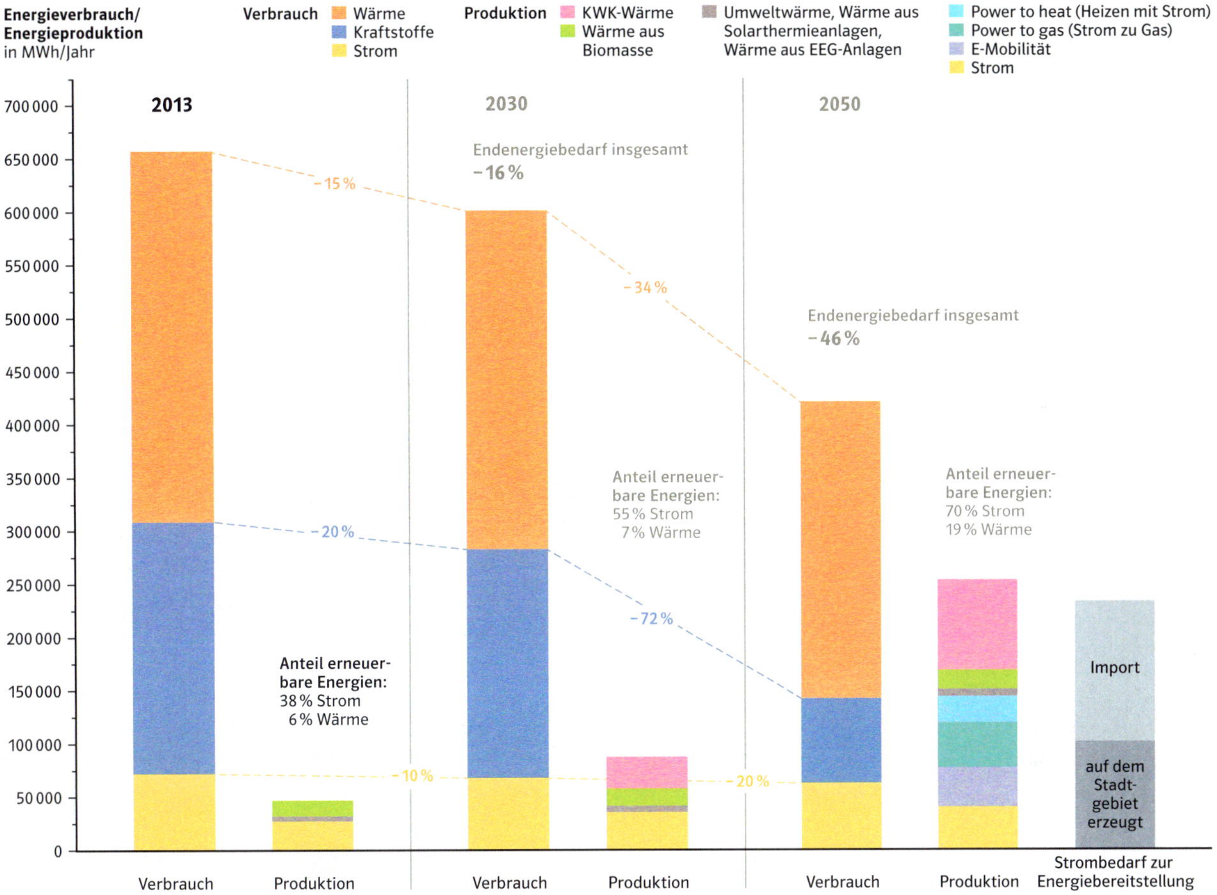

11 Klimaschutzszenario für die Gemeinde Nottuln unter der Annahme einer erhöhten Sanierungsquote von 2 %
Nach Gemeinde Nottuln: Integriertes Klimaschutzkonzept der Gemeinde Nottuln. 26.11.2015, S. 43; unter: www.nottuln.de

---

4 Beschreiben Sie die Entwicklung des Anteils der erneuerbaren Energien in den einzelnen Sektoren in Deutschland.

5 Die Gemeinde Nottuln hat sich mit dem Klimaschutzszenario einen Weg abgesteckt.
a) Stellen Sie die geplante Versorgungsstruktur nach diesem Szenario in Nottuln dar.
b) Vergleichen Sie diesen Weg mit der Strategie der Klimaneutralität bis 2030 (Internetrecherche).

6 Der Verbrauchssektor der Wärmebereitstellung wird auch „schlafender Riese im Klimaschutz" genannt. Erklären Sie diesen Begriff.

7 Entwickeln Sie Möglichkeiten, wie Sie durch Ihr eigenes Verhalten im Bereich Verkehr und Wärmeerzeugung die Energiewende unterstützen können.

12 Freiflächenanlage: Photovoltaikpark

13 Solarthermie- und Photovoltaikanlage auf einem Hausdach

Solarenergie – Spitzenleistung bei Sonnenschein

Die Sonne strahlt im Mittel eine Energie von 174 000 000 000 000 Gigawatt (GW) zur Erde ab, eine unvorstellbar große Menge im Vergleich zu der gesamten in Deutschland installierten Kraftwerksleistung von 224,6 GW (2020). Der Teil der Energie, die bis zur Erdoberfläche gelangt, wird Globalstrahlung genannt. Sie ist stark abhängig von der Bewölkung. Somit sind die Jahressummen der Globalstrahlung und damit das Potenzial zur Strom- bzw. Wärmeenergieerzeugung innerhalb Deutschlands regional und saisonal sehr unterschiedlich ausgeprägt.

Lokal betrachtet sind auch Bedingungen wie eine Verschattung z. B. durch Bäume oder die Exposition der Fläche sehr wichtig für das Potenzial. Photovoltaik- und Solarthermieanlagen sind somit häufig auf Dachflächen zu sehen, die nach Süden ausgerichtet sind. Insgesamt bieten Siedlungsgebiete ein großes Potenzial, da die Strom- und Wärmeenergiegewinnung auf Dächern nicht mit anderen Nutzungen konkurriert.

Daneben finden sich aber auch Freiflächenanlagen, die allerdings in Nutzungskonkurrenz mit Naturschutz, Naherholung, Siedlungsbau und Landwirtschaft stehen. Sie werden daher z. B. häufig entlang von Autobahnen gebaut. Im Nottulner Ortsteil Appelhülsen ist bereits 2008 auf einer Fläche von 7 ha ein Photovoltaikpark als erster in dieser Größe in Nordrhein-Westfalen entlang der A 43 in Betrieb genommen worden.

Aufgrund des großen Potenzials und der geringen CO_2-Emissionen ist die Nutzung der Sonnenenergie zur Stromproduktion bzw. Warmwasseraufbereitung sehr gefragt, obwohl der Ertrag stark an die Sonneneinstrahlung gekoppelt ist. Blickt man z. B. allein auf die Stromerzeugung der Photovoltaik-Anlagen, so wird deutlich, dass diese nicht grundlastfähig sind: Sie liefern nicht ununterbrochen Energie und bedürfen eigentlich einer effizienten, aber noch teuren Speichertechnik.

Dennoch boomt der Bau, denn die Stromerzeugungskosten der Photovoltaik-Anlagen sind in den letzten Jahren stark gesunken: Lagen sie 2010 noch bei durchschnittlich 29,2 ct/kWh, so waren es 2019 je nach Anlagentyp und Exposition zwischen

Begriffslexikon Heiztechnik

Solarthermieanlage
Sonnenenergie kann nicht nur zur Stromproduktion, sondern auch für die Wärmeerzeugung genutzt werden. In einer Solarthermieanlage wird die Sonnenenergie in Kollektoren in Wärmeenergie umgewandelt. Mit dieser Energie wird dann das Heizwasser und/ oder das Brauchwasser erwärmt.

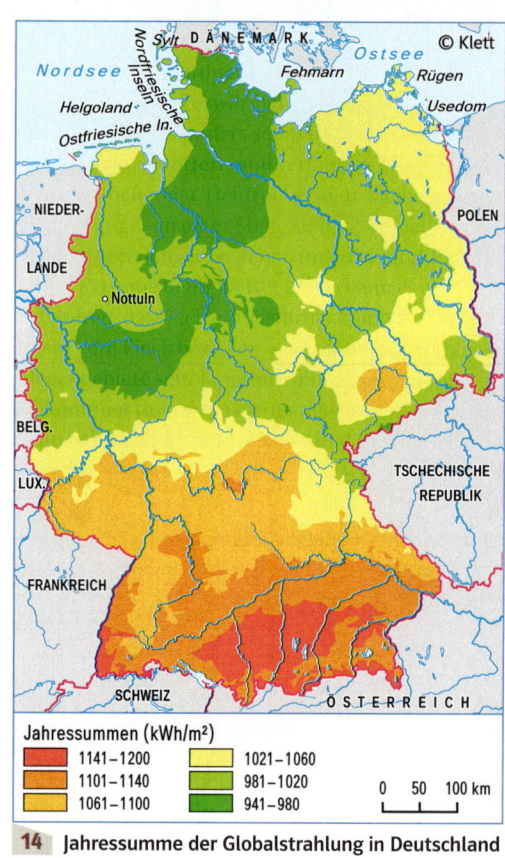

14 Jahressumme der Globalstrahlung in Deutschland

Linktipp
Solarkataster NRW
3hc9bf

6 Regenerative Energieträger – Möglichkeiten und Grenzen nachhaltiger Nutzung

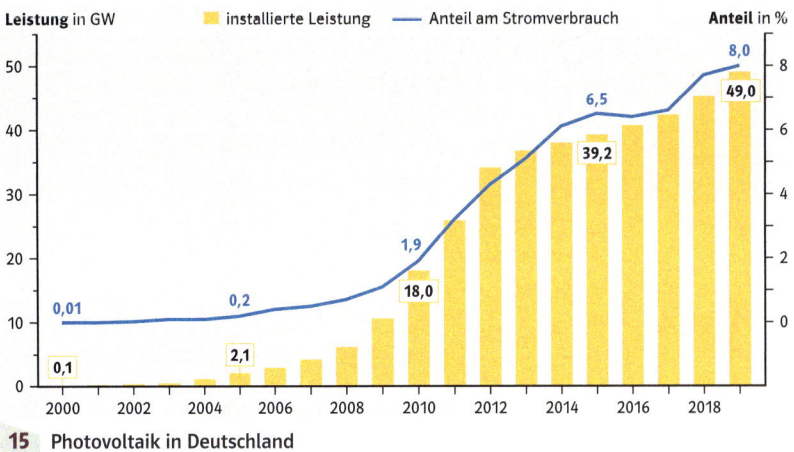

15 Photovoltaik in Deutschland
Nach BMWI: Informationsportal Erneuerbare Energien; unter: www.erneuerbare-energien.de

17 Solaranlagen in Nottuln

	Jahr	Frei-fläche	Dach-fläche
Anlagenanzahl	2010	1	419
	2019	1	808
	2020	1	906
Ertrag (in GWh/a)	2019	1,1	14,1
	2020	1,0	16,0
Anteil am Strom-verbrauch (in %)	2019	0,7	9,0
	2020	0,7	9,9

Eigene Zusammenstellung nach LANUV NRW; unter www.energieatlas.nrw.de und Gemeinde Nottuln; unter www.nottuln.de

3,71 ct/kWh und 11,54 ct/kWh. Im Vergleich zum durchschnittlichen Strombezugspreis von 30,46 ct/kWh im Jahr 2019 rentierte sich besonders der Eigenverbrauch. Zudem können mit der Einspeisung des überschüssigen Stroms Gewinne erzielt werden, deren Höhe über die Einspeisevergütung im Erneuerbare-Energien-Gesetz (EEG) festgelegt ist. Für eine kleine Dachflächen-Anlage bis 10 kW, die im Sommer 2020 in Betrieb ging, werden z. B. 9 ct/kWh gezahlt. Auch die sonnige Witterung förderte den Ausbau der Photovoltaik-Anlagen in Deutschland, sodass Ende 2020 etwa 54 GW Leistung installiert waren, die 9,2 % des nationalen Jahresstromverbrauchs lieferten.

In der Ökobilanz einer Photovoltaik-Anlage amortisiert sich der energetische Aufwand nach ein bis zwei Jahren: Dann hat die Anlage in Deutschland so viel Energie erzeugt, wie für die Herstellung, den Betrieb und die Entsorgung notwendig ist. Dabei wird von einer Betriebszeit von etwa 30 Jahren ausgegangen. Allerdings muss bedacht werden, dass bei der Herstellung z. T. das giftige Schwermetall Cadmium verwendet wird, welches möglicherweise in die Umwelt austreten kann.

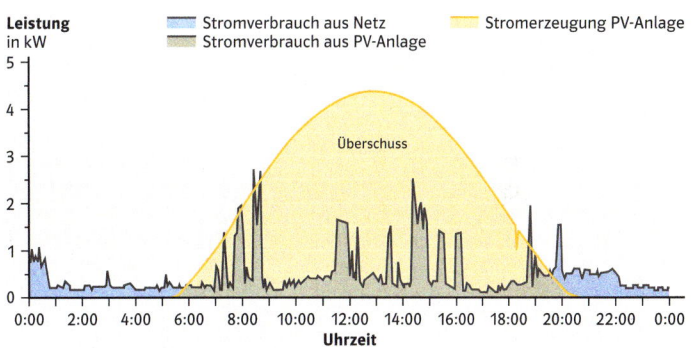
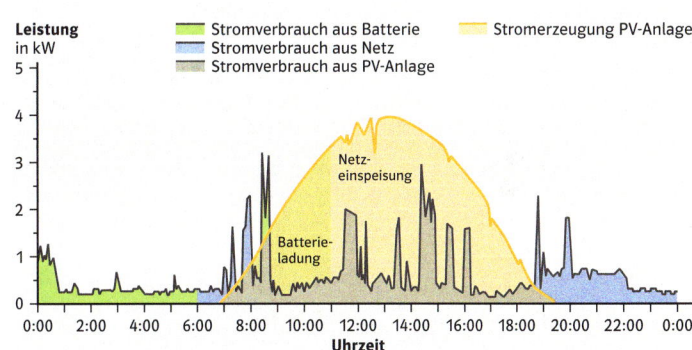

16 Nutzung des Solarstroms ohne (oben) und mit Speicher (unten) in einem Einfamilienhaus in Deutschland im Frühjahr
Nach Energieatlas Nordrhein-Westfalen; unter: www.energieatlas.nrw.de; Volker Quaschning: Regenerative Energiesysteme – Technologie, Berechnung, Simulation. München 2015

---

8 Recherchieren Sie im Online-Solarkataster NRW mithilfe des Solarrechners:
a) Berechnen Sie Ihre jährliche CO_2-Bilanz, die Sie mit einer Photovoltaik-Anlage auf dem Dach Ihres Wohnhauses erzielen könnten.
b) Erläutern Sie Ihr Stromerzeugungsprofil.
c) 2020 verbrauchte ein Vier-Personen-Haushalt in einem Mehrfamilienhaus 3 000 KWh bzw. 4 000 kWh in einem Einfamilienhaus. Vergleichen Sie mit Ihren errechneten Werten.

9 Erläutern Sie die Vorteile und Nachteile der Stromerzeugung mit Photovoltaik.

10 Bewerten Sie die Entwicklung der Photovoltaik in Nottuln.

Windkraft – Energieriesen für die Zukunft

Immer mehr und größere Windenergieanlagen mit Höhen von mittlerweile bis zu etwa 275 m verändern unsere Landschaft. Das Wachsen in die Höhe und die Vergrößerung der Rotorenblätter steigern die Stromproduktion enorm. Die Stromherstellungskosten liegen an Land (Onshore) je nach Standort zwischen 4 und 8 ct/kWh, vor der Küste (Offshore) sind höhere Kosten zwischen 8 und 13 ct/kWh zu veranschlagen. Die Förderung der Anlagen wird über das Erneuerbare-Energien-Gesetz (EEG) geregelt. Bis 2025 erreichen z.B. Anlagen mit einer Gesamtleistung von knapp 16 000 MW ihr Förderende. Daher findet neben dem Ausbau der Energieriesen auch Repowering statt, also das Ersetzen alter Anlagen durch größere und leistungsfähigere. Im Repowering wird eine große Chance für das Gelingen der Energiewende gesehen, denn neu genehmigte Anlagen kommen

Entwicklung und Funktionsweise von Windenergieanlagen

„Sobald horizontale Luftdruckunterschiede eintreten, kommt es zu Luftbewegungen, die als Wind messbar sind. […] Prinzipiell ist Wind eine Form der Sonnenenergie, denn die Druckunterschiede entstehen durch die ungleiche Erwärmung der Erdoberfläche. […] In Bodennähe steigen mit zunehmender Höhe die Geschwindigkeit und die Stetigkeit der Luftströmungen. Wo im Durchschnitt hohe Windgeschwindigkeiten vorherrschen, kann die Windenergie nutzbar gemacht werden. […]

Seit wann die Windenergie vom Menschen genutzt wird, kann nicht exakt bestimmt werden. Babylonische und ägyptische Quellen lassen vermuten, dass bereits 2000 v. Chr. die technische Entwicklung begann. Wahrscheinlich dienten die ersten Windräder der Bewässerung von Feldern. Später wurden die Mühlen auch zum Mahlen von Getreide eingesetzt. Nachweise für die Nutzung der Windenergie im europäischen Raum datieren das 12. Jahrhundert. […] Mit den erforderlichen Erfindungen rund um die Elektrizität war der Grundstein zur Wandlung der Windenergie [über einen Generator] in elektrische Energie gelegt. […] Spätestens seit der Ölkrise in den 1970er-Jahren wurde verstärkt nach alternativen Energiequellen geforscht. Die Modelle wurden technisch weiterentwickelt und zunehmend effizienter. In diesem Zusammenhang wird heute von Windkraftanlagen (WKA [oder WEA]) gesprochen. […] Die moderne Windenergieanlage zur Stromerzeugung besteht im Wesentlichen aus den Komponenten Turm und Fundament, Rotorblätter [mit Nabe], Gondel (enthält Maschinensatz und ist drehbar auf dem Turm gelagert), Getriebe und Generator. […] Generell gilt, je größer der Turm und somit die Windkraftanlage, desto mehr Energie kann gewonnen werden. Trotzdem können nicht ein beliebig hoher Turm und Rotor aufgebaut werden, da die Konstruktionseigenschaften und die Kosten beachtet werden müssen.

[… Weiterhin ist die Leistung abhängig von Schwankungen des Windes. Eine Gruppe von WKA wird Windpark genannt. Die Anlagen können sowohl an Land (Onshore) als auch im Meer in Küstennähe (Offshore) stehen.]"

Mirko Ellrich u.a.: Infoblatt Windenergie. In: Terrasse Online, 18.8.2015; unter: www.klett.de

18

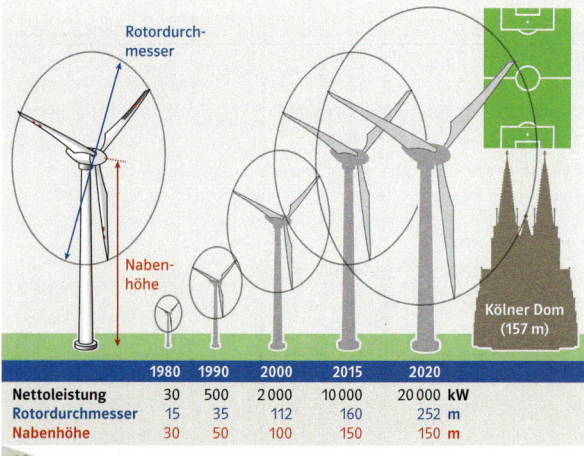

19 Leistungssteigerung von Windenergieanlagen

Nach Bundesverband Wind-Energie e.V.; unter: www.wind-energie.de; www.energie-experten.org; Infografik BASF

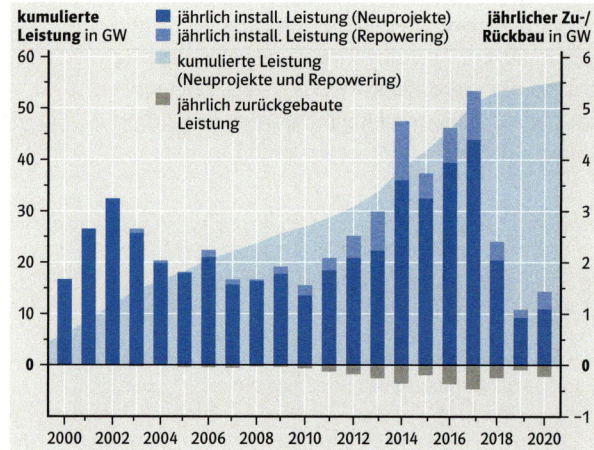

20 Entwicklung der Windenergieleistung an Land in Deutschland

Deutsche WindGuard GmbH: Status des Windenergieausbaus an Land in Deutschland Halbjahr 2021. Varel 2021, S.3; unter: www.wind-energie.de

Linktipp
Planungskarte Windenergie NRW
3hc9bf

Regenerative Energieträger – Möglichkeiten und Grenzen nachhaltiger Nutzung 6

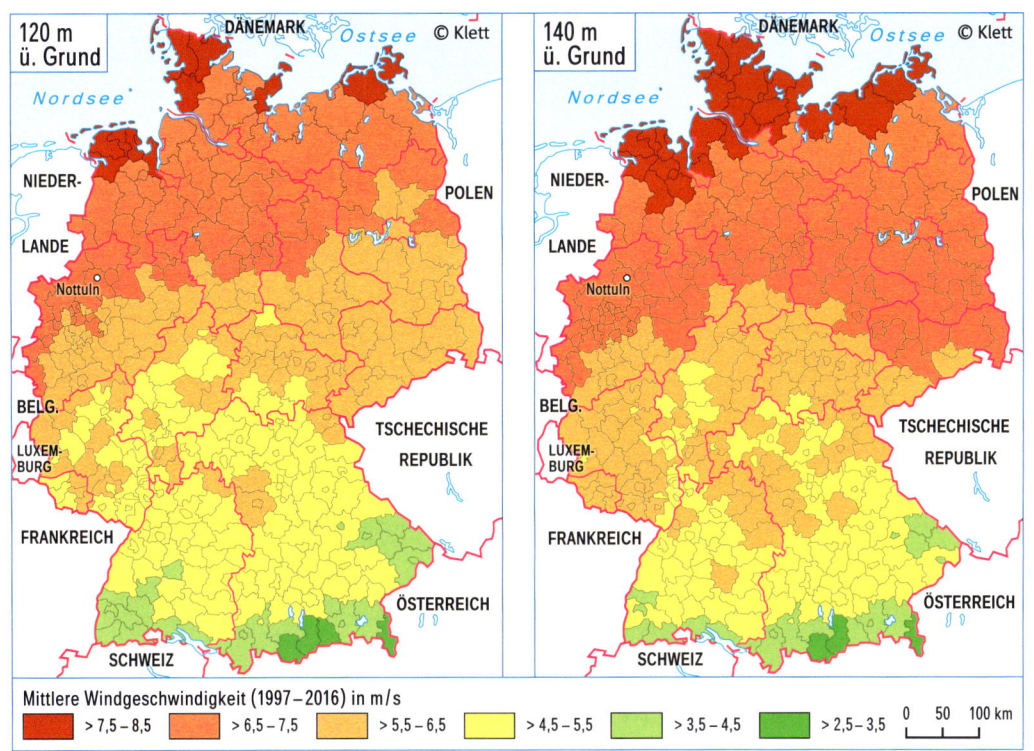

21 Mittlere Windgeschwindigkeiten in Deutschland in 120 m und 140 m über Grund
Nach Deutsche WindGuard GmbH: Höchstwertregionen; unter: www.erneuerbare-energien.de

bereits auf eine Leistung von 4,2 MW. Der Vergleich zur durchschnittlichen Leistung von 1,8 MW im Jahr 2020 in deutschen Windparks verdeutlicht das Potenzial.

Windenergie scheint damit gut geeignet, einen Großteil der zukünftigen Stromproduktion zu leisten, auch weil sie die geringsten CO_2-Emissionen unter den regenerativen Energien besitzt. Allerdings werden Windparks aufgrund ihres Schattenwurfs, ihrer Geräuschemissionen und der bedrängenden Wirkung durch ihre Höhe als Belastung wahrgenommen. Daher müssen festgelegte Abstände zu Siedlungen eingehalten werden. Zudem beeinträchtigen Windkraftanlagen die Natur, indem sie für manche Vögel ein Hindernis, für andere wie den Rotmilan oder für Fledermäuse eine tödliche Gefahr darstellen. Ein Ausbau der Windenergie kann also nur dort stattfinden, wo die Beeinträchtigung für Mensch und Natur nicht zu groß ist und gleichzeitig ein wirtschaftlicher Betrieb möglich ist.

In der Gemeinde Nottuln sollen sogenannte Konzentrationszonen für Windkraftanlagen ausgewiesen werden, denn zum Erreichen der Klimaneutralität bis 2030 müssen zusätzliche Anlagen mit einer Gesamtleistung von mindestens 25,5 MW installiert werden. Geeignete Flächen zu finden stellt allerdings eine große Herausforderung dar, da unterschiedliche Interessen oder gesetzliche Neubewertungen Planungen verändern können.

→ Planspiel Windkraft S. 196–203

Windenergie in Nottuln 2019	
Anlagenanzahl	9
Ertrag (in GWh/a)	16,0
Anteil am Stromverbrauch (in %)	10,2

Eigene Zusammenstellung nach LANUV NRW; unter: www.energieatlas.nrw.de

22

11 Beschreiben Sie die Leistung und Funktionsweise von Windkraftanlagen.

12 Erläutern Sie die Bedeutung und Entwicklung der Windkraft in Deutschland.

13 Charakterisieren Sie die Bedeutung der Windkraft für Nottuln.

14 Erörtern Sie die Vorteile und Nachteile der Windenergie.

24 Vielfalt an Biomasse: Holzpellets, recyceltes Pflanzenöl, Klärgasgewinnung in einem Fermenter in Hamburg

Allrounder Biomasse

Pellets
Presslinge aus Wald- und Industrieholzresten

Holzhackschnitzel
Getrocknete und gehäckselte Holzreste

Blockheizkraftwerk (BHKW)
Die Anlagen nutzen das Prinzip der Kraft-Wärme-Kopplung, d. h., die bei der Stromerzeugung entstandene Abwärme (Prozesswärme) kann zusätzlich als Wärmeenergie genutzt werden. Somit ist diese Anlage effizienter gegenüber der herkömmlichen Stromerzeugung.

Biomasse ist das Multitalent unter den erneuerbaren Energien: Sie kann fest, flüssig oder gasförmig genutzt werden, um Wärme, Treibstoff und Strom zu erzeugen. So stellt Biomasse im Jahr 2020 deutschlandweit mit 52 % den größten Anteil an erneuerbarer Energie.

Holz ist der älteste Brennstoff der Menschheit und bis heute ein nachwachsender Rohstoff, der z. B. in Form von Pellets oder Hackschnitzeln in der eigenen Heizungsanlage verbrannt wird. Biomasse umfasst allerdings noch mehr nachwachsende Rohstofflieferanten: Mais- und Getreidepflanzen, Stroh, Zuckerrüben, (Schilf-)Gräser, aber auch Reststoffe wie Gülle, Bioabfall und Klärschlamm. Die Pflanzen sind natürlicher Kohlenstoffspeicher, d. h., CO_2 wird beim Prozess der Fotosynthese aufgenommen und gespeichert. Wenn gleichzeitig dieselbe Menge an Pflanzen verbrannt wird bzw. verrottet, so ist es insgesamt eine klimaneutrale Energienutzung.

Auch in Nottuln wird Bioenergie genutzt. Der Wärmeverbund Hummelbach hat bereits 2011 mithilfe öffentlicher Fördermittel ergänzend zu den bereits vorhandenen zwei Blockheizkraftwerken (BHKW) mit Erdgaskessel eine Holzhackschnitzelanlage zur Wärmeversorgung im Nahbereich in Betrieb genommen. Mit einem anfänglichen Wärmeverbundnetz von 1,7 km Länge wurden u. a. Schulen, die Jugendherberge oder das Hallenbad mit Wärmeenergie beliefert. Über das BHKW konnten einige Gebäude gleichzeitig mit Strom versorgt werden. Mittlerweile ist das Wärmenetz auf rund 3 km erweitert worden (2019). Der Wärmeverbund Hummelbach versorgt nun 27 Gebäude mit Wärmeenergie. Davon entfallen 57 % auf die Erzeugung in der Holzschnitzelanlage. Nur noch für 10 % ist der Verbund in Spitzenzeiten auf fossile Energien angewiesen. Zudem werden sechs Objekte jährlich mit ca. 0,29 MWh Strom versorgt. Die so erzeugte Jahresenergiemenge wäre ausreichend, um etwa 300 Einfamilienhäuser für ein Jahr mit Energie zu versorgen.

Biomasse in Nottuln			
	Jahr	Biogas-/Holzhackschnitzelanlage	Klärgas
Anlagenanzahl	2013	2	1
	2019	2	1
Ertrag (in GWh/a)	2013	0,89	k. A.
	2019	3,2	0,2
Anteil am Stromverbrauch (in %)	2017	2	0,2

Eigene Zusammenstellung nach LANUV NRW; unter www.energieatlas.nrw.de und Gemeinde Nottuln; unter www.nottuln.de

25

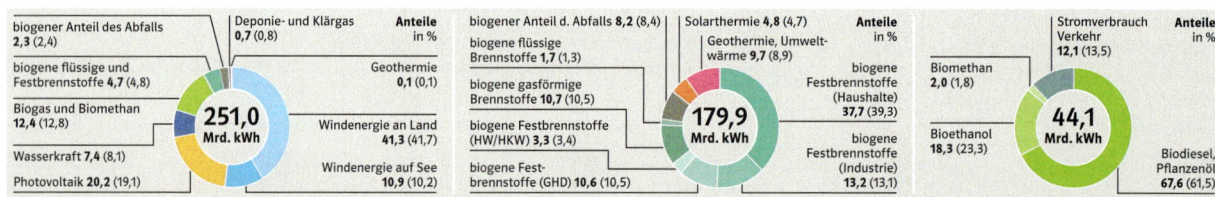

23 Endenergieverbrauch aus erneuerbaren Energien für Strom (links), Wärme (Mitte) und Verkehr (rechts) im Jahr 2020 in Deutschland (Werte für das Vorjahr in Klammern)

Nach Umweltbundesamt: Erneuerbare Energien in Deutschland. Daten zur Entwicklung im Jahr 2020. Februar 2021, S. 8, 12, 14; unter: www.umweltbundesamt.de

🌐 **Linktipp**
Planungskarte Biomasse NRW
3hc9bf

Regenerative Energieträger – Möglichkeiten und Grenzen nachhaltiger Nutzung **6**

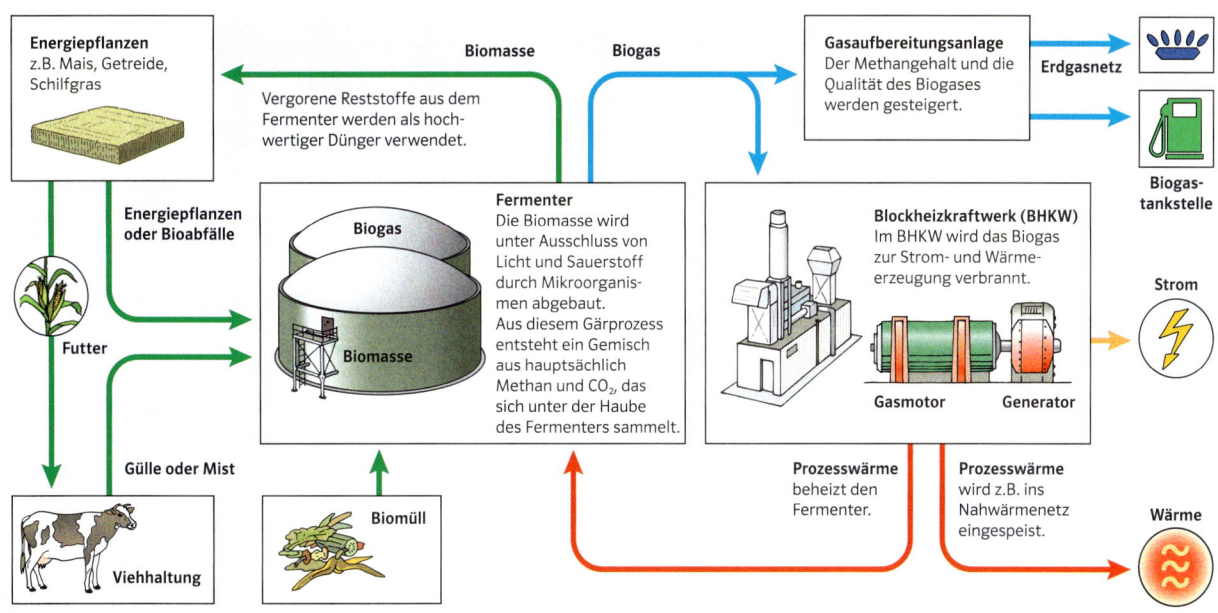

26 Funktionsweise einer Biogasanlage

Energie aus Biomasse

„Klingt toll: Energie gewinnen aus Rohstoffen, die immer wieder nachwachsen. Die Energiequelle Biomasse hat großes Potenzial – ihre Nutzung kann aber problematisch sein. [...]
Biomasse ist nicht davon abhängig, ob gerade der Wind weht oder die Sonne scheint. Und sie kann für Landwirte ein zusätzliches Einkommen generieren und somit die Entwicklung im ländlichen Raum stärken. Schon jetzt findet in vielen ländlichen Gegenden Biomassenutzung statt. ‚Generell sind erneuerbare Energien eine Möglichkeit, den ländlichen Raum zu stärken', meint Volker Quaschning [Professor für das Fachgebiet Regenerative Energiesysteme an der HTW in Berlin].
Das gelte besonders für den Ausbau der Biomasse-Nutzung. ‚Aber wir werden dort auch freie Flächen brauchen für Windräder und Photovoltaik-Anlagen', fügt er hinzu.

Der Energiewirtschaftler Martin Kaltschmitt, Leiter des Instituts für Umwelttechnik und Energiewirtschaft an der TU Hamburg, fasst es so zusammen: ‚Künftig werden die ländlichen Räume die Städte nicht nur mit Nahrungsmitteln versorgen, sondern auch mit erneuerbarer Energie. Dies gilt insbesondere für Biomasse und elektrische Energie aus Windkraft und Solarstrahlung.'

Nachteile Biomasse

Biomasse steht nicht unbegrenzt zur Verfügung – auch, weil die Flächen für den Anbau von Pflanzen für die energetische Nutzung nicht für den Anbau von Nahrungsmitteln zur Verfügung stehen. Daher kann der Anbau von Energiepflanzen zu einem Konflikt führen, der häufig mit den Schlagworten ‚Tank oder Teller' beschrieben wird."

Annika Franck: Energie aus Biomasse. In: Planet Wissen, 2.3.2021; unter: www.planet-wissen.de

→ Tank oder Teller S. 216

27

---

15 Definieren Sie die Begriffe Biomasse und Bioenergie.

16 Erläutern Sie die Bedeutung der Bioenergie in Deutschland.

17 Erörtern Sie die Vorteile und Nachteile der Bioenergie.

18 Charakterisieren Sie die Bedeutung der Bioenergie in Nottuln im Vergleich zu Deutschland.

1 Die Gemeinde Nottuln startet das Verfahren zur Festlegung von Konzentrationsflächen für Windkraftanlagen. Kontroverse Diskussionen sind zu erwarten.

6.2. Konflikte um Windenergie – mit Regeln und Geoinformationen zu neuen Standorten

Für mehr Klimaschutz beschließen Politiker den Ausbau der Windenergie. Anwohner demonstrieren aber gegen einen Windpark am Rand ihres Ortsteiles. Investoren wiederum dringen auf eine Genehmigung profitabler Standorte für Windräder.
Wie können solche Konflikte gelöst werden? Geoinformationen helfen hier Raumnutzungsansprüche der verschiedenen Interessen im Blick zu behalten und in einem geregelten Verfahren gegeneinander abzuwägen. Wie das geht, erkunden Sie in der bereits bekannten Gemeinde Nottuln.

Zwischen 2014 und 2018 stieg die gesamte installierte Leistung von Windenergieanlagen in Nordrhein-Westfalen von 3,7 GW auf 5,8 GW. Die Stromerzeugung durch Wind konnte damit auf 11,4 TWh fast verdoppelt werden. Als Klimaschutzmaßnahme strebt das Land nun bis 2030 einen Ausbau auf 10,5 GW an. Das geht nur mit mehr und größeren Anlagen, für die ganz konkret Standorte gefunden werden müssen. Das Land verlangt daher von jeder Gemeinde Raum für Windenergie zu schaffen – auch von Nottuln.

Steuerung des Windenergieausbaus

Damit nicht überall einzelne Anlagen gebaut werden, haben Gemeinden die Möglichkeit, Konzentrationszonen für Windenergieanlagen festzulegen. Außerhalb dieser Zonen dürfen dann keine Anlagen mehr gebaut werden. Die Festlegung geschieht durch den Beschluss eines neuen Flächennutzungsplanes (FNP), in dem die Konzentrationszonen ausgewiesen werden. Er wird nach klaren Vorgaben unter Beteiligung der Bürgerinnen und Bürger erarbeitet und beschlossen.

Auf den nächsten Seiten werden Sie der Gemeinde Nottuln im Münsterland helfen neue Flächen für den Ausbau der Windenergie zu finden. Ein solches Verfahren macht die Auseinandersetzung mit vielen Geoinformationen in mehreren Planungsschritten notwendig. Vorschläge für Standorte müssen erarbeitet und die Eingaben der verschiedenen Gruppen angehört werden, bevor der Stadtrat eine Entscheidung für neue Standorte fällt.

Damit das Vorhaben gelingt, müssen Sie sich zunächst informieren und dann Karten als Vorlage für den Stadtrat und Bürgerversammlungen vorbereiten:

1 Erläutern Sie, wie das Planungsrecht zur Minderung von Konflikten beiträgt (S. 198/199).

2 Erläutern Sie, welche Interessen für und welche gegen eine Ausweitung der weichen Tabuzonen stehen (S. 198/199).

3 Erstellen sie einen Vorschlag für die Ausweisung von Potenzialflächen, indem Sie in einem GIS recherchieren und eine Karte herstellen (Anleitung S. 200 – 203).

6 Regenerative Energieträger – Möglichkeiten und Grenzen nachhaltiger Nutzung

2   Nottulner Ortsteil Schapdetten: möglicher Standort für eine Konzentrationszone?

Festlegung der Konzentrationszonen

Für einen neuen Flächennutzungsplan mit Konzentrationszonen für Windenergieanlagen wird ein Vorschlag erarbeitet. Dabei müssen Regeln eingehalten werden, die dafür sorgen, dass solche Nutzungen geschützt werden, die durch Windenergieanlagen nicht mehr möglich wären. So werden z.B. Siedlungsbereiche als grundsätzlich ungeeignet angesehen und als „harte Tabuzonen" benannt. Hier darf keine Gemeinde Flächen für Windenergie ausweisen. Werden aber z.B. zusätzliche Abstände zu Naturschutzgebieten als wichtig erachtet, so kann eine Gemeinde selbst zusätzliche Regeln beschließen. Solche „weichen Tabuzonen" gelten dann für das ganze Gemeindegebiet. Gründe für eine Vergrößerung der Abstände können in der Belastung von Anwohnern und der Gefährdung von Vögeln und Fledermäusen liegen. Die restlichen Flächen außerhalb der Tabuzonen gelten als Potenzialflächen. Sie werden anschließend einzeln untersucht, wobei die spezielle Situation für Anwohner und die Natur, aber auch die Windgeschwindigkeiten als natürliche Voraussetzung für die Energieerzeugung betrachtet werden. Insgesamt muss dabei jedoch eine nutzbare Fläche für Windenergie entstehen. Dazu sind die Gemeinden verpflichtet.

Haben die Planerinnen und Planer diesen Schritt geschafft, wird der Vorschlag öffentlich gemacht, damit die Bürgerinnen und Bürger Einwände vorbringen können. Dadurch kann es noch zu Änderungen in der Vorlage des neuen Flächennutzungsplans kommen, bevor dieser zur Abstimmung in der Gemeindeversammlung vorgelegt wird.

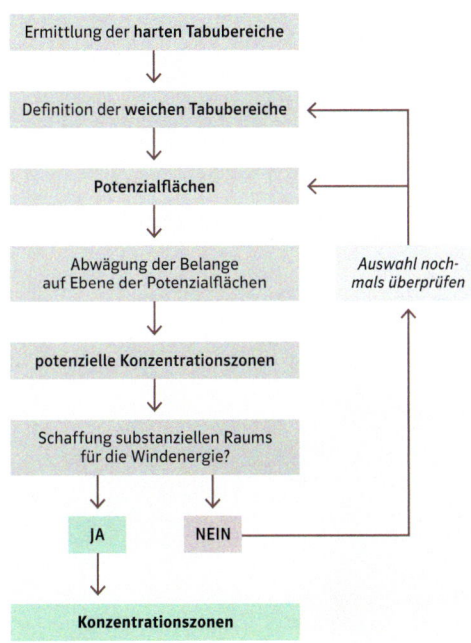

3   Prüfschritte der Konzentrationszonenplanung

Nach Anhang zum Windenergie-Erlass vom 8. Mai 2018; unter: https://recht.nrw.de

Methode

MK Mit Geoinformationssystemen mehrperspektivisch Standorte bewerten

Geoinformationssysteme, kurz „GIS", sind Programme, mit denen verschiedene Informationsebenen (Layer) in einer Karte dargestellt werden können. Man kann somit relevante Daten zur Beschaffenheit oder Nutzung eines Raumes in Beziehung setzen und analysieren. Damit ist GIS genau das Werkzeug, um Potenzialflächen für Windkraftanlagen zu identifizieren.

Wenn in der Stadt- oder Raumplanung Entscheidungen getroffen werden müssen, dann treten meist die Menschen, die mit GIS arbeiten, in Aktion. Viele unterschiedliche Informationen aus verschiedenen Abteilungen müssen verknüpft und für den betreffenden Raum im Zusammenhang betrachtet werden. Dazu stellen Behörden ihre Geodaten im Netz bereit, sodass sie für die jeweilige Entscheidung verarbeitet werden können. Beim Ausweisen von Potenzialflächen für Windenergie geht es genau um eine derartige Anwendung. Informationen wie die aktuelle Ausdehnung des Siedlungsraumes, die Lage der Naturschutzgebiete und die Verteilung der Windgeschwindigkeiten kommen von verschiedenen Behörden und Unternehmen. Sie können im GIS zusammengefasst werden. Nach Darstellung der harten Tabuzonen kann untersucht werden, wie groß weiche Tabuzonen sein können, damit trotzdem Potenzialflächen übrig bleiben.

1. Schritt: Erstellen einer Karte der harten und weichen Tabuzonen mit dem WebGIS ArcGIS-Online
- Öffnen Sie das Programm ArcGIS-Online mit der vorbereiteten Karte, in der die benötigten Daten zusammengeführt sind (Terra-Code).
- Orientieren Sie sich mit Luftbild und Karte, um einen Eindruck vom Untersuchungsgebiet zu bekommen.
- Erstellen Sie eine Kartenansicht mit den harten Tabuzonen, indem Sie diese in der Liste der Layer sichtbar schalten.
- Zeigen Sie nun auch verschieden große weiche Tabuzonen in der Karte an.
- Untersuchen Sie, welche Abstände Sie zu
  - Allgemeinen Siedlungsbereichen,
  - Siedlungen im Außenbereich,
  - Bereichen zum Schutz der Natur
  als „weiche Tabuzonen" vorschlagen können, ohne den Windenergieausbau unmöglich zu machen. Hier besteht etwas Spielraum, der zu mehr oder weniger Konflikten mit Anwohnern oder Naturschützern führen kann.
- Entscheiden Sie sich für eine Größe der weichen Tabuzonen, sodass Sie damit zwei Gebiete für Potenzialflächen benennen können und wählen Sie die Karteneinstellungen sowie den Ausschnitt so, dass Sie Ihren Vorschlag erläutern können.
- Erzeugen Sie einen Screenshot (mit Legende) den Sie für eine spätere Präsentation abspeichern. Er ist Grundlage für die anschließende Untersuchung der einzelnen Potenzialflächen.

4 Mit GIS erzeugte Karte als Beratungsgrundlage

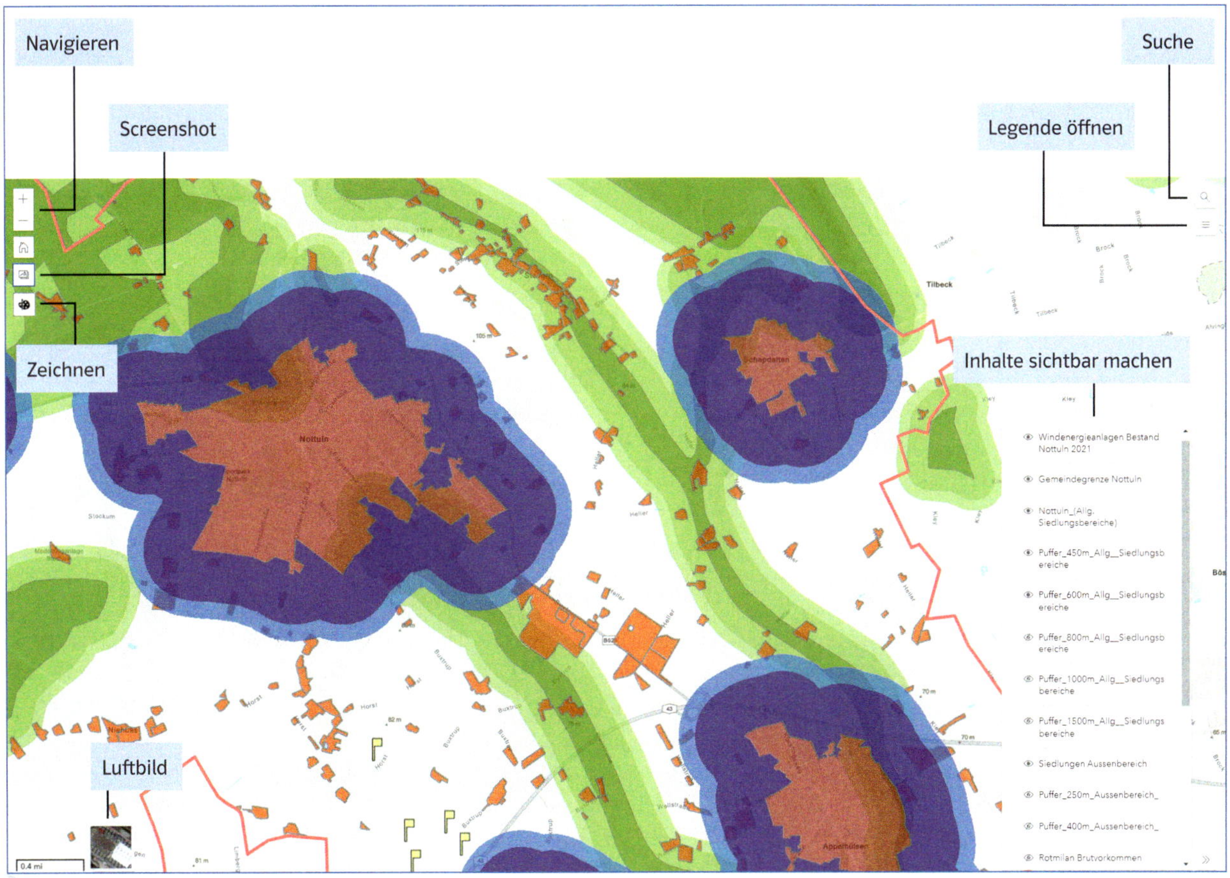

Linktipp
ArcGIS-Online
3hc9bf

6 Regenerative Energieträger – Möglichkeiten und Grenzen nachhaltiger Nutzung

5 Das WebGIS ArcGIS-Online

Harte Tabuzonen
Bereiche, in denen eine Ausweisung von Windenergienutzung (Konzentrationszonen) nicht zulässig ist, weil sie grundsätzlich als nicht geeignet angesehen werden. Dazu gehören:
- Allgemeine Siedlungsbereiche (ASB),
- Bereiche für den Schutz der Natur (BSN),
- Nationalparke,
- Naturschutzgebiete,
- FFH- und Vogelschutzgebiete.

Zudem müssen Windenergieanlagen zu Siedlungen einen so großen Abstand einhalten, dass die Lärmgrenzwerte am Wohnort eingehalten werden. Für moderne Anlagen nehmen wir hier folgende Werte an:
- Abstand von 450 m zum allgemeinen Siedlungsbereich,
- Abstand von 250 m zu Gebäuden außerhalb der Ortschaften.

6

Weiche Tabuzonen
Bereiche, die die Gemeinden in eigener Entscheidung zusätzlich ausschließen wollen.
- Schutzabstand zu Siedlungen: Nach Erlass soll der Abstand zwischen Wohngebieten und Konzentrationszonen 1 000 m betragen. Gemeinden, die geringere Abstände haben wollten, konnten das trotzdem auch schon durchsetzen.
- Wald: Gemeinden mit geringem Waldanteil schließen dort oft Windenergienutzung aus.
- Abstand zu Naturschutz: In der Regel wird ein Schutzabstand von 300 m zu FFH-Gebieten, Naturschutzgebieten oder Bereichen zum Schutz der Natur für einen erweiterten Umwelt- und Artenschutz ausgewiesen.

7

FFH-Gebiete
Fauna-Flora-Habitat-Gebiete sind Schutzgebiete im Natur- und Landschaftsschutz.

201

Methode

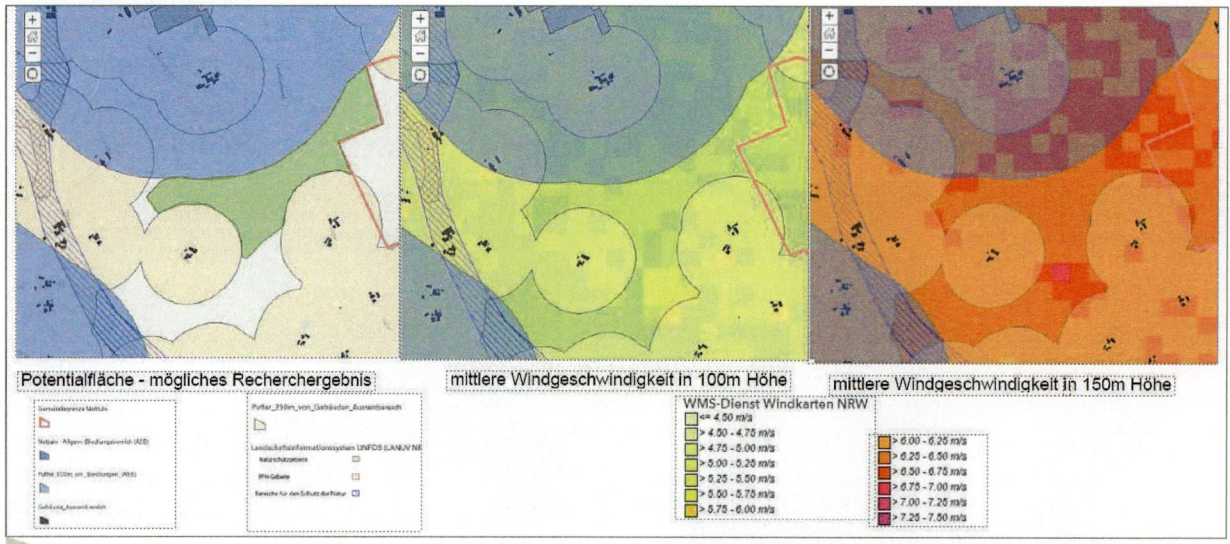

8 Potenzialfläche – mögliches Rechercheergebnis, mittlere Windgeschwindigkeit in 100 m Höhe und mittlere Windgeschwindigkeit in 150 m Höhe

2. Schritt: Bewertung der bevorzugten Potenzialflächen

Erstellen Sie mit der GIS-Recherche Steckbriefe für zwei größere Potenzialflächen anhand folgender Schritte:

- Recherchieren Sie anhand der entsprechenden Layer die vorherrschende mittlere Windgeschwindigkeit in einer Höhe von 100 m und 150 m.
- Erstellen Sie eine Detailkarte der Potenzialfläche, indem Sie heranzoomen und die gewählte Fläche in der Karte einzeichnen. Nutzen Sie dazu das „Zeichnen"-Werkzeug, wählen Sie darin Polygone (Flächen) und schalten Sie die Flächenmessung an.
- Zeichnen Sie die Fläche nach und schließen Sie mit Doppelklick ab. Im Zeichnen-Fenster befindet sich unten eine Schaltfläche zum Löschen. Erstellen Sie auch von dieser Karte wieder einen Screenshot.
- Notieren Sie sich weitere wichtige Daten zur Fläche:
  - Entfernung zur nächsten Bebauung,
  - Entfernung zum nächsten „Bereich für den Schutz der Natur",
  - Entfernung zum Rotmilan-Brutvorkommen.

3. Schritt: 3-D-Simulation mit ArcGIS-Online

- Öffnen Sie im Browser die 3-D-Szene des WebGIS ArcGIS-Online (Terra-Code).
- Betrachten Sie die optische Wirkung der Windenergieanlage in einer Potenzialfläche:
  - mit Lesezeichen zum gewünschten Ortsteil gelangen,
  - zur leichteren Orientierung evtl. andere Grundkarte wählen,

---

3-D-Simulationen in Planungsprozessen

Bei Entwicklungsvorhaben werden in allen Maßstäben oft Simulationen benutzt. Die Beteiligten im Entscheidungsprozess erhalten dabei mit 3-D-Modellen einen anschaulichen Blick auf die Veränderungen gegenüber dem Ausgangszustand oder die Unterschiede zwischen zwei Varianten. So können Stadtplaner z. B. die Verbreiterung einer Stadtautobahn, den Neubau eines Büroblocks oder die Anlage eines Sees betrachten, bevor diese gebaut werden. Damit können Probleme früh erkannt und Chancen für Verbesserungen genutzt werden.

9

Visualisierung des Windenergieausbaus

Im Vorfeld des Baus von Windenergieanlagen werden in der Regel auch Modelle erstellt um die optische Wirkung abzuschätzen. Stehen Anlagen z. B. in Sichtachsen zentraler Straßen oder beim Blick auf die Sehenswürdigkeit genau im Weg? Sind sie vom Ort aus eigentlich gar nicht sichtbar, weil ein Hügel sie verdeckt?

Damit solche Fragen untersucht werden können, stellt das Land Nordrhein-Westfalen sogar das 3-D-Modell aller Häuser bereit. Interessant ist jedoch, wie unterschiedlich die Visualisierungen der Gegner und der Befürworter von Windenergieanlagen aussehen können.

10

 **Linktipp**
ArcGIS-Online
3hc9bf

Regenerative Energieträger – Möglichkeiten und Grenzen nachhaltiger Nutzung 6

11 3-D-Simulation mit ArcGIS-Online

© 2021, LGLN, Land NRW, Maxar Microsoft; Source: USGS, NGA, NASA, CGIAR, GEBCO, N Robinson, NCEAS, NLS, OS, NMA, Geodatastyrelsen and the GIS User Community, powered by Esri

- mit Navigationsfunktionen verschiedene Blickwinkel auf die Anlagen betrachten.
- Vergleichen Sie nun die optische Wirkung von Windenergieanlagen verschiedener Höhe. Sie können diese unter „Layer" auswählen.
- Untersuchen Sie auch den Schattenwurf der Windenergieanlagen:

- erhöhten Blickwinkel einstellen,
- Funktion Tageslicht wählen,
- Datum einstellen und mit Uhrzeit-Schieberegler den Schattenverlauf betrachten.
- Wählen Sie einen Blickwinkel aus, der die Sicht Ihrer Rolle unterstreicht, und machen Sie davon einen Screenshot.

 4

Das Verfahren der FNP-Änderung wird von einem Planungsbüro weiter vorbereitet:

a) Fertigen Sie Karten und Steckbriefe zur Präsentation der Potenzialflächen an (siehe 2. Schritt).
b) Präsentieren Sie Ihre Potenzialflächen dem Gemeinderat (Kurs) und wählen Sie die zwei größten aus, die nun der Öffentlichkeit zur Diskussion vorgelegt werden.

 5

Teilen Sie sich in Kleingruppen mit verschiedenen Rollen auf (Anwohner, Umweltschützer, Investoren).
Bereiten Sie mit dem Material S. 204/205 eine Stellungnahme zu den beiden Vorschlägen vor, indem Sie

- entsprechend Ihrer Rolle die wichtigsten Anforderungen an die Potenzialfläche formulieren;
- sich mit der 3-D-Szene des GIS ein Bild von einer möglichen Bebauung mit Windkraftanlagen machen (siehe 3. Schritt);
- Ihre Informationen und den Bildeindruck mit Ihren zentralen Anforderungen abgleichen;
- ein entsprechendes Statement für die Bevorzugung einer der Potenzialflächen mit Karten und 3-D-Bildern vorbereiten;
- Kompromisse notieren, die Sie notfalls anstreben könnten.

 6

Die Bürgerversammlung wird durchgeführt:
Stellen Sie nacheinander Ihre Positionen vor. Versuchen Sie Argumente anderer Positionen zu entkräften. Sollte sich für Sie ein unerfreuliches Ergebnis abzeichnen, so stellen Sie dar, bei welchen Kompromissen der Frieden in der Gemeinde gewahrt bliebe.

 7

Der Gemeinderat stimmt ab:
Da die Bürger nicht direkt entscheiden können, wird eine Änderung des FNP erst im Gemeinderat beschlossen. Sie stimmen nun (nicht mehr in Ihrer Rolle, sondern als Gemeinderatsmitglied) ab, welche Fläche gewählt werden soll und ob es bestimmte Vorgaben für die Windräder geben soll.

 8

Rückblick, Reflexion:
Erörtern Sie abschließend, inwieweit das Verfahren Ihnen und anderen Interessengruppen eine Möglichkeit der Mitgestaltung gegeben hat.

12 Runder Tisch zur Entwicklung von Lösungen in der Debatte um einen Windpark

bedrängende Wirkung

Bei einem Abstand, der geringer als das Zweifache der Gesamthöhe ist, erleben Anwohner in der Regel eine optisch bedrängende Wirkung. Über dem Dreifachen ist dies meist nicht mehr gegeben.

Beteiligung im Planungsverfahren

In einer Untersuchung zur Akzeptanz von Windenergieanlagen wird folgende Schlussfolgerung gezogen: „Vor allem scheint der Planungsprozess entscheidend: Wer den Planungs- und Bauprozess als positiv erlebte, akzeptierte die WEA [Windenergieanlagen] stärker und fühlte sich durch deren Immissionen weniger oder gar nicht belästigt. Es reicht nicht aus, Anwohner durch Information überzeugen zu wollen, sondern eine frühzeitige Beteiligung mit realem Gestaltungsspielraum ist gefragt."

Gundula Hübner/Johannes Pohl: Mehr Abstand – mehr Akzeptanz? Berlin 2015, S.23; unter: https://publikationen.windindustrie-in-deutschland.de

14

Initiative „GegenWind Schapdetten"

Die Initiative ist der Ansicht, dass Windkraftanlagen die Region der Baumberge verschandeln würden. Der Sprecher der Initiative im Interview mit der Allgemeinen Zeitung (3.4.2019): „Das genannte Landschaftsbild und der hier damit zusammenhängende Landschafts- und Artenschutz ist das eine. Das Wohl der Menschen das andere: Der Lärm der Anlagen und die bedrängende Wirkung, die von ihnen ausgeht, wird deutlich spürbar sein. Wirtschaftlich lohnende Anlagen sind heute gigantisch, viel größer als das, was wir landläufig kennen. Im Gutachten der Gemeinde kann man ja nachlesen, welcher Anlagenhöhen es bedarf, damit es sich für den möglichen Investor am Standort Schapdetten überhaupt finanziell lohnt."

Westfälische Nachrichten, Ludger Warnke: „Wir wollen keine Windkraftanlagen". Interview mit Dr. Patrick-Johannes Wolf, in: Westfälische Nachrichten v. 03.04.2019

15

Zu klärende Fragen bei Konsultationen in Verteilungskonflikten	
Erhöhung gegenseitigen Verständnisses	– Warum und in welchem Ausmaß entstehen bestimmte Folgen im Zusammenhang mit der Anlage? – Welche Gründe gibt es, die Anlage genau so zu bauen und zu betreiben?
Planungsoptimierung	– Können durch technische oder betriebliche Änderungen an der Anlage Geräusche und Schattenwurf verringert werden? – Kann über eine spätere Überwachung sichergestellt werden, dass die gemachten Angaben zu den Anlagen nachher auch wirklich zutreffen?
Kompensation	– Können manche Nachteile durch den Anlagenbauer durch weitergehende Kooperation, freiwillige finanzielle Leistungen oder auf sonstige Weise ganz oder teilweise kompensiert werden?

Jan Zierkow u.a.: Konfliktdialog bei Windenergieanlagen. 2014; unter: www.bmu.de

13

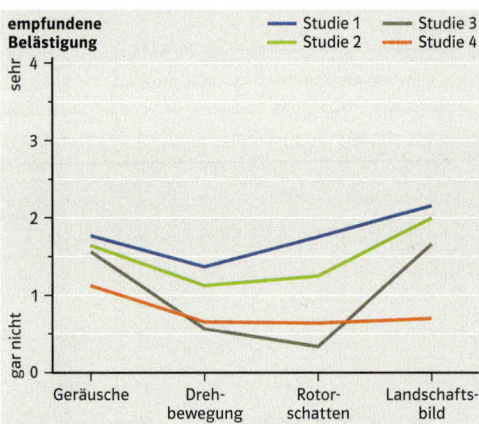

16 Empfundene Belästigung durch Windenergieanlagen – Ergebnis aus vier Befragungen von Windpark-Anwohnern

Gundula Hübner/Johannes Pohl: Mehr Abstand – mehr Akzeptanz? Berlin 2015, S.14; unter: https://publikationen.windindustrie-in-deutschland.de

6 Regenerative Energieträger – Möglichkeiten und Grenzen nachhaltiger Nutzung

Umweltschützer

Vogelschützer fordern die Brutvorkommen des Rotmilans angemessen zu beachten. Einige der möglichen Potenzialflächen weisen eindeutig zu geringe Abstände auf.
Die „Länderarbeitsgemeinschaft der Vogelschutzwarten" hat im „Helgoländer Papier 2015" die Abstandsempfehlungen zwischen Vogelbrutstätten und Windenergieanlagen für den Rotmilan deutlich auf 1 500 m erhöht.

Windräder machen dem Rotmilan zu schaffen

„Klarer Zusammenhang zwischen Windraddichte und Milan-Entwicklung. Je mehr Windräder, desto schlechter die Bestandsentwicklung des Rotmilans. Zu diesem Ergebnis kommt eine Analyse von 285 Regionen mit Milanvorkommen durch den Dachverband Deutscher Avifaunisten. Die Windindustrie hatte zuletzt immer wieder behauptet, die Windräder hätten keine negativen Auswirkungen. [...] Der Zusammenhang ist hochsignifikant und zeigt, dass der notwendige weitere Ausbau der Windenergie in Deutschland nicht durch eine von der Windindustrie geforderte und derzeit sogar vom Bundeswirtschaftsministerium vorgeschlagene Aufweichung des Artenschutzrechts erreicht werden darf."

NABU: Windräder machen dem Rotmilan zu schaffen. In: NABU News, 14.10.2019; unter: www.nabu.de

Naturschützer befürworten einen naturverträglichen Ausbau der Windkraft. Schließlich soll der Klimaschutz nicht vernachlässigt werden und mit einer Windenergieanlage werden jährlich mehrere Tausend Tonnen CO_2 vermieden.

17

Investoren

Windenergie ist eine gute Möglichkeit, Geld anzulegen. In Zeiten, in denen Banken keine Zinsen auf Guthaben geben, sind Investitionen in Windkraftanlagen eine Möglichkeit für höhere, relativ sichere Gewinne aus Kapital. Gleichzeitig tut man noch etwas Gutes für den Klimaschutz!

Mit gesunkener Vergütung für den erzeugten Strom lohnen sich heutzutage nur noch Anlagen, die wirklich viel Strom produzieren. Das gelingt mit modernen Anlagen, die für viel Leistung ausgelegt sind und mit großen Höhen an starke Windgeschwindigkeiten heranreichen. Nabenhöhen von mindestens 120 m und ein Rotordurchmesser von 120 m sind vorstellbar.

18

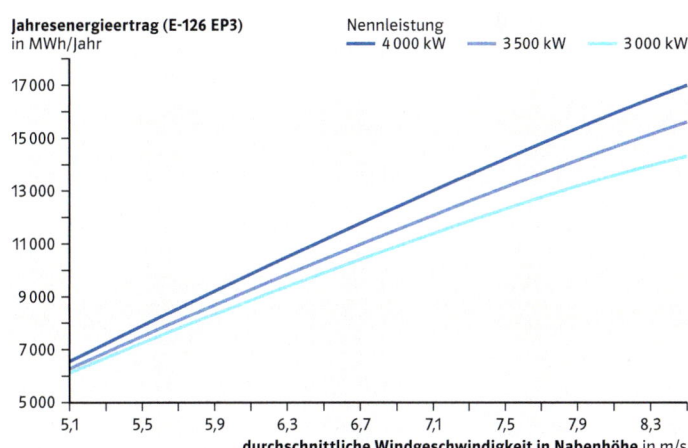

19 Abhängigkeit des Jahresenergieertrags einer Windenergieanlage von der Windgeschwindigkeit (Beispiel: drei Ausführungen der Enercon-Anlage E-126 EP3 mit unterschiedlicher Nennleistung)
Nach Enercon GmbH; unter: www.enercon.de

6.3 Energiewende vor Ort

Die Gemeinde Nottuln hat sich engagiert auf den Weg gemacht, um ihren Beitrag zur Energiewende aktiv zu leisten. Wie sieht es denn konkret bei Ihnen vor Ort aus? Und welchen Beitrag leisten Sie selbst zur Energiewende?

Das Erreichen der Treibhausgasneutralität bis 2045 stellt viele Kommunen vor große Herausforderungen, denn das Potenzial zum Ausschöpfen der erneuerbaren Energien ist regional unterschiedlich ausgeprägt. Windgeschwindigkeiten, Sonnenenergie, Wasserkraft, geothermisches Potenzial oder auch das Angebot an Biomasse sind natürliche Einflussgrößen für das regionale Portfolio an erneuerbaren Energien.

Die Gemeinde Nottuln kann vor allem auf die Wind- und Sonnenenergie sowie den Allrounder Biomasse setzen. In Ihrem Heimatort ist das Potenzial eventuell für die auf den nächsten Doppelseiten dargestellte Geothermie oder auch Wasserkraft gegeben. Somit können vor Ort andere Schwerpunkte in der Nutzung erneuerbarer Energien gesetzt werden. Aber nicht nur das natürliche Potenzial, sondern auch gesellschaftliche Akzeptanz, Wirtschaftlichkeit und politischer Wille sind treibende Kraft der Energiewende. Unter diesen regionalen Voraussetzungen macht sich jede Kommune in ihrem eigenen Tempo auf den Weg, die Energiewende vor Ort voranzubringen.

2 Bunte Solarpanels an einer Hauswand

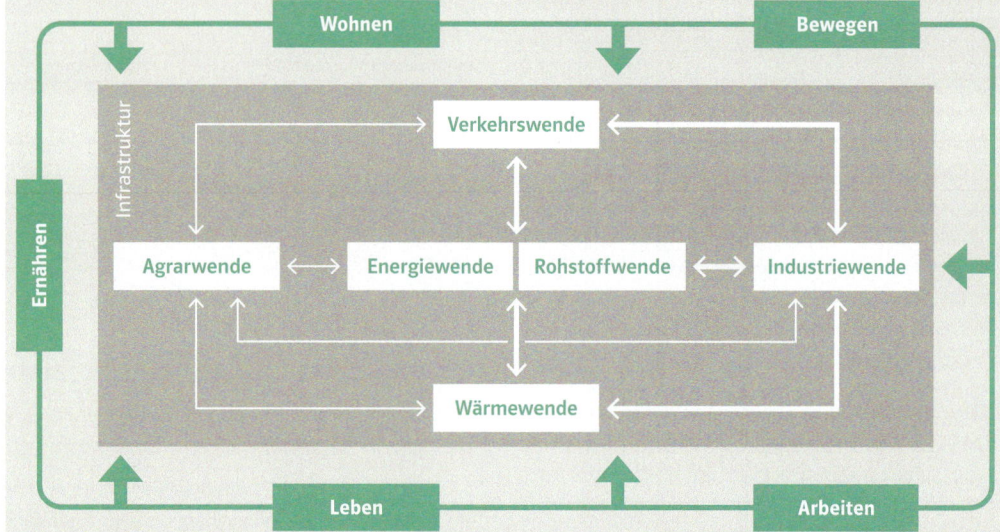

Persönliche Bedürfnisse beeinflussen die unterschiedlichen Wendepunkte auf dem gemeinschaftlichen Weg des Wandels unmittelbar. Sie bilden den äußeren Rahmen für die Agrar-, Verkehrs-, Industrie-, Wärme-, Energie- und Rohstoffwende. Alle Bereiche und Elemente stehen in direktem Zusammenhang miteinander.

1 Bedürfnisfelder und Wendepunkte

Nach Umweltbundesamt (Hg.): Wie wir leben. Dezember 2020, S. 37; unter: www.umweltbundesamt.de

Regenerative Energieträger – Möglichkeiten und Grenzen nachhaltiger Nutzung 6

Auf die Plätze, fertig, Energiewende!
Kommunen zwischen Startblock und Ziellinie
„[...] Seit die Bundesregierung unter dem Eindruck der Atomkatastrophe von Fukushima nachdrücklich die Energiewende ausgerufen hat, wurde die Dynamik für den Ausbau der erneuerbaren Energien und die Steigerung der Energieeffizienz erheblich erhöht. Klimaschutz, der Umgang mit endlichen Ressourcen und ethische Fragen gehören zu den wichtigen Treibern der Wende. Das ‚Gemeinschaftswerk Energiewende' (Ethikkommission) ist einer der größten und umfassendsten Veränderungsprozesse, die unsere Gesellschaft in den kommenden Jahren bewältigen muss. [...] Dabei ist klar: Die Energiewende findet vor Ort statt. Dies bringt eine Aufwertung sowie eine enorme Verantwortung der kommunalen Ebene mit sich. Neue Flächenbedarfe, die die Energiewende nach sich zieht, bieten neue Herausforderungen, aber auch neue Gestaltungsmöglichkeiten für Kommunen und Regionen. Erneuerbare Energien zu nutzen, erfordert in vielen Fällen ein besseres Zusammenspiel von zentralen und dezentralen Anlagen und Netzen. Hierfür ist der Aktionsradius der kommunalen und regionalen Ebene besonders relevant."
Hannah Büttner u.a.: Auf die Plätze, fertig, Energiewende! Berlin u.a. 2012, S.6.; unter: www.umweltbundesamt.de

3

Gestalten Sie eine Broschüre zum Thema „Energiewende vor Ort – diesen Weg haben wir bislang geschafft" (Material 4).

Entwickeln Sie in Kleingruppen:
a) Ideen, wie Sie persönlich einen Beitrag zur Beschleunigung der Energiewende vor Ort leisten können;
b) Ideen, wie Sie andere Bürgerinnen und Bürger motivieren können, Ihren Beitrag zur Energiewende zu leisten.

Diskutieren Sie Chancen und Grenzen der eigenen kommunalen Energiepolitik.

Tipps zur Erstellung einer Broschüre
1. Zielgruppe (Leser) festlegen
2. Informationen recherchieren
3. Informationen auswerten und themenbezogen vernetzen
4. Gliederung/Layout festlegen
5. Materialien, Bilder anordnen
6. Autorentexte schreiben
7. Quellennachweise überprüfen
8. Sprachliche Prüfung
9. Vorstellen der Inhalte/Druck

Hilfen zur Recherche vor Ort:
– Die GIS-Anwendung aus dem Projekt Nottuln (S. 198–203) bietet Ihnen auch vielfältige Informationen für Ihre Heimatgemeinde. Nutzen Sie einfach die gleichen Zugangsdaten.
– Umfangreiche Internetrecherche unter Beachtung der Datenquelle

In Absprache mit Ihrer Kursleitung:
– Experten einladen und interviewen
– Informationen im Rathaus erfragen
– Informationen auf Kreisebene erfragen
– Regionale Bündnisse/Vereine ansprechen
– Lokalnachrichten (Presse, Lokalsender)

4

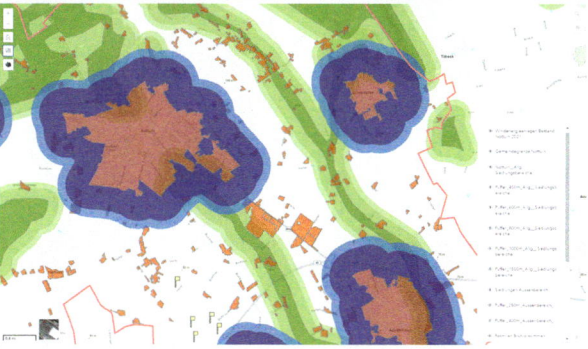

1 Blaue Lagune, Island (Thermalquellen)

3 Geothermiekraftwerk in Unterhaching, München (Bayern)

6.4 Geothermie – Energie aus dem Erdinnern

Tief unter unseren Füßen finden wir ein weiteres Potenzial für erneuerbare Energien: Erdwärme (Geothermie). Rund 99 % unseres Planeten sind heißer als 1 000 °C. In Tiefen von zwei bis drei Kilometer fließt mancherorts schon über 100 °C heißes Thermalwasser, regional kann die verborgene Energie auch als heiße Quelle zu Tage treten. Nur die äußere Erdkruste, auf der wir leben, ist deutlich kühler.

geothermischer Gradient

Ein Maß für die Temperaturzunahme in Abhängigkeit von der Tiefe. In Deutschland nimmt die Temperatur im Mittel 3 °C pro 100 m zu, wobei in den ersten etwa 100 m der Wert nahezu konstant bei 10 °C liegt. Der geothermische Gradient ist regional allerdings unterschiedlich, sodass sich einige Regionen mehr als andere Regionen für Geothermie eignen.

In Deutschland spielt Geothermie jedoch noch nicht die Rolle, die man ihr zutrauen könnte, da sie gerade für die Wärmeerzeugung besonders effizient ist. Zwar stieg der Anteil der Geothermie an der deutschen Stromerzeugung 2020 um 10 %, allerdings werden damit nur 0,1 % des gesamten deutschen Bruttostromverbrauchs erzeugt. Dagegen wurden 2020 fast 10 % der erneuerbaren Wärmeenergie mit Erdwärme erzeugt.

Geothermie zählt zu den erneuerbaren Energien, da sie unerschöpflich ist. Vorteile sind die landschaftsschonende Nutzung, das unauffällige Aussehen eines Geothermiekraftwerkes und eine fast emissionsfreie, grundlastfähige Nutzung rund um die Uhr. Mit einem Geothermiekraftwerk können ganze Stadtteile mit Wärmeenergie und evtl. Strom versorgt werden. So liefert z. B. die Anlage in München-Riem Wärmeenergie für nahezu 16 000 Menschen.

Das geothermische Potenzial hängt von der Tiefe der Bohrung und der regionalen Temperaturzunahme in der Tiefe ab. Tiefengeothermie, also Anlagen mit Bohrungen von mehr als 400 m Tiefe, können in Deutschland vor allem im Alpenvorland, Oberrheingraben und Norddeutschen Tiefland effizient betrieben werden. Hier liegt der geothermische Gradient über dem Mittel, sodass in geringeren Tiefen bereits sehr heißes Thermalwasser zu finden ist. Bei Temperaturen von >100 °C kann auch effizient Strom erzeugt werden. So wird in Unterhaching Geothermie sowohl als Wärmeenergie als auch zur Stromerzeugung genutzt.

Demgegenüber nutzt die oberflächennahe Geothermie, also Bohrungen bis zu 400 m Tiefe, bereits das in diesen Tiefen vorhandene Wärmepotenzial von etwa 25 °C, welches zum Beheizen von Gebäuden oder technischen Anlagen vollkommen ausreicht.

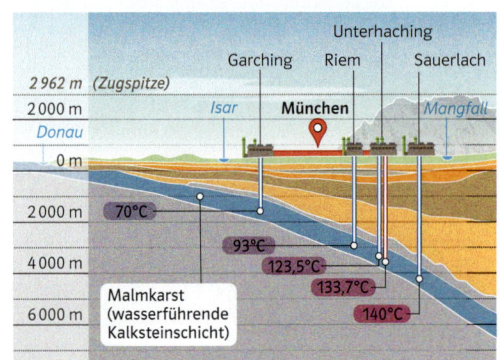

2 Natürliche Abweichung des geothermischen Gradienten im Voralpenland auf 3,5 – 4,5 °C pro 100 m

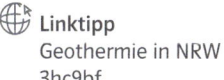

Linktipp
Geothermie in NRW
3hc9bf

Regenerative Energieträger – Möglichkeiten und Grenzen nachhaltiger Nutzung 6

Energie aus der Tiefe der Erde

[...] „Zwischenfälle bremsen Technologie

Bundesweit sind nach Angaben des Branchenverbandes Geothermie 38 Anlagen mit einer durchschnittlichen Bohrtiefe von 2 500 Metern in Betrieb. Eine weitere Anlage soll demnächst in der Region rund um Freiburg entstehen. Ein Hubschrauber sucht derzeit nach dem perfekten Standort. Das Ziel: eine Wärmequelle zu finden, die bis zu 8 000 Haushalte nachhaltig mit Wärme versorgen soll. Der Oberrheingraben gilt als besonders aussichtsreich für das Vorhaben. Die Skepsis ist hier aber auch besonders groß.

Denn welche Folgen fehlerhafte Geothermie-Bohrungen anrichten könnten, ist in der kleinen Stadt Staufen im Breisgau bis heute sichtbar: Dicke Risse ziehen sich durch mehr als 200 denkmalgeschützte Gebäude. Bis zu 45 Zentimeter hat sich die Altstadt gehoben, seit 2007 empfindliche Gesteinsschichten mit Grundwasser in Berührung kamen und sich plötzlich ausdehnten.

Der Vorfall erschütterte die gesamte Branche, erinnert sich [Erwin] Knapek, der inzwischen als Präsident des Branchenverbands Geothermie arbeitet. ‚Im Fall von Staufen – einer Anlage für oberflächennahe Geothermie – wurde wahnsinnig geschlampt', sagt er. ‚Die Schäden hätte man mit gebotener handwerklicher Sorgfalt vermeiden können. Das kann man auch als ‚Pfusch am Bau' bezeichnen.' Also ein einmaliges, menschliches Versagen? Kritiker sehen das anders und verweisen auf Schäden und Erdbeben in Folge von Geothermie-Bohrungen in Frankreich, wie zuletzt Ende 2020.

Branche verweist auf verwendete Technik

Knapek argumentiert, dass in Deutschland eine schonendere Technik genutzt werde: ‚Wir wenden in Deutschland nur die hydrothermale Geothermie an. Dafür brauchen wir zwei Bohrungen: Aus einer fördert man das Thermalwasser hoch, und in die andere injiziert man es abgekühlt wieder zurück.' Bei dieser Technologie sei es eher unwahrscheinlich, dass es zu Erdbeben mit Schäden komme. [...]

Hohe Investitionen für Suche nach Wärmequellen

Ein weiterer Grund, warum es bislang nur so wenige Geothermie-Anlagen in Deutschland gibt, sind laut Knapek die hohen Investitionskosten. Zunächst muss eine Wärmequelle ausgemacht werden, dann folgen die aufwendigen Bohrungen. Gleichzeitig bestehe immer die Möglichkeit, dass Bohrungen nicht fündig werden [...].

Alternative: Erdwärmesonden

Auch Klimaexperte Höhne sieht einen Nachteil in den hohen Investitionskosten und verweist auf bereits heute genutzte günstigere Geothermie-Alternativen: Erdwärmesonden. Mithilfe eines Wärmetauschers wird der Temperaturunterschied in geringen Tiefen genutzt, um Energie zu produzieren. Allerdings ist das weit weniger effektiv als bei der Tiefengeothermie. Der Ausbau von oberflächennaher Geothermie in Gebäuden sei dennoch unverzichtbar, um die Energiewende zu schaffen. Rund 25 000 solcher Anlagen gehen aktuell jährlich neu ans Netz."

Tim Diekmann: Energie aus der Tiefe der Erde. In: Tagesschau.de, 30.5.2021; unter: www.tagesschau.de

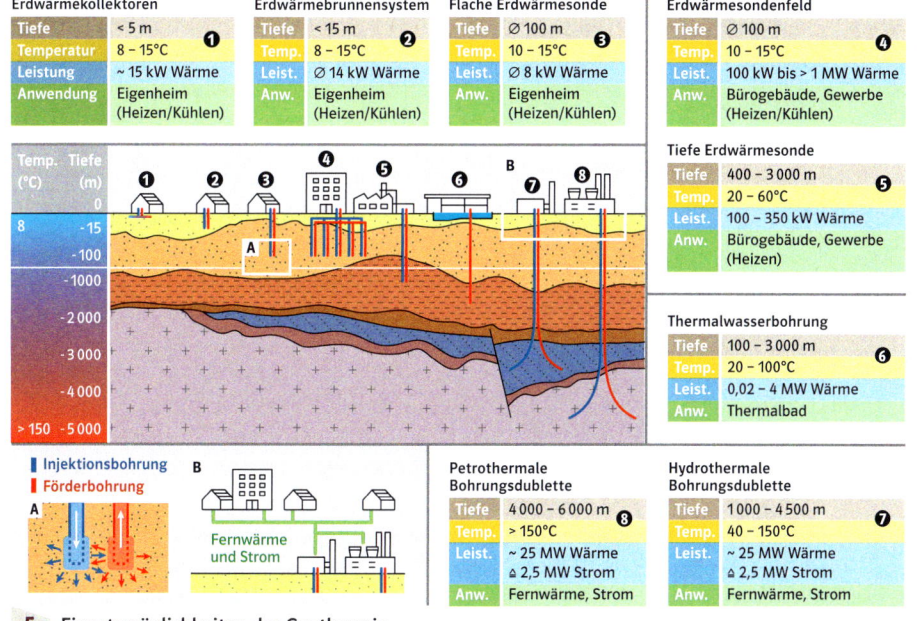

5 Einsatzmöglichkeiten der Geothermie

Nach Leibniz-Institut für Angewandte Geophysik (LIAG) (Hg.): Wärmewende mit Geothermie. Möglichkeiten und Chancen in Deutschland. Hannover 2019; unter: www.geotis.de

1 Beschreiben Sie die unterschiedlichen Verfahren der Geothermie.

2 MK Erläutern Sie das Nutzungspotenzial für Geothermie für
a) Deutschland,
b) Ihre Heimatgemeinde.
Recherchieren Sie dazu im Internet.

3 Nehmen Sie Stellung zum Potenzial der Geothermie für die Energiewende.

6.5 Wende mit Wasserkraft?

Wasserkraft wird schon seit der vorindustriellen Zeit für Mühlen, Sägewerke und Hammerwerke genutzt. Heute wird das gestaute Wasser durch Turbinen geleitet, die mit Generatoren direkt Strom produzieren.

1 Fischtreppe an der Elbe

4 Laufwasserkraftwerk in Rheinfelden

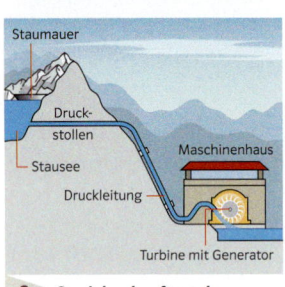

2 Speicherkraftwerk

5 Laufwasserkraftwerk

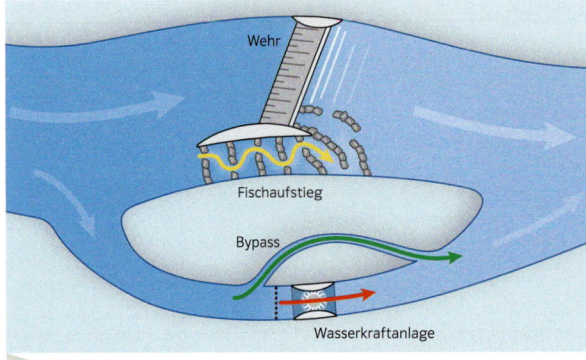

3 Bewertung der Abwanderung von Fischen an einem Ausleitungswerk

Ausschlaggebend für die Leistung eines Kraftwerks sind heute genauso wie früher die Menge des Wassers und der Höhenunterschied, den das Wasser zur Energieerzeugung überwindet. Ein besonders großes Potenzial ist somit bei starkem Gefälle, in niederschlagsreichen Gebieten und an großen Flüssen zu finden. Letztere werden jedoch auch für die Schifffahrt gebraucht und die wird von Querbauwerken zur Wasserkraftnutzung stark behindert.

In Deutschland haben vor allem die Mittelgebirge, das Alpenvorland und die Alpen das größte Potenzial für Wasserkraft. Daher sind auch in Bayern und Baden-Württemberg etwa 80 % der Wasserkraftanlagen zu finden. Da Flüsse in Deutschland einen ganzjährigen Abfluss haben, kann stetig Strom erzeugt werden, d.h. Wasserkraft ist grundlastfähig. Nur in trockenen Jahren fällt mit dem Pegelstand der Flüsse die Bruttostromerzeugung.

Problematisch ist, dass die Anlagen mit ihren Wehren, Staudämmen und Maschinenhäusern Wanderfischen und anderen Wasserorganismen den Weg abschneiden. Nach dem geltenden Wasserhaushaltsgesetz darf daher die Nutzung von Wasserkraft nur zugelassen werden, wenn auch geeignete Maßnahmen zum Schutz der Fischpopulation ergriffen werden.

6 Regenerative Energieträger – Möglichkeiten und Grenzen nachhaltiger Nutzung

Strom oder Fluss – die Diskussion um Wasserkraft an einem europäischen Beispiel

„[...] In dem polnischen Dorf [Siarzewo ...] soll für rund eine Milliarde Euro ein neues Wasserkraftwerk gebaut werden [...] ‚Die Auswirkungen auf die Umwelt beim Bau und Betrieb der Staudämme sind enorm', sagt Engel, Vorsitzender der Umweltschutzorganisation Greenmind. [...] Fischarten wie die Meerforelle, der Atlantische Lachs oder der Stör schwimmen zum Laichen den Fluss hinauf. [...] ‚An klassischen Anlagen betrage die Mortalität von Fischen bis zu 83 Prozent', sagt Geist [Professor für Aquatische Systembiologie an der TU München]. ‚Doch auch bei den innovativen, sogenannten ‚fischfreundlichen' Kraftwerken liegt sie mitunter bei bis zu 64 Prozent.' [...] ‚Für die aufwärts wandernden Fische hat man die Effekte ganz gut im Griff. Für die abwärts gerichtete Wanderung nicht', sagt Geist. Rotorblätter der Turbinen können die Fische in mehrere Teile zerhäckseln, durch den Druckunterschied vor und nach dem Kraftwerk kann die Schwimmblase platzen [...].

Hinzu kommen Zweifel an der Klimafreundlichkeit von Wasserkraft. Studien zeigen, dass anaerobe Abbauprozesse in Wasserkraftwerken mit Stauhaltung dafür sorgen, dass neben CO_2 auch größere Mengen des noch viel potenteren Treibhausgases Methan frei werden. [...] Der WWF argumentiert deshalb, dass in der Gegend um Siarzewo stattdessen Solar- und Windenergie und Strom aus Biogasanlagen erzeugt werden sollten. Diese wären laut der Naturschutzorganisation nicht nur umweltfreundlicher, sondern auch kostengünstiger. Noch ist unklar, ob der Staudamm von 2023 an gebaut werden kann. Weil dadurch drei nach EU-Recht geschützte Natura-2000-Zonen [Gebiete mit gefährdeten Pflanzen- und Tierarten] überflutet würden, ist ein Rechtsstreit um das Projekt ausgebrochen. [...]"

Astrid Benölken/Tobias Zuttmann: Naturschutz gegen Energiewende. In: Süddeutsche Zeitung, 30.11.2021; unter: www.sueddeutsche.de

6

7 Bestand der genutzten Wasserkraftanlagen

Nach Bundesministerium für Umwelt, Naturschutz und Reaktorsicherheit (Hg.): Potentialermittlung für den Ausbau der Wasserkraftnutzung in Deutschland. 2010, S. 34; unter: www.erneuerbare-energien.de

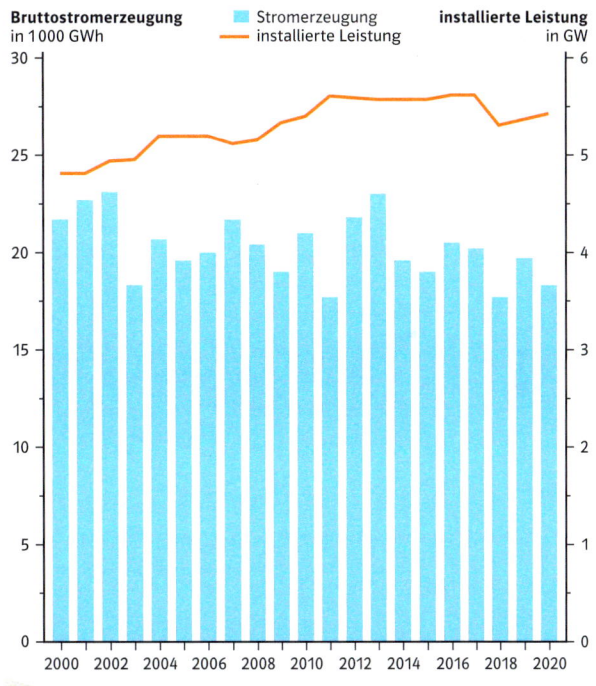

8 Bruttostromerzeugung und installierte Leistung von Wasserkraftanlagen in Deutschland

Nach Bundesministerium für Wirtschaft und Energie (BMWI): Informationsportal Erneuerbare Energien; unter: www.erneuerbare-energien.de

---

1 Beschreiben Sie die Funktionsweise des Speicher- und Laufwasserkraftwerks.

2 Erläutern Sie die Standorte und die Entwicklung der Wasserkraft in Deutschland.

3 Nehmen Sie Stellung zur Aussage: „Wasserkraft – klimafreundlich aber umweltfeindlich".

2 Energiebedarf in windstillen Nächten

6.6 Stromversorgung der Zukunft – zwischen Dunkelflaute und Überlastung der Netze?

Lange Zeit funktionierte es so: Wenn in den Ballungszentren der Stromverbrauch stieg, produzierten Großkraftwerke, die in der Nähe angesiedelt waren, genau so viel Strom, wie benötigt wurde und verteilten ihn über das hierfür ausgelegte Stromnetz.
Mit dem Abschalten dieser Kraftwerke bekommt unsere Energieversorgung ein vollkommen anderes Gesicht. Damit sind enorme Herausforderungen verbunden: Woher kommt einerseits der Strom bei Dunkelflaute – wenn also die Sonne nicht scheint und der Wind nicht weht? Wie wappnen wir uns andererseits für Momente maximaler Stromerzeugung?

Herausforderungen Zeit, Raum und Struktur

Der große und wachsende Anteil von erneuerbaren Energien führt zu einer starken Fluktuation in der Stromerzeugung in Deutschland. Unser Verbrauch orientiert sich jedoch nicht daran, wann viel Energie produziert wird, sondern eher an unseren Alltagsabläufen – vom Duschen über den Betrieb von Produktionsanlagen während der Arbeitszeit bis zum Kochen zu bestimmten Tageszeiten. Die veränderte Erzeugung findet vor allem dort in großem Maßstab statt, wo das größte Potenzial und nutzbarer Raum vorhanden sind. Von dort muss der Strom über Stromnetze zu den Verbrauchern gelangen. Aber sind diese Leitungen vorhanden und stark genug? Hohe Leistungen eines Windparks können z. B. nicht in ein Mittelspannungsnetz (siehe Grafik 5) eingespeist werden. Versorgungssicherheit mit erneuerbaren Energien kann nur mit einer gut geplanten Infrastruktur gelingen, die für Bedarfs- und Erzeugungsprognosen, differenziert nach Zeit und Raum, entwickelt wird.

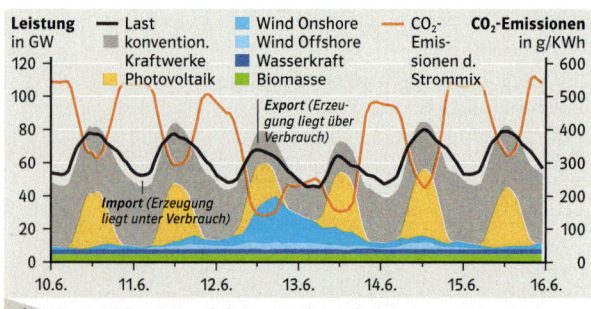

1 Deutschland: Produktion, Verbrauch, Export und Import von Strom sowie CO_2-Emissionen (10.–15.6.2021)
Nach Agora Energiewende: Agorameter; unter: www.agora-energiewende.de

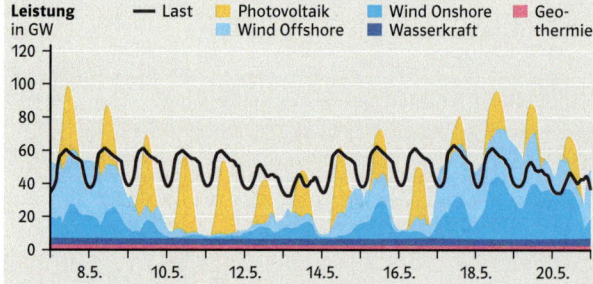

3 Prognostizierter Verlauf der Einspeisung erneuerbarer Energien und der Last im Jahr 2050
Nach Bundesumweltministerium (Hg.): „Leitstudie 2010"; unter: www.erneuerbare-energien.de

Regenerative Energieträger – Möglichkeiten und Grenzen nachhaltiger Nutzung 6

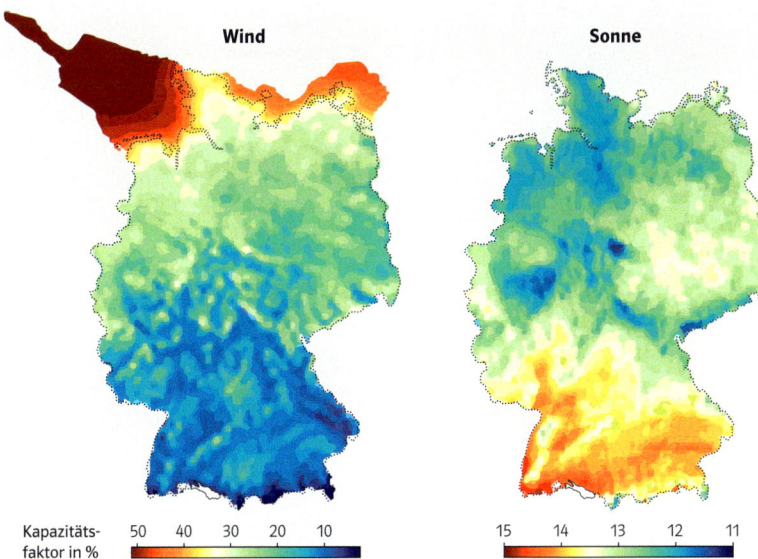

4 **Abhängigkeit der Stromproduktion vom Anlagenstandort.** Die Prozentangabe an einem Punkt gibt an, welcher Anteil der theoretisch möglichen Leistung einer Anlage dort aufgrund der Wind- oder Strahlungsverhältnisse zu erreichen ist.

Nach Paul Becker: Kombination von Windkraft und Photovoltaik zeigt eindrucksvolle Effekte; unter: www.dwd.de

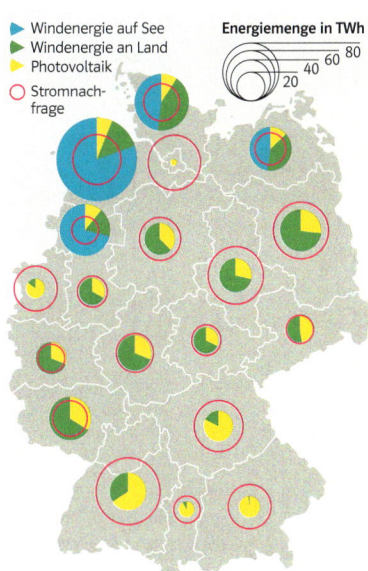

6 Prognose für 2050: Erneuerbare Einspeisung und Stromnachfrage in unterschiedlichen Regionen in Deutschland (zeitungleich)

Nach TransnetBW GmbH: Studie Stromnetz 2050. Stuttgart 2020, S.35; unter: www.transnetbw.de

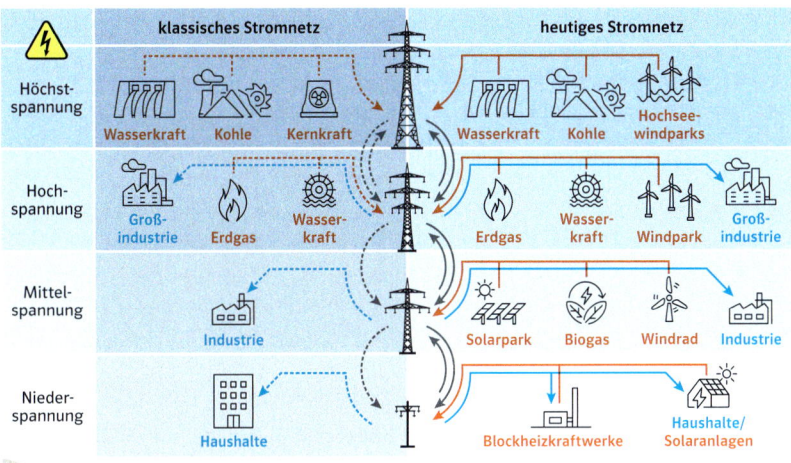

5 Struktur des Stromnetzes

Nach Bundesnetzagentur: Netzausbau. Bonn 2016; unter: www.netzausbau.de

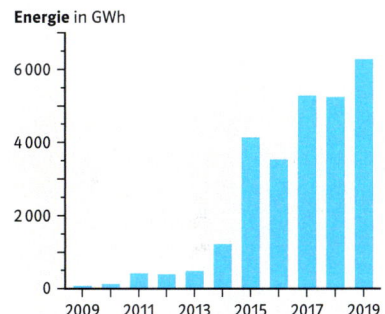

7 Abregelung der Wind-Stromeinspeisung (Energie, die nicht erzeugt wurde, weil Windenergieanlagen wegen Überlastung des Netzes abgeschaltet werden mussten.)

Nach Statista; unter: https://de.statista.com

1

Herausforderung Zeit:
a) Beschreiben Sie den Verlauf des Stromverbrauchs an Tagen im Juni 2021 und stellen Sie die Herkunft des Stromes dar (Grafik 1).
b) Erläutern Sie den Verlauf der CO_2-Emissionen (Grafik 1).
c) Erläutern Sie, welche Chancen und Probleme mit der prognostizierten Stromeinspeisung im Jahr 2050 verbunden sind (Grafik 3).

2

Herausforderung Raum:
a) Stellen Sie die regional unterschiedliche Energieerzeugung in der Prognose für 2050 dar.
b) Erläutern Sie, welche Herausforderungen beim Vergleich von Erzeugung und Verbrauch einzelner Regionen sichtbar werden.

3

Herausforderung Netzstruktur: Erläutern Sie, welche Herausforderungen z. B. für Küstenregionen entstehen, wenn dort Windparks gebaut werden, bisher aber nur Leitungen eines Niederspannungsnetzes dorthin führten (Grafiken 5 und 6).

Das zweite Leben der E-Auto-Batterien

„BMW hat an seinem Werk in Leipzig, wo der BMW i3 gebaut wird, einen stationären Speicher errichtet, der aus 700 Akkus des i3 besteht; ein Teil davon ist gebraucht. So will das Unternehmen den selbst erzeugten Solar- und Windstrom optimal in der Produktion einsetzen.
Ein anderes Beispiel ist das Fährterminal im Hamburger Hafen, wo ebenfalls Akkus des i3, zusammen zwei Megawatt stark, Schwankungen im Netz der Stadt ausgleichen."

Bernward Janzing: E-Autos: Second Life für Batterien und ihr Recycling. In: Energiedienst-Blog, 24.11.2020; unter: https://blog.energiedienst.de

Speicher und Innovationen als Teil der Lösung

Seit vielen Jahren wird danach gesucht, wie sich die Herausforderungen von erneuerbarer Stromproduktion und Nachfrage lösen lassen. Dabei müssen die Lösungen auch den Anspruch erfüllen nachhaltig zu sein. Wie viel Strom, wie viele Ressourcen werden benötigt?

Pumpspeicherwerke nutzen verfügbaren Strom, um Wasser in einen höher gelegenen Speichersee zu pumpen. Benötigt man später zusätzlichen Strom, wird das Wasser abgelassen und dabei durch Turbinen geleitet, die die Lageenergie wieder in Strom umwandeln. Nach dem Bundesministerium für Wirtschaft und Energie ist dies die einzige Speichertechnik in Deutschland, die derzeit in nennenswertem Umfang nutzbar ist. In deutlich größeren Dimensionen wird diese Technik in Norwegens Speicherwasserkraftwerken angewendet, die fast ein Fünftel des deutschen Jahresstromverbrauchs speichern können.

Batteriespeicher, z. B. Lithium-Ionen-Akkus, sind aus Mobiltelefonen und Laptops bekannt. Sie speichern wirksam Energie und können länger genutzt werden als andere Batteriearten. Sie sind im großtechnischen Einsatz jedoch teuer. Mit zunehmender Nachfrage und weiteren Innovationen erwarten Forscher der Universität Münster jedoch eine Halbierung der Kosten bis 2050. Die Nachhaltigkeit der Produktion solcher Batterien wird durch lange Lebenszyklen, z. B. durch Weiterverwertung, deutlich gesteigert.

Power-to-Gas-Anlagen erzeugen mit Strom Wasserstoff (H_2) oder in einem weiteren Umwandlungsschritt Methan (CH_3). In beiden Fällen kann das Gas gespeichert oder über Leitungen transportiert werden. Die Gase können dann zurück in Strom umgewandelt, direkt zur Wärmeerzeugung oder als Antrieb in Fahrzeugen eingesetzt werden. Die Technologie ist derzeit noch teuer und bei der H_2-Herstellung geht sehr viel Energie verloren. Ein Beispiel für den gelungenen Einsatz ist die Pilotanlage „WindGas Falkenhagen" in Brandenburg. Dort wird aus Windenergie Methan erzeugt, das ins Gasnetz eingespeist wird.

9 Pumpspeicherkraftwerk in Thüringen

10 H_2-Erzeugung mit Windstrom

6 Regenerative Energieträger – Möglichkeiten und Grenzen nachhaltiger Nutzung

11 Netzverstärkung und Netzausbau bis zum Jahr 2035 im Bereich der Gleichstromübertragung (HGÜ)

Nach Netzentwicklungsplan Strom 2035 (2021); unter: www.netzentwicklungsplan.de

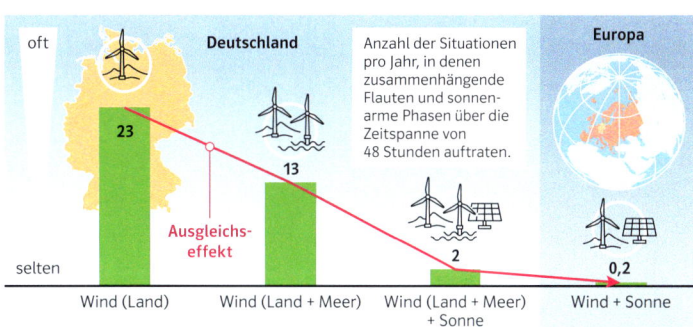

12 Anzahl der Situationen pro Jahr, in denen zusammenhängende Flauten und sonnenarme Phasen über die Zeitspanne von 48 h über Deutschland und Europa auftraten (1995–2015)

Rede von Dr. Paul Becker (Vizepräsident des Deutschen Wetterdienstes, 6. März 2018 in Berlin)

Netzausbau als Teil der Lösung

Auf der Basis von Prognosen zu Erzeugung und Bedarf in der Zukunft wird das Stromnetz in Deutschland durch den Neubau von Trassen und die Verstärkung bestehender Verbindungen ausgebaut. Dabei kommt der sehr starken Hochspannungs-Gleichstrom-Übertragungstechnologie (HGÜ) eine besondere Rolle zu.

Gleichzeitig wird auch das Mittel- und Hochspannungsnetz dort ausgebaut, wo in Zukunft eine höhere Einspeisung und Weiterleitung von Strom zu erwarten ist.

Das Stromnetz wird jedoch nicht nur innerhalb Deutschlands ausgebaut. Im Mai 2021 wurde die Leitung „Nordlink" in Betrieb genommen, die unser Land über ein 623 km langes Kabel am Grund des Meeres direkt mit Wasserkraftwerken sowie Pumpspeichern in Norwegen verbindet. Diese Leitung hat eine Kapazität von 1400 MW und ermöglicht somit den Import und Export sehr großer Strommengen.

Europäische Zusammenarbeit

„Das klassische Zieldreieck der Energiewende – Umweltverträglichkeit, Wirtschaftlichkeit, Versorgungssicherheit – lässt sich durch europäische Kooperation besser und leichter erfüllen als durch rein nationale Maßnahmen. So gleichen sich wetterabhängige Wind- und Solarstromproduktion über die größere geografische Verteilung besser aus und gesicherte Leistung kann gemeinsam zur Versorgungssicherheit genutzt werden."

Agora Energiewende: Energiewende 2030: The Big Picture. Berlin 2017, S. 23; unter: https://static.agora-energiewende.de

13

Lastmanagement als Lösung

Das Lastmanagement sucht neue Wege, um die Erzeugung, die Bereitstellung und den Verbrauch von Strom besser abzustimmen. So werden energieintensive Nutzungen auf Zeiten verlegt, in denen ein großes Angebot an Strom existiert. Das Aufladen von Wärmepumpen, Nachtspeicherheizungen oder auch Batterien von Elektrofahrzeugen kann mithilfe intelligenter Steuerungen vorrangig dann geschehen, wenn Wind und Sonne besonders viel Strom produzieren. Und wenn Industriebetriebe sich an der Versorgungslage orientieren, kann sich das rentieren, da sie in Zeiten des Überangebots von sehr niedrigen Strompreisen profitieren können. So könnten durch das zeitweilige Abschalten von Anlagen Wirtschaftlichkeit und ein Beitrag zur Versorgungssicherheit Hand in Hand gehen.

4 Beschreiben Sie unterschiedliche Möglichkeiten, den Strom zu speichern.

5 Stellen Sie dar, welche Regionen Deutschlands durch die geplanten HGÜ-Stromleitungen verbunden werden.

6 Erläutern Sie, wie die hier dargestellten Mittel (Speicher, Netzausbau, europäische Zusammenarbeit und Lastmanagement) genutzt werden, um den Herausforderungen der erneuerbaren Stromerzeugung zu begegnen.

1

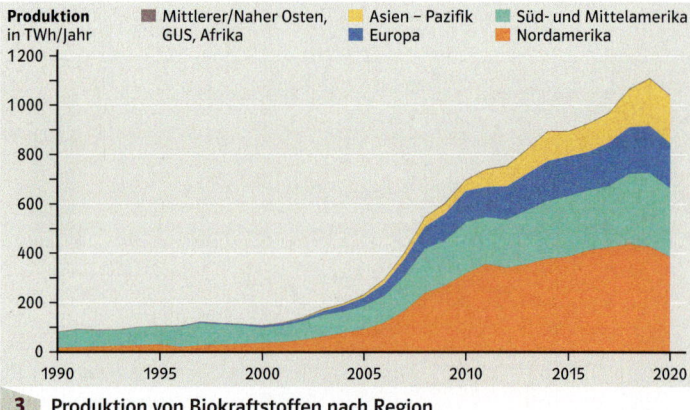

3 Produktion von Biokraftstoffen nach Region
Nach Our World in Data; unter: https://ourworldindata.org

6.7 Tank oder Teller – ein Widerspruch?

Pflanzen anstelle fossiler Brennstoffe tanken – mit Biokraftstoffen aus der Landwirtschaft scheint eine klimaschonendere Mobilität einfacher erreichbar zu sein. Was aber passiert mit der Ernährungssicherung, wenn Ackerflächen zunehmend für die Energieerzeugung genutzt werden?

E 10
Fossiler Kraftstoff mit einer Beimischung von 5–10 % Bioethanol

Angesichts der erklärten Klimaziele wurden in der EU, in den USA und in anderen Staaten seit 2005 Vorgaben u. a. für steigende Beimischungen von Ethanol in Benzin (E 10) und pflanzlichen Ölen in Dieselkraftstoff erlassen. Dies führte im globalen Maßstab zu deutlich größerer Nachfrage nach Agrarrohstoffen. Die Produktion und Verwendung von Raps, Palmöl sowie Soja für Pflanzöl-Kraftstoffe und Weizen, Mais, Zuckerrüben sowie Zuckerrohr zur Herstellung von Bioethanol stiegen seitdem stark an. In Mexiko wirkte sich dies deutlich aus, da das Land in großem Umfang subventionierten, günstigen Mais aus den USA importierte und der eigene Maisanbau deswegen stark zurückgegangen war. Als in den USA nun plötzlich viel Mais in die Kraftstoffproduktion ging und nicht exportiert wurde, hatte diese Abhängigkeit Folgen. Der Mais wurde knapp und teuer.

Ein Anstieg von Lebensmittelpreisen kann somit nicht mit der Konkurrenz um Flächen allein erklärt werden. Hier kommen viele Faktoren zusammen, unter denen Handelspolitik und die Entwicklung von Abhängigkeiten eine große Rolle spielen.

> **Geht die Herstellung von E 10 zulasten der Welternährung?**
> „Weltweit fließen […] rund 9 Prozent der Weltgetreideernte in die Produktion von Biokraftstoffen. […] Rund 14 Prozent der Welternte an Mais wurden für die Treibstofferzeugung verwendet, sowie rund 14 Prozent der Welternte an Zuckerpflanzen […]. Grundsätzlich gilt bei der Frage ‚Tank oder Teller?': Der Anbau von Nahrungsmitteln muss immer Vorrang haben vor dem Anbau von Energiepflanzen. Die Position der Bundesregierung ist hier eindeutig, denn die landwirtschaftlich nutzbare Fläche zur Produktion von Nahrungsmitteln ist weltweit begrenzt. Richtig ist aber auch: Hunger ist vor allem ein Armutsproblem. Es hat mit Verteilungsgerechtigkeit zu tun und bedeutet nicht, dass grundsätzlich zu wenig Nahrungsmittel produziert würden."
> Bundesministerium für Ernährung und Landwirtschaft: Wissenswertes rund um Biokraftstoffe, 3.3.2021; unter: www.bmel.de

2

Bioethanol-Großprojekt in Sierra Leone

Für Investoren wie den Schweizer Konzern Addax schien der Anbau von Energiepflanzen nach 2005 bei steigender Nachfrage eine sichere Kapitalanlage zu sein. Für Sierra Leone stellte sich dies gleichzeitig als Möglichkeit dar, den ländlichen Raum wirtschaftlich zu entwickeln. Ein Großprojekt wurde geplant:
- 10 000 – 15 000 ha Zuckerrohrplantagen;
- Fabrik und Raffinerie zur Produktion von 85 000 m³ Ethanol pro Jahr aus Zuckerrohr;
- 30 MW-Kraftwerk (Stromerzeugung aus den Pressresten des Zuckerrohrs);
- Programme zur Vermeidung von Risiken für die lokale Bevölkerung.

1 Beschreiben Sie, wie sich die Biokraftstoffproduktion weltweit entwickelt hat.

6 Regenerative Energieträger – Möglichkeiten und Grenzen nachhaltiger Nutzung

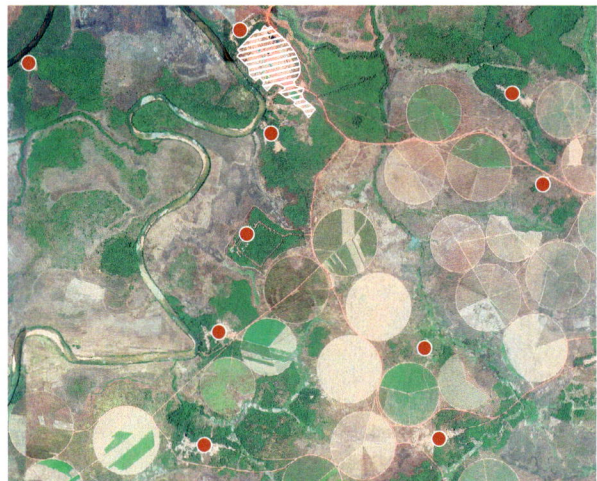

livelihood
Lebensgrundlage/
Existenzgrundlage

land lease
Verpachtung des
Landes

staple food
Grundnahrungs-
mittel

4 Für Zuckerrohr planierte Felder

7 Ausschnitt des Projektgebiets bei Makeni (Sierra Leone), 2019

Engaging with local communities

"ABSL [Addax Bioenergy Sierra Leone] developed a Social and Environmental Management Programme [...] meant to ensure an adequate food supply for local communities and enhance livelihoods by increasing agricultural productivity, broadening people's skill sets [...] to support commercialization, and improving their knowledge of health and nutrition, among others. [...] Aiming to ensure that households affected by the land leases would have enough staple foods to meet basic calorific needs, and also further develop their farming skills, ABSL agreed to set up community fields – one near each of the villages."

Matthew Fielding u.a.: Agricultural investment and rural transformation: a case study of the Makeni bioenergy project in Sierra Leone. Stockholm Environment Institute. Stockholm 2015, S.16; unter: https://mediamanager.sei.org

5

Stationen des Projekts	
2009	Verhandlungen mit Entwicklungsbanken, lokalen Führern und der Regierung
2010	Pacht von 54 000 ha für das Projekt (60 Dörfer innerhalb des Projektgebiets); Pacht wird an Staat, Landbesitzer und die lokalen Führer gezahlt
2014	Start der Bioethanol- und Stromproduktion; Ebola-Virus-Ausbruch, Ethanolpreis fällt um 25%, Kooperationsprobleme
2015	Scheitern des Projekts (starke Verringerung der Produktion, Abbau von > 2 200 Arbeitsplätzen/ Ende des Farmer-Entwicklungsprogramms)
2016	Übernahme durch Sunbird Bioenergy (SL) (chinesisch-britischer Investor)
2019	Übernahme von 75,1% durch einen Investor aus Sri Lanka

6

Nach dem Scheitern 2015

„Nun steht die lokale Bevölkerung schlechter da als vorher, denn die sozialen, ökologischen und strukturellen Veränderungen vor Ort sind massiv und nicht umkehrbar. [...] Die Arbeitsplätze in Plantagen und in der Firma gibt es nicht mehr, ein Teil der natürlichen Wasserquellen ist nicht mehr nutzbar und die Trinkwasserversorgung in verschiedenen Dörfern ein Problem. Die Rodungen und der Einsatz von Maschinen hat die landwirtschaftliche Produktion stark verändert, den lokalen Farmern stehen diese Arbeitsmittel aber nicht mehr zur Verfügung. Die Ernteerträge reichen nicht für den Bedarf der Dorfgemeinschaften, sodass Reis nun zum Lebenserhalt der Familien dazugekauft werden muss. Dadurch sind die Nahrungsmittelpreise entsprechend angestiegen, die Ernährungssicherheit für viele ein großes Problem."

Brot für die Welt: Zusammenfassung der Studie "The Weakest should not bear the Risk", S.3 f.; unter: www.brot-fuer-die-welt.de

8

---

2 Großprojekt bei Makeni in Sierra Leone: Erstellen Sie eine Concept Map, die das Entstehen der Ernährungsunsicherheit durch das Großprojekt und dessen Scheitern in der Projektregion erläutert.

3 Nehmen Sie Stellung zur Überschrift dieser Doppelseite. Gehen Sie dabei darauf ein,
a) inwieweit ein grundsätzlicher Widerspruch besteht;
b) unter welchen Bedingungen lokal ein Widerspruch entstehen kann.

Vernetzung

Wichtige Begriffe

- Biomasse
- Energiewende
- erneuerbare Energieträger
- Geothermie
- GIS (Geographische Informationssysteme)
- Klimaneutralität
- Photovoltaik
- Stromnetz
- Stromspeicher
- Wasserkraft
- Windenergie

Wissen vernetzen

Klimaneutralität in der Energieversorgung – ist das möglich? Obwohl der Weg dahin beschwerlich ist, ist er notwendig. Denn vor dem Hintergrund des Klimawandels, der Endlichkeit der fossilen Energieträger und der vorausgesetzten Versorgungssicherheit muss das Umdenken hin zur verstärkten Nutzung regenerativer Energieträger handlungsleitend sein. In Deutschland hat sich mit dem Beschluss zur Energiewende die Politik auf den Weg zu einer nachhaltigen Energieversorgung auf Basis erneuerbarer Energien gemacht.

Das Ausloten der jeweiligen Vorzüge und Möglichkeiten sowie der Nachteile und Grenzen der einzelnen regenerativen Energieträger muss vor allem auf lokaler Ebene konkret erfolgen, um passgenaue Maßnahmen vor Ort zu finden und raumwirksam umzusetzen. Genauso sind aber auch auf allen anderen Ebenen erneuerbare Energien auszuschöpfen. Der Ausbau der Infrastruktur und die Entwicklung effizienter Speichermedien müssen dabei überregional mitgedacht werden, sodass die erzeugte Energie den Verbraucher bedarfsorientiert erreichen kann. Mit GIS werden dabei Möglichkeiten im Rahmen der natürlichen Gegebenheiten und der gesetzlichen Regelungen erkundet. Planungen können aber auch zu Flächennutzungskonflikten oder Protesten der beteiligten Akteure führen, z. B. bei der Planung eines Windparks vor der eigenen Haustür. Hier gilt es, sensibel zwischen den Parteien zu vermitteln und einen für alle Seiten tragbaren Kompromiss zu finden. Auf diesem Weg kann der Umbau zu einer auf erneuerbare Energien fußenden Versorgung tatsächlich klimaneutral gelingen.

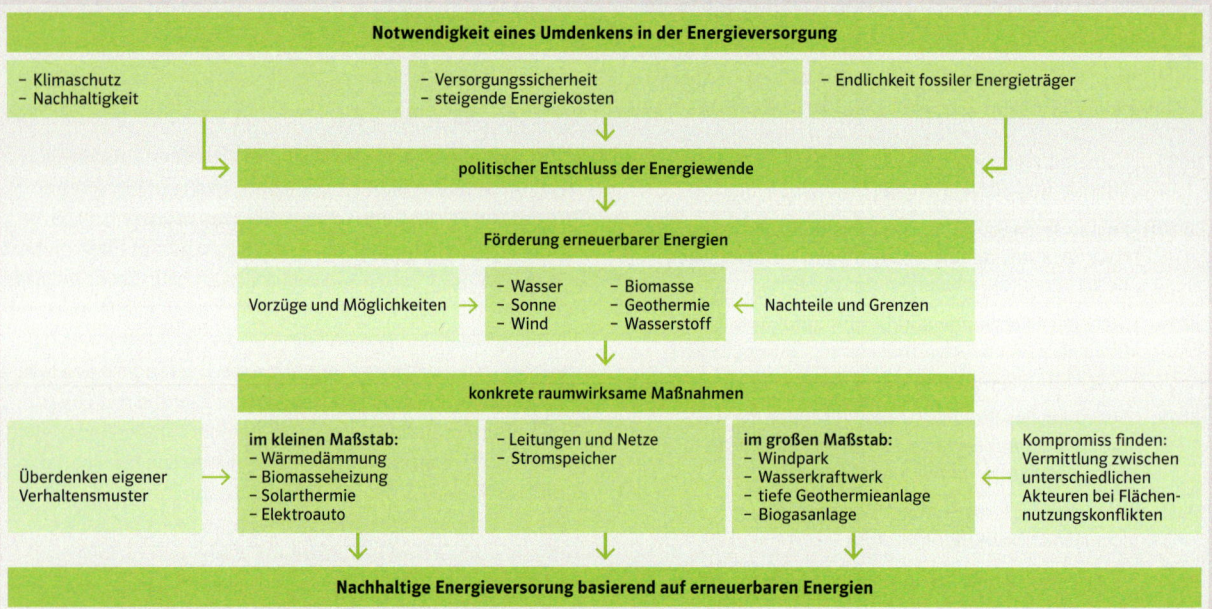

1 Der Weg zur nachhaltigen Energieversorgung auf Basis erneuerbarer Energien

Wenn Sie alle Seiten dieses Kapitels bearbeitet haben, können Sie …

- erneuerbare Energien in ihren Vorzügen, Möglichkeiten, Nachteilen und Grenzen unterscheiden;
- konkrete raumwirksame Maßnahmen zur Nutzung erneuerbarer Energien an Beispielen erläutern;
- mit GIS eine Planungsentscheidung anhand geographischer Fragestellungen vorbereiten;
- eigene Handlungsansätze zur Energiewende im Heimatort entwickeln.

Klausuren trainieren

Baustein 6: Entwicklungen erläutern

Entwicklungen stehen im Zentrum vieler Geographieklausuren – auch im Abitur. Liest man allein Themen der Qualifikationsphase wie „Entwicklung des Agrarsektors durch agroindustrielle Unternehmen", so wird dies sehr deutlich.

Die ersten beiden Aufgaben in diesen Klausuren verlangen dabei nahezu durchgehend die Erläuterung, d.h. das Beschreiben und Erklären der Entwicklung. Für eine erfolgreiche Bearbeitung gilt es dabei mehrere Dinge zu beachten:

Anforderungen der Teilaufgaben
Beachten Sie bei der Vorbereitung des Textes den Zuschnitt der Aufgaben. Hier gibt es drei verschiedene Ansätze für die Verteilung der Inhalte:
– Aufgabe 1: Beschreibung des früheren Ausgangszustands
  Aufgabe 2: Erläuterung der Entwicklung bis heute
– Aufgabe 1: Beschreibung des aktuellen Zustands
  Aufgabe 2: Erläuterung der Entwicklung zu diesem Zustand
– Aufgabe 2: Erläuterung der gesamten Entwicklung
Achten Sie darauf, Ihren Text entsprechend aufzuteilen.

2

Eingrenzen von Inhalt, Raum und Zeitraum
Was aber genau soll erläutert werden? Das Thema der Klausur zeigt in der Regel schon sehr klar auf, welche Entwicklungen im Zentrum der Klausur stehen. In der Aufgabenstellung wird dann oft noch eine konkrete Eingrenzung vorgenommen, die sich auf den Zeitraum, den Inhalt und den Raum beziehen kann, z.B.: „Erläutern Sie die Zunahme von Extremwetterereignissen seit 1980 in Deutschland."
Beachtet man hier nicht, dass es nur um Entwicklungen „in Deutschland" und nur diejenigen „seit 1980" geht, wird die Klausur in der vorgegebenen Zeit und mit den vorhandenen Materialien kaum lösbar sein. Geben Thema und Aufgabenstellung keine konkreten Hinweise, so kann man den Raum und Zeitraum oft anhand der Materialien erkennen.

3

Materialanalyse
Arbeiten Sie heraus, welche Entwicklungen in den Materialien dargestellt werden. In der Regel wird dies aufgezeigt durch:
– vergleichbare Daten der Situation am Anfang und am Ende eines Prozesses (dabei auf vergleichbare Einheiten und Raumbezüge achten, also z.B. nicht: „In NRW wird heute doppelt so viel Windenergie erzeugt wie die Bevölkerung Dortmunds im Jahr 2000.");
– Zeitreihen in Tabellen und Diagrammen.

4

Prozess erkennen und benennen
Im Unterricht haben Sie verschiedene Prozesse mit ihren Ursachen und Konsequenzen kennengelernt. Die in der Klausur vorliegende Ausprägung bestimmter Daten und deren Veränderung über die Zeit wird für Sie daher ein Indikator für ähnliche Entwicklungen sein. Beschreiben Sie den Ablauf mit dem gelernten Fachvokabular und gehen Sie dabei auf die konkreten Belege ein, die im Material gegeben sind.

5

Faktoren für die Erklärung recherchieren
Für die Erklärung müssen nun die Faktoren benannt werden, die zu der Veränderung geführt haben. Recherchieren Sie in den Materialien nach Belegen für typische Ursachen und Maßnahmen, die in der Regel zu der gefragten Entwicklung führen: Welche Faktoren werden dargestellt? Ist ein zeitlicher oder räumlicher Zusammenhang zu erkennen? Wann setzten wo welche Ursachen bzw. Maßnahmen ein? Wirken die Ursachen direkt oder indirekt auf die Entwicklung?

6

Qualität und Ausmaß beschreiben
Sind Vergleichswerte gegeben oder Ihnen aus dem Unterricht bekannt, so können Sie schlussfolgern, ob der Prozess bzw. die Entwicklung besonders stark oder schwach, schnell oder langsam verlaufen ist.

7

Erklärung der Entwicklung
In der Regel spielen bei Entwicklungen mehrere Ursachen bzw. Faktoren eine Rolle, die auch untereinander in Beziehung stehen können. Achten Sie daher darauf, dass Sie keine vereinfachten Ursache-Wirkungs-Zusammenhänge schildern. Zur Vorbereitung des Schreibens hilft hier oft das Skizzieren einer Concept Map.

8

Klausurtraining

Beispielklausur: Maßnahmen zur Reduktion klimaschädlicher Emissionen auf lokaler Ebene – das Beispiel Saerbeck

1 Lokalisieren Sie Saerbeck und stellen Sie Energieerzeugung und Energieverbrauch in der Gemeinde 2009/2010 dar. **(20 Pkt.)**

2 Erläutern Sie, wie Saerbeck mit den bisherigen und den geplanten Maßnahmen seine CO_2-Emissionen reduziert. **(38 Pkt.)**

3 Erörtern Sie die Übertragbarkeit des dargestellten Weges auf andere Gebiete in NRW. **(20 Pkt.)**

Sprachl. Darstellung: 20 Pkt.; zugelassenes Arbeitsmaterial: Atlas, Taschenrechner, M1–M10

Ratsbeschluss und erste Maßnahmen
2008: Ratsbeschluss zur Umstellung der Energieversorgung auf regenerative Energien und nachwachsende Rohstoffe
2010: Ersetzen der alten Heizung des Schul- und Sportzentrums (Gaskessel) durch eine große Holzpelletanlage mit Nahwärmenetz
2011: Umnutzung eines ca. 90 ha großen ehemaligen Munitionsdepots zu einem innovativen Bioenergiepark.
2013: Inbetriebnahme der letzten Anlagen zur Energieerzeugung im Bioenergiepark

1

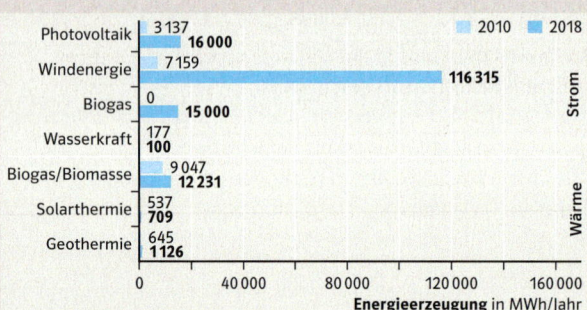

2 Saerbeck: Entwicklung der Energieerzeugung
Zusammengestellt nach FH Münster: Kommunalsteckbrief Saerbeck. Steinfurt 2012; unter: www.fh-muenster.de; Energiebilanz der Gemeinde Saerbeck. Saerbeck 2021

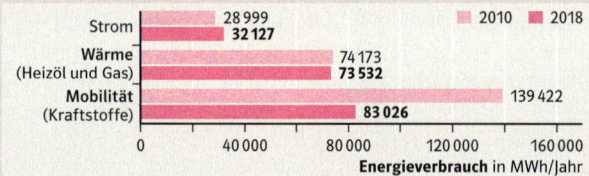

3 Saerbeck: Entwicklung des Energieverbrauchs
Zusammengestellt nach FH Münster: Kommunalsteckbrief Saerbeck. Steinfurt 2012; unter: www.fh-muenster.de; Energiebilanz der Gemeinde Saerbeck, 2021

4 Bioenergiepark Saerbeck

Ausbau der erneuerbaren Stromerzeugung in Saerbeck

	Installierte Leistung (in MW)			
	2010	2014	2018	2020
Photovoltaik Dachflächen	k.A.	10,0	12,0	14,2
Photovoltaik Freifläche	0	6,0	6,0	6,0
Biomasse	0	9,0	9,0	9,0
Windenergie	15,0	36,3	57,4	57,4
Wasserkraft	0,06	0,06	0,06	0,06

Zusammengestellt nach LANUV; unter: www.energieatlas.nrw.de; Antwort der Landesregierung auf die Große Anfrage 15: Kommunaler Klimaschutz in NRW, 28.10.2019; unter: www.landtag.nrw.de

5

CO_2-Emissionen Saerbeck in t

Strom	2010	15 623
	2018	18 267
Wärme	2010	20 858
	2018	16 768
Mobilität (Kraftstoffe)	2010	42 476
	2018	26 705
insgesamt	2010	78 957
	2018	61 740
Emissionen je Einwohner im Jahr	2010	13,4
	2018	8,6
		−0,4* bei Anrechnung Stromexport

* Durch die Nutzung des exportierten Erneuerbare-Energien-Stroms wurden anderswo Emissionen eingespart. Rechnet man diese Einsparung in die Bilanz der Gemeinde, sinken die Emissionen pro Einwohner deutlich.

Zusammengestellt nach FH Münster: Kommunalsteckbrief Saerbeck. Steinfurt 2012; unter: www.fh-muenster.de; Energiebilanz der Gemeinde Saerbeck, 2021

6

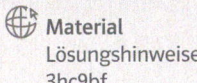

Material
Lösungshinweise
3hc9bf

Regenerative Energieträger – Möglichkeiten und Grenzen nachhaltiger Nutzung

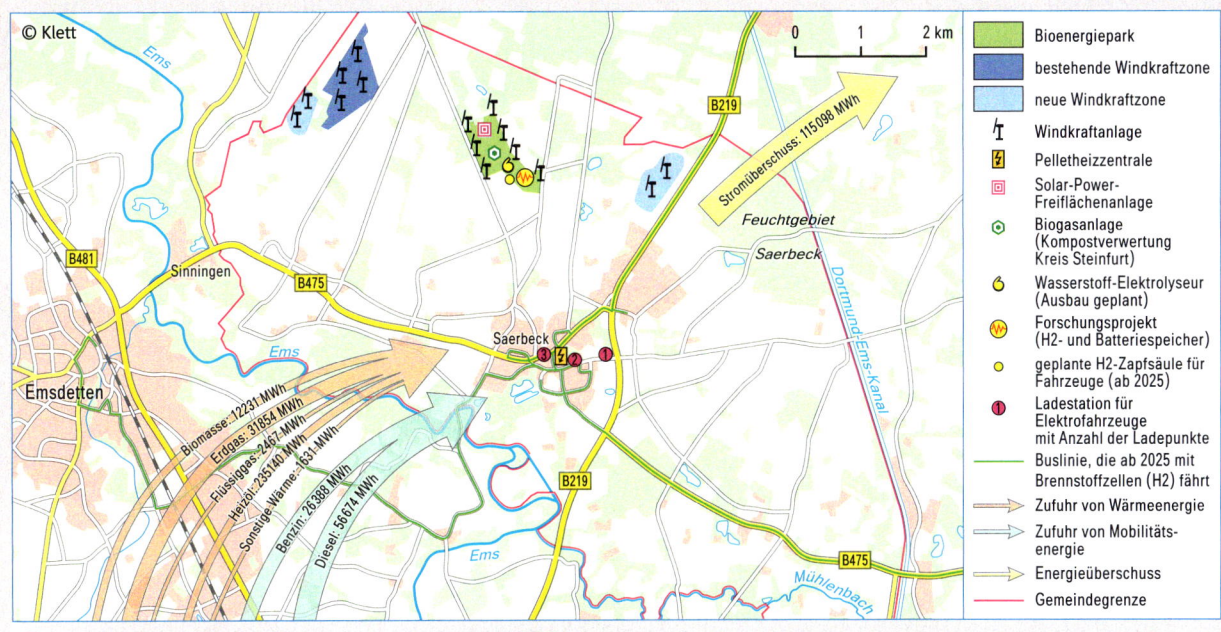

7 Saerbeck: Energieerzeugung und Energieversorgung 2018
Daten nach Gemeinde Saerbeck: Energiebilanz 2018; www.klimakommune-saerbeck.de; Kreis Steinfurt: Treibstoff der Zukunft – Grüner Wasserstoff mobilisiert das energieland2050

Rahmenbedingungen Gemeinde Saerbeck (Kreis Steinfurt)
Einwohner (2021): 7 195
Fläche: 5 900 ha
Einwohnerdichte (2021): 122 Einw./km^2
Mittlere Windgeschwindigkeit in 150 m Höhe: 6,25 – 6,75 m/s
Globalstrahlung (Sonne) in kWh pro m^2 im Jahr: 1 003

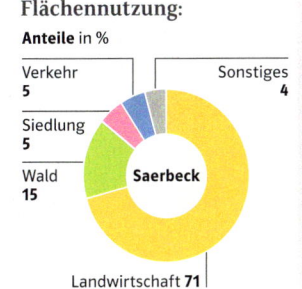

Zusammengestellt nach Gemeinde Saerbeck; unter: www.saerbeck.de; LANUV NRW: Energieatlas NRW; unter: www.energieatlas.nrw.de (24.11.2021)

8

Fluktuation der Erzeugung und Speicher
Obwohl die Energiebilanz im Bereich Strom sehr positiv ausfällt, wurden 2018 9 % des Stroms aus dem Netz bezogen, da bei wenig Sonne und Wind die Biomasse allein den Bedarf nicht decken konnte. Strombezug aus dem Netz bedeutet jedoch wieder Emissionen, da er zum Teil auch aus Kohle und Gas erzeugt wurde.
In Zusammenarbeit mit der Fachhochschule Münster wurde nun untersucht, wie durch sinnvolle Speicherung und Nutzung der Energie die Emissionen gesenkt werden können. Ergebnis: Eine Kombination aus Lithium-Ionen-Batterien und H$_2$-Erzeugung zur Speicherung und Nutzung im Bereich Mobilität senkt Emissionen deutlich.

10

Vergleichswerte in NRW
Einwohnerdichte (Durchschnitt): 525,5 Einw./km^2
Mittlere Windgeschwindigkeit in 150 m Höhe: 7 – 7,25 m/s (Mittelgebirgsregionen)
Globalstrahlung (Sonne) in kWh pro m^2 im Jahr:
1 031 – 1 054 (Kölner Bucht, Niederrhein)
960 – 990 (Mittelgebirge (Sauerland))

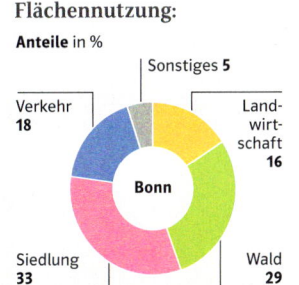
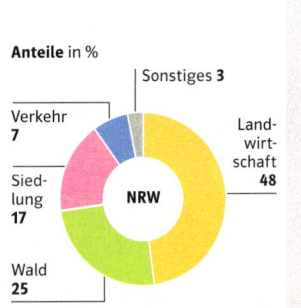

Zusammengestellt nach Landesbetrieb IT.NRW; unter: www.it.nrw; Stadt Bonn; unter: www.bonn.de; Landwirtschaftskammer NRW: Landwirtschaft im Regierungsbezirk Köln; unter: www.landwirtschaftskammer.de

9

Mit nachhaltigem Handeln unsere Zukunft gestalten

"The future's not determined, the future is in our hands; what happens over the next centuries will be determined by how we play our cards this decade."

Prof. Dr. Johan Rockström, Direktor des Potsdam-Instituts für Klimafolgenforschung (PIK)

Wie viel Spielraum haben wir?

2009 veröffentlichte Johan Rockström das Konzept der Belastungsgrenzen unseres Planeten (Planetary Boundaries). Dabei stellt er zwei Botschaften in den Mittelpunkt: Die schlechte Nachricht ist, dass wir aufgrund unserer Lebensweise massiven Druck auf das System Erde ausüben und dessen Widerstands- und Regenerationsfähigkeit bereits massiv geschädigt haben. Die gute Nachricht aber ist, dass wir die erste Generation sind, die dies aufgrund der wissenschaftlichen Fortschritte überhaupt erkennt und versteht – und daher gegensteuern kann.

Bei einigen Kriterien sind die Grenzen der planetaren Belastbarkeit bereits erreicht und zum Teil schon weit überschritten. Ziel muss es daher sein, lösungs- und zukunftsorientiert zu handeln, um das System Erde zu stabilisieren. Denn solange sich die Folgen der anthropogenen Ressourcennutzung im Toleranzbereich des natürlichen Systems befinden, bleibt die Resilienz der Erde erhalten, also die systemerhaltende Widerstands- bzw. Regenerationsfähigkeit. Geeignete Maßnahmen für den geforderten verantwortungsvollen Umgang mit Rohstoffen, Energien und Wasser haben die vorangegangenen Kapitel exemplarisch aufgezeigt. Eine noch darüber hinausgehende Vielfalt an nachhaltigen Strategien ist in Wissenschaft, Politik und Gesellschaft bekannt.

Aber entscheidend für die Stabilisierung der Erde wird das aktuelle Jahrzehnt sein. Zur Erreichung des 1,5 °C-Ziels verbleibt uns von 2020 an gerechnet nur noch ein globales CO_2-Budget von 400 Gt, welches bei einem „Business as usual" im Jahr

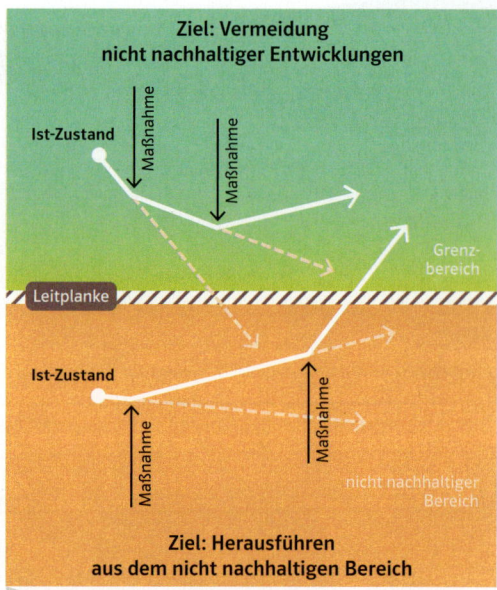

3 Zusammenhang von Leitplanken, Maßnahmen und zukünftiger Systementwicklung

Nach WBGU: Welt im Wandel, Berlin 2003, S. 104; unter: www.wbgu.de; Inge Paulini u.a.: Kriegen wir die Kurve?

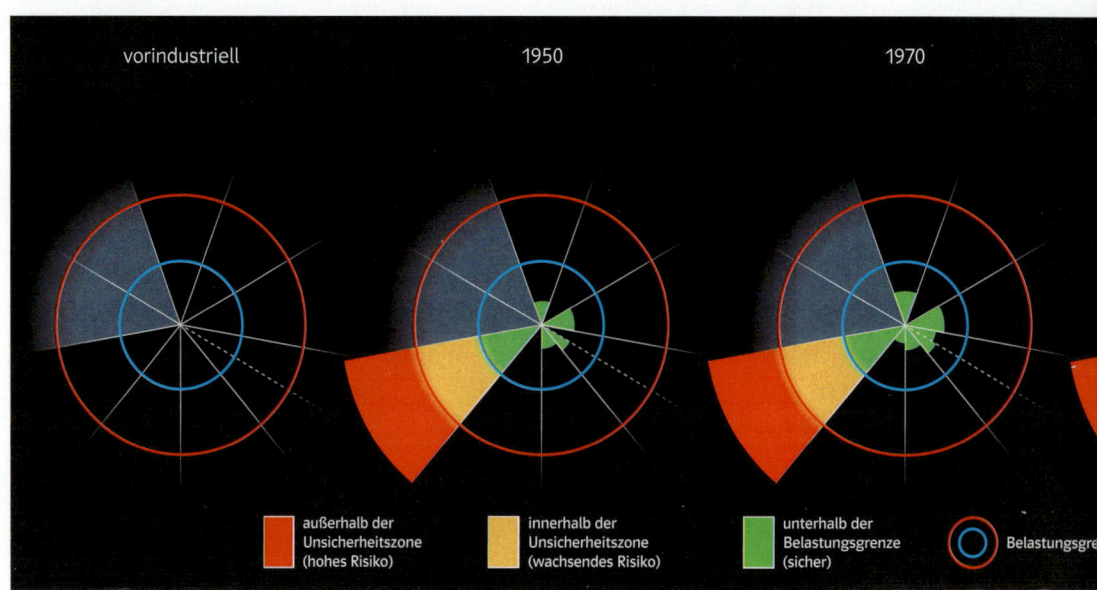

2 Die Entwicklung der neun „Planetary Boundaries"

2028 verbraucht sein wird. Es klingt so einfach, aber die Komplexität und Ambiguität dieser Aufgabe macht das Vorhaben zu einer globalen Herausforderung. Es bedarf also eines entschlossenen Handelns, bevor sich das Fenster der Einflussmöglichkeit ganz schließt.

Belastungsgrenzen des Planeten (Stand 2014, Auszug)			
Erdsystem- prozesse	Kontrollvariablen	Planetarische Grenze (Bereich der Ungewissheit)	Aktueller Wert von Kontroll- variablen
Klima- wandel	atmosphärische CO_2-Konzentration in ppm, Energieungleichgewicht obere Erdatmosphäre in W/m^2	350 ppm CO_2 (350–450 ppm), Energieungleichgewicht: +1,0 W/m^2 (+1,0–1,5 W/m^2)	396,5 ppm CO_2, 2,3 W/m^2 (1,1–3,3 W/m^2)
Unversehrt- heit der Biosphäre	genetische Vielfalt: Aussterberate	genetisch: <10 E/MSY (10–100 E/MSY), aber mit einem angestrebten Ziel von ca. 1 E/MSY (die Hintergrundrate des Schwunds durch Aussterben). (E/MSY = Zahl der ausgestorbenen Arten pro eine Million Arten)	100–1000 E/MSY
Süßwasser- verbrauch	global: maximale Menge verbrauchten blauen Wassers ($km^3\ a^{-1}$) Flussgebiete: Entnahme blauen Wassers als Anteil des mittleren monatlichen Abflusses	global: 4000 $km^3\ a^{-1}$ (4000–6000 $km^3\ a^{-1}$) Flussbecken: maximale monatliche Entnahme als ein Anteil des mittleren monatlichen Abflusses. In Monaten mit niedrigem Abfluss: 25% (25–55%), in Monaten mit mittlerem Abfluss: 30% (30–60%), in Monaten mit hohem Abfluss: 55% (55–85%).	~2600 $km^3\ a^{-1}$

Nach Johan Rockström, Mattias Klum: Big World Small Planet. Wie wir die Zukunft unseres Planeten gestalten. Berlin 2016, S. 78

4

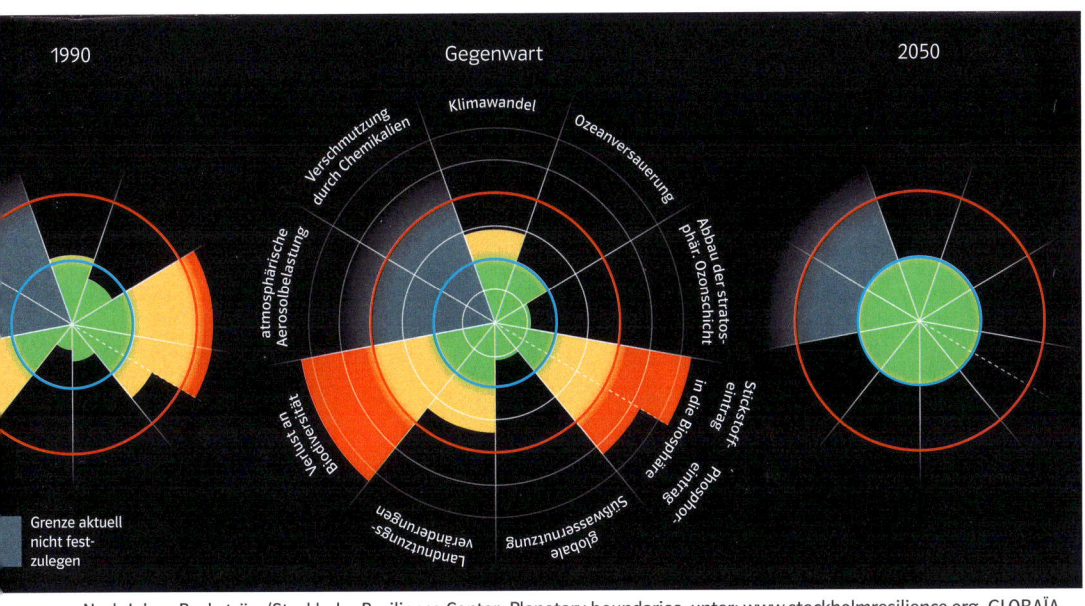

Nach Johan Rockström/Stockholm Resilience Center: Planetary boundaries; unter: www.stockholmresilience.org; GLOBAÏA; unter: https://globaia.org

Arbeitsanhang

Dieser Anhang gibt Ihnen wertvolle Hilfen für die Arbeit im Fach Geographie. Er enthält einen Methodenüberblick, ein Glossar mit Definitionen aller Grundbegriffe sowie ein zugehöriges Register, Lösungshilfen zu Aufgaben sowie Hinweise zu Materialien und schließlich die Übersicht der Operatoren und Anforderungsbereiche im hinteren Buchumschlag.

Ausgewählte Methoden im Überblick

Eine Mindmap erstellen
(Band 1, S. 68/69)

1. Schritt: Gedanken sammeln
Zunächst wichtige Gedanken oder Begriffe zum Thema notieren, so wie sie gerade einfallen. Dabei möglichst auf ein bis zwei Worte beschränken.

2. Schritt: Gedanken ordnen
Oberbegriffe suchen, denen die Gedanken und Begriffe als Unterbegriffe zuzuordnen sind. Dazu eine Tabelle erstellen.

3. Schritt: Mindmap erstellen
Bei handschriftlicher Arbeit: Ein unliniertes Papier im Querformat nehmen, das Thema in die Mitte des Blatts schreiben und es einkreisen. Von der Mitte ausgehend Hauptäste nach außen zeichnen und mit den Leitbegriffen beschriften. An die Hauptäste dünnere Nebenäste zeichnen. Diese mit den Unterbegriffen beschriften, die zu den Oberbegriffen gehören. Mit Farben und kleinen Zeichnungen kann die Übersichtlichkeit der Gedankenkarte verbessert werden.
Bei digitaler Arbeit mit einem Programm oder einer App: Meist zunächst für die Form, das Aussehen der Mindmap entscheiden. Danach die Begriffe der Tabelle eingeben, z. B. zunächst das Thema als Hauptknoten, die Oberbegriffe dann als Unterknoten, die dann wiederum Unterknoten enthalten. Die Mindmap wird automatisch erstellt, man sieht sofort das Ergebnis und kann dieses abspeichern oder auch als Bild exportieren und dann so an andere schicken, die vielleicht nicht das entsprechende Programm haben.

Einen Sachtext auswerten
(Band 1, S. 144/145)

1. Schritt: Erstes Lesen
Den Text einmal durchlesen, um einen ersten Eindruck vom Inhalt zu bekommen. Besonders auf Überschriften, Absätze und Fettgedrucktes achten sowie unbekannte Begriffe notieren.

2. Schritt: Unbekanntes klären
Ermitteln, was die unbekannten Begriffe bedeuten. Dazu Hilfsmittel wie Lexikon, Internet oder Atlas nutzen.

3. Schritt: Fragen zum Text beachten
Klar machen, welche Fragen mithilfe des Textes beantwortet werden sollen.

4. Schritt: Genaues Lesen und Unterstreichen
Den Text ein zweites Mal lesen, dabei Schlüsselbegriffe und Stellen, die für die Fragestellung wichtig sind, unterstreichen.

5. Schritt: Sinnabschnitte bilden
Den ganzen Text in inhaltlich zusammenhängende Sinnabschnitte unterteilen. Jedem Sinnabschnitt eine passende Zwischenüberschrift geben.

Ein Erklärvideo erstellen
(Band 2, S. 72/73)

1. Schritt: Informationen recherchieren und zusammenstellen
Schulbücher, Lexika und Internet sind geeignete Informationsquellen. Zusammenhänge und Schlüsselbegriffe in einem Informationstext zusammenfassen, auf das Wesentliche reduzieren, in eine sinnvolle Reihenfolge bringen.

2. Schritt: Drehbuch erstellen
Schriftlich festlegen, wie die Informationen spannend und anschaulich vermittelt werden. Dem dient:
– zeitliche Begrenzung des Erklärvideos (drei bis fünf Minuten),
– klare kurze Sätze,
– logische Abfolge der Informationen,
– verständliche Erklärungen von Fachbegriffen.
Auch eine Storyline kann das Interesse wecken.

3. Schritt: Anschauungsmaterial anfertigen
Bilder, Symbole, Pfeile oder Figuren, die benötigt werden, aufzeichnen bzw. in Zeitungen, Zeitschriften oder dem Internet suchen und ausschneiden.

4. Schritt: Storyboard ausarbeiten
Ein Storyboard stellt die Informationen, die vermittelt werden, bildlich dar. Es zeigt Sprechertext und Bilder im Zusammenhang und macht so die einzelnen Schritte im Ablauf der Dreharbeiten deutlich.

5. Schritt: Technik und Drehort vorbereiten
Smartphone oder Tablet reichen für einen kurzen Videoclip. Zur Nachbearbeitung gibt es bei Bedarf viele Apps, als Drehort ist ein ruhiger Raum mit gut ausgeleuchteter Tischfläche hilfreich.

6. Schritt: Video drehen
Kamera ruhig halten; Bilder und gesprochenes Wort sollten zueinander passen; zum Schieben der Bilder können die Hände benutzt werden.

Arbeitsanhang 16

Ein Wirkungsgefüge erstellen
(Band 2, S. 100/101)

1. Schritt: Problem formulieren
Oft hat man nur ein ungefähres Themengebiet, z.B. die Desertifikation. Dann muss man zunächst genauere Festlegungen treffen und ein Problem formulieren: Geht es um die Auswirkungen des Tourismus auf den Naturraum, um die Artenvielfalt und ihre Gefährdung oder um die Zerstörung des Natur- oder Kulturraums insgesamt?

2. Schritt: Stichworte sammeln
Stichworte notieren, die zu diesem Problem einfallen oder die recherchiert wurden, z.B.: „Überweidung", „Übernutzung", „Rodung". Alle Stichworte auf Karteikarten notieren.

3. Schritt: Gedankenkarte erstellen
Überlegen, welche der Begriffe in einem Zusammenhang stehen. Dazu folgende Fragen stellen:
- Ist das vielleicht eine Ursache von etwas anderem?
- Ist ein Aspekt die Folge eines anderen Aspekts?
- Lassen sich aus Einzelaspekten Gruppen mit einem gemeinsamen Oberbegriff bilden?
- Lässt sich ein Aspekt in weitere Unterbegriffe zerlegen?

Wenn alle Aspekte geordnet sind, Pfeile einzeichnen, um Beziehungen und Abhängigkeiten zu verdeutlichen.

4. Schritt: Ergebnisse präsentieren
Das Ergebnis ist immer eine Vereinfachung der Wirklichkeit. Deshalb ist es für einen Außenstehenden oft schwer, alle Überlegungen, die sich im Wirkungsgefüge finden, nachzuvollziehen. Deshalb gegenseitig die Entwürfe präsentieren. Unklarheiten oder Fehler finden. Die Ergebnisse diskutieren und Verbesserungsvorschläge machen.

Informationen finden
(Band 2, S. 170/171)

1. Schritt: Informationsquellen finden
Am schnellsten und einfachsten sind Informationen im Internet zu finden. Sinnvoll sind aber auch weitere Quellen: Fachbücher, Zeitungen, Zeitschriften und Fachzeitschriften aus der Stadtbücherei; Atlas und Schulbuch; auch Fernsehnachrichten und Sondersendungen.

2. Schritt: Informationsquellen prüfen
Geprüft werden sollte: Wer ist verantwortlich (Autorin oder Autor; Impressum suchen)? Von wem und von wann ist die Information?
Zuverlässige Quellen sind Universitätsinstitute, öffentlich-rechtliche Sender, Forschungseinrichtungen, Verlage für Bildungsmedien. Bei Zeitungen und Zeitschriften ist die Einschätzung schwieriger, hier ist es gut, mehrere Quellen zu vergleichen.

3. Schritt: Ergebnisse zusammenstellen
Entweder eine Quelle als Basis nehmen und ergänzen oder einen Mix aus allen geprüften Quellen zusammenstellen. Alle Infos mit Quellenangaben versehen.

4. Schritt: Ergebnisse bewerten
- Welche Ergebnisse sind für die Beantwortung der Frage hilfreich?
- Sind die Ergebnisse ausreichend?

Satellitenbilder auswerten
(Band 2, S. 188/189)

1. Schritt: Satellitenbild verorten
Mit dem Atlas oder mit Google Earth ermitteln, um welches Gebiet es sich handelt. Die Nordrichtung des Bildausschnitts bestimmen.

2. Schritt: Strukturen erkennen
Im Satellitenbild Merkmale suchen, die in der Karte wiederzufinden sind: Flüsse, Küstenlinien, Straßen, Eisenbahnlinien, Siedlungsflächen, Ackerflächen, gut erkennbare Orte.
Das Bild nach verschiedenen Kriterien gliedern; z.B. Land- und Wasserflächen, bebaute und unbebaute Flächen etc. unterscheiden.

3. Schritt: Bildinhalte darstellen
Ein Transparentpapier oder eine Folie auf das Satellitenbild legen und deutlich erkennbare Umrisse und Linien nachzeichnen. Wichtige Aspekte mit Farben und Symbolen markieren und eine Legende anlegen.
Aussagen formulieren, die sich aus der Darstellung ableiten lassen.

4. Schritt: Satellitenbilder vergleichen
Die Schritte 1–3 für ein zweites Satellitenbild durchführen. Beide Satellitenbilder vergleichen. Unterschiede beschreiben und Vermutungen anstellen, wodurch die Veränderungen zustande gekommen sind.
Zusätzliche Informationen zu dem Gebiet bzw. zum Ereignis im Internet recherchieren.

5. Schritt: Erkenntnisse formulieren
Die Ergebnisse des Vergleichs notieren.

Eine Infografik erstellen
(Band 3, S. 56/57)

1. Schritt: Thema und Zielgruppe festlegen
Thema auf einen zentralen Aspekt eingrenzen. Zu Beginn festlegen, welche Zielgruppe mit der Infografik angesprochen werden soll. Davon hängen Sprache, Farbgebung, Einsatz von Bildern und Icons ab.

2. Schritt: Informationen recherchieren, reduzieren und strukturieren
Schulbücher, Lexika und das Internet sind geeignete Informationsquellen. Mehr als 15 bis 20 Informationen sollten in der Grafik nicht vermittelt werden, damit die Betrachtenden den Überblick nicht verlieren. Statistisches Material muss überprüft, aus Texten zentrale Begriffe und Schlagworte entnommen und Bilder auf ihren Bezug zum Thema hinterfragt werden. Damit die Grafik nicht überladen wird, ist es hilfreich, die gesammelten Informationen nach „notwendig", „nützlich" und „nett" zu unterteilen. Die erste logische Strukturierung und Gruppierung der Inhalte kann entweder gleich am Computer erfolgen oder erst mithilfe von farbigen Post-its.

3. Schritt: Infografik erstellen
Die einzelnen Punkte können in der Reihenfolge variieren:
- Format festlegen (Größe, horizontale oder vertikale Anordnung);
- Leserichtung bestimmen (von links nach rechts, von oben nach unten);
- Farbschema für Elemente und Hintergrund wählen;
- einzelne Informationselemente erstellen, dabei auf Zahlenwerte, die Skalierung und mögliche Legende achten (Diagramme, Karten);
- die gesammelten Informationen in kurze Texte, Schlagworte, geeignete Symbole, Icons und Formen übertragen;
- durch Pfeile die Farbgebung und Größe gruppieren, verbinden und gewichten;
- dabei Hauptelemente hervorheben.

Bevölkerungsdiagramme interpretieren
(Band 3, S. 82/83)

1. Schritt: Sich orientieren
Feststellen, für welches Land und für welches Jahr die Angaben gemacht werden. Die Einteilung der Achsen bestimmen. Überprüfen, ob die Bevölkerungsanteile in absoluten oder in relativen Zahlen angegeben werden.

2. Schritt: Beschreiben und zuordnen
Die geschlechtsspezifischen Anteile in den Altersgruppen ablesen. Die Gesamtanteile für folgende Bevölkerungsgruppen angeben:
- Kinder und Jugendliche (0 – 14 Jahre)
- erwerbsfähige Personen (15 – 64 Jahre)
- nicht mehr erwerbsfähige Personen (> 64 Jahre)

Den Altersaufbau der Bevölkerung beschreiben. Gibt es Auffälligkeiten bzw. Unregelmäßigkeiten? Das Diagramm einem der vier Grundmodelle zuordnen (Pyramide, Bienenkorb, Glocke, Urne).

3. Schritt: Erklären
Hintergrundinformationen sammeln, die die Auffälligkeiten im Altersaufbau erklären.

4. Schritt: Eine Prognose erstellen
Mithilfe der Grundformen die zukünftige Bevölkerungsentwicklung des Landes beurteilen (steigend, stagnierend oder fallend). Dann auch Aussagen zur Auswirkung der Altersstruktur auf die Gesellschaft formulieren.

Komplexe Zusammenhänge darstellen: Concept Maps
(Band 3, S. 90/91)

1. Schritt: Thema festlegen
Das Thema bzw. die Fragestellung formulieren, die bearbeitet werden soll.

2. Schritt: Wichtige Begriffe und Einflussfaktoren identifizieren
Einflussfaktoren und Begriffe sammeln, indem zur Fragestellung ein Brainstorming gemacht und Informationsmaterial ausgewertet wird. Man kann die Begriffe auf Kärtchen schreiben. Dann ist das Sortieren einfacher.

3. Schritt: Begriffe ordnen
Die Begriffe nach möglichen über- und untergeordneten Begriffen sortieren. Auch Begriffe ergänzen, die nicht direkt erwähnt wurden, aber aus ihnen hervorgehen. Manche Begriffe können auch aussortiert werden, z. B. sinngleiche Begriffe oder wenn sich zwei Begriffe unter einem Begriff zusammenfassen lassen.

4. Schritt: Beziehungsnetz vorbereiten
Die wichtigsten Begriffe auf kleine Kärtchen schreiben (auf einem Kärtchen nicht zu viele Wörter). Dann alle Kärtchen auf ein Plakatpapier legen und zusammenhängende Begriffe gruppieren. Zwischen den Kärtchen Platz lassen, falls später noch Begriffe zu ergänzen sind. Wenn die Anordnung der Begriffe passt, können die Kärtchen festgeklebt werden.

5. Schritt: Zusammenhänge ermitteln und erläutern
Vom Thema des Ganzen aus Verbindungen entwickeln: Die Begriffe mit einer Linie verbinden, die etwas miteinander zu tun haben. Um die Verbindung zwischen den Begriffen zu erläutern, muss jede Verbindungslinie eindeutig und konkret mit Verben beschriftet werden. Den Zusammenhang mit einer Pfeilspitze verdeutlichen.

6. Schritt: Begriffe ergänzen
Concept Map noch einmal betrachten und überlegen, ob noch Kärtchen und beschriftete Pfeile zu ergänzen sind.

Arbeitsanhang 16

Statistiken auswerten
(Band 3, S. 104/105)

1. Schritt: Überblick verschaffen – formal
- Thema / Überschrift: relevante Indikatoren in Bezug zur Fragestellung herausstellen
- Indikatoren klären: Zahlen (absolut, relativ, Index); Skalierung bzw. Größenklassen

2. Schritt: Überblick verschaffen – inhaltlich
- Maximal- und Minimalwert finden
- räumliche oder zeitliche Angaben klären
- Veränderungen oder Entwicklungen feststellen
- Beziehungen zwischen einzelnen Daten ausmachen
- Darstellung und Aussagegehalt prüfen

3. Schritt: Zusammenhänge erklären
- Daten zueinander in Beziehung setzen
- Ursachen für Entwicklungen finden
- eventuell Daten zur Veranschaulichung in Diagramme umsetzen

4. Schritt: Statistiken beurteilen
- Darstellungsform und Aussage der Statistik beurteilen

Mit einer SWOT-Analyse Entscheidungen vorbereiten
(Band 3, S. 132/133)

1. Schritt: Das Ziel präzise und eindeutig formulieren
Ein Beispiel: Ziel ist es, im nächsten Jahr unseren Absatz um 20 % zu steigern.

2. Schritt: Stärken und Schwächen des Unternehmens zusammenstellen (interne Analyse)
Die Analyse erfolgt vor dem Hintergrund des gesetzten Ziels. Dabei müssen die besonderen Fähigkeiten des Unternehmens herausgestellt werden.

3. Schritt: Chancen und Risiken des Unternehmens im Umfeld zusammenstellen (externe Analyse)
Die Analyse erfolgt vor dem Hintergrund des gesetzten Ziels. Oft ist es sinnvoll und notwendig, eine Vielzahl von Informationen einzuholen.

4. Schritt: Interne und externe Umfeldfaktoren miteinander in Beziehung bringen
Hier gilt es, Überlegungen zu möglichen Strategien anzustellen.

Einen Raum mehrperspektivisch analysieren
(Band 3, S. 200/201)

1. Schritt: Frage(n) an den Raum stellen
Eine möglichst konkrete Leitfrage formulieren.

2. Schritt: Abgrenzen und Lage bestimmen
Den Raum abgrenzen und seine Lage beschreiben. Dazu auch in größere räumliche Einheiten einordnen (z. B. Landschaftszonen). Dazu den Atlas nutzen.

3. Schritt: Vermutungen formulieren
Vermutungen helfen, das weitere Vorgehen zu planen. Bei der Formulierung kann Vorwissen genutzt werden.

4. Schritt: Vorgehen planen, Überblick verschaffen
Materialien zur Überprüfung der Vermutungen und zur Beantwortung der Leitfrage beschaffen. Zudem ist es hilfreich, sich zuerst einen Überblick über grundlegende raumprägende Faktoren (z. B. Bevölkerungsverteilung, Klima) zu verschaffen.

5. Schritt: Material auswerten
Die Materialien mithilfe der vier Raumkonzepte auswerten. Insbesondere darauf achten, Zusammenhänge zu erklären. Dabei das im Laufe des Schuljahrs erworbene Wissen nutzen.

6. Schritt: Perspektiven zusammenführen und Leitfrage beantworten
Die Leitfrage beantworten, indem die vier Raumkonzepte zusammengeführt werden. Eine abschließende Antwort auf die Leitfrage formulieren. Zur Verdeutlichung kann diese als Wirkungsgefüge oder Concept Map dargestellt werden.

7. Schritt: Vorgehen reflektieren
Beurteilen, ob die Mehrperspektivität hilfreich und welche Perspektive am gewinnbringendsten war. Welche Probleme sind bei der Raumanalyse aufgetreten und was waren die Gründe dafür?

Wichtige Begriffe

A

Adaption: Bündel der Maßnahmen, die zur Anpassung an den bereits eingetretenen bzw. zu erwartenden → Klimawandel ergriffen werden.

Ambiguität: Mehrdeutigkeit bzw. Unsicherheit. Der Begriff spielt z. B. im Umgang mit dem → Klimawandel eine Rolle, da hier häufig keine klaren eindeutigen Aussagen zu künftigen Entwicklungen und Szenarien oder zu den Auswirkungen von bestimmten Entscheidungen zu machen sind.

Anökumene: → Ökumene

Anthrome: Kurzform für anthropogene Biome, also menschengeprägte Großlebensräume. Ziel des Konzepts der Anthrome ist es, die Landnutzungsveränderung des → globalen Wandels auf Basis einer umfänglichen Analyse naturnaher und anthropogener → Ökosysteme in das Landschaftszonenkonzept zu integrieren und ein realistischeres Bild vom Zustand unseres Planeten zu erhalten. Damit wird betont, dass natürliche Systeme in menschliche Landnutzungssysteme eingebettet sind.

Anthroposphäre: Der vom Menschen geschaffene und beeinflusste Raum auf, über und unter der Erdoberfläche. In diesem Raum spielt sich alles raumrelevante menschliche Handeln ab.

Anthropozän: Da seit der Industrialisierung und vor allem seit den 1950er-Jahren der Mensch sich als mächtigster → Geofaktor im Entwicklungsprozess des Systems Erde erweist, wurde der Vorschlag unterbreitet, die aktuelle erdgeschichtliche Phase als „Anthropozän" zu bezeichnen.

Atmosphäre: Gashülle von Himmelskörpern, speziell die Lufthülle der Erde. Diese wird nach der vertikalen Änderung der Temperatur in Troposphäre, Stratosphäre, Mesosphäre, Thermosphäre und Exosphäre eingeteilt. Die Atmosphäre besteht aus einem Gemisch verschiedener Gase.

Aue: Bei Flusstälern der Bereich, der bei → Hochwasser überflutet wird. Man unterscheidet zwischen dem Bereich, der heute bei Hochwasser überschwemmt wird (rezente Aue) und dem ehemaligen Überschwemmungsbereich (Altaue), der heute vor Hochwasser geschützt ist.

B

Bewältigungskapazität: Maß für die Fähigkeit, drohende Schäden z. B. im Fall von → Naturereignissen zu minimieren oder beheben.

Biomasse: Menge der lebenden organischen Substanz in einem bestimmten Raum.

Biosphäre: Von lebenden Organismen besiedelter Bereich der Erde. Er umfasst den belebten Teil der Erdkruste, die terrestrischen Gewässer und Ozeane sowie die unteren Luftschichten.

Bodendegradation (Degradation): Verschlechterung der Bodenqualität durch natürliche Einflüsse (Änderung des Klimas und anderer Umweltbedingungen) und/oder menschliche Eingriffe, z. B. durch Bodenerosion, Auswaschung von Mineralstoffen oder durch zu intensive Nutzung; oft irreversibel.

borealer Nadelwald (Nadelwaldzone, in Russland Taiga): sich südlich an die Tundra anschließende Vegetationszone der Nordhalbkugel, in der aufgrund langer, kalter Winter ein artenarmer Nadelwald mit Fichten, Kiefern, Tannen und Lärchen als natürliche Vegetation vorherrscht; als Laubbaum ist die Birke verbreitet, der spärliche Unterwuchs des Waldes besteht aus Zwergsträuchern, Gräsern, Moosen und Flechten.

D

Dekarbonisierung: Reduzierung von Kohlenstoffemissionen durch den Einsatz von kohlenstoffarmen bzw. kohlenstofffreien Energiequellen. Ziel ist es, eine kohlenstofffreie Wirtschaft zu schaffen.

divergierende Plattengrenzen: Plattengrenzen, an denen sich die Platten der Gesteinshülle (Lithosphäre) voneinander wegbewegen.

Dürre: Trockenperiode von mehreren Wochen bis zu einigen Jahren, in der die sonst üblichen Niederschläge ausbleiben.

E

Energiemix: Zusammensetzung der → Energieträger, die für die Stromerzeugung einer Volkswirtschaft genutzt werden.

Energieträger: Stoffe wie Kohle, Holz, Erdgas oder Erdöl, die Energie in sich gespeichert haben. Durch Verbrennen wird die Energie in eine andere Energieform, z. B. in Wärme, Strom oder Bewegung umgewandelt.

Energiewende: Abkehr von fossilen → Energieträgern hin zu einer nachhaltigen Energieversorgung mit erneuerbaren Energien wie Sonnenenergie, → Wasserkraft und → Windenergie.

Erdbeben: Erschütterungen an der Erdoberfläche, die durch Bewegungen von Gesteinsschichten im Erdinneren hervorgerufen werden. Erdbeben, die durch ruckartige Plattenbewegungen zustande kommen, werden tektonische Beben genannt; etwa 90 % aller Beben sind tektonisch. Am häufigsten treten Erdbeben an Plattengrenzen auf; daneben gibt es noch „vulkanische Beben" und „Einsturzbeben".

erneuerbare Energieträger: Energieträger, die sich nicht wie die → fossilen Energieträger erschöpfen, sondern unter den heutigen Bedingungen selbst erneuern, z. B. → Wasserkraft, Wind und → Biomasse.

F

Forstwirtschaft: Wirtschaftszweig des primären Sektors, in dem Waldflächen bewirtschaftet werden. Zu den forstwirtschaftlichen Tätigkeiten gehören Pflanzen, Pflege und Schlagen von Bäumen sowie der Verkauf des Holzes.

fossile Energieträger: Energieträger, die die Sonnenenergie vergangener Epochen speichern. Die gebräuchlichsten sind Kohle, Erdöl, Erdgas oder Torf. Sie sind endliche, also in absehbarer Zeit erschöpfte Energieressourcen.

Fracking: Eine technische Methode, mit der Kohlenwasserstoffe als Schiefergas oder Schieferöl aus Tongesteinen gelöst werden. Dabei wird eine mit Chemikalien angereicherte Flüssigkeit unter hohem Druck in diese Tongesteine gepresst, was zu Rissen (Fracks) führt, durch die Gas oder Öl das Gestein verlassen können.

Geo-Engineering: Fasst alle vom Menschen erdachten ingenieurtechnischen Maßnahmen zusammen, deren Anwendung zur Behebung eingetretener Umweltprobleme diskutiert oder auch umgesetzt werden. Diese reichen von der Verpressung von Kohlenstoffdioxid im geologischen Untergrund über die Installation von Sonnenspiegeln bis hin zur Düngung des Meeres mit Eisen zur Aktivierung von Algenwachstum und damit einhergehender Sauerstoffproduktion.

Geofaktoren: Natürliche Gegebenheiten, die das Aussehen einer Landschaft bestimmen (z. B. Relief, Klima, Vegetation); i. w. S. auch Gegebenheiten, die vom Menschen geschaffen wurden (z. B. Siedlungen, Verkehrswege); unterschieden werden endogene Geofaktoren, d. h. Kräfte, die im Innern der Erde ihren Ursprung haben (z. B. Gebirgsbildung, → Vulkanismus), und exogene Geofaktoren, d. h. Kräfte, die von außen gestaltend auf die Erdoberfläche einwirken (z. B. Niederschläge, Wind).

Geosphäre: Dreidimensionale Bereiche der Erdoberfläche, an denen sich alle Sphären der Erde durchdringen. Im Bereich des Festlandes wird die Geosphäre auch als Landschaftssphäre bezeichnet.

Geothermie: In der Erdkruste gespeicherte Wärme (thermische Energie), die zur regenerativen Energiegewinnung genutzt werden kann.

GIS (Geographische Informationssysteme): Informationssysteme zur Erfassung, Bearbeitung, Organisation, Analyse und Präsentation von räumlichen Daten (Geodaten). Geoinformationssysteme umfassen die dazu benötigte Hardware, Software, Daten und Anwendungen. Ein bekanntes Beispiel ist das Navigationssystem im Auto.

globaler Wandel: Oberbegriff für verschiedene globale Veränderungsprozesse, die sich teilweise gegenseitig beeinflussen und den Planeten Erde tiefgreifend verändern. Angetrieben oder ausgelöst wurden die Veränderungsprozesse dabei vom Menschen, hierzu zählen z. B. die anthropogene globale Erwärmung, der Verlust an Biodiversität, die Wüstenbildung oder die Vermüllung.

globaler Wasserkreislauf: Angetrieben durch die Sonnenenergie und die Wirkung der Schwerkraft, umfasst er den ständigen Transport von Wasser zwischen Meeren, Landflächen und der → Atmosphäre; seine Hauptelemente sind Niederschlag (N), Verdunstung (V) und Abfluss (A). Da die Erde ein geschlossenes System darstellt, kann der globale Wasserkreislauf einfach mit der Gleichung N = V beschrieben werden. Vereinfacht stellt sich der Wasserkreislauf so dar: Wasser verdunstet über den Ozeanen und wird von der Atmosphäre aufgenommen; mit Luftströmungen gelangt es über das Festland, wo es nach Kondensation infolge vertikaler Luftbewegungen als Niederschlag auf die Erde niedergeht; ein Teil des Niederschlagswassers verdunstet von der Landoberfläche (Evaporation) oder von der Oberfläche von Pflanzen (Transpiration); ein anderer Teil des Niederschlagswassers versickert in den Boden (Infiltration) oder in tiefere Gesteinsschichten (Perkolation), wo er in den Grundwasserkörper eingeht; ein weiterer Teil des Niederschlagswassers fließt über ober- und unterirdische Wasserläufe den Ozeanen bzw. abflusslosen Senken an der Erdoberfläche zu (Seen); ein restlicher Teil des Niederschlagswassers wird an der Oberfläche von Pflanzen gespeichert (Interzeption).

Halbwüste: Sie bildet den Übergang zwischen → Wüste und → Savanne. Halbwüsten erhalten etwas mehr Niederschläge als Wüsten, aber weniger als Dornsavannen.

Hochwasser: Der Zustand bei Gewässern (Flüssen, Seen, Ozeanen), bei dem der Wasserstand deutlich über dem normalen Pegelstand liegt und es zu Überflutungen kommen kann.

Hydrosphäre: Von Wasser erfüllter Teil der → Geosphäre. Er umfasst die Weltmeere, Flüsse, Seen, das Grundwasser sowie die ständig von Schnee und Eis bedeckten Bereiche, die auch als → Kryosphäre bezeichnet werden.

Jetstream: Eng begrenztes Band extrem hoher Windgeschwindigkeiten (bis zu 600 km/h) in der oberen Troposphäre in etwa 12 km Höhe. Er wird im Bereich der planetarischen Frontalzone hervorgerufen durch das starke Temperatur- und Luftdruckgefälle in der Höhe.

Kältegrenze: Anbaugrenze für Kulturpflanzen. Ab dieser sind die Temperaturen zu gering, um Kulturpflanzen ausreifen zu lassen.

Katanga-Syndrom: Umweltschädigungen durch den Abbau von Rohstoffen in Anlehnung an den Raubbau in der Provinz Katanga der D. R. Kongo.

Katastrophenmanagement: Alle Maßnahmen, um entweder die Eintrittswahrscheinlichkeit einer Katastrophe zu verringern (Katastrophenvorsorge) oder die Folgen einer Katastrophe zu mildern.

Kipp-Element (Tipping Points, früher Kippschalter): Bezeichnen das Erreichen von nicht konkret bekannten Schwellenwerten, ab denen Teilsysteme des Weltklimas irreversible Veränderungen erfahren oder gar kollabieren – mit massiv negativen Auswirkungen für die Lebensgrundlage der Menschen auf der Erde. Das Konzept der Kippschalter verdeutlicht vor allem die Tatsache, dass Veränderungen des Weltklimas oder seiner Teilsysteme nicht einer unendlichen linearen Veränderung unterliegen, sondern an einem gewissen Punkt zu deren Zusammenbruch führen.

Klimaneutralität: Bezeichnet die klimarelevante Konsequenz einer wirtschaftlichen oder privaten Produktion oder Handlung. Hat diese keinen Anstieg von klimarelevanten Gasen in der → Atmosphäre zur Folge, wird von Klimaneutralität gesprochen. Wird dies durch die Verlagerung der Produktion ins Ausland erreicht, ist Klimaneutralität nur scheinbar gegeben. Wird dies durch Kompensation, etwa durch Aufforstungsmaßnahmen im Umfang der produktions- oder handlungsbedingt entstandenen Treibhausgase erreicht, kann von wirklicher Klimaneutralität gesprochen werden.

Klimawandel: Bezeichnung für die Veränderung des Klimas auf der Erde, unabhängig davon, ob die Ursachen auf natürlichen oder menschlichen (anthropogenen) Einflüssen beruhen. Die gegenwärtige, vor allem durch Menschen verursachte globale Erwärmung ist ein Beispiel für einen Klimawandel.

Kohlenkrise: Wirtschaftlicher Niedergang des Steinkohlebergbaus in den Industrienationen seit den 1950er-Jahren, ausgelöst durch Überkapazitäten infolge von Subventionen, die Konkurrenz durch den Energierohstoff Erdöl und den unrentablen Abbau tiefliegender Kohleschichten.

Kohlenstoffsenke: Bereiche, die Kohlenstoff aufnehmen und speichern können. In Zusammenhang mit dem Klimawandel werden Kohlenstoffdioxidsenken immer wichtiger, weil sie das Treibhausgas Kohlenstoffdioxid aufnehmen und damit die Erderwärmung verlangsamen können. Wichtige Kohlenstoffdioxidsenken sind zum Beispiel Wälder oder Ozeane.

konservierende Plattengrenze: Plattengrenzen, an denen sich die Platten der Gesteinshülle (Lithosphäre) aneinander vorbeibewegen.

konvergierende Plattengrenze: Plattengrenzen, an denen sich die Platten der Gesteinshülle (Lithosphäre) aufeinander zubewegen.

Kryosphäre: Zur → Hydrosphäre gehörender Teil der → Geosphäre, in dem Wasser in fester Form vorkommt, der also ständig von Eis und Schnee bedeckt ist (Gletscher, Meereis, polare Eiskappen, Eis in Permafrostböden).

kurzgeschlossener Mineralstoffkreislauf: Abgestorbene Pflanzenteile zersetzen sich und geben Mineralstoffe frei, die im Boden gespeichert und schließlich wieder durch die Wurzeln aufgenommen werden. Im → tropischen Regenwald läuft dieser Kreislauf sehr rasch ab. Die Zersetzung geschieht schnell, da es sehr warm und feucht ist. Es herrscht ein geschlossener Mineralstoffkreislauf, bei dem Wurzelpilze für eine schnelle Aufnahme der Mineralstoffe auf dem nährstoffarmen Boden sorgen.

Lagerstätten: Natürliche Konzentrationen von Rohstoffen in der Erdkruste, die abbauwürdig sind bzw. deren Abbau sich in naher Zukunft rentieren wird. Unterschieden werden magmatische Lagerstätten, die im Zusammenhang mit plutonischen Vorgängen entstanden, und sedimentäre Lagerstätten, die sich durch Ablagerungen bildeten (Sedimente).

Landschaft: Umgangssprachliche Bezeichnung für einen räumlichen Ausschnitt der Erdoberfläche; in der Geographie versteht man unter Landschaft ein → Ökosystem, das durch die Überprägung bestimmter Natur- und/oder Humanfaktoren spezifische Merkmale aufweist. Je nach Vorherrschen der Art der Faktoren spricht man von Natur- oder Kulturlandschaft.

Landschaftszone (Landschaftsgürtel): Großlandschaftstyp mit einer typischen breitenkreisparallelen Ausprägung bei Klima (Klimazone), Vegetation (Vegetationszone) und z.T. auch bei den Böden, die ihn von anderen Großlandschaften unterscheidet und die auf dem in den Klimazonen der Erde unterschiedlichen Strahlungshaushalt beruht, z.B. Zone der immerfeuchten Tropen.

Mensch-Umwelt-System: System, in dem die Umwelt alle für die menschliche Existenz erforderlichen Lebensgrundlagen wie Luft, Wasser, Boden, Vegetation und Rohstoffe bereithält. Je nach Art, wie wir Menschen diese Ressourcen nutzen, wirkt sich dies auf die Umwelt aus.

Mitigation: Strategie, dem → Klimawandel mit einer starken Reduktion der Treibhausgasemissionen zu begegnen.

Mobilitätsverhalten: Mobilität ist die Bewegung von Personen mit dem Ergebnis einer Standortveränderung. Dazu zählen neben dem Verkehr (als Transport) auch solche Standortveränderungen wie die tägliche Fahrt zur Schule oder alle Wochenendausflüge und Urlaubsreisen.

Monsun: Großräumiges Luftzirkulationssystem der unteren Troposphäre im Gebiet der Tropen und Subtropen, besonders ausgeprägt in Süd- und Südostasien. Kennzeichen: halbjährlicher Richtungswechsel der Winde, verursacht durch die jahreszeitliche Verschiebung der Windsysteme und den jahreszeitlichen Wechsel der Luftdruckverhältnisse.

Montanindustrie: Sammelbezeichnung für den Bergbau sowie die Eisen- und Stahlindustrie.

N

Nachhaltigkeit: Berücksichtigung ökonomischer, sozialer und ökologischer Aspekte bei der Nutzung und Entwicklung. Seit Beginn der 1990er-Jahre gilt dieser Begriff als Leitbild für eine zukunftsfähige Entwicklung der Menschheit, die die Lebensbedingungen der heutigen Generation verbessern soll, ohne die Chancen für zukünftige Generationen einzuschränken.

Naturereignis: Konkret messbares tatsächliches Ereignis in der Umwelt, das nicht unmittelbar durch menschliches Handeln verursacht ist.
Naturgefahr: → Naturereignis, das potenziell einen Schaden für den Menschen bewirken kann.

ökologischer Rucksack: Bezeichnung für die Umweltfolgen (verbrauchte Natur), die bei der Herstellung eines Produktes entstehen.
Ökosystem: Ein Wirkungsgefüge, das sich aus biotischen (lebenden) und abiotischen (unbelebten) Faktoren zusammensetzt, welche untereinander sowie mit ihrer Umwelt in energetischen und stofflichen Wechselwirkungen stehen.
Ökozone: Vielfach als Synonym für → Landschaftszonen oder Geozonen gebraucht, im engeren Sinne erdumspannende Großräume, die sich durch spezifische Klima-, Vegetations- und Bodenmerkmale sowie durch besondere landwirtschaftliche Nutzungsmöglichkeiten von angrenzenden Großräumen unterscheiden; z.B. Feuchtsavannen der Tropen, boreale Nadelwaldzone.
Ökumene: Der besiedelte Teil der Erdoberfläche, der von der Anökumene (nicht bewohnbare Teil der Erdoberfläche) durch → Trocken-, Höhen- und → Kältegrenzen getrennt ist. Diese Grenzen haben allerdings keinen scharfen Verlauf, sie sind eher als Übergangszonen zu sehen.

Pedosphäre: Oberster Bereich der Erdkruste, in dem die Bodenbildungsprozesse ablaufen.
Permafrost: Zustand eines in den tieferen Horizonten ganzjährig gefrorenen Bodens; nur die obere, wenige Dezimeter dicke Schicht taut in den kurzen Sommern auf. Etwa ein Fünftel der Erdoberfläche ist vom Permafrostboden bedeckt; er reicht manchmal bis in eine Tiefe von 1 000 m. Weil Niederschläge und Schmelzwasser nicht versickern können, kommt es in diesen Gebieten zu starker Sumpfbildung.
Photovoltaik: Umwandlung von Solarenergie in elektrische Energie.
planetare Grenzen (planetary boundaries; Belastungsgrenzen unseres Planeten): Ein vom „Stockholm Resilience Center" entwickeltes Modell, das das funktionsgefährdende Ausmaß von neun Teilsystemen – darunter Stoffkreisläufe, die Ozeanversauerung, das Weltklima, die Artenvielfalt mit ihrem genetischen Pool oder die Verfügbarkeit von Süßwasser – und damit des Gesamtsystems Erde veranschaulicht und bewertet. Nur solange diese planetaren Grenzen nicht überschritten werden, kann von einem in seiner Funktions- und Regenerationsfähigkeit intakten System Erde gesprochen werden.
Plattentektonik: Geowissenschaftliche Theorie über den Krustenbau der Erde sowie die Entwicklung der Kontinente und Ozeane. Der Plattentektonik zufolge besteht die Erdkruste aus Platten, die sich auf dem oberen zähflüssigen Teil des Erdmantels (Asthenosphäre) mit unterschiedlicher Geschwindigkeit verschieben, dies führt zur Veränderung der Erdoberfläche durch → Erdbeben, → Vulkanismus und die Entstehung von Gebirgen.

Raubbau-Syndrom: Umweltschädigungen durch den Abbau von Rohstoffen, in Anlehnung an den Raubbau in der Provinz Katanga der D.R. Kongo auch → Katanga-Syndrom genannt.
Reduktion der Treibhausgase: Verringerung der Treibhausgase um Anteil an der Erderwärmung zu reduzieren.
Rekultivierung: Maßnahme zur Wiederherstellung von Landschaftsteilen, die durch wirtschaftliche und technische Tätigkeiten des Menschen verändert oder zerstört wurden. Im Bergbau bezeichnet der Begriff Maßnahmen, die ausgeschöpfte Tagebauflächen wieder nutzbar machen. Es entstehen dadurch neue Wälder und neues Acker- oder Grünland. Restlöcher werden häufig zu Seen für die Freizeitgestaltung.
Renaturierung: Die Landschaft wird wieder in einen naturnahen Zustand gebracht, nachdem sie der Mensch durch wirtschaftliche und technische Tätigkeiten stark verändert hatte. Anders als bei der → Rekultivierung ist eine natürliche Landschaft das Ziel.
Ressourcen: Gesamtheit aller auf der Erde vorhandenen Voraussetzungen für das Leben und Wirtschaften des Menschen. Dazu gehören Rohstoffe (z.B. Erze, Erdöl, Holz), andere Naturgüter (z.B. Wasser, Boden, Luft, Pflanzen, Tiere und Flächenressourcen), aber auch geistige Güter (z.B. Wissen, Ideen). Im engeren Sinn bezeichnet der Begriff die Rohstoffvorkommen, die zusätzlich zu den Reserven weitgehend bekannt, aber noch nicht abbauwürdig sind.
Ressourcenfluch: Bezeichnung dafür, dass ein wertvoller Rohstoff und sein Export nicht zur wirtschaftlichen und sozialen Entwicklung eines Landes beitragen, sondern aufgrund verschiedener Ursachen (z.B. Gewinnabschöpfung durch ausländische Unternehmen, Bereicherung der Eliten statt Investitionen in die Landesentwicklung, ökologische Schäden bei der Förderung) sogar die Entwicklung gehemmt wird.
Ressourcensegen: Im Unterschied zum → Ressourcenfluch die Bezeichnung dafür, dass ein wertvoller Rohstoff tatsächlich wesentlich zur wirtschaftlichen und sozialen Entwicklung eines Landes beiträgt.
Retentionsraum: Bereich der → Aue, in den sich das Wasser bei steigendem Wasserstand ausbreiten kann. Ein Teil des Wassers wird so dem direkten Flusslauf vorübergehend entzogen. Es wird zurückgehalten und gelangt erst später wieder in das Flussbett. Da große Bereiche der Aue durch Deiche vor Überflutung geschützt wurden, stehen diese Räume erst nach dem Rückbau der Deiche oder dem Einbau von Flutungsvorrichtungen wieder als Retentionsraum zur Verfügung.

S

Sahel-Syndrom: Syndrombezeichnung für komplexe Degradationserscheinungen in Regionen, wo wegen der natürlichen Umweltbedingungen nur eingeschränkte landwirtschaftliche Nutzung möglich ist. Typisch sind z. B. → Bodendegradation, Desertifikation und Veränderungen des Klimas.

Savanne: Vegetationszone der wechselfeuchten Tropen und Subtropen; nach Dauer der Regen- und Trockenzeiten verändern sich die Anteile von Gras- und Holzgewächsen; man unterscheidet: Feuchtsavanne, mit einer Dauer der Regenzeit von 7–9½ Monaten und hohem Elefantengras sowie größeren Baumgruppen; Trockensavanne, mit einer Dauer der Regenzeit von 4½–7 Monaten und nur noch etwa ein Meter hohen Gräsern sowie vereinzelten geschlossenen Baumgruppen; Dornsavanne, mit einer Dauer der Regenzeit von 2–4½ Monaten und überwiegend dornigen Busch- und Baumarten; eine geschlossene Grasdecke bildet sich hier nicht mehr aus.

Seafloor Spreading: Vorgang der → Plattentektonik auf dem Meeresboden. Dort, wo zwei ozeanische Platten auseinanderdriften, steigt aus dem Spalt Magma empor und erkaltet durch das Meerwasser augenblicklich an den Plattengrenzen. Das Magma bildet dabei charakteristische Höhenzüge beiderseits der auseinanderdriftenden Grabenränder, die sogenannten Mittelozeanischen Rücken.

Seebeben: → Erdbeben

Sponge City (Schwammstadt): Konzept der Stadtplanung, das verschiedene Maßnahmen bündelt, um zu verhindern, dass das in der Stadt vorhandene Wasser, vor allem Regenwasser, ungenutzt möglichst schnell abfließt. Ziel ist vielmehr, das Wasser zu sammeln, zu speichern und wiederzuverwerten. Dafür soll das → Ökosystem Stadt stärker als bisher und ähnlich der natürlichen Umgebung in den natürlichen Wasserkreislauf eingebunden werden.

Standortfaktoren: Bedingungen, die für die Standortwahl eines Unternehmens maßgebend sind: z. B. Rohstoffquellen, Energieversorgung, Arbeitskräftepotenzial, Lohnkosten, Infrastruktur, Steuerbelastungen, Absatz- und Beschaffungsmarktnähe, Investitionsförderung (harte Standortfaktoren); Bedingungen, die sich nicht unmittelbar im Unternehmenskalkül niederschlagen, werden als weiche Standortfaktoren bezeichnet (z. B. Kultur- und Freizeitangebote, Wohnraumangebot, Image der Region).

statische Reichweite: Zeitspanne, für die die aktuell bekannten weltweiten Vorkommen eines Rohstoffes bezogen auf den aktuellen Verbrauch reichen würden.

Stromnetz: Stromnetze versorgen die Verbraucher mit elektrischer Energie und bilden so die Basis der Energieinfrastruktur.

Stromspeicher: Stromspeicher können Strom aufnehmen und die gespeicherte Energie zu einem späteren Zeitpunkt wieder abgeben.

Subduktionszone: Begriff aus der → Plattentektonik; Untertauchen und teilweises Einschmelzen einer Platte beim Zusammenstoß von zwei Platten, verbunden mit → Erdbeben und → Vulkanismus.

Sustainable Development Goals (SDG): Beschreiben den für das Jahr 2030 angestrebten Entwicklungsstand der Welt. Die Ziele für eine nachhaltige Entwicklung sind der Kern der „Agenda 2030". Sie beschreiben die Entwicklungsdimensionen der Weltgesellschaft bis zum Jahr 2030. Die SDGs werden durch insgesamt 169 „Targets" konkretisiert.

Syndrom: Beschreibt, in Anlehnung an die Medizin, globale Umweltprobleme als „Krankheitsbilder" mit einem Wirkungsgeflecht von naturräumlichen und gesellschaftlichen Faktoren; die Diagnose dieser Syndrome hat das Ziel, Fehlentwicklungen und ihre Ursachen zu erkennen und zu bekämpfen; benannt wurden die verschiedenen Syndrom-Typen nach einem signifikanten Raum- und Sachbeispiel.

systemisches Denken/System Erde: Mit „sýstēma" bezeichneten die alten Griechen ein aus mehreren Einzelteilen zusammengesetztes Ganzes; dieses ist dabei nicht im Sinne der Summe aller Einzelteile zu verstehen, sondern vielmehr als ein interagierender Verbund von Teilsystemen, der eine aufgaben-, sinn- oder zweckgebundene Einheit bildet. Das System Erde besteht aus einer Fülle von Teilsystemen, u. a. dem Klimasystem, dem ökologischen System, dem System Boden, dem System Meer oder den Systemen menschlicher Gesellschaften oder der Wirtschaft.

T

Transformstörung: Störungszone an Plattengrenzen, die ozeanische oder kontinentale Lithosphäre durchschneidet und einzelne Abschnitte von Mittelozeanischen Rücken oder → Subduktionszonen verbindet; die horizontalen Plattenbewegungen führen zur Seitenverschiebung.

Treibhauseffekt: Unter dem natürlichen Treibhauseffekt versteht man die Fähigkeit der → Atmosphäre, die Energieverluste der Erdoberfläche durch Ausstrahlung zu kompensieren und so ein Auskühlen der Erde zu verhindern. Dabei wird die von der Erdoberfläche abgegebene langwellige Wärmestrahlung durch Wasserdampf oder Kohlenstoffdioxid als Gegenstrahlung zur Erde zurückgestrahlt. Wird dieser Mechanismus durch zusätzliche Treibhausgase des Menschen verstärkt, spricht man vom anthropogenen Treibhauseffekt.

Trockengrenze: Die landwirtschaftliche Trockengrenze trennt den Raum des Regenfeldbaus vom Bewässerungsfeldbau. Sie verläuft etwa entlang der 400-mm-Linie des durchschnittlichen Jahresniederschlags in Abhängigkeit von der Temperatur. Durch die Variabilität der Niederschläge unterliegt sie

Schwankungen. Es besteht hier ein erhöhtes Risiko für die Ernte.

tropische Wirbelstürme: Drehwinde mit einem starken Druckgefälle. Im Zentrum des Wirbels, im „Auge", herrscht fast Windstille. Tropische Wirbelstürme entstehen über der warmen Meeresoberfläche (Oberflächentemperatur über 27 °C) meist zwischen 10° und 20° nördlicher Breite. Sie haben je nach Verbreitungsgebiet unterschiedliche Bezeichnungen (z. B. Hurrikan oder Taifun). Diese Drehbewegung wird durch die Erdrotation hervorgerufen.

tropische Zirkulation: Luftmassenbewegungen der Tropischen Zone, die nördlich und südlich des Äquators bis hin zu den Wendekreisen gürtelartig um den Erdball auftreten. Die Sonne erwärmt den Boden und die unteren Luftschichten in Äquatornähe. Die bodennahen Luftmassen steigen auf und kühlen langsam ab. In Bodennähe bilden sich Tiefdruckgebiete (Innertropische Konvergenzzone = ITC). Da ständig neue Luft nach oben nachströmt, werden die Luftmassen in etwa 10 bis 15 km Höhe nach Norden und Süden abgedrängt. An den Wendekreisen sinkt die Luft ab und erwärmt sich wieder. Von diesen subtropischen Hochdruckgebieten wehen die Passatwinde zurück zu den Tiefdruckgebieten am Äquator.

tropischer Regenwald: Vegetationsform der immerfeuchten Tropen mit mehr als 2 000 mm Niederschlag pro Jahr und gleichmäßig hoher Temperatur von 25 – 28 °C; ein Merkmal ist der große Artenreichtum (ca. 3 000 immergrüne Baumarten, Schling- und Kletterpflanzen) und ein üppiges Wachstum mit Baumriesen über 60 m Höhe; der Regenwald zeigt einen ausgeprägten Aufbau der Pflanzen in 4 – 5 Stockwerken (Stockwerkbau); er ist ein wichtiger Sauerstofflieferant und Klimaregulator der Erde.

Tsunami: Bis zu 60 m hohe, sehr schnelle Flutwelle, die überwiegend durch → Seebeben und Massenverlagerung von Meeresboden (z. B. Hangrutschung) ausgelöst wird. Auf dem Meer sind Tsunamis kaum zu bemerken, können jedoch bei Erreichen der Küste gewaltige Schäden anrichten und Katastrophen verursachen.

Umsiedlung: Wohnsitzverlagerung von geschlossenen Bevölkerungsgruppen, z. B. in Braunkohleabbaugebieten, in denen Dörfer und Einzelsiedlungen dem Tagebau weichen müssen.

Vulkanismus: Zusammenfassende Bezeichnung für alle geologischen Vorgänge, die mit dem Aufstieg und dem Austritt fester, flüssiger oder gasförmiger Stoffe aus dem Erdinneren an die Erdoberfläche zusammenhängen. Die Förderung der Stoffe hat ihren Ausgangspunkt in Magmaansammlungen der Erdkruste. Auswurf- bzw. Ausflussmaterialien sind Lava, Lockermaterial (Asche) und Gase. An der Erdoberfläche entstehen Vulkane.

Vulnerabilität: Grad der Gefährdung durch existenzbedrohende Ereignisse sowie das Fehlen von Reaktionsmöglichkeiten zur Folgeneindämmung

Wasserkraft: Die Energie des fließenden Wassers kann zur Stromerzeugung genutzt werden: Bei Laufwasserkraftwerken ist es das strömende Flusswasser, bei Speicherkraftwerken dagegen das vom Speichersee zum Turbinenhaus herabströmende Wasser, das die Turbinen antreibt.

Windenergie: Primärenergie aus der Bewegungsenergie des Windes, die durch moderne Windkraftanlagen zur Stromerzeugung genutzt werden kann.

Wüste: Gebiet, in dem aufgrund großer Trockenheit (Trockenwüste) oder geringer Temperaturen (Kälte- oder Eiswüste) von Natur aus nur spärliches Pflanzenwachstum möglich ist. Auf der Erde sind Trockenwüsten in den Tropen (z. B. Sahara) und Außertropen (z. B. Gobi), verbreitet, Kältewüsten in den Hochgebirgen und den Polargebieten. Nach der Beschaffung der Oberfläche unterscheidet man die Wüstenarten: Felswüste (Hamada), Kieswüste (Serir) und Sandwüste (Erg). Hinsichtlich ihrer Entstehung werden dagegen die Wüstentypen Wendekreiswüsten, Binnenwüsten und Küstenwüsten unterschieden.

Sachregister

Alle **fett** gedruckten Begriffe sind als „Wichtige Begriffe" im Glossar dieses Arbeitsanhangs definiert.

A

Adaption	32, 34
Agroforstwirtschaft	117
Ambiguität	12, 32
Anfälligkeit	88
Anökumene	46/47
Anpassungsfähigkeit	88
Anthrome	74/75
Anthroposphäre	15, 48
Anthropozän	8, 73
Asthenosphäre	85, 90, 96
Atmosphäre	14–16, 26, 27, 48, 61, 177
Atomkraft	167
Aue	127

B

Bewältigungskapazität	88
Biodiversität	53
Biomasse	53, 196/197
Biosphäre	15/16, 48, 61
Bodendegradation	46
borealer Nadelwald	58/59, 68
Braunkohle	150–157
Budgetansatz	36

C

Carbon-Law-Plan	36
Cash Crops	60, 64
Corioliskraft	28, 55

D

Dekarbonisierung	34, 36
Desertifikation	62, 64/65
Digitalisierung	164
divergierende Plattengrenzen	90
Dürre	26, 62, 67, 111, 114–125

E

Emissionshandel	36
endogene Kräfte	92–109
Energiebilanz	15
Energiemix	150, 164, 187
Energieträger	151, 164, 166, 190
Energieverbrauch	164–166
Energiewende	146, 150, 162, 178, 186/187, 190, 194, 206/207
Epizentrum	97
Erdbeben	85, 96–99
Erdgas	170/171, 174, 176, 178
Erdöl	168, 172–176, 178
erneuerbare Energieträger	184–218
Evapotranspiration	117
Exposition	88

F

Fernerkundung	104
Forstwirtschaft	118/119
fossile Energieträger	144–180
Fotosynthese	53, 196
Fracking	165, 176
Frühwarnsystem	94, 102

G

Geoelemente	48
Geo-Engineering	37
Geofaktoren	48/49
Geosphäre	48
Geothermie	208/209
Geozonen	49
GIS (Geographische Informationssysteme)	105, 198–203
Gletscher	25
Global Change	45/46, 72/73
globaler Wandel	45/46, 72/73
globaler Wasserkreislauf	112, 136/137
Globalstrahlung	192

H

Hadley-Zelle	57
Halbwüste	56/57
Hochwasser	126–132
Hotspot	93
Hurrikan	27–29
Hydrosphäre	15/16, 26/27, 48, 61
Hypozentrum	97

I

Industrialisierung	158
Inlandeis	25, 31
innertropische Konvergenzzone (ITC)	55, 57
IPCC	16, 25/26, 32

J

Jetstream	115, 128

K

Kältegrenze	47
Katanga-Syndrom	68/69
Katastrophenmanagement	95
Kipp-Element	30/31, 59, 64
Klima	15, 58
Klimadiagramm	50/51
Klimaelemente	14, 50
Klimafaktoren	14, 16
Klimaneutralität	34, 36, 187/188
Klimareferenzperiode	15
Klimasystem	14, 30
Klimatypen	51
Klimawandel	8, 10–40, 113, 120, 128, 147/148, 177/178, 186
Kohleausstieg	151, 157
Kohlenkrise	160–162
Kohlenstoffkreislauf	16
Kohlenstoffsenke	16
konservierende Plattengrenze	90
kontinentales Klima	58
Kontinentalverschiebung	90
konvergierende Plattengrenze	90
Kraft-Wärme-Kopplung	190
Kryosphäre	15, 24/25
Kulturlandschaft	48, 152
kurzgeschlossener Mineralstoffkreislauf	52/53

L

Lagerstätten	150, 165, 176
Landschaft	45, 48
Landschaftszone	45/46, 49, 73/74
Landwirtschaft	116/117
Lastmanagement	215
Lava	92
Lithosphäre	85, 90, 93, 96

M

Magma	92/93
Manteldiapir	93
Mantelkonvektion	91
maritimes Klima	58
Meereis	25, 31
Meeresspiegel	26
Mensch-Umwelt-System	45, 49, 72
Methanhydrat	177
Mitigation	32, 34–36
Mobilität	18–23, 191
Mobilitätsverhalten	18–23
Modal Split	18/19, 23
Monsun	123, 132/133
Montanindustrie	158

N

Nachhaltigkeit	8
Naturereignis	84, 86/87, 130
Naturgefahr	84, 87
Naturlandschaft	48
Nomadismus	62
Nordostpassage	24

O

ökologischer Rucksack	76/77
Ökosystem	25, 48, 52/53, 60, 63, 74, 119, 174, 178/179
Ökozone	49, 72
Ökumene	46/47, 72
Ölsand	68/69
Orogenese	90

P

Pangäa	90/91
Passat	55, 57
Pedosphäre	15/16, 48, 61
Permafrost	25, 30/31, 58/59, 178
Photovoltaik	192/193
Pipeline	170
planetare Grenzen	8
Plattentektonik	90
Power-to-Gas	190, 214

R

Raubbau-Syndrom	60/61
Reduktion der Treibhausgase	20
Rekultivierung	150, 153
Reliefsphäre	48
Renaturierung	121, 130
Repowering	194
Resilienz	34/35, 119
Ressourcen	76, 176
Ressourcenfluch	172/173
Ressourcensegen	173
Retentionsraum	127
Rückkopplung	61, 63

S

Sahel-Syndrom	62–65
Savanne	54/55
Schalenbau	85
Scherbruch	97
Schichtvulkan	85
Schildvulkan	85
Seafloor Spreading	90
Seebeben	96, 100, 102
Solarenergie	192/193

Solarthermie	192/193
Sonderwirtschaftszone	169
Sozialkatastrophe	87
Sponge City	124
Standortfaktoren	158/159
statische Reichweite	165
Steinkohle	158–162
Stromerzeugung	149, 167, 187, 192–197, 210/211, 212/213
Stromnetz	212/213, 215
Stromspeicher	214/215
Strukturwandel	157
Subduktion	90
Subduktionszone	92, 96, 100
Subsistenzwirtschaft	64
Sustainable Development Goals (SDG)	8/9
Syndrom	60–65, 68/69, 72/73, 172
systemisches Denken/ System Erde	7/8, 15, 74/75

T

Tagebau	150–153
thermohaline Zirkulation	31
Tiefdruckgebiet	28, 55, 128
Tonminerale	53
Transformstörung	90, 96, 98
Treibhauseffekt	13/14, 16/17, 147, 148
Treibhausgase	14–17, 20
Trinkwasser	120/121
Trockengrenze	47, 55, 62
tropische Wirbelstürme	27–29
tropische Zirkulation	55
tropischer Regenwald	52/53, 60/61
Troposphäre	14
Tsunami	85, 92, 99–103

U

Überschwemmungen	26, 111, 124, 132/133
Umsiedlung	154/155

V

Verkehrsträger	18
Verwundbarkeit	29
Vulkan	92–95
Vulkanismus	85, 92/93
Vulnerabilität	86–88, 92, 102
Vulnerabilitätskonzept	88/89

W

Wärmepumpe	190
Wasserkraft	210/211
Weinbau	42/43
Weltrisikoindex	88
Wendekreise	55, 57
Wetter	15
Windenergie	194/195, 198–205
Witterung	15
Wüste	56/57

Z

Zenitalregen	55

Lösungshilfen

1 Globale Herausforderung Klimawandel

Seite 13, Aufgabe 3
Nutzen Sie auch die Kurzanleitung zur Concept Map auf S. 230.

Seite 14, Grafik 2
ppm: Moleküle pro 1 Mio. Luftmoleküle (parts per Million);
ppb: Moleküle pro 1 Mrd. Luftmoleküle (parts per Billion)
Thermosphäre: Absorption der kurzwelligen UV-Strahlung bewirkt einen Temperaturanstieg.
Stratosphäre: Absorption der kurzwelligen UV-Strahlung in der Ozonschicht bewirkt einen Temperaturanstieg.
Troposphäre: Die Temperatur nimmt bis zur Tropopause ca. 0,65 °C pro 100 m ab.

Seite 14, Grafik 3
Die Rekonstruktion von Klimadaten beruht auf der Recherche von alten Überlieferungen aus Stadtarchiven, Wetteraufzeichnungen, der Untersuchung von Jahresringen, Korallen, Sedimenten usw. Aus diesen gesammelten Informationen ziehen Wissenschaftlerinnen und Wissenschaftler beispielsweise Rückschlüsse auf die Temperatur an der Erdoberfläche. Je nachdem, welche Rechercheergebnisse berücksichtigt werden, entstehen daraus unterschiedliche Rekonstruktionsverläufe.

Seite 25, Text 5
Der IPCC forscht nicht selbst, sondern sehr viele Wissenschaftlerinnen und Wissenschaftler fassen aktuelle Studien weltweit zusammen zu einem Bericht. Im Zusammentragen der Ergebnisse bewerten die Wissenschaftlerinnen und Wissenschaftler, wie aussagekräftig die Studien sind. Diese Einordnung drücken sie in Wahrscheinlichkeiten aus. So bedeutet im vorliegenden Material die Kategorie A beispielsweise, dass die Aussagen sehr wahrscheinlich sind, d.h., in 9 von 10 Fällen trifft die Aussage zu.

2 Landschaftszonen im globalen Wandel

Seite 49, Aufgabe 1
a) Lage: Bedenken Sie, dass die Landschaftszonen am Äquator gespiegelt sind.
c) Boden: Gehen Sie – soweit möglich – auf folgende Aspekte ein: die typischen Bodentypen (z.B. Braunerde, Pseudogley), die bedeutenden Bodenarten (Sand, Ton, Schluff), das Wasserhaltevermögen, die Zersetzung des aufliegenden Streus, die Tiefgründigkeit, die Speicherung von Mineralsalzen (= Nährstoffe).
d) Vegetation: Beschreiben Sie die typischen Pflanzen und ihre bedeutenden, an die jeweilige abiotische Umwelt angepassten Strukturen (= Angepasstheiten). Gehen Sie auf die Dichte der Vegetationsdecke ein. Erklärungen sind nur für den tropischen Regenwald, die Savannen und die Wüsten/Halbwüsten relevant.
e) Nutzung: Nutzen Sie Beurteilungskriterien, um die Aufgabe zu beantworten – was benötigen Pflanzen, um gut zu wachsen?
f) Besonderheiten:
1. tropischer Regenwald: kurzgeschlossener Mineralstoffkreislauf;
2. Savanne: Entstehung und Wanderung der ITC/Entstehung von Trocken- und Regenzeiten;
3. Wüsten/Halbwüsten: Wüstenentstehung und Wüstentypen;
4. Borealer Nadelwald: Permafrost
g) siehe Terra-Code S. 49

Seite 61, Aufgabe 4
Achten Sie vor allem auf Rückkopplungen (hier v.a.: negative Rückkopplung über Umweltwahrnehmung).

Seite 64, Aufgabe 10
Achten Sie auf Rückkopplungen (hier: positive Rückkopplung / „Teufelskreis" im Kern des Syndroms).

Seite 65, Aufgabe 16
Greifen Sie auf das Syndromgeflecht zurück.

Seite 66, Aufgabe 17
Suchen Sie Karten zum Niederschlag, der Vegetationsbedeckung/Landschaft, den vorherrschenden Temperaturen.

Seite 66, Aufgabe 20
Eine Beurteilung erfordert Kriterien. Diese sind mit dem Nachhaltigkeitsdreieck vorgegeben. Arbeiten Sie also positive und negative Folgen für jede Dimension heraus und ziehen Sie ein Fazit.

Seite 69, Aufgabe 23
Auch bei der Stellungnahme können Sie die drei Nachhaltigkeitsdimensionen (Ökologie, Ökonomie und Soziales) heranziehen.

Seite 72/73, Grafik 1, Aufgabe 2
Der Begriff Treiber ist ein Wort für Ursache. Die linke Seite der Grafik 1 kann von oben nach unten gelesen auch als Ursachenkette verstanden werden – am Ende stehen die Änderungen. Daran schließen mögliche Folgen sowie – in Abhängigkeit von unserem Handeln – Alternativen an. Die rechte Seite zeigt die Betrachtungsfenster auf: Raum, Zeit und die handelnden Gruppen.

3 Endogene Kräfte – Gefährdung von Lebensräumen

Seite 95, Aufgabe 6
Zur Recherche können Sie auch mit der App „Vulkane und Erdbeben" arbeiten (vgl. S. 105, Abbildung 4).

4 Wassermangel und Wasserüberschuss

Seite 127, Aufgabe 4, Grafik 8
Die Abflussganglinie beschreibt den zeitlichen Ablauf eines Hochwassers im unmittelbaren Anschluss an ein Starkregenereignis. Dabei umfasst die Hochwasserdauer die Zeitspanne zwischen Beginn des Wellenanstiegs und dem Ende des Direktabflusses. Die zeitlichen Angaben stellen Durchschnittswerte dar. Die Zeitspanne hängt von verschiedenen Faktoren ab: Größe und Topografie des Einzugsgebietes, Ergiebigkeit und Dauer der Niederschläge.

Seite 128, Karte 9, Text 10
Die Bedeutung der Vb-Wetterlage für die Unterläufe der Mittelgebirgsflüsse wurde lange Zeit nicht erkannt. Vor allem die Gefahr von rasch einsetzendem Hochwasser an mittleren und kleinen Gewässern in den Mittelgebirgen wurde unterschätzt. Die Juni-Flut 2013 wurde durch die Wassermassen aus dem Erzgebirge und anderen Mittelgebirgen unmittelbar verstärkt, da der Boden des kranken Schutzwaldes sie nicht mehr halten konnte. Bergwälder können die Gefahr von Hochwasser nur verringern, wenn sie ökologisch intakt sind. Sie schützen nicht nur vor Lawinen und Erdrutschen, sie halten den Boden und das Wasser fest – intakter Waldboden fasst pro Kubikmeter bis zu 250 Liter.

Seite 129, Aufgabe 8
Beim Rückgriff auf das Vulnerabilitätskonzept dienen dessen Komponenten als Raster für die Erläuterung. Welche Wechselwirkungen bestehen zwischen „Exposition" und Eingriffen des Menschen? Was folgt daraus für die „Anfälligkeit" bzw. Resilienz? Wie sind die „Bewältigungskapazität" und die „Anpassungsfähigkeit" zu beurteilen?

Seite 130, Tabelle 18
Für eine „standortgerechte Landbewirtschaftung" (Säule „Natürlicher Wasserrückhalt") lassen sich folgende Beispiele anführen:
- extensives Grünland als schonendste Form der Landnutzung in der Nähe von (Fließ-)Gewässern;
- naturnahe Auen als Retentionsräume mit großer Bedeutung für den Natur-, Grundwasser- und Hochwasserschutz.

Seite 131, Aufgabe 12
Mögliche Argumente:
- Land und Gemeinde: regelmäßige Überflutung erfordert auch vorbeugenden Hochwasserschutz; mit Retentionsraum leistet Gemeinde einen Beitrag zur Minderung von Hochwasserspitzen flussabwärts;
- Landwirte: Betriebsflächen müssen aufgegeben werden; Frage, wer für die teure Schwemmgutbeseitigung nach einem Hochwasser aufkommen muss;
- Anwohner: der Deich in unmittelbarer Siedlungsnähe „verschandelt die Landschaft" und mindert den Wert der Grundstücke;
- Naturschützer: Wiederherstellung ehemaliger Überschwemmungsflächen ist ökologisch zu begrüßen; besser wäre, das gesamte Gebiet einer Flutung zu überlassen, landwirtschaftliche Flächen ganz aufzugeben und Landwirte zu entschädigen.

Seite 133, Karte 27
Mit einem kräftigen Hitzetief über dem indischen Festland verlagert sich im Sommer aufgrund der starken Sonneneinstrahlung die ITC weit nach Norden. Der in die ITC hineinwehende Südostpassat erfährt durch den Übertritt über den Äquator unter dem Einfluss des Corioliseffekts einen Richtungswechsel: Er wird zum Südwestmonsun. Der nimmt als warme Luftströmung auf seinem Weg über den Indischen Ozean große Mengen an Wasserdampf auf. Beim Auftreffen auf die Landmasse kommt es zu Kondensation, heftigen Gewittern und sintflutartigen Niederschlägen.

Seite 135, Aufgabe 19
Vorschlag: eine Wirkungskette mit Abfolge der Kärtchen 1 – 7 – 11, eine zweite mit der Abfolge 1 – 5 – 13 beginnen.

5 Fossile Energieträger

Seite 160, Aufgabe 6
Gehen Sie bei der Auswertung eines geologischen Profils strukturiert vor:
- Lage/Verortung, Himmelsrichtung und Länge des Profils (in km);
- Beschreibung wesentlicher Merkmale, hier vor allem die nach NW hin zunehmende Tiefe der Kohleflöze, die zunehmende Mächtigkeit des Deckgebirges sowie die zahlreichen Brüche;
- Zuordnung dieser Merkmale zum Aufgabenthema, dem Niedergang des Steinkohlenbergbaus, mitbedingt durch die nach Nordwesten hin immer aufwendigere und damit teurere Förderung.

Seite 161, Text 11
Feierschichten: Die Bergleute werden von einer kompletten 8-Stunden-Schicht freigestellt, um so die Produktion zu drosseln.
Rüstungskonjunktur: In Nazideutschland der Zeitraum von 1935 bis in den Zweiten Weltkrieg hinein mit einer starken militärischen Aufrüstung.
partizipieren: Man hat Anteil an etwas, profitiert von etwas.
Heizölzoll: Er betrug bis zum 30.6.1956 1,50 DM je 100 kg Heizöl. Ab dem 1.7.1956 fiel dieser Zoll ganz weg, was Öl zum Heizen von Wohnungen billiger und attraktiver machte.

Seite 164, Grafik 1
Gaming: Spiele;
File Sharing: Datenaustausch;
Web/Data: „Surfen" im Internet;
IP VOD: Video on demand – Videos auf Abruf;
Internet Video: Videos beim „Surfen" im Internet

Seite 175, Aufgabe 13
Beachten Sie die Meereseisbedeckung rund um Sachalin.

Seite 176, Aufgabe 3
Bei einer Podiumsdiskussion ist zu beachten:
- Ein Moderator wird bestimmt; dieser muss sich selbst gründlich kundig machen; er steuert die Diskussion und greift, wenn nötig, auch in sie ein.
- Die „Vertreter" werden im Kurs wahrscheinlich mehrfach besetzt; die jeweilige Gruppe erarbeitet Informationen und vor allem Argumente und fixiert sie stichwortartig; anschließend wird für die Diskussion ein Sprecher bestimmt.
- Die Diskussion kann engagiert geführt werden, muss aber von Sachlichkeit geprägt sein.

6 Regenerative Energieträger

Seite 191, Aufgabe 5b)
Hier sollte nach einer Präsentation der Gemeinde Nottuln zur Strategie einer Klimaneutralität bis 2030 recherchiert werden (auf den Seiten der Gemeinde im Internet).

Seite 193, Aufgabe 10
Bei der Bewertung sollte beachtet werden, dass zur Erreichung der Klimaneutralität in Nottuln bis 2030 mindestens 3 300 neue Dach-PV und fünf Freiflächenanlagen neu installiert werden müssen.

Seite 213, Grafik 4
Durch die naturräumlichen Unterschiede würde dieselbe Photovoltaikanlage, die im Südwesten Deutschlands 15 MWh Strom produziert, im Mittelgebirge in Nordrhein-Westfalen nur knapp 12 MWh produzieren. Bei der Windenergie ist der Unterschied noch viel größer. In welchen Gegenden Deutschlands wird daher der Windenergieausbau besonders stark vorangetrieben werden? Was wird dies für die regionale Stromerzeugung bei viel Wind bedeuten?

Quellennachweis

Cover Getty Images Plus, München (t-lorien); **Cover** Getty Images Plus, München (Halfpoint); **6.1** ShutterStock.com RF, New York (SiriusRzn); **8.2** stock.adobe.com, Dublin (Creativemarc); **8.3** 123rf Germany, c/o Inmagine GmbH, Nidderau (smn); **8.3** Schaar, Wolfgang, Grafing, Hintergrundbild: 123rf Germany, c/o Inmagine GmbH (smn), Nidderau; **9.4** © United Nations / globalgoals.org; **9.5** Source: National Footprint and Biocapacity Account, 2021 Edition, Global Footprint Network; **10/11** https://creativecommons.org/licenses/by-sa/4.0/deed.de, Mountain View (Climate Lab Book. Open climate science. http://www.climate-lab-book.ac.uk/2018/warming-stripes/#more-5516); CC-BY-SA-4.0 Lizenzbestimmungen: https://creativecommons.org/licenses/by-sa/4.0/legalcode; **10.1** Alamy stock photo, Abingdon (TRAVELSCAPES); **12** Robert Gillenkirch: Ambiguität. In: Gabler Wirtschaftslexikon, unter: https://wirtschaftslexikon.gabler.de/definition/ambiguitaet-53900 (Zugriff 12.10.2021); **12.3** Schaar, Wolfgang, Grafing, nach www.bundesregierung.de/breg-de/aktuelles/-polarstern-startet-grosse-arktismission-1536300 (Zugriff 12.10.2021); **12.3** ddp media GmbH, Hamburg (Stefan Hendricks); **12.4** Jäckel, Diana, Erfurt; BMU; (c) 2020 Climate Action Tracker; https://climateactiontracker.org/global/cat-thermometer/; **13.4z454e** creanovo – motion & media design GmbH, Hannover; Fremdmaterial: creanovo – motion & media design GmbH, Hannover; (Animation Treibhauseffekt Part 2); **13.5** creanovo – motion & media design GmbH, Axel Kempf, Hannover; **14.1** Deutscher Wetterdienst: Klimafaktoren. In: Wetter- und Klimalexikon; unter: https://www.dwd.de/DE/service/lexikon/Functions/glossar.html?lv2=101334&lv3=101422 (Zugriff 12.10.2021); **14.2** Schaar, Wolfgang, Grafing; **14.3** Jäckel, Diana, Erfurt, nach T. Stocker: Einführung in die Klimamodellierung. Bern 2002, S.8; **15.4** Schaar, Wolfgang, Grafing, nach IPCC, 2007: Climate Change 2007: The Physical Science Basis. Contribution of Working Group I to the Fourth Assessment Report of the Intergovernmental Panel on Climate Change, S. 104, FAQ 1.2, Figure 1, https://www.ipcc.ch/site/assets/uploads/2018/05/ar4_wg1_full_report-1.pdf; **15.4z454e** creanovo – motion & media design GmbH, Hannover; Fremdmaterial: creanovo – motion & media design GmbH, Hannover; (Animation Treibhauseffekt Part 2); **15.5** Eckenfelder, Bettina, Eisenach; **15.6** Jäckel, Diana, Erfurt, nach Christian-Dietrich Schönwiese, Bernd Diekmann: Der Treibhauseffekt. Rohwolt, Reinbek 1991, S.117; **16** Umweltbundesamt: Weltklimarat (IPCC), 21.02.2014; unter: https://www.umweltbundesamt.de/themen/klima-energie/klimawandel/weltklimarat-ipcc (Zugriff 12.10.2021); **16.1** Schaar, Wolfgang, Grafing; **16.1** Schaar, Wolfgang, Grafing: nach Globus Infografik, dpa 6730; **16.2** Jäckel, Diana, Erfurt, nach P. Friedlingstein u.a.: Global Carbon Budget 2019. Earth System Science Data, Bd. 11, 2019; **17.3** Stefan Rahmstorf: Woher die gewaltige Energie des Klimawandels stammt. In: SPIEGEL Wissenschaft v. 25.01.2020, unter: https://www.spiegel.de/wissenschaft/mensch/klimawandel-woher-die-gewaltige-energie-der-erderhitzung-stammt-a-692ebf01-faf1-4ffe-828a-16493d24715b (Zugriff 12.10.2021); **17.4** Eckenfelder, Bettina, Eisenach nach https://www.globalcarbonproject.org/carbonbudget/19/infographics.htm Quelle: 2019 projection by the Global Carbon Project. Trend to 2017 based on data from the IEA (2019) CO2 Emissions from Fuel Combustion, www.iea.org/statistics. All rights reserved.; **17.4z454e** creanovo – motion & media design GmbH, Hannover; Fremdmaterial: creanovo – motion & media design GmbH, Hannover; (Erklärfilm Klimawandel, Teil 1); **17.4z454e** creanovo – motion & media design GmbH, Hannover; Fremdmaterial: creanovo – motion & media design GmbH, Hannover; (Erklärfilm Klimawandel, Teil 1); **17.4z454e** creanovo – motion & media design GmbH, Hannover; **17.5** Jäckel, Diana, Erfurt, nach https://ourworldindata.org/co2-by-income-region; **17.6** Jäckel, Diana, Erfurt, nach IPCC): Climate Change 2021. The Physical Science Basis. Summary for Policymakers. 2021, S.7; unter: www.de-ipcc.de/media/content/AR6-WGI-SPM.pdf (Zugriff 12.10.2021); **18.1** Alamy stock photo, Abingdon (Heiko Küverling); **18.1u.** Alamy stock photo, Abingdon (Iain Masterton); **18.2** Bundesministerium für Verkehr und digitale Infrastruktur, Bonn; **19.3** Jäckel, Diana, Erfurt, nach C. Nobis u.a. (2019): Mobilität in Deutschland – Zeitreihenbericht 2002 – 2008 – 2017. Studie von infas, DLR, IVT und infas 360. Bonn, Berlin 2019, S.54; **19.4** Jäckel, Diana, Erfurt, nach C. Nobis u.a. (2019): Mobilität in Deutschland – Zeitreihenbericht 2002 – 2008 – 2017. Studie von infas, DLR, IVT und infas 360. Bonn, Berlin 2019; **20.5** Umweltbundesamt, Dessau-Roßlau; **20.6** Jäckel, Diana, Erfurt, nach www.bmu.de/fileadmin/Daten_BMU/Bilder_Sharepics/mehrklimaschutz/emissions_entwicklung.png (Zugriff 12.10.2021); **21.7** Jäckel, Diana, Erfurt, nach Umweltbundesamt (Hg.): Umweltfreundlich mobil! Ein ökologischer Verkehrsartenvergleich für den Personen- und Güterverkehr in Deutschland. Dessau 2021, S.15; **21.8** Jäckel, Diana, Erfurt, nach Umweltbundesamt (Hg.): Umweltfreundlich mobil! Ein ökologischer Verkehrsartenvergleich für den Personen- und Güterverkehr in Deutschland. Dessau 2021, S.22; **21.9** Jäckel, Diana, Erfurt, nach BMU (Hg.): Wie umweltfreundlich sind Elektroautos? Eine ganzheitliche Bilanz. Berlin 2021, S.7; **21.10** Jäckel, Diana, Erfurt, nach Heinrich-Böll-Stiftung / VCD: Mobilitätsatlas 2019. Daten und Fakten für die Verkehrswende. Berlin 2020, S.13; **22.11** ShutterStock.com RF, New York (Allard One); **22.12** Verena Glanos: Konzept aus den Niederlanden: Wo das Auto nur noch Gast ist. In: zdf.de, Nachrichten, 13.04.2019; unter: https://www.zdf.de/nachrichten/heute/plan-b-wo-das-auto-nur-noch-gast-ist-die-niederlande-denken-verkehr-anders-100.html (Zugriff 25.10.2021); **22.li** United Nations Publications, New York; **22.li** United Nations Publications, New York; **22.li** United Nations Publications, New York; **23.13** Melanie Chahrour: Kein Dach bleibt ungenutzt: Utrecht bekommt neuen nachhaltigen Stadtteil. In: polis, 10.02.2020, unter: https://polis-magazin.com/2020/02/kein-dach-bleibt-ungenutzt-utrecht-bekommt-neuen-nachhaltigen-stadtteil (Zugriff 25.10.2021); **23.14** Jäckel, Diana, Erfurt, nach Gemeente Utrecht: Slimme Routes, Slim Regelen, Slim Bestemmen. Mobiliteitsplan Utrecht 2025. Utrecht 2016, S.12; unter: https://omgevingsvisie.utrecht.nl/fileadmin/uploads/documenten/zz-omgevingsvisie/thematisch-beleid/verkeer-mobiliteit/2016-05-mobiliteitsplan-utrecht-2025-slimme-routes-slim-regelen-slim-bestemmen.pdf (Zugriff 25.10.2021); **23.15** Jäckel, Diana, Erfurt, nach Gemeente Utrecht: Mobiliteitsplan 2040. Utrecht 2021, S.20; unter: https://omgevingsvisie.utrecht.nl/fileadmin/uploads/documenten/zz-omgevingsvisie/thematisch-beleid/verkeer-mobiliteit/2021-05-mobiliteitsplan-2040-toegankelijk.pdf (Zugriff 25.10.2021); **23.16** Schaar, Wolfgang, Grafing, nach Stedenbouwkundig Plan Merwede. Utrecht 2020, S.26; **24.1** dpa, Arktis bis 2050 im Sommer öfter eisfrei - auch bei Klimaschutz, dpa-Meldung v. 27.04.2020 © dpa Deutsche Presse-Agentur GmbH; **24.2** Picture-Alliance, Frankfurt/M. (Yuri Maltsev / Reuters); **24.2** Jan Oliver Löfken: Das erste Containerschiff bewältigt die Nordostpassage. In: Technology Review, 03.01.2019, unter: www.heise.de/hintergrund/Das-erste-Containerschiff-bewaeltigt-die-Nordostpassage-4232227.html (Zugriff 26.10.2021); **24.4z454e** creanovo – motion & media design GmbH, Hannover; **25.3** Eckenfelder, Bettina, Eisenach nach https://haveland.com/; (c)2020 lee Robinson @ ahaeland, Daten: http://psc.apl.uw.edu/research/projects/arctic-sea-ice-volume-anomaly/; **25.4** NASA, Washington , D.C. (Joshua Stevens, using Landsat data from the USGS); **25.4** NASA, Washington , D.C. (Joshua Stevens, using Landsat data from the USGS); **25.5** IPCC-Sonderbericht über den Ozean und die Kryosphäre in einem sich wandelnden Klima (SROCC). Finale Version vom 20.11.2020, unter: www.de-ipcc.de/media/content/Hauptaussagen_SROCC.pdf (Zugriff 27.10.2020); **26.6** Andreas Krebs: Düstere Zukunft für unseren Planeten. In: TELEPOLIS, 26.09.2019, unter: https://www.heise.de/tp/features/Duestere-Zukunft-fuer-unseren-Planeten-4539541.html (Zugriff 27.10.2021); **26.6** Ernst Klett Verlag, Stuttgart nach Climate Central - Coastal Risk Screening Tool. Unter: https://coastal.climatecentral.org/map (Zugriff: 07.09.2020); **26.7** Jäckel, Diana, Erfurt, nach NOAA, www.climate.gov/sites/default/files/sealevel_contributors_graph_SOTC2018_620.jpg; **26.8** Sarah Woodall: URBAN GARDENING - Wie man Grönland grüner macht, unter: https://visitgreenland.com/de/artikel/urban-gardening-wie-man-groenland-gruen-macht/ (Zugriff 27.10.2021); **26.9** Vorläufige Übersetzung, Version vom 8.Mai 2020 IPCC-Sonderbericht über den Ozean und die Kryosphäre in einem sich wandelnden Klima (SROCC), vom 08.05.2020, unter: https://www.de-ipcc.de/media/content/Hauptaussagen_SROCC.pdf (Zugriff 27.10.2020); **26.10** Andreas Frey: Warum brannte Australien? In: FAZ.net, 22.03.2020, unter: https://www.faz.net/aktuell/wissen/erde-klima/klimawandel-warum-brannte-australien-16684925.html (Zugriff 27.10.2021); **27.11** Getty Images Plus, München (MikeMareen/iStock); **27.12** Ernst Klett Verlag GmbH, Stuttgart; **27.12** Ernst Klett Verlag GmbH, Stuttgart; **27.13** Alamy stock photo, Abingdon (inga spence); **28.14** Schaar, Wolfgang, Grafing; **28.15** Hochmann, Carmen, Gütersloh; **28.15** Oser, Liliane, Hamburg; **28.15** Schaar, Wolfgang, Grafing; **28.16** Schaar, Wolfgang, Grafing; **28.16** Deutscher Wetterdienst (DWD): Wetterlexikon, unter: https://www.dwd.de/DE/service/lexikon/begriffe/C/Corioliskraft.html (Zugriff 27.10.2021); **29.17** Eigene Zusammenstellung nach Hamburger Bildungsserver: Tropische Wirbelstürme: Aufbau, Entstehung, Verbreitung, Klassifizierung; unter: https://bildungsserver.hamburg.de/wetterextreme-klimawandel/3062880/tropische-wirbelstuerme/ (Zugriff 27.10.2021); **29.18** joe: Sturm „Eta" markiert Hurrikan-Rekord. In: SPIEGEL Online, 04.11.2020, unter: https://www.spiegel.de/wissenschaft/natur/hurrikan-eta-rekord-von-2005-eingestellt-a-304c0c12-67aa-499a-9147-c014c1019066 (Zugriff 27.10.2021); **30.1** Ernst Klett Verlag, Stuttgart, Will Steffen/Johan Rockström/Katherine Richardson u.a.: Trajectories of the Earth System in the Anthropocene, 06.07.2018. Unter: https://www.pnas.org/content/115/33/8252 (Zugriff 01.09.2020); ShutterStock.com RF (BEST-BACKGROUNDS), New York, NY; **30.2** Schaar, Wolfgang, Grafing, Quelle: PIK/Schellnhuber, Rahmsdorf, Winkelmann: Nature Climate Change 2, 2016; **31.3** Schaar, Wolfgang, Grafing, nach www.alternativesjournal.ca/energy-and-resources/sinking-feeling-infographic; **32.1** Eckenfelder, Bettina, Eisenach nach www.klimafakten.de/sites/default/files/downloads/klimafaktencop-infografik2017dt.pdf; **32.2** Plaßmann, Thomas, Essen; **32.li.** United Nations Publications, New York; **33.3** Eigene Zusammenstellung nach klimafakten.de: Neue Infografik: Macht ein halbes Grad weniger Erderwärmung einen Unterschied?, 21.8.2018, unter: https://www.klimafakten.de/meldung/neue-infografik-macht-ein-halbes-grad-weniger-erderwaermung-einen-unterschied; **33.4** (c) 2020 Climate Action Tracker. https://climateactiontracker.org/countries/; **33.4z454e** creanovo – motion & media design GmbH, Hannover; Fremdmaterial: creanovo – motion & media design GmbH, Hannover; (Erklärfilm Klimawandel, Teil 1); **34.1** Schaar, Wolfgang, Grafing, nach Summary for Urban Policy Markers, S. 13; **34.li** United Nations Publications, New York; **34.li** United Nations Publications, New York; **34.re** United Nations Publications, New York; **35.2a** Schaar, Wolfgang, Grafing, nach https://ourworldindata.org/food-choice-vs-eating-local; **35.2b** Schaar, Wolfgang, Grafing; **35.3** Jäckel, Diana, Erfurt, nach www.gerics.de/imperia/md/content/csc/cities_focus_paper_tou.pdf (Zugriff 28.10.2021); **36.4** Eckenfelder, Bettina, Eisenach nach

Quellennachweis

WBGU: Kassensturz für den Weltklimavertrag – der Budgetansatz. Sondergutachten. Berlin: WBGU 2009, S.4; **36.5** Eckenfelder, Bettina, Eisenach nach Science, A roadmap for rapid decarbonization, 24.03.2017, https://science.sciencemag.org; **36.re** United Nations Publications, New York; **37.6** Mensch, Mario, Hamburg, nach Nature communications, Evaluating climate geoengineering proposals in the context of the Paris Agreement temperature goals, 13.09.2018, https://www.nature.com/articles/s41467-018-05938-3, Fig 1. Texte der Beispiele aus: Helmholtz Perspektiven, Klempnern am Klima, 04/2018, https://www.helmholtz.de/erde_und_umwelt/klempnern-am-klima/ (Galerie am Ende des Artikels).; **38.1** Kapmeier, Prof. Dr. Florian, Reutlingen; **38.2** Jäckel, Diana, Erfurt; **38.li.** United Nations Publications, New York; **39.4** Climate Interactive, Washington, DC; **40.1** Jäckel, Diana, Erfurt; **42.2** Jäckel, Diana, Erfurt, nach https://de.climate-data.org/europa/deutschland/hessen/eltville-am-rhein-22264 (Zugriff 29.10.2021); **42.2** Jäckel, Diana, Erfurt, nach Manfred Stock u.a.: Perspektiven der Klimaänderung bis 2050 für den Weinbau in Deutschland (Klima 2050). PIK-Report 106. Potsdam 2007, S.90; unter: www.pik-potsdam.de/en/output/publications/pikreports/.files/pr106.pdf (Zugriff 29.10.2021); **42.4** Jäckel, Diana, Erfurt, nach DWD: Das Weinjahr 2017 – Später Frost und frühe Lese, 17.11.2017; unter: www.dwd.de/DE/klimaumwelt/aktuelle_meldungen/171117/weinjahr_2017.html (Zugriff 29.10.2021); **42.6** Schaar, Wolfgang, Grafing, nach https://weinbaustandort.hessen.de/mapapps/resources/apps/weinbaustandort/index.html?lang=de (Zugriff 29.10.2021); **43.7** Schaar, Wolfgang, Grafing, nach Manfred Stock u.a.: Perspektiven der Klimaänderung bis 2050 für den Weinbau in Deutschland (Klima 2050). PIK-Report 106. Potsdam 2007, S.94; **43.8** Jäckel, Diana, Erfurt, nach Hessisches Landesamt für Naturschutz, Umwelt und Geologie: Klimawandelfolgenindikatoren Hessen, Reifeentwicklung der Weinreben; unter: www.hlnug.de/fileadmin/dokumente/nachhaltigkeit/Klimafolgenindikatoren/2017/Wein_Phaenologische_Uhr.pdf (Zugriff 29.10.2021); **43.9** Zusammengestellt aus: dpa: „Die Wasserknappheit wird das größte Problem sein". In: FAZ.net, 05.08.2019, unter: https://www.faz.net/aktuell/rhein-main/was-der-klimawandel-fuer-den-anbau-von-wein-zu-bedeuten-hat-16318654.html; Bundesinformationszentrum Landwirtschaft: Die Folgen des Klimawandels für den Weinbau, unter: https://www.landwirtschaft.de/landwirtschaft-verstehen/wie-arbeiten-foerster-und-pflanzenbauer/die-folgen-des-klimawandels-fuer-den-weinbau; Rheinland-Pfalz, Kompetenzzentrum für Klimawandelfolgen: Weinbau in Rheinland-Pfalz, unter: https://www.kwis-rlp.de/klimawandelfolgen/landwirtschaft/weinbau/ (29.10.2021); **44.1** Alamy stock photo, Abingdon (Planet Observer \ UIG); **46.3** Alamy stock photo, Abingdon (Hans Blossey); **46.4** Alamy stock photo, Abingdon (Bernhard Klar); **47.5** Ernst Klett Verlag GmbH, Stuttgart; **48.1** Schaar, Wolfgang, Grafing; **49.3** Jäckel, Diana, Erfurt, nach Culmsee, Heike. "Das UNESCO-Biosphärenreservatkonzept als Instrument der Entwicklungszusammenarbeit." In: Markus Kaiser (Hg.): WeltWissen: Entwicklungszusammenarbeit in der Weltgesellschaft. Bielefeld 2003, S.169; unter: www.jstor.org/stable/j.ctv1fxkd3.10 (Zugriff 24.8.2021); **49.t7h5c2** Schaar, Wolfgang, Grafing; **50.4** Jäckel, Diana, Erfurt, nach Alexander Siegmund: Angewandte Klimageographie. Klimatabellen und ihre Auswertung. Braunschweig 2013, S.56; **51.5** Jäckel, Diana, Erfurt; **51.t7h5c2** creanovo – motion & media design GmbH, Hannover; **52.9** Jäckel, Diana, Erfurt, nach Alexander Siegmund: Angewandte Klimageographie. Klimatabellen und ihre Auswertung. Braunschweig 2013, S.162; **52.11** ddp media GmbH, Hamburg (Guenter Fischer); **53.12** vasp datatecture GmbH, Fr. Ingrid Monnard, Zürich (Andrea Ulrich, Nadja Stadelmann, Anna Unterrassner, Tara Gschwend); **53.14** Nach Dieter Anhuf: Kein Klimaschutz ohne Waldschutz - Die Rolle der Regenwälder Amazoniens im Kampf gegen den Klimawandel. In: Geographische Rundschau, H. 9/2010, S. 28–33; **53.15** Dieter Anhuf (2006): Quo Vadis Amazonia? – Probleme im tropischen Regenwald. In: Rüdiger Glaser/Klaus Kremb (Hg.): Nord- und Südamerika. Darmstadt 2006, S. 156; **53.t7h5c2** creanovo – motion & media design GmbH, Hannover; **54.16** Ernst Klett Verlag GmbH, Stuttgart; **54.17** Schaar, Wolfgang, Grafing; **54.17** Schaar, Wolfgang, Grafing; **54.17** Schaar, Wolfgang, Grafing; **54.17a** Okapia, Frankfurt (M. & C. Denis-Huot/BIOS); **54.17b** Getty Images Plus, München (brytta); **54.17c** ShutterStock.com RF, New York (tommaso79); **55.18** Nach Werner Klohn/Hans-Wilhelm Windhorst: Physische Geographie: Böden, Vegetation und Landschaftsgürtel. Vechta 2006, S. 97ff; **55.19** Schaar, Wolfgang, Grafing; **55.20** Nach Werner Klohn/Hans-Wilhelm Windhorst: Physische Geographie: Böden, Vegetation und Landschaftsgürtel. Vechta 2006, S. 97 ff; **56.22** Schaar, Wolfgang, Grafing; **57.23** Schaar, Wolfgang, Grafing; **57.23** Schaar, Wolfgang, Grafing; **57.24** Nach Werner Klohn/Hans-Wilhelm Windhorst: Physische Geographie: Böden, Vegetation und Landschaftsgürtel. Vechta 2006, S. 97ff; **57.25** stock.adobe.com, Dublin (jon manjeot); **58.26** ShutterStock.com RF, New York (Vladimir Zhoga); **58.27** Ernst Klett Verlag GmbH, Stuttgart; **58.29** Jäckel, Diana, Erfurt; **58.29** Jäckel, Diana, Erfurt; **59.3** Schaar, Wolfgang, Grafing; **59.31** https://creativecommons.org/licenses/by-sa/4.0/deed.de, Mountain View (Nikanos); CC-BY-SA-4.0 Lizenzbestimmungen: https://creativecommons.org/licenses/by-sa/4.0/legalcode; **59.32** Alamy stock photo, Abingdon (Padi Prints / Troy TV Stock); **60.1** Ernst Klett Verlag GmbH, Stuttgart; **60.li.** United Nations Publications, New York; **61.2** Jäckel, Diana, Erfurt; **61.2** Jäckel, Diana, Erfurt; **62.3** akg-images, Berlin (François Guénet); **62.4** Nach Raimund Ditter: Ursachen und Folgen der Desertifikation. Das Beispiel Mali. In: Praxis Geographie, 39. Jg., H6. Braunschweig 2009, S.18 und 17; aktualisiert nach FAO, unter: www.fao.org/faostat/en/#home; **62.5** Mauritius Images, Mittenwald (Alamy); **62.li.** United Nations Publications, New York; **63.7** Ernst Klett Verlag GmbH, Stuttgart; **64.9** Jäckel, Diana, Erfurt; **64.9** Jäckel, Diana, Erfurt; **64.10** Leibniz-Gemeinschaft/Pressestelle: Mehr Regen in der Sahelzone? In: Leibniz-Gemeinschaft, Forschungsnachrichten, 10.7.2017, unter: https://www.leibniz-gemeinschaft.de//ueber-uns/neues/forschungsnachrichten/forschungsnachrichten-single/newsdetails/mehr-regen-in-der-sahelzone (Zugriff 26.8.2021); **64.li.** United Nations Publications, New York; **65.11** Picture-Alliance, Frankfurt/M. (Right Livelihood/TT NYHETSBYRÅN); **65.11** Lissa Peters: „Alternativer Nobelpreis" an Farmer vergeben. In: top agrar online, 25.09.2018; unter: https://www.topagrar.com/management-und-politik/news/alternativer-nobelpreis-an-farmer-vergeben-9837501.html (Zugriff 26.8.2021); **65.12** Picture-Alliance, Frankfurt/M. (imageBROKER/Florian Kopp); **65.13** Jäckel, Diana, Erfurt, nach www.zef.de/fileadmin/user_upload/No8-9-2001-dt.pdf (Zugriff 26.8.2021); **66.14** Zusammenstellung nach US Census Bureau; unter: www.census.gov; **66.15** stock.adobe.com, Dublin (lucky-photo); **66.16** stock.adobe.com, Dublin (Isaac Ruiz); **66.17** Jäckel, Diana, Erfurt, nach www.usbr.gov/lc/region/g4000/wtracct.html (Zugriff 27.8.2021); **66.li** United Nations Publications, New York; **66.li** United Nations Publications, New York; **67.18** Jäckel, Diana, Erfurt, www.lvcva.com/research/visitor-statistics (Zugriff 27.8.2021); **67.19** Eric Gourley: Smarte Wasserlösungen in Las Vegas. In: Making Waves, 12.12.2012, unter: https://www.xylem.com/de-de/making-waves/water-utilities-news/how-las-vegas-got-smart-about-water (Zugriff 27.8.2021); **67.20** Ernst Klett Verlag GmbH, Stuttgart; **68.21** Picture-Alliance, Frankfurt/M. (dpa / empics); **68.22** Jäckel, Diana, Erfurt, nach www.capp.ca/wp-content/uploads/2019/11/2019_Crude_Oil_Forecast_Markets_and_Transportation-338794.pdf (Zugriff 27.8.2021); **68.li** United Nations Publications, New York; **68.li** United Nations Publications, New York; **68.li** United Nations Publications, New York; **69.23** Jäckel, Diana, Erfurt; **69.23** Jäckel, Diana, Erfurt; **69.24** Christoph Teves: Ölsandabbau in Kanada. In: planet-wissen.de, 12.10.2018, unter: https://www.planet-wissen.de/technik/energie/erdoel/pwieoelsandabbauinkanada100.html (Zugriff 27.8.2021); **70.25** Ernst Klett Verlag GmbH, Stuttgart; **71.27** Daten nach Alberta Energy Communications; unter: https://open.alberta.ca/dataset/b8fea8da-848f-4d04-be0f-983787f88694/resource/10be9c86-9b98-43e5-b16a-904b95800612/download/11-albertas-oil-production-and-where-it-goes-formated.pdf (Zugriff 7.10.2021); **72.1** Schaar, Wolfgang, Grafing, nach Rüdiger Glaser: Global Change. Das neue Gesicht der Erde. Darmstadt 2014, S.11; **72.1** Nach Rüdiger Glaser: Global Change. Das neue Gesicht der Erde. Darmstadt 2014, S.11; unter: https://assets.thalia.media/images-adb/67/4d/674d1333-356f-4067-8ac3-194c7b937bdb.pdf (Zugriff 7.10.2021); **72.2** Holger Dambeck: Wie der Mensch die Erde formt. In: SPIEGEL Online V: 28.11.2007, unter: https://www.spiegel.de/wissenschaft/natur/neue-weltkarten-wie-der-mensch-die-erde-formt-a-519899.html (Zugriff 7.10.2021); **72.li** United Nations Publications, New York; **73.3** Ernst Klett Verlag GmbH, Stuttgart; **73.4** Jäckel, Diana, Erfurt, nach Ellis u.a.: Anthropogenic transformation of the biomes, 1700 to 2000. unter: https://ecotope.org/people/ellis/papers/ellis_2010.pdf (Zugriff 7.10.2021); **74.5** Klett-Archiv, Stuttgart, nach Ellis et al.: 2021 Anthrome timecourse, National Geographic, Mark of Humanity Map NGeo April 2020; **74.li** United Nations Publications, New York; **76.6** Leinonen, Seppo, Orivesi; **76.7** Jäckel, Diana, Erfurt Quellen: „Die Rohstoff-Expedition", Bundesministerium für Bildung und Forschung (2012); Wuppertal Institut für Klima, Umwelt, Energie GmbH (2013); **76.8** Friedrich Schmidt-Bleek: Future. Beyond Climatic Change. Position Paper 08/01, 25.12.2007, S.6f., unter: http://www.factor10-institute.org/files/FUTURE_2008.pdf (Zugriff 8.10.2021); **76.21** Ernst Klett Verlag GmbH, Stuttgart; **76.li.** United Nations Publications, New York; **77.9** Schaar, Wolfgang, Grafing, nach www2.weed-online.org/uploads/karte_diereiseeinessmartphone.pdf (Zugriff 8.10.2021); **77.10** Friedrich Schmidt-Bleek: Warum der ökologische Rucksack und Faktor 10 entscheidend sind. Positionspapier 03/2010, 12/2010, S.7, unter: http://s-webdesign.de/factor10/POS_PAP-2010_3.D.pdf (Zugriff 8.10.2021); **78.1** Schaar, Wolfgang, Grafing; **79.2** Jäckel, Diana, Erfurt; **80.1** Ernst Klett Verlag GmbH, Stuttgart; **80.2** Jäckel, Diana, Erfurt, nach Alexander Siegmund: Angewandte Klimageographie. Klimatabellen und ihre Auswertung. Braunschweig 2013, S.162; **81.4** WWF Deutschland: Mehr Hilfe für die Wälder am Amazonas, 9.6.2020, unter: https://www.wwf.de/themen-projekte/projektregionen/amazonien/zustand-und-bedeutung?gclid=CjwKCAjw-qeFBhAsEiwA2G7Nl0D01iJbiE3uHrq-6RIDLw1-tJhSLz6dTBiE4q9JS4rtkNFhS9RVKRoCwHgQAvD_BwE (Zugriff 8.10.2021); **81.5** Eigene Zusammenstellung nach Dieter Anhuf: Quo vadis Amazonia? – Probleme im tropischen Regenwald. In: Glaser/Kremb (Hg.): Nord- und Südamerika. Darmstadt 2006, S. 153–164; Enquete-Kommission „Vorsorge zum Schutz der Erdatmosphäre" (Hg.): Schutz der Tropenwälder. Bonn u.a. 1990, S. 464–520; E.F.Bruenig: Der tropische Regenwald im Spannungsfeld „Mensch und Biosphare". In: Geographische Rundschau 43, 1991, S. 224–230; Ulrich Scholz: Die feuchten Tropen. Braunschweig 1998, S. 149ff; **81.6** Eigene Zusammenstellung nach Germany Trade & Invest (GTAI): Wirtschaftsdaten kompakt. Brasilien, Mai 2021; unter: www.gtai.de/gtai-de/trade/wirtschaftsumfeld/wirtschaftsdaten-kompakt/brasilien/wirtschaftsdaten-kompakt-brasilien-156592; Kosmos Weltalmanach 2021; **82.1** Alamy stock photo, Abingdon (Pacific Press Service/Yoshiaki Nagashima); **82.2** Picture-Alliance, Frankfurt/M. (Jack Kurtz/ZUMA Press); **83.3** Alamy stock photo, Abingdon (SOPA Images); **84.4** Ernst Klett Verlag GmbH, Stuttgart;

Arbeitsanhang 16

85 MITR Learning & Media PVT. LTD, Mumbai; **86.1** Eigene Zusammenstellung nach: Haiti: u.a. DesRoches u. a. (2011): Overview of the 2010 Haiti Earthquake. In: Earthquake Spectra, 2011, 27, No. 1_S1, S. 1–21; unter: https://journals.sagepub.com/doi/10.1193/1.3630129 (Zugriff 1.4.2021); Chile: Gunnar Ries: Das Erdbeben von Chile am 27. Februar 2010. In: Spektrum.de SciLogs, 1.3.2010; unter: https://scilogs.spektrum.de/mente-et-malleo/das-erdbeben-von-chile-am-27-februar-2010/ (Zugriff 1.4.2021); **86.2** Picture-Alliance, Frankfurt/M. (Jorge Silva/Reuters); **86.3** Alamy stock photo, Abingdon (Lindsay Fendt); **87.4** Eigene Zusammenstellung nach: Statista, https://de.statista.com (Daten nach: IMF; Transparency International); United Nations Development Program: Human Development Report, www.hdr.undp.org/; Worldbank, www.worldbank.org/en/home; **88.6 o.** Bündnis Entwicklung Hilft – Gemeinsam für Menschen in Not e.V., Berlin; **88.6 u.** Bündnis Entwicklung Hilft (Hg.): WeltRisikoIndex; unter: https://weltrisikobericht.de (Zugriff 1.4.2021); **89.7** Ernst Klett Verlag GmbH, Stuttgart; **89.8** Torsten Jeworrek, Vorstandsmitglied der Munich Re. Record hurricane season and major wildfires – The natural disaster figures for 2020, In: Munich RE: 2020 Natural disaster balance, unter: https://www.munichre.com/en/company/media-relations/media-information-and-corporate-news/media-information/2021/2020-natural-disasters-balance.html (Zugriff 19.5.2021); **89.9** Getty Images Plus, München (The Image Bank / Warren Faidley); **91** MITR Learning & Media PVT. LTD, Mumbai; Fremdmaterial: ShutterStock.com RF, New York; Catmando (mesosaurus); ShutterStock.com RF, New York; Warpaint (lystrosaurus); Getty Images Plus, München; iStock/raclro (cynognathus); ShutterStock.com RF, New York; Catmando (glossopteris tree); ShutterStock.com RF, New York; Catmando (calamitea striata tree); ShutterStock.com RF, New York; Temstock (sand); **91.1** ShutterStock.com RF, New York (Catmando); **91.2** ShutterStock.com RF, New York (Warpaint); **91.3** Getty Images Plus, München (iStock/raclro); **91.4** Schaar, Wolfgang, Grafing; **91.4** ShutterStock.com RF, New York (Catmando); **91.5** ShutterStock.com RF, New York (Catmando); **91.6** ShutterStock.com RF, New York (Temstock); **92.1** Ernst Klett Verlag GmbH, Stuttgart; **93** creanovo – motion & media design GmbH, Hannover; **93.5** Schaar, Wolfgang, Grafing; **94.6** Schaar, Wolfgang, Grafing; **94.7** Alamy stock photo, Abingdon (zvryo); **94.8** Nach Jochen Zschau u.a.: The Merapi-Project – Interdisciplinary Monitoring of a High-Risk Volcano as a Basis for an Early Warning System. In: J. Zschau u.a. (Hg.): Early Warning Systems for Natural Disaster Reduction, S. 527–532. Berlin, Heidelberg 2003; unter: https://link.springer.com/chapter/10.1007/978-3-642-55903-7_70; **94.9** André Szymkowiak/Ria Hidajat: Unterrichtsreihe „Leben am Vulkan". hrsg. v. Deutsches Komitee Katstrophenvorsorge, Bonn 2005, S.40, unter: https://www.dkkv.org/fileadmin/user_upload/Veroeffentlichungen/Lehrmaterial/Leben_am_Vulkan_Lehrerhandbuch.pdf; **94.10** Picture-Alliance, Frankfurt/M. (Adi Weda); **94.li.** United Nations Publications, New York; **95.11** André Szymkowiak/Ria Hidajat: Unterrichtsreihe „Leben am Vulkan". hrsg. v. Deutsches Komitee Katstrophenvorsorge, Bonn 2005, S.47, unter: https://www.dkkv.org/fileadmin/user_upload/Veroeffentlichungen/Lehrmaterial/Leben_am_Vulkan_Lehrerhandbuch.pdf; **95.12** Ernst Klett Verlag GmbH, Stuttgart; **96.1** Picture-Alliance, Frankfurt/M. (AP Photo / Fernando Llano); **96.3** Wolfgang Frisch/Martin Meschede: Plattentektonik. Darmstadt: Wissenschaftliche Buchgesellschaft 2007, S. 17/18; **96.4** Nach: Bundesanstalt für Geowissenschaften und Rohstoffe (BGR); unter: https://www.bgr.bund.de/DE/Themen/Erdbeben-Gefaehrdungsanalysen/Seismologie/Seismologie/Erdbebenstatistik/erdbebenstatistik_node.html (Zugriff 2.6.2021); **97.5** Nach: Bundesanstalt für Geowissenschaften und Rohstoffe (BGR): Erdbeben, Gefährdungsanalysen; unter: https://www.bgr.bund.de/DE/Themen/Erdbeben-Gefaehrdungsanalysen/erdbeben-gefaehrdungsanalysen_node.html (Zugriff 2.6.2021); **97.6** Gekürzt und verändert nach Peter Bormann/GeoForschungsZentrum Potsdam: Was ist die Magnitude und was ist die Intensität eines Erdbebens?; unter: http://bib.gfz-potsdam.de/pub/schule/magnitude_0209.pdf (Zugriff 2.6.2021); **98.10** Getty Images Plus, München (Lloyd Cluff); **98.11** Torsten Jeworrek: The „Big One": Schweres Erdbeben in Kalifornien nur eine Frage der Zeit. In: Munich RE, Topics, 15.10.2018; unter: https://www.munichre.com/topics-online/de/climate-change-and-natural-disasters/natural-disasters/earthquakes/earthquake-risk-in-california.html (Zugriff 7.6.2021); **98.li.** United Nations Publications, New York; **99.13** dpa: Erneut schreckt starkes Erdbeben Menschen in Kalifornien auf, dpa-Meldung v. 06.07.2019 © dpa Deutsche Presse-Agentur GmbH; **99.14** Alamy stock photo, Abingdon (Cavan Images); **99.15** Steve Przybilla: Regeln im Ernstfall hält keiner ein. In: Schwarzwälder Bote v. 19.10.2011, unter: https://www.schwarzwaelder-bote.de/inhalt.kalifornien-furcht-vor-mega-erdbeben-page1.11018505-033e-42b4-b0ea-ee3f7a98c327.html (Zugriff 7.6.2021); **100.1** Picture-Alliance, Frankfurt/M. (Kyodo); **101** MITR Learning & Media PVT. LTD, Mumbai; Fremdmaterial: ShutterStock.com RF, New York; smx12 (speedometer); **101.1** ShutterStock.com RF, New York (smx12); **101.4** Nach: Aktion Deutschland hilft; unter: www.aktion-deutschland-hilft.de/de/mediathek/infografiken/die-folgenschwersten-tsunamis (Zugriff 7.6.2021); **101.6** A3M Global Monitoring GmbH, Hamburg; **101.6** Ernst Klett Verlag GmbH, Stuttgart; **102.7** Nach Makoto Takahashi u.a.: Proposing the community-based tsunami warning system. International Conference on Tsunami Warning, 2008; unter: www.researchgate.net; **102.7** Nach Makoto Takahashi u.a.: Proposing the community-based tsunami warning system. International Conference on Tsunami Warning, 2008; unter: www.researchgate.net; **102.8** ShutterStock.com RF, New York (Sakarin Sawasdinaka); **102.li.** United Nations Publications, New York; **103.9** imago images, Berlin (AFLO); **103.10** Picture-Alliance, Frankfurt/M. (dpa/Aflo/Mainichi Newspaper); **104.1** Google Earth. © 2020 Google LLC, used with permission. Google and the Google logo are registered trademarks of Google LLC., Mountain View, CA 94043 (Image © 2018 DigitalGlobe); **104.2** Quellen: Sentinel-1 data were provided by the European Space Agency (ESA) throught the Alaska SAR Facility (ASF). ALOS data were provided by the Japanese Space Agency (JAXA). Data processed with GMTSAR. (Figure/Yuri Fialko, UCSD) auf: https://www.unavco.org/highlights/2018/kilauea.html; **105.3** U.S. Geological Survey Department of the Interior/USGS, Reston, VA; **105.3** U.S. Geological Survey Department of the Interior/USGS, Reston, VA; **105.4** © 2018 Google LLC, used with permission. Google and the Google logo are registered trademarks of Google LLC. https://www.volcanodiscovery.com/de/app/volcanoesandearthquakes.html; **106.1** Jäckel, Diana, Erfurt; **106.1** Jäckel, Diana, Erfurt; **108.1** Schaar, Wolfgang, Grafing; **108.4** Nach: Marc Szeglat, Kawah Ijen und der Schwefel. In: vulkane.net, Stand 2015; unter: http://www.vulkane.net/vulkane/kawah-ijen/kawah-ijen.html (Zugriff 2.9.2021); verändert und ergänzt; **108.5** Alamy stock photo, Abingdon (Peter Adams Photography); **109.9** Ernst Klett Verlag GmbH, Stuttgart; **109.9** Nach Geographisches Institut der Universität Bonn: Der Profilschwerpunkt Risiko am GIUB; unter: www.geographie.uni-bonn.de; **110.1** Action Press GmbH, Hamburg (Jonathan Fontaine / Sipa); **111.2** Alamy stock photo, Abingdon (ZUMA Press, Inc.); **112.3** Schaar, Wolfgang, Grafing; **112.4** Andreas Hempel: Infoblatt Wasserkreislauf. In: TerrasseOnline, 6.4.2016, unter: www.klett.de/alias/1018294 (Zugriff 17.3.2021); **113.5** Jäckel, Diana, Erfurt; **113.6** Jäckel, Diana, Erfurt; **113.7** Land Nordrhein-Westfalen, Das Landesportal: Klimawandel in Nordrhein-Westfalen: Mehr Hitze, weniger Frost, 12.8.2020, unter: https://www.land.nrw/de/pressemitteilung/klimawandel-nordrhein-westfalen-mehr-hitze-weniger-frost (Zugriff 17.3.2021); **113.8** Schaar, Wolfgang, Grafing; **113.v72z2a** creanovo – motion & media design GmbH, Hannover; **114.1** Picture-Alliance, Frankfurt/M. (Jan Woitas); **114.2** Helmholtz-Zentrum für Umweltforschung – UFZ, Leipzig; **114.3** Philipp Wagnitz, Johannes Schmiester, Eva Hernandez: Risiko Dürre. Der weltweite Durst nach Wasser in Zeiten der Klimakrise. Hrsg. v. WWF Deutschland. Berlin 2019, S.9; unter: https://www.wwf.de/fileadmin/fm-wwf/Publikationen-PDF/WWF_Duerrebericht_DE_WEB.pdf (Zugriff 1.7.2021); **115.4** Jeannette Cwienk: Droht in Deutschland künftig Wassermangel? In: Deutsche Welle v. 27.1.2021; unter: https://www.dw.com/de/wasserarmut-wasserknappheit-d%C3%BCrre-in-deutschland-nationaler-wasserdialog-wasserstrategie/a-56227882 (Zugriff 10.8.2021); **115.5** Nach: Ulf Büntgen; unter: www.uni-mainz.de; **115.6** Thinkstock, München (iStockphoto); **116.7** Eigene Zusammenstellung nach Statistischem Bundesamt; destatis.de (Zugriff 10.8.2021); **116.8** https://creativecommons.org/licenses/by-nd/4.0/, Mountain View (Statista, Quelle: DBV); CC-BY-ND-4.0 Lizenzbestimmungen: https://creativecommons.org/licenses/by-nd/4.0/legalcode; **116.9** Thinkstock, München (iStockphoto); **116.10** Sigrid März: Dürre: So kommen wir auf Dauer damit klar. Auf: quarks.de v. 11.8.2020; unter: https://www.quarks.de/umwelt/klimawandel/duerre-so-kommen-wir-auf-dauer-damit-klar/ (Zugriff 10.8.2021); **116.11** Picture-Alliance, Frankfurt/M. (Patrick Pleul); **116.li** United Nations Publications, New York; **116.li** United Nations Publications, New York; **116.li** United Nations Publications, New York; **117.12** Jäckel, Diana, Erfurt; **118.13** Picture-Alliance, Frankfurt/M. (Jan Eifert); **118.14** Sigrid März: Dürre: So kommen wir auf Dauer damit klar. Auf: Quarks.de v. 11.08.2020; unter: https://www.quarks.de/umwelt/klimawandel/duerre-so-kommen-wir-auf-dauer-damit-klar/ (Zugriff 10.8.2021); **118.15** Daten nach Bundesministerium für Ernährung und Landwirtschaft (BMEL): Bundeswaldinventur; unter: www.bundeswaldinventur.de (Zugriff 11.8.2021); **118.16** Bundesministerium für Ernährung und Landwirtschaft (BMEL): Ergebnisse der Waldzustandserhebung 2020. Bonn 2021, S.44; unter: www.bmel.de/SharedDocs/Downloads/DE/Broschueren/ergebnisse-waldzustandserhebung-2020.html (Zugriff 10.8.2021); **118.17** „Bundesministerium für Ernährung und Landwirtschaft (BMEL): Ergebnisse der Waldzustandserhebung 2020. Bonn 2021, S. 12, 19; unter: www.bmel.de/SharedDocs/Downloads/DE/Broschueren/ergebnisse-waldzustandserhebung-2020.html (Zugriff 10.8.2021)"; **118.li** United Nations Publications, New York; **118.li** United Nations Publications, New York; **119.18** Daten nach Statistisches Bundesamt; unter: www.destatis.de/DE/Presse/Pressemitteilungen/2021/08/PD21_N050_41.html (Zugriff 11.8.2021); **119.19** Picture-Alliance, Frankfurt/M. (Patrick Pleul); **119.19a** Henrik Hartmann, Pflanzenökophysiologe vom Max-Planck-Institut für Biogeochemie in Jena. Zitiert nach: Carolin Eckenfels, dpa: Der Wald der Zukunft: Buchen meiden und Eichen suchen?, dpa-Meldung v. 15.07.2019 © dpa Deutsche Presse-Agentur GmbH; **119.19b** Sprecher des Landesbetriebs Hessen-Forst. Zitiert nach: Carolin Eckenfels, dpa: Der Wald der Zukunft: Buchen meiden und Eichen suchen?, dpa-Meldung v. 15.07.2019 © dpa Deutsche Presse-Agentur GmbH; **119.19c** Sigrid März: Dürre: So kommen wir auf Dauer damit klar. Auf: Quarks.de v. 11.08.2020, unter: https://www.quarks.de/umwelt/klimawandel/duerre-so-kommen-wir-auf-dauer-damit-klar/ (Zugriff 10.8.2021); **119.19d** Carolin Eckenfels, dpa: Der Wald der Zukunft: Buchen meiden und Eichen suchen?, dpa-Meldung v. 15.07.2019 © dpa Deutsche Presse-Agentur GmbH; **119.19e** Michael Müller, Professor für Waldschutz an der TU Dresden.

Quellennachweis

Zitiert nach: Christoph Seidler: Stirbt langsam. Deutschlands Wald in der Krise. In: SPIEGEL ONLINE v. 25.07.2020, unter: https://www.spiegel.de/wissenschaft/natur/borkenkaefer-trockenheit-klimawandel-deutschlands-wald-in-der-krise-a-eb28124e-f3f3-40ea-ba4b-24570f850ff4 (Zugriff 11.8.2021); **119.19f** Deutscher Forstwirtschaftsrat (DFWR): Milliarden Schäden in der Forstwirtschaft. v. 08.04.2021, unter: https://www.dfwr.de/index.php/blog/434-milliarden-schaeden-in-der-forstwirtschaft (Zugriff 11.8.2021); **120.20** Ernst Klett Verlag GmbH, Stuttgart; **120.20** Nach Bundesanstalt für Geowissenschaften und Rohstoffe (BGR): Ergiebigkeit der Grundwasservorkommen von Deutschland, Hannover o. J., unter: www.bgr.bund.de/DE/Themen/Wasser/abb_gw-ergiebigkeit.html?nn=1542268 (Zugriff 12.03.2021); **120.21** Nach Jeannette Cwienk: Droht in Deutschland künftig Wassermangel? In: Deutsche Welle, 27.1.2021; unter: www.dw.com/de/wasserarmut-wasserknappheit-d%C3%BCrre-in-deutschland-nationaler-wasserdialog-wasserstrategie/a-56227882 (Zugriff 10.8.2021); Daten nach Statistisches Bundesamt 2016; **120.22a** Thomas Strünkelnberg, dpa: Lauenau geht das Trinkwasser aus: Lage wieder „beherrschbar". Idpa-Meldung v. 09.08.2020, unter: https://www.borkenerzeitung.de/welt/in-ausland/panorama/Lauenau-geht-das-Trinkwasser-aus-Lage-wieder-beherrschbar-296213.html (Zugriff 11.8.2021); **120.22b** ab: VG Simmern-Rheinböllen schränkt Nutzung von Trinkwasser ein. In: WochenSpiegel v. 11.08.2020; unter: www.wochenspiegellive.de/hunsruecknahe/simmern/artikel/vg-simmern-rheinboellen-schraenkt-nutzung-von-trinkwasser-ein-66390 (Zugriff 11.8.2021); **120.22c** dpa: Freibad in NRW wegen Trinkwasserknappheit zeitweise geschlossen, dpa-Meldung v. 10.8.2020; unter: https://rp-online.de/nrw/panorama/borgholzhausen-im-kreis-guetersloh-freibad-wegen-wasserknappheit-geschlossen_aid-52683067 (Zugriff 11.8.2021); **120.23** Nach Bundesverband der Energie- und Wasserwirtschaft e.V. (BDEW); unter: www.bdew.de/service/daten-und-grafiken/entwicklung-des-personenbezogenen-wassergebrauches (Zugriff 11.8.2021); **120.24** Claudia Ehrenstein: „Wir müssen uns auf Wasserknappheit vorbereiten". Auf: WELT Online v. 06.09.2019, unter: https://www.welt.de/politik/deutschland/article199812588/Klimawandel-In-Deutschland-droht-Streit-ums-Trinkwasser.html (Zugriff 11.8.2021); **120.li** United Nations Publications, New York; **120.li** United Nations Publications, New York; **121.25** Einwohnern von Hunsrück-Verbandsgemeinde droht Wassermangel, dpa-Meldung v. 09.08.2020 © dpa Deutsche Presse-Agentur GmbH; **121.26** Eigene Zusammenstellung nach Bundesministerium für Umwelt, Naturschutz und nukleare Sicherheit (BMU) (Hg.): Nationale Wasserstrategie. Entwurf des Bundesumweltministeriums, Kurzfassung 2021; unter: https://www.bmu.de/fileadmin/Daten_BMU/Download_PDF/Binnengewaesser/kurzfassung_wasserstrategie_bf.pdf (Zugriff 11.8.2021); **121.27** Bundesministerium für Umwelt, Naturschutz und nukleare Sicherheit (BMU) (Hg.): Nationale Wasserstrategie. Entwurf des Bundesumweltministeriums, Kurzfassung 2021, S. 2; unter: https://www.bmu.de/fileadmin/Daten_BMU/Download_PDF/Binnengewaesser/kurzfassung_wasserstrategie_bf.pdf (Zugriff 11.8.2021); **122.1** Picture-Alliance, Frankfurt/M. (dpa/Jens Wolf); **122.2** BMU-Projekt „Verbesserung der Datengrundlage zur Bewertung hydrologischer Extreme"/Bundesanstalt für Gewässerkunde (BfG) (Hrsg.): Informationsplattform Undine: Elbe: Das Junihochwasser 2013, unter: http://undine.bafg.de/elbe/extremereignisse/elbe_hw2013.html (Zugriff 17.03.2021); **122.5** scinexx: Ein Hauch von Amazonas. In: scinexx das wissensmagazin v. 03.12.2004, unter: https://www.scinexx.de/dossierartikel/ein-hauch-von-amazonas/ (Zugriff 17.3.2021); **122.28** Schaar, Wolfgang, Grafing; **122.29** Picture-Alliance, Frankfurt/M. (AP Photo/R. Parthibhan); **122.30 li.** imago images, Berlin (ZUMA Press); **122.30 re.** imago images, Berlin (ZUMA Press); **122.31** Wassermangel: Indien schickt Versorgungszüge nach Chennai, dpa-Meldung v. 21.06.2019 © dpa Deutsche Presse-Agentur GmbH; **122.32** mpf: In Fünf-Millionen-Stadt wird das Wasser knapp. Auf: WELT Online v. 24.6.2019; unter: https://www.welt.de/vermischtes/article195795227/Indien-Das-Wasser-wird-knapp-in-der-Fuenf-Millionen-Stadt-Chennai.html (Zugriff 30.6.2021); **123.33** dpa: Wassermangel: Indien schickt Versorgungszüge nach Chennai. dpa-Meldung v. 21.06.2019 © dpa Deutsche Presse-Agentur GmbH; **123.35** Nach: Sujith Sourab Guntoju/Mohammad Faiz Alam/Alok Sikka: Chennai water crisis: A wake-up call for Indian cities. In: Downtoearth.org, 5.8.2019; unter: www.downtoearth.org.in/blog/water/chennai-water-crisis-a-wake-up-call-for-indian-cities-66024 (Zugriff 30.6.2021); **123.36** Daten nach: World Population Review, unter: https://worldpopulationreview.com/world-cities/chennai-population (Zugriff 30.6.2021); **123.37** Ernst Klett Verlag GmbH, Stuttgart; **123.38** Arne Perras: Nur einen Zoll von der Katastrophe entfernt. In: SZ.de v. 26.06.2019, unter: https://www.sueddeutsche.de/wissen/chennai-wasser-1.4498859-0#seite-2 (Zugriff 30.6.2021); **124.39** Schaar, Wolfgang, Grafing; **124.li** United Nations Publications, New York; **124.li** United Nations Publications, New York; **125.40** Juliane Vatter u.a.: Risiko Dürre. Der weltweite Durst nach Wasser in Zeiten der Klimakrise. Hg. v. WWF Deutschland, Berlin 08/2019, S. 13, unter: https://www.wwf.de/fileadmin/fm-wwf/Publikationen-PDF/WWF_Duerrebericht_DE_WEB.pdf (Zugriff 1.7.2021); **125.41** Klett-Archiv, Stuttgart, nach WWF Deutschland (Hrsg.): Risiko Dürre. Der weltweite Durst nach Wasser in Zeiten der Klimakrise. Berlin 2019, S. 14; **125.42** dpa: Wassermangel: Indien schickt Versorgungszüge nach Chennai. dpa-Meldung v. 21.06.2019 © dpa Deutsche Presse-Agentur GmbH; **126.1** Schaar, Wolfgang, Grafing; **126.2** Oliver Schlömer, Jens Giesel, Manfred Lindinger: Déjà-vu der Katastrophe. In: FAZ.net v. 05.08.2021, unter: https://www.faz.net/multimedia/flutkatastrophe-im-ahrtal-neue-erkenntnisse-zum-hochwasser-17470847.html (Zugriff 7.9.2021); **126.3** Wikipedia: Hochwasser in West- und Mitteleuropa 2021, unter: https://de.wikipedia.org/wiki/Hochwasser_in_West-_und_Mitteleuropa_2021 (Zugriff 7.9.2021); **127.4** Bayerisches Landesamt für Umwelt: Entstehung von Hochwasser, unter: https://www.lfu.bayern.de/wasser/hw_entstehung/index.htm (Zugriff 17.3.2021); **127.5** Nach Spektrum der Wissenschaft: Lexikon der Geowissenschaften. Aue; unter: www.spektrum.de; **127.6** Martina Graw: Hochwasser – Naturereignis oder Menschenwerk? Schriftenreihe der Vereinigung Deutscher Gewässerschutz Bd. 66. 3. Auflage Bonn 2005, S. 8 und 12; **127.7** Quelle: http://mars.geographie.uni-halle.de; **128.8** Ernst Klett Verlag GmbH, Stuttgart; **128.9** kk: Wenn der Starkregen kommt: Klimakrise trifft auf Wetterphänomen. In: mdr Wissen v. 16.07.2021, unter: https://www.mdr.de/wissen/hochwasser-starkregen-wetter-klima-extremwetter-100.html (Zugriff 7.9.2021); **128.10** Schaar, Wolfgang, Grafing; **128.11** Jahrhunderthochwasser: Flutkatastrophe gleich Klimakatastrophe? In: wetter.com v. 16.07.2021, unter: https://www.wetter.com/news/jahrhunderthochwasser-flutkatastrophe-gleich-klimakatastrophe_aid_60f02faeb39dab1598058bf2.html (Zugriff 7.9.2021); **129.12** Theresa Crysmann: Die Flutkatastrophe deckt die Versäumnisse der Politik auf. In: t-online.de v.17.07.2021; unter: https://www.t-online.de/nachhaltigkeit/id_90454620/flutkatastrophe-klimaschutzversaeumnisse-warum-musste-es-soweit-kommen-.html (Zugriff 7.9.2021); **129.13** stock.adobe.com, Dublin (KraPhoto); **129.14** Martina Graw: Hochwasser – Naturereignis oder Menschenwerk? Schriftenreihe der Vereinigung Deutscher Gewässerschutz Bd. 66. 3. Auflage Bonn 2005, S. 23; **129.15** Jäckel, Diana, Erfurt; **130.16** Bundesheer, Wien (KERMER); **130.17** Nach Martina Graw: Hochwasser – Naturereignis oder Menschenwerk? Schriftenreihe der Vereinigung Deutscher Gewässerschutz Bd. 66. 3. Auflage Bonn 2005, S. 54 (verändert); **130.18** Umweltbundesamt (Hrsg.): Hochwasser verstehen, erkennen, handeln. Dessau 2011, S. 41-43, unter: https://www.umweltbundesamt.de/sites/default/files/medien/378/publikationen/uba_hochwasser_barrierefrei_new.pdf (Zugriff 23.3.2021); **130.19** www.hochwasserzentralen.info/meinepegel; **131.21** Ein Deich soll weichen. In: landeszeitung.de, 23.5.2016, unter: https://www.landeszeitung.de/lueneburg/43573-ein-deich-soll-weichen/ (Zugriff 23.3.2021)**131.22** Wege, Hans Jürgen, Lüneburg; **131.23** Schaar, Wolfgang, Grafing, nach www.bleckede.de/PortalData/4/Resources/planen_und_bauen/stadtentwicklung/hochwasserschutz/20201112_Praesentation_Vorstellung_der_Vorzugsvariante_Deichrueckverlegung.pdf; **132.24** WFP Deutsch: Im Land der Flüsse den Stürmen standhalten. In: Kontext. Der Blog des UN World Food Programme (WFP), v. 28.08.2019, unter: https://kontext.wfp.org/im-land-der-fl%C3%BCsse-den-st%C3%BCrmen-standhalten-cccda0685afc (Zugriff 23.3.2021); **132.25** Ernst Klett Verlag GmbH, Stuttgart; **132.25** Getty Images, München (Rehman Asad); **133.26** Ernst Klett Verlag GmbH, Stuttgart (Thomas Hönicke); **133.27** Jäckel, Diana, Erfurt; **133.28** Heidrun Mateijka: Leben mit dem Wasser: Überflutungsgefährdung und –management in Bangladesh. In: Rüdiger Glaser und Klaus Kremb (Hrsg.): Asien. Darmstadt 2007, S. 162; **134.30** stock.adobe.com, Dublin (koss13); **134.31** Gregor C. Falk: Deltagebiete Asiens. In: Geographische Rundschau 68/2016, Heft 7–8, S. 6 f.; **134.32** Ernst Klett Verlag GmbH, Stuttgart; **134.li.** United Nations Publications, New York; **135.33** iStockphoto, Calgary, Alberta (Yuen Kuan Liew); **135.34** Verändert und ergänzt nach: Gregor C. Falk: Bangladeschs Küste – Lebens- und Wirtschaftsraum unter Druck. In: Praxis Geographie 40/2010, Heft 3, S. 36–38; Fischer Weltalmanach, diverse Jahrgänge; **135.34** Jäckel, Diana, Erfurt; **135.35** stock.adobe.com, Dublin (applezoomzoom); **136.1** Schaar, Wolfgang, Grafing; **138.1** stock.adobe.com, Dublin (Dmytro); **138.2** Tobias Aufmkolk: Der persönliche Wasserfußabdruck. In: Planet Wissen v. 22.03.2021; unter: https://www.planet-wissen.de/natur/umwelt/wassernot/pwiederpersoenlichewasserfussabdruck100.html (Zugriff 1.7.2021); **138.3** Jäckel, Diana, Erfurt; **138.4** Jäckel, Diana, Erfurt; **138.5** Metz, Markus Alexander, Reinach/BL; **138.li** United Nations Publications, New York; **139.6** Daten nach: Water Footprint Network; unter: https://waterfootprint.org/en/resources/interactive-tools/national-water-footprint-explorer (Zugriff 1.7.2021); **139.7** ZDF, Mainz; **139.9** Jäckel, Diana, Erfurt; **140.1** Jäckel, Diana, Erfurt; **141.3** Wiktorin, D. et al. 2013 Geographie und Schule, 35 (206), 4–14.; **142.1** laif, Köln (Sebastian Lopez Brach / The New York Times / Redux); **142.2** Matthias Ebert: Südamerikas Lebensader in Gefahr. Auf: Tagesschau.de Ausland. Amerika v. 04.08.2021, unter: https://www.tagesschau.de/ausland/amerika/argentinien-brasilien-parana-duerre-101.html (Zugriff 11.10.2021); **142.3** Jäckel, Diana, Erfurt, nach www.hellenicshippingnews.com/parched-parana-river-disrupts-argentinas-soybean-exports (Zugriff 11.10.2021); **142.4** Schaar, Wolfgang, Grafing; **142.5** Schaar, Wolfgang, Grafing; **143.6** Klett-Archiv, Stuttgart, nach NASA Fire Information for Resource Management System; **143.7** Matthias Ebert: Südamerikas Lebensader in Gefahr. Auf: Tagesschau.de Ausland. Amerika v. 04.08.2021, unter: https://www.tagesschau.de/ausland/amerika/argentinien-brasilien-parana-duerre-101.html (Zugriff 11.10.2021); **143.8** Jäckel, Diana, Erfurt, nach FAO; **143.9** Jäckel, Diana, Erfurt, nach www.agrarheute.com/markt/marktfruechte/getreidepreise-suedamerika-ueber-getreidepreise-entscheidet-577259 (Zugriff 11.10.2021); **143.11** Jäckel, Diana, Erfurt, nach Foreign Agricultural Service / USDA, EU-Kommission; **144.1** Alamy stock photo, Abingdon (Hans Blossey); **145.2** Alamy stock photo, Abingdon

(Clynt Garnham Industry); **146.3** Alamy stock photo, Abingdon (Joern Sackermann); **146.4** Bundesministerium für Wirtschaft und Energie (BMWI): Derzeit unverzichtbar für eine verlässliche Energieversorgung, unter: https://www.bmwi.de/Redaktion/DE/Dossier/konventionelle-energietraeger.html (Zugriff 4.3.2021); **146.5** Jäckel, Diana, Erfurt; **146.6** Umweltbundesamt: Daten und Fakten zu Kohlen: Status quo und Perspektiven, v. 23.2.2021, unter: https://www.umweltbundesamt.de/themen/daten-fakten-zu-kohlen-status-quo-perspektiven (Zugriff 4.3.2021); **147.7** Ernst Klett Verlag GmbH, Stuttgart; **147.8** Hungreder, Rudolf, Leinfelden-Echterdingen; **147.xj37nv** creanovo - motion & media design GmbH, Hannover; **148.1** Jäckel, Diana, Erfurt, nach www.umweltbundesamt.de/daten/klima/treibhausgas-emissionen-in-deutschland/kohlendioxid-emissionen#herkunft-und-minderung-von-kohlendioxid-emissionen (Zugriff 4.3.2021); **148.2** Jäckel, Diana, Erfurt, nach www.dw.com/de/globaler-verkehr-torpediert-klimaziele/a-37384214 (Zugriff 4.3.2021); **148.3** Jäckel, Diana, Erfurt, nach Global Carbon Project; **148.li** United Nations Publications, New York; **149.4** Nach: Umweltbundesamt: Bilanz 2019: CO2-Emissionen, unter: www.umweltbundesamt.de (Zugriff 5.3.2021); **149.5** dpa: Klimagase aus EU-Kraftwerken drastisch gesunken, dpa-Meldung v. 05.02.2020 © dpa Deutsche Presse-Agentur GmbH; **149.6** Nach: Umweltbundesamt: Bilanz 2019: CO2-Emissionen pro Kilowattstunde Strom sinken weiter, 84.2020, unter: https://www.umweltbundesamt.de/presse/pressemitteilungen/bilanz-2019-co2-emissionen-pro-kilowattstunde-strom (Zugriff 5.3.2021); **149.7** Mester, Gerhard, Wiesbaden; **149.8** Eigene Zusammenstellung nach verschiedenen Quellen, u.a. nach Eurostat; **150.1** Alamy stock photo, Abingdon (Foto 28); **150.2** Nach: DEBRIV: Braunkohle in Deutschland. Daten und Fakten 2020, unter: https://braunkohle.de (Zugriff 6.4.2021); **150.3** Picture-Alliance, Frankfurt/M. (Federico Gambarini); **150.li.** United Nations Publications, New York; **150.li.** United Nations Publications, New York; **151.4** Jäckel, Diana, Erfurt, nach Nach: Prognos/Bundesministerium für Wirtschaft und Energie: Energiewirtschaftliche Projektionen und Folgeabschätzungen 2030/2050, 2020, S. 44, unter: www.bmwi.de/Redaktion/DE/Publikationen/Wirtschaft/klimagutachten.pdf (Zugriff 6.4.2021); **151.5** Nach: Bundesverband Braunkohle (DEBRIV): Braunkohle in Deutschland. Daten und Fakten 2020, unter: https://braunkohle.de/media/mediathek (Zugriff 6.4.2021); **151.6** Die Bundesregierung: Klimaschutz. Fragen und Antworten: Abschied von der Kohleverstromung, unter: https://www.bundesregierung.de/breg-de/themen/klimaschutz/kohleausstiegsgesetz-1716678 (Zugriff 6.4.2021); **151.7** Jäckel, Diana, Erfurt, nach https://braunkohle.de/media/mediathek (Zugriff 6.4.2021); **152.8** Ernst Klett Verlag GmbH, Stuttgart; **152.li.** United Nations Publications, New York; **153.9** Ernst Klett Verlag GmbH, Stuttgart; **153.10** Lausitzer und Mitteldeutsche Bergbau-Verwaltungsgesellschaft mbH: Braunkohle in Deutschland. Daten und Fakten 2020, v. 15.04.2021, unter: https://braunkohle.de/wp-content/uploads/2020/04/LMBV-DatenFakten_2020.pdf (Zugriff 29.4.2021); **153.10** BUND Landesverband Nordrhein-Westfalen: Kunstlandschaften statt Natur, unter: https://www.bund-nrw.de/themen/braunkohle/hintergruende-und-publikationen/braunkohle-und-umwelt/braunkohle-und-rekultivierung (Zugriff 29.4.2021); **153.11** Alamy stock photo, Abingdon (Guido Schiefer); **153.12** Schaar, Wolfgang, Grafing; **154.13** Ernst Klett Verlag GmbH, Stuttgart; **154.15** Interview von Arno Kreus mit H. Tharau, 2021; **154.li.** United Nations Publications, New York; **155.16** Ernst Klett Verlag GmbH, Stuttgart; **155.17** RWE AG: Abgeschlossene Umsiedlungen, Immerath/ Pesch/ Lützerath, Stadt Erkelenz (Kreis Heinsberg), unter: https://www.group.rwe/nachbarschaft/rwe-vor-ort/umsiedlung/abgeschlossene-umsiedlungen/immerath-pesch-luetzerath (Zugriff 30.4.2021); **155.18** Picture-Alliance, Frankfurt/M. (Oliver Berg); **156.1** Zukunftsagentur Rheinisches Revier: Unser Zukunftsrevier 2020–2050. Juli 2020, unter: https://www.rheinisches-revier.de/media/buergerbroschuere_zukunftsrevier_1.pdf (Zugriff 3.5.2021); **156.2** Zukunftsagentur Rheinisches Revier/Volker Voigt für visualisierungs-fuchs.de; **156.li** United Nations Publications, New York; **156.li** United Nations Publications, New York; **157.3** Jäckel, Diana, Erfurt, nach www.rheinisches-revier.de; **158.1** Ernst Klett Verlag GmbH, Stuttgart; **158.2** © RVR, 1982, dl-de/by-2.0; **159.3** Schaar, Wolfgang, Grafing; **159.4** Nach: Kommunalverband Ruhrgebiet (Hrsg.), Horst M. Bronny u.a.: Das Ruhrgebiet. Landeskundliche Betrachtung des Strukturwandels einer europäischen Region. Essen 2002, S. 33; **159.5** Jäckel, Diana, Erfurt; **159.23733y** creanovo - motion & media design GmbH, Hannover; **160.7** Ernst Klett Verlag GmbH, Stuttgart; **160.8** Moritz Küpper: Schicht im Schacht. Steinkohle-Bergbau im Ruhrgebiet. In: Deutschlandfunk Kultur. Länderreport v. 22.11.2018, unter: https://www.deutschlandfunkkultur.de/steinkohle-bergbau-im-ruhrgebiet-schicht-im-schacht.1001.de.html?dram:article_id=433904 (Zugriff 8.3.2021); **160.9** Picture-Alliance, Frankfurt/M. (Federico Gambarini); **160.9** Picture-Alliance, Frankfurt/M. (Revierfoto); **161.10** Alamy stock photo, Abingdon (Hans Blossey); **161.11** Juliane Czierpka: Der Ruhrbergbau. Von der Industrialisierung bis zur Kohlenkrise. In: Bundeszentrale für politische Bildung (Hrsg.): Aus Politik und Zeitgeschichte 1–3/2019 (04.01.2019). Ruhrgebiet, unter: https://www.bpb.de/apuz/283262/der-ruhrbergbau-von-der-industrialisierung-bis-zur-kohlenkrise?p=3 (Zugriff 8.3.2021); **161.12** Eigene Zusammenstellung nach verschiedenen Quellen (v.a. https://de.statista.com); **162.13** Jäckel, Diana, Erfurt; **162.13** Eigene Zusammenstellung nach: Statistik der Kohlenwirtschaft e.V., unter: https://kohlenstatistik.de (bis 2011); Verein der Kohlenimporteure: Jahresbericht 2020, S.18, unter: https://www.kohlenimporteure.de/publikationen/jahresbericht-2020.html (2019); **162.15** Eigene Zusammenstellung nach: Statistik der Kohlenwirtschaft e.V., unter: https://kohlenstatistik.de (bis 2011); Verein der Kohlenimporteure: Jahresbericht 2020, S.18, unter: https://www.kohlenimporteure.de/publikationen/jahresbericht-2020.html (2019); **162.u.li** United Nations Publications, New York; **162.u.li** United Nations Publications, New York; **163.16** Schaar, Wolfgang, Grafing, nach www.gelsenkirchen.de/de/freizeit/ausfluege_und_sehenswuerdigkeiten/nordsternpark/Erlebnis_Nordsternpark/_doc/Uebersichtsplan_Nordsternpark_07-2017_Ansicht.pdf; **163.17** Alamy stock photo, Abingdon (Hans Blossey); **163.18** Alamy stock photo, Abingdon (imageBROKER); **163.23733y** creanovo - motion & media design GmbH, Hannover; **163.o.li.** United Nations Publications, New York; **164.1** Jäckel, Diana, Erfurt; **164.2** Jäckel, Diana, Erfurt; **164.3** Nach: BGR: BGR Energiestudie 2019 - Daten und Entwicklungen der deutschen und globalen Energieversorgung (23), Hannover, April 2020, S. 15, unter: http://www.bgr.bund.de/DE/Themen/Energie/Downloads/energiestudie_2019.pdf?__blob=publicationFile&v=6 (Zugriff 10.3.2021); **165.4** Jäckel, Diana, Erfurt; **165.5** Eigene Zusammenstellung nach BGR; **165.re** United Nations Publications, New York; **166.6** Klett-Archiv, Stuttgart, nach BGR Energiestudie 2019 - Daten und Entwicklungen der deutschen und globalen Energieversorgung (23), Hannover 2020, S. 16; **166.7** Jäckel, Diana, Erfurt; **167.8** Klett-Archiv, Stuttgart, nach Nuklearforum Schweiz, 2021; **167.9** Jäckel, Diana, Erfurt, nach www.umweltbundesamt.de/daten/energie/erneuerbare-konventionelle-stromerzeugung#zeitliche-entwicklung-der-bruttostromerzeugung (Zugriff 10.3.2021); **168.1** Ernst Klett Verlag GmbH, Stuttgart; **168.3** Eigene Zusammenstellung nach verschiedenen Quellen (v.a. https://de.statista.com); **168.4** Jäckel, Diana, Erfurt, nach Germany Trade & Invest (GTAI): Wirtschaftsdaten kompakt Oman, November 2020; **168.4** Nach: Germany Trade & Invest (GTAI): Wirtschaftsdaten kompakt Oman, November 2020, unter: https://www.gtai.de/resource/blob/13518/8a63359212917b83ac351767ebb15390/GTAI-Wirtschaftsdaten_November_2020_Oman.pdf (Zugriff 10.3.2021); **169.7** Siemens AG, Siemens gewinnt Auftrag aus dem Oman für großes Energie- und Wasserprojekt, Pressemitteilung v. 29.1.2019, unter: https://press.siemens.com/global/de/pressemitteilung/siemens-gewinnt-auftrag-aus-dem-oman-fuer-grosses-energie-und-wasserprojekt (Zugriff 10.3.2021); **169.8** stock.adobe.com, Dublin (dudlajzov); **169.9** SEZAD 2020, Special Economic Zone of Duqm (SEZAD), Inside SEZAD. Profile, unter: https://www.duqm.gov.om/sezad/inside-sezad/profile (Zugriff 10.3.2021); **169.14** United Nations Publications, New York; **169.14** United Nations Publications, New York; **169.o.re.** United Nations Publications, New York; **170.1** Ernst Klett Verlag GmbH, Stuttgart; **170.2** stock.adobe.com, Dublin (fotograupner); **170.3** Jäckel, Diana, Erfurt, nach www.iea.org/regions/europe (Zugriff 6.5.2021); **170.10** Picture-Alliance, Frankfurt/M. (Tife Owolabi); **171.4** Ernst Klett Verlag GmbH, Stuttgart; **171.5** Le Monde diplomatique/taz: Atlas der Globalisierung. Berlin 2009. S.83 (ergänzt); **171.6** Jäckel, Diana, Erfurt, nach www.gewerbegas.info/erdgastechnik/erdgasmobilitaet/lng-fluessiges-erdgas (Zugriff 6.5.2021); **171.7** toonpool.com, Berlin (Harm Bengen); **172.8** Ernst Klett Verlag GmbH, Stuttgart; **172.9** epd: Das Stichwort: Nigeria, epd-Meldung v. 14.2.2019. auch unter: https://www.domradio.de/themen/weltkirche/2020-12-27/angriffe-auf-kirchen-schulen-und-geschaefte-neue-welle-der-gewalt-im-nordosten-nigerias (Zugriff 7.5.2021); **172.li** United Nations Publications, New York; **173.10** Jäckel, Diana, Erfurt, nach UN Comtrade, WITS u. a.; **173.11** Silja Fröhlich: Nigeria: 60 Jahre Abhängigkeit vom Öl. Mitarbeit: Muhammad Bello, auf: Deutsche Welle v. 30.9.2020, unter: https://www.dw.com/de/nigeria-60-jahre-abh%C3%A4ngigkeit-vom-%C3%B6l/a-55094731 (Zugriff 7.5.2021); **173.12** Eigene Zusammenstellung nach verschiedenen Quellen (v.a. https://de.statista.com); **173.13** Jäckel, Diana, Erfurt, nach verschiedenen Quellen; **174.14** Ernst Klett Verlag GmbH, Stuttgart; **174.15** Nach: Gazprom, unter: www.gazprom.de/projects/sakhalin2/ (Zugriff 10.5.2021); **174.16** Jäckel, Diana, Erfurt, nach https://climatecharts.net/ (Zugriff 10.5.2021); **174.li** United Nations Publications, New York; **174.li** United Nations Publications, New York; **175.17** Getty Images, München (Tatyana Makeyeva); **175.19** ullstein bild, Berlin (SNA); **175.20** Ökologie: Rohöl statt Grauwal?, in: GEO Nr.1/2007. Das Paradies, unter: https://www.geo.de/natur/oekologie/8579-rtkl-oekologie-rohoel-statt-grauwal (Zugriff 7.12.2021); **175.20** Benjamin Triebe: Sachalin - wo Öl getrunken und Gas geatmet wird. In: Neue Zürcher Zeitung v. 17.12.2017, unter: https://www.nzz.ch/wirtschaft/sachalin-wo-oel-getrunken-und-gas-geatmet-wird-ld.1340142 (Zugriff 10.5.2021); **176.1** FastEnergy GmbH: Fracking bei Öl. Was ist Fracking?, unter: https://www.heizoelpreise24.net/fracking/ (Zugriff 11.3.2021); **176.2** Jäckel, Diana, Erfurt, nach www.salto.bz/de/article/08032020/usa-oel-und-gas-boom-durch-fracking (Zugriff 11.3.2021); **176.3** Schaar, Wolfgang, Grafing, nach www.heizoelpreise24.net/fracking/ (Zugriff 11.3.2021); **177.4** Klett-Archiv, Stuttgart, nach US Department of Energy; **177.5** Alamy stock photo, Abingdon (Central Historic Books); **177.6** Gerhard Bohrmann: Energiepotenzial der Gashydrate. In: Deutsche Physikalische Gesellschaft e.V.: Welt der Physik v. 06.10.2008, unter: https://www.weltderphysik.de/gebiet/technik/energie/fossile-quellen/methanhydrate/energiepotenzial/ (Zugriff 11.3.2021); **177.7** Tim Schröder: Wirkung des Klimawandels auf Methanhydrate, in: World Ocean Review 1/2010. Mit den Meeren leben - ein Bericht über den Zustand der

Weltmeere, S. 48f., unter: https://worldoceanreview.com/de/wor-1/meer-und-chemie/methanhydrate/ (Zugriff 11.3.2021); **178.8** Klett-Archiv, Stuttgart, nach Winfried K. Dallmann; **178.9** Sina Löschke: Ein Wirtschaftsaufschwung mit Nebenwirkungen, in: World Ocean Review 6/2019. Arktis und Antarktis – extrem, klimarelevant, gefährdet, S. 261f., unter: https://worldoceanreview.com/de/wor-6/politik-und-wirtschaft-in-den-polarregionen/ein-wirtschaftsaufschwung-mit-nebenwirkungen/ (Zugriff 11.3.2021); **179.10** Schaar, Wolfgang, Grafing, nach Manfred A. Lange: Die Nutzung von Öl- und Gasvorkommen in einer nahezu eisfreien Arktis. In: Lozán, J.L. u. a.: WARNSIGNAL KLIMA: Die Polarregionen. Hamburg 2014, S.343; **179.11** Sina Löschke: Ein Wirtschaftsaufschwung mit Nebenwirkungen, in: World Ocean Review 6/2019. Arktis und Antarktis – extrem, klimarelevant, gefährdet, S.260f., unter: https://worldoceanreview.com/de/wor-6/politik-und-wirtschaft-in-den-polarregionen/ein-wirtschaftsaufschwung-mit-nebenwirkungen/ (Zugriff 11.3.2021); **179.12** Picture-Alliance, Frankfurt/M. (Will Rose/Greenpeace); **180.1** Jäckel, Diana, Erfurt; **181.2** Jäckel, Diana, Erfurt; **182.1** creanovo – motion & media design GmbH, Axel Kempf, Hannover; **182.2** Ernst Klett Verlag GmbH, Stuttgart; **183.4** Jäckel, Diana, Erfurt; **183.4** Eigene Zusammenstellung nach Dubai Statistics, unter: https://www.dsc.gov.ae/en-us/Themes/Pages/International-Trade.aspx?Theme=26 (Zugriff 12.3.2021); **183.6** Tom Allinson, Lewis Sanders (kk): Golfstaaten: Wanderarbeiter in Not. Auf: Deutsche Welle v. 08.05.2020, unter: https://www.dw.com/de/golfstaaten-wanderarbeiter-in-not/a-53368219 (Zugriff 11.3.2021); **183.7** Eigene Zusammenstellung nach verschiedenen Quellen (v.a. www.dsc.gov.ae/); **184.1** Alamy stock photo, Abingdon (Tetra Images); **186.2** envia Mitteldeutsche Energie AG, Chemnitz; **187.3** Umweltbundesamt: Erneuerbare Energien. In: Themen, Klima/Energie, 19.11.2020, unter: https://www.umweltbundesamt.de/themen/klima-energie/erneuerbare-energien (Zugriff 11.10.2021); **187.4** Alamy stock photo, Abingdon (CHROMORANGE); **187.5** Europäisches Parlament: Was versteht man unter Klimaneutralität und wie kann diese bis 2050 erreicht werden? In: Aktuelles, Schlagzeilen, Gesellschaft, 24.06.2021; unter: https://www.europarl.europa.eu/news/de/headlines/society/20190926STO62270/was-versteht-man-unter-klimaneutralitat (Zugriff 11.10.2021) © Europäische Union; **187.6** Mark Hugo: Energiewende auch ohne Nord Stream 2? Pipeline-Projekt droht Aus. In: zdf.de, Nachrichten, Panorama, 11.09.2020, unter: https://www.zdf.de/nachrichten/panorama/nord-stream-2-energiewende-100.html (Zugriff 11.10.2021); **187.7** Rüdiger Paschotta: RP-Energie-Lexikon. Grundlast, 16.09.2021, unter: http://www.energie-lexikon.info/grundlast.html (Zugriff 19.11.2021); **187.8** Alamy stock photo, Abingdon (Piotr Adamowicz); **188.1** EnergieAgentur.NRW, Düsseldorf; **188.2** Eigene Zusammenstellung nach: https://www.it.nrw/sites/default/files/kommunalprofile/l05558032.pdf; https://www.wn.de/muensterland/kreis-coesfeld/nottuln/pendlerzahlen-sind-weiterhin-sehr-hoch-797408 (Zugriff 17.8.2021); **188.3** Jäckel, Diana, Erfurt; **188.li** United Nations Publications, New York; **189.4** Gemeinde Nottuln: Integriertes Klimaschutzkonzept der Gemeinde Nottuln. 26.11.2015, S.52/53, unter: https://www.nottuln.de/fileadmin/media/PDF/Fachbereich_3/Bauplanung_und_Liegenschaften/2016_06_09_Integriertes_Klimaschutzkonzept_der_Gemeinde_Nottuln.pdf (Zugriff 17.8.2021); **189.5** Jäckel, Diana, Erfurt, nach www.nottuln.de/fileadmin/media/PDF/Fachbereich_3/Bauplanung_und_Liegenschaften/2016_06_09_Integriertes_Klimaschutzkonzept_der_Gemeinde_Nottuln.pdf (Zugriff 17.8.2021); **189.6** Ernst Klett Verlag GmbH, Stuttgart; **190.7** Jäckel, Diana, Erfurt, nach www.verbraucherzentrale.de/wissen/energie/energetische-sanierung/geg-was-steht-im-neuen-gebaeudeenergiegesetz-13886 (Zugriff 17.8.2021); **190.8** stock.adobe.com, Dublin (Ingo Bartussek); **190.9** Jäckel, Diana, Erfurt, nach www.umweltbundesamt.de/themen/klima-energie/erneuerbare-energien/erneuerbare-energien-in-zahlen#uberblick (Zugriff 17.8.2021); **190.10** Jäckel, Diana, Erfurt, nach BDEW: Wie heizt Deutschland 2019. Berlin 2019, S. 12; **190.li** United Nations Publications, New York; **190.li** United Nations Publications, New York; **191.11** Jäckel, Diana, Erfurt, nach www.nottuln.de/fileadmin/media/PDF/Fachbereich_3/Bauplanung_und_Liegenschaften/2016_06_09_Integriertes_Klimaschutzkonzept_der_Gemeinde_Nottuln.pdf (Zugriff 17.8.2021); **192.12** akg-images, Berlin (euroluftbild.de / Robert Grahn); **192.13** Alamy stock photo, Abingdon (Mark Boulton); **192.14** Ernst Klett Verlag GmbH, Stuttgart; **192.li** United Nations Publications, New York; **193.15** Jäckel, Diana, Erfurt, nach www.erneuerbare-energien.de/EE/Navigation/DE/Service/Erneuerbare_Energien_in_Zahlen/Zeitreihen/zeitreihen.html (Zugriff 17.8.2021); **193.16** Jäckel, Diana, Erfurt, nach Volker Quaschning: Regenerative Energiesysteme – Technologie, Berechnung, Simulation, München 2015; **193.17** Eigene Zusammenstellung nach LANUV NRW, unter: https://www.energieatlas.nrw.de/site und Gemeinde Nottuln, unter: https://www.nottuln.de/leben-in-nottuln/klimaschutz-energie-umwelt/klimaschutz/integriertes-klimaschutz-konzept.html; **194.18** Mirko Ellrich, Kathrin Goedecke, Wiebke Hebold: Infoblatt Windenergie. In: Terrasse Online, 18.8.2015; unter: https://www.klett.de/alias/1015379 (Zugriff 17.8.2021); **194.19** Schaar, Wolfgang, Grafing, nach Infografik BASF; **194.20** Jäckel, Diana, Erfurt, nach Deutsche WindGuard GmbH: Status des Windenergieausbaus an Land in Deutschland Halbjahr 2021. Varel 2021, S. 3; **194.li** United Nations Publications, New York; **195.21** Klett-Archiv, Stuttgart, nach anemos 2017; **195.22** Eigene Zusammenstellung nach LANUV NRW, unter: https://www.energieatlas.nrw.de/site/werkzeuge/planungsrechner (Zugriff 18.8.2021); **196.23** Jäckel, Diana, Erfurt, nach www.umweltbundesamt.de/sites/default/files/medien/5750/publikationen/2021_hgp_erneuerbareenergien_deutsch_bf.pdf (Zugriff 18.8.2021); **196.23.li** Thinkstock, München (iStock / rsester); **196.23.mi** Alamy stock photo, Abingdon (Justin Kase zninez); **196.23.re** Alamy stock photo, Abingdon (Osiris); **196.25** Eigene Zusammenstellung nach LANUV NRW, unter: https://www.energieatlas.nrw.de/site und Gemeinde Nottuln, unter: https://www.nottuln.de/leben-in-nottuln/klimaschutz-energie-umwelt/klimaschutz/integriertes-klimaschutz-konzept.html; **196.li** United Nations Publications, New York; **197.26** Schaar, Wolfgang, Grafing; **197.27** Annika Franck: Energie aus Biomasse. In: Planet Wissen, 02.03.2021, unter: https://www.planet-wissen.de/technik/energie/erneuerbare_energien/energie-aus-biomasse-100.html#Vorteile (Zugriff 18.8.2021); **198.1** HSB-Cartoon, Horstmar; **198.1** stock.adobe.com, Dublin (Olivier-Tuffé); **198.li** United Nations Publications, New York; **199.2** Picture-Alliance, Frankfurt/M. (euroluftbild.de / Hans Blossey); **199.4** Jäckel, Diana, Erfurt; **200.4** stock.adobe.com, Dublin (ronstik); **201.5** Esri Deutschland; **201.5** Esri Deutschland GmbH, Kranzberg (Pungel_Geoschule); **202.8** www.esri.com; **203.11** www.arcgis.com; **203.11** www.arcgis.com; **204.12** stock.adobe.com, Dublin (Valmedia); **204.13** Gundula Hübner/Johannes Pohl: Mehr Abstand - mehr Akzeptanz? Ein umweltpsychologischer Studienvergleich. Fachagentur Windenergie an Land (Hg.). Berlin 2015, S.23, unter: https://publikationen.windindustrie-in-deutschland.de/mehr-abstand-mehr-akzeptanz-ein-umweltpsychologischer-studienvergleich/55689650 (Zugriff 29.6.2021); **204.14** Jan Zierkow, Regine Barth, Silvia Schütte, Christoph Ewen: Konfliktdialog bei Windenergieanlagen. In: Konfliktdialog bei der Zulassung von Vorhaben der Energiewende: Leitfaden für Behörden, 10/2014, unter: https://www.bmu.de/fileadmin/Daten_BMU/Pools/Forschungsdatenbank/fkz_3712_13_101_windenergie_bf.pdf (Zugriff 29.6.2021); **204.15** Westfälische Nachrichten, Ludger Warnke: „Wir wollen keine Windkraftanlagen". Interview mit Dr. Patrick-Johannes Wolf, in: Westfälische Nachrichten v. 03.04.2019; **204.15** stock.adobe.com, Dublin (ON-Photography); **204.16** Jäckel, Diana, Erfurt, nach Gundula Hübner/Johannes Pohl: Mehr Abstand - mehr Akzeptanz? Ein umweltpsychologischer Studienvergleich. Fachagentur Windenergie an Land (Hg.). Berlin 2015, S.14; **205.17** NABU: Windräder machen dem Rotmilan zu schaffen. In: NABU News, 14.10.2019, unter: www.nabu.de/news/2019/10/27093.html (Zugriff 29.6.2021); **205.17** stock.adobe.com, Dublin (Ian Dyball); **205.18** stock.adobe.com, Dublin (adrian_ilie825); **205.19** Jäckel, Diana, Erfurt, nach www.enercon.de/produkte/ep-3/e-126-ep3/ (Zugriff 29.6.2021); **206.1** Jäckel, Diana, Erfurt, nach www.umweltbundesamt.de/sites/default/files/medien/5750/publikationen/uba_rescue_broschuere_barrierefrei.pdf (Zugriff 18.8.2021); **206.2** Alamy stock photo, Abingdon (Clynt Garnham Renewable Energy); **206.li** United Nations Publications, New York; **206.li** United Nations Publications, New York; **207.3** Hannah Büttner, Carola Kantz, Timo Peters: Auf die Plätze, fertig, Energiewende! Kommunen zwischen Startblock und Ziellinie. Berlin u.a. 10/2012, S. 6., unter: https://www.umweltbundesamt.de/sites/default/files/medien/5750/publikationen/10-2012_energiewende.pdf(Zugriff 18.8.2021); **207.4** Esri Deutschland; **207.4** ShutterStock.com RF, New York (Diego Cervo); **208.1** ShutterStock.com RF, New York (rayints); **208.2** Schaar, Wolfgang, Grafing; **208.3** Alamy stock photo, Abingdon (Manfred Bail); **208.li** United Nations Publications, New York; **209.4** Tim Diekmann: Energie aus der Tiefe der Erde. Auf: tagesschau.de, 30.05.2021, unter: https://www.tagesschau.de/wirtschaft/technologie/geothermie-107.html (Zugriff 18.8.2021); **209.5** Schaar, Wolfgang, Grafing, nach Leibniz-Institut für Angewandte Geophysik (LIAG) (Hg.): Wärmewende mit Geothermie. Möglichkeiten und Chancen in Deutschland. Hannover 2019; **210.1** Alamy stock photo, Abingdon (Holger Weitzel); **210.2** Schaar, Wolfgang, Grafing; **210.3** Schaar, Wolfgang, Grafing; **210.4** Alamy stock photo, Abingdon (Zoonar/Erich Meyer); **210.5** Schaar, Wolfgang, Grafing; **210.li** United Nations Publications, New York; **211.6** Astrid Benölken/Tobias Zuttmann: Naturschutz gegen Energiewende. Auf: SZ.de v. 30.11.2021, unter: https://www.sueddeutsche.de/wissen/polen-wasserkraft-staudamm-kohle-1.5475860?reduced=true (Zugriff 14.12.2021); **211.7** Ernst Klett Verlag GmbH, Stuttgart (Thomas Hönicke); **211.8** Jäckel, Diana, Erfurt, nach www.erneuerbare-energien.de/EE/Redaktion/DE/Textbausteine/Banner/banner_wasserkraft.html (Zugriff 18.8.2021); **212.1** Jäckel, Diana, Erfurt, nach www.agora-energiewende.de/service/agorameter/chart/power_generation/10.06.2021/15.06.2021 (Zugriff 22.9.2021); **212.2** ShutterStock.com RF, New York (urbans); **212.3** Jäckel, Diana, Erfurt, nach J. Nitsch u.a.: Langfristszenarien und Strategien für den Ausbau der erneuerbaren Energien in Deutschland bei Berücksichtigung der Entwicklung in Europa und global - „Leitstudie 2010". Stuttgart u.a. 2010, S. 116; **212.li** United Nations Publications, New York; **213.4** Schaar, Wolfgang, Grafing, nach Deutscher Wetterdienst (DWD); **213.4** © Deutscher Wetterdienst (DWD), Offenbach; **213.6** Schaar, Wolfgang, Grafing, nach TransnetBW GmbH: Studie Stromnetz 2050. Stuttgart 2020, S.35; **213.6** Schaar, Wolfgang, Grafing, nach www.netzausbau.de/SharedDocs/Downloads/DE/Infomaterial/BroschuereNEP.pdf (Zugriff 23.9.2021); **213.7** Jäckel, Diana, Erfurt, nach Bundesnetzagentur - Monitoringbericht 2021, Seite 159; **214.8** Picture-Alliance, Frankfurt/M. (Hendrik Schmidt); **214.8** Bernward Janzing: E-Autos: Second Life für Batterien und ihr Recycling. In: Energiedienst-Blog v. 24.11.2020, unter: https://blog.energiedienst.de/e-autos-second-life-fuer-batterien-und-ihr-recycling (Zugriff 23.9.2021); **214.9** akg-images, Berlin (euroluftbild. de); **214.10** Picture-Alliance, Frankfurt/M. (Bernd Settnik); **214.li** United Nations Publications, New York; **215.11** Ernst Klett Verlag GmbH, Stuttgart; **215.12** Schaar, Wolfgang, Grafing, nach Paul Becker: Kombination von Windkraft und Photovoltaik zeigt eindrucksvolle Effekte. Klimapressekonferenz des Deutschen Wetterdienstes (DWD) am 6. März 2018 in Berlin; unter: www.dwd.de/DE/presse/pressekonferenzen/DE/2018/PK_06_03_2018/rede_becker.pdf?__blob=publicationFile&v=2 (Zugriff 22.9.2021); **215.12** Deutscher Wetterdienst, Offenbach; **215.13** Agora Energiewende: Energiewende 2030: The Big Picture. Megatrends, Ziele, Strategien und eine 10-Punkte-Agenda für die zweite Phase der Energiewende. Berlin 2017, S.23, unter: https://static.agora-energiewende.de/fileadmin/Projekte/2017/Big_Picture/Agora_Big-Picture_WEB.pdf (Zugriff 23.9.2021); **216.1** © Chappatte, The New York Times; **216.2** Bundesministerium für Ernährung und Landwirtschaft: Wissenswertes rund um Biokraftstoffe, v. 03.03.2021; unter: https://www.bmel.de/DE/themen/landwirtschaft/bioeokonomie-nachwachsende-rohstoffe/biokraftstoffe-daten-fakten.html (Zugriff 23.9.2021); **216.3** Jäckel, Diana, Erfurt, nach bp's Statistical Review of World Energy 2021; **217.4** Picture-Alliance, Frankfurt/M. (Simon Akam/Reuters); **217.5** Matthew Fielding u.a.: Agricultural investment and rural transformation: a case study of the Makeni bioenergy project in Sierra Leone. Stockholm Environment Institute, Project Report 2015-09. Stockholm 2015, S.16, unter: https://mediamanager.sei.org/documents/Publications/Climate/SEI-PR-2015-09-Makeni-Project.pdf (Zugriff 27.9.2021); **217.6** Google Earth; **217.7** Schaar, Wolfgang, Grafing; **217.8** Brot für die Welt: Zusammenfassung der Studie „The Weakest should not bear the Risk", S. 3 f, unter: https://www.brot-fuer-die-welt.de/fileadmin/mediapool/2_Downloads/Fachinformationen/Analyse/Zusammenfassung_Analyse64-de_The_Weakest_Should_not_Bear_the_Risk.pdf (Zugriff 27.9.2021); **218.1** Jäckel, Diana, Erfurt; **220.2** Jäckel, Diana, Erfurt, nach www.fh-muenster.de/egu/downloads/null-emissionskonzepte/Saerbeck_2012-10-25.pdf (Zugriff 24.11.2021); Energiebilanz der Gemeinde Saerbeck, 2021; **220.3** Jäckel, Diana, Erfurt, nach www.fh-muenster.de/egu/downloads/null-emissionskonzepte/Saerbeck_2012-10-25.pdf (Zugriff 24.11.2021) und Energiebilanz der Gemeinde Saerbeck, 2021; **220.4** ShutterStock.com RF, New York (Henrik Dolle); **220.5** Zusammengestellt nach LANUV NRW: Energieatlas NRW; unter: www.energieatlas.nrw.de/site/service/download; Antwort der Landesregierung auf die Große Anfrage 15 der Fraktion BÜNDNIS 90/DIE GRÜNEN, Drucksache 17/6988: Kommunaler Klimaschutz in NRW: Erneuerbare Energien für Strom und Wärme in NRW-Städten und -Gemeinden. LANDTAG NORDRHEIN-WESTFALEN, 17. Wahlperiode, Drucksache 17/7697, 28.10.2019; unter: www.landtag.nrw.de/portal/WWW/dokumentenarchiv/Dokument/MMD17-7697.pdf (Zugriff 24.11.2021); **220.6** Zusammengestellt nach FH Münster: Kommunalsteckbrief Saerbeck. Steinfurt 2012; unter: https://www.fh-muenster.de/egu/downloads/null-emissionskonzepte/Saerbeck_2012-10-25.pdf (Zugriff 24.11.2021); Energiebilanz der Gemeinde Saerbeck, 2021; **221.6** Jäckel, Diana, Erfurt, nach www.it.nrw/statistik/eckdaten/katasterflaeche-nach-nutzungsarten-1613; www.bonn.de/service-bieten/aktuelles-zahlen-fakten/bonn-in-zahlen.php; www.landwirtschaftskammer.de/landwirtschaft/landentwicklung/raumplanung/pdf/landwirtschaft-koeln.pdf (Zugriff 24.11.2021); **221.7** Ernst Klett Verlag GmbH, Stuttgart; **221.8** Jäckel, Diana, Erfurt, nach www.saerbeck.de und www.energieatlas.nrw.de (24.11.2021); **221.8** Zusammengestellt nach Gemeinde Saerbeck; unter: www.saerbeck.de; LANUV NRW: Energieatlas NRW; unter: www.energieatlas.nrw.de (24.11.2021); **221.9** Jäckel, Diana, Erfurt, nach www.it.nrw/statistik/eckdaten/katasterflaeche-nach-nutzungsarten-1613; www.bonn.de/service-bieten/aktuelles-zahlen-fakten/bonn-in-zahlen.php; www.landwirtschaftskammer.de/landwirtschaft/landentwicklung/raumplanung/pdf/landwirtschaft-koeln.pdf (Zugriff 24.11.2021); **221.9** Zusammengestellt nach Landesbetrieb IT.NRW; unter: www.it.nrw/statistik/eckdaten/katasterflaeche-nach-nutzungsarten-1613; Stadt Bonn; unter: www.bonn.de/service-bieten/aktuelles-zahlen-fakten/bonn-in-zahlen.php; Landwirtschaftskammer Nordrhein-Westfalen: Landwirtschaft im Regierungsbezirk Köln; unter: www.landwirtschaftskammer.de/landwirtschaft/landentwicklung/raumplanung/pdf/landwirtschaft-koeln.pdf (Zugriff 24.11.2021); **222.1** Alamy stock photo, Abingdon (Hajime Ishizeki / a.collectionRF); **222.1** Alamy stock photo, Abingdon (Zoonar/magann); **225.3** Jäckel, Diana, Erfurt, nach WBGU: Welt im Wandel: Energiewende zur Nachhaltigkeit. Hauptgutachten. Berlin 2003, S. 104 und www.bpb.de/gesellschaft/umwelt/anthropozaen/216923/planetary-boundaries-ein-rahmen-fuer-globale-nachhaltigkeitspolitik?p=0 (Zugriff 16.9.2021); **225.4** Schaar, Wolfgang, Grafing, nach Johan Rockström/Stockholm Resilience Center: Planetary boundaries; GLOBAÏA; **225.4** Nach: Johan Rockström, Mattias Klum: Big World Small Planet. Wie wir die Zukunft unseres Planeten gestalten. Berlin 2016, S. 78; **226.1** ullstein bild, Berlin (Spiegl); **252** Oser, Liliane, Hamburg; **252** Oser, Liliane, Hamburg; **252** Oser, Liliane, Hamburg; **252** Oser, Liliane, Hamburg; **252** Oser, Liliane, Hamburg; **252** Oser, Liliane, Hamburg; **252** Oser, Liliane, Hamburg; **253** Oser, Liliane, Hamburg; **253** Oser, Liliane, Hamburg; **253** Oser, Liliane, Hamburg; **253** Oser, Liliane, Hamburg; **253** Oser, Liliane, Hamburg; **253** Oser, Liliane, Hamburg; **253** Oser, Liliane, Hamburg

*3 Lizenzbestimmungen zu CC-BY-SA-4.0 siehe: http://creativecommons.org/licenses/by-sa/4.0/legalcode

*2 Lizenzbestimmungen zu CC-BY-ND-4.0 siehe: http://creativecommons.org/licenses/by-nd/4.0/legalcode

SP Mit Operatoren arbeiten

Operatoren sind Verben, die Ihnen signalisieren, wie Sie eine Aufgabe bearbeiten sollen.
Achten Sie auf inhaltliche und sprachliche Anforderungen.
Die Operatoren sind in drei Anforderungsbereiche gegliedert.

Anforderungsbereich I Informationen erfassen, Inhalte wiedergeben (Wissen und Reproduktion)

Operatoren	Arbeitsschritte	SP Sprachtipps
Informationen erfassen und richtig benennen		
aufzählen, auflisten, nennen, benennen	• Aus dem Material (z. B. Bild, Karte, Tabelle) die gesuchten Begriffe oder Informationen entnehmen. • Diese nacheinander aufführen. • Wenn möglich Fachbegriffe verwenden.	• Folgende Punkte kann ich nennen: … • … heißt … • … wird … genannt.
definieren	• Kurz und genau formulieren (ohne Beispiele), was der Begriff bedeutet.	• Mit … bezeichnet man … • … bedeutet: …
Prozesse, Ereignisse und Sachverhalte widerspiegeln		
beschreiben	• Wiedergeben, was auf dem Bild oder im Text wahrzunehmen ist. • Auf wesentliche Merkmale achten (d.h. den Kern einer Sache erfassen). • Wenn möglich Fachbegriffe verwenden. • Bei Vorgängen die zeitliche Reihenfolge beachten.	• Ich sehe / erkenne … • Das Material / Bild zeigt … • Im Vordergrund befindet sich … • Dahinter / davor / neben … • Zuerst …, dann …, danach …
verorten / lokalisieren	• Aufsagen / aufschreiben, wo der Ort liegt. • Dazu eine Karte nutzen. • Bezugspunkte wie Himmelsrichtungen, die Lage im Gradnetz der Erde, Großlandschaften, Staaten, Flüsse oder Gebirge verwenden.	• … befindet sich in / bei … • … liegt in der Nähe von … • … im Norden / Westen / östlich / südlich von … • … grenzt an … • … liegt im Gradnetz auf … Grad … Breite und … Grad … Länge.

Anforderungsbereich II Wissen verarbeiten und anwenden (Reorganisation und Transfer)

Operatoren	Arbeitsschritte	SP Sprachtipps
Prozesse, Ereignisse oder Strukturen erklären und erläutern		
erklären	• Sich vertieft mit den Einzelheiten einer Sache auseinandersetzen. • Ursachen bzw. Gründe, Folgen und Gesetzmäßigkeiten formulieren. • Die Sache so darstellen, dass ein anderer sie versteht.	• Dies kann man erklären mit … • Es bedeutet, dass … / Das heißt, … • Da / weil / aufgrund … • Infolgedessen …
begründen	• Den Grund / die Ursache für etwas angeben. • Eigene oder fremde Aussagen durch Argumente (das sind stichhaltige und plausible Belege) stützen.	• Da … / weil … / denn … • Deshalb … / dadurch … • Aufgrund … / Aus diesem Grund …
erläutern	• Prozesse oder Ereignisse ausführlich darstellen. • Wie beim Erklären Ursachen, Folgen und Gesetzmäßigkeiten deutlich machen. • Zusätzliche Informationen, Belege und Beispiele angeben.	• Aufgrund von … • Das ist darauf zurückzuführen, dass … • Infolge von …, sodass … • Deshalb / dadurch … • Zum Beispiel …
analysieren / untersuchen	• Ein Material (z. B. eine Abbildung oder einen Text) gezielt auswerten. • (In Gedanken) Fragen an das Material nach festgelegten oder eigenen Kriterien stellen. • Nach wichtigen Merkmalen bzw. Antworten suchen. • Diese Merkmale strukturiert bzw. übersichtlich darstellen.	• Betrachtet man …, dann … • Folgende Merkmale kann ich ablesen: … • Daraus geht hervor, dass … • Besonders wichtig ist …